DEVELOPMENTAL PSYCHOLOGY

발달심리학

김태련 조혜자 이선자 방희정 조숙자 조성원
김현정 홍주연 이계원 설인자 손원숙 홍순정
박영신 손영숙 김명소 성은현
공저

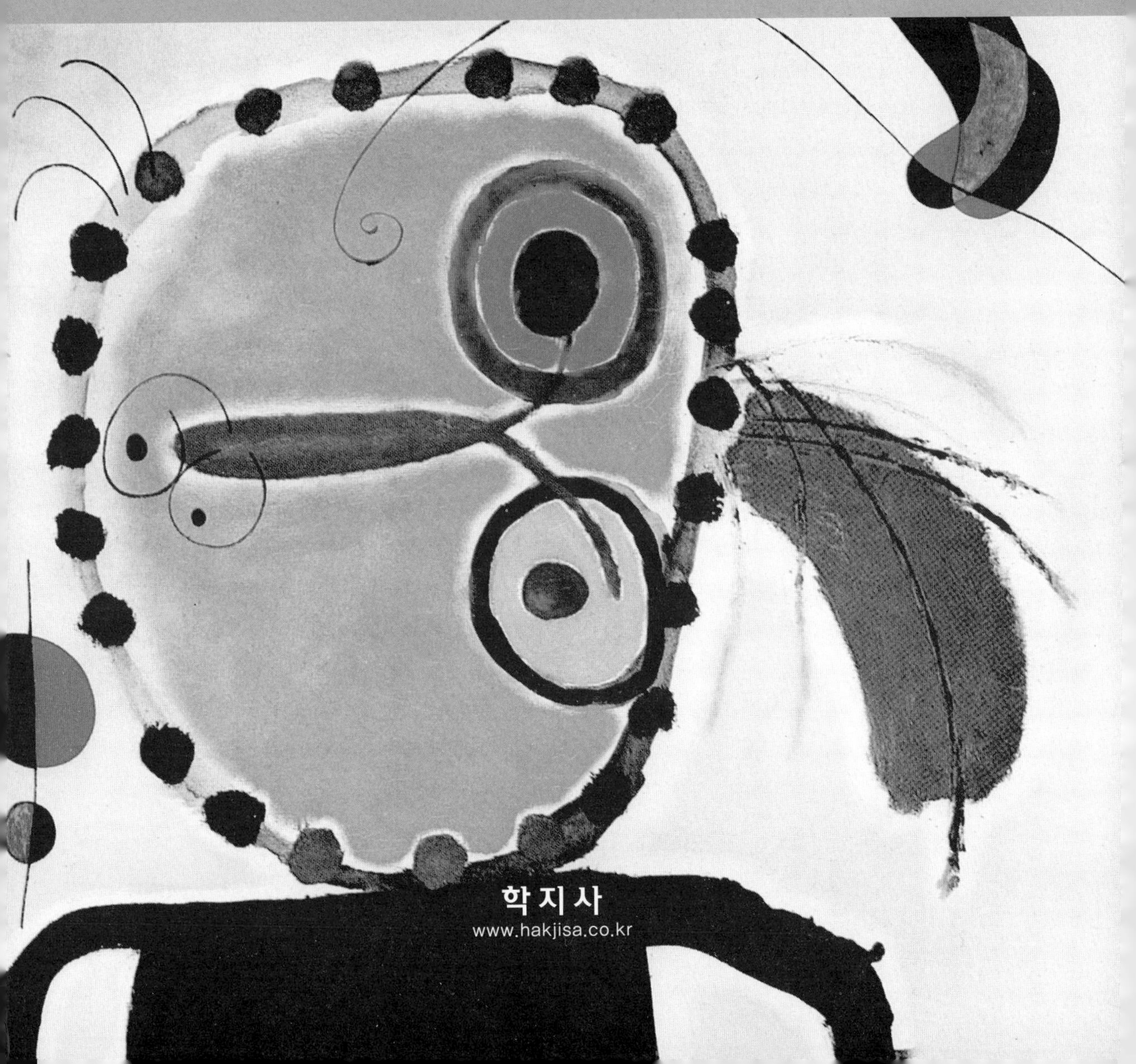

학지사
www.hakjisa.co.kr

머리말

인간 변화와 그 과정은 오랜 학문적 관심영역이다. 발달심리학은 수정에서 죽음에 이르기까지 인간의 전 생애에 걸친 변화 양상을 기술하고 그 기제를 밝혀내는 작업을 통해 심리학적 지식을 넓혀 왔을 뿐 아니라 인간이해와 관련된 인접 학문의 이론적 기초로서 자리매김되면서 실제적인 문제해결에 이르기까지 그 적용 범위를 날로 확대해나가고 있다. 특히 근래의 발달심리학은 최근의 과학적 성과와 연구방법론의 발전에 따른 다양한 접근들을 포괄하면서 인간발달의 전체성과 역동성을 설명하려는 적극적 시도를 보여주고 있다.

이러한 발달심리학의 최근 동향에 발맞추어, 이 책에서는 첫째, 연령별 특성을 중심으로 인간의 발달을 설명하는 데서 벗어나, 그러한 발달이 일어나는 기저 과정에 대한 이해를 제공하고자 노력했다. 각 장을 연령별로 나누는 대신 발달 영역별로 구성함으로써 시간에 걸친 변화의 양상과 기제를 효율적으로 전달하고자 하였다. 둘째, 인간발달이 신경세포와 같은 미시 수준으로부터 생태학적 맥락과 같은 거시 수준에 이르기까지 다양한 수준에서의 수많은 요인들이 상호작용하면서 이루어진다는 사실을 충실히 반영하고자 했다. 이를 위해 인간발달의 신경심리학적 기초에서부터 가족과 문화와 같은 상위 수준의 주제들까지 포괄적으로 다루었다. 셋째, 인간의 변화와 적응은 전 생애 기간에 걸쳐 끊임없이 진행되는 과정이라는 점을 중시하고자 했다. 근래 인간 수명의 증가와 더불어 인생 황혼기에 이르기까지의 성공적인 적응을 위한 관심이 날로 증가되고 있다는 점에서, 이론적, 실천적 측면에 걸쳐 성인기 발달과 노화의 문제를 독립된 장으로 비중 있게 다루었다.

저자들은 이 책에서 발달심리학의 학문적 역사와 이론적 변화가 어떻게 이루어져 왔는지를 시작으로 신체, 인지, 언어, 정서, 성격, 가족, 문화적 환경 등의 다양한 영역을 다루었을 뿐 아니라 성인기와 노년기 발달에 이르기까지 전 생애 발달을 포괄하였다. 이 점에서 이 책이 발달심리학을 처음 접하는 학부생으로부터 대학원 이상의 전공생들에 이르기까지 다양하면서 깊이 있는 정보를 얻고자 할 때 유용한 안내가 될 수 있기를 기대한다. 또한 인간발달에 관심이 있는 교육학도나, 아동학, 노인학, 가정 관리학, 가족학 등 인접학문을 전공하는 학생들에게도 유용하게 활용되기를 바란다. 무엇보다도 자신의 발달과정을 되돌아보고 현재의 발달 과업을 정확히 이해하며 앞으로의 성공적인 삶을 계획하고자 하는 학생들에게 발달심리학에 대한 학문적 지식을 넘어서서 개인적 성숙을 이루어나가는 데 도움이 될 수 있기를 기대한다.

이러한 목표에도 불구하고 다양한 분야에서 독자적인 업적을 쌓아온 여러 연구자들이 각자의 전공 영역을 기술하는 과정에서 책 전반의 일관성이 부족하다는 생각 때문에 이 책을 출간하기까지는 많은 용기가 필요했다. 이러한 부족한 점들은 독자들의 다양한 비판과 의견을 수렴하여 앞으로 더 좋은 책을 선보이겠다는 약속으로 대신하고자 한다.

각 장의 집필은 1장 발달심리학의 학문적 기초는 조숙자 교수, 2장 인간 발달의 신경심리학적 기초: 뇌 발달은 손영숙 교수, 3장 발달연구 방법론은 손원숙 교수, 4장 신체 및 지각 발달은 홍순정 교수, 5장 인지 발달은 방희정 교수, 6장 지능 및 창의성은 김명소 · 성은현 교수, 7장 학습과 기억은 설인자 교수, 8장 언어 발달은 박영신 교수, 9장 정의-사회성 발달은 김태련 교수, 10장 자아 및 자아 발달은 홍주연 교수, 11장 성차와 성 역할 발달은 조혜자 교수, 12장 가족과 발달은 김현정 교수, 13장 문화환경과 발달은 이계원 교수, 14장 성인기 발달은 조성원 · 이선자 교수, 15장 노화와 죽음은 조성원 교수에 의해 이루어졌다.

특히 이 책은 제자들에게 발달심리학을 공부하는 길을 열어 주시고 항상 넘치는 사랑으로 격려해 주신 김태련 선생님의 열정으로 빛을 보게 되었다. 우리나라에서 발달심리학이 확고한 학문 영역으로 자리잡는 데 초석이 되어 주신 선생님께 이 자리를 빌려 깊은 감사와 존경의 마음을 전하고 싶다. 그리고 원고 정리와 교정을 도와 준 박혜근 선생과 이 책이 나올 때까지 수고를 아끼지 않으신 학지사 사장님과 관계자 여러분들에게도 큰 감사의 마음을 전한다.

2004년
저자 일동

차 례

1 발달심리학의 학문적 기초

발달심리학은 인간의 변화를 체계적으로 다루는 학문 분야로 독자적인 이론과 접근 방법을 갖고 있다. 본 장에서는 발달심리학의 성격과 내용을 규명하기 위하여 발달의 개념, 발달심리학, 발달의 원리, 발달 문제 등 기초 내용을 다룬다. 이를 바탕으로 발달심리학의 시작과 학문으로 자리잡기까지의 역사를 다루며 초기 발달심리학자를 소개하고 초기 이론이 어떻게 확장되는지를 기술한다. 또한 1960년대 이후의 현대적 발달심리학과 최근의 변화된 발달심리학을 소개한다.

1. 발달의 기초

1) 발달의 개념과 발달심리학

아기가 변화하는 모습은 경이롭다. 울음으로 세상에 자신의 존재를 알린 후 얼마 지나지 않아 아기는 눈을 맞추고, 말을 시작하고, 발자국을 떼며 활동 영역을 넓혀 간다. 학교에 입학하여 친구를 사귀고 구구단도 외우고 사춘기가 되면 커진 몸과 마음으로 부모를 놀라게 한다. 이렇듯 인간은 경이를 자아내는 변화를 겪으며 성장한다. 한편 성인기 이후에는 서서히 노화의 과정을 겪으며 또 따른 변화를 겪게 된다. 우리가 다양한 맥락에서 만나는 사람들은 연령과 외형, 행동과 사고에서 모두 다르지만 끊임없이 변화하고 있다는 점에서 공통점을 찾을 수 있다. 노인이 처음부터 노인이 아니었듯 지금의 아기는 아동기와 청년기를 거쳐 성인이 되고 또 언젠가는 노인이 될 것이다. 시간의 흐름에 따라 새로운 행동이 나타나기도 하고, 있던 행동이 사라지며 인간의 변화는 역동성을 띤다.

발달이란 생명의 시작부터 죽음에 이르기까지 전 생애에 걸친 개체의 변화를 말한다. 인간은 전 생애에 걸쳐 어느 한 시점도 신체적으로나 심리적으로 동일한 모습을 보이지 않는다. 신생아에서 아동으로 그리고 건장한 청장년으로 변했다가 어느 틈에 노인으로 변하면서 인간은 개체의 동질성을 유지하면서도 매 시점에서 매우 다른 모습을 띤다. 이는 대부분의 인간이 공통적으로 거치는 과정이다. 변화는 다양한 영역에서 일어난다. 키와 몸무게 등 신체 조건의 변화, 걷기, 잡기 등 운동 능력의 변화, 문제 해결 양식에서의 변화, 도덕적 행동 및 사고에서의 변화, 인간관계 패턴에서의 변화 등 발달은 전 생애에 걸친 다양한 영역의 변화를 포괄한다.

발달의 개념에 포함되는 변화에는 키가 크거나, 아는 것이 많아지고, 인간 관계가 넓어지는 등 증가의 의미를 갖는 성장(growth)이 포함될 뿐 아니라 체력이 떨어지고, 기억력이 감소하고, 융통성이 줄어드는 등 감소의 의미가 내포된 변화도 포함된다. 따라서 발달은 전 생애에 걸쳐 개체의 여러 측면에서 일어나는 증가와 쇠퇴의 모든 변화의 양상 및 그 과정을 포괄하는 개념이라고 볼 수 있다.

발달심리학은 인간 발달에 대한 학문체계로서 인간의 변화를 체계적으로 다룬다. 이전의 발달심리학은 유아 및 아동, 청소년의 변화에 초점을 맞추었으나 태아기, 신생아 및 영아, 성인, 노인 등 관심 연령이 확대되면서 전 생애를 걸친 변화를 포괄하게 되었다.

인간에게 일어나는 변화는 발달심리학의 주된 주제이다. 따라서 변화를 어떻게 파악하는가는 발달심리학의 학문적 성격을 규정한다. 지리학자가 지층으로 퇴적의 역사를 가늠하듯, 인류학자가 현재 남겨진 과거의 유물로 지나온 길을 밝혀내듯, 발달심리학자도 인간의 변화를 역사적 관점(historical perspective)에서 다룬다. 시간 흐름은 변화의 누적 결과를 확연히 드러낸다. 처음에는 눈에 띄지 않았던 변화가 시간이 흐르면서 뚜렷한 차이를 보이는 발달현상으로 진전된다. 발달심리학자에게 시간은 중요한 단서이다.

학문으로서의 발달심리학은 다음 네 가지 사항을 목표로 한다. 첫째, 인간의 변화 양상을 사실적으로 기술하는 것이다. 언제 걷기 시작하며, 언제 말을 시작하고 어떤 언어적 변화를 거치는지, 사춘기는 언제 시작되고 어떤 변화 양상을 보이는지 등에 주목한다. 정확한 발달 궤도 및 이정표를 만들기 위해서는 변화에 대한 사실적 기술이 필요하다. 둘째, 변화를 일으키는 기제가 무엇인지 설명하는 것이다. 변화를 일으키는 원인이 무엇이며 어떻게 작용하는가를 밝힘으로써 변화의 인과관계를 설명하고자 한다. 셋째, 변화에 대한 기술과 설명을 통해 어떠한 변화가 일어날지를 예측한다. 넷째, 예측을 바탕으로 적절한 통제 및 개입을 한다. 예측을 통해 발달상의 부적절한 변화가 예견되면 이를 최소화하고 최적의 발달을 촉진하고 유지할 수 있는 발달적 개입을 하는 것이다.

2) 발달의 원리

발달 현상은 개별적이고 임의적으로 보이지만 발달은 일정한 원칙에 따라 일어난다. 따라서 발달 현상 속에서 일정한 규칙을 찾을 수 있고 이를 통해 앞으로의 발달에 대한 대략적 예측도 가능한 것이다. 발달의 원리를 살펴보면 다음과 같다.

첫째, 발달은 일정한 방향을 갖고 있다. 예를 들어 신체는 머리에서 발끝(cephalocaudal) 방향, 중심에서 말초(proximo-distal) 방향으로 발달이 이루어진다. 따라서 영아는 목을 가눈 후에야 몸을 가누고 앉을 수 있으며 손가락이나 팔목보다는 팔을 먼저 움직일 수 있다.

둘째, 발달은 연속적 과정이지만 발달의 속도는 일정하지 않다. 갑자기 훌쩍 키가 커 보일 수는 있지만 이는 하루 아침에 이루어진 결과로 볼 수 없다. 변화는 과거와 현재 그리고 미래의 시간적 연속선상에서 파악될 수 있다. 그러나 키는 평생동안 동일한 비율로 크는 것이 아니라 성장 급등기에 특히 많이 큰다. 즉, 발달은 시간적 연속선에서 일어나지만 변화가 특히 많이 이루어지는 시기가 있는 것이다. 생의 초기와 사춘기는 특히 변화가 많이 일어나는 시기이다.

셋째, 발달은 유전과 환경의 상호작용에 의해 이루어진다. 변화를 일으키는 기제는 크게 유전과 환경으로 나눌 수 있지만 전적으로 유전에 의한 변화, 전적으로 환경에 의한 변화는 극히 제한되어 있다. 대부분의 변화는 선천적으로 물려받은 유전적 요인과 개체를 둘러싼 환경 요인의 상호작용을 통해 드러난다.

넷째, 발달에는 개인차가 있다. 발달은 일정한 순서를 거치며 평균적인 발달의 속도가 존재하지만 모든 개인이 같은 발달 패턴을 거치는 것은 아니다. 모든 영역에서 빠른 발달을 보이는 조숙한 아동이 있는가 하면 말이 늦거나 신체 발달이 더딘 아동이 있다. 이는 개인 고유의 특성이 드러나는 부분이며 이로 인해 개인이 보이는 발달의 양상과 속도는 다르다.

다섯째, 발달에는 민감기가 있다. 발달이 전 생애에 걸쳐 일어나는 변화이기는 하지만 특히 변화에 민감한 시기가 존재한다. 예를 들어 애착 형성은 성인기나 노년기보다는 생의 초기에 훨씬 민감하게 이루어진다. 발달 영역에 따라 다른 시기보다 발달이 용이하고 최적의 발달이 이루어질 수 있는 민감기가 존재하는 것이다.

여섯째, 발달은 총체적으로 이루어진다. 신체, 운동, 인지, 정서, 사회성 등 발달의 제 영역은 서로 유기적으로 연결되어 있다. 따라서 한 영역의 발달 및 지체는 다른 영역의 발달 촉진 및 지연을 가져오고 발달의 범위에도 영향을 미친다. 예를 들어 영아의 신체가 발달하고 보행 등 운동기술이 발달함에 따라 보다 효과적인 문제 해결 방식을 터득하고, 주변 사람과의 관계가 달라지기도 한다.

3) 발달과 관련되는 문제

발달은 쉽게 파악되기 어려운 복잡한 과정이다. 따라서 발달과 관련되어 많은 문제들이 논의되고 있다. 이에 관하여 알아보자.

첫째, 발달의 기제에 대한 문제이다. 발달의 원리에서도 다루어진 문제로서 변화를 일으키는 근원적 힘에 대한 논의이며 발달심리학의 초기부터 꾸준히 제기되어 오는 문제이다. 이에 대해서는 유전 대 환경, 천성 대 양육, 성숙 대 학습 등 다양한 이름을 붙여 논의되고 있다. 이를 정리해 보면, 유전, 천성, 성숙을 지지하는 입장에서는 발달적 변화는 선천적 기제에 의한 것이며 이는 환경이나 경험의 영향을 받지 않는 타고난 프로그램이라고 본다. 따라서 환경이나 경험의 유무와는 별개로 변화가 일어난다고 본다. 이에 비해, 환경, 양육, 학습을 지지하는 입장에서는 발달적 변화는 외부의 힘에 의해서 이루어진다고 본다. 따라서 환경의 질, 환경의 변화, 학습 등 외적인 영향에 발달은 쉽게 영향받고 발달 시기가 달라지기도 한다. 이와 같이 대립되는 두 입장은 두 번째 문제와 연결된다.

둘째, 개체는 발달에 능동적 역할을 하는가? 수동적 역할을 하는가? 개체는 자신의 발달을 주도적으로 이끌고 환경을 선택을 하여 자신의 경험을 구조화하며, 발달의 방향과 속도는 개체의 특성에 따라 달라진다고 본다면 이는 개체의 능동적 역할을 지지하는 입장이다. 유전, 천성, 성숙을 지지하는 입장에서, 개체는 변화의 과정과 결과를 직접 경험하며 발달을 일으키는 유전적 프로그램은 외부에서 주어지는 것이 아니라 개체 내부에 존재하므로 개체는 발달에 능동적이라고 본다. 이에 비해 환경, 양육, 학습을 지지하는 입장에서는 외부의 영향에 의해 변화가 일어나고 개체는 단지 발달에서 수동적 역할을 할 뿐이라고 주장한다.

셋째, 발달을 질적 변화로 볼 것인가 양적 변화의 문제로 볼 것인가의 문제이다. 이에 대해 프로이트, 피아제 등 발달의 단계를 주장하는 이들은 질적 변화를 주장한다. 발달 현상을 전체적으로 볼 때 비약적으로 도약하는 단계들로 이루어진 것으로 보는 것이다. 따라서 발달은 연속적이기보다는 비연속적이며 현 단계는 이전 단계와는 질적으로 완전히 다른 변화를 나타낸다고 본다. 반면 발달을 양적 변화 혹은 정도의 문제로 보는 견해는 점진적이고 누적적인 변화를 가정하며 변화는 양적으로 표현할 수 있다고 본다. 이에 따르면 현 상태는 이전 상태에 비해 정도가 증가하거나 감소하는 변화이지 질적으로 다른 상태가 되는 것은 아니라고 본다. 즉, 발달 현상은 연속성을 유지한다고 보는 것이다.

2. 발달심리학의 시작

1) 심리학의 성립과 발달에 대한 생각

인간 마음은 오랫동안 서양 철학에서 직관적, 사변적으로 다루어졌다. 그러나 19세기에 들어와 물리학이나 생리학에서의 실험처럼 심리 현상도 대상화하여 실험법으로 연구할 수 있고 수량화할 수 있음을 알게 되면서 심리학은 경험과학으로의 기반이 마련되었다. 이를 바탕으로 분트는 1879년 최초의 심리학 실험실을 만들어 독립적 과학으로서의 심리학의 문을 열었다(이정모, 2001).

초기의 심리학은 당시의 과학적 패러다임과 맥을 같이 하였다. 마음의 기본 요소를 알아내고 그 요소들 간의 관계를 실험을 통해 밝히려는 당시의 심리학적 시도는 연구 대상의 물리적 속성을 파악하고자 했던 당시의 과학적 방법론과 일치하였다. 특히 물리학은 심리학의 중요한 틀이 되었다. 부분 이해를 통해 전체를 파악하고, 객관적이고 엄밀한 연구방법을 사용하며, 대상의 본질을 파악하여 보편 원리와 법칙의 지식 체계를 수립하려는 관점은 그대로 심리학 연구에도 적용되었다.

이와 같은 흐름 속에서 인간 발달은 중요한 주제임에도 불구하고 발달이라는 변화 과정을 경험적으로 연구하기 어렵다는 현실적 이유와 정지된 존재(being)가 아닌 변화하는 존재(becoming)를 과학의 대상으로 보지 않았던 당시의 학문 분위기 때문에 발달심리학은 심리학의 주류에 포함되지 못했다. 초기 발달심리학자인 스탠리 홀(Stanley Hall)조차도 심리학을 실험심리학, 역사심리학, 본능심리학으로 구분하며 심리학의 중심은 실험심리학이고 발달심리학은 역사심리학이며 이류심리학으로 분류하였다(Cairns, 1998).

심리학에서 핵심적으로 다루어져야 함에도 불구하고 초기에 주류로 자리잡지 못한 발달의 문제는 생물학적 관점의 등장과 아동 이해에 대한 사회적 관심이 높아지면서 중요한 주제로 부각되고 이를 통해 발달심리학이 성립되는 변화를 맞이한다.

2) 발달심리학의 성립

발달심리학이 성립하는데는 당시 과학적 방법론으로 영향력을 발휘하기 시작한 생물학적 관점과 아동 이해에 대한 사회적 필요가 큰 요인으로 작용한다. 우선 생물학적 관점을 알아보자. 태생학(embryology)과 진화론(evolution)은 초기 발달심리학의 성립을 가능하게 한 생물학적 접근들이다. 태아의 해부학적 발달을 살펴봄으로써 개체 발생을 설명하는 태생학 분야에서 발달심리학에 영향을 준 사람은 폰 베어(K. E. von Baer)이다. 그는 태아의 해부학적 연구를 바탕으로 발달은 일반에서 특수로, 동질에서 위계 구조로의 변화라고 했다. 특히 그는 발달을 분화와 조직화의 연속적 과정으로 파악하고 발달을 새로운 특성의 출현이라고 보았다. 이와 같이 발달 과정 자체가 유동적이며 새로운 특성의 출현을 발달의 특성이라고 보는 관점을 후성설(epigenesis)이라고 한다. 그러나 당시로서는 변화를 일으키고 발달을 통제하는 것이 무엇인지를 설명할 수 없는 후성설의 한계 때문에 폰 베어의 견해는 수용되지 않았다. 그러나 그의 견해는 스펜서, 볼드윈, 피아제로 이어지며 발전하였고 쿠오(Z. Y. Kuo), 슈네이라(T. C. Schneirla) 등에도 영향을 주었다. 그가 제기한 발달의 후성적 특성에 관한 문제는 한 세기 동안

풀지 못한 상태로 남아 있다가 버탈란피(L. Bertalanffy)를 통해 해결의 실마리를 찾기 시작하면서 연구가 확대된다. 이런 의미에서 발달심리학의 성립 초기에 위치한 폰 베어의 관점은 현대적 발달 관점과도 연결된다(Cairns, 1998).

진화론은 발달심리학의 이론적 기초를 제공한 또 다른 생물학적 관점이다. 다윈(Charls Darwin)은 플레이어(William Preyer)와 더불어 자녀를 관찰하고 아동 전기(baby biography)를 쓴 사람 중의 하나로 알려져 있다. 그러나 그가 아동 전기를 쓴 것은 발달과정 자체에 대한 흥미 때문이 아니라 진화론의 증거를 찾기 위해서였다. 화석, 지층 등은 처음부터 지금의 모습으로 있던 것이 아니라 오랜 시간을 통해 누적적으로 형성되었다는 지리학적 사실은 다윈에게 모든 유기체의 현재를 이해하는 데 지나온 누적적 과정이 중요하다는 통찰을 제공하였다. 다윈은 여러 종에 걸친 개체 발생에서의 변화를 설명하기 위하여 연구하였으며, 자연이 유기체 특징의 생존 여부를 결정하여 자연에 적합한 특징만 살아남고 이는 유전으로 후대에 전달된다는 진화론을 발표하였다. 그의 이론은 당시 학계와 종교계의 심한 비판을 받았음에도 불구하고 사람과 동물의 연속성, 성인과 아동간의 연속성에 대한 통찰을 주고, 변화 또는 과정 자체가 과학적으로 연구될 수 있는 풍토를 제공하여 발달심리학에 지대한 영향을 미쳤다.

발달심리학의 성립에 영향을 미친 또 다른 축은 아동 이해에 대한 사회적 필요이다. 당시 교육자, 사회사업가들은 대규모의 아동 교육을 실시하면서 실제로 아동에 대해 알고 있는 바가 없다는 사실을 인식하였다. 아동이 무엇을 알고 무엇을 모르는지, 아동을 어떻게 대하고 교육시켜야 하는지 등 아동에 대한 실제적 지식이 없어서 교육 및 서비스를 효과적으로 할 수 없다. 따라서 아동 이해의 필요성이 사회적으로 수용되고 연구가 시작되었다. 이를 계기로 언제 글을 읽을 수 있고, 언제 집단 활동을 할 수 있으며 어떻게 도울 수 있는지 등 발달의 실제적 문제에 관심이 높아지고 이런 관심은 수많은 아동복지센터와 아동연구소의 설립으로 이어졌다. 또한 아동을 위한 프로그램에 발달이론을 적용하는 시도가 나타났다. 이런 아동연구운동(Child Study Movement)이 일어나면서 발달심리학은 그 모습을 드러냈다. 생물학적 관점이 발달심리학의 학문적 시각을 제공했다면 아동연구운동은 발달심리학의 출현에 실제적인 영향을 미쳤다.

3) 초기의 발달심리학자

발달심리학은 1890년대 중반 자체의 저널을 갖게 되고 교과서도 등장하면서 서서히 학문으로서의 면모를 다졌다. 초기의 발달심리학에 영향을 미친 대표적 학자로 홀, 비네, 발드윈, 프로이트를 들 수 있으며 홀과 비네의 등장에 큰 영향을 미친 사람이 프레이어이다. 본 절에서는 초기의 발달심리학자를 소개하며 이들의 관점과 이후의 발달 연구에 미친 영향을 살펴보고자 한다.

(1) 프레이어

Cairns(1998)에 따르면 프레이어는 현대 발달심리학의 출발선 상에 있는 인물이다. 프레이어는 다윈과 마찬가지로 아동 전기를 기록하며 발달 특성에 대한 연구를 하였다. 그는 발달은 어느 한 측면만으로는 설명되기 어렵다는 점을 깨닫고 다학제간 접근의 필요성을 제기하였다. 또한 그는 관찰 연구에 직접적 기여를 하였다. 예를 들어 직접 관찰이 이루어져야 하고, 관찰 내용은 즉각 기록해야 하며, 인위성을 피하기 위하여 자연관찰을 하되 관찰자 간의 관찰 내용에 대한 점검이 있어야 하고 한 아동에게 적어도 하루 세 번은 관찰이 이루어져야 한다는 등 관찰 연구의 실제에 대해 언급하였다.

프레이어는 인지와 감각의 발달 순서를 밝혀 발달에서의 일반적 법칙을 알아내고자 했으며 발달에서의 선험론과 경험론 둘 다 부분적으로 맞는다는 관점을 가졌다. 프레이어는 경험과 구조적 발달 간의 피드백이 뇌에 존재한다는 '양방향 구조-기능 가설'을 제기하였으며 뇌는 자체의 활동을 통해 성장한다고 보았다. 프레이어의 이런 견해는 이후 와딩턴(C. H. Waddington)에게 영향을 미친다.

(2) 홀

스탠리 홀은 아동연구운동의 리더이며 많은 발달심리학자에게 영향을 미친 학자이다. 그는 학교에 입학할 아동들을 대상으로 대규모의 질문지법을 처음으로 실시하였으며 지역 및 남녀 간의 비교를 시도하였다. 그는 특히 청년기의 발달에 많은 관심을 보였다. 그는 청년기를 계통발생을 끝내고 개체발생을 시작하는 시기로 규정한다. 청년기는 계통 진화에서 벗어나 자신의 개인성을 형성하는 시기이므로 많은 혼란과 어려움을 겪는다고 보았다. 홀은 객관적이고 체계적인 방법으로 아동의 정상 발달에 대한 연구를 하면서 발달심리학이 어떻게 과학적으로 시도될 수 있으며 그 결과가 어떻게 사회적으로 응용될 수 있는지를 보여준 초기 발달심리학자이다.

(3) 비 네

일반적으로 비네(Alfred Binet)는 최초로 지능검사를 제작한 사람으로만 알려져 있으나 그는 최초의 실험아동심리학자였다. 그는 다양한 방법으로 다수를 대상으로 실용적 연구를 하였다. 예를 들어 그는 자극의 특성을 그림, 언어, 유의미, 무의미, 개별 자극 등으로 변화시키며 정상아동, 지체아동, 체스 전문가, 계산 잘하는 사람 등 다양한 피험자를 대상으로, 다양한 측정치를 갖고 통계기법을 사용하며 기억을 연구하기도 했다. 그는 두 딸을 대상으로 기억과 지각 연구를 하였으며 이는 영재와 지체 연구의 초석이 되었다. 이런 관찰을 통해 그는 개인차에 관심을 갖게 되었고 특히 고등정신기능에서의 개인차에 관심을 가졌다. 이즈음 프랑스에서 아동연구운동이 일어나고 정신능력을 측정하려는 시도가 있었으며 비네는 시몬과 함께 지능검사를 제작하였다. 이로서 그는 발달심리학이 사회적 유용성을 갖는 과학이 되는 데 기여했으며 발달심리학이 경험적 과학이 될 수 있음을 보여주었다.

(4) 발드윈

발드윈(Mark Baldwin)은 발달이론가이다. 초기에는 개체발생, 오른-왼손잡이, 색 지각, 방법론 등 경험 연구를 많이 하고 이를 과학 저널에 싣기도 하였으나 후기에는 실험적 방법보다는 이론에 더 많은 관심을 가져 발달에 관한 이론적, 철학적 고찰을 하였다. 그는 반사적 또는 물리적 단계, 감각운동 단계, 상징전환 단계로 인지 발달 단계를 나누었으며 정신발달의 구조를 설명하기 위하여 조절, 동화, 순환반응 등의 용어를 사용하기 시작하였고 발달의 과정에도 많은 관심을 두었다. 또한 사회성은 자기중심적 수용적 단계, 주관적 단계, 공감적 사회적 단계를 거쳐 발달한다고 보았으며 성격은 초기 경험이나 유전인자에 의해 고정되지 않으며 자아는 타인과의 관계, 사회적 전통 등 사회적 유산과 점진적인 조절을 통해 나타난다고 했다. 발드윈 이론은 방법론, 글 스타일, 교수법 등이 복잡하고 이론 내에서의 개념 변형이 있어서 어려웠음에도 불구하고 피아제의 이론과 비고츠키의 이론에 큰 영향을 미쳤다(Baldwin, 1980).

(5) 프로이트

프로이트(S. Freud)는 다윈과 헥켈의 영향을 받는 초기 학자이다. 그는 초반에는 신경생물학 연구를 하였으나 비네와 함께 샤르코(J. M. Charcot) 문하에서 훈련을 받으며 신체 증상과 마음과의 관련성에 관심을 갖기 시작하였고 최면을 통해 무의식적 정신과정에 눈을 떴다. 그는 꿈의 분석, 자유연상, 최면을 통해 무의식에 이를 수 있는 정신분석의 방법을 개발했으며 이는 심층심리학의 기초가 되었다.

프로이트는 발달심리학에도 중요한 자취를 남겼다. 성격 발달을 설명하는 그의 이론은 발달을 이끄는 중요한 힘으로 성적 에너지인 리비도를 상정한다는 점에서 심리 성적 발달이론이다. 그는 성격을 이루는 구성 요소로 원자아(id), 자아(ego), 초자아(superego)를 들고, 리비도가 신체의 어느 부위에서 만족을 얻느냐에 따라 성격 발달을 구강기, 항문기, 남근기, 잠재기, 생식기의 단계로 구분하였다. 프로이트는 생의 초기 특히 남근기의 무의식적 경험이 성격 발달의 기초가 된다고 보았다. 따라서 생의 초기에 대한 설명에 큰 비중을 두고 있다. 이때 형성된 무의식적 경험이 개인의 성격 형성에 결정적이며 이는 부모와의 관계를 통해 경험된다고 보았다. 이와 같은 프로이트의 발달이론은 영유아 연구 및 가족관계 연구를 촉진시키고, 초기 경험의 중요성을 인식시켰다는 점에서도 발달심리학에 큰 영향을 미쳤다. 특히 초기 경험은 형성적 가치뿐 아니라 결정론적 가치를 지니는 것으로 보고 초기 발달의 역동성을 강조하였으며 이는 애착이론, 대상관계 이론에 직접적 영향을 미쳤다.

프로이트의 성격 발달이론은 나중에 등장하는 심리 사회적 성격이론인 에릭슨의 이론과 대비된다. 또한 단계(stage)로서 발달과정을 설명한 프로이트는 피아제의 인지에 대한 단계이론과 더불어 발달을 질적 변화로 보는 관점을 제시하였다.

3. 인간발달이론의 확장(20세기 초반~1950년대)

발달심리학이 성립되고 자리를 잡아가면서 초기의 인간 발달에 관한 관점은 점차 이론으로서의 모습을 갖추어갔다. 이 시기에 일어난 두 차례의 세계대전, 공황 등 사회적 변화는 발달심리학에 영향을 미쳐 발달 연구의 흐름과 방법을 변화시켰다. 특히 나치의 탄압을 피해 많은 유태계 학자들이 미국으로 이주하면서 자연스럽게 유럽적 관점과 연구 방법이 미국에 전파되었다. 그 결과 다양한 관점들이 소개되고 발전하면서 다양한 발달이론이 공존하는 이론적 다원주의(pluralism)가 형성되었다. 또한 1920년대부터는 아동연구에 대한 지원이 크게 증가하여 아동연구운동도 결실을 보게 되었다.

이론적으로 다양한 관점이 소개된 이 시기에 각 이론들은 상대의 이론을 비판하면서, 발달에서의 연속-불연속, 안정-불안정, 불변-변화, 천성-양육 등 극단의 양분된 관점이 서로 대결하는 양상을 보였다. 이와 같이 발달을 주도하는 요소를 분리해내려고 시도는 1960년대까지 지속된다(Overton, 1998).

대체로 이 시기의 발달심리이론은 기술적이고 규준적 성격을 띠고 있다. 주로 자료를 수집하여 발달 현상을 기술하고 발달 순서를 제시하는 수준의 이론들이 주류를 이루었다. 본 절에서는 이를 발달이론의 확장기로 보고 이 시기의 발달이론을 살펴보고자 한다(이론에 대한 자세한 기술은 각 장에서 소개되므로 본 절에서는 이론의 흐름을 중심으로 기술하고자 한다. 자세한 내용은 관련되는 장을 참고하기 바란다).

1) 행동주의의 확장

진화론은 발달심리학의 출발에 깊은 영향을 주었을 뿐 아니라 발달이론의 형성에도 많은 영향을 미쳤다. 생물학에 기반을 둔 동물심리학, 기능주의 심리학, 행동주의 심리학이 모두 진화론적 사고에 의해 탄생할 수 있었다. 특히 다윈의 '동물과 사람의 정서 표현에 대한 에세이'는 인간과 동물의 심리적 특성을 비교연구하는 동물심리학의 초석이 되었으며, 동물심리학은 동물 연구에서 나온 결과를 인간에게 일반화할 수 있는 가능성을 조성하였고 이는 행동주의 심리학 성립의 기초가 되었다.

동물심리학과 더불어 20세기 초 미국에서 일어난 기능주의 관점도 발달심리학의 연구 풍토를 변화시켰다. 심리학의 문을 연 분트는 연구 방법으로는 실험법을 택했지만 연구의 주제는 여전히 철학에서 중시하는 마음의 내용이었다. 그러나 마음의 내용은 매 순간 변하고 주관적으로 경험되므로 분트와 같이 마음을 요소로 분해하는 것으로는 마음을 제대로 이해할 수 없고 마음의 내용보다는 마음의 과정과 기능에 주목해야 한다는 기능주의 관점이 생겼다. 이를 바탕으로 심리학의 관심사는 마음의 내용이 아니라 마음의 기능이어야 하며 마음의 기능은 자극에 대한 반응 행동으로 확인할 수 있다는 행동주의가 탄생하였다. 행동주의에 따르면, 발달은 개체의 내적 힘에 의해서가 아니라 환경에 의해 조성된다. 발달하는 개체는 상대적으로 수동적인 위치를 점하고 환경은 상대적으로 능동적으로 발달에 기여한다고 본다. 행동주의에서는 발달 현상을 양적으로 파악하고 누적적이며 연속적 특성으로 이해한다.

빌딜 현상은 행동주의 관섬으로 해석되고 설명되었다. Watson은 공포와 같은 정서를 학습시킬 수 있음을 보여줌으로써 환경의 조성과 통제를 통해 새로운 행동을 설명하였고, 달러드와 밀러는 사회학습과 모방으로 발달을 설명하였다. 스키너는 강화를 통한 조작적 조건화를 강조하며 발달 현상은 강화의 역사로 이해될 수 있음을 주장하였다.

그러나 행동주의는 마음을 자극과 반응의 연결로만 이해하고 지나치게 엄격한 방법론을 적용하여 마음을 이해하는 데는 한계를 보였다. 따라서 미국에서 맹위를 떨치던 행동주의는 1960년대 이후 이론적 쇠퇴를 맞게 된다.

행동주의는 쇠퇴 이후에 반두라(A. Bandura), 월터(R. Walters)에 의해 다시 새로운 모습으로 등장한다. 강화 없이 관찰만으로도 사회학습이 일어난다는 이들의 이론에는 학습기제뿐 아니라 인지과정도 포함되어 자기효율성, 자기통제 등이 행동에 영향을 미친다고 강조하면서 지극히 수동적 위치에 머물러 있던 유기체의 입지를 다소 넓혔다(Bandura & Walters, 1963). 그럼에도 불구하고 행동주의는 발달의 보편적 현상인 새로운 행동의 출현에 대해서는 적절하게 설명하지 못한다는 점에서 발달이론으로서의 가치는 제한적이다.

2) 정신분석의 변형과 분파

프로이트로부터 시작된 정신분석은 1930년대에 들어 다양한 분파로 나뉘고 행동 발달 연구에 강한 영향을 미친다. 정신분석은 고전적 정신분석, 포스트 정신분석이론, 네오 정신분석이론으로 나뉜다. 프로이트의 가르침을 고수하는 정통 정신분석을 고전적 정신분석이라 하며 이는 직접적이고 가장 강력한 영향력을 발휘하였다. 그러나 프로이트가 설정한 제한 내에서 정신분석이론을 확장시킨 포스트 정신분석학파와 영아 성욕 강조, 초기 경험의 중요성 등 기본 전제에 의문을 표하는 네오 정신분석학파 역시 확장 발전하여 발달이론으로서의 확고한 자리를 잡는다.

특히 성격을 설명하는 방식에 의문을 표하는 Jung, Adler, Horney, Fromm, Sullivan, Erikson 같은 이들은 성격을 변하지 않는 정적 상태로 보지 않고 역동적으로 변화하는 것으로 이해하였다. 이들은 개인 간의 역동을 강조하고 성격 발달에 영향을 미치는 사회적 힘을 강조하였다. 또한 이들은 개인 간의 역동은 가족관계와 아동후기 및 성인기의 대인관계를 통해 나타난다고 보며, 유아 성욕의 중요성과 초기 경험의 불가역성 대신 사회적 힘이 발달에 영향을 미친다는 점을 강조하였다.

3) 발드윈 이론의 분파

발달심리학 초기에 등장한 인지 및 사회성 발달에 관한 발드윈 이론은 이론의 확장을 통해 두 분파로 나뉜다. 우선, 인지발달에 관한 부분은 피아제 이론을 통해 확장된다. 발드윈이 제시한 인지 발달 단계는 피아제 이론에 직접적 영향을 주었으며 발드윈이 사용한 동화, 조절, 순환반응 등의 용어도 그대로 사용되었다. 그만큼 발드윈과 피아제 이론에는 유사점이 많다. 그러나 발드윈은 인지 발달에 관한 철학적 고찰을 한 반면 피아제는 생물학적 훈련을 바탕으로 다양한 경험 연구를 했다는 점에서 구별된다.

둘째, 사회성 발달에 관한 발드윈의 이론은 비고츠키를 통해 이어진다. 비고츠키는 발달에 미치는 사회와 문화의 힘을 강조하였다. 발달은 개체가 사회적 환경 속에서 공유된 지식을 전수받으며 나타나므로 사회적 맥락 속의 사회적 행위를 연구하는 것을 중요시하였다. 사회적 행위가 일어나고 이들 상호작용을 내재화하는 과정을 통해 발달이 일어난다고 보며 발달의 방향은 개인간(interpsychological) 수준에서 개인내(intrapsychological) 수준으로 옮아간다. 비고츠키는 두 수준의 차이를 근접발달영역이라고 부르고 이 영역에서 변화가 활발히 일어난다고 설명한다(Vygotsky, 1939).

4) 장 이론과 동물행동학

발달심리학자 게젤(A. Gesell)은 발달 현상에서 보이는 규칙성과 예측성에 주목하며 발달에서의 성숙의 역할에 관심을 가졌다. 이는 멘델의 유전법칙과 염색체에 관한 지식 등 당시에 서서히 밝혀지는 개체발생과 관련된 발견들과 더불어 유전 기제에 대한 관심을 고조시키는 데 일조를 하였다. 모든 체세포가 동일한 유전적 코드를 갖고 있다면 각기 다른 신체 부위는 어떤 과정을 통해 상이한 특성과 기능을 갖게 되는가? 발달을 통제하는 청사진과 같은 것이 있는가? 있다면 어디에 있고 어떻게 기능하는가? 이와 같은 발달심리학적 질문은 개체 발생의 비밀에 관한 생물학적 관심으로 나타났다.

태생학자인 스퍼만(H. Sperman)은 양서류를 대상으로 여러 부위의 세포 이식을 하고 이를 관찰한 후, '각 세포는 그 세포가 어느 세포에 둘러싸고 있는지에 따라 각기 다른 특성으로 발현된다. 즉, 개체발생의 과정에서 세포는 외적 혹은 맥락적 힘에 의해 발달이 조직화된다. 또한 형태와 기능이 발달하는 결정적 시기 동안에는 일단 조직화가 일어나면 그 영향은 비가역적이며 지속적이다' 라고 기술하였다. 이는 발달이 유전적 코드에만 의존하지 않고 맥락, 장, 환경에 따라 달라질 수 있음을 시사한다. 이 결과는 시스템 이론으로 알려진 발달이론과 연결되며 레빈(K. Lewin)은 이를 장 이론(field theory)으로 발전시켰다. 장 이론에 따르면 발달은 개체가 속해 있는 장의 특성에 따라 발달의 내용과 과정이 달라진다. 장 이론은 발달에 영향을 미치는 다양한 요인에 대한 관심을 증가시켰고, 이들 요인 간의 관계를 연구하는 데 기여하였다.

관련되는 연구로는 슈네이라와 쿠오의 연구를 들 수 있다. 슈네이라(Schneirla, 1933)는 사회 집단을 형성하는 종을 주로 연구하였는데 개미연구도 그중 하나이다. 그는 개미가 곤충임에도 불구하고 어떻게 복잡한 사회체계를 이루며 살아가는가에 관심을 가졌다. 연구 결과, 어떤 개체가 여왕벌이 되는지의 여부는 개체 내분비계의 생리적 기제에 의해서가 아니라 개체와 개미집단 간의 상호적 사회관계를 통해 만들어진다는 것을 발견했다. 즉, 개체의 발달은 유전적 요인만으로 결정되지 않고 개체가 놓여진 장에 따라 달라질 수 있음을 예시적으로 보여주는 것이다.

쿠오(Kuo, 1930)는 새의 쪼기, 울음, 움직임 패턴과 같은 본능적 행동의 기원을 연구함으로써 행동의 유연성(malleability)을 알아보고자 했다. 그는 본능적 행동은 중추신경계, 물리적 기능, 행동적 기능 간의 피드백을 통해 나타날 것이라고 가정하였다. 이를 검증하기 위하여 새의 부화에서 성숙에 이르기까지의 과정을 자세히 관찰한 결과, 새의 활동 자체가 새의 발달에 영향을 미친다는 점을 알아냈다. 예를 들어 배아 상태에서 다리의 움직임이 적었던 새는 부화한 후 다리 운동에서 어려움을 보이며, 새끼 스스로 내는 울음소리 자체가 종 특유의 선호행동의 발달을 촉진시킨다는 점을 발견하였다. 이는 발달의 가소성(plasticity)을 시사한다. 슈네이라와 쿠오의 관찰은 매우 사실적이며 현대적 관점이었음에도 불구하고 당시의 발달심리학에는 큰 영향을 미치지는 못했다. 이들의 견해는 나중에 시스템 관점으로 이어진다.

동물행동학은 새의 쪼는 행동, 어미를 따라 다니는 행동, 먹이를 향해 입벌리는 행동 등 종 특유의 행동이 어떻게 나타나고 변화되며 발달에 어떤 영향을 미치는지를 연구한다. 틴버겐(N. Tinbergen)과 로렌츠(K. Lorenz)는 대표적인 연구자이다. 로렌츠는 오리가 부화하자마자 처음 본 움직이는 물체를 어미로 인식하여 이를 따라다니는 행동을 보고 결정적 시기에 경험된 내용이 각인되어 사라지지 않음을 발견하였다. 동물행동학의 학문적 관심은 발달과 관련된 많은 문제들에 대한 답을 제공하였다.

동물행동학과 관련된 발달 문제 중의 하나가 애착이다. 1960년대에 동물행동학은 발달 초기에 형성되는 정서적 유대에 관해 많은 관심을 기울였다. 동물 연구를 검토한 결과, 출생 직후의 짧은 시간에 어미와 새끼의 행위와 생리적 상태 간의 정교한 동시성이 존재한다는 점이 공통적으로 드러났다. 특히 새끼의 행위가 어미의 적절한 행동을 유발하며 이 피드백의 고리가 어미와 새끼 간의 상호작용을 형성한다는 점이 밝혀졌다. 더구나 모자간의 상호작용을 촉진시켰던 생리적 조건이 없어진 후에도 적절하고 양육적 모자관계가 유지되며 심지어는 어미가 먹이를 주는 강화가 없어도 사회적 애착이 일어난다는 것을 발견하였다. 그렇다면 포유류에서 보여지는 이런 강한 애착이 인간에게도 나타나는가? 이는 정신분석이론이 초기 관계를 강조하면서도 설명하지 않은 부분이었다. 게다가 분리불안, 낯가림 등 강하고 분명한 발달 현상이 있음에도 불구하고 연구되지 않았다. 이에 대한 발달심리학적 연구는 동물행동학에서 문제를 제기한 후 할로우(H. F. Harlow)와 보울비(J. Bowlby)와 같은 연구자에 의해 이루어졌다.

4. 1960년대 이후의 발달심리학

제2차 세계 대전 후 과학의 진보와 재정 지원에 힘입어 발달 연구는 더욱 활발하게 진행되었다. 특히 컴퓨터의 등장, 생물학의 발전, 연구방법의 다양화는 발달심리학의 이론과 연구 주제를 변화시켰다. 미국에서는 헤드스타트 운동이 시작되고 아동용 텔레비전 프로그램이 방영되기 시작하여 학문으로서의 아동연구는 생활과 직접 연결되었다. 미국에 소개된 피아제의 이론은 1960년대까지 발달 연구의 주종을 이루었으며 이전 시기에 제기되었던 발달 문제들도 다시 제기되어 논의되었다. 발달의 기원과 변화에 대한 기본적 질문 역시 그중 하나이다. 이 무렵 대학의 임상센터나 발달연구소를 중심으로 장기종단연구들이 시작되었다. 특히 인지가 발달심리학의 주요 주제로 재등장한 인지혁명은 이 시기의 큰 변화였다. 본 절에서는 1960년대 이후의 변화 중 최근 관점과 이어지는 변화를 중심으로 기술하고자 한다.

1) 인지혁명

발달심리학의 초기부터 인지는 주된 관심사였으나 초기에는 방법상의 모호성으로 인해 면밀히 연구되지 못했다. 인지의 기원과 발달에 대한 발달심리학적 설명은 피아제에 와서야 이루어졌다. 생물학자로서 피아제는 자기조직화(self-organization)와 후성설을 학문적 기반으로 하여 발생적 인식론을 펼쳤다. 그는 지식은 동화와 조절의 과정을 통해 능동적으로 구성되며 마음은 자기 조절적(self-regulating) 구조가 끊임없이 발달하는 체계라고 보았다. 피아제는 아동에게 아주 단순한 과제를 내주었을 때, 아동은 성인이 생각지 못한 뜻밖의 어려움을 겪는다는 사실에 주목하고 성인과는 다른 아동의 인지구조를 발달 단계로 기술하였다(Piaget, 1926).

피아제 이론이 미국에 소개된 1960년대에는 인지를 주제로 한 많은 발달연구들이 이루어졌다. 특히 피아제는 일반인지뿐 아니라 사회인지라는 새로운 영역을 발달심리학에 구축하였다. 피아제에 의해 소개된 초기 사회인지 연구 주제는 자기중심적 언어, 물활론, 실재론, 공감, 조망수용 등이었고 이는 1970년대의 귀인 연구, 1990년대의 마음 이론에 관한 연구로 이어진다.

발달심리학의 현대적 관점 형성에 두드러진 영향을 미친 인지의 재등장은 단순히 인지 영역이 다시 주목을 받는 것을 넘어서서 인간 이해의 틀을 완전히 바꿨다는 점에서 인지혁명이라고 불린다. 이전의 행동주의 설명만으로는 마음을 제대로 이해할 수 없다는 인식이 확산되면서 새로운 연구 틀이 필요했고 이는 컴퓨터의 등장과 연결되면서 정보처리이론이 등장한다.

인간 마음의 작용을 정보처리로 유추하여 설명하는 방식은 행동주의에서 도외시되었던 마음을 다시 심리학의 핵심 영역으로 돌려놓았다. 정보처리이론은 마음을 구체적으로 구현하고, 마음이 작용한 결과뿐 아니라 과정을 확인할 수 있게 했다는 점에서 발달심리학에 많은 영향을 미쳤다. 발달이론으로서의 정보처리이론은 성인과 아동간의 인지능력의 차이를 누적된 지식의 양적 차이, 기억 및 주의능력의 양적 차이로 환원시켜 설명하였다.

2) 생태학적 접근의 등장

1970년대 이후에 등장한 또 다른 흐름은 변증법적 사고이다. 인간의 고등정신과정은 정-반-합의 끊임없는 통합의 과정을 거치면서 발달한다는 변증법은 변화의 역동성을 강조한다. 인간의 발달은 사회적 진공 상태에서 이루어지는 것이 아니라 사회 체계의 끊임없는 영향을 받는다는 비고츠키의 이론은 피아제가 보지 못한 사회적 영향력을 발달과정에 끌어들였다. 이로서 발드윈의 발달이론은 이론의 확장기를 거쳐 현대에 와서 피아제 이론과 비고츠키 이론으로 자리잡는다.

비고츠키와 더불어 변증법적 접근을 한 또 다른 사람은 리겔(K. Riegel, 1975)이다. 그는 발달의 목표점은 균형이 아니라고 보았다. 균형 잡힌 상태는 발달이 종료된, 즉 더 이상의 변화가 일어나지 않는 상태라고 가정했으며 변화와 발달은 불균형의 상태에서 일어난다고 주장하였다. 각 발달과정은 더 많은 갈등과 불균형을 초래하며 이는 변화를 일으킬 수 있는 원동력이 되며 이런 불균형의 상태는 일생을 통해 발달을 이끈다고 보았다.

리겔의 관점은 발테스(P. Baltes)와 샤이에(W. Schaie)에 영향을 미쳐 전 생애(life span) 발달이론이 등장한다. 아동심리학 중심의 발달심리학은 성인기, 장년기, 노년기로 시간의 폭이 확대되고 전 생애를 통해 발달에 영향을 미치는 역사적, 사회적 맥락의 변화를 포괄하면서 총체적 인간에 대한 이해로 발전하였다.

발달의 역동성에 영향을 미치는 사회, 역사적 맥락이 고려되고 전 생애로 발달의 시야가 넓어지면서 발달심리학은 생태학적 접근(ecological approach)이라는 좀더 넓은 틀을 갖게 된다. 생태학적 접근의 대표주자인 브론펜브레너(U. Bronfenbrenner)는 생활과 유리된 실험실 내의 한정된 연구로는 발달의 역동을 제대로 이해할 수 없으며 발달의 현상은 여러 사회 시스템과의 관계 속에서 이해되어야 함을 강조하였다. 결국 어느 특정 시간대를 어느 한 요인으로 설명하고자 했던 기존의 관점은 생태학적 관점을 통해 다양한 요인과 시스템을 고려하게 됨으로써 좀더 전체적이고 통합적인 모습을 띠게 된다(Bronfenbrenner, 1974).

3) 영아 연구의 확대

발달심리학이 본격적인 궤도에 오른 후에도 영아는 예측과 통제가 어렵다는 이유로 연구에서 오랫동안 도외시되었다. 그러나 현대로 오면서 마음의 기원에 대한 관심이 고조되고 영아의 발달을 통해 인간 마음의 기원을 찾을 수 있고 그 변화 과정을 추적할 수 있으리란 생각이 퍼지면서 영아는 과학적 연구 대상으로 주목받기 시작하였다.

초기의 영아 연구는 생물학과 진화에 관한 이론적 관심에서 출발하였으나 점차 이를 뛰어넘어 영아 자체로서 연구되기 시작하였다. 그러나 무엇보다도 영아 연구의 확대에 큰 기여를 한 것은 연구방법의 발전이라고 볼 수 있다. 이전 영아 연구의 가장 큰 문제점은 영아는 언어로 혹은 행동으로 자신을 잘 표현하지 못한다는 점이었다. 영아를 대상으로 직접적인 연구를 하는데는 제약이 많으므로 부모를 통해 간접적으로 연구하는 방법을 택하였으나 이 역시 부모의 주관성 때문에 한계가 있었다. 따라서 영아 연구의 관건은 영아를 직접 관찰하거나 실험할 수 있는 적절한 방법론의 개발이었다. 현대로 오면서 영아 연구자들은 다양한 방법론을 개발하였고, 이는 영아 연구의 기폭제가 되었다.

울기, 빨기, 응시, 눈으로 물체 추적하기, 머리 돌리기 등 영아의 행동과 심장박동, 뇌전도, 뇌활성화 등 신체적 반응을 종속측정치로 삼아, 습관화-탈습관화, 시각적 선호, 지연모방, 강화수반 패러다임 등의 연구방법이 개발되어 이용되었다. 특히 비디오 장비를 이용하여 사회적 참조, 낯선 상황 절차, 얼굴 표정, 감정 표현 등을 연구함으로써 연구의 객관성이 높아지고 반복 연구가 가능해졌다(Rochat, 2001).

영아의 마음을 해독해내는 다양한 기법과 기술들이 개발됨에 따라 영아 연구는 현대로 오면서 현저히 증가하였고 영아의 능력에 대한 논의도 수정되었다. 이전의 무기력하고 무능한 존재로서의 영아는 연구를 통해 능동적이고 유능한 영아로 그 이미지가 바뀌었다. 영아 연구의 증가는 발달에서의 유전과 환경에 대한 논쟁을 다시 불러일으켰으며 초기 경험의 연속 및 비연속성의 문제를 다시 생각하게 했다. 이런 영아 연구의 흐름은 최근까지 이어지고 있다.

4) 실용연구의 확대

발달심리학은 그 출발부터 실용 학문으로서의 모습을 띠고 있었다. 실용성은 현대로 오면서 발달심리학의 학문적 정체성을 공고히 하는 데 일조를 한다. 발달심리학의 기초연구가 발달과정을 설명하는 지식의 확장에 그 목적을 두고 있다면 응용 및 실용연구는 특별한 문제 상황에 대한 정보 제공을 목적으로 한다. 발달심리학의 방법론으로서의 실험법은 연구방법을 확장하고 연구의 객관성을 확보하는데는 일조를 하였지만 실험실 내의 연구를 실용화하는 데는 제약으로 작용한 점도 있다. 발달이론의 확장기가 발달이론을 구성하는 기초연구가 활발히 이루어진 시기라면 현대로 오면서 발달심리학은 점차 실용적 모습을 띠게 되면서 응용발달심리학의 기초가 다져지는 시기라고 볼 수 있다. 시어즈(Sears, 1975)는 실제적 문제를 해결하고자 하는 필요성에서 시작되어 아동 및 가족과 관련된 교육, 복지, 법적 제도로 발전해나가는 발달심리학의 특성을 강조하였다. 그러나 사회적 관심과 필요에 의한 연구가 증가하면서 새로운 연구방향 제시나 확대 연구 없이 단지 시대적 유행이나 취향만 충족시키기는 연구가 나타나는 부정적 면도 있다.

5. 최근 발달심리학의 변화

본 절에서는 최근의 발달심리학의 변화를 기술하고자 한다. 초기의 발달심리학이 주로 발달 현상의 기술에 초점을 맞추었다면 최근으로 올수록 발달심리학은 발달 현상을 설명하는 데 비중을 둔다. 발달심리이론의 확장기에 나타난 이론적 다원주의는 최근까지 지속되고 있으며 특히 다학제간 연구가 증가하고 있다.

최근의 변화를 개략적으로 살펴보면, 방법론의 발전에 힘입어 이전에 접근하지 못했던 신경생리기제에 대한 지식이 축적되면서 발달의 제 현상을 신경생리적 측면으로 설명하고자 하는 시도가 활발히 전개되고 있으며 그 설명력이 확대되어 가고 있다. 또한 사회 생태학과 연결된 발달 관점은 더욱 힘을 얻어 맥락주의가 발달이론의 한 축을 이루며 문화가 발달에 미치는 영향을 연구하고 있다. Baltes, Gottlieb, Hinde, Greenberg 등은 발달 생물심리학과 동물행동학의 통합적 접근을 시도하고 있으며 Smith와 Thelen은 운동 발달을 중심으로 다이내믹 시스템 접근을 주도하고 있다. Cicchetti와 Cohen은 정상과 비정상의 발달 경로에 대한 발달 정신병리적 접근을 소개하였으며 응용적 측면이 강조되는 발달과학이 발전하고 있다. 또한 최근에는 특별한 이슈나 프로그램에 대한 이론적 검증을 하고자 하는 시도가 증가하고 있다. 본 절에서는 이에 대한 간략한 소개를 하고자 한다(자세한 내용은 관련된 장의 내용을 참고하기 바랍니다).

최근 변화에 포함되지는 않지만 진화발달심리학이라는 새로운 명칭이 붙은 진화론적 관점은 여전히 발달 현상을 이해하는 유력한 관점으로 남아 있다. 코스미드(L. Cosmides), 투비(J. Tooby) 등 진화심리학자에 따르면 마음은 인간 뇌에 체화된(embodied) 정보처리장치의 세트이며 진화적 현상이다. 마음은 수렵 채취 시절의 적응문제를 해결하기 위해 자연 선택된 것이고 발달은 자연선택의 원리로 설명될 수 있다고 본다. 최근의 확장된 영아 연구와 더불어 진화적 관점에서는 마음의 기원을 설명하고자 시도한다. 애착, 마음이론, 수, 얼굴지각 등 영아의 능력을 생존과 관련된 이점과 연결짓는다. 적응과 생존에 이점으로 작용한 특성들은 체화된 상태로 남아 후대에 학습 없이 발휘된다고 본다면 무릇 생명 그 자체가 곧 앎이라는 바렐라와 톰슨 등의(1997) 주장은 많은 시사점을 갖는다.

1) 발달신경과학

발달신경과학(Developmental Neuroscience)은 비교적 신생 영역으로 새로운 행동의 출현에 관한 지식을 얻을 수 있는 영역이라는 점에서 주목받고 있다. 그러나 이 분야는 1960년대까지는 방법론의 제한으로 연구의 어려움을 겪었다. 최근 신경과학의 발전에 힘입어 뇌 발달에 대한 지식이 증가하고 뇌 발달이 행동의 변화와 관련된다는 가설들이 지지되면서 다학제적 성격을 갖고 있는 발달신경과학은 급속히 발전하고 있다.

초기에는 뇌 발달은 유전이 전개되는 과정이며 특정 뇌 부위의 발달은 인지, 지각, 운동 등의 특수한 능력의 발달과 관련된다는 믿음을 가졌었다. 그러나 뇌 발달은 전적으로 유전적 과정만으로는 설명되지 않으며 많은 가소성을 내포하고 있다는 사실이 밝혀지고 있다. 뇌에 기반을 둔 마음에 대한 논의가 이루어지는 최근의 발달신경과학은 발달에 대한 해답을 제시할 수 있는 학문으로 급속한 발전을 하고 있다(Johnson, 1997).

2) 발달정신병리

기존의 발달심리학은 정상 발달 경로를 전제하고 있다. 따라서 정상 발달 경로에서 벗어난 이상 발달은 별개의 문제로 취급하였다. 그러나 정상과 이상을 분리하는 이분법적 발달경로는 발달에 대한 총체적 이해와 진단 및 개입 프로그램에 도움이 되지 않음이 드러나면서 발달 경로에 관한 새로운 틀이 필요했고, 발달정신병리(developmental psychopathology)가 등장하였다.

발달정신병리학은 다학제적 성격을 띤 신생 영역이다. Sroufe와 Rutter(1984)에 따르면 발달정신병리학은 부적응 행동의 기원과 과정을 연구하는 학문이다. 그러나 부적응의 이상 발달을 정상 발달 경로와 함께 고려한다. 정상 발달에 대한 지식은 이상 발달을 이해하는 데 기본이 되며 이상 발달에서 얻어진 지식들은 정상 발달을 이해하는 데 기초가 된다고 가정함으로써 이분화된 발달 경로를 통합시킨다.

발달정신병리에 따르면, 정상 발달과 이상 발달은 여러 요인에 의해서 결정되며(multidetermism), 이 요인은 크게 보호요인과 위험요인으로 나누어진다. 그러나 요인의 특성과는 별도로 발달은 개인적 취약성(vulnerability)과 탄력성(resilience)에 의해 발달 경로가 달라진다. 또한 각기 다른 경로를 거쳐 동일한 발달 상태에 이를 수도 있으며(equifinality) 동일한 특성이 각기 다른 결과(multifinality)를 초래할 수도 있다. 이와 같은 가정은 발달의 단선성을 가정하는 기존의 관점과는 명확히 구별된다(Cieehett 등, 1995; Sroufe, 1991).

3) 다이내믹 시스템 이론

발달은 개체에게 있어서는 끊임없는 새로운 행동의 출현이다. 전 생애에 걸쳐 나타나는 새로운 행동의 출현 때문에 때때로 발달 현상은 임의적이고 원칙이 없고 혼란스럽게 보이기도 한다. 질서 정연하고 예측 가능해야 하는 과학의 영역에서 임의적이고 혼돈스럽기까지 한 발달 현상은 연구하기 어려운 주제였다. 그래도 기존의 과학적 패러다임 속에서 발달 현상을 분해하고 요소로 나누어 발달적 변화를 설명하고자 했다. 그러나 여기에는 발달의 전체 틀을 볼 수 없다는 분명한 한계가 있었다. 변화를 다루는 발달심리학에서 변화를 전체적으로 보고 이를 설명할 수 없다면 이는 발달심리학에서 꼭 설명하고 넘어가야 할 중요한 문제를 놓치는 것이다. 새로운 특징은 어떻게 나타나고 시간이 지남에 따라 어떠한 변화를 보이는가? 이는 발달심리학의 핵심 문제인 것이다.

발달심리학의 핵심 문제는 심리학 영역 밖에서 다이내믹 시스템 접근이라는 이름으로 버탈란피(L. Bertalanffy)와 프리고진(I. Prigogine) 등에 의해 시작되었다. 생물학자 버탈란피(1968)는 요소주의를 비판하며 각 하위 요소를 이해하는 것만으로는 상위의 특징을 이해할 수 없다고 주장하였다. 이는 요소들의 합에는 단순 가산의 것 이상의 새로움이 드러날 수 있는 상호작용이 있음을 시사하는 것이며 이는 다이내믹 시스템의 창발적(emergent) 특징이 나타나는 방식이다.

버탈란피와 더불어 새로운 행동의 출현에 대한 새로운 관점을 내놓은 사람은 화학자 프리고진(1978)이다. 물리 세계에서는 뉴턴의 열역학법칙에 따라 에너지는 시간이 지남에 따라 점차 무질서해진다. 그러나 생물학적 시스템에서는 시간이 지남에 따라 반대의 현상이 일어난다. 이는 생물체가 닫힌 시스템이 아니라 환경으로부터 에너지를 주고받는 열린 시스템이기 때문이다. 열린 시스템은 환경으로부터 에너지를 공급받고 점차 질서가 증가한다.

발달 현상은 시간이 지남에 따라 그 복잡성과 조직화가 증가하는 좋은 예이다. 이는 인간이 열린 시스템이기 때문이다. 열린 시스템은 초기 조건에 민감하며 비선형(nonlinear)이며 자기조직화(self-organization)라는 독특한 특징을 갖고 있다. 또한 이런 시스템은 요동으로부터 나온 소음(noisy)을 기본으로 갖고 있다. 닫힌 시스템에서의 소음은 점차 소멸되고 전체 시스템은 평형상태로 남지만 열린 시스템과 같은 불평형 시스템에서는 요동이 확대되고 이를 통해 전체 시스템의 조직화가 일어나며 이는 새로운 조직화의 질서로 전환된다. 이것이 발달 현상이다.

과학 분야에서 시작된 다이내믹 시스템 이론은 발달심리학자들의 관심을 불러일으켰다. 브렌트(1978)는 프리고진의 자기조직화 원리를 발달이 진행되면서 드러나는 복잡성의 증가와 새로운 행동의 출현을 설명할 수 있는 기반으로 보았다. 그러나 구체적 발달 현상을 통해 다이내믹 시스템이론을 드러내는 데는 제약이 있었다.

그러나 최근의 다이내믹 시스템 접근은 구체적 발달 현상에 대한 자료 분석을 통해 발달의 복잡성 속에 포함되어 있는 역동성, 비선형, 자기조직화를 구체적으로 보여주고 있다. 특히 운동발달과 인지발달 분야에서 두드러진 성과를 보이고 있다. 대표적으로 텔렌과 스미스(1994)는 유아의 운동 발달에 관한 연구를 통해 개인간의 차이뿐 아니라 개인 내의 변화도 역동적으로 이해할 수 있는 기틀을 마련하였다. 또한 언어발달, 대상영속성 등에 대한 다이내믹 시스템 접근에서는 지식이 맥락과 상황에 따라 여러 요인에 의해 실시간에 역동적으로 구성되고 있음을 밝히고 있다. 연구자들은 변화를 설명하기 위하여 수학적 모델 및 컴퓨터 시뮬레이션을 사용하며 발달의 역동을 살피기 위하여 다양한 시간 단위와 요인들을 다룬다. 이러한 연구는 컴퓨터와 고등 수학의 발달로 최근에 와서야 가능하게 된 것이다.

다이내믹 시스템 접근은 인간 발달의 모습을 전체의 시각에서 조망하고자 하는 시도이다. 다이내믹 시스템 접근은 새로운 행동의 기원 및 발달 패턴에 대한 문제 등 복잡하고 무질서하여 전통적 관점에서 다루지 못했던 부분을 이론 안에 포함시키고, 선형적 발달에 포함되지 못했던 비선형적 발달 패턴을 수용함으로써 발달을 보다 포괄적이고 전체적으로 바라볼 수 있는 토대를 제시하고 있다.

4) 발달과학

현대로 오면서 실용 연구는 발달과학(developmental science)이라는 명칭과 함께 더욱 풍부해지고 정교해지고 있다. 화이트(1991)는 발달심리학의 발전 역사를 언급하며 발달심리학을 넘어서서 발달과학으로의 진입을 예측하였다. 발달심리학이 학문 초기의 모습대로 생물학적 관점과 사회적 관점을 함께 유지하면서 기초연구뿐 아니라 현 사회를 살아가는 인간의 모습을 기술하고 현실의 문제를 해결하는 실용적이고 현장 중심의 프로그램이 요청된다고 지적하였다.

발달과학의 실용적 측면은 응용발달심리학, 발달공학과 같은 구체적 흐름으로 나타났다. 발달과학은 기초연구에서 쌓여진 지식을 특정한 목적에 따라 다 방향으로 이용하는 것(multidirectional transfer of knowledge)을 그 내용으로 하므로 성격상 다학제적이다. 발달심리학의 응용적 측면을 강조한 대표적 인물은 지글러(Zigler, 1998)이다. 그는 발달심리의 기초연구와 응용연구를 구별하며 둘은 정의에서는 구별되나 서로 겹치는 부분이 많으며 서로에게 기여를 한다고 지적하였다. 발달심리학은 전통적으로 아동교육, 육아, 가족문제 등 현실적 문제를 많이 포함하기 때문에 응용연구가 활성화될 수밖에 없는 영역이라고 보았다.

미국의 경우 1960년대에서 1970년대 사이 정부 주도의 사회 프로그램이 시행되면서 그동안 학계에서는 주목받지 못했던 아동 서비스에 대한 연구 성과가 다양한 영역에서 적용되기 시작하고 기초와 응용연구의 상호성에 대한 인식이 증가하면서 발달과학은 본격적 모습을 갖춰 가기 시작하였다. 발달심리학자는 정책입안의 중요한 기초를 제공하는 전문가로 인식되기 시작하였고 발달 특성은 영유아, 아동, 청년, 중년, 노년을 대상으로 하는 사업에 꼭 필요한 지식이 되었다. 또한 발달에는 가정, 학교와 같은 직접적인 사회만 영향 미치는 것이 아니라 의료체계, 교육체계, 직장, 공동체, 정부, 미디어 등 원격 사회 시스템도 영향을 미친다는 공감대가 확산되면서 좀더 넓은 차원의 사회적 맥락 내에서 생태학적 접근을 할 필요성이 제기되었다. 동시에 인간의 삶에 미치는 사회적 변화의 영향을 연구하기 시작하였다. 그 결과 빈부 격차에 따른 상이한 발달 패턴에 대한 연구, 여성 취업이 증가하면서 생기는 탁아의 문제, 이혼에 따른 발달의 문제, 증가하는 십대 임신의 문제, 아동 학대 및 성폭력에 관한 아동 진술의 문제, 능력 개발을 촉진하는 환경과 저해하는 환경에 관한 문제, 청소년 범죄와 공격성에 대한 문제, 청소년과 아동의 우울에 대한 문제 등 실제적이면서도 중요한 문제들에 대한 연구들이 증가하였다(Hetherington, 1998).

발달과학의 한 부분으로 발달공학(developmental engineering)은 인간의 신체, 운동, 지각, 인지, 정서, 사회성 등 제반 발달 특성을 고려하여 교육 도구를 제작하거나 제품을 설계하고 환경을 배치하는 것과 같은 보다 구체적이고 적극적 응용을 포함한다. 영유아 및 아동을 위한 발달 촉진 프로그램, 인터넷 학습시스템 설계 등 최적 발달을 돕기 위한 교육내용을 구성하는 데 발달심리학의 축적된 지식을 활용한다. 막연한 직관에 의한 양육 및 교육을 지양하고 체계적 기초 연구의 지식을 토대로 교육 프로그램을 설계한다. 발달공학의 또 다른 측면은 놀이공간, 전시공간, 주거공간 등 적절한 발달환경을 설계하는 분야이다. 예를 들어 아동을 위한 미술관이나 과학관을 설계하는 데 있어서 아동 주도적 교육 효과를 거둘 수 있도록 아동의 눈높이에 맞춰 아동의 주의를 끌고 주의를 유지시키는 자극의 배열을 통해 마음에 와 닿는 전시 및 실험을 할 수 있도록 하는 데 발달심리학 지식이 활용될 수 있다. 이런 시도를 통해 기초연구는 그 의의가 깊어지고 사회적 영향력을 갖게 되며 활용된 지식은 최적의 발달을 위해 기여하게 된다(Gallagher & Dockser, 1980).

5) 문화 속의 발달

문화는 지금까지 발달심리학에서 상대적으로 주목받지 못했다. 그러나 최근 문화에 대한 관심이 고조되고 연구들이 축적되면서 발달에서의 문화의 영향력에 대해 진지하게 생각하게 되었다. 사회 문화적 환경은 인간이 그 의미와 내용을 적극적으로 찾아내지 않는 한 스스로 존재하지 않으며 주체성을 갖지도 않는 특성을 갖고 있다. 또한 인간은 사회 문화적 환경에서 의미와 내용을 적극적으로 찾아 사용하는 과정에서 자신의 주관성과 정신을 바꿔 간다. 그러나 오랫동안 문화는 발달을 일으키는 기제로 인식되지 못했다. 대신 유전과 환경이 발달에 어떻게 기여하는가에 대한 오랜 논쟁이 있었을 뿐이다(Cole, 1998).

우선 발달심리학 초기에 게젤은 발달은 유전과 성숙의 기제에 의해 결정된다고 하였다. 반면 스키너는 사회 환경에 의해 결정적 자극을 받아가며 발달한다고 보았다. 또한 피아제는 유기체의 내부 요인과 외부 요인이 상호작용을 통해 발달에 영향을 미친다고 보았다. 그러나 이들은 모두 생물학적 측면과 환경 측면의 비중을 달리하거나 혹은 이 둘을 병치함으로써 발달을 설명하고 있다는 점에서 최근의 문화적 관점과 구별된다. 최근의 문화 관점은 생물학적 측면과 환경 측면은 직접적으로 상호작용하지 않고 문화를 통해 매개된다는 점을 강조한다. 이에 따르면 인간 발달은 생물-사회-문화적 변화의 과정으로 이해할 수 있다고 본다(Cole, 1998).

외부에 존재하는 어떤 것, 인간이 만들어낸 환경 정도로 규정되던 문화는 인지혁명을 거치면서 '지식으로서의 문화' 로 변화되었고 지각, 개념, 기술과 같은 주관성이 강조되면서 새로운 면모를 갖추었다. 이에 따르면 문화는 인간의 마음속에 있으며 사회적 유산의 정신적 산물이다. 기존 심리학에서는 문화를 잠재성 실현에 대한 제약조건 또는 촉진조건으로 파악하지만 문화심리학에서는 문화의 습득과 이용은 인간 발달의 근원이며 더 나아가 인간의 생물학적 한계 조건을 초월하게 하는 기능을 하는 것으로 파악하고 있다. 마음속에 문화가 있고 문화 속에 마음이 있는 것으로 본다. 따라서 발달과정에 문화가 영향력을 발휘하는 것은 당연하다고 여긴다.

문화는 임신, 출산을 비롯하여 죽음에 이르기까지 전 생애, 모든 발달 영역에 걸쳐 영향을 미친다. 예를 들어 임신부의 섭식과 행동은 태아 발달에 영향을 주는데 이는 유전이나 환경에 의해 결정되기보다는 문화적으로 결정된다. 탄생과 관련된 의학기술의 문화는 태아의 생존율을 높이기도 하지만 낙태를 용이하게 하여 인위적 사망률을 높이기도 한다. 출산도 유전적 과정이라기보다는 문화적 사건이라고 볼 수 있다. 이렇듯 발달에는 문화가 적극적으로 작용하고 있다. 예전에는 심각하지 않았던 발달의 문제들, 예를 들어 청소년의 성, 십대의 임신, 약물 중독, 학습장애, ADHD, 정체성의 문제, 사이버상의 문제 등은 문화적 맥락에 대한 이해가 없으면 해결되지 않는 발달의 문제들이며 문화를 반영한다. 따라서 발달을 이해하는 데 있어서 문화적 맥락에 대한 이해는 매우 중요하다.

/참/고/문/헌/

석봉래 역(1997). **인지과학의 철학적 이해**. 서울: 옥토.
이정모(2001). **인지심리학**. 서울: 아카넷.

Baldwin, M. (1980). *Theories of Child Development*. New York: Wiley (Original work published 1967).

Bandura, A., & Walters, R. (1963). *Social learning and Personality development*. New York: Holt, Rinehart and Winston.

Bertalanffy, L. von. (1968). *General system theory*. New York: Braziller.

Brent, S. B. (1978). Prigogine' s model for self-orginization in noneqilibrium systems: Its relevance for developmental psychology. *Human Development, 21*, 374 - 387.

Bronfenbrenner, U. (1974). Developmental research, public policy, and the ecology of childhood. *Child Development, 45*, 1-5.

Cairns, R. B. (1998). The making of developmental psychology. In W. Damon, & R. M. Lerner (Eds.) *Handbook of child psychology Vol. 1: Theoretical models of human development* (pp.25-106). New York: Wiley.

Cicchetti , D., & Cohen, D. J. (1995). Perspectives on developmental psychology, In D. Cicchetti & D. J. cohen (Eds.). *Developmental psychopathology Vol. 1: Theory and Methods* (pp.3-20). N.Y.: Wiley.

Cole, M. (1998). Culture in development. In In W. Damon, & R. M. Lerner (Eds.) *Handbook of child psychology Vol. 1: Theoretical models of human development* (pp.73-124). New York: Wiley.

Gallagher, J. H., & Docker, L. S. (1987). Parent-child interaction in a museum for preschool children. *Children's Environments Quarterly, 4*(1), 41-45.

Hetherington, E. M. (1998). Relevant issues in developmental science. *In American Psychologist, 53*(2), 93-94.

Johnson, M. H. (1997). *Developmental cognitive neuroscience: An introduction.* Oxford, England: Basil Blackwell.

Kuo, Z.-Y. (1930). The genesis of the cat's response to the rat. *Journal of Comparative Psychology, 11,* 1-35.

Lerner, R. M. (1998). Theories of human development: Contemporary perspectives. In W. Damon, & R. M. Lerner (Eds.) *Handbook of child psychology Vol. 1: Theoretical models of human development* (pp.1-24). New York: Wiley.

Overton, W. F. (1998). Developmental psychology: Philosophy, concepts, and methodology. In W. Damon, & R. M. Lerner (Eds.) *Handbook of child psychology Vol. 1: Theoretical models of development* (pp.107-188). New York: Wiley.

Piaget, J. (1926). *The language and thought of the child.* New York: Harcourt Brace.

Riegel, K. F. (1975). Toward a dialectical theory of development. *Human Development, 18,* 50-64.

Prigogine, I. (1978). Time, structure, and fluctutions. *Science, 201,* 777-785.

Rochat, P. (2001). *The Infant's World.* Harvard Univ. Press.

Schneirla, T. C. (1933). Studies on army ants in Panama. *Journal of Comparative Psychology, 15,* 267-297.

Sears, R. (1975). Your ancients revisited: A history of child development. In E. M, Hetherington (Ed.), *Review of child development research* (pp.1-73). Univ. of Chicago Press.

Sroufe, L. A. (1991). Considering normal and abnormal together: The essence of developmental psychopathology. *Child Development, 55,* 17-29.

Sroufe, L. A., & Rutter, M. (1984). The domain of developmental psychopathology. *Child Development, 55,* 17-29.

Thelen, E., & Smith, L. B. (1994). *A dynamical systems approach to the development of cognition and action,* Cambridge, MA: Bradford Books/MIT Press.

Thelen, E., & Smith, L. B. (1998). Dynamic system theories. In W. Damon, & R. M. Lerner (Eds.) *Handbook of child psychology Vol. 1: Theoretical models of human development* (pp.563-634). New York: Wiley.

Vygotsky, L. S. (1939). Thought and Speech. *Psychiatry, 2,* 29-54.

Waddington, C. H. (1977). *Tools for thought.* New York: Basic Books.

Zigler, E. F., & Finn-Stevenson, M. (1998). Applied developmental psychology. In In W. Damon, & R. M. Lerner (Eds.) *Handbook of child psychology Vol. 1: Theoretical models of human development* (pp.555-594). New York: Wiley.

2 인간 발달의 신경심리학적 기초: 뇌 발달

최근 몇 년 사이에 심리학자나 교육학자들뿐 아니라 일반인들도 뇌에 대한 관심을 많이 갖게 되었다. 교육열이 남다른 우리나라 부모들 가운데서 아직 나이 어린 자녀를 둔 부모들의 관심은 더욱 유난스럽다. 이들은 자녀의 뇌 발달을 돕는 음식이나 학습 보조 도구가 있다면 아낌없이 투자하고자 한다. 이러한 현상의 기저에는 뇌가 지능이나 인지 기능과 밀접하게 관련되어 있다는 전제가 암묵적으로 깔려 있다고 볼 수 있을 것이다. 그런데 일반인들 사이에서 상식화한 이러한 전제에 대해 정작 심리학자들, 특히 발달심리학자들이 진지한 관심을 보인 것은 그리 오래된 일이 아니다. 인간의 행동과 기능의 발달을 뇌 발달과 연계하여 이해하려는 학문적 시도는 발달신경심리학이라는 이름으로 신경심리학의 한 분야를 형성하고 있는데 심리학 개론서에 "인간 행동의 생물학적 이해"라는 분야가 독립된 하나의 장으로 자리잡은 지는 꽤 오래되었어도 발달심리학 교재에 인간 발달의 생물학적 혹은 신경심리학적 기초라는 제목의 장이 포함되는 경우는 찾아보기가 어려웠다. 그러나 뇌 신경과학의 급속한 발전으로 인해 앞으로는 심리학의 어떤 분야에서나 신경심리학적 접근을 하나의 동향으로 인정하고 소개하는 추세를 발견하게 될 것이다.

이 장에서는 지각, 주의, 기억, 언어 등 각 발달 영역별로 뇌 발달 혹은 뇌 기능과의 관계를 상세하게 살펴보기보다는 태아기 및 영유아기 뇌 발달의 전반적인 특성과 원리를 중심으로 인지와 행동 발달의 기초가 되는 뇌 발달이 어떻게 이루어지는가를 살펴보려고 한다(인지 발달과 뇌 발달의 관계에 관심이 있는 독자는 이 장 끝에 소개되어 있는 더 읽을거리를 참조하기 바란다).

인간의 뇌는 성숙하는 데 다른 어떤 동물보다도 오랜 시간이 걸린다. 신문 잡지에 흔히 등장하는 아기 이유식이나 분유 광고의 전형적인 카피에서는 한때 출생 후 24개월이면 뇌 발달이 끝난다고 말하기도 하였는데 그것은 기능 혹은 소프트웨어의 발달을 고려하지 않은 하드웨어(뇌의 형태학적 기본 구조)의 발달일 뿐이다. 사실 하드웨어 자체의 발달만을 기준으로 하자면 생후 24개월까지 갈 필요도 없다. 신생아의 뇌는 출생 당시에 이미 뇌로서의 해부학적인 기본 구조를 거의 모두 갖추고 있기 때문이다. 그렇다면 인간의 뇌가 성숙하는 데 다른 어떤 동물보다 더 긴 시간을 필요로 한다는 말은 무슨 의미인가? 성인의 뇌와 거의 같은 해부학적 구조를 이미 가지고 태어나는데 신생아의 뇌는 왜 성인과 같은 기능을 하지 못하는가? 심지어 뉴런(신경세포)의 수는 신생아가 성인보다 더 많으며 뉴런들 간의 연결 부분인 시냅스의 수 역시 영유아가 성인보다 훨씬 더 많은데 왜 영유아의 기능이 성인에 못미치는 것인가? 뇌의 발달 과정을 이해하면 이러한 의문이 쉽게 풀린다.

뇌가 만들어지는 과정을 찰흙으로 머리 형상을 빚어내는 일에 비유한다면 뇌는 작은 덩어리에서부터 시작하여 커다란 머리 형상이 완성될 때까지 흙을 계속 덧붙여 나가는 방식으로 만들어지는 것이 아니라, 완성된 머리 형상보다 더 큰 찰흙 덩어리를 가져다가 원하는 형상이 될 때까지 불필요한 부분을 떼어내고 깎아내는 방식으로 만들어진다[그림 2-1]. 그러니까 갓 태어난 신생아의 뇌는 필요한 뇌 구조의 기본 형태를 모두 갖추고 있으되 아직 다듬어지지 않은 원석 덩어리 상태라고 생각하면 될 것이다. 원석 덩어리를 어떻게 갈고 닦느냐에 따라 어떤 보석이 만들어지느냐가 결정되듯이 갓 태어났을 때는 기본 구조만을 갖춘 뉴런의 집합체에 불과하던 뇌가 출생 후 어떤 환경 자극과 어떻게 상호작용하느냐에 따라 각 개인의 고유한 특성이 담긴 뇌로 발달한다. 물론 환경과의 상호작용 과정에서 유전자의 영향이 전혀 미치지 않는 것은 아니지만 유전자의 명령대로 모든 것이 결정되지도 않는다는 것이 중요하다.

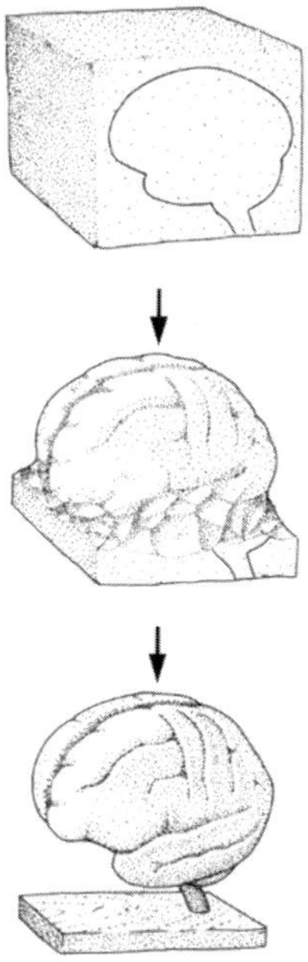

[그림 2-1] 뇌 발달은 커다란 찰흙 덩어리를 계속해서 깎아나가며 형태를 만들어 가는 조각 과정과 유사하다.

출처: Kolb, B., & Whishaw, I. Q. (2001). *An Introduction to brain and behavior*. New York, NY: Worth Publishers.

많은 발달심리학자들이 한때 유전과 환경이 발달에 미치는 영향에 대해 커다란 관심을 가졌었다. 오늘날에는 이 두 요인이 어떻게 상호작용하는가에 더 많은 관심이 있다고들 하지만 뇌가 발달하는 데 유전 요인이 더 큰 영향을 미치는지, 환경이 어느 정도나 이를 변화시킬 수 있는지에 대한 관심은 여전히 뜨겁다. 그런 의미에서 발달, 특히 뇌 발달에서 유전과 환경 요인 간의 관계를 잘 보여주는 이야기를 하나 소개할까 한다.

정년 퇴임을 앞 둔 김교수는 은퇴 후 서울 근교에 전원 주택을 하나 마련할 계획을 세웠다. 어릴 때부터 자신이 살 집을 직접 지어 보고 싶은 꿈이 있었던 터라 건축설계 사무소에 주문하여 자신이 원하는 집의 설계도를 작성하였다. 설계도는 그대로 따라 짓기만 하면 정해진 구조와 형태의 집이 완성될 수 있는 청사진이다. 김교수는 희망에 부풀어 완성된 설계도를 가지고 직접 집터를 고르고 집 짓는 일에도 직접 나섰다. 그런데 막상 집을 지어 보니 설계도면만 있으면 모든 것이 순조로울 것이라던 애초의 생각이 잘못임을 알게 되었다. 예를 들면 설계도에는 벽이나 파이프, 문 등이 어느 위치에 어느 정도의 두께나 크기로 있어야 하는가는 명시되어 있었으나 어디에 어떤 종류의 재료 혹은 자재를 써야 하는지, 마감재는 어떤 것으로 할지 등은 전혀 말해 주지 않았다. 또한 전기 회선에서 어느 부분과 어느 부분 간의 연결이 필요하다는 것은 알려주었으나 그 둘간의 구체적인 연결 경로는 명시하지 않고 있었다. 뿐만 아니라 여러 세부 작업 가운데서 어느 것을 먼저 해야 하는가도 정해 주지 않았다. 그러니까, 기초공사를 하고 바닥 공사를 하고 2층을 올리고, 지붕을 올리고 하는 순서는 알 수 있었으나 1층 내부 공사의 순서는, 논리적으로 명백한 순서가 있는 일(예: 전기 회로를 먼저 집어넣고 벽을 쌓는 것)이 아닐 경우 상황에 따라 김교수 스스로 판단해서 하는 수밖에 없었다. 집을 짓는 과정에서 수많은 선택에 직면한 김교수는 같은 도면을 놓고 집을 지어도 완성된 집은 제각기 달라질 수밖에 없다는 것을 깨달았다. 뇌 발달도 꼭 이와 같다.

-Kolb & Whishaw(2001)에서 부분 인용함-

위 글에서 설계도면에 제시된 정보는 유전자 정보에 해당한다고 볼 수 있다. 직접 집을 짓는 과정에서 당면하게 되는 무수한 선택은 환경 요인에 해당하는데 같은 청사진(유전자)에서 출발했어도 어떤 환경을 만나느냐에 따라 최종적인 집(즉, 뇌)의 형태는 달라진다. 하지만 애초에 어떤 청사진을 가지고 출발했느냐에 따라 환경의 영향력이 발휘되는 정도나 방식 또한 달라질 것이다. 이것이 바로 유전 요인과 환경 요인의 상호작용이다.

인간의 발달 과정에서 행동이나 기능의 변화가 일어나게 되면 뇌도 역시 변화한다. 더 정교한 행동이 나타나고 더 복잡한 기능이 출현하면 신경세포인 뉴런들 간의 연결 또한 더 복잡하고 정교해진다. 이들 두 변화의 관계를 밝히고자 하는 것이 발달신경심리학의 주된 관심사라고 하겠는데 연구자들은 대체로 세 가지 방법을 통해 행동 및 기능의 변화와 뇌의 신경학적 변화 간의 관계를 추론한다. 첫째는 뇌 신경계의 변화를 먼저 관찰한 다음 그에 상응하여 일어나는 행동이나 기능상의 변화를 찾아보는 것이다. 예컨대, 인간의 뇌 영역 가운데 가장 늦게까지 발달하는 것으로 알려진 전두엽은 사춘기가 되어야 발달이 어느 정도 완료되는데 그렇다면 전두엽의 기능이라고 알려진 사회적 추론 등의 기능이 과연 사춘기 이후에야 성인 수준으로 나타나는가를 살펴보는 것이 한 방법이다. 하지만 끊임없이 일어나는 신경계의 변화를 그 즉시 추적하기가 쉽지 않을 뿐 아니라 행동과 기능 역시 환경과 지속적으로 상호작용하며 변화하기 때문에 이 방법을 실제로 적용하기란 그리 쉬운 일이 아니다.

행동 발달과 뇌 발달의 관계를 알아보는 두 번째 방법은 첫 번째 방법을 거꾸로 적용하는 것인데, 행동을 먼저 관찰한 다음 그 행동을 초래한 신경구조의 변화를 추론할 수 있다. 바로 앞의 전두엽 예를 다시 적용해 보면 성인 수준의 사회적 추론, 사회적 상호작용에 대한 이해 능력이 나타났는가를 먼저 평가하고 그에 상응하는 뇌 영역인 전두엽의 변화를 확인해 보는 것이다. 이 방법은 아동의 행동과 기능 발달을 집중적으로 연구해 온 발달심리학자들이 접근하기에 비교적 용이하지만 지금까지 인간의 발달 과정에 관심을 가지고 있으면서 뇌 기능의 변화에도 관심을 가진 발달심리학자가 별로 없었기 때문에 심리학 분야에서 그다지 큰 호응을 얻거나 일반화하지 못하였다.

마지막으로 행동 발달과 뇌 발달에 공통적으로 영향을 미치는 요인을 찾아내는 방법이 있는데 예를 들면 민감기 동안의 감각 경험 박탈이나 조기 뇌 손상 등이 뇌 구조 발달과 행동 발달에 각각 어떤 영향을 미치는가를 보는 것이다. 이러한 관찰을 통해 뇌의 특정 부분 발달에 이상이 생길 때 행동의 특정 측면 역시 이상 발달을 보인다는 상호 관련성을 밝힐 수 있다. 그러나 발달 중인 뇌에 이상이 생기면 뇌가 매우 적응적으로 그 변화에 대처하기 때문에 발달 과정에서의 뇌 손상이나 환경 결핍으로 인한 영향을 해석하는 데 각별한 주의가 필요하다는 제약이 있다.

이상의 방법들을 적용한 많은 연구들이 특히 최근에 집중적으로 이루어져서 오늘날에는 행동 발달과 뇌 발달의 관계에 대해 과거 어느 때보다도 더 많은 사실들을 알게 되었다. 이제 태아기 동안 뇌의 구조가 발달하는 과정을 좀더 상세히 살펴봄으로써 인지 및 행동 발달의 신경심리학적 기초를 이해하기 위한 첫걸음을 내딛어 보기로 하자. 그 다음에는 발달하는 뇌의 가장 중요한 특성이라고 할 수 있는 뇌의 가소성(plasticity) 개념과 민감기에 대해 알아보고 뇌의 발달 과정에서 환경 요인과 가소성이 어떻게 상호작용하는지, 그 결과가 인간의 행동 및 기능 발달에 어떤 영향을 미치는지를 알아보기로 하겠다.

1. 뇌의 발달 과정

뇌 발달의 가장 특징적인 패턴은 "과잉생성 후 솎아내기(blooming & pruning)"로 요약할 수 있다. 난자와 정자가 수정된 후 세포 분열을 거듭해서 뇌의 원형이 만들어지는데 이 원형은 발달이 완료된 성인의 뇌보다 훨씬 더 많은 수의 뉴런으로 구성되어 있다. 다시 말해 사람은 누구나 태어날 때 개개인의 고유한 뇌를 조각하기에 충분할 정도로 커다란 뇌 세포 덩어리를 공평하게 부여받는다고 할 수 있다.

뉴런이라 부르는 뇌 세포는 우리 신체의 다른 부분을 구성하는 세포와 달리 죽거나 손상되었을 때 쉽게 재생되지 않기 때문에 출생을 전후한 시기에 가장 많고 그 이후로는 대체로 감소하는 것으로 알려져 있다. 그러나 최근에는 성인이 된 후에도 뇌의 일부 영역에서 새로운 뉴런이 만들어질 수 있다는 증거가 발견되었다. 이들 뇌 세포에서 축색과 수상돌기([그림 2-2] 참조)가 자라고 이들이 서로 연결되어 시냅스를 만들 때에도 동일한 패턴이 관찰되는데, 유전자의 기본 명령에 따라 과잉 생성한 다음 사용되지 않거나 효율성이 떨어지는 축색가지, 수상돌기, 시냅스를 소멸시키는 방식으로 회로를 정교화하고 형태를 가다듬는다. 뉴런과 달리 수상돌기나 축색의 분지, 시냅스 등은 성인이 된 이후에도 얼마든지 새로 만들어질 수 있다고 보는 것이 일반적인 견해이다.

발달 과정을 통해 필요한 만큼의 뉴런과 시냅스를 만들어 나가는 대신 일단 많이 만들어놓고 불필요한 것을 버리는 방식으로 뇌의 구조와 기능을 다듬어 가는 것은 나름대로의 장점을 지닌다. 발달이라는 맥락에서 가장 큰 장점은 불확실한 환경 변화에 대응할 수 있는 잠재력을 극대화한다는 점일 것이다. 처음부터 어떤 환경에 적응하기에도 모자람이 없을 만큼 넉넉한 뉴런과 시냅스를 제공함으로써

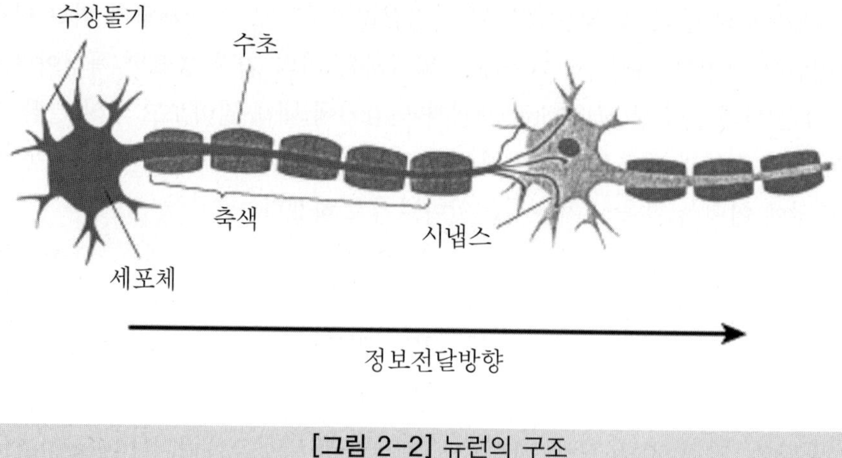

[그림 2-2] 뉴런의 구조

출처: 성현란 외(2001). **인지발달**. 서울: 학지사.

적응 잠재력을 최대한으로 보장해 주는 것이다. 또한 시냅스를 과잉 형성한 다음 환경과의 상호작용을 통해 정교화하도록 함으로써, 신경계를 구성하는 천문학적 숫자의 시냅스의 세부 구조까지 유전자의 명령을 통해 정밀하게 프로그래밍하지 않아도 되도록 유전자의 부담을 덜어 주는 효과도 있을 것으로 보인다.

태어날 무렵의 태아의 뇌는 피질층도 나타나고 뉴런들 간의 연결도 형성되기 시작하였으며 수초화도 진행되는 상태로서 이미 충분히 복잡한 형태를 보이고 있다. 이러한 복잡한 연결 패턴이 출생 이후 환경과의 상호작용을 거치면서 더욱 정교해지는데 우선 태아기 동안 뇌의 기본 구조와 형태가 어떻게 만들어지는가를 살펴보기로 하자.

뇌 발달 과정은 대체로 뉴런의 증식, 뉴런의 이동과 분화, 시냅스의 형성과 수초화, 시냅스와 뉴런의 선택적 소멸의 4단계로 이루어진다고 알려져 있다. 이제 각각의 뇌 발달 단계에 대해 좀더 자세히 살펴보기로 하겠다.

1) 뉴런의 증식

수정 후 대략 18~22일경부터 발달하기 시작하는 인간의 신경계는 가운데가 비어 있는 관 형태의 신경관(neural tube)에서 출발한다. 신경관 안쪽에는 나중에 뇌실로 발달하는 빈 공간이 있다. 이 뇌실의 벽을 이루고 있는 세포들을 줄기세포(stem cell)라고 하는데 이들이 신경 세포의 원형인 전구세포(precursor cell)로 발달한다. 임신 후 첫 5~6주 동안 뇌실벽 주변에서는 세포분열을 통해 똑같은 신경 세포들이 계속 만들어지면서 전구세포들이 기하급수적으로 증가하게 된다. 임신 7주 무렵부터, 세포 분열을 통해 증식된 세포 가운데 하나는 뇌실벽 주변에 남아서 세포 분열을 거듭하고 다른 하나는 바깥쪽으로 이동하여 피질을 형성하는 뉴런이 된다. 임신 후반기에 도달하면 이동하는 세포의 수가 계속 증가하면서 피질의 각 층을 형성한다.

뇌 신경세포의 증식과 이동이 계속되면서 신경계는 급격히 변화한다. 처음에는 곧은 관 모양을 하고 있던 신경관이 시간이 지날수록 신경세포의 증가로 인해 확장되어 접히고, 꼬이고, 겹쳐지면서 태아의 뇌 형태를 갖추게 되는 것이다. 수정 후 100일 정도가 지나면 태아의 뇌는 다른 동물과는 확연히 다른 인간의 뇌 모습을 갖추는데 신경관 가운데의 빈 공간은 뇌실이 되고 혹 모양으로 부풀어진 부분들이 생겨나면서 각각 뇌의 전뇌, 중뇌, 후뇌를 이룬다([그림 2-3]). 그러나 이 때의 뇌는 아직 피질 주름이 만들어지지 않은 상태이다. 불룩하게 솟아오르거나(회) 움푹하게 패인(구 또는 열) 피질 주름은 임신 7개월이 되어야 발견할 수 있다.

임신 2개월 무렵이면 태아에게서도 남녀 구분이 나타나게 되는데 남아의 배아에 들어있는 테스토스테론이라고 하는 남성 호르몬이 특정 세포의 유전자 활동에 변화를 일으킴으로써 남녀의 성기 모양을 비롯한 신체 구조의 차이와 뇌의 구조적 차이를 초래한다. 뇌에도 테스토스테론에 반응하는 세포들이 있어서 시상하부라고 부르는 뇌 영역 가운데 특정 부분이 남녀 간에 서로 다르게 발달한다. 이러한 남녀 간의 구조적 차이를 성 차이(sexual dimorphism)라고 하는데 생물학적인 성 차이가 단순히 신체 구조뿐 아니라 뇌 구조의 차이까지도 포함한다는 것이 흥미롭다.

적어도 영장류의 경우는 출생 이전에 뉴런의 증식이 모두 완료된다. 사람의 경우 뇌실 벽 주위에서 세포 분열을 통해 뉴런이 증식하는 과정은 임신 5~6개월을

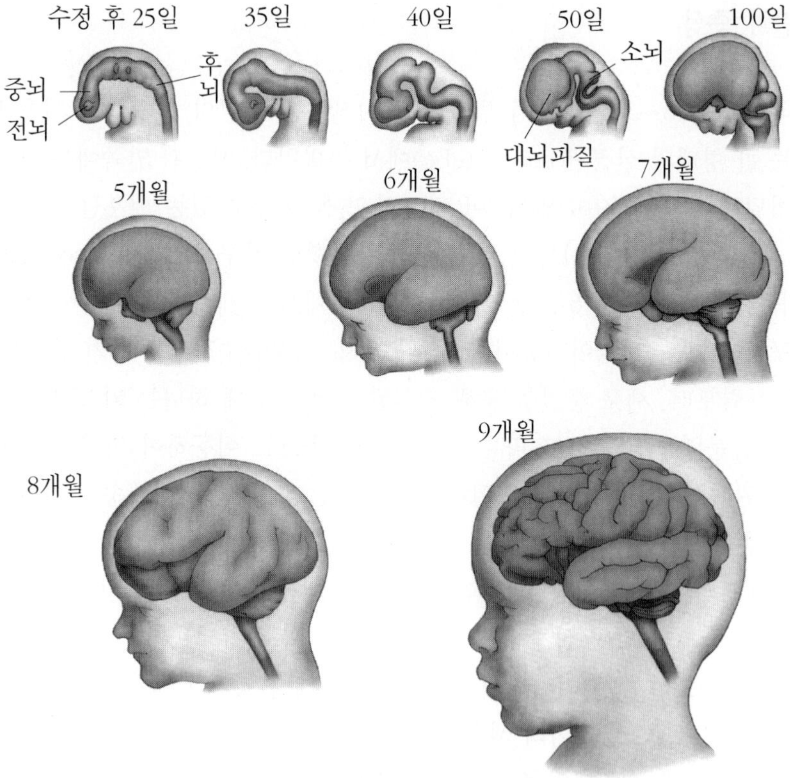

[그림 2-3] 뇌의 발달

출처: Kolb, B., & Whishaw, I. Q. (2001). *An Introduction to brain and behavior*. New York, NY: Worth Publishers.

전후하여 대체로 완료되는 것으로 보인다(Sidman & Rakic, 1973). 이 시기가 지나면 조산한 아기도 어느 정도 생존 가능성을 기대할 수 있게 된다. 이때부터 출산까지의 4개월 가량은 뇌가 외상이나 손상에 특히 민감한 시기이기도 하다. 뉴런이 아직 만들어지고 있는 시기에는 뉴런에 손상이 생겨 일부가 소멸한다 해도 그것을 대체할 만한 뉴런을 더 만들 수가 있지만 뉴런의 증식 과정이 일단 종료되면 뉴런을 다시 만들 수 없기 때문이다.

뉴런의 증식 단계에서 흥미로운 점은 앞서 말했듯이 실제로 필요한 숫자보다 훨씬 더 많은 수의 뉴런이 만들어진다는 것이다. 따라서 갓 태어난 아기가 가장 많은 수의 뉴런을 가지고 있고 그 이후로는 계속 그 수가 감소할 뿐 더 이상 만들어지지는 않는다. 최근에는 성장 발달이 완료된 이후에도 해마 영역에서 줄기세포를 통해 뉴런이 증식하는 경우들이 보고되기도 하였으나 이는 뇌 전체의 일반적인 특성은 아니다. 그러나 영장류가 아닌 포유동물(예: 쥐)은 출생 무렵 혹은 출생 이후까지 뉴런의 증식이 계속되기도 한다. 또한, 뉴런이 아닌 교세포(신경신호를 생성하거나 전달하지는 않지만 그러한 기능을 하는 뉴런을 지지하고 영양을 공급하는 등의 역할을 하는 신경세포)는 사람의 경우에도 일생 동안 증식이 계속된다.

2) 뉴런의 이동과 분화

뇌실 벽 주변에서 만들어진 뉴런은 미리 지정된 피질 영역으로 이동해 나간다. 뉴런의 이동은 뇌실 벽 주변에서 처음 뉴런이 탄생한 직후부터 시작되어 뉴런의 증식이 끝난 이후에도 약 6주가량 더 계속된다. 뉴런이 이동하는 동안 특정 세포 유형으로의 분화가 시작된다. 뉴런의 분화란 각 신경세포가 어떤 종류의 뉴런이 될 것인지를 결정하는 것을 말한다. 뉴런의 수상돌기와 축색이 자라나고 시냅스를 형성하는 등의 성숙 과정은 출생 이후에도 한동안 계속되지만 뉴런의 분화는 대개 출생시까지 완료된다고 한다.

앞서 말했듯이 어느 뉴런이 이동하는 뉴런이 될 것인가는 세포 분열이 일어날 때 결정된다. 이동할 뉴런이 어느 피질 영역으로 가서 어느 층에(신피질은 6개의 세포층으로 구성되어 있다) 자리잡을 것인가도 그 뉴런이 태어나는 순간에 이미 결정이 되기 때문에 한 뉴런의 운명은 탄생일에 달려 있다고 할 수 있다. 다시 말해 각 뉴런은 태어나는 순간에 시각 피질로 이동할 것인지 혹은 청각 피질로 이동할 것인지, 연합세포가 될 것인지 혹은 추체세포가 될 것인지 등의 운명이 결정된다는 것이다. 그런데 뉴런의 증식과 이동이 이처럼 여러 달에 걸쳐 이루어지는 과정이기 때문에 태아의 뇌 발달 기간 동안 예컨대 알코올이나 약물, 바이러스 감염, 과도한 스트레스와 같은 유해 환경 요소가 발생할 경우 그 시점에 따라 전혀 다른 결과가 초래될 수 있다. 다시 말해, 유해한 환경 요소가 시각 피질 뉴런의 생성 및 이동 시기에 작용하였는지 혹은 측두 피질 뉴런의 생성 및 이동 시기에 작용하였는지에 따라 영향받는 피질 영역이 달라질 수 있다는 것이다.

이동할 뉴런에 X선을 투사하여 이동을 방해하더라도 결국 그 뉴런은 같은 날 탄생하여 정해진 영역으로 이동한 다른 뉴런들과 유사한 형태의 연결망을 형성하고야 만다는 연구 결과는 뉴런의 이동과 분화가 미리 결정된 프로그램에 의해 이루어진다는 것을 뒷받침한다. 뇌실벽 주변에서 배아세포를 추출하여 갓 태어난 다른 동물의 피질에 이식하더라도 그 배아 세포의 탄생일에 맞는 피질층으로 이동한다는 것을 보고한 연구도 있다. 다른 피질로 이식된 후에도 이 뉴런들은 탄생일에 의해 정해진 세포의 유형으로 발달해가며 세포 간의 연결망도 그 유형에 적합하게 형성해간다. 이러한 입장과 반대로 뉴런의 유형이나 연결, 화학적 성질 등은 각 뉴런이 이동한 다음 그 주변 뉴런과의 관계에 따라 형성해 나간다는 설명도 있으나 포유류의 경우는 뉴런이 만들어지는 순간 이 모든 것들이 이미 결정된다는 견해가 더 강력하다.

이들 뉴런이 어떻게 정해진 피질 영역으로 이동해가며, 또 어떻게 자신이 이동해 갈 목표 영역을 알게 되는지에 대해 많은 신경과학자들이 오랫동안 궁금해하였다. 뉴런의 이동을 설명하는 한 가지 가설은 방사 교세포(radial glial cell)라고 부르는 특수 섬유를 따라 뉴런들이 자신의 지정 구역으로 이동해간다는 것이다(Rakic, 1988). [그림 2-4]에서 볼 수 있듯이 방사 교세포는 뇌실 구역에서 출발하여 뇌의 표면 방향으로 방사형을 이루면서 뻗어나가는데, 그 모양이 마치 나팔꽃의 줄기가 뻗어나갈 수 있도록 매어 놓은 줄과 흡사하다. 이 방사 교세포들은 나중에 성상 교세포 - 별 모양으로 생긴 교세포의 한 종류 - 가 되어 뉴런을 보조하는 역할을 계속한다.

방사 교세포가 만드는 뉴런의 이동 경로가 일직선이기 때문에 뇌실 벽 주변 영역에서 서로 인접해 있던 뉴런들은 피질로 이동한 후에도 서로 인접해 있게 된다. 마찬가지로 태어날 때 서로 멀리 떨어진 영역에 있었던 뉴런들은 이동한 이후에도 역시 멀리 떨어진 피질 영역에 자리를 잡게 된다. 이러한 특성은 성인의

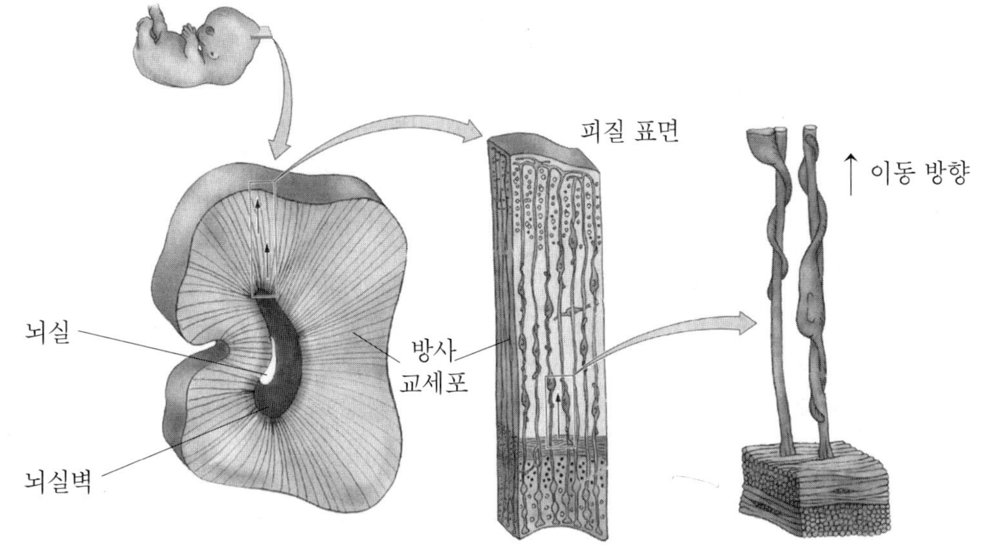

[그림 2-4] 방사 교세포에 의한 뉴런의 이동

출처: Kolb, B., & Whishaw, I. Q. (2001). *An Introduction to brain and behavior*. New York, NY: Worth Publishers.

대뇌 피질에서 발견되는 기둥 구조(서로 유사한 기능을 담당하는 뉴런들이 피질에서 수직방향으로 연결되어 기둥 형태를 이루는 특성)의 기초가 뇌실벽 주변 영역에서 뉴런들이 증식될 때부터 이미 마련된다는 Rakic(1995)의 주장을 뒷받침해 주는 근거가 되기도 한다.

뉴런의 이동에서 한 가지 흥미로운 특성은 피질을 구성하는 여섯 개 층 가운데 안쪽층(즉, 아래 층)이 먼저 형성된 다음 바깥쪽 층들이 순서대로 만들어진다는 것이다. 이를 '안에서 밖으로(inside-out) 방식'이라고 부르는데, 다시 말해 나중에 이동하는 뉴런들이 먼저 이동하여 자리잡은 뉴런 층을 뚫고 그 위에 새로운 층을 형성하는 것이다. 이는 마치 어떤 도시가 발전하면서 확장될 때 도시 중심부에 먼저 건물이 들어서고 점차 주변부로 확대되는 것에 비유할 수 있다. 그런데 만일 어떤 뉴런의 이동 과정에 문제가 생겨서 자신이 가야 할 층이 아닌 곳에 도달하여 자리를 잡게 되면 어떤 일이 발생할까? 앞서 말한 대로 그 뉴런은 자신이 본래 지정받은 층에 적합한 세포 유형을 고수하며 분화를 계속한다(Caviness & Rakic, 1978; McConnell, 1985). 따라서 환경 요인에 의해 뉴런의 이동이 교란되면 뇌는 비정상적인 발달 패턴을 나타내며 정상적인 기능에 장해를 일으킨다.

실제로 자폐 아동의 뇌를 사후 부검한 결과 소뇌의 일부 뉴런들이 자기 위치가 아닌 곳에서 발견되었으며 정신분열증 환자의 경우에도 측두엽의 바깥 층에 자리잡아야 할 뉴런이 안쪽 층에서 발견된 바 있다.

뉴런이 방사 교세포의 섬유를 따라 이동하는 동안 축색이 자라기 시작한다. 축색은 다른 피질 영역이나 피질하 영역, 또는 반대편 반구 쪽을 향해 뻗어나가는데 그 속도가 매우 빨라서 하루에 1mm 정도씩 자란다. 수상돌기도 발달하기 시작하는데 먼저 세포체에서 가지가 하나씩 솟아 나온 다음 좀더 복잡한 돌기가 만들어지고, 임신 7개월부터는 마치 장미 가시와 같은 작은 돌출인 수상돌기 가시도 나타난다. 그러나 수상돌기의 발달은 뇌 세포가 목적지에 도달한 다음에 본격적으로 시작되며 매우 느리게 진행되기 때문에 뉴런이 목적지에 도착했을 때 먼저 자란 축색이 자신의 목표 세포에 가 닿음으로써 그 세포의 수상돌기 세분화에 어떤 역할을 할 수도 있을 것으로 보인다(Berry, 1982). 태아기 때 시작된 수상돌기의 발달은 출생 후 성인기까지도 지속되며 학습과 같은 환경적 자극에 의해 특히 크게 영향을 받는 것으로 알려져 있다(Greenough, Black, & Wallace, 1987; Quartz & Sejnowski, 1997).

3) 시냅스 형성과 수초화

사람의 뇌에서 시냅스가 형성되는 과정에 대해서는 상세한 내용이 알려져 있지 않지만 한 뉴런이 어디에서 어떤 뉴런과 시냅스를 이룰 것인가는 주로 생득적인 프로그램에 의해 결정되는 것으로 보인다. 그러나 경우에 따라서는 환경적인 요인이 영향을 미치기도 한다. 예컨대, 태어날 때부터 정해진 시냅스 대상 뉴런을 발견하지 못하거나, 환경적인 영향으로 인해 시냅스해야 할 뉴런이 손상된 경우에는 정해진 계획과 다른 시냅스 연결이 이루어지기도 한다.

시냅스의 형성은 여섯 개 피질 층과 여러 피질 영역에서 거의 동시에 시작되는 것으로 알려져 있는데 과잉 형성 후의 선택적 소멸 과정이 더 오래 진행되는 전두엽을 비롯한 연합영역에서는 감각 운동 영역에 비해 더 오랜 시간에 걸쳐 시냅스 발달이 진행된다. 단순한 시냅스 연결은 태아기 때부터 이미 이루어지기 시작하며 출생 후에도 계속되는데 영역에 따라 다소 차이가 있기는 하지만 특히 생후 1년 동안 급속히 증가하고 축색과 수상돌기의 접점에서 과잉 형성되는 경향을 보인다. 이러한 시냅스의 과잉 형성 자체는 생득적인 프로그램에 따라 진행되며 환경 요인의 영향을 거의 받지 않는 것으로 알려져 있다. 즉, 태아나 신생아에게 빛이나 소리와 같은 감각 자극을 더 많이 제공한다고 해서 시각 피질이나 청각 피질에 보다 많은 시냅스가 형성되는 것은 아니라는 것이다.

한 연구에서는 실제로 아직 출산일에 도달하지 않은 쥐를 제왕절개 수술을 통해 한 달 정도 미리 출생시켜서 정상적인 쥐보다 더 일찍 시각 자극을 경험하도록 하였다(Bourgeois, Goldman-Rakic, & Rakic, 2002). 다시 말하면 이 쥐는 정상적으로 출산한 쥐보다 한 달이라는 기간 만큼 더 많은 시각 경험을 한 셈이다. 그러나 이 쥐의 시각 피질에서 시냅스 밀도와 연결 패턴을 분석한 결과 정상적으로 태어난 쥐와 똑같은 유형의 연결이 똑같은 발달 시간표에 따라 이루어지는 것이 확인되었다. 이는 초기의 뇌 발달(즉, 뉴런의 증식, 시냅스 연결 등)은 경험 요인이나 환경 자극에 의해 그다지 영향받지 않는다는 것을 뒷받침해 준다.

시각 자극을 전혀 경험하지 못한 쥐의 시각 피질에서 시냅스 발달이 어떻게 이루어지는가를 알아보기 위한 연구도 같은 연구자들에 의해 수행되었다. 이들은 아직 태내에 있는 쥐를 수술로 꺼내어 두 눈을 적출한 다음 다시 태내에 넣어서 정상적인 출산일에 태어나도록 하고 이 쥐의 시각 피질 발달을 관찰하였다. 이 쥐들은 앞의 쥐와 반대로 태내에서부터 빛 자극을 받지 못한 채 성장한 것이다. 그런데도 출생 직후 시각 피질에서 이루어지는 시냅스 발달은 정상적인 쥐와 큰 차이가 없었다. 다시 말해, 외부 자극을 박탈해도 기본적인 시냅스 형성은 미리 정해진 프로그램대로 이루어진다는 것이다. 환경 요인은 뉴런이나 시냅스가 처음

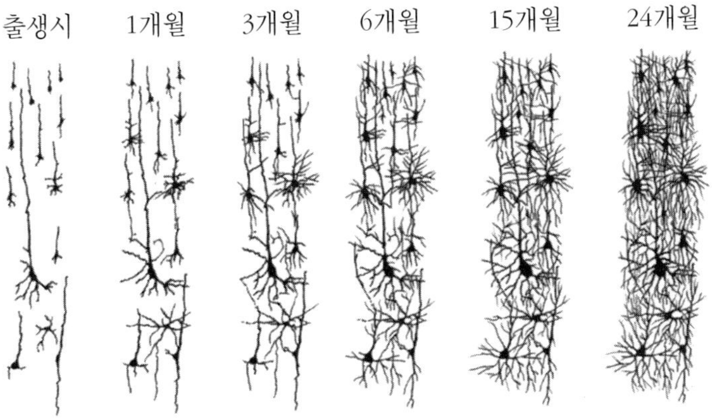

[그림 2-5] 발달 초기의 피질 시냅스 연결

출처: Kolb, B., & Whishaw, I. Q. (2001). *An Introduction to brain and behavior*. New York, NY: Worth Publishers.

형성될 때가 아니라 그 뒷 단계인 시냅스의 선택적 소멸 과정에서 특정 기능의 회로가 세분화, 정교화할 때 중요한 역할을 한다. 또, 발달 초기의 시냅스 형성과 소멸 과정이 한 차례 끝나고 나서 개인별 고유 경험이나 학습, 훈련 등에 의한 시냅스 형성 혹은 강화가 이루어질 때 환경 요인이 작용하게 된다.

[그림 2-5]는 사람의 뇌에서 브로카 언어영역의 시냅스 발달이 이루어지는 모습을 보여준다. 어휘가 폭발적으로 증가하는 생후 16개월에서 24개월 사이에 시냅스 연결도 폭발적으로 증가하는 것을 확인할 수 있다. Bates와 동료들(1992)의 추정에 따르면 시냅스 밀도가 증가함으로써 저장 용량과 정보처리 능력이 증가하게 되는 것 같다. 4세 무렵에는 대부분의 정상 아동들이 자기 모국어의 기본 철자법과 구문 구조를 획득하면서 문법 급등의 최고 수준에 도달하게 된다. 이러한 언어 능력의 안정화는 뇌의 전반적인 신진 대사와 시냅스 밀도가 다시 감소하는 시기와 대체로 일치한다고 한다.

뉴런의 생성과 이동이 완료되고 시냅스가 발달할 무렵이면 수초화도 이루어지기 시작한다. 수초화는 대략 임신 4개월부터 출생 후 1년 사이에 시작되어 2세 때 최고조에 달하고 그 이후에도 느린 속도로 계속된다. 생존을 위한 기본 기능과 관련이 있는 척수와 연수 등이 가장 먼저 수초화하고 전두엽과 두정엽의 연합영역, 뇌량의 수초화가 가장 늦게 이루어져서 십대 중반 혹은 그 이후까지도 계속된다(Yakovlev & Lecours, 1967). 일반적으로 어떤 회로가 수초화하는 것과 때를 같이 하여 기능 활성화도 이루어지는데 한 예로 뇌량의 수초화가 이루어져야 비로소 좌우 반구 간의 신경전달 속도가 성인 수준인 4-20ms에 도달하여 반구간의 원활한 정보 통합이 가능해진다. 뇌량의 수초화가 이루어지기 이전인 4살 아동의 경우는 반구간 신경전달 속도가 성인에 비해 4~5배나 느리다고 한다(Salamy, 1978).

뇌량의 수초화가 이루어지기 이전 시기의 아동은 마치 뇌량이 없는 사람들과 같은 행동 특성을 나타낸다. 예를 들면 3세 아동에게 질감이 서로 다른 두 개의 물체를 한 손에 각각 한 개씩 들고 눈을 가린 상태에서 촉각으로만 그 두 물체가 같은지 다른지를 판단하게 하면 5세 아동에 비해 오류율이 높다. 그러나 두 물체를 같은 손으로 차례로 만져보게 하면 5세 이후의 아동과 차이가 없다. 이는 뇌량의 수초화가 이루어지기 이전에는 좌우 반구의 정보 교류 기능에 제약이 있다는 것을 잘 보여주는 결과이다.

4) 시냅스와 뉴런의 선택적 소멸

뇌 발달에서 가장 흥미로운 단계는 과잉생성된 뇌 세포와 시냅스의 소멸이다. 소멸 과정은 뉴런과 수상돌기, 축색, 시냅스에서 모두 나타나는데, 유전자의 명령, 환경 자극, 호르몬, 스트레스 등의 영향을 받아 지속적으로 이루어지게 된다. 시냅스의 소멸은 뉴런 자체가 소멸함으로써 시냅스도 자연히 없어지는 경우가 있고, 뉴런은 남아 있으나 그중 일부 시냅스가 없어지는 경우도 있다.

포유류의 뇌를 구성하는 뉴런들은 일종의 자살 프로그램을 가지고 태어나 특정 발달 단계에 이르면 집단적으로 소멸하는 것으로 알려져 있다. 예를 들면, 쥐의 경우 발달 과정에서 전체 뉴런의 30%가 소멸하고 원숭이의 시각 피질에서는 15%의 뉴런이 사라진다. 사람의 경우는 1차 시각 피질을 조사했을 때 출생 무렵부터 70세까지 거의 비슷한 양의 뉴런이 유지되는 것으로 나타났다(Huttenlocher, 1990). 그러나 보다 최근의 한 연구는 사람의 경우도 임신 말기에 뉴런의 집단적인 자살이 일어날 가능성이 있음을 시사하였다(Rabinowicz, Courten-Myers, Petetot, Xi, & Los Reyes, 1996).

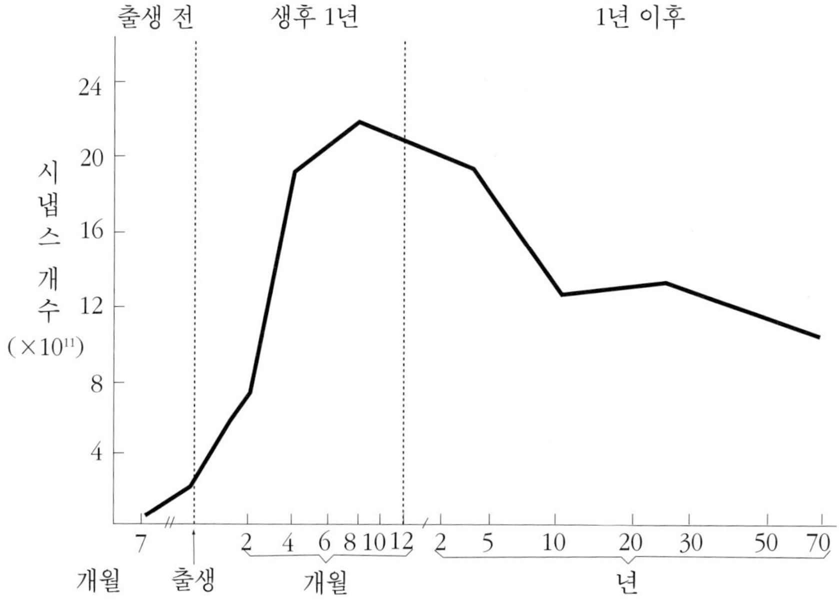

[그림 2-6] 시각 피질의 시냅스 증가와 감소

출처: Huttenlocher, P. R. (1994). *Human Behavior and the Developing Brain*. New York: Guilford Press.

시냅스의 선택적 소멸은 초기에 과잉 형성되었던 뉴런들 간의 연결이 감소하는 것을 말하는데 신생아와 성인의 시냅스 밀도를 비교했을 때 초당 200개의 축색이 사라지는 것으로 추정된다(Rakic, 1991). 시냅스 밀도가 증가했다가 감소하는 시간표는 피질 영역별로 차이를 보인다. 시각 피질의 경우는 생후 1년까지 계속 증가하다가 1년 후부터는 차츰 감소하며 11세경에 성인 수준에 도달한다는 연구 보고가 있다(Huttenlocher, 1990, 1994)([그림 2-6]). 전두엽의 경우는 5~7세가 되어야 시냅스가 감소하기 시작하며 성인 수준까지 감소하려면 16세 정도가 되어야 한다. 시냅스 감소가 최고조에 달할 때는 무려 초당 10만 개의 시냅스가 없어지기도 한다는 것이 Rakic의 추정이다.

시냅스의 소멸은 뇌가 작은 동물일수록 적게 일어나서 쥐의 경우는 전체 시냅스의 10%, 고양이의 경우는 30%가 사라진다고 한다. Huttenlocher(1994)의 추정에 따르면 사람의 뇌에서는 전체 시냅스의 약 42%가 소멸한다고 하니 살아남기 위한 시냅스 간의 경쟁이 얼마나 치열할지 짐작할 수 있을 것이다. 뇌의 크기에 따른 이 같은 소멸 정도의 차이는 뇌가 크고 회로가 복잡할수록 처음부터 상세한 회로를 지정해 주기 어렵기 때문이라고 생각할 수 있다. 회로를 정교화하는 데 환경과의 상호작용이 그만큼 중요한 요인으로 작용한다는 의미이기도 하다.

시냅스의 소멸이 선택적이라는 것을 구체적으로 보여주는 흥미로운 연구 결과가 있다. Werker와 Tees(1992)는 신생아에게 영어, 힌두어, 북미 원주민어 등 여러 나라 언어에서 사용되는 다양한 음소들을 들려주고 아기들이 서로 다른 음소를 구분하는가를 알아보았다. 그 결과 놀랍게도 신생아는 자기 모국어 이외의 언어에 대해서도 정확한 음소 구분을 할 수 있다는 사실이 확인되었다. 그러나 이러한 음소 변별력은 생후 1년 무렵이 되면 사라진다. 그 대신 신생아는 모국어에 들어 있는 음소들을 더 정교하게 변별할 수 있는 능력을 획득한다. 이러한 현상은 초기 시냅스의 과잉 형성과 경험을 통한 시냅스의 선택적 소멸 및 회로의 정교화라는 뇌 발달 과정과 일치하는 것이다. 즉, 출생 직후에는 아직 경험하지도 않은 온갖 언어의 음소 변별 능력을 가지고 있지만 그 가운데서 경험을 통해 자극을 입력받는 모국어 처리 시냅스와 회로는 더욱 정교해지는 반면 입력 자극을 받지 못하는 외국어 처리 시냅스는 사라진다는 것이다.

뇌 세포의 자살과 시냅스의 소멸은 신경계가 보다 정교하게 만들어지는 과정이라고 생각할 수 있다. 과잉 생산된 뉴런과 시냅스 연결을 통해 중복 회로를 구성한 다음 자극을 별로 받지 못하거나 사용되지 않는 뉴런 혹은 시냅스를 없앰으로써 기능을 정교화, 세분화해 나가는 것이다. 발달 과정에서 신경 회로의 정교화가 이루어지기 위해서는 외부로부터의 자극이 필수적이다. 한 예로, 사람의 시각 피질 세포들은 처음에는 양쪽 눈의 정보를 모두 받다가 생후 4개월 이후부터는 한쪽 눈으로부터 연결된 축색이 점차 소멸하여 다른 한쪽 눈과 연결된 축색만 남는다. 이러한 선택적 소멸이 완성될 무렵부터 양 눈의 불일치를 바탕으로 한 입체시(깊이 지각) 능력이 뚜렷이 나타난다는 사실은 시냅스의 선택적인 솎아내기와 함께 회로가 세분화하면서 기능도 세분화한다는 것을 시사한다. 시냅스의 선택적 소멸을 통한 이 같은 기능 세분화는 적절한 환경 자극이 제공되지 않으면 이루어지지 않는다.

정상적인 기능 세분화를 위해 시냅스의 선택적 소멸이 필요하다는 증거는 발달하는 아동의 뇌 반응을 측정함으로써 확인할 수 있다. 정상 성인의 경우 청각 자극은 청각 피질이 있는 측두엽에서 큰 사건관련전위(event related potential; ERP)를 일으키고 시각 피질이 있는 후두엽에서는 약한 반응 혹은 무반응을 일으키는 것으로 알려져 있다. 그러나 6개월 영아의 청각 ERP 반응은 측두엽과 후두엽에서 비슷한 정도로 나타난다는 보고가 있다. 6개월 이후 36개월까지는 후두엽의 청각 ERP가 점차 감소하면서 측두엽의 ERP는 그대로 유지되는 변화가 관찰된다. 이러한 결과는 생후 6개월까지는 시신경이 시각 피질과 청각 피질로 중복 연결되어 있다가 출생 후 3년 동안 선택적 시냅스 소멸을 통해 중복 회로가 점차 사라져서 적절한 기능 분화가 이루어진다는 것을 의미한다.

동물 연구 자료이기는 하지만 실제로 특정 시냅스의 활동이 증가할수록 그와 연결된 회로의 시냅스가 오히려 감소한다는 증거가 있다(Oppenheim & Nunez, 1982). 이는 선택적 활성화가 시냅스 솎아내기를 통해 신경 회로의 정교화를 가져온다는 것을 시사한다. 시냅스 소멸이 신경회로의 정교화와 관련될 것이라는 생각은 시냅스의 양적 팽창이 고도의 인지 기능으로 연결되지 않는다는 사실을 통해서도 확인된다. 우선 성인의 인지 기능이 아기들보다 더 뛰어나지만 시냅스 밀도는 아기들이 더 높다. 또한, 일부 정신지체아동에게서 정상보다 많은 시냅스가 관찰되었다는 보고도 있다(Cragg, 1975).

2. 민감기와 뇌 가소성

유전자의 명령에 따라 뇌의 기본 형태를 구성한 다음에는 외부 자극과 뇌 구조가 상호작용하면서 정해진 기능을 효율적으로 수행할 수 있는 최적의 신경 회로를 만들어 나가게 되는데 이때 외부 자극의 영향력이 가장 강력한 시기를 민감기라고 한다. 어떤 기능이 적절하게 발달하기 위해서는 이 민감기 동안 해당 자극에 노출되어야 하며 만일 이 시기를 놓치면 그 기능의 발달이 지연되거나 왜곡될 수 있다.

Greenough는 발달을 두 가지 측면으로 구분하였는데 하나는 경험 기대적(experience-expectant) 발달이고 다른 하나는 경험 의존적(experience-dependent) 발달이다. 전자의 발달이 바로 민감기와 관련이 있는 것인데 유전자의 프로그램에 의해 기본 회로가 구성된 다음 외부 자극이 입력되면 시냅스의 선택적 소멸을 통해 회로가 정교화하면서 기능이 발달하는 것을 말한다. 경험 의존적 발달은 민감기와 무관한 것으로 각 개인의 고유한 경험이나 학습에 의해 새로운 시냅스 연결이 형성되는 것을 가리킨다. 시각이나 청각, 운동 기능 같이 모든 인간에게 공통되는 기본 기능은 경험 기대적 발달 기제에 의해 형성되는 반면 피아노 연주라든가 스케이팅, 테니스, 바둑, 외국어 습득 등 개개인의 고유한 학습이나 경험에 따른 기능 발달은 경험 의존적 발달 기제에 의해 형성되는 것이라고 볼 수 있다. 경험 기대적 발달은 외부 자극이 적기에 입력되기만 하면 큰 개인차 없이 비슷한 수준의 기능 발달로 연결되는 데 비해 경험 의존적 발달은 개인마다 다른 경험에 의해 이루어지므로 개인차가 많다(예컨대, 유치원 때부터 피아노 연주를 배우는 사람이 있는가 하면 평생 피아노 연주를 배우지 않고 살아가는 사람도 있다).

경험 기대적 발달과 경험 의존적 발달은 모두 뇌 신경계의 가소성을 바탕으로 하고 있지만 경험 기대적 발달은 유전자 프로그램에 의해 과잉 형성된 시냅스가 환경 자극과 상호작용하면서 선택적으로 소멸하여 정교화하는 과정에 의해 이루어지는 반면 경험 의존적 발달은 개개인의 고유한 경험에 의해 새로운 시냅스 연결 혹은 특정 시냅스 연결의 선택적 강화를 통해 이루어진다. 경험 기대적 발달은 해당 자극을 박탈하지만 않는다면 정해진 시간표에 의해 이루어지며 해당 자극을 남보다 먼저, 남보다 더 많이 제공한다고 해서 발달이 앞당겨지거나 발달이 더 강화되는 것이 아니다. 그러면 이러한 발달의 바탕이 되는 신경계의 가소성에 대해 좀더 자세히 알아보기로 하자.

1) 신경계의 가소성

신경계는 발달 과정에서 놀라운 유연성과 가소성을 보여준다. 특히 유아동기에 뇌 손상을 입은 사례를 살펴보면 손상된 뇌 영역을 대신하여 다른 영역에서 그 기능을 수행하거나 혹은 손상된 신경 회로 때문에 더 이상 외부 자극을 받지 못하게 된 뇌 영역에서 인접 영역으로 입력되는 신호에 함께 반응하는 등의 재구조화를 발견할 수 있다. 발달 중인 뇌의 이 같은 특성은 성인 뇌의 고정적이고 안정된 특성과 매우 대조적이다. 그러나 발달 기간 동안 모든 것이 다 변할 수 있는 것은 아니다. 예컨대, 임신 초기에 만들어진 미분화된 전구세포들은 지정된 영역의 지정된 피질층으로 이동하여 지정된 특성의 뉴런으로 발달하도록 태어날 때부터 결정되어 있다. 그러므로 태아기의 뇌는 가소성과 함께 비가소성의 특성도 가지고 있다고 하겠다.

뇌는 출생 후에도 계속 변화한다. 때로는 입력 자극을 변화시켜 정상적인 회로 연결을 재구성할 수도 있을 정도이다. 그러나 출생 후의 가소성에는 한계가 있다. 뉴런의 이동이 이미 끝났으므로 이들이 새로운 영역으로 자리바꿈을 할 수도 없고 장거리 연결 회로에 대대적인 변화를 만들 수도 없다. 반면에 국지 회로는 외부 요인의 영향을 통해 뇌 구조의 변화가 가능한 시기에 해당하는 민감기 동안 변화가 가능하다. 민감기가 지나면 중추신경계는 가소성이 없는 시기로 접어든다. 이 때문에 성인기에 뇌 손상을 입으면 그로 인해 상실한 신경회로를 다시 만들 수가 없게 되며 손상된 뉴런을 대체할 새로운 뉴런을 만들어 내기도 어렵게 된다.

일정 기간 동안에만 뇌의 가소성을 부여하고 그 시기가 지나면 변화하기 어렵게 만든 것은 현명한 전략일 수도 있다. 일생 동안 너무 많은 것들이 계속 변화한다는 것이 꼭 좋은 일만은 아니기 때문이다. 예를 들어, 우리는 주변의 친한 사람들이 어떤 성격의 소유자이고 무엇을 좋아하며 무엇을 싫어하는지, 특정 상황에서 어떻게 반응할 것인지 등을 알고 있는데 이는 뇌 구조의 안정성 덕택이라고 할 수 있을 것이다. 뇌 구조에 안정성은 없고 가소성만 있다면 평생을 함께 지낸 친구나 가족이라 할지라도 상대방의 성격과 선호 특성을 끊임없이 새로 파악하며 살아야 할 테니 얼마나 피곤하고 혼란스럽겠는가!

그러나 성인의 뇌라고 해서 가소성이 전혀 없는 것은 아니다. 만일 그렇다면 성인이 된 이후에는 새로운 학습이 불가능할 것이다. 학습이란 결국 새로운 경험을 통해 뉴런들 간의 시냅스 연결 가중치가 변화하는 것이라고 할 수 있기 때문이다. 문제는 어느 정도나 변화할 수 있는가이다. 성인 뇌의 재구조화는 어디까지 가능한가? 최근에는 성인의 뇌에서도 새로운 학습이나 경험에 따른 시냅스의 형성은 물론 새로운 뉴런까지도 만들어질 수 있다는 놀라운 발견들이 이루어지고 있다. 다음에서는 뇌 발달 과정에서 나타나는 피질의 재구조화와 이미 성숙 과정을 종료한 성인의 뇌에서 나타나는 피질의 재구조화에 대해 살펴보기로 하겠다.

2) 뇌의 발달 가소성

발달 중인 뇌가 나타내는 가소성은 앞서 말했듯이 민감기와 관련이 있다. 민감기 동안에는 환경 자극의 영향력이 특히 크게 작용하므로 정상적인 뇌 구조화가 방해를 받을 경우 이에 대응하는 재구조화가 쉽게 이루어진다. 한 예로, 앞에서 만 3세 이전에는 시각회로가 시각 피질과 청각 피질로 중복 연결되어 있다고 하였는데 만일 이러한 중복 회로가 완전히 소멸되기 전에 환경 자극의 성질이 변화하면 뇌 발달이 영향을 받는다. 예컨대, 이 시기에 청각 자극을 박탈한다면 청각 피질이 재구조화하여 시각 자극에 반응하는 피질로 발달할 수 있다. 반대로 시각 자극이 박탈되면 시각 피질이 재구조화되어 청각 자극에 반응할 수도 있다.

실제로 선천적인 청각장애자는 시각 자극에 대한 ERP 반응의 진폭이 정상인보다 더 크고 시야 주변부에 제시된 시각 자극의 움직임을 탐지하는 기능이 더 뛰어나다. 그러나 시냅스의 선택적 소멸 과정이 완료되어 중복 회로가 사라진 후에는 환경 자극을 통한 피질의 재구조화가 어려워진다. 따라서 청각과 시각 피질의 기능 분화가 이루어진 이후에 해당하는 4세 이후에 청각장애자가 된 사람들은 시각 자극에 대한 ERP 반응의 강화나 시야 주변부에 제시되는 시각 자극의 움직임 탐지 기능의 향상을 보이지 않는다.

한 연구에 따르면 말소리를 들을 때 색채 지각을 경험하는 공감각(synesthesia) 현상의 신경학적 원인이 뇌 발달 과정에서 청각 피질과 시각 피질 내의 중복 회로가 제대로 소멸되지 않은 것과 관련이 있을 가능성이 있다. 남아 있는 시냅스 연결을 통해 시각 피질이 계속 청각 자극에 반응하고 있기 때문에 말 소리를 들으면 시각 피질의 특정 영역(이 경우는 색채 처리 영역)이 활성화하여 색채 지각을 경험한다는 설명이다. 그런데 이처럼 시각 피질에서 청각 자극을 계속 처리하게 되면 정작 시각 자극은 제대로 처리하지 못하게 될 가능성이 있다. 실제로 Nunn과 동료들(2002)의 연구에서 공감각 현상을 보이는 사람에게 말소리를 들려주었을 때 좌반구의 색채 처리 영역인 v4, v8에서 활성화가 나타난 반면 실제 색 자극을 보여주었을 때에는 우반구의 색채 처리 영역에서만 활성화가 나타나고 좌반구의 색채 처리 영역에서는 활성화가 발견되지 않았다.

뇌의 발달 가소성은 외부 자극이 박탈되었을 때에만 나타나는 것이 아니라 특정 경험을 제공했을 때에도 발견된다. 한 연구에서는 어릴 때부터 현악기를 연주한 사람들을 대상으로 자기뇌도기록법(MEG)을 사용하여 각 손가락에 해당하는 체감각 피질 면적을 측정하였다. 그 결과 어릴 때부터 현악기를 오래 연주한 사람들은 왼손 새끼손가락의 피질 면적이 보통 사람들에 비해 유난히 넓은 것으로 확인되었다.

3) 성인 뇌의 가소성

우리 몸에서 감각을 느끼게 해 주는 신체 표면 부위와 외부의 청각 혹은 시각 세계는 우리 뇌의 피질에 매우 정교한 지도로 표상되어 있다. 그중에서도 체감각 피질은 우리 신체의 각 지점에 물리적 자극이 가해졌을 때 반응하는 뉴런들이 모여 있는 곳이다. 각 뉴런이 신체의 어느 부위에 반응하는가를 파악하여 지도를 작성하면 체감각 피질 지도가 만들어지는데 자극에 민감한 신체 부위일수록 더 넓은 피질 면적을 차지하고 있다. 즉, 손가락 끝은 실제 피부 표면적이 손등보다 더 좁지만 체감각 피질에서는 더 많은 뉴런, 더 넓은 표면적이 이 부분을 담당하고 있다. 피질 지도는 또한 실제 신체 부위들 간의 공간적 관계와 유사하게 만들어져 있다. 따라서 엄지손가락에 반응하는 피질 영역 바로 옆에는 둘째 손가락에 반응하는 영역이 있고, 그 옆에는 가운데 손가락에 반응하는 영역이 자리하고 있다.

Vanderbilt 대학의 Kaas와 California 대학의 Merzenich는 1980년대 중반에 놀라운 발견을 하였다. 그것은 바로 체감각 피질로 외부 자극을 전달해 주는 말초 수용기와 신경들을 조작함으로써 이 피질 지도를 바꿀 수 있다는 사실이었다. 이들은 예컨대 원숭이의 손가락 한 개를 절단한 다음 그 부분에 해당하는 피질 영역을 관찰하였는데 처음에는 그 곳에서 더 이상의 반응이 발견되지 않았다. 자극을 제공하던 신체 부위가 사라졌으므로 반응이 사라진 것은 당연한 일일 것이다.

그런데 시간이 좀 지나자 이 영역에서 다시 반응이 나타나기 시작하였다. 절단된 손가락 대신 그 바로 옆에 있는 손가락을 통해 입력되는 정보에 반응하기 시작한 것이다. 입력 자극이 없어져서 반응할 대상이 없어져버린 피질 영역을 주변의 다른 손가락들이 차지해버린 셈이다. 이 결과는 성인의 대뇌 피질도 변화할 수 있는 유연성을 가지고 있음을 명백히 보여주었다.

이러한 성인 피질의 가소성은 체감각 체계에만 국한된 것이 아니었다. 청각 피질에서도 유사한 가소성이 확인되었다. California 대학의 Recanzone과 동료들(1993)은 특정 주파수의 소리를 변별할 수 있도록 원숭이를 훈련시켰다. 청각 피질은 체감각 피질과 마찬가지로 특정 주파수의 소리 자극에 반응하는 피질 영역들로 지도를 형성하고 있다. 연구자들은 훈련을 받은 원숭이의 일차 청각피질 지도와 훈련받지 않은 원숭이의 피질 지도를 비교하였다. 그 결과 훈련받은 원숭이는 그 주파수를 처리하는 피질 영역이 더 넓어진 것으로 나타났다.

이러한 성인 뇌의 피질 재구조화가 인간에게서도 나타날 수 있을까? 적어도 두 가지 사례를 통해 이에 대한 답을 구할 수 있다. 첫 번째는 Mogilner 등이 1993년에 보고한 손가락 유착증 — 선천적으로 손가락이 모두 붙어 있는 기형 — 환자들의 사례이다. 이들은 성인이 된 후 붙어 있는 손가락을 분리하는 수술을 받게 되었다. 연구자들은 자기뇌도기록법을 사용하여 손가락 분리 수술을 하기 이전과 한 이후에 이들의 일차 체감각 피질에서 손가락에 해당하는 영역의 활동을 기록하였다. 두 명의 환자를 검사한 결과, 수술 이전에는 손가락 영역의 피질 지도가 정상인과 매우 다른 형태를 보였다. 그러나 수술 후 일주일이 지난 시점에서 다시 검사했을 때는 손가락에 해당하는 피질 영역에 놀라운 재구조화가 이루어져 있음을 확인할 수 있었다. 두 환자 모두, 정상인과 유사한 손가락 피질 지도를 나타내고 있었던 것이다. 이러한 변화가 겨우 일주일 만에 일어났다는 사실이 특히 연구자들을 놀라게 했으며 피질 지도의 수정이 5~10mm의 범위에 걸쳐 광범위하게 이루어졌다는 사실도 놀라운 일이었다.

두 번째 사례는 Ramachandran의 환상지 환자에 대한 연구에서 얻을 수 있다. Ramachandran은 원숭이에게서 발견된 피질 재구조화의 결과들을 보고 사고로 절단되어 없어진 팔다리의 통증을 호소하는 환상지 환자들에게 이 결과가 어떤 시사를 줄 수 있을 것으로 생각하였다. 그는 한쪽 팔이 없어졌는데도 계속 없어진 신체 부분의 통증을 호소하는 환자를 데려다가 눈을 가리게 한 다음 면봉 끝으로 그 사람의 얼굴 여기 저기를 가볍게 건드려 보았다. 그랬더니 놀랍게도 눈

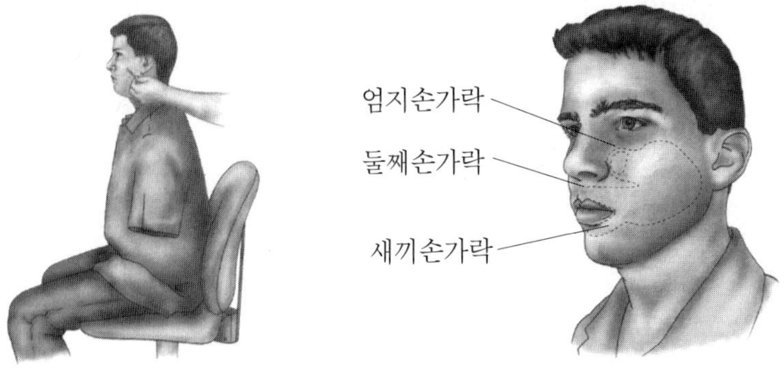

[그림 2-7] 환상지 환자의 얼굴에 나타난 손가락 영역 지도

출처: Kolb, B., & Whishaw, I. Q. (2001). *An Introduction to brain and behavior*. New York, NY: Worth Publishers.

밑에서부터 뺨에 걸친 얼굴의 각 부위를 건드릴 때마다 없어진 팔의 특정 부위에 감각이 느껴진다고 보고하는 것이었다. 눈 밑을 건드리면 엄지 손가락, 그 아래를 건드리면 둘째 손가락 등등에 감각이 느껴진다고 보고하였다([그림 2-7]). 이는 무엇을 의미하는가? 사람 뇌의 체감각 피질 지도를 보면 공교롭게도 얼굴을 담당하는 피질 영역 바로 옆에 손가락과 손을 담당하는 피질 영역이 있고, 그 옆으로 팔과 다리에 해당하는 피질 영역이 있다.

Ramachandran은 원숭이 연구 결과와 마찬가지로 사람의 경우에도 만일 팔이 절단되면 팔과 손 부위에서 들어오던 정보를 담당하던 피질 영역이 그 옆에 있는 얼굴 영역 담당 피질과 함께 얼굴 부위에서 들어오는 감각 정보에 반응하게 되는 것이라고 해석하였다. 이러한 현상을 기능적 가소성이라고 부르는데 그 이유는 피질 뉴런들이 구성하는 회로는 달라지지 않았는데도 기능상의 변화가 나타나기 때문이다. 이러한 기능적 가소성은 뇌가 발달하는 과정에서 형성된 부분적인 중복 회로에서 비롯되었을 것으로 보인다. 예를 들면, [그림 2-8]의 ①에서 보듯이 손가락의 B지점에서 연결된 회로가 A지점의 입력을 받는 피질 영역으로도 일부 연결된다. 그러나 정상인의 경우는 주된 입력 회로(즉, 손가락의 A지점에서 A영역으로 연결되는 회로)의 정보가 중복 회로(즉, 손가락 B지점에서 A영역으로 연결된 회로)를 통한 미미한 입력 정보를 억제하여 감각 경험으로 연결되지 않는다. 그러다가 신체 부위의 절단이나 신경 손상으로 인해 주된 입력이 사라지면 미미한 입력을 억제하던 힘이 사라지면서 그동안 드러나지 않던 B지점으로부터의 입력 자극이 기능화한다([그림 2-8]의 ②). 이러한 상태에서 시간이 지나면 [그

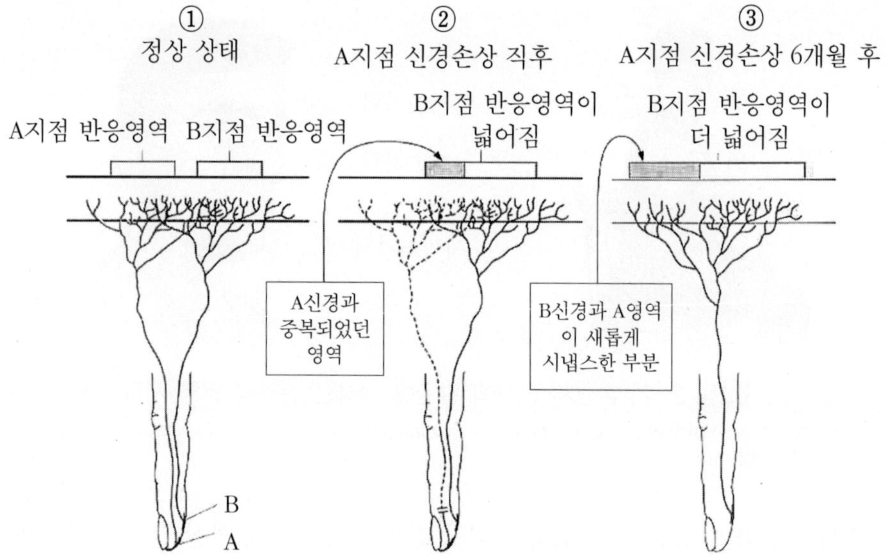

[그림 2-8] 기능적 가소성
A지점으로부터의 입력 자극이 사라지면 A와 B에서 중복 입력을 받던 영역이 B의 입력에 반응하기 시작하며, 시간이 지나면 A의 입력만 받던 영역도 B의 입력 자극에 반응하게 된다.

출처: Pinel, J. P. J. (1993). *Biopsychology*. Boston, MA: Allyn and Bacon.

림 2-8]의 ③에 나타난 바와 같이 활발하게 기능하는 뉴런이 곁가지를 더 뻗어서 인접 피질 영역에 새로운 시냅스 연결을 구축하게 된다. 그 결과 B지점에서 입력을 받는 피질 영역이 점차 넓어지면서 피질 지도의 형태가 달라지는 것이다. 환상지 환자의 얼굴 담당 피질 영역도 그 같은 과정을 거쳐 재구조화되는 것으로 보인다.

성인 뇌에서도 이같은 가소성이 나타난다는 것은 뇌 손상 환자들을 위한 재활 치료에 커다란 희망이 되고 있다. 뿐만 아니라 노화에 따른 인지기능 저하를 방지하는 다양한 인지 훈련 혹은 예방 차원의 개입 프로그램들이 어느 정도의 효과를 가져올 수 있으리라는 희망도 안겨준다. 실제로 인지훈련을 받은 노인들은 그렇지 않은 노인들에 비해 시냅스의 숫자나 시냅스 연결의 효율성이 더 좋다는 연구 결과도 보고된 바가 있다. 뇌의 구조와 기능이 인지 기능과 밀접하게 연결되어 있다는 점을 고려할 때 이러한 신경생물학적 변화의 증거들은 인지적 기능의 향상 혹은 보전을 강력히 뒷받침해 주는 것이라고 할 수 있다.

지금까지 뇌의 발달 과정과 그 과정에서 발견되는 놀라운 뇌의 가소성을 살펴보았다. 현재까지 알려진 바로는 뇌 발달 과정에서 유전자의 프로그램이 당연히 중요한 역할을 하지만 환경 요인 역시 그 못지않게 중요한 영향을 미치며 이들 두 요인의 상호작용을 통해 개개인의 고유한 뇌 구조와 그에 따른 기능 특성이 형성되는 것 같다. 뇌가 만들어지는 초기 과정인 뉴런의 증식과 시냅스의 과잉 형성 단계에서는 상대적으로 유전 요인이 중요한 역할을 하기 때문에 환경 자극의 조기 투입이나 상대적 박탈이 별다른 영향을 미치지 못한다는 사실이 확인되었다. 환경 자극의 역할은 과잉 증식된 뉴런과 시냅스에서 선택적 소멸 과정을 통한 회로의 정교화와 세분화가 이루어질 때 중요하게 작용한다. 따라서 뇌 발달이 영유아기 때 완성된다는 통념은 수정될 필요가 있다. 시냅스의 선택적 소멸과 수초화가 모든 뇌 피질 영역에서 완료되는 것은 대략 사춘기 무렵이므로 뇌는 이 시기까지 지속적으로 발달하고 있다고 보아야 한다. 이 시기가 지나면 발달과정은 완료되고 뇌의 구조가 어느 정도 안정된 상태로 접어들지만 성인기 이후에도 경험과 훈련에 따른 피질 지도의 변화 가능성은 여전히 남아 있다. 이 같은 성인기의 뇌 가소성은 뇌 손상 환자의 재활 치료나 노화에 따른 인지기능 저하 방지 프로그램의 효과를 어느 정도 뒷받침해 준다.

/참/고/문/헌/

Bates, E., Thal, D., & Janowsky, J. S. (1992). Early language development and its neural correlates. In I. Rapin & S. Segalowitz (Eds.), *Handbook of Neuropsychology, 7* (pp.69–110). Amsterdam: Elsevier.

Berry, M. (1982). Cellular differentiation: Development of dendritic arborizations under normal and experimentally altered conditions. *Neurosciences Research Program Bulletin, 20,* 451–461.

Bourgeois, J. P., Goldman-Rakic, P. S., & Rakic, P. (2002). Formation, elimination, and Stabilization of synapses in the primate cerebral cortex. In M. S. Gazzaniga (Eds.), *The New Cogninive Neuroscience* (pp.45–53). Cambridge, MA: The MIT Press.

Caviness, V. S. Jr., & Rakic, P. (1978). Mechanism of cortical development: A view from mutations in mice. *Annual Review of Neuroscience, 1,* 297–326.

Cragg, B. G. (1975). The density of synapses and nuerons in normal, mentally defective and ageing human brains. *Brain, 98*, 81–90.

Greenough, W. T., Black, J. E., & Wallace, C. S. (1987). Experience and brain development. *Child Development, 58*, 539–559.

Huttenlocher, P. R. (1990). Morphometric study of human cerebral cortex development. *Neuropsychologia, 28*, 517–527.

Huttenlocher, P. R. (1994). Synaptogenesis in human cerebral cortex. In G. Dawson & K. W. Fischer (Eds.), *Human Behavior and the Developing Brain* (pp.137–152). New York : Guilford Press.

Kolb, B., & Whishaw, I. Q. (2001). *An Introduction to Brain and Behavior*. New York, NY: Worth Publishers.

McConnell, S. K. (1985). Migration and differentiation of cerebral cortical neurons after transplantation into brain of ferrets. *Science, 229*, 1268–1271.

Nunn, J. A., Gregory, L. J., Brammer, M., Williams, S. C., Parslow, D. M., Morgan, M. J., Morris, R. G., Bullmore, E. T., Baron-Cohen, S., & Gray, J. A. (2002). Functional magnetic resonance imaging of synesthesia : activation of V4/V8 by spoken words. *Nature Neuroscience, 5*, 371–375.

Oppenheim, R. W., & Nunez, R. (1982). Electrical stimulation of hindlimb increases neuronal cell death in chick embryo. *Nature, 295*, 57–59.

Pinel, J. P. J. (1993). *Biopsychology*. Boston, MA : Allyn and Bacon.

Quartz, S. R., & Sejnowski, T. J. (1997). The neural basis of cognitive development : A constructivist manifesto. *Behavioral and Brain Sciences, 20*, 537–596.

Rabinowicz, T., Courten-Myers, G., Petetot, J., Xi, G., & Los Reyes, E. (1996). Human cortex development : Estimates of neuronal numbers indicate major loss during gestation. *Journal of Neuropathology and Experimental Neurology, 55*, 320–328.

Rakic, P. (1988). Intrinsic and extrinsic determinants of neocortical parcellation : a radial unit model. In P. Rakic & W. Singer (Eds), *Neurobiology of Neocortex* (pp.5–27). John Wiley & Sons.

Rakic, P. (1991). Plasticity of cortical development. In S. E. Brauth, W. S. Hall, & R. J. Dooling (Eds.), *Plasticity of Development* (pp.127–161). Cambridge, MA : MIT Press.

Rakic, P. (1995). Corticogenesis in human and nonhuman primates. In M. Gazzaniga (Ed.), *The Cognitive Neurosciences* (pp.127–145). Cambridge, MA : MIT Press.

Recanzone, G., Schreiner, C, E., & Merzenich, M. (1993). Plasticity in the frequency representation of primary auditory cortex following discrimination training in adult owl monkeys. *Journal of Neuroscience, 13*, 87–103.

Salamy, A. (1978). Commissural trasnmission: Maturational changes in humans. *Science, 200,* 1409–1411.

Sidman, R. L., & Rakic, P. (1973). Neuronal migration with special reference to developing human brain: A review. *Brain Research, 62,* 1–35.

Werker, J. F., & Tees, R. C. (1992). The organization and reorganization of human speech perception. *Annual Review of Neuroscience, 15,* 377–402.

Yakovlev, P. I., & Lecours, A. R. (1967). The myelogenetic cycles of regional maturation of the brain. In A. Minkowske (Ed.), *Regional Development of the Brain*. Oxford: Blackwell.

더 읽을거리

Dawson, G., & Fischer, K. W. (1994). *Human Behavior and the Developing Brain.* New York, NY: The Guilford Press.

De Hann, M., & Johnson, M. M. (2003). *The Cognitive Neuroscience of Development.* East Sussex: The Psychology Press.

Johnson, M. M., Munakata, Y., & Gilmore, R. O. (2002). *Brain Development and Cognition: A reader.* Blackwell publishers.

Nelson, C. A., & Luciana, M. (2001). *Handbook of Developmental Cognitive Neuroscience.* Cambridge, MA: The MIT Press.

3 발달연구 방법론

연구는 정보를 수집하고, 이 수집된 정보를 이해하려는 체계적인 과정으로 모든 과학에서 이론적인 발전의 기초를 이룬다. 다른 과학과 마찬가지로 발달심리학 역시 발달심리학 연구에 기초하며, 이 장을 통하여 발달심리학 연구에 대한 구체적인 아이디어를 얻을 수 있을 것이다. 모든 발달심리학 연구는 1) 체계적인 관찰(systematic observation), 2) 가설검증(Hypothesis Testing), 3) 자료(Data), 그리고 4) 연구결과의 공유라는 공통적인 요소를 갖고 있다(Moshman, Glover, & Bruning, 1987).

1. 발달연구의 기본 요소

1) 체계적인 관찰

우리는 인간에 대한 일상적인 관찰을 통하여 성급하게 어떠한 결론을 내리거나 이론을 정립할 수는 없다. 왜냐하면 이러한 관찰들은 체계적이지 못하기 때문이다. 체계적인 관찰이란 관찰에 대한 특정한 조건이 존재하여 연구자들로 하여금 "그 관찰이 의미 있다"라는 확신을 갖도록 해 준다. 이 특정한 조건이란 전집(population)을 대표하는 표본(representative sample)을 대상으로 어떠한 이론에 기초하여 변인(variable)을 선택하고 연구하는 과정 등을 포함한다.

과학은 일반적인 원리나 변인 간의 규칙을 발견하는 것을 목적으로 하기 때문에 연구자가 발견한 현상이 자신의 연구 대상 이외에 다른 대상들에게도 적용될 수 있기를 기대한다. 이를 위하여 발달심리학자들은 자신의 연구 결과가 일반화되기 원하는 전집을 잘 대변하는 표본을 선택하려고 한다. 예를 들어서 연구자가 한국에 거주하는 3세 유아들의 사회성을 연구하려고 할 때, 현실적으로 3세 유아 모두를 연구에 모두 포함시킬 수는 없다. 따라서 연구자는 이 전집을 가장 잘 대표하는 표본을 선정하게 되고, 이 표본은 인종, 성별, 사회경제적 지위, 지리적 배경 등 모든 면에서 비율적으로 전집과 유사하여야 한다.

흔히 발달심리학자들은 여러 개의 변인들 간의 관계를 밝혀내고, 이를 통해서 인간 발달의 본성에 대한 이해를 도모한다. 변인이라는 것은 여러 가지 값을 가질 수 있는 요인들로서, 예컨대 성별이라는 변인은 남자 혹은 여자라는 값을 가지며 반면 지능이라는 변인은 낮은 점수에서부터 높은 점수에 이르기까지의 값을 가질 것이다. 특히 어떤 현상의 원인 혹은 다른 변인들에 영향을 주는 변인을 독립변인(independent variable)이라 하고, 이러한 독립변인의 영향을 받는 변인을 종속변인(dependent variable)이라고 부른다. 예를 들어서 임신 중 산모의 건강정도가 출생 직후 신생아의 건강상태에 영향을 준다면, 산모의 건강정도는 독립변인으로, 신생아의 건강상태는 종속변인으로 분류될 것이다. 기본적으로 잘 계획된 연구는 이론에 대한 검증이라고 볼 수 있으며, 이를 위해 일부 관심 있는 변인들이 선택된다.

2) 가설검증

발달심리학 연구는 이론에 근거한 구체적인 예측을 검증하게 되며, 이러한 연구 결과에 대한 구체적인 예측을 가설이라고 부른다. 가설에는 영가설과 대립가설이 있으며, 일반적으로 대립가설이 연구가설이 되며, 연구자가 주장하고자 하는 내용이 된다(Hays, 1994). 가설검증 절차는 영가설과 대립가설 중 한 가지 가설을 선택하는 과정이라고 볼 수 있다. 애착장애 아동 어머니와 정상아동 어머니의 성격특성을 비교하고자 하는 연구(이경숙 외, 1996)를 예로 들어보자. 이 연구에서는 "장애아동 어머니와 정상아동 어머니의 성격특성에는 어떠한 차이가 없다"라는 영가설을 설정하였다. 대립가설은 "장애아동 어머니와 정상아동 어머니의 성격특성에는 어떠한 차이가 있을 것이다"라고 설정되었다. 이 연구의 통계적 검증 결과, 영가설은 지지되지 않았고, 우울증, 강박증, 반사회성 등과 같은 성격특성에서 장애아동 어머니와 정상아동 어머니 간에는 유의미한 차이가 있음이 밝혀졌다.

3) 자 료

발달심리학 이론은 맹목적인 신념에 대한 진술은 아니다. 때때로, 이론들이 어떤 특정한 신념으로부터 출발되었다고 할지라도 이 이론들은 연구에 의해서 검증되어지며, 이런 의미에서 이론과 신념은 구별된다. 따라서 어떠한 이론이 체계적인 관찰로부터 나온 자료와 모순되지 않을 경우 우리는 그것을 이론으로서 받아들이게 된다. 반면 사실이 아니라고 밝혀진 가설이나 자료에 의해서 지지되지 않은 이론들은 받아들여지지 않는다.

4) 연구결과의 공유

다른 연구자들과 마찬가지로 발달심리학자는 자신의 연구결과를 학술지에 게재함으로써 다른 사람과 공유하게 된다. 이렇게 연구결과를 발표하는 중요한 이유는 다른 연구자들에 의해서 그 연구가 반복되어서 연구 결과가 확인되고 일반화되길 기대하기 때문이다. 하지만, 후속 연구를 통해 그 연구결과가 지지되지 않아서 일반화에 실패하는 경우도 있다. 이처럼 연구자들은 자신들의 연구결과를 발표하고, 다른 연구자들에 의해 계속적으로 연구됨으로써 발달심리학적 지식 및 이론은 발전해 나가게 된다.

2. 연구설계

발달심리학은 한 개인의 변화를 기술(description), 설명(explanation), 그리고 수정(modification)하는 데 관심을 가지며, 발달 양상에서의 개인차를 설명하고

자 한다. 발달심리학자들은 인간의 변화와 개인차에 대한 문제를 연구하기 위해서 기본적으로 세 가지 연구설계, 즉 횡단적 설계, 종단적 설계, 그리고 계열적 설계를 사용한다.

1) 횡단적 설계

횡단적 연구설계(Cross-Sectional Designs)에서는 여러 연령대의 개인들이 시간적으로 동일한 시점에 동일한 변인에 대하여 관찰된다. 가장 흔한 예로는 대중매체에서 실시되는 여론 조사를 들 수 있다. 예컨대, 연령별, 성별, 혹은 직업에 따라서 토요 휴무제 등과 같은 특정한 주제에 대하여 국민들의 의견을 묻는 여론조사를 들 수 있다. 발달심리학자들은 어떤 변인에 대하여 다양한 연령의 개인들을 비교하기 위하여 이 횡단적 연구설계를 사용한다.

청소년기부터 노년기까지 주관적 연령(subjective age)의 발달양상을 살펴보기 위한 연구(Barnes-Farrell & Piotrosky, 1989; Montepare & Lachman, 1989)는 횡단적 연구 설계의 중요한 특징을 보여준다. Barnes-Farrell과 Piotrosky(1989)의 연구에서는 피험자들을 18~29세, 30~39세, 40~49세, 50~65세 등 총 네 집단으로 나누어 연령지각의 양상을 살펴보았다. 이 연구 결과 가장 어린 연령 집단에서는 주관적 연령이 생활연령(chronological age)보다 높았지만, 점차 생활연령이 증가할수록 주관적 연령이 낮아지는 경향이 있었다. 대체로 성인초기 즉, 20대와 30대에 있는 사람들은 실제 생활연령과 자신의 주관적 연령 사이에 불일치가 거의 없는 상태이며, 이 연령층을 중심으로 생활연령이 증가하면서 더 어린 주관적 연령을 갖게되는 전환의 시기가 되었다. 특히 성인 후반기로 갈수록 생활연령에 비하여 자신을 젊게 지각하는 정도가 점차 커졌다. 이처럼 횡단적 연구설계의 가장 큰 장점은 연령과 관련된 경향을 비교적 쉽고 빠른 방식으로 평가할 수 있다는 점이다. 그러나 횡단적 연구설계로부터 얻어진 결과를 해석할 때는 몇 가지 문제점으로 인해 상당한 주의가 필요하다(Bornstein & Lamb, 1984). 첫째로, 표본선정의 문제로 인해 횡단적 설계의 결과를 왜곡시킬 수 있다. 연구에 포함되는 연령집단을 선정할 때, 각 연령을 잘 대표하는 표본을 선택하는 것이 경우에 따라서는 용이하지 않을 수도 있다. 예를 들어서 12세 아동표본 선정은 2세 유아표본을 선정하는 것보다 상대적으로 용이할 것이다. 또 다른 횡단적 설계의 문제점으로는 연령변인이 출생동시집단 효과(cohort effect)와 혼돈될 수 있다는 점이다. 여기서 출생동시집단

(cohort)이란 비슷한 문화적 환경과 역사적 사건을 경험한 같은 연령대의 집단을 말한다. 횡단적 연구에서는 여러 연령 집단을 포함하기 때문에 연구에서 발견된 연령차이는 연령이나 발달에 기인한 것일 수도 있지만, 서로 다른 연령집단을 특징짓는 문화나 역사적 요인들을 반영하는 것일 수도 있다는 점이다. 예를 들어 인간의 지적기능 발달을 횡단적 연구설계를 이용하여 연구해 보았을 때, 젊은이들이 노인들보다는 더 높은 지적 기능을 보였다고 하자. 이런 연구결과를 토대로 연령이 높아질수록 지적인 기능이 감퇴한다는 결론을 내릴 수 있을까? 만약 젊은 연령 집단 구성원들이 다른 연령 집단 구성원들보다 더 많은 교육을 받았다고 한다면 이때 발견된 지능의 차이는 연령이라기보다는 교육수준의 차이에 기인했을지도 모른다는 점이다. 따라서 이러한 차이는 발달적 변화나 연령차이라기보다는 동시대 집단 효과에 기인한 것일 수도 있기 때문에 연구결과 해석에 상당한 주의가 필요하다.

2) 종단적 설계

종단적 연구설계(Longitudinal Designs)에서는 오랜 기간 동안 동일한 개인들을 연구하게 된다. 예컨대, 아동의 자아개념 발달에 관심 있는 한 심리학자는 유치원생 표본을 선정하고, 그들의 자아개념을 측정한다. 그 후 그 아동들이 초등학교와 중학교로 진학할 때에도 매 2~3년마다 한 번씩 그들의 자아개념을 측정함으로써 자아개념 발달 양상을 연구할 것이다. 이처럼 종단적 연구설계의 가장 큰 장점은 시간에 따라 동일한 개인들을 반복 측정한다는 점이다. 따라서 이런 연구에서 나타나는 변화들은 동일한 개인들 안에서 이루어지는 것이고, 횡단적 설계와는 달리 이러한 변화들은 집단들 간의 차이와 혼돈되지 않는다는 장점이 있다.

발달심리학의 영역에서 이러한 종단적인 연구설계는 흔히 찾아볼 수 있으며, 도덕성 발달에 관한 한 연구(Colby, Kohlberg, Gibbs, & Lieberman, 1983)를 예로 들어보겠다. 이 연구는 1950년대 중반부터 1970년대 중반에 이르기까지 20년에 걸쳐서 이루어졌으며, 피험자들에게 매 3~4년마다 한 번씩 면접을 실시하였다. 이 연구자들은 도덕성 발달(moral development)에 관심을 가졌고, 피험자들이 어떻게 옳고 그름을 판단하는지 그 변화를 관찰하였다. 이 연구에서는 콜버그(Kohlberg)의 도덕성 이론에 기초하여서, 낮은 수준의 도덕성을 가진 사람들은 규칙을 어기지 않고, 벌을 피하는 것을 옳은 도덕적 판단으로 여기는 경향이 있다고 하였다. 반면 높은 수준의 도덕성을 가진 사람들은 자신들의 양심과 윤리적인 행동방침에 의하여 도덕적인 판단을 한다고 한다. 이들은 6단계의 도덕성 발달을 가정하였고, 콜버그의 이론에 따르면 개인들은 더 높은 도덕성 발달 단계로 올라가기 위하여서는 반드시 낮은 단계들을 거쳐야만 한다는 것이다. 이 연구자들은 피험자들에게 도덕적인 딜레마 상황을 제시하고 피험자들로 하여금 반응하도록 하였다. 종합적으로 이 연구의 결과는 도덕성 발달에 대한 콜버그의 이론을 지지하였고, 아주 소수의 피험자들만이 일부 단계를 생략하거나 높은 단계에서 낮은 단계로 거꾸로 발달하는 경향을 보였다. 이처럼 도덕성 단계를 생략하거나 낮은 단계에서 더 높은 단계로 곧바로 올라가는 현상들은 횡단적 연구설계에서는 얻어질 수 없는 정보로서, 이러한 정보는 동일한 개인들이 반복적으로 측정되어서 각 개인 내의 발달들이 평가됨으로써 얻어질 수 있는 것이다.

모든 연구설계에는 약점이 내재하듯이, 종단적 연구설계 역시 몇 가지 단점을 지니고 있다. 첫째, 연령과 검사시기(time of testing)가 혼돈될 수 있다는 점이다. 예를 들어서 피험자들에게 성 역할(sex role)에 대한 태도를 1950년부터 1980년에 이르기까지 연구한다고 가정하자. 20대의 성인 여성을 대상으로 30년 동안 종단적 연구를 실시한다고 하면, 이 연구는 그 여성들이 50대가 될 때까지 진행될 것이다. 이 연구의 결과가 만약 나이가 들수록 피험자들의 성 역할에 대한 태도가 더 자유로워졌다고 할 때, 이 결과는 사회의 변화상을 반영할지도 모를 것이다. 즉, 이러한 차이는 단지 20세와 50세의 차이라기보다는 1950년대와 비교하여 1980년대의 보다 관대해진 성(sex)과 성 역할에 대한 태도를 반영하는 것일지 모른다는 점이다. 이 설계의 또 다른 단점으로는 연구기간이 길기 때문에 그에 따르는 비용의 문제이다. 또한 이론이나 측정도구들이 쉽게 시대에 뒤떨어질 수 있고, 중요한 연구결과들은 오랜 시간 뒤에 얻어진다는 한계점이 있다. 또한 연습효과(practice effect)도 종단적 연구설계의 단점이 될 수 있는데, 피험자들을 반복적으로 관찰하고 면접함으로써 피험자들이 연구경향이나 내용에 익숙해짐으로써 그들의 발달과는 상관없는 수행의 향상을 보일 수도 있다는 점이다. 마지막으로 오랜 시간동안 원래의 피험자들과의 연락을 유지하는 문제가 상당히 어렵다는 점이다. 이러한 현상을 피험자의 손실 혹은 소멸(attrition)이라고 부르는데 사람들은 이사를 가거나 연구실험에 참가하는 것에 싫증을 낼 가능성이 크다는 점이다. 그럼에도 불구하고 종단적 연구설계는 발달을 연구하는 많은 경험적 연구에서 중요한 역할을 하면서 지속되어 오고 있다(Moshman, et. al., 1987).

3) 계열적 설계

일부 발달심리학자는 횡단적 연구설계와 종단적 연구설계 모두에서 중요한 정보가 손실될 수 있다고 주장하면서, 이 두 연구설계의 장점을 합친 보다 나은 접근법, 즉 계열적 연구설계(Cross-Sequential Designs)를 제안하였다(e.g., Schaie, 1965). 전형적인 계열적 설계에서는 횡단적 설계에서처럼 서로 다른 연령의 개인들이 연구의 초기에 표집된다. 그런 후 피험자들이 일정한 기간 동안 종단설계에서처럼 계속적으로 연구된다. 위에서 언급한 도덕성 발달에 대한 연구(Colby et al., 1983)가 계열적 연구설계의 하나의 예가 될 수 있다. 이들은 1955년에 10세, 13세, 그리고 16세 피험자들을 선발하였고, 그 후 이 세 연령집단의 피험자들을 20년 동안 종단적으로 연구하였다. 계열적 연구설계는 종단적 연구와 횡단적 연구를 혼합하여 출생동시집단 효과와 연령과 관련된 변화에 대한 정보를 모두 얻을 수 있다는 중요한 장점이 있다. Schaie(1965)는 계열적 설계의 대표적인 옹호자로서, 지능에 대한 연구를 하기 위하여 이 계열적 설계를 사용하였다. 그는 네 개의 서로 다른 연령집단을 이용하여 1886년부터 1932년까지 종단적으로 이들의 지능을 연구하였다. 우리가 계열적 연구설계를 사용한다면, 다음과 같은 질문 모두에 대답할 수 있을 것이다. 지금의 60세 노인들은 1980년대의 60세 노인들과 지적으로 다른가? 혹은 지금의 60세 노인들은 그들이 50세였을 때와 비교하여 지적으로 어떤 변화가 있는가?

4) 연구설계들 간의 비교

[그림 3-1]은 각 연구설계가 발달 변화를 연구하기 위하여 어떻게 사용되고 있는지 예시하고 있다. [그림 3-1]의 세 연구설계는 2세부터 4세까지 아동들의 공간능력(spatial ability)를 비교하고 있다.

횡단적 연구설계에서는 1987년에 2, 3, 4세 아동들을 선발하여 이들의 공간능력을 비교하였다. 반면 종단적 연구설계에서는 1985년에 출생한 2세 아동들을 1987년에 표집하여 그 아동들이 4세가 될 때까지 매년 그들의 공간능력을 측정, 비교하였다. 마지막으로 계열적 연구설계에서는 1987년에 세 연령집단(2, 3, 4세) 아동들을 표집한 후 이 세 집단의 공간능력을 비교하기도 하고(횡단적 비교), 또한 각 연령집단 내에서 연령이 증가함에 따라 어떤 공간능력의 변화를 보이는지

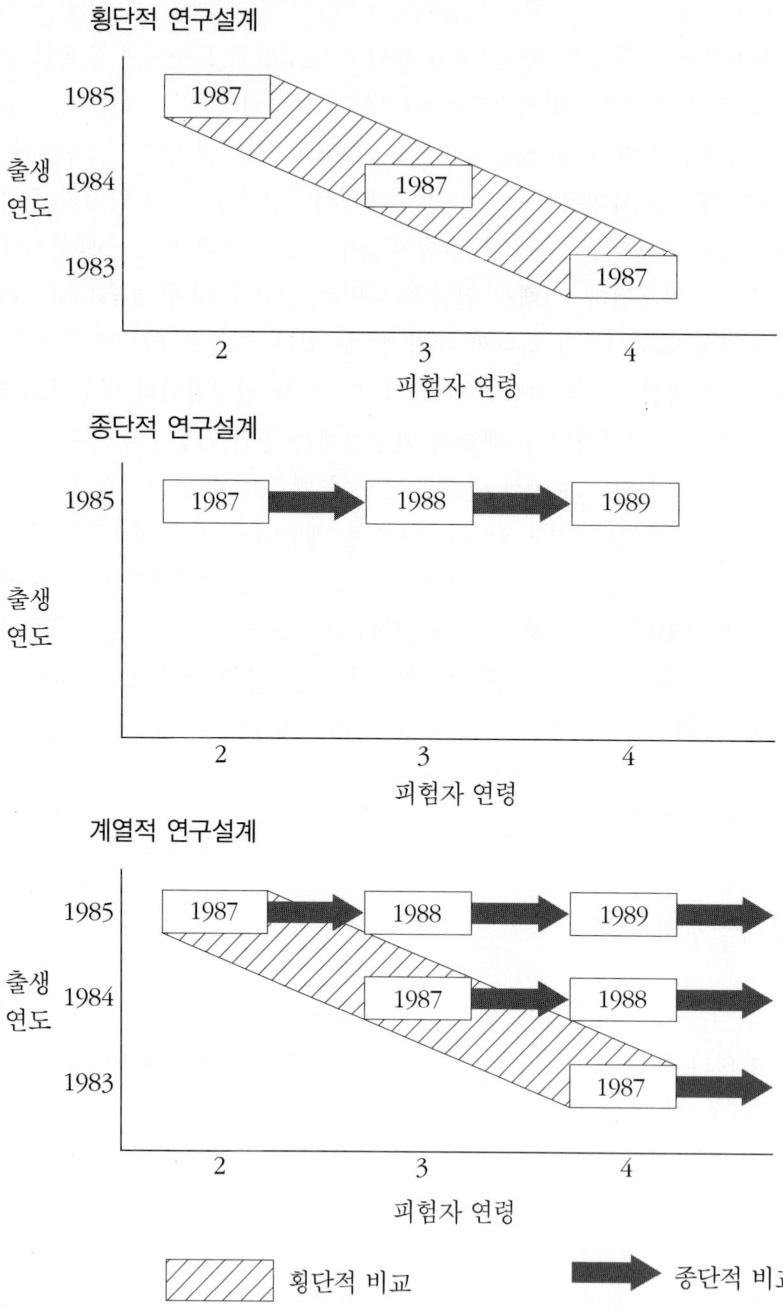

[그림 3-1] 발달 연구설계의 예시

출처: Moshman, D., Glover, J. A., & Bruning, R. H. (1987). *Developmental Psychology: A topical approach*. Boston: Little, Brown & Company.

연구한다(종단적 비교).

〈표 3-1〉은 지금까지 살펴본 세 연구설계의 장 · 단점을 요약하고 있다.

〈표 3-1〉 발달 연구설계의 요약

연구설계	특 징	장 점	단 점
횡단적 설계	- 각기 다른 연령집단을 동일한 시기에 비교	- 자료수집이 비교적 쉬움 - 시간과 비용이 적게 듦	- 표본선정 문제 - 상이한 연령집단들이 비교되므로 연령과 출생동시집단 효과가 혼돈됨 - 분명한 개인차나 연령에 따른 변화를 밝혀내기 힘듦
종단적 설계	- 동일한 사람들을 오랜 기간 동안 반복적으로 관찰	- 동일한 사람들을 관찰함으로써, 시간경과에 따른 개인적 성장과 행동특성의 변화양상을 밝혀냄	- 연령과 검사 시기가 혼돈됨 - 비용의 문제 - 피험자 손실 가능성 - 연습효과
계열적 설계	- 종단적 설계와 횡단적 설계를 혼합	- 출생동시집단 효과와 검사시기 효과를 파악할 수 있음	- 비용의 문제

3. 연구방법

지금까지 살펴본 연구설계들은 연구자들에게 발달현상을 이해하기 위한 일반적인 구조를 제공하는 것이다. 이러한 설계들 속에서 발달변화를 묘사하고 설명하기 위해서, 발달심리학자들은 구체적이고 다양한 연구방법들을 사용한다. 사실 인간 발달을 연구하기 위한 최선의 방법이란 없으며, 연구주제와 상황에 따라서 무엇이 최선이냐 하는 문제는 달라질 것이다(Bornstein & Lamb, 1984). 예를 들어, 노인을 연구할 때와 유아를 연구할 때는 그 연구방법은 달라야 할 것이다. 또한 생화학 실험연구법은 신체적 성장의 결정인자를 밝히고자 할 때는 최선의 방법이 될 수 있겠지만, 인간의 도덕적 추리 발달과정에 대한 연구에는 적절하지 않을 것이다. 발달심리학에서 주로 사용되는 연구방법들은 크게 1) 질적 연구법(qualitative research), 2) 조사연구법(survey research), 3) 상관연구법(correlational research), 4) 실험연구법(experimental research), 그리고 5) 비교문화 연구(cross-cultural research)로 분류할 수 있다.

1) 질적 연구

(1) 사례연구법

수년동안 많은 연구자들은 본인 자녀들의 발달을 관찰하고 기록해 왔다. 예컨대, 찰스 다윈(Charles Darwin)은 자신의 아들의 발달에 대해서 일화적인 기록(anecdotal records)을 하였다. 또한 프로이트(Sigmund Freud)는 임상환자들에 대한 많은 사례를 연구하여 자신의 정신분석학 이론에 기초를 마련하였다. 사례연구법의 중요한 특징은 한 개인에 대한 집중적인 연구이며, 그 개인에 대한 관찰을 기록하는 것이다. 초기의 사례연구들은 주로 일화적이며 이야기체를 사용하였으나, 최근에는 이 연구법을 보다 체계적으로 사용하고 있다. "천재란 무엇인가?," "천재는 어떻게 개발되는가?," "아동의 사회적 · 정신적 발달에 부모들은 어떠한 역할을 하는가?," "아동들의 초기 경험이 성장 후의 발달에 어떠한 영향을 주는가?" 등 이러한 흥미로운 질문들은 사례연구법을 이용하여 연구되어 왔다.

사례연구법의 강점은 한 개인 내의 복잡한 과정들에 대한 상세한 분석을 가능하게 한다는 점이다. 반면 이 사례연구법의 가장 큰 단점은 관찰된 피험자의 개별적인 특징들이 그 연구의 결론에 영향을 준다는 점이다. 즉, 그 피험자가 다른 사람들의 전형적인 예가 아닐지도 모르기 때문에, 일반화의 문제가 제기된다. 그러나 때때로 개인차를 무시하는 집단자료보다는 특별한 사례를 이해하는 것이 우리의 지식을 더욱 증가시킬 수도 있다는 점에서 이 사례연구법은 광범위하게 사용되고 있다.

(2) 관찰법

관찰법(Observation Methods)은 발달심리학 연구에서 가장 많이 사용되는 방법으로 가능한 한 자연적인 상태에서 피험자의 행동을 직접적으로 관찰하고 기록함으로써 행동특징이나 법칙을 발견한다(김태련 · 장휘숙, 1991). 다양한 관찰법들이 있지만, 관찰하는 상황이나 대상행동의 관찰범위나 내용 · 방법을 조직하는 정도에 따라 크게 두 종류로 관찰방법을 분류할 수가 있다(김아영, 2000; Bornstein & Lamb, 1984; Miller, 1998). 첫째, 관찰자가 무엇을 관찰해야 되는지에 대한 계획이 전혀 없이 자연상태에서 관찰을 시작하는 경우로서, 이를 자연적 관찰법(naturalistic observation)이라 한다. 반면 연구자가 미리 무엇을, 언제 관찰해야 되는지 결정을 하고 관찰을 시작하는 경우를 체계적 관찰법(systematic observation)이라고 한다.

먼저 자연적 관찰법은 관찰장면을 통제하지 않고 자발적으로 일어나는 자연스러운 행동을 모두 관찰한다. 예를 들어, 아동들이 자신의 환경 속에서 무엇을 행동하고, 무엇을 행동하지 않는지를 관찰한다. 관찰연구법을 사용한 한 고전적인 연구(Barker & Wright, 1951)를 살펴보면, 이 연구자들은 한 소년이 행동하고 말하는 모든 것을 기록하였다. 이를 위해 한 관찰자가 그 소년이 아침에 눈을 뜨면서부터 다시 잠에 들기까지 그 아동을 따라다니며 관찰하였다. 이러한 접근법의 큰 어려움은 방대한 양의 정보가 얻어진다는 점인데, Barker와 Wright(1951)의 연구에서도 한 소년의 하루를 관찰 · 기록한 양이 435페이지나 되었다는 점이다. 일반적으로 자연적 관찰법의 원리는 가능한 한 변화되지 않은 채 모든 것들을 기록 · 보존하는 것으로, 다른 연구법들보다는 인간행동의 복잡성과 풍부함을 포착할 수 있다는 장점이 있다. 이 연구법에서는 관찰자와 관찰대상인 아동과의 상호작용이 거의 없기 때문에, 그 아동의 실제 삶 맥락에서 자연스런 모습을 모두 볼 수 있으며, 이러한 이유로 흔히 이런 연구법은 생태학적인(ecological or ethological) 방법이라고 불리기도 한다. 그러나 자연적인 장면에서 관찰을 할 때, 연구자들은 보통 인과관계를 설정하기 힘들다는 단점이 있다. 때때로 복잡한 장면에서는 무엇이 원인이고, 무엇이 결과인지 분리하기가 상당히 힘들다. 또한 수집된 자료를 조직하고 수량화하는 점 역시 어려운 문제이다.

따라서 최근의 연구들은 자연적인 관찰법의 요소에 보다 표준화되고 구조화된 방법을 결부시키는 체계적인 관찰법을 사용한다. 예를 들어, 부모와 자식 간의 상호작용을 연구하기 위한 한 연구(Frankel & Roolins, 1983)에서는 부모와 자식이 상호작용을 할 수 있는 상황을 미리 설정하였다. 아이들에게는 퍼즐과 그림카드를 주고 자연스럽게 놀도록 하였으며, 부모들은 퍼즐을 맞추고 있는 아이들을 돕고, 그들이 그림카드를 어떻게 기억하는지를 가르치도록 하였다. 이렇듯 놀고 가르치는 두 과제는 부모-자식간 상호작용의 가장 흔한 예로서 보다 쉽게 부모-자식간의 상호작용 패턴을 관찰할 것이다. 또한 관찰 연구자는 모든 상황을 무한정 관찰하는 것이 아니라 관찰 행동이나 시간을 표집해서 관찰하기도 한다(Best, 2001). 이러한 표본 추출방법들은 얼마나 대표적인 행동 혹은 시간을 관찰한 결과인가가 그 결과의 일반화 여부를 결정짓게 된다(김아영, 2000). 빈번히 사용되는 표본 추출방법 중 관찰대상을 지속적으로 관찰하는 것이 아니라 미리 정해둔 시간에만 관찰하는 방법을 시간표집법(time sampling)이라고 한다. 예를 들어 매 시간 첫 15분 동안만 관찰을 한다든지 세 시간마다 10분씩 관찰을 하는 데 무엇보다도 중요한 것은 미리 정해진 계획에 따라서 동일한 시간 동안만 관찰을 한다는 점이다. 이 시간표집법의 근거는 사람들은 비교적 긴 시간 동안 비슷한 방식으로 행동하므로 그 사람의 행동을 때때로 관찰하는 것이 정상적인 행동에 대한 타당하고 전반적인 측정치가 될 수 있다는 것이다. 따라서 시간표집법을 이용해서 관찰을 하는 경우 관찰행동은 자주 일어나는 대표적 행동이어야 한다. 예를 들어 아동들의 이야기하기, 먹기, 놀기 등의 일상적인 행동이 적절하다. 시간표집법은 자연적 관찰법에 비해서 관찰대상에 대한 풍부한 정보를 제공하지 못하지만 비교적 짧은 시간 안에 다양한 상황 속의 많은 관찰대상자들의 행동을 표집할 수 있다는 장점이 있다. 또한 관찰자가 관찰 장면에 계속 머물러서 관찰하지 않

[그림 3-2] 자연적 관찰법
관찰장면을 통제 하지 않고, 자발적으로 일어나는 아동들의 자연스런 행동을 모두 관찰한다. 다른 연구법들보다 아동행동의 복잡성과 풍부함에 대한 정보를 얻을 수 있다는 강점이 있다.

아도 된다는 점과 통계적 분석이 가능한 양적인 결과를 제공해 줄 수 있다는 장점이 있다. 반면 이 시간표집법은 빈번하게 일어나는 행동들에 대해서만 사용이 제한되고 행동의 존재 여부나 빈도, 지속시간 등에 대한 정보는 얻을 수 있지만, 행동의 원인이나 질적인 속성에 대해서 알려주지 못한다는 단점이 있다(김아영, 2000; Best, 2002).

관찰 연구에서 사용하는 또 다른 표본 추출방법으로 사건표집법(event sampling)을 들 수 있다. 사건표집법은 미리 관심 있는 행동을 정해두고 그 행동이 나타나면 기록하는 것으로 비교적 긴 시간 동안 관찰이 이루어진다. 예를 들어서 유치원에서 아동들이 싸움을 하거나 우는 행동이 나타날 때마다 그 행동을 기록하는 것이다. 더불어서 싸움을 하는 아이들의 수나 성별, 얼마나 오래 울었는가 등에 대한 추가적인 정보를 기록하기도 한다. 유아의 요구전략을 연구한 국내의 한 연구에서(배지희, 1995) 자유놀이시간 동안 또래 간의 상호작용을 관찰하고 요구전략이 나타날 때마다 기록하는 사건표집법을 사용하였다. 이 연구 결과가 유아들은 직접적 요구전략인 "지시"와 "명령"을 가장 많이 사용하는 것으로 나타났고 물리적 요구전략은 사용빈도가 낮은 것으로 나타났다. 이 사건표집법은 행동과 그 행동이 일어난 맥락에 대한 풍부하고 자세한 기술을 할 수 있고 그 행동이 왜 일어났는가에 대한 인과관계도 파악할 수 있게 해 주는 장점이 있다. 예를 들어, 아동들의 싸움에 대한 원인을 연구하기 위해서는 사건표집법은 중요한 정보를 제공해 줄 수 있을 것이다. 반면 유아들 간의 화목함의 정도를 비교할 때는 시간표집법이 더 유용할 것이다.

2) 조사연구

(1) 면접법

면접법(Interview Methods)은 연구대상에게 직접 질문을 제시하여 얻은 응답을 분석하는 연구방법이다. 즉, 각 질문에 대한 응답은 연령에 따라 변화를 결정하거나 변인들 간의 관계를 평가하기 위하여 분석된다. 면접자와 피면접자가 일대일로 만나기 때문에 비용과 시간이 많이 요구되고, 전집을 잘 대표하는 표본선정이 중요한 문제가 된다. 또한 면접하는 사람의 자질과 연령이 연구결과에 중요한 영향을 준다. 훈련을 더 많이 받은 사람일수록 더 정확한 자료를 수집할 수 있을 것이고, 면접자의 연령에 따라서 서로 다른 연구결과를 얻을 수도 있을 것이다. 한 경험적 연구에서는 아동의 메타기억(metamemory)을 연구하기 위하여 면접법을 사용하였다(Kreutzer, Leonard, & Flavell, 1975). 이 연구자들은 면접 대상 아동들에게 "○○는 기억을 잘하는 편인가요?", 혹은 "특별히 기억하기 어려운 것(단어, 사건 등)들이 있나요?"와 같은 질문을 하였다. 이 연구자들은 초등학교 1, 3, 5학년 아동들을 면접한 후, 그들의 대답을 기록하고 채점하였다. 아동들의 답변을 분석한 결과 모든 아동들은 "기억하다", "배우다", 그리고 "잊다"와 같은 단어들을 이해하였으며, 상대적으로 기억하기 어려운 어떤 것들이 있다는 사실을 인지하고 있었다. 또한 상급 학년 아동들은 어린 아동들에 비해서 학습하고 회상하는 접근법이 훨씬 더 계획적이라는 사실이 밝혀졌다.

구조화된 양식을 이용한 면접은 연구자들에게 자료를 보다 체계적으로 수집하도록 한다. 세심하게 계획된 질문들과 대표적인 표본의 선정은 연구가설을 타당하게 검증하도록 한다. 어떤 연구자들은 '임상적 면접법(clinical interview)'을 아동들의 개념, 사고, 문제 해결력과 같은 세밀한 특성들을 연구하는 데 사용한다(Miller, 1998). 특히 아동들의 사고과정에 많은 연구를 한 피아제가 주로 사용했던 방법으로, 사물과 행동에 대한 언어적인 질문들을 사용한다. 면접자는 두 개의 동일한 찰흙 공을 주면서, 아동들에게 그 두 개의 공의 무게가 같은지 물어본다. 그런 후 아동들에게 한 공을 소시지 모양으로 굴려보도록 한 다음, 무게에 대해 다시 질문해 보고, 그들의 대답에 대한 설명을 들었다. 더불어서 아동들의 사고과정에 대한 이해를 확인하기 위하여 사후(follow-up) 질문을 하기도 하였다. 이 피아제의 실험에서, 모양이 무게에 영향을 주지 않는다는 이해력의 발달적 변화를 명확하게 보여주었다. 이 임상적 면접의 가장 큰 어려움으로는 그 연구가 다시 반복될 수 있도록 정확하게 절차들을 보고하는 문제이다. 각 아동이 개별적으로 면접되기 때문에, 그 연구를 반복하기 원하는 다른 연구자들에게 얼마나 정확하게 절차를 알려줄 수 있는지도 문제가 된다. 또한 연구자는 무의식적으로 자신이 원하는 반응을 유도해 내기 위하여, 면접 주제를 이끌어 갈 수 있다는 위험도 있다. 그렇지만, 임상적인 면접은 아동, 청소년, 그리고 성인의 사고에 있어서의 차이점에 대한 통찰력을 제공하는 데 중요한 역할을 해 온 것은 사실이다. 물론 수집된 자료의 가치는 준비된 질문의 질과 직결되며, 피아제가 임상적 면접을 이용하여 중요한 결과를 발견한 것도 그가 가지고 있었던 발달의 본질에 대한 통찰력 덕분이었을 것이다.

(2) 자기 보고법

연구대상에게 자기 보고식 질문지를 직 · 간접적으로 제시하여 응답한 결과를 분석하는 방법이다. 비교적 손쉽게 자료를 수집할 수 있는 방법으로 직접 관찰할 수 없는 행동을 간접적으로 연구하는 방법이며, 많은 사람들을 대상으로 하기 때문에 자료수집 시간을 단축할 수 있다는 장점이 있다. 예를 들어서 연구자들은 관심 있는 주제의 다양한 일면들을 파악해 내기 위하여 질문지 문항을 제작한다. 예를 들어 어떤 발달심리학자가 흥미가 유사한 아동들은 친구가 되는 경향이 높다고 믿는 다면, 다음과 같은 질문을 제작할 것이다. "태우와 민수는 학교에서 서

※ 다음의 인적 사항을 빠짐없이 기록해 주시기 바랍니다.

아동이름:_______(남/여) 출생년월: ___년 ___월 ___일 (만_____개월)
검 사 일: __년 __월 __일 전화번호 : (집)________(기타)________
아동주소: __________________________________

※ 각 문장을 읽고 그 내용이 아동과 잘 맞다고 생각되면 ① '예'에 (∨), 아동과 잘 맞지 않으면 ② '아니오'에 (∨)에 표시해 주시기 바랍니다.

1. 아동이 부모가 안아서 올렸다 내렸다 해 주거나 빙빙 돌려 주는 몸놀이를 좋아합니까?
……… ① 예( ) ② 아니오( )
2. 아동이 다른 아이들에게 관심을 보입니까?……… ① 예( ) ② 아니오( )
3. 아동이 같은 곳 위로 올라갈 수 있습니까? ……… ① 예( ) ② 아니오( )
4. 아동이 까꿍놀이나 숨바꼭질 놀이를 좋아합니까?……… ① 예( ) ② 아니오( )
5. 아동이 가장놀이를 합니까? ……… ① 예( ) ② 아니오( )
(예를 들면, 장난감 컵이나 주전자로 커피를 타서 마시는 시늉을 합니까?)
6. 아동이 손가락으로 무언가를 가리키며 달라고 요구합니까?
……… ① 예( ) ② 아니오( )
7. 아동이 손가락으로 무언가를 가리키며 관심을 나타냅니까?
……… ① 예( ) ② 아니오( )
8. 아동이 작은 장난감들을 가지고 놀 때 기능대로 가지고 놉니까?
……… ① 예( ) ② 아니오( )
(예를 들어, 자동차나 벽돌들을 단순히 입에 넣거나 만지작거리거나 떨어뜨리기만 하는 것이아니라 자동차 굴리기와 벽돌쌓기와 같은 방식으로 가지고 놀 수 있습니까?)
9. 아동이 자기에게 관심이 있는 물건을 당신에게 보여주며 함께 보자고 합니까?
……… ① 예( ) ② 아니오( )

[그림 3-3] 자기보고식 질문지 예
한국어판 영유아기 자폐증 선별 검사(K-CHAT)로 자폐아동을 선별하는 데 이용된다.

출처: 김아영 · 김현정 · 이순행(2000). 한국판 '영유아기 자폐증 선별검사' 개발연구. **한국심리학회지: 발달, 9**(1).

로 알게 되었다. 태우는 책을 읽고, 피아노를 연주하지만 운동에는 흥미가 없는 편이다. 한편 민수는 TV 가요 프로그램을 보는 것을 좋아하고, 축구를 잘한다. 그렇다면, 이 두 어린이는 서로 친구가 될 수 있을까?" 이러한 질문을 읽은 피험자들은 이 두 소년이 친구가 될 것인지 그렇지 않을 것인지를 판단하여서 이 질문에 응답할 것이다.

자기 보고법(Self-Report Methods)은 관심 있는 주제에 대한 정보를 직접적으로 이끌어 낼 수 있다는 점에서 상당히 유용하다(Miller, 1998). 하지만, 연구자는 반응의 정확성 여부를 판별할 수 있어야 할 것이다. 만약 피험자들에게 과거의 사건에 대하여 물어보았을 때, 그것을 정확하게 기억 못할 수도 있을 것이고, 특히 노인에게 청소년기의 교우관계에 대하여 질문하는 경우 아마도 기억의 한계를 보일 수 있을 것이다. 또한 사람들은 때때로 응답 편파(response bias) 때문에 부정확하게 반응할지도 모른다. 가능하면 사회적으로 바람직하지 않은 면보다는 사회적으로 바람직한 면으로 응답하려는 경향이 있을지도 모른다. 예를 들어서 교우관계에 대한 질문에서 많은 사람들은 자신이 친구가 한 명도 없다는 사실을 인정하기 싫어할 것이다. 또한 글을 읽지 못하는 사람들은 질문지에 응답할 수 없으므로, 피험자의 언어능력과 질문이해능력 등이 응답의 결과에 영향을 미칠 것이다.

3) 상관연구

"지능과 창의성은 어떤 관계가 있을까?", "성역할에 대한 부모와 자식의 태도 간에는 어떤 연관성이 있을까?", "유아기 때의 지능과 육체적인 발달은 청소년기의 지능과 육체적인 발달과 어떤 상관이 있는가?" 이러한 변인들 간의 관계에 대한 질문은 발달연구의 가장 핵심적인 것이라고 볼 수 있으며, 이는 변인들이 어떻게 상관되어 있는지에 대한 질문이다.

한 연구자가 지능과 교우관계 간의 관련성을 연구하고자 한다고 가정하자. 이 연구자는 더 똑똑한 사람들은 더 많은 친구를 가지는 경향이 있을 것이라는 연구 질문을 검증하고자 한다. 이를 위하여, 연구대상자들에게 친구의 숫자를 묻고, 각 개인의 지능지수를 측정할 것이다. 보통 이러한 상관연구의 결과는 상관계수라는 통계치를 산출하여 측정된다. 이 상관계수는 피어슨 적률상관계수(Pearson Product Moment Correlation Coefficient)라고 불리며, 두 변인 간의 선형적인 관계의 정도와 방향에 대한 정보를 제공해 준다(Hays, 1994). 이 계수의 범위는 -1.00으로부터 +1.00까지이며 이 계수의 절대값 크기는 두 변인 간의 관계의 정도를 말해 주고, 계수의 부호는 관계의 방향에 대한 정보를 제공해 준다(김아영 · 김태련, 1998). 만약 위의 연구에서 상관계수가 0이었다면, 지능과 교우관계는 전혀 아무런 관계가 없는 것이다. 반면, 상관계수가 0보다 컸다면, 두 변인은 서로 정적인 상관관계가 있는 것으로, 지능지수가 높은 사람일수록 더 많은 친구들을 갖는 경향이 있다는 것을 의미한다. 또한 상관계수가 0보다 작았다면, 두 변인은 부적인 상관관계를 가진 것으로, 지능지수가 높은 사람들일수록, 더 적은 친구를 갖는 경향이 있다는 것이다.

이러한 상관연구 결과를 해석하는 데 있어서 연구자들이 가장 범하기 쉬운 오류는 상관관계와 인과(causality)관계를 혼돈하는 것이다. 인과관계라는 것은 한 변인이 다른 한 변인에게 직접적인 영향을 가지는 것으로, 말하자면 두 변인들은 서로 원인-결과의 관계 속에 있는 것이다. 다음에서 논의하게 될 실험연구의 경우는 연구자가 미리 원인이 되는 변인을 조작하여 인과관계를 설정하고 이해하려는 것이다. 그러나 상관연구에서는 변인들이 조작되어 있지 않으며 단지 관찰될 뿐이다. 따라서 두 변인들이 상관되어져 있다는 사실이, 한 변인이 또 다른 변인의 원인 혹은 결과가 된다는 것을 의미하지는 않는다는 사실을 항상 기억해야 한다. 위의 예에서 지능과 교우관계, 즉 두 변인 간의 상관계수가 .70이었다고 하자. 이 상관계수가 의미하는 것은 "지능지수가 높은 사람들이 더 많은 친구를 갖는 경향이 있다"는 것으로, 우리는 이 결과를 어떻게 해석할 수 있을까? 우선 이를 세 가지 입장으로 해석해 볼 수 있는데, 우선 높은 지능지수가 사람들로 하여금 더 많은 친구를 갖도록 했을 가능성이 있다. 둘째, 많은 친구를 갖는다는 것이 그 사람을 더욱 높은 지능지수를 갖도록 했을 수도 있다. 마지막 해석은 이 두 변인은 서로 어떠한 영향도 미치지 않았고, 이 연구에 포함되지 않은 제3의 변인에 의해서 영향을 받았을 수도 있다. 예를 들어, 따뜻하고 지지적인 부모들이 아이들을 더욱 똑똑하고 친구들도 많이 사귀도록 양육하였을 것이라는 해석도 가능하다. 사실 이 세 가지 해석 중 어느 하나가 사실일지도 모르지만, 이 상관연구에서는 불행히도 이 세 가지 해석을 구분할 수가 없다. 따라서 연구자가 이러한 변인들 간의 인과관계를 밝혀내고 싶다면 다른 연구법, 예컨대 실험연구법을 사용해야 할 것이다.

4) 실험연구

실험연구법에서는 실험목적에 따라 관련 변인을 상정하여 이를 체계적으로 조작 · 통제해 가면서 실험을 반복해 간다. 이 연구법에서는 어떤 행동의 원인이 되는 조건을 독립변인이라 하며, 그 원인으로 유발되는 반응이나 결과를 종속변인이라고 한다. 연구자들은 독립변인이 종속변인에 미치는 효과를 알기 위해, 독립변인을 변화시켜 가면서 종속변인의 변화를 측정 분석한다. 두 가지 종류의 실험연구법, 즉 단일-피험자 실험법과 집단 실험법에 대하여 살펴보기로 하겠다.

(1) 단일-피험자 실험법

초기 심리학 연구에서는 개별적인 피험자들을 집중적으로 연구하였다. 그러나 점차 심리학 연구에 통계학의 사용이 증가되면서 집단 단위의 실험연구로 전환하게 되었다. 그럼에도 불구하고 여전히 많은 심리학자들은 인간을 연구하기 위한 가장 좋은 방법은 개별적인 인간을 집중적으로 연구하는 것이라고 주장하고 있다. 일반적으로 단일-피험자 실험연구법(Single-Subject Experimental Methods)은 다음과 같은 특징을 갖는다. 첫째, 한 개인이 반복적으로 관찰되며, 오로지 소수의 행동들만 관찰된다. 그리고 각 개인은 여러 가지 조건 하에서 관찰되는데 즉, 실험 조건이 주어지기 전인 초기 상황(기초선)과 실험 조건이 개입(intervention)된 후에 관찰된다. 이러한 개입의 효과성은 기초선과 개입이 진행된 후 피험자의 행동을 비교함으로써 평가된다. 단일-피험자 실험법은 한 개인을 반복 측정한다는 점에서 일종의 종단적 연구라고 볼 수 있지만, 연구 기간이 수개월 혹은 수년 동안 진행되는 종단연구보다는 짧다는 점에서 그 차이를 나타낸다. 단일-피험자 실험법은 예를 들어 어떤 방법이 아동들의 문제행동을 가장 잘 해결할 수 있을 것이지를 결정하기 위하여 학교나 특수기관과 같은 현장에서 주로 행해진다. 국내의 한 연구에서는 비만 청소년의 운동참여와 그 생리 및 심리적 혜택을 살펴보기 위하여 단일피험자 실험법을 이용하였다(최재원 · 강성구, 2000). 12개월 동안 종단적으로 진행된 연구에서 1개월에 기초선을 수립하고, 6개월의 운동 처치 단계, 2개월의 운동 철회 단계, 그리고 두 번째 3개월의 운동 처치 단계로 구분하여 연구를 진행하였다. 일련의 연구 절차를 통하여 도출된 결과에 따르면 운동을 통하여, 청소년들의 체중 및 체지방이 감소하고 있고, 긍정적인 정서의 향상 및 부정적 정서는 감소하는 변화 추이가 발견되었다([그림 3-4] 참조).

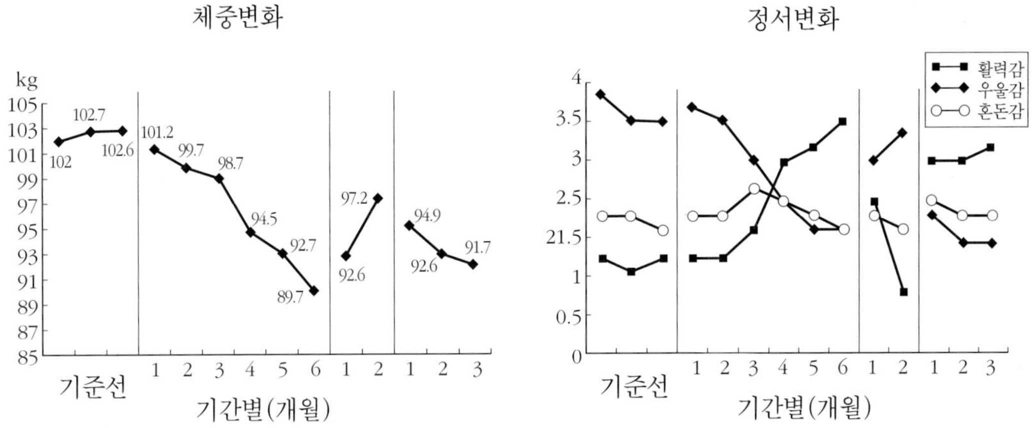

[그림 3-4] 단일피험자 실험법
체중과 정서의 기간별 변화 추이를 나타낸다.

출처: 최재원 · 강성구(2000). 비만 청소년의 운동참여와 그 생리, 심리적 혜택: 단일 피험자 사례연구. 한국스포츠심리학회지, 11(2).

단일-피험자 연구법의 장점으로는 한 개인의 변화를 시간에 따라서 연구할 수 있다는 점이다. 또한 매우 소수를 대상으로 하기 때문에 대집단 실험을 할 만한 자원을 갖지 못하는 클리닉, 학교, 특수기관 등에서 상당히 유용하다. 그리고 이 연구법에서 다루고 있는 변인들이 상당히 실용적이기 때문에 유아원 교사들, 간호사들, 그리고 학교 심리학자들과 같은 전문가들에게 구체적이면서도 유용한 제안을 해 줄 수 있다는 장점이 있다. 반면 단점으로는 결과의 일반화 문제를 들 수 있다. 좋은 연구가 되기 위해서는 대표적인 표본을 이용하여 그 결과를 전집에 일반화시킬 수 있어야만 한다. 하지만, 단일-피험자 실험법에서는 오로지 소수의 피험자들만을 대상으로 하기 때문에, 결과 일반화라는 문제에는 제한이 있다. 또한 이 연구법이 여러 가지 변인들을 한꺼번에 연구할 수 없기 때문에, 연령 혹은 발달 단계 변화와 같은 발달적인 변인들을 직접 연구하는 데 사용하기 어렵다는 단점이 있다. 대신 이 연구법은 유치원이나 초등학교 연령의 아이들을 연구하여 발달과정에 대한 이해를 다소 간접적인 방식으로 형성하는 데 사용될 수 있다.

(2) 집단 실험법

집단 실험연구법(Group-Based Experimental Methods)에서는 연구자에 의해

서 설정된 두 개 혹은 그 이상의 조건들 속에 있는 피험자들을 비교하게 된다. 독립변인은 연구자가 설정한 조건들로 구성되고, 이러한 조건들의 효과는 종속변인을 통하여 측정된다. 보통 실험연구법을 사용할 때는 실험집단과 통제집단을 설정한다. 실험집단이란 연구자가 관심을 두는 어떤 처치를 주게 되고, 통제집단에서는 그 처치를 적용시키지 않은 후 서로의 결과를 비교한다. 예를 들어서 학생들의 영어학습에 미치는 어떠한 교수기법의 효과를 알아보려고 한다고 하자. 실험집단에게는 새로운 교수기법을 실시하고, 통제집단에게는 이 새로운 교수기법을 실시하지 않는다. 그런 후 이 두 집단의 영어능력을 측정하여 비교하게 된다. 이러한 실험에서 유의할 점은 실험이 끝날 때까지 이 실험에서 다루고자 하는 변인인 교수기법 이외의 다른 모든 변인은 집단 간에 차이가 나지 않도록 통제하여야 한다는 점이다.

집단 실험연구법에서는 전집을 가장 잘 대표하는 피험자들을 선택하여야 하며, 각 피험자들은 하나 혹은 그 이상의 조건에 무선 할당(random assignment)되어야 한다. 무선 할당이란 각 피험자가 특정한 조건에 포함될 확률이 모든 피험자들에게 동일하도록 하는 과정이다(Hays, 1994). 이 과정을 거치게 되면 연구자들은 실험조건에서 나타나는 종속변인의 차이를 다른 어떤 요인들이라기보다는 바로 실험조건 그 자체에 기인한 것이라는 결론을 내릴 수가 있다. 이 집단 실험법의 가장 큰 장점은 연구자가 연구를 잘 설계한다면 독립변인과 종속변인 간의 인과관계를 파악할 수 있다는 점이며, 관련 이론에 근거한 가설을 직접 검증해 볼 수 있다는 점이다. 또한 실험연구는 다양한 장면에서 다양한 연구대상을 다룰 수 있는 등 용도가 다양하다는 점도 하나의 장점이다. 연구의 대상이 유아에서부터 성인에 이르기까지 모두 가능하고, 장소 역시 가정이나 학교와 같은 현장뿐 아니라 실험실에서 진행되는 연구 모두에 적용 가능하다. 이러한 장점에도 불구하고 집단 실험연구법은 몇 가지 단점을 지니고 있다. 우선 이 연구방법이 상당히 인공적이라는 비판을 받는다. 실험에서 사용하는 조건들이 자연스러운 것이 아니라, 연구자에 의해서 조작된 것이므로 일반화 가능성에 의심이 제기될 수 있다. 그러나 연구자가 변인들과 실험장면을 현명하게 선택한다면 실험 결과는 상당히 타당할 것이다. 또한, 이러한 실험 속에는 바람직하지 않은 윤리적인 문제가 포함될 수도 있다는 점 역시 간과해서는 안 된다. 예를 들어서 한 발달심리학자가가 영양분이 유아들의 지적 발달에 미치는 영향을 검증하고 싶다고 하자. 만약 일부 유아들에게는 영양제를 제공하고 일부 다른 유아들에게는 그렇지 않았다고 하자.

이러한 연구는 영양제를 제공받지 못하는 아동들에게 공정한 것인지 생각해 보아야 한다. 이와 같이 발달심리학자들은 인간을 대상으로 실험을 하므로 윤리적인 면을 항상 고려하여 변인들을 조작해야 한다는 점을 잊어서는 안 된다.

5) 비교문화 연구

비교문화 연구(Cross-Cultural Research)는 여러 다른 문화권의 발달 현상을 비교하는 연구이다. 예를 들어, 한 연구에서는 성 고정관념이 다양한 문화권에서 어떠한 발달적 양상을 보이는지 연구하였다(Best, 2001). 관찰법과 면접법 등 다양한 연구방법을 이용한 연구 결과, 생물학적 요인이 성역할 및 행동에 대한 기질을 형성하지만, 성 고정관념의 주된 결정인자는 사회문화적 요인이라는 사실이 발견되었다. 비교문화 연구의 가장 중요한 테마는 인간의 발달은 각 문화가 제공하는 기회와 환경에 의하여 영향을 받는다는 것이다(Miller, 1998). 즉, 문화는 발달과 분리된 것이라기보다는 혼합된 상태로 보여질 수 있다. 이러한 입장은 발달심리학자로 하여금 많은 비교문화 연구를 수행하도록 한다. 특히, 비교문화 연구는 발달이론의 보편성 혹은 특수성을 검증해 볼 수 있다는 점에서 상당히 유용하며, 흔히 다음과 같은 질문을 제기하게 된다. "어떤 발달이론은 모든 문화의 사람들에게 동일하게 적용될 수 있는 것인가? 아니면 특정한 문화에서만 적용되는 이론인가?" 예를 들어 피아제의 인지발달이론은 많은 비교문화 연구자들에 의해서 연구되었다. 여러 연구 결과에 따르면, 문화에 따라 인지발달의 속도에는 상당한 변이가 존재하며, 피아제의 발달 단계 순서에 의문을 제기하였다. 실제로 여러 비교문화 연구결과, 일부 문화에서는 특정한 종류의 사고가 나타나지 않는 경향이 있다는 사실이 발견되면서, 피아제는 인지발달이론의 일부를 수정하기도 하였다. 반면 문화간 상당한 보편성을 나타내는 발달적 현상도 발견되었다. 예를 들어서 언어습득과정이나 자신을 돌보아 준 사람으로부터 격리 후 겪게 되는 고통에 대한 발달은 문화간 상당히 유사한 양상을 나타낸다고 밝혀졌다(Moshman, et al., 1987). 일반적으로 발달심리학에서 비교문화 연구는 우리로 하여금 한 인간이 놓여 있는 맥락(context), 특히 문화적 맥락을 고려하지 않고 인간의 발달을 이해하는 것은 불가능하다는 사실을 깨닫도록 해 주었다.

6) 연구방법들의 역할 비교

지금까지 살펴본 다양한 연구방법들을 적어도 두 가지의 극단적인 접근법으로 구분해 볼 수 있다. 연구자가 연구상황에 완전한 통제를 지니고 있는 경우와 철저히 자연적인 상황에서 연구를 하는 경우가 있다. Krathwohl(1993)은 다양한 연구방법들을 쉽게 이해하기 위하여, 연구법들을 편의상 하나의 연속선 위에 놓고 설명하려 하였다. 이 연속선의 양쪽 끝에는 질적 연구와 양적 연구가 놓이게 되는데, 양적 연구 접근법은 가설을 가지고 그것을 검증하려고 하는 반면, 질적 연구는 어떠한 현상을 서술하고 설명하려는 접근법이라고 볼 수 있다. 질적 연구에서는 말로서 현상을 설명하려 하며, 어떤 상황에서 무엇이 중요한 것인가를 발견하기 위해 탐구한다. 그리고 어떠한 구조도 없이 시작하여 연구가 진행되어 가면서 연구를 구조화시켜 가고, 주로 자연적인 상황에서 연구를 한다. 반면 양적 연구에서는 현상을 주로 숫자로 설명하고, 측정도구를 사용하며, 가설을 검증하고, 미리 실험상황을 계획하고 구조화시키며, 흔히 실험실 장면에서 연구를 수행한다. 이러한 연속선 위에서 비교적 중간적인 지점에 질적인 연구와 양적인 연구의 성격을 모두 지니고 있는 조사연구가 위치한다고 할 수 있다. 조사연구는 모집단을 대표하는 표본을 추출하여 모집단의 특성을 분석하는 연구로서, 원인과 결과를 분석하기보다는 발달적 현상을 서술하고 설명하기 위한 목적을 지니고 있다. 〈표 3-2〉는 지금까지 살펴본 여러 연구방법들의 특징과 장·단점을 요약 정리하고 있다.

마지막으로 연구라는 것은 창조적인 행위이기 때문에 반드시 한 범주에 고정되어 있을 필요는 없으며, 연구자들이 자신이 원하는 연구를 수행하기 위하여 창조적으로 여러 연구방법들을 조합하여 사용하고 있다는 점을 기억하자. 대부분의 경우 한 연구법의 단점은 또 다른 연구법의 장점이 되기도 하기 때문에, 연구자들은 자신들이 원하는 연구를 수행하기 위하여 다양한 연구방법을 상호보완적으로 사용하는 경향이 있다.

〈표 3-2〉 발달연구방법 비교

연구방법	특 징	장 점	단 점
질적 연구			
사례연구법	- 한 개인에 대한 집중적 관찰 및 연구	- 한 개인 내의 복잡한 과정들에 대한 상세한 분석 가능 - 흔히 이론이나 가설의 소스가 됨	- 일반화 문제 - 자료가 일화적 성격
관찰법			
자연적 관찰	- 통제되지 않은 상황에서 자연스런 행동을 관찰	- 인간행동의 풍부함과 복잡성 포착 - 자연스런 행동 관찰 가능	- 방대한 자료해석의 어려움 - 인과적 추론이 힘듬
체계적 관찰	- 어느 정도 구조화된 상황에서 대상을 관찰	- 자연상태에서 관찰하기 힘든 행동들을 연구할 수 있음 - 자료를 조직하고 수량화하기가 자연관찰보다는 용이	- 관찰된 행동이 반드시 실생활에서 나타나지 않을 수도 있음
조사연구			
면접법	- 연구대상에게 직접 질문을 제시하여 얻은 응답을 분석하는 연구방법	- 체계적인 자료 수집 - 세밀하고 중요한 변인들을 연구할 수 있음	- 비용과 시간이 많이 필요 - 피험자의 구두 대답이 부정확할 수도 있음 - 면접자의 자질과 연령이 결과에 영향을 줌
질문지법	- 자기 보고식 질문지를 실시하여 응답결과 분석	- 자료수집이 용이 - 직접 관찰할 수 없는 행동에 대한 연구가능	- 부정확한 혹은 왜곡된 반응 가능성 - 표본의 대표성 문제 - 언어능력이 있는 피험자들에게만 실시가능
상관연구	- 두 개 이상의 변인들 간의 관련성을 연구	-변인들 간의 관계 파악	-인과관계 파악이 힘듦
실험연구			
단일피험자 실험법	- 두 개 혹은 그 이상의 조건에서 개인의 행동을 비교	- 오랜 기간 동안 개인에 대한 집중적 연구 - 실용적인 주제가 연구됨	- 결과의 일반화 문제 - 여러 변인들이 동시에 연구되지 못함
집단실험법	- 상이한 조건에서 집단들의 행동을 비교	- 변인들에 대한 통제 - 많은 장면에서 유용	- 결과의 일반화 문제 - 사용하기 힘든 상황도 있음

4. 발달심리 연구에서의 윤리적 문제

발달심리학 연구의 대상은 인간이므로 연구자들은 윤리적인 문제를 항상 고려해야 한다. 모든 연구가 진행되기에 앞서서 그 연구가 윤리적인 기준들을 만족시키고 있는지, 연구 참여자들을 적절한 방식으로 보호할 방법을 가지고 있는지 검토하여야만 한다.

1) 주지된 동의와 해명

주지된 동의(Informed Consent)는 피험자들이 그 연구의 방법, 가능한 결과, 그리고 그 연구에서 자신이 하게 될 역할 등에 대하여 충분히 숙지한 후, 연구참여에 대하여 공식적으로 동의하는 것을 의미한다. 특히 미국의 경우 동의는 모든 심리학 연구에서 필수사항이며, 아동들을 연구에 포함시키기 위해서는 부모의 동의서를 반드시 받아야만 한다(Sieber, 1992). 연구가 끝난 후, 연구자는 피험자들에게 연구참여에 대한 고마움을 표시하고 그것으로 그칠 수 있다. 하지만 해명(debriefing)의 과정, 즉 연구가 끝난 후 피험자들에게 연구자와 이야기를 나누며, 그 연구에 대하여 질문을 할 수 있고, 자신들의 느낌을 말할 기회를 주는 과정은 필요하다. 이러한 해명의 과정은 연구자와의 대화를 통하여 피험자들에게 교육적이고 치료적인 가치를 제공할 수 있는 좋은 기회가 된다.

2) 사생활에 대한 권리

각 개인은 사생활(privacy)에 대한 권리를 가지고 있다. 발달심리학 연구들은 주로 지적 발달, 사회적 지위, 성이나 약물에 대한 태도, 그리고 부모의 훈육방식 등에 대한 주제를 다루고 있다. 이러한 주제들은 극히 개인적인 것으로서, 이러한 주제들에 대한 연구는 사생활에 대한 권리와 상당히 상충될 수가 있다. 따라서 연구자들은 연구 참여자들이 연구에서 그들의 역할이 무엇인지 충분히 이해할 수 있도록 배려하여 그들의 사생활에 대한 권리를 지켜 줄 수 있도록 노력해야 한다(Krathwohl, 1993).

3) 비밀 보장

연구 자료는 사적인 것인 것으로, 비밀 보장(confidentiality)이 이루어져야 한다. 예를 들어, 아동들의 검사 점수는 연구 목적 이외에 사용되어서는 안 된다. 연구 자료를 보관할 때, 각 자료의 아이디를 학생들의 이름 대신 숫자나 다른 방식을 이용하는 것이 바람직하다. 또한 학생들의 점수는 부모의 동의서가 주어졌을 때만 사용될 수 있도록 하여야 한다.

4) 속임연구

속임연구(Deception Research)라는 것은 연구자들이 피험자들에게 의도적으로 잘못된 신념이나 가정들을 갖게 한 후 그들의 반응을 연구하는 것이다(Sieber, 1992). 속임연구는 사람들의 방어, 황당함, 부끄러움, 혹은 평가에 대한 두려움 때문에 얻기 힘든 정보들에 대한 주제를 연구하거나, 발생빈도가 아주 낮은 행동에 대한 연구를 할 때 사용된다. 비록 이러한 속임이 일부 행동을 연구하는 데 필수불가결하다고 할지라도 이러한 연구에 대한 반대는 상당하다. 속임연구는 피험자들의 자기 결정에 대한 권리를 무시하는 것이고, 과학이나 일반적인 연구에 대한 불신을 일으킬 위험이 존재한다. 또한 이러한 연구는 사생활을 침해할지도 모르며, 피험자의 역할이나 사회에 대한 상당한 분노를 일으킬지도 모른다. 따라서 발달연구에서 속임수는 거의 부적절한 것으로 간주되고 아주 드문 경우에만 허락되어진다. 어쩔 수 없이 속임을 사용한 연구자들은 속임의 필요성을 반드시 보여주고, 연구자가 개인에게 미치는 해악을 방지하기 위해 사용하게 될 절차들을 설명해야만 한다.

5) 해악으로부터의 보호

연구자들은 연구에서 발생할 수 있는 모든 부정적인 결과들을 예상해야 하며, 그것들을 방지할 수 있도록 최선의 노력을 기울여야만 한다. 만약 어떤 부정적인 일이 발생하면, 연구자는 그 조건을 제거하거나 수정하기 위하여 가능한 모든 노력을 기울여야 할 의무가 있다(Krathwohl, 1993). 예를 들어, 한 연구에서 참여아동이 자신이 시험에서 떨어질 것이라고 생각하고 울기 시작하였다고 하자. 이런 경우 연구자들은 그 아동이 겪고 있는 심리적인 압박감과 같은 부정적인 정서를 어떻게 해결할 것인지에 대해서 세심한 조치를 기울여야 한다.

6) 특별보호대상 연구

상황에 따라서 일부 사람 혹은 기관은 연구 위험(research risk)에 노출될 가능성이 높다. 예를 들어서 노인들, 소수민족 사람들, 혹은 교육을 적게 받은 사람들은 자원이나 자율성이 부족하다는 면에서 연구위험에 노출될 가능성이 높다. 또한 사회적으로 낙인을 가지고 있는 사람들, 예컨대 에이즈 환자들, 전과기록이 있는 사람들, 동성연애자들, 혹은 강간 피해자들 역시 특별보호가 요구된다. 이렇게 특별보호대상을 연구하는 경우에는 보다 세심한 주의가 필요하며, 연구대상에게 존중감을 갖고, 효과적으로 연구할 수 있는 방법들이 마련되어야 한다.

5. 요 약

발달심리학이라는 과학은 수년 동안 인간의 발달과 변화에 대한 체계적인 관찰로부터 성장해 왔다. 발달심리학자들은 변화를 기술하고, 설명하며, 때로는 예측하는 데 관심을 가지며, 이러한 변화에서 나타나는 개인차를 이해하기 위해 연구를 진행한다.

연구설계는 발달심리학자들로 하여금 이러한 변화에 대한 체계적인 연구를 가능하게 해 주는 하나의 틀로써, 크게 두 가지 연구설계로 구분할 수 있다. 먼저 횡단적 연구설계는 상이한 연령의 개인들을 한 시점에서 연구하는 것이고, 반면 오랜 시간 동안 동일한 개인들을 연구해 나가는 종단적 연구설계도 있다. 또한 이 두 가지 연구설계의 혼합된 형태인 계열적 설계는 발달에 관한 다른 시각을 제공해 준다. 각 연구설계 내에서 연구자들은 다양한 연구방법을 사용한다. 예를 들어서, 사례연구법, 관찰법, 면접법, 상관연구법, 그리고 실험법 등이 있다. 자연관찰법과 같은 일부 방법들은 가능하면 관찰이 일어나는 장면에 어떠한 관여도 하지 않으려고 하지만, 실험법 같은 경우는 연구자들이 실험조건을 조작하게 된다. 적절한 연구방법의 선택은 연구의 목적과 그 연구가 수행되는 장면의 성격에 따라서 달라질 것이다. 또한 다양한 연구법을 사용하는 비교문화 연구는 발달심리학의 연구영역에 중요한 시사점을 제공해 준다.

발달심리학뿐 아니라 인간을 대상으로 하는 모든 연구에서 윤리적인 문제를 간과해서는 안 된다. 모든 연구자들은 가능한 육체적, 사회적, 혹은 심리적인 해악으로부터 피험자들을 보호해야만 한다. 연구를 수행하기 앞서서 연구자들은 연구 참여자들에게 연구의 과정과 결과에 대한 가능한 한 자세한 정보를 제공하고, 그들의 동의를 구해야만 한다. 또한 연구 자료에 대한 비밀유지는 반드시 지켜져야 할 사항이다.

/참/고/문/헌/

김아영(2000). **관찰연구법**. 서울: 교육과학사.

김아영 · 김태련(1998). **사회과학연구를 위한 통계분석법의 이해**. 서울: 학문사.

김아영 · 김현정 · 이순행(2002). 한국판 '영유아기 자폐증 선별 검사' 개발 연구. **한국심리학회지: 발달, 15**(3), 17-32.

김태련 · 장휘숙(1991). **발달심리학: 태내기부터 성인후기까지**. 서울: 박영사.

배지희(1995). 또래관계에서 사용하는 유아의 요구전략. 이화여자대학교 대학원 석사학위 청구논문.

이경숙 · 권유리 · 신의진 · 김태련(1996). 반응성 애착장애 아동 어머니와 정상아동 어머니의 성격특성, 결혼관계, 사회적 지지에 관한 비교연구. **한국심리학회지: 발달, 9**(1), 121-134.

최재원 · 강성구(2000). 비만 청소년의 운동참여와 그 생리, 심리적 혜택: 단일 피험자 사례연구. **한국스포츠심리학회지, 11**(2), 183-200.

Barker, R. G., & Wright, H. F. (1951). *One boy' s day*. New York: Harper.

Barnes-Farrell, J. L., & Piotrosky, M. J. (1989). Worker' s perceptions of discrepancies between chronological age and personal age: "You' re only as old as you feel." *Psychology and Aging, 4*(3), 376-377.

Best, D. L. (2001). Gender concepts: Convergence in cross-cultural research and methodologies. *Cross-Cultural Research, 35*(1), 23-43.

Bornstein, M. H., & Lamb, M. E. (1984). *Developmental Psychology: An advanced textbook*. New Jersey: LEA.

Colby, A., Kohlberg, L., Gibbs, J., & Lieberman, M. (1983). A longitudinal study of moral judgment. *Monographs of the Society for Research in Child Development, 48*(1, Serial No. 200).

Frankel, M. T., & Rollins, H. A., Jr. (1983). Does mother know best? Mothers and fathers interacting with preschool sons and daughters. *Developmental Psychology, 19,* 694–702.

Hays, W. L. (1994). *Statistics* (5th ed.). Texas : Harcourt.

Krathwohl, D. R. (1993). *Methods of educational and social science research: An integrated approach.* New York : Longman.

Kreutzer, M. A., Leonard, C., & Flavell, J. H. (1975). An interview study of children' s knowledge about memory. *Monographs of the Society for Research in Child Development, 40* (1, Serial No. 159).

Miller, S. A. (1998). *Developmental research methods* (2nd ed.). Upper Saddle River, NJ : Prentice-Hall.

Montepare, J. M., & Lachman, M. E. (1989). "You' re only as old as you feel" : Self-perceptions of age, fears of aging, and life satisfaction from adolescence to old age. *Psychology and Aging, 4*(1), 73–78.

Moshman, D., Glover, J. A., & Bruning, R. H. (1987). *Developmental Psychology: A topical approach.* Boston : Little, Brown & Company.

Schaie, K. W. (1965). A general model for the study of developmental problems. *Psychological Bulletin, 64,* 92–107.

Sieber, J. E. (1992). *Planning ethically responsible research: A guide for students and internal review boards.* Newbury Park, CA : Sage.

4 신체 및 지각 발달

1. 개 요

발달이란 수정이 이루어지는 순간부터 죽음에 이르기까지 전 생애에 걸쳐 일어나는 모든 변화를 말한다. 오늘날 발달은 인간의 변화 과정을 언급한다는 의미에서 성장이나 성숙이라는 용어로 표현되기도 한다. 그러나 성장은 신체 발달 중 양적인 변화만을 뜻하며, 성숙은 유전적 기제에 의해 나타나는 변화만을 뜻하기 때문에 엄밀히 말해 발달과는 차이가 있다고 보겠다.

하나의 세포에서 시작한 생명체는 태내에서 사람의 모습으로 만들어지고 어머니 뱃속에서 나와 갓난아기에서 차츰 성장하여 걷기 시작하고 말도 할 수 있게 된다. 이후 인간은 머릿속으로 생각을 하고 글을 쓸 수 있게 되며 복잡한 문제도 풀 수 있게 된다. 또 친구들과 어울려 우정을 키우기도 한다. 사춘기가 되면 신체적인 변화가 나타나면서 자신에 대한 탐구와 함께 이성에 대한 관심을 갖게 된다.

성인에 이르러서는 결혼을 하고 자녀를 키우면서 중년기를 맞이하게 된다. 중년기에는 각자의 사회적 역할에 변화가 오며 나이가 들어 나타나는 여러 가지 쇠퇴 현상을 감지하면서 심리적 혼란을 겪게 된다. 노년기에 이르면 자신의 삶을 되돌아보고 자신의 인생의 가치를 되새겨 보고 정리하게 되고 마침내 죽음을 맞이하게 된다.

이러한 발달의 변화과정은 인간이면 누구나 겪게 되는 것으로 신체 및 운동 능력, 지적 능력, 언어, 사회적 관계, 정서, 도덕, 성격 등 모든 영역에서의 변화가 여기에 포함된다. 이 발달과정에는 양적으로 커지고 기능의 수준이 높아지고 원숙해지는 변화가 있지만, 동시에 기능이 약화되고 구조가 쇠퇴하는 변화도 포함한다.

한마디로 발달이란 인간의 수정에서부터 죽음에 이르기까지 연령의 증가와 함께 일어나는 모든 변화과정을 의미한다. 따라서 성인기에서부터 노년기에 이르는 동안에 나타나는 신체적 · 심리적 변화도 모두 발달의 범주에 포함시키게 된다.

이처럼 발달은 생활체의 자아, 환경체제 또는 그 부분이 시간적으로 변형하는 계속적인 과정이다. 그리고 이 과정은 결코 동일한 속도를 가지고 직선적으로 진행하는 것이 아니고 시기에 따라서 지속이 있고 율동적으로 진행한다.

또 발달은 단순히 양적 증대의 과정일 뿐만 아니라 질적 변화의 과정이다. 이러한 질과 양과의 변화를 기준으로 해서 우리들은 인생을 몇 개의 단계로 구분할 수가 있는데, 이것이 발달 단계인 것이다. 그런데 이 발달의 단계 구분은 학자에 따라서 다소 차이가 있는데 그것은 무엇보다도 단계 구분의 기준이 사람에 따라서 틀린다는 점과 또 하나는 발달이 단계적으로 구분된다 할지라도 한 단계에서 다음 단계에로 옮아가는 변화가 서서히 나타나기 때문에 이 두 단계의 사이에 명확한 경계선을 긋기가 곤란하다는 것이다.

그러면 발달 단계의 구분의 기준도 여러 가지 있겠지만 그중에서 특히 연령 기준에 의해서 발달 단계를 구분하면 사회적 습성, 신체적 발달, 특수한 정신기능의 발달, 전체로서의 자아체제의 변화 등이 있는데 이것을 종합해 보면 다음과 같다.

- 태아기: 수정에서부터 출생할 때까지의 약 40주간을 말한다.
- 신생아기: 의학적 입장에서는 생후 약 2주간, 심리학에서는 약 1개월간의 시기를 말한다.
- 영아기: 생후 약 2개월부터 2세까지를 말한다.
  즉, 보행, 언어개시, 이유가 가능할 때까지를 말한다.
- 유아기: 3세부터 5세까지 초등학교 생활시대를 말한다.

- 아동기: 6세부터 12세까지 초등학교 생활시대를 말한다.
- 청년기: 13세부터 22세까지 중 · 고등 대학생활 시기를 말한다.
- 성인기: 23세부터 사망할 때까지를 말하며 결혼생활과 사회생활을 하여 한 가정을 이끌어가는 시기를 말한다.

2. 태아기의 발달

인간의 성장 발달은 수정으로부터 시작된다. 즉, 출생 전 태내의 여러 가지 조건이 출생 후의 어린이들의 성장과정에 크게 영향을 주기 때문에 태내 발달은 중요시되고 있으며, 생명의 태생은 수정, 유전인자, 성의 결정으로 나타나게 된다.

1) 수 정

인간의 생명은 정자와 난자가 만나서 수정이 되면서 시작된다. 여성측 생식 세포인 난자는 인체 내에 있는 세포 가운데 가장 큰 세포로 직경이 0.14~0.2mm이다. 난자는 여성이 월경을 시작하면서 한 달에 한 개씩 난소에서 배출되는데 운동 능력이 없기 때문에 난관 내부의 섬모 운동과 난관의 수축 작용에 의해 난관의 팽대부로 이동한다. 한편, 남성의 정자는 긴 꼬리를 가진 올챙이 모양으로 크기는 난자의 약 40분의 1이며 1회에 사정되는 정액 속에는 약 4~5억의 정자가 들어 있다. 정자는 매우 활동적이어서 여성의 질 내에 사출되면 꼬리 운동으로 난자가 있는 난관으로 헤엄쳐 간다. 수많은 정자 가운데 하나가 난막을 뚫고 들어가면 꼬리는 떨어져 없어지고 머리 부분, 즉 핵이 난자의 핵과 결합하여 수정란을 이룬다.

2) 태내 발달 단계

임신 기간은 평균 266일, 즉 38주다. 그러나 사람에 따라 차이가 많으며 대부분의 아기는 수정 후 34~40주 사이에 태어난다. 태내기인 이 시기는 결합된 수정란인 아기가 자궁 내에서 성장하는 기간으로서 태내 발달은 다른 어떤 시기보다 영향을 크게 받으며, 그 영향이 가히 치명적이라고 말할 수 있다. 태내 발달은 발아기, 배아기 및 태아기의 세 단계로 이루어진다. 발아기는 수정 후 2주까지, 배아기는 2주부터 8주까지, 그리고 태아기는 9주부터 출산까지를 말한다. 아기에 따라 발달 변화의 시기에는 차이가 있을 수 있으나 단계의 순서는 고정적이다.

(1) 발아기

수정란이 자궁에 완전히 착상하여 모체와 의존관계를 확립하는 기간으로서 수정 직후 수정란을 세포분열을 시작하여 3~4일 후 자궁벽에 착상하게 된다. 또한 양막과 양수가 생성되고 태반이 형성되는 시기이나 모체는 이러한 변화를 느끼지 못한다.

(2) 배아기

수정란이 자궁에 착상한 때부터 약 임신 8주까지의 시기를 배아기라 한다. 이 기간 중에는 중요한 신체기관과 조직이 형성되며 빠른 성장과 분화를 계속함으로써 구조적 변화가 상당히 이루어지게 되고, 배아기가 끝날 때쯤에는 사람의 형태를 갖추게 된다. 이 시기는 신체의 여러 기관이 형성되기 때문에 태내 환경의 영향을 가장 민감하게 받는 시기이다. 따라서 이 시기에 모체가 질병, 영양부족 또는 약물의 영향을 받게 되면 태아 발달에 회복할 수 없는 상해를 초래하게 된다. 배아의 세포는 분열하여 외배엽, 중배엽 및 내배엽의 세층으로 분화된다. 외배엽은 머리카락, 손톱, 발톱, 치아, 피부 외층, 신경세포 등 피부의 바깥층을 형성하고, 중배엽은 근육, 골격, 순환기관, 배설기관 등 피부의 내층을 이루게 된다. 그리고 내배엽은 소화기관과 호흡기관 등을 형성한다.

(3) 태아기

태아 발달의 마지막 단계인 태아기는 수정 후 8주경에 배아기가 끝나는 이후부터 출생할 때까지를 발한다. 이 시기는 급속한 성장이 이루어지는 시기로서 뼈세포가 발달하고 각 기관의 구조가 정교화되며 그 기능이 원활해지는 시기이다.

즉, 이때에는 뼈세포의 발달로 12주경에는 팔다리가 모두 형성되며 동시에 각종 신체 기관이 적어도 초보적 기능을 발휘할 수 있도록 발달한다. 성적 구별도 12주 이전에 일어난다. 13~24주 사이의 태아는 키가 약 30cm, 몸무게는 약 0.8kg 정도이며, 16주 정도부터는 임산부가 태동을 느끼게 된다. 태내 발달에서 28주 정도는 태아의 생존에 있어 중요한 시기이다. 보통 이때는 생존가능 연령이라 하는데, 이 시기에는 태아의 신체적 기능이 충분히 발달하여 조산이 되더라도 생존할 가능성이 높다.

3) 태내 발달에 영향을 주는 요인

태내 발달은 모체 내에서 이루어지기 때문에 덜 가시적이라는 이유로 그 중요성에 대해 간과하기 쉽다. 그러나 태내기는 다른 어떤 시기보다 발달에 미치는 영향이 크고 중대하며, 그 영향은 가히 치명적이다. 따라서 태내 발달에 영향을 미치는 유전적 환경적 요인을 탐색하는 것은 정상적인 인간 발달을 이해하기 위한 중요한 과제이다.

(1) 유전요인

부모로부터 자녀에게 전달되는 특성이나 기질을 유전인자라 하는데 유전인자는 염색체에 의해 전달된다. 난자와 정자는 각각 23개씩의 염색체를 가지고 있는데 이 중 22개는 형질적으로 동일한 염색체이고 나머지 23번째 염색체는 성 염색체로 태아의 성을 결정하게 된다. 즉, 모든 난자는 X 성 염색체만을 가지나 남성의 정자는 XY 성 염색체를 가지므로 난자가 정자의 어떤 성 염색체를 만나느냐에 따라 태아의 성이 달라진다. 예를 들어 수정시 난자가 X 성 염색체를 가진 정자와 만나면 여아가 되고 Y 성 염색체의 정자를 만나면 남아가 된다.

한편, 염색체에는 발달상의 특징을 결정하는 유전인자가 나선형의 층계 모양을 한 DNA의 고리로 연결되어 있는데, 수정 시에 이 염색체 자체에 결함이 있거나 염색체의 결합에 이상이 생기면 여러 가지 발달장애가 나타날 수 있다.

유전적 결함에 의한 대표적인 장애로 염색체 결함으로 나타나는 다운증후군이 있다. 이 질병은 염색체 수의 변화로 발생하는 발달장애로 몽고증이라고도 불린다. 다운 증후군에 걸린 아동은 신체적 장애와 지적 장애가 함께 나타난다.

그 밖에 성 염색체 결함으로 나타나는 터너 증후군과 클라인펠터 증후군이 있다. 터너 증후군은 정상적인 여성의 성 염색체가 XX인 데 반해 X 염색체가 하나밖에 없는 XO일 때 나타나는 장애이다. 이 증상을 가진 여자는 사춘기가 되어도 2차 성징이 정상적으로 나타나지 않으므로 어린아이의 모습을 그대로 유지하며 임신이 불가능하다. 한편 정상적인 남성 염색체 XY에 X 염색체를 하나 더 가지고 있는 클라인펠터 증후군은 남성 생식기관을 가지고 있으나 불임이며 신체적으로 유방이 발달하고 엉덩이가 둥근 여성적인 특징을 갖는다.

(2) 환경요인

① 영양상태

태아에게 가장 위험한 것 중의 하나가 부적절한 영양 공급이다. 태아에게 필요한 영양분 중 가장 큰 비중을 차지하고 있는 것은 칼로리와 단백질이다. 그러나 태아의 영양 실조는 그 외 다른 여러 가지 영양의 결핍으로 인하여 발생될 수도 있다. 적절한 영양 공급은 임산부의 영양 상태에서 결정된다. 영양 섭취가 적절하게 이루어지지 않을 경우에 발생할 수 있는 현상으로는 사산아, 저체중아의 출산을 들 수 있으며 출생 후에도 지적 결함, 뇌성마비, 일반적인 허약 증세 등의 가능성이 높은 것으로 나타났다. 임산부의 영양 부족 문제는 과거에는 저소득층에만 한정된 문제였으나, 최근에는 여성들 사이에서 다이어트를 위한 식사 조절이 유행하여 일반적으로 모든 계층에서 이런 문제가 나타나기도 한다.

② 연령

건강하고 정상적인 아동을 낳을 확률은 20세에서 35세 사이의 임신부가 가장 높다. 10대 임산부의 경우 자궁 발달이 완전하게 이루어지지 못하여 저체중아, 지체아를 낳거나 출산시 결함을 입을 가능성이 높은 것으로 알려지고 있다. 또한 임신부의 연령이 높을 경우에는 생산기능이 약화되어 미숙아나 정신지체아 특히 다운 증후군의 아동을 낳을 확률이 높다.

③ 질병

모체의 여러 가지 질병은 태아에게 치명적인 영향을 미친다. 예를 들어 모체가 풍진을 앓으면 태아에게 시각장애, 청각장애, 심장 질환 및 정신지체를 유발할 수 있다. 특히 풍진의 경우는 감염 시기에 따라 태아에게 미치는 영향력이 다른데, 임신 3개월까지가 가장 위험한 시기라고 할 수 있다.

임질이나 매독도 태아에게 치명적이다. 모체가 임질을 앓고 있으면 출산시 임질균이 태아의 눈에 들어가 시각장애를 유발할 수 있다. 또 매독에 걸린 임산부는 유산, 사산의 가능성이 높고 기형아, 정신지체아를 출산할 확률도 높다.

임산부의 당뇨병도 유산, 사산을 초래할 가능성이 높으며 기형아가 태어날 확률도 건강한 임산부의 경우보다 세 배나 높다고 한다.

최근에서 후천성 면역 결핍증(AIDS)의 영향력에 관심이 집중되고 있다. 여러 보고서에 의하면 모체의 AIDS는 태아에게 감염되는데, 태반을 통하거나 출산시 모체의 혈액을 통하여 또는 수유를 통해서 감염될 수 있다. 출산 전후에 AIDS에 감염된 태아는 출생 후 4개월에서 6개월 사이에 AIDS 증상을 보이며 사망률도 높다.

④ 약물

임산부가 먹는 약물도 태아에게 전달되어 영향을 미친다. 약물의 종류에 따라 일시적으로 태아에게 영향을 미칠 수 있으나 어떤 약물, 예를 들어 신경안정제, 항생제, 피임약, 환각제 등은 치명적인 영향을 미친다.

신경안정제의 경우는 탈리도마이드 사건처럼 팔다리에 이상이 생긴 기형아를 출산할 확률이 높으며 마리화나, 헤로인 및 코카인 등의 환각제도 아동에게 정서불안, 운동기능장애, 심장장애, 언어장애 등을 유발할 가능성이 높다.

따라서 임신 가능성이 있는 여성에게 있어서 가장 현명한 일은 가능한 약물을 복용하지 않는 일일 것이다. 임신 중에는 약국에서 마음대로 약을 사 먹지 말아야 함을 물론, 처방된 약의 안정성에 대해서도 의사에게 반드시 문의해야 할 것이다.

⑤ 음주와 흡연

담배를 피우거나 술을 많이 마시는 임산부는 그렇지 않은 임산부들보다 자연유산을 하거나 조산아를 낳을 확률이 더 많으며, 특히 상습적인 흡연자는 흡연을 전혀 안 하는 경우보다 조산아를 낳을 확률이 두 배가 된다. 또 흡연을 하는 임산부에게서 태어난 아기는 체중이 적고, 술일 경우 약간씩 마시는 것은 태아에 영향이 거의 안 미치나 임산부가 알코올 중독인 경우, 아기가 태아 알코올 중독증을 갖고 태어나기 쉽다. 이런 아기는 대개 안면, 내장, 팔다리에 결함이 있고, 약 20%는 저능아이며 많은 경우 성격이 불안전하고 지나치게 행동적이거나 민감하다. 그러므로 알코올 중독인 사람은 완전히 치료한 후에 아기를 갖도록 해야 한다.

⑥ 정서 상태

모체의 정서 상태에 따라 태아 발달에 영향을 미친다. 임산부가 공포, 불안으로 인해 정서적으로 스트레스를 받게 되면 자율신경계를 자극함으로써 아드레날린의 분비가 촉진되고 이것이 모체의 혈액을 통해 태아에게 전달되어 태아의 신체 발육에 지장을 줄 수 있으며 출생 후에도 잘 울고 놀라며 잠을 잘 자지 않는 등의 정서적 불안정을 나타낸다.

따라서 이 시기에는 가족이나 특히 남편의 정서적 지원이 중요한 요소로 작용한다.

⑦ 혈액상반

Rh 혈액형에는 Rh+형과 Rh-형이 있는데 임산부가 Rh-, 태아는 Rh+일 때 혈액 상반 현상이 나타난다. 모체의 혈액과 태아의 혈액은 태반에 의해 분리되기 때문에 첫아이 때에는 혈액 상반 현상이 나타나지 않는다. 그러나 첫아이의 분만 과정에서 태아의 Rh+형 혈액이 모체의 Rh-형 혈액과 섞이게 되면 모체의 혈액은 Rh+인자에 대항하기 위한 항체를 생성하며 그 결과로 둘째 아이부터는 혈액 상반이 나타나서 태아의 적혈구를 파괴하고 산소 보급을 방해하여 태아를 유산, 사산시킨다. 또 출생하여도 빈혈, 청각 장애, 뇌성 소아마비, 정신지체를 나타낸다.

⑧ 방사능 및 환경 공해

임신 중에 암 치료나 건강 진단을 위해, 또는 핵 방사능이라든가 직업상의 경우로 방사선을 쬐일 경우, 그 영향이 충분히 알려지지는 않았으나 태아가 죽거나, 기형아가 되거나, 뇌 상해 또는 특정한 종류의 암에 걸릴 가능성 등이 높을 것으로 보고되어 있다.

최근에는 방사능 이외에 환경오염에 의한 영향력이 거론되고 있다. 즉, 임산부가 수은에 오염된 물고기나 납이 함유된 농산물을 섭취하면 태아에게 체중미달, 신체기형, 뇌 신경계 발육 장애 등이 유발되는 것으로 밝혀졌다.

3. 신생아기의 발달

1) 신체 및 운동 발달

신생아란 의학적으로 출생 후 약 2주간, 발달심리학에서는 약 1개월간의 어린 아이를 말한다. 이 시기는 출생으로 격심한 환경의 변화가 생겨 신체나 행동의 발달은 정체상태를 이루고, 생후 10여 일이 지난 후 체중 감소가 회복된다. 이와 같은 출생시의 충격에서 오는 여러 가지 혼란상태를 회복해서 안정을 되찾을 때까지 약 1개월이 걸리기 때문에 이 시기를 신생아기라 한다. 그런데 임신 266일에 꼭 출산이 되는 것이 아니고 빠르거나 늦어지는 경우가 많기 때문에 신생아의 발달도 일정하지 못하여 심한 개인차를 보인다.

이 시기는 본격적인 행동 발달의 출발점으로서 출생과 더불어 환경 자극이나 사회적 문화적 요인의 영향을 받게 된다. 그리고 태내에서는 모체에 의존하여 생명을 유지하던 기생 동물적 존재이던 것이 출생으로 말미암아 적어도 생리적으로 독립된 존재로 발달되어 간다.

(1) 신체적 특징

갓 태어난 신생아의 피부색은 붉으며 주름이 많고 몸 전체가 끈적끈적한 태지와 솜털로 덮여 있으나 며칠이 지나면 피부는 건조해지고 솜털도 없어진다.

출생시의 우리나라 아기의 평균 신장은 약 50cm이고 평균 체중은 약 3kg이다. 임신 후 정확하게 266일 만에 아기가 출산되는 것이 아니라 조금 일찍, 또는 조금 늦게 출산이 되기 때문에 신생아의 발달 정도는 개인마다 차이가 많다. 또, 출산이라는 환경의 격심한 변화로 출생 후 며칠간은 체중이 오히려 줄어들 수도 있다. 그러나 신생아가 후반에 접어들면 체중이 회복되고 증가하기 시작한다.

신체비율에서 신생아는 머리 부분이 상당히 커서 키의 약 1/4 정도가 되며 머리둘레가 가슴둘레보다 약간 크다. 또 신생아의 머리 모양은 출산시 좁은 산도를 빠져 나오느라 보기 흉하게 일그러지거나 길쭉한 모양일 수도 있으나 점자 동그랗게 변한다. 머리의 앞쪽에는 여섯 개의 숫구멍이 있어서 신생아가 울거나 긴장하면 볼록하게 튀어나오는데 출생 후 18개월이 지나면 두개골이 완전히 결합된다.

(2) 생리적 기능

① 호흡과 맥박

신생아의 호흡은 1분에 평균 40~45회 정도이고 이것이 점차 줄어 성인이 되면 보통 18회 정도가 된다. 신생아의 호흡은 일반적으로 얕고 불규칙하며 딸꾹질과 재채기를 하기도 한다. 배냇 울음이 호흡의 시작이라고 말하는데, 출생 직후에 처음으로 터뜨리는 울음을 가리킨다. 이것은 세상으로 나올 때 신생아의 폐 속으로 공기가 들어가면서 반사적으로 음대가 진동되어 울음이 되는 것이다. 맥박은 임신 2~3개월경 태내에서부터 시작하여 임신 5개월경에는 150회 정도, 출생 당시에는 120~140회 가량 뛰며 수일 후면 120회 정도로 줄어든다.

② 소화 및 배설

신생아는 출생 당시에도 이미 소화효소를 분비하고 있어 음식물을 충분히 소화할 수 있다. 그러나 위의 모양이 수직이어서 많이 먹으면 토한다. 따라서 자주 수유를 해야 된다. 신생아는 일반적으로 두세 시간 간격으로 하루에 7~8회 수유를 한다. 몇 주가 지나면서 개인차가 있으나 네 시간 정도로 길어진다. 첫 1~2일에 산모에게서 나오는 황갈색의 초유를 신생아에게 먹이는 것이 좋은데, 이것은 초유가 태변의 배설을 촉진할 뿐만 아니라 면역체를 함유하고 있기 때문이다.

출생 후 1~2일에는 하루에 4~5회 태변을 배설하는데 끈끈하며 검은 녹색이며, 신생아의 소변은 요산염이 많기 때문에 기저귀가 황갈색이 되기 쉽고 하루에 18회 정도로 자주 소변을 본다.

③ 수면

신생아는 하루에 16~20시간 정도 잠을 잔다. 보통 서너 시간을 자고 나서 조금 깨어 있다가 다시 잠자기를 반복하는데 점차 1회 수면 시간이 길어진다.

④ 체온

임신 중 태아의 체온은 36.5℃로 일정하다. 그러나 출생시 신생아는 새로운 환경을 접하면서 일시적으로 체온이 떨어지나 8시간 후에는 다시 정상으로 회복된다. 신생아의 체온은 성인보다 높은 37℃이다. 그밖에 신생아는 땀샘의 발달이 미흡하여 외계 온도의 영향을 받기 쉽고 체중에 대한 신체 표면적이 성인에 비해 커서 피부에서 열이 많이 발산되므로 온도에 민감하게 반응한다.

(3) 반사운동능력

신생아는 대뇌 피질의 억제 작용이 잘 발달되지 않아서 자발적인 운동은 거의 하지 못하고 반사적 운동만을 한다. 반사운동이란 신생아가 어떤 특수한 자극에 대해 반사적, 비자발적으로 나타내는 반응을 의미한다. 신생아의 반사운동을 구체적으로 살펴보면 다음과 같다.

① 모로반사

모로가 발견한 반사운동으로, 위치가 바뀌거나 자기를 받치고 있는 지지가 없어질 때 울거나 얼굴을 찡그리며 앉는 행동을 하는 것을 말한다. 이 반사운동은 생후 3~4개월부터 사라지며, 없어지지 않으면 신경중추에 이상이 있는 것이다.

② 파악반사

손바닥에 무엇이 닿으면 잡는 행동을 보이며, 막대기를 잡게 되면 1~2분간 매달려 있기 때문에 잡기반사라고도 불린다. 이 행동은 갓 태어난 새끼 원숭이에게도 보이며, 생후 3~4개월경 사라진다.

③ 바빈스키 반사

발바닥을 간질이면 발가락을 부채처럼 펴는 행동으로 생후 6개월경 사라지기 시작하며, 사라지지 않을 경우 뇌에 이상이 있는 것이다.

④ 걷기반사

신생아의 겨드랑이를 두 손으로 잡고 발을 바닥에 닿게 하면, 무릎을 구부리고 두발을 번갈아 움직이며 걷는 행동을 보인다. 이 반사운동은 생후 2~3개월경 사라진다.

⑤ 젖 찾기 반사

입 주변을 자극하면 자극물을 향해 고개와 입을 돌리는 행동으로, 신생아가 배가 고플수록 또 입에 가까운 부분을 자극할수록 더욱 민감하게 반응한다. 생후 3~4개월 이후에는 사라진다.

⑥ 빨기반사

신생아가 입에 닿는 것은 무엇이든지 빨려고 하는 것을 빨기반사라 한다. 생후 3~4개월 이후에는 없어진다.

2) 지각 발달

신생아의 지각은 주로 감각기관을 통하여 이루어진다. 신생아는 출생 직후부터 감각기능을 통하여 자신의 환경을 탐색하며, 이러한 감각적 경험을 통하여 적응능력이 발달한다. 그러므로 신생아의 감각기능에 장애가 있을 때는 지적 발달의 지연을 초래하게 된다.

신생아는 말을 할 수 없고 성인의 말을 이해할 수 없으므로 이들의 지각 능력을 연구하기 매우 어려우나, 최근의 연구에서 신생아들의 지각능력이 종래에 생각했던 것보다 훨씬 우수한 것으로 밝혀지고 있다.

(1) 시 각

출생 직후 신생아는 눈의 구조나 시신경이 아직 미성숙하여 한 물체에 시선을 고정시키거나 초점을 맞추지 못한다. 그러나 출생 후 이틀이 지나면 시각기능이 빠르게 발달하여 빛의 강약에 따른 동공반사를 할 수 있다. 또한 응시와 깊이지각에 필요한 눈의 협응과 집중능력이 발달하기 시작한다. 생후 1~2주가 지나면 물체에 시선을 고정시킬 수 있게 되고, 형태 식별은 어려우나 색채 식별이 가능하여 명암과 색의 차이를 구별할 수 있다. 또한 사람의 얼굴을 선호하는 경향을 보이며, 엄마의 얼굴을 식별할 수 있다.

(2) 청각

신생아의 청각은 태어나기 전부터 작용하는 것으로 밝혀지고 있다. 즉, 임신 7개월쯤에는 청각 기능이 거의 완성되어 외부의 소리에 반응할 수 있게 된다.

출생 직후에는 귓속에 양수 등의 점액이 차 있기 때문에 소리에 반응하지 못하나 2~4일이 지나면 소리가 들리는 방향으로 머리를 돌리는 등 소리의 위치를 알아낼 수 있다. 또한 신생아는 소리 구별 능력이 있으며 일반적으로 소음보다는 음악 소리를 더 선호하고 사람의 음성에 더 반응적이다. 그밖에 남자의 음성보다 여자 음성을, 여자 음성보다는 엄마 음성에 더 귀를 기울인다.

(3) 미 각

신생아는 냄새의 좋고 나쁨을 느낄 수 있지만 맛의 차이에 대해서는 생후 2주일이 지나야 적극적인 반응을 보인다. 신생아는 단맛은 입맛을 다시며 긴 시간 동안 빨아먹으나, 짠맛이나 신맛은 얼굴을 찡그리고 삼키지 않는다. 신생아의 단맛 선호는 태내기 때부터 발달된다고 한다.

(4) 후 각

신생아의 후각은 아직 다양한 냄새를 구별할 만큼 완전하게 발달되어 있지 못하다. 그러나 암모니아와 같은 강한 자극적인 냄새에 얼굴을 찡그리고 고개를 돌리며 맥박과 호흡이 빨라지는 것을 알 수 있다. 이는 신생아가 냄새를 맡을 수 있다는 증거이다. 또 신생아는 젖 냄새와 다른 냄새를 구별할 수 있으며 특히 엄마 냄새에 민감하여 엄마 냄새와 다른 여성의 냄새를 구별할 수 있다.

(5) 촉 각

촉각은 이미 태내기 동안에 많이 발달되어 있으며 신생아의 발달에 매우 중요한 역할을 한다. 신생아를 안아 주거나 등을 토닥거리는 등의 피부 접촉을 통해 부모와 자녀 간의 애착이 형성되며 신생아가 정서적으로 안정감을 얻을 수 있다.

촉각에는 온도 감각과 통각이 포함된다. 신생아는 온도 변화에도 민감하게 반응하여서 실내 온도가 내려가면 신체 운동을 더 활발히 한다. 또 우유가 너무 차갑거나 뜨거우면 호흡과 맥박이 불규칙해지고 울어 버린다. 한편, 아픔에 대한 신생아의 감각은 다소 둔한 편으로 출생 직후에는 아픈 자극에 대한 반응이 없으나 차츰 빠르게 발달한다.

4. 영아기의 발달

1) 신체 및 운동 발달

신생아기 이후부터 약 2세까지를 영아기(infancy)라고 한다. 주로 전반기에는 감각기관이 현저하게 발달하고 후반기에는 지능의 발달이 뚜렷하게 나타난다. 또한 이 시기의 가장 놀라운 변화는 자신의 몸을 조정하지 못하는 무기력한 존재에서 스스로 이동하거나 움직일 수 있는 독립된 존재로 발달하는 것이다. 이 시기 동안 급속한 신체운동 발달로 만 2세경이면 혼자서 뛰어다닐 수 있다.

영아기는 비록 짧지만 신체적 발달이 가장 빠른 시기이다. 신체 성장은 처음 6개월이 가장 빠르고, 그 다음 6개월 그리고 1년에서 2년 사이에는 그 성장이 전보다는 조금씩 늦어지기는 하나 그래도 다른 기간에 비하여 매우 빠른 편이다. 어린이의 신체 발달은 신장, 체중, 흉위 등 신체 각 부위의 발달에 의해서 그 전체적인 발달 경향을 보이게 된다.

(1) 신체 성장

① 신체 크기의 변화

몸무게 몸무게는 신체 성장의 중요한 지표 중 하나이다. 영아기는 몸무게가 일생에서 가장 급속히 늘어나는 시기이다. 구체적으로 보면 생후 5개월경에는 출생 시의 몸무게의 두 배가 되며, 1년경에는 세 배가 된다. 달리 표현한다면 생후 3개월경까지는 매달 평균 약 900g씩 몸무게가 늘며 평균 약 450g씩 그리고 1년경까지는 평균 약 300g씩 늘어간다.

이러한 몸무게의 증가는 유전뿐만 아니라 영아가 무엇을 얼마나 먹었느냐에 따라서 차이가 난다. 영아가 자신의 성장 가능성을 최대로 하기 위하여는 적절한 영양을 갖춘 음식을 충분히 먹는 것이 필요하다. 이 시기의 영양실조는 영아의 몸무게에만 영향을 주는 것이 아니라 영아기 이후의 모든 발달에 영향을 미친다.

키와 신체비 갓 태어난 신생아의 신체크기 비율을 보면 머리가 대단히 크다. 신생아의 머리는 신체크기의 약 1/4을 차지한다. 성인이 되면 머리의 크기가 키의 약 1/8이 된다. 가슴도 출생 시에는 머리보다 작으나 생후 1년경이 되면 더 커진다. 다리는 영아일 때는 신체의 약 1/3 정도이다가 성인이 되면 약 1/2이 된다.

키의 성장은 몸무게 증가에 비해 그 속도가 느리다. 신생아의 키는 평균 약 50cm이다. 신생아의 키는 1년 후 출생시의 1.5배가 되며, 2년이 되면 성인 신장의 약 1/2로 성장한다.

② 골격 및 근육

출생시 신생아의 뼈는 대부분 연골로 구성되어 있으며, 뼈와 뼈 사이의 공간이 매우 크다. 그러나 영아가 성장하면서 이 공간은 점점 줄어들고, 연령이 증가함에 따라 뼈의 조직이 연골에서 경골화되어 간다. 영아의 머리뼈 중 여섯 개의 천문은 아직 경골화되지 않은 연한 조직이다. 이 중에서 작은 소천문은 생후 4~8개월이면 닫히고 대천문은 생후 18~24개월 사이에 닫힌다. 이처럼 영아의 두개골이 연하기 때문에 모양이 쉽게 변형된다. 예를 들어 아기를 오랫동안 눕혀놓게 되면 머리가 눌린 방향으로 납작해지거나 좋지 못한 자세로 서 있거나 앉아 있게 되면 그 자세가 그대로 고정될 수 있다. 한편 뼈의 수와 크기 또한 영아가 성장하면서 증가한다.

근육 섬유 수는 성인이 가지고 있는 만큼 가지고 있지만, 조직의 섬유 수나 크기, 길이는 성인에 비해 작다. 근육 발달은 머리부분의 근육에서 다리 부분의 근육을 발달하며, 종류에 따라 성장 속도에는 차이가 있다. 또한 근육의 신체비율은 남아가 여아보다 크다.

③ 치아

치아는 태아가 6주 때부터 형성되기 시작하여 출생시에는 아직 잇몸 밖으로 나타나지는 않았지만 모두 20개의 유치와 별개의 영구치가 이미 발달하여 잇몸 밖으로 나올 준비가 되어 있다. 즉, 태아기에 이미 이의 형태가 형성되고 턱 속에서 자리를 잡는다. 치아의 발달도 일정한 발달 단계에 따라 이루어진다. 앞니 여덟 개의 발달이 먼저 이루어지고 영구치는 생후 6개월 무렵부터 자라기 시작하나 이가 나오는 시기는 영아에 따라 차이가 매우 크다.

일반적으로 유치가 발생하는 시기는 모유 영양아가 인공 영양아에 비해 빠르며 뇌의 발육이 좋지 못한 어린이는 치아가 늦게 나고 순서도 불규칙이지만, 이가 나오는 시기와 영아의 신체적 발달이나 지적 발달과는 크게 상관이 없는 것으로 알려져 있다.

(2) 운동 발달

영아기의 운동 발달은 영아가 자신의 움직임을 자발적으로 통제하는 것부터 시작한다. 신체의 운동 발달은 머리에서 다리 방향을 따라 이루어진다. 그러므로 영아는 목을 먼저 가누게 되고, 가슴과 등의 근육을 통제하게 되며 다리의 움직임을 가장 늦게 조절하게 된다. 신체 조직의 성숙과 감각 기능의 발달로 신생아기에 나타나던 단순한 반사운동이 사라지고 머리와 몸통의 통제, 손의 조절 능력, 그리고 보행 운동 능력이 발달된다.

① 대근육 운동

출생 후 약 1년 반 사이에 영아는 보행을 습득함으로써 가장 무기력한 존재에서 스스로 걸어다닐 수 있는 놀라운 존재로 변화된다. 운동 발달을 성취하는 속도는 영아에 따라 큰 개인차가 있으나, 운동 발달을 성취하는 순서는 일정하다. 즉, 발달에 커다란 변화를 가져오는 이행능력은 고개 들기, 뒤집기, 앉기, 기어다니기, 일어서기, 걷기, 뛰기의 일정한 순서로 진행된다.

- 1개월: 엎어놓으면 턱을 든다.
- 2개월: 엎어놓으면 가슴을 든다.
- 3~4개월: 목은 가눈다. 몸을 뒤집는다. 받쳐 주면 앉는다.
- 7~8개월: 혼자서 앉는다. 기어다닌다. 도와주면 선다.
- 9~10개월: 가구를 짚고 일어선다.
- 11~12개월: 혼자서 일어서서 서 있을 수 있다.
- 13~15개월: 혼자서 걷는다. 계단을 기어서 올라간다.
- 15~18개월: 계단을 기어서 뒤로 내려온다. 옆으로 또는 뒤로 걷는다.
- 18~24개월: 계단을 서서 오르내린다. 뛴다. 그러나 속도 조절은 하지 못한다.

② 소근육 운동

영아의 소근육 운동은 감각 운동적이며, 주로 눈과 손의 협응 작용의 발달이다. 영아기 동안 이루어지는 협응기능은 대상에 손 뻗기, 움켜쥐기, 잡기, 옷 벗기 등을 들 수 있다. 연령별로 진행되는 협응기능의 발달을 보면 다음과 같다.

- 1개월: 놓여 있는 물체를 응시하나, 그것을 잡기 위한 시도를 하지 못한다.
- 2개월: 주먹을 쥘 수 있으며 또한 손 안에 있는 물체를 잠시 동안 쥘 수 있다.
- 3개월: 손을 폈다가 주먹을 쥐곤 한다. 대상을 보고 손을 뻗는다.
- 4~5개월: 물건을 어설프게 쥔다.
- 6~7개월: 물건을 쥐고 손목을 돌린다. 딸랑이를 흔들고 응시한다.

- 7개월: 엄지손가락을 사용하지 않고, 네 개의 손가락으로 물체를 쥔다. 또한 손바닥과 네 번째 및 다섯 번째 손가락을 사용하여 물체를 쥐기도 한다.
- 8개월: 엄지손가락과 집게손가락 및 손바닥을 사용하여 물체를 쥔다.
- 9개월: 서투르기는 하나 엄지손가락과 집게손가락을 주로 사용하여 물체를 쥐지만 아직도 나머지 손가락들을 함께 사용한다.
- 12개월: 엄지손가락과 집게손가락만 사용하나 아직 서투르다. 양말이나 모자를 벗는다.
- 16개월: 공을 던진다.
- 18개월: 컵에 입을 대고 물을 마신다.
- 24개월: 손가락을 사용한다. 대소변 통제가 가능하다. 모든 옷을 벗는다.

(3) 생리적 기능

① 수면

신생아는 하루 중 10~20시간을 수면 시간으로 소비하며, 2세가 되면 12~14시간으로 수면 시간이 줄어든다. 이와 같은 경향은 연령이 증가함에 따라 낮 동안의 활동 시간이 증가하고 낮잠 자는 횟수가 줄어들며, 이에 따라 전체 수면 시간이 줄어들기 때문이다.

어린이의 수면은 양뿐만 아니라 수면의 질에 있어서도 성인과 다르다. 이 시기 영아는 신생아기에 비하여 REM 수면 시간이 짧다. REM 수면 시간은 연령이 증가할수록 점점 줄어들어 신생아 수면의 50%가 REM 수면이나, 2~3세 어린이는 수면의 25%만이 REM 수면이다. 이 비율은 아동기까지 지속되면 성인의 수면은 약 20%가 REM 수면이다.

② 수유

영아는 수유를 통해 영양을 섭취한다. 우리나라의 경우 과거에는 대부분의 어머니가 아기에게 모유를 먹였다. 직장을 가지고 있거나 불가피한 경우에만 우유를 먹였는데 요즘은 모유를 먹일 수 있는 많은 여성들도 모유보다 우유를 먹이는 것을 선호한다. 그러나 최근 미국에서는 다시 모유를 선호하는 경향으로 바뀌고 있다.

생후 4~6개월까지의 영아에게 모유보다 더 좋은 음식은 없다. 모유는 '가장 좋은 건강식'으로 불리는데 이는 모유가 아기의 신체 건강에 적합하기 때문이다. 즉, 모유는 아기에게 필요한 완벽한 영양소를 갖추고 있으며, 우유보다 소화력이 우수하고 알레르기 반응을 덜 일으킨다. 또한 여러 질병에 대한 저항력을 길러준다. 그리고 모유수유 과정에서 엄마와의 신체적 접촉은 어머니와 자녀간의 유대감 형성과 정서적 역할을 촉진시켜 줌으로써 아기의 정서적 안정감을 증진시킨다.

③ 이유

영아가 어느 정도 성장을 하면 모유가 제공하는 영양분 이외에 다른 음식이 더 필요하다고 한다. 따라서 수유 이외의 음식을 영아에게 먹이게 되는데, 일반적인 이유를 위해 이유식을 먹이기 시작하는 시기는 생후 약 4개월에서 6개월 사이이며 영아가 이유를 하는 것은 생후 약 1년 무렵이다.

이유는 아기의 발달 정도 건강상태 체질, 그 밖의 가족의 형편 등을 고려하여 시작하는 것이 바람직하다. 또한 처음에는 곡류부터 시작하여 과일, 야채, 달걀, 고기 등의 순으로 이유식을 먹이되, 이유식의 종류와 양은 서서히 늘려 가는 것이 좋으며, 개인차를 고려하여야 한다.

④ 배설

영아는 일반적으로 6개월 무렵까지는 하루 두 번 대변을 보고 그 이후에는 한 번 본다. 이에 비해 소변은 생후 1년까지 평균 두 시간 간격으로 본다. 이렇게 영아가 잦은 배설을 하는 것은 배설이 자율적 통제에 의한 것이 아니라 직장과 방광이 꽉 차면 괄약근이 자동적으로 열려 배설을 하기 때문이다.

배설을 스스로 통제하는 것은 영아기 중요한 발달과업 중의 하나이다. 그러나 영아가 대소변을 통제할 수 있기 위해서는 먼저 영아의 괄약근이나 뇌기능 발달이 선행되어야 한다. 대변은 소변보다 통제가 빨라 15개월경부터 이루어질 수 있고, 소변은 20개월경이 되어야 통제를 할 수 있다. 바로 이러한 영아의 통제능력이 나타나기 시작하는 시기를 전후로 대소변 훈련이 이루어지는 것이 바람직하다.

2) 지각 발달

아기는 출생 직후부터 시각, 청각 등과 같은 지각 능력을 가지고 있으며, 대부분의 중요한 기본적인 지각능력은 생후 1년 사이에 거의 완성된다.

영아가 주위세계를 이해하는 과정은 감각과 지각으로 나누어 볼 수 있다. 감각은 감각기관에 들어온 자극을 받아들이는 것이고, 지각은 감각기관과 두뇌가 자극을 분류하고, 해석하고, 분석하고 통합하는 것이다. 다시 말해 감각은 자극에 대한 감각기관의 반응인 반면, 지각은 자극의 해석이 된다.

(1) 시지각

신생아는 태어나면서 형태를 식별할 수 있는 시각능력을 가지고 있다. 신생아는 아주 가까운 거리에 있는 사물에는 초점을 잘 맞출 수 있기 때문에 젖을 먹이는 엄마의 얼굴을 잘 지각하기도 한다. 그러나 다른 감각기관에 비해서는 지각능력이 부정확해서 3m 거리에 있는 사물이 어떤 것인지 잘 알아볼 수 없다.

① 형태지각

영아는 윤곽이 뚜렷하고, 정지된 것보다는 움직이며, 통일적인 것보다 흑백 대비가 뚜렷하고, 적당히 복잡한 형태를 좋아한다. 영아의 이러한 선호를 충족시키며, 쉽게 접할 수 있는 것이 사람의 얼굴이다. 출생 후 5일 만에 신생아는 다른 색채나 모양보다 사람의 얼굴을 가장 오래 쳐다본다고 한다. 특히 눈은 영아의 이러한 선호에 더욱 적합하여 6주경이 되면 사람의 얼굴 중 눈에 더 주의를 집중하기 시작한다. 이는 인간이 생존에 가장 필요한 도형(사람 얼굴)을 판단할 수 있는 능력을 타고났음을 시사한다.

② 깊이지각

깊이지각이란 평면적 표면을 가진 망막이 입체적 구조를 가진 대상물의 거리나 깊이를 인지하는 능력이다. Gibson과 Walk(1960)는 시각적으로만 깊이를 느낄 수 있도록 시각적 절벽 장치를 고안하여 영아의 깊이 지각을 연구하였다. 6~14개월 된 영아를 시각적 절벽 가운데에 놓고 반대편에서 엄마가 부르도록 한 결과, 기어다닐 수 있는 6개월 된 영아들은 시각적 절벽에 다다르자 기기를 멈추고 우는 반응을 나타내었다. 이는 6개월 된 영아에게 깊이 지각이 있음을 증명해 주는 것이다.

(2) 청지각

영아의 청지각 능력은 시지각 능력보다 우수하다. 인간은 태어나기 이전부터 청지각을 가지고 있는데, 신생아도 사람의 목소리에 더 반응적이며 생후 2~3주가 되면 엄마의 음성을 식별할 수도 있다. 이러한 청지각은 생후 2년간 그 민감성이 증가한다.

성장하면서 소리에 대한 민감도가 증가할 뿐만 아니라 소리의 방향 및 위치에 대한 영아의 지각능력도 증가한다. 영아는 소리의 방향을 파악하는 능력이 성인

보다 부족하다. 그러나 이미 신생아 시기부터 소리나는 방향으로 머리를 돌릴 수 있는 초보적인 능력을 나타내며, 5~6개월에는 더욱 빠르게 반응하게 된다. 생후 6개월에 이르면 소리의 방향과 위치를 간파할 수 있는 능력이 급속히 향상되어 소리의 방향과 위치를 능숙하게 지각한다.

5. 유아기의 발달

1) 신체 및 운동 발달

유아기는(Early childhood) 약 2세에서 6세 정도까지를 말한다. 유아기 어린이의 외모는 살이 통통하게 찐 영아기 아기의 모습에서 근육이 단단해지고 살이 빠지면서 어린이다운 모습으로 바뀌게 된다. 흔히 어른들은 유아기 동안의 모습이 일생에서 가장 귀엽다고 애기하곤 한다. 신체적으로 커지는 것은 물론 여러 가지 운동능력과 조작능력이 발달되어, 유아의 활동량은 매우 급격하게 증가한다.

유아기 신체의 성장은 영아기에 비하면 늦은 편이나 아동기에 비하면 아직 빠른 시기인데 이때의 특징은 신장보다도 체중이 한층 증가하여 발달하기 시작한다. 유아가 건강한 신체를 지니기 위해서는 기본적으로 충분한 영향을 섭취해야 하고, 규칙적인 생활습관을 지니며, 사고와 질병으로부터 보호를 받아야 한다.

(1) 신체 성장

① 신체크기의 변화

유아의 키와 몸무게의 성장은 영아기까지는 급속히 이루어지다가 영아기를 지나면서 속도가 점차 완만해진다. 우리나라 유아들의 키는 2세 이후부터는 해마다 평균 5~7cm가 증가하여 5세경에는 출생 시 키의 약 두 배가 되며 6세에는 성인의 65% 정도의 성장을 나타낸다. 출생 시의 키와 성인이 되었을 때의 키는 상관관계가 거의 없지만, 유아기의 키와 성인이 되었을 때의 키는 상관관계가 높다. 따라서 유아기의 키는 성인이 되었을 때의 키를 예측할 수 있는 지표가 된다.

몸무게의 경우, 해마다 2~3kg씩 증가하여 5세경에는 출생시 몸무게의 5배, 6세에는 성인의 30% 정도로 성장한다. 몸무게는 키보다 불규칙한 성장을 보이며 개인차가 크다.

한편 신체비율도 성장하면서 변화하는데, 출생시 머리의 크기는 전체 키의 약 1/4 정도였으나 유아기 동안 팔다리가 급속히 성장하면서 머리의 비율이 적어져 성인의 신체 비율과 매우 유사해진다.

② 골격 및 근육의 발달

2세 이후 연골은 더 빠르게 경골화된다. 뼈가 단단해짐에 따라 외관도 튼튼해지고 내부기관도 보호된다. 또한 골격의 발달은 운동 발달과 몸의 균형에도 중요하게 작용한다. 따라서 유아기 어린이의 외모에도 많은 변화가 나타난다. 배가 나오고 살이 통통하게 찌고 다리도 짧았던 2세경의 몸매는 6세쯤 되면 배가 들어가고 살이 빠지고 근육이 발달함으로써 성인과 비슷한 모습으로 변화하게 된다. 그러나 아직 어깨와 골반의 근육이 충분히 발달되지 않았기 때문에 남성적, 여성적 체격 특성이 나타나지 않고 남녀 모두 비슷하게 직선적이고 평면적인 체격을 가진다.

③ 치아

2세 반이 되면 20개의 유치가 모두 나오게 된다. 그리고 5~6세부터는 유치가 빠지면서 영구치가 나오기 시작한다. 새로이 영구치가 나오는 시기까지 손가락을 빠는 어린이의 경우에는 치아 발달에 나쁜 영향을 미치므로 주의시켜야 한다.

(2) 운동 발달

유아기는 대 · 소근육이 발달하고 신체의 균형 유지 및 각 부분의 협응력 등 기초적인 운동 능력이 발달하는 시기이다. 이러한 운동 능력의 향상은 어린이의 자아 인식을 발달시키는 데 결정적인 역할을 한다. 즉, 어린이는 몸 움직임을 통해 자신의 신체적인 이미지를 형성한다. 어린이가 자신의 신체에 대해 어떠한 개념을 갖느냐에 따라 자신의 능력을 인식하고 자신감을 갖게 되므로 이 시기의 정상적인 운동 발달은 매우 중요하다.

유아기 운동 발달의 특성은 세 가지 관점에서 살펴볼 수 있다(이기숙 외, 1996).

첫째, 유아기는 신체적 안정성을 발달시키는 시기이다. 안정성이란 신체의 각 부분을 효율적으로 움직일 수 있고 바른 자세를 형성할 수 있으며, 균형을 유지할 수 있는 능력을 의미한다.

둘째, 유아기는 이동 능력을 발달시키는 시기이다. 어린이는 공간적으로 다양하게 몸을 이동시킬 수 있게 된다. 유아기에는 걷기, 뛰기, 뛰어오르기, 미끄러지기 등의 운동기능이 급속도로 발달한다. 따라서 이 시기는 운동 능력을 발달시키는 결정적 시기라고 할 수 있으며, 이후의 더욱 정교하고 복합적인 이동 능력 발달의 기초를 형성하는 시기이다.

셋째, 유아기는 조작적 능력을 발달시키는 시기이다. 어린이들은 그들 주변에 있는 여러 가지 사물을 접하면서 각각의 특성에 따라 다양한 조절 방법을 배우게 된다.

이와 같이 유아기는 신체적 균형을 기초로 다양한 운동 능력을 발달시킬 수 있는 중요한 시기이다. 이 시기의 어린이는 새로운 운동 기술을 획득할 뿐 아니라 미숙하였던 운동기능들을 반복하여 더욱 숙련시킨다.

① 대근육 운동

대근육 운동이란 달리기, 뛰기, 오르기 등으로 대근육 운동의 연령별 추세는 다음과 같다.

-2세: 잘 뛸 수 있으며, 깡총 뛰기가 가능하다.
계단을 잡고 한 다리씩 모으면서 올라갈 수 있다.

-3세: 한 발로 설 수 있다. 양 발을 교대로 사용하여 계단을 오를 수 있다.
뛰면서 속도 조절이 가능하다.

-4세: 깡총 뛰기, 깨금발이 가능하다.
세발자전거를 타며, 공을 머리 위로 던질 수 있다.

-5세: 직선을 따라 걸으며, 발을 바꿔 가면서 층계를 내려간다.
땅에서 튀어 오르는 공을 잡는다.

-6세: 한발 뛰기, 뛰어넘기, 오르기 등을 할 수 있다.

-7세: 자전거를 탄다.

달리기와 올라가기 유아가 처음으로 달리는 모습은 흡사 빨리 걷는 것과 같다. 즉, 한쪽 발은 언제나 땅에 닿아 있다. 실제로 우리가 달리는 경우에는 두 발이 잠시 동안이지만 모두 땅에서 떨어져 공중에 있게 된다. 또한 아동의 다리는 뻣뻣하며 달리는 걸음의 폭이 일정하지 않고 균형이 잡히지 않아 쉽게 넘어진다. 그리고 달리다 멈추는 것이 어려워 때로는 물건이나 벽에 부딪치기도 한다. 3세 경이 되면 아동의 달리는 걸음 폭이 더 길어지고 비교적 일정해지지만, 아직 갑자기 멈춘다든지 돈다든지 하는 것은 미숙하다. 그러나 연령이 증가함에 따라 운동의 힘, 속도, 협응이 증가하므로 이동 능력 또한 계속 증가하게 된다.

올라가기는 걷기와 병행하여 발달한다. 영아는 사물을 손으로 쥐면서 올라가는데 층계를 올라가는 것이 내려가는 것보다 훨씬 쉽다. 2세경이 되면 유아는 층계의 난간을 붙잡거나 다른 사람의 손을 잡고 서서 층계를 올라갈 수 있다. 처음에는 한 발을 올려놓은 뒤 다른 발을 같은 층에 올려놓는 방식으로 올라간다. 그러나 3세경이 되면 다른 사람의 도움 없이 각 층계에 발을 교대로 놓으면서 올라갈 수 있게 되고, 4세경이 되면 같은 방식으로 층계를 내려올 수도 있게 된다.

뛰기 뛰기는 걷기보다 늦게 발달한다. 3, 4세경이 되면 대부분의 아동은 30~60cm 높이에서 뛰어내릴 수도 있으면 약 60cm 정도 멀리뛰기를 할 수 있다. 아동기를 통해 이러한 뛰기는 계속 증가하여 5세경이 되면 약 90cm 넓이를, 12세경이 되면 약 150cm 넓이를 뛸 수 있다.

한 발로 뛰거나 두 발로 뛰기 등은 아동이 여러 종류의 게임이나 춤에서 사용하는 것이다. 이러한 기술들은 3세경이면 나타나기 시작하여 6세경이 되면 비교적 성숙된 동작으로 할 수 있다.

자전거 타기 유아는 운동능력이 성숙되어 감에 따라 놀이 활동도 다양해져서 미끄럼틀로 올라가 미끄러져 내려갈 수 있고 그네를 타기도 한다. 그 외에 정글짐, 썰매, 롤러스케이트 등 여러 가지 놀이기구를 이용하는 놀이를 즐기게 되는데, 자전거 타기는 이 시기의 어린이들이 즐기는 놀이이다. 대부분 3세 유아는 세발자전거의 페달을 돌림과 동시에 방향 조절을 할 수 있다. 세발자전거를 타는 것은 신체 운동의 기쁨과 스릴을 느끼게 해 주며 기계를 이용한 수송의 중요성을 깨닫게 해 준다. 유아기에 전신운동의 기초적인 것을 할 수 있게 된 후 아동기에 접어들면 달리기, 씨름, 술래잡기, 줄넘기, 스케이트 타기 등 기교적인 놀이를 할 수 있고 점차 스포츠적 요소가 강한 전신운동의 모습을 볼 수 있다.

② 소근육 운동

유아기에 접어들면서 블록 쌓기, 종이 접고 자르기, 그림 그리기와 쓰기 등 손으로 사물을 조작하는 소근육 운동능력은 어린이의 놀이 속에서 발달한다.

블록 쌓기는 눈과 손의 협응력뿐 아니라 블록을 집고 놓는 손의 조절능력을 요구한다. 5~6개의 블록 쌓기는 2세경부터 가능하나 블록을 놓고 손을 즉시 떼는 것은 아직 어렵다. 탑의 안정을 유지하면서 열 개 정도의 블록을 쌓을 수 있는 시기는 3세로, 이때에는 균형을 잡기 위해 양손을 사용하기도 한다. 4세가 되면 블록을 쌓는 일과 탑을 만든 후에 손을 떼는 일에 세심한 주의를 기울이며, 블록 쌓기가 보다 능숙해진다. 5세 이후에는 블록 쌓기의 속도, 정교성, 정확성이 더욱 발달된다.

종이를 자르거나 접기 또한 어린이가 즐겨하는 행동 중 하나로, 3세가 되면 한 번이나 두 번 정도의 종이 접기가 가능해진다. 또한 혼자 가위를 사용하여 종이를 자르기도 한다. 그러나 종이 위에 그려진 선대로 따라 자르는 것은 3세 말이 되어야 가능하다.

연필이나 크레파스 등을 사용하는 기술도 중요한 소근육 운동 능력으로 아동기를 통해 계속 발달해 나가게 되는데, 켈로기는 어린이의 그리기 과정을 4단계의 발달 단계로 구분하여 제시하였다.

-제1단계(긁적거리기 단계): 영아기 후반, 즉 2세경에 나타나며 뚜렷한 형태가 없는 점이나 선을 그린다. 초기에는 직선을 반복하여 그리나 곧 이것은 곡선과 나선형으로 변하여 원 모양으로 발달한다.

-제2단계(단순한 형태 단계): 2~3세경 나타나며 원, 삼각형, 사각형 등의 단순한 형태를 그리기 시작한다.

-제3단계(무늬 단계): 3~4세경으로 기본적인 형태를 조합한 무늬를 그린다. 원 속에 X를 그려 넣거나 큰 원 안에 작은 원을 그려 넣는다.

-제4단계(실제 사물 단계): 5~6세경에 나타나며 실제 사물을 그리기 시작하는 단계이다. 이때에는 간단한 원이나 네모에서 실제의 사물, 얼굴이나 집으로 변형시키기 시작한다. 또한 동물, 자동차, 나무 등을 그리려고 시도하는데 이러한 그림은 아동의 근육 운동능력이 성숙하면서 더 완숙해진다.

이러한 진전은 아동의 쓰기에서도 나타난다. 4세경에 아동의 쓰기는 느리고 신중하게 이루어진다. 모든 문자는 서로 각각 다른 선들이 모여진 것이고 비교적 크며 종이에 아무 데나 쓰여진다. 5세경이 되면 대부분의 아동은 자신의 이름과 숫자를 쓸 수 있게 된다.

(3) 건강 및 안전

어린이의 건강은 성장 발육이 저해되지 않고 순조롭게 진행되는 상태를 의미한다. 어린이가 건강을 유지하기 위해서는 반드시 성인의 도움이 필요하다.

① 질병

유아기는 질병에 대한 감수성이 높고 모체로부터 받은 선천적인 면역 기능까지 거의 소실되어 질병에 자주 걸리고 증상 또한 성인과 다르게 나타나는 경향이 있다. 어린이들은 불편함이나 고통을 말로 표현하기보다는 짜증을 내거나 떼를 부리고 평소와는 다른 행동을 보인다. 이 시기에는 유아들의 활동시간과 활동 범위가 넓어지게 되므로 전염병에 노출될 가능성이 많아지게 되므로 예방 접종이 필수적이다.

② 영양섭취

유아기의 영양상태는 이 시기 동안의 성장 발달뿐 아니라 일생의 건강 상태를 결정한다. 그러나 어린이는 치아 발달 특성상 음식물 씹는 능력이 현저히 부족하고, 위의 섭취 용량도 제한되어 있으며 소화능력도 미숙하기 때문에 한꺼번에 많은 음식을 먹을 수 없다. 따라서 어린이는 매일 충분한 양의 음식을 섭취하여 필요한 영양 요구량을 충족시켜야 한다.

섭식 행동도 성인이 이해하기 어려운 행동을 보이거나 예측할 수 없을 만큼 자주 변한다. 예를 들어 평소에 잘 먹던 음식을 어느 날 갑자기 거부한다든지, 며칠 동안 식사를 제대로 하지 않는 등 식품의 기호나 식욕이 자주 바뀐다. 어떤 때에는 좋아하는 음식만을 고집하거나 소화가 되지 않을 만큼 폭식하는 습관이 나타나기도 한다. 이러한 유아기 영양 섭취의 특성으로 인해 영양실조와 비만이 초래되기도 한다.

③ 안전사고

유아는 발달 특성상 안전사고의 발생 가능성이 매우 높다. 즉, 유아기에는 운동발달이 급속히 이루어짐에 따라 활동성이 증가하며, 모험심 호기심이 풍부하다. 그리고 어른의 흉내를 냄으로써 또래 유아들에게 인정받기를 원한다. 반면에 주변환경에 대한 이해력이 부족하고 위험상황을 제대로 인지할 수 있는 능력이 부족하기 때문에 여러 위험에 노출되어 있다고 볼 수 있다.

오늘날 의학의 발달로 인해 질병으로 인한 유아의 사망률은 점차 감소하고 있으나, 사고로 인한 사망률은 증가하고 있다. 유아들에게 가장 빈번하게 일어나는 사고는 교통사고이며, 그 외에 화상, 추락사고, 질식사고, 약물 중독 등이 있다.

2) 지각 발달

유아의 감각기관이 발달하고 경험의 범위가 확대됨에 따라 지각능력이 개선된다. 유아기 동안 지각능력 발달은 지각과정에서 어떤 자극에 주의를 기울이고 어떤 자극을 무시하느냐 하는 주의집중력과 얼마나 정확하게 지각하느냐 하는 지각 변별력이 크게 발달한다. 그러나 유아의 지각능력은 아직도 제한되어 있기 때문에 어른 수준에 도달하기 위해서는 계속적인 성숙과 학습의 상호작용이 이루어져야 한다.

또한 유아기의 지각능력 발달은 여러 인지적 조작이나 지적 과제 해결의 기초가 되는 매우 중요한 발달과제이므로 유아기에 이러한 지각능력의 발달을 촉진하는 교육적 배려가 필요하다.

(1) 주의집중력의 발달

우리는 매 순간 수없이 많은 자극을 접하고 있다. 그러나 이 많은 자극을 전부 명확하게 지각하고 있지는 않다. 즉, 주의를 기울인 자극은 명확하게 지각하지만, 그렇지 않은 것은 명확하게 지각하지 못한다.

이렇게 지각과정에서 중요한 역할을 하는 주의집중력은 유아의 나이가 많아짐에 따라 증가하는데, 그 특징은 다음과 같다.

첫째, 연령이 증가함에 따라 특정 자극에 선택적으로 주의집중을 하는 능력이 증가한다. 둘째, 연령이 증가함에 따라 복잡한 자극에 대한 선호도가 증가한다. 셋째, 유아의 연령이 증가함에 따라 시각적 응시의 유동성이 증가하여 더욱 완전하고 체계적으로 발달한다.

(2) 형태 지각의 변별과 통합

유아가 여러 자극 간의 차이를 간파하거나 변별한다는 것은 지각 기능에 있어서 중요한 능력이다. 그러한 능력이 없으면 유아는 여러 가지 다양한 자극들에 대해 올바른 반응을 할 수 없다. 예를 들어 유아가 6과 9를 변별하려면 두 숫자의 차이를 빠르고 정확하게 지각할 수 있어야 한다. 또한 자기가 하는 행동의 차이를 지각할 수 없다면 자신의 행동을 평가하거나 변화시킬 수 없다.

시각 변별은 자세하고 효과적인 응시와 정확한 주의집중이 필요하다. 그런데 유아는 나이가 들수록 자극의 세부 요소에 대한 주의가 증가하고 시각적 응시를 보다 체계적으로 적절하게 사용하게 되므로 시각 변별의 정확도도 유아의 연령이 증가함에 따라 높아지게 된다.

일상생활에서 보면 대부분의 지각에는 동시에 여러 감각이 사용된다. 예를 들어 유아가 텔레비전을 보면서 엄마와 이야기를 나눈다면 이것은 시각과 청각을 동시에 사용하고 있는 것이다. 이와 같이 여러 지각 체계를 통합하는 것은 여러 자극을 변별하는 것과 마찬가지로 우리가 생활해 나가는 데 중요한 요소가 된다. 왜냐하면 우리가 일상생활을 할 때는 여러 감각을 같이 사용하므로, 만약 아동이 여러 감각을 통해 얻은 정보를 통합하고 조직하지 못한다면 행동의 문제를 유발할 수 있기 때문이다.

(3) 항상성의 지각

어떤 대상이 놓였을 때, 대상을 보는 사람의 위치에 따라 그 대상의 크기나 위치나 모양 등이 다르게 보일 수 있다. 그러나 대부분의 어른들은 그 대상 자체엔 변화가 없다는 것을 알고 있기 때문에, 자신의 위치에 따라 그 대상이 시각적으로 다르게 보이더라고 원래의 크기나 모양으로 지각한다. 이와 같이 자극 조건의 변화에도 불구하고 동일한 대상으로 지각하는 현상을 항상성이라고 하며, 크게 크기 항상성과 형태 항상성으로 나눌 수 있다.

크기 항상성이란 물체가 가까이 있든 멀리 있든 같은 크기의 물체로 지각하는 것이며, 형태 항상성은 사물을 보는 위치가 달라져도 같은 모양으로 지각하는 것을 말하며, 이러한 항상성은 연령이 증가할수록 발달한다고 볼 수 있다.

6. 아동기의 발달

1) 신체 및 운동 발달

아동기란 6세부터 12세까지를 말하는데 이 시기의 신체 발달은 교육적 견지에서 보아 대단히 중요한 의미를 가지고 있다. 그것은 신체의 발달을 촉진시키는 조건이 되며, 아동의 몸을 건강하게 한다는 것뿐만 아니라 아동의 정신 발달에도 커다란 영향을 주기 때문이다. '건전한 신체에 건전한 정신이 깃든다'는 말은 정신과 신체의 밀접한 관계를 나타낸다. 심리학에서는 신체의 기능과 정신의 기능과의 상호관계를 나타내며 교육기술의 자료를 제공하는 것이 사명이다. 어린이의 신장과 체중 등은 아동 자신의 행동이 규범적일 뿐만 아니라 타인으로부터의 반응에도 큰 영향을 받는다. 즉, 몸집이 크다든지 작다든지 하는 것은 신체적 의미뿐만 아니라 정신적인 의의도 크다고 본다. 일반적으로 육체가 좋은 사람은 활동적이고 다른 아동으로부터 부러움을 받는 반면 체력이 뒤떨어지는 아동은 멸시를 받을 수도 있다. 신체 발달은 정신 발달의 기초를 이루는 것이며 따라서 그 과정 속에 발달의 일반원리가 가장 명료하게 나타나고 있다. 그러므로 아동의 정신 발달에 대한 올바른 이해를 가지려면 신체 발달의 상황을 알아야 한다.

아동기에는 신체 발달이 대체로 원만하게 진행하여 이에 따라 발달 속도는 정상적으로 되고 따라서 신체의 체제가 전체적으로 안정되는 시기이다. 그리고 운동기능도 비교적 정상적인 발달을 하여 우월감을 가지고 모든 경쟁의식이 왕성해지고 놀이와 경기를 좋아하게 된다.

(1) 일반적 발달 특징

① 신체의 발달 속도는 점차로 정상적이 되고 신체의 체제가 전체적으로 안정되는 시기이다.

② 지적 발달이 현저하여 소위 지식 생활 시대를 이룬다.

③ 자기 스스로 감정을 통제하여 사회적으로 우월 하려고 하는 욕구가 확대되어 협동심과 경쟁심이 강해진다.

④ 놀이에서 일로 분화 발달한다.

⑤ 사회적 행동이 현저하게 발달하여 친구와의 강한 도당집단을 만든다.

⑥ 취학에 의해서 생활환경이 현저히 변화한다.

(2) 신체 발달

아동기 동안 어린이의 신체 성장 속도는 영 · 유아기나 청년기에 비해 느리다. 키는 6세에 113cm 정도 되는 것이 11세에 140cm 이상 되어 출생시 2.8배가 된다. 이 시기 어린이의 키는 사춘기가 되기 전까지 1년에 평균 5.5cm 정도 자란다. 몸무게는 6세의 약 19kg에서 11세에 약 33kg으로 늘어 출생시 열 배가 되는 셈이다. 이 시기 동안 몸무게는 1년에 평균 2.7kg씩 늘어난다.

이 시기 어린이의 키와 몸무게의 개인차가 있다. 10~12세 전까지 평균 키는 남아가 여아보다 크나, 10~12세에서는 여아가 남아보다 크다. 마찬가지로 몸무게도 11~13세 동안 여아가 남아보다 더 나간다. 이것은 여아가 남아보다 사춘기 성숙이 먼저 일어나기 때문이다.

그리고 사회경제적 지위가 높은 가정의 어린이일수록, 지능이 높은 어린이일수록 신체 성장이 빠른 편이다.

신체 각 부위의 비율도 달라져 전체적인 모습이 어른과 비슷해진다. 학동기 동안 몸통보다 팔 다리의 성장이 빨라서 통통하고 귀여운 아기 모습은 사라지고, 살은 빠져 말라 보이며, 키가 훌쭉하게 크고, 팔 다리가 유난히 길어 보이는 학동기의 전형적인 신체 특징을 나타낸다.

이 시기 동안 근육이 발달하고, 얼굴과 몸의 비율이 성인과 비슷하게 되어 아동기 말경에는 성인으로서의 신체적 성숙이 이루어질 수 있는 준비를 갖추게 되고, 발달 속도가 빠른 어린이는 아동기 후기에 제2차 성 특징이 나타나며, 이러한 경향은 여아에게 더 높게 나타난다. 또 아동기 초기에 유치가 빠지기 시작하여 초등학교 5~6학년경에 유치는 다 빠지고 새로이 영구치가 나오기 때문에 얼굴 밑부분이 커져 얼굴 모습이 바뀌게 된다.

(3) 운동 발달

운동의 발달은 신체의 발달과 밀접한 관계를 가지고 있다. 특히, 소뇌의 발달과 신경계통, 골격, 근육 등의 성숙, 그리고 신체비율의 변화에 의존하여 발달한다. 운동기능의 발달은 인간의 모든 생활의 기초가 되며, 운동기능의 발달에 따라 행동영역이 확대되고 유희, 스포츠 등의 기초적 활동의 원동력이 되며 성격 형성에도 중요한 역할을 하게 된다.

이 시기에는 운동능력에서 새로운 발달은 없지만, 운동기술이나 근육의 협응이 점차 세련되어지고 정교화되어 운동의 힘이나 기교가 증대된다. 즉, 달리기 계단 오르기 등에서부터 성인이 할 수 있는 스케이트, 스키, 수영, 잠수, 야구, 축구 등에 이르기까지 다양한 활동에서 다양한 기능이 세련되고 정교화된다. 특히 이 시기에는 뛰기능력과 공놀이 기능이 크게 발달한다. 이들 운동능력은 운동기술과 근육 협응의 발달에 좋은 지표가 된다.

여러 연구에서는 이 시기 운동 발달의 성차를 보고하고 있다. 남아가 여아보다 더 빨리 달리고, 더 높이 뛰고, 더 멀리 던지고 더 힘이 세었다. 오늘날 대부분의 연구자들은 이러한 운동능력의 성차를 사회적인 기대나 운동에 참여하는 기회의 차이에 기인하는 것으로 보고 있다. 이를 뒷받침하는 연구로 유사한 활동에 참여한 사춘기 이전의 남아와 여아에 대한 연구에서 남아와 여아의 운동능력이 차이가 없다고 보고하였다.

(4) 신체 발달과 정의적 특성

신체 및 운동 발달은 아동기의 어린이에게 있어서 매우 중요한 의미를 갖는다. 아동기의 어린이는 환경에 대하여 점차 보다 현실적인 개념을 획득함에 따라 자아개념의 한 측면인 신체상(body image)을 갖게 된다. 이러한 신체상은 또래들과 비교함으로써 형성된다.

한편 신체 및 운동 발달은 성격 발달과도 관련된다. 체격이 작고 허약한 어린이는 대체로 소심하고 겁이 많으며 걱정이 많다고 한다. 반대로 크고 튼튼하며 힘이 센 아동은 쾌활하고 창조적이며 적극적으로 자기표현을 잘한다. 신체적 특질이 어린이 자신의 태도와 관심을 달리하여 성격의 차이를 가져오게 할 뿐만 아니라 다른 사람들의 어린이에 대한 기대와 태도의 차이를 유발한다. 예를 들어 어른이나 친구는 작고 허약한 어린이를 대할 때 조심스럽게 대한다. 또 신체적으로 허약한 어린이는 스스로 운동능력에 자신이 없을 뿐만 아니라 주변 사람들도 허약하기 때문에 운동을 잘하지 못할 것으로 생각한다. 따라서 이 어린이는 운동을 통한 경쟁적인 행동을 할 기회를 회피하게 될 뿐만 아니라 소극적이고, 의존적이고, 내성적인 성격을 갖게 된다. 반면에 크고 튼튼한 어린이는 운동에 자신이 있고, 어른이나 또래가 운동을 잘하는 것으로 취급하므로 신체적 활동을 할 기회가 많아지고, 이것은 어린이의 사회적 성격발달을 계속 고무시키게 된다. 이처럼 신체 및 운동 발달과 성격은 서로 상호작용하면서 영향을 주고받는다.

또한 이러한 신체 및 운동 발달은 신체의 발달을 촉진시키고 어린이의 몸을 건강하게 하는 것뿐만 아니라 어린이의 정신 발달에도 커다란 영향을 미친다. 신체의 기능과 정신의 기능은 서로 상호관계를 지니고 있으며, 실제로 어린이의 신장과 체중 등은 어린이 자신의 행동을 결정하기도 하며 타인으로부터의 반응에 큰 영향을 받는다. 일반적으로 육체가 좋은 사람은 활동적이고 다른 어린이들로부터 부러움을 받는 반면 체력이 뒤떨어지는 어린이는 멸시를 받을 수도 있다. 이처럼 신체 발달은 정신 발달의 기초를 이루기 때문에 아동의 정신 발달에 대한 올바른 이해를 위해서는 우선적으로 신체 발달 상황을 알아야만 한다.

7. 청소년기의 발달

1) 신체 및 운동 발달

청소년기란 신체적 심리적 정신적으로 볼 때 아동에서 성인으로 되어 가는 과도기라고 할 수 있다. 청소년기의 행동은 부자유스럽고, 정서는 불안정하고, 대인관계가 순조롭지 못하여 타인을 괴롭히고, 스스로 고민을 하게 된다. 이 시기는 중학교를 입학하여 대학을 졸업할 때까지, 즉 12세부터 22세까지의 기간을 말한다.

이 시기는 단순한 신체적 생리적 성장뿐만 아니라 정신적 성숙, 사회적 성숙 등 다양한 변화와 발달의 양상이 나타난다. 그뿐만 아니라, 이 시기에 어떠한 경험을 하느냐에 따라서 인간의 성격 형성이나 성장 발달에 미치는 영향이 크다. 또한 성장의 다른 단계와 쉽게 구별될 수 있을 만큼 급격한 신체 변화를 보인다. 성장과 체중이 증가하고 체형이 변화하며, 이제까지의 소녀, 소년의 모습에서 벗어나 어른이 되어 간다. 이러한 신체 변화의 중요성은 이에 수반되는 청년의 심리적 작용으로 인해 더욱 의미가 있다.

(1) 일반적 발달 특징

신체 및 운동능력은 인간의 모든 활동의 기반이 되며, 그 발달은 사회생활에 중요한 의미를 가진다. 신체 발달에 의해서 독립된 행동이 가능하게 되며, 거기에 수반되어 각종 정신생활이 발전되고, 인간으로서의 사회생활 능력이 가능하게 된다. 신체 발달은 무엇보다도 자아의식의 발달을 촉진시켜 주는 계기로서도 중요한 역할을 하고 있는 것이다. 자아개념은 어떤 욕구의 실현이 제지되었을 때, 여러 가지 심리의 갈등을 경험함으로써 보다 그 의식은 명료해지게 되며, 신체적 경험을 통해서 자기 신체에 대한 관심이 보다 굳어지고, 자기와 타인과의 차이점의 인식이 깊어짐에 따라서 자기 존재를 보다 확고하게 가지게 된다. 신체 발달이 정신 발달과 밀접한 관계를 맺고 있다고 하는 사실은 제1반항기와 제2반항기의 심리적 특징을 보더라도 충분히 알 수 있다.

모든 학습의 기초로서도 신체 발달은 절대로 무시할 수 없으며, 신체적 건강조건 등 결함의 유무, 운동능력 등과 지적 정서적 사회적인 모든 활동에 영향을 주고 있다. 특히 내분비선의 발달은 소위 제2차 성징으로 나타나서 남녀의 성적 차이가 명확해지는 동시에 성적 욕구가 싹트고, 지금까지 경험하지 못했던 새로운 세계에 접근하게 된다.

이와 같은 사실은 환경의 동요를 가져오게 되고, 그로 말미암아 새로운 문제에 당면하여 고민과 불안에 쌓이게 된다. 급격한 신체의 변화와 부조화, 성적 성숙은 각종 불안의 원인이 되어 정신생활은 불안정하게 된다.

운동능력 또한 점차 발달하고, 일시적으로 미숙하게 보인다 할지라도 신경 근육 조직의 성숙에 의해서 지금까지 해내지 못하던 여러 가지 일들을 하게 된다. 이때 남녀 능력의 차이도 뚜렷하게 나타나고, 남녀 운동도 자연히 달라지게 마련이며, 성 차이에 관심과 흥미를 가지게 되고 동시에 사회적 관습의 영향을 받아 그 특징이 더욱 명확히 나타난다.

(2) 신체 발달

청소년기는 신체적으로나 정신적으로 급격한 변화를 보여주는 시기이다. 그러나 신장, 체중 등의 성장이나 성적 성숙에서 볼 수 있는 현저한 변화는 단순히 신체적 · 생리적인 면의 형식적 변화에만 그치는 것이 아니다. 성선의 발달은 제2차 성적 특징을 보여주어 남녀의 성적 차이를 명확하게 하며, 강렬한 성적 욕구를 일으킨다. 그리고 운동능력이나 작업능력 등의 발달에도 현저한 변화와 차이가 나타나고 있고, 또한 여러 가지의 사태에 대한 흥미라든가 선택 등을 달리하는 요인이 된다.

청소년기의 시작은 두 개의 중요한 신체 발달의 변화로 시작한다. 첫째는 신체적 변화로서 아이들은 청소년기 성장급등 시기로 들어갈 때 몸의 크기와 모양이 극적으로 변화한다. 둘째는 성적 성숙으로서 아이들은 청소년기에 이르면 성적 성숙에 이르고 아이를 낳을 수 있는 사춘기에 도달하게 된다.

2) 청소년기 성장급등

성장급등이란 청소년기의 시작을 나타내는 신장과 체중에 있어 빠른 성장을 말한다. 소녀들은 전형적으로 10.5세경에 성장급등에 들어가고 12세경에 최고 성장률에 도달하며, 13세에서 13.5세경에 성장은 다시 느려진다. 소년은 2~3년 정도 여아보다 뒤처진다. 그들은 전형적으로 13세경에 성장급등이 시작되고 14세에 최고점에 달하고 16세경에 보다 점진적인 성장률로 돌아간다. 소녀가 소년보다 일찍 성숙하기 때문에 중학교 교실에서 가장 큰 학생 두세 명이 여자아이인 것은 전혀 이상한 것이 아이다.

청소년 성장급등 시기에 몸이 커지고 체중이 늘어나는 것에 덧붙여 어른과 같은 형태가 된다. 아마도 가장 눈에 띄는 변화는 여아의 경우, 엉덩이가 넓어지고 남아의 경우 어깨가 넓어지는 것이다. 이마가 앞으로 나오며, 코와 턱이 더욱 돌출되고 입술이 커짐으로써 얼굴 형태도 어른의 모양새를 갖게 된다.

3) 성적 성숙

생식기관의 성숙은 청소년 성장급등 시기와 거의 같은 시기에 발생하며 소년과 소녀에 대해 정해진 순서를 따라 발달한다.

대부분의 소녀에게 있어 성적 성숙은 젖가슴이 형성되는 약 9세에서 10세에 시작된다. 3분의 1정도의 소녀들이 유방이 발달하기 전에 음모가 발달하지만 보통 음모가 조금 늦게 생기기 시작한다. 소녀의 신장 급등이 시작될 때 유방은 빠르게 성장하며 성 기관이 성숙하기 시작한다. 내부적으로 질이 커지고 자궁벽의 강한 근육이 발달하는데 이 근육들은 임신기간 동안 태아를 돌보고 분만시 자궁경부와 질을 통해서 아이를 밀어내는 데 사용된다. 약 12.5세경이 되면 보통 소녀들은 초경을 한다. 일반적으로 초경이 임신 가능함을 말해 주는 것일지라도 어린 소녀들은 종종 배란 없이 생리를 하며 초경 이후 12개월에서 18개월까지 임신을 할 수 없는 상태로 있을 수도 있다. 초경 이후 여성은 유방이 완전히 성숙되고 겨드랑이 털이 나게 된다.

소년의 성적 성숙은 고환이 커지면서 11세에서 12세경에 시작된다. 고환 성장은 종종 착색되지 않은 음모의 출현을 수반한다. 음경이 완전히 발달하는 14.5세에서 15세경에 대부분의 소년들은 사춘기에 이르게 되며 아이 아버지가 될 수 있다. 조금 뒤에 소년들은 수염이 나기 시작한다. 일단 윗입술 가장자리에서부터 나며 나중에 빰과 턱선에 난다. 가슴 털의 징조가 10대 후반이나 20대 초기까지 나타나지 않음에도 불구하고 팔과 다리에서는 체모가 자란다. 소년의 성적 성숙의 다른 특징은 후두가 성장하고 음성 코드가 길어지면서 목소리가 낮아지는 것이다.

8. 성인기의 발달

1) 신체 및 운동 발달

일반적으로 오늘날 대부분의 문명사회에서는 경제적인 측면에서 생활능력이 독립된 성인으로 간주하는 보편적인 기준으로 받아들여지고 있다. 경제적 독립을 성취하고 더 많은 사회적 역할과 책임을 떠맡을 수 있을 때 법적으로나 사회적으로 성인이 되었다고 인정하게 된다. 그러나 이러한 경제적 독립만이 성인 판단의 기준이 되는 것은 아니다. 연령은 성년에 도달하고 경제적으로 자립한 사람 중에도 정신 · 정서적으로는 성인이라고 할 수 없는 경우도 있다. 이러한 이유에서 성인기의 시작을 알리는 것을 생활 연령과 법적 연령, 사회적 연령, 정서적 성숙과 관련되는 심리적 연령 등으로 다양하지만 대체로 학교교육을 마치고 직업을 갖기 시작하는 시기로서 23세로 보고 있다.

(1) 성인 전기(신체적 성장)

청년기 후기와 성인기 초기에 걸쳐 모든 신체적 성장과 성숙이 완결된다. 이 시기에는 신체상태가 그 절정에 달할 뿐만 아니라 점진적으로 감퇴하기 시작한다. 신체수행능력, 체력, 정력, 지구력도 성년기에 절정에 이른다. 근력은 25세에서 30세 사이에 절정을 이루며, 30세에서 60세 사이에 10% 정도의 근력 감퇴가 일어난다. 손의 날렵함은 성년기에 가장 능률적이며, 손가락과 손의 움직임의 기민성은 30대 중반부터 감퇴하기 시작한다.

신체적 기능화의 최적 상태를 유지하기 위해서는 적절한 영양과 규칙적인 운동이 도움이 된다. 균형 잡힌 시기의 적절한 영양 공급은 도달하는 신체적 성장에 영향을 주게 되고, 적당한 운동은 심장 근육의 순환량 및 강도를 향상시킨다. 특히 다리 근육의 운동은 심장에 가는 혈액의 흐름을 촉진시켜 간접적으로 뇌를 포함한 모든 영역들에서 신체적 기능화를 유지시키며, 반면 지나친 흡연, 음주, 약물은 성인의 신체를 해친다.

(2) 성인 중기(신체적 변화)

성인 중기는 대부분의 사람들이 자신이 늙어가고 있다는 사실을 신체의 변화를 통해 처음으로 깨닫기 시작하는 때이다. 신체 변화는 물론 전 생애를 통해 일어나지만 중년기 동안의 신체 변화는 특히 중요한 의미를 갖는다. 이 시기는 노화가 서서히 진행되는 시기로서, 노화는 신체적 기능의 저하와 환경에 의해 영향을 받는다.

신체적 매력에 큰 비중을 두는 여성들에게 중년기는 특히 어려운 시기가 될 수 있다. 피부는 탄력성이 없어지고, 눈 가장자리와 이마에 주름이 생기며, 눈 바로 아래에 볼록한 주머니 같은 것이 나타나기 시작한다. 노화 반점도 이때에 나타나기 시작한다. 그러나 성인 중기 동안의 신체 기능과 건강은 성년기의 절정 수준은 아니지만 대체로 좋은 편이다. 대부분의 사람들은 생식 및 성적 능력에서의 변화—여성의 폐경기 및 남성의 갱년기—를 무난히 해결하지만, 신체적 매력의 쇠퇴에 대해서는 약간의 불안을 느낀다.

규칙적인 운동과 적절한 영양은 젊음의 유연한 선과 건강한 외모를 유지하도록 도와준다. 따라서 신체적 여가활동과 성공적 노화 간에는 매우 유의한 관계가 존재한다. 과식, 운동부족, 질병, 상해, 여러 종류의 공해의 축적된 영향이 없다면 성인기 동안의 신체적 변화는 적어도 65세까지는 비교적 적다.

(3) 성인 후기(노화현상)

성인 후기는 인생의 마지막 단계로 노년기에 해당한다. 노년기에는 주로 노화와 연관이 있는 신체 변화가 많이 일어난다. 신체적 노화현상 중에는 바깥으로 드러나는 현상도 있고 신체 내부에서 눈에 띄지 않게 진행되는 노화도 있다.

피부는 양피지 같은 감촉을 갖게 되고, 탄력성을 잃으면서 주름이 잡히고 반점들이 생겨난다. 정맥이 튀어나오는 현상은 보다 보편적인 것이 된다. 남녀 모두 머리카락이 많이 빠져 성글게 되고, 남아 있는 것은 은발이나 백발이 된다.

노인들은 척추의 디스크 수축으로 인해 신장이 감소하고, 척추 사이에 있는 콜라겐의 감소는 허리를 구부러지게 만들어 체격이 줄어들기도 한다. 폐경 이후의 여성들에게서 종종 볼 수 있는 뼈에 구멍이 생기는 현상인 골다공증 때문에 골절상을 입기 쉽다.

/참/고/문/헌/

김태련 · 장휘숙(1987). 발달심리학. 전영사.
박성연 · 이연 역(1997). 영아기 발달. 이화여자대학교 출판부.
박아청 역(1983d). 현대발달심리학. 형설출판사.
서봉연 역(1985). 발달의 이론(*Theories of Development*, 1980). 서울: 중앙적성출판사.
서봉연 외(1984). 심리학개론. 박영사.
송명자(1995). 발달심리학. 학지사.
유효순(1992). 아동발달. 창지사.
이수원 외(1992). 심리학: 인간의 이해. 정민사.
이영석(1982). 발달심리기초. 학문사.
정옥분(2004). 영유아발달의 이해. 학지사.
최경숙(2001). 발달심리학: 아동 · 청소년기. 교문사.

Banks, M. S., & Salapateck, P. (1983). Infant visual perception. In M. M. Haith & J .J. Campus (Eds), P. H. Mussen (Deries Ed.), *Handbook of child psychology: Vol.2. Infancy and developmental psychology*. New York: John Wiley.

Goodenough, F. (1934). *Developmental Psychology: An introduction to the study of human behavior*. New York: Appleton.

Mussen, P. H. (1979). *Child development and personality*. New York: Harper.

Schiamberg, L. B. (1988). *Child and adolescent development*. New York: Macmillan; London: Collier Macmillan Publishers.

Shaffer, D. R. (2002). *Developmental Psychology: Childhood and Adolescence*. Thomson Learning.

5 인지 발달

인지 발달은 발달심리학 분야에서 매우 흥미로운 영역 가운데 하나로, 다양한 관련 연구들이 활발히 이루어지고 있다. 발달심리학자들은 세상을 이해하고 지식을 획득하며 환경에 적응할 수 있게 하는 인간의 정신과정과 인식활동을 언급하기 위해 인지(cognition)라는 용어를 사용한다. 인지 과정에는 인간이 환경과 만나게 되는 일련의 정신과정인 주의, 지각, 기억, 학습, 언어, 사고, 문제해결 등이 모두 포함된다. 따라서 인지 발달은 개인이 살아가는 과정에서 일어나는 연령에 따른 정신적 조작과 능력에서의 변화를 모두 포괄하게 된다. 이 장에서는 대표적인 인지발달 이론들을 중심으로 인지 발달의 제 측면을 살펴보고자 한다.

1. 피아제 이론

피아제는 다른 유기체가 반사기능을 바탕으로 자신의 신체구조를 바꾸면서 환경에 순응하듯이 인간도 몇 가지 반사기능만 가지고 태어나지만 자신의 인지구조를 바꾸면서 외부 환경에 맞추어 적응해 나간다고 보았다. 이러한 생득적 능력과 환경 간의 상호작용을 피아제는 '발달=신체적 성숙+물리적 환경의 경험+사회적 경험+평형화' 라는 공식으로 제시한 바 있다(Miller, 1993). 발달의 한 영역으로서의 인지 발달은 인간의 지적 능력이 환경과 상호작용하면서 환경에 보다 잘 적응할 수 있게끔 변화되는 과정으로 볼 수 있다.

1) 이론의 특징

피아제는 지적 능력을 내용(content), 기능(function), 구조(structure)의 세 가지 요소로 분류하고, 인지 내용이 인지의 구조와 기능에 의해서 결정된다고 보았다([그림 5-1]). 즉, 인지는 정신적 구조의 변화와 이 구조의 정교화를 통해서 발달한다(Piaget & Inhelder, 1969).

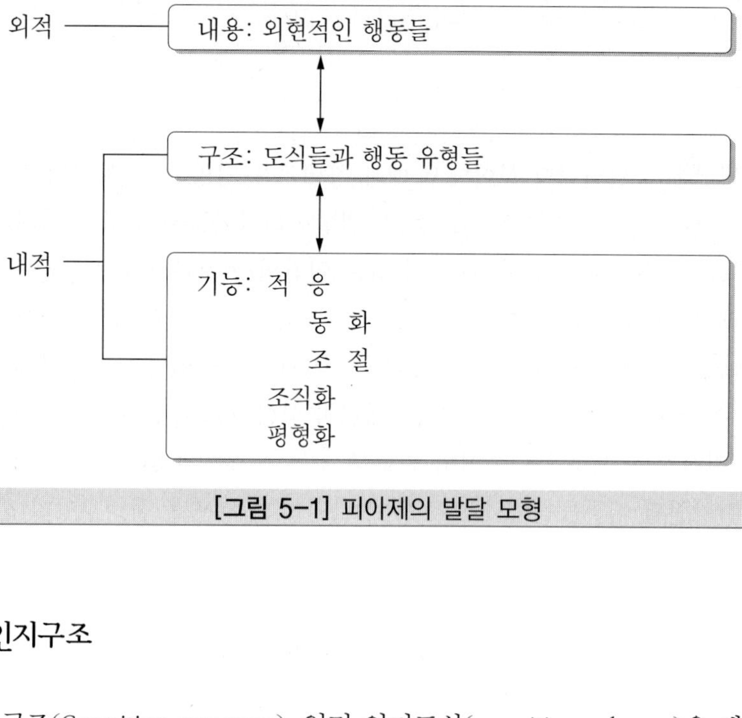

[그림 5-1] 피아제의 발달 모형

(1) 인지구조

인지구조(Cognitive structure), 일명 인지도식(cognitive scheme)은 세계를 이해하기 위한 일종의 지식기반으로, 사람들은 그들이 갖고 있는 인지구조를 통해 주변 세계를 바라보고 이해하게 된다. 즉, 인지구조란 경험을 표상하고, 조직화하고, 해석하는 데 사용하는 정신적 틀이자 지식의 틀이다. 피아제는 인지구조로 세 가지 종류의 도식, 즉 감각운동도식(sensory-motor scheme), 상징도식(symbolic scheme), 조작도식(operative scheme)을 들고 있다. 이러한 도식들은 상호 통합되어 하나의 인지구조를 형성하게 된다.

① 감각운동도식

감각운동도식 혹은 행동도식은 발달과정상 최초로 나타나는 인지구조로, 빨기반사나 잡기반사와 같이 인간이 생득적으로 가지고 태어난 반사행동으로부터 출발된다. 그러나 반사 자체가 인지도식은 아니다. 아기들은 태어난 지 며칠이 되지 않아서부터 곧바로 환경과 상호작용하면서 반사를 수정해 나가게 되는데, 이 수정된 반사가 최초의 인지도식이 된다. 감각운동도식은 아기가 외계의 어떤 사물이나 대상을 경험하고 반응하면서 처음 사용하게 되는 체제화된 행동 양식이다. 피아제에 의하면 2세경까지 사물이나 사건에 관한 지식은 대부분 외현적인 행동으로 나타나는 감각운동도식에 의해 표상된다고 한다. 예를 들어 이 시기의 아동이 가지고 있는 공에 대한 지식은 '공'이라는 이름을 가진 동그란 장난감이라는 개념이 아니라 자신이 굴리거나 튀게 할 수 있는 사물로서 받아들여진다.

② 상징도식

상징도식은 2세경에 이르러 아동들이 실제 행동을 하지 않고도 머릿속으로 사물이나 사건에 대해 생각할 수 있게 되었을 때 나타난다. 이 시기의 아동들은 경험에 대한 직접적인 요구 없이도 내적으로 대상을 다룰 수 있게 된다. 다음에서 피아제의 어린 딸 자끄린느의 사례를 살펴보기로 하자(박영신, 1995 재인용).

> "자끄린느가 1년 4개월 3일이 되었을 때, 가끔 본 적이 있는 1년 6개월 된 소년이 놀러와서 자끄린느가 보는 앞에서 굉장히 성질을 부렸다. 그 애는 놀이상자에서 나오려고 소리를 지르고 놀이상자를 뒤로 밀고 발을 쾅쾅 굴렀다. 전에 이런 장면을 본 적이 없는 자끄린느는 놀라서 그 아이를 바라보고 서 있었다. 다음날 자끄린느는 놀이상자 속에서 소리를 지르고 그 안에서 연달아 발을 가볍게 구르면서 놀이상자를 움직이려고 했다(Piaget, 1951)."

이는 자끄린느가 어떤 형태로든 정신적 표상을 사용하여 친구의 성질부리는 장면을 머릿속에 저장해 두었다가 이를 나중에 재현해냈음을 의미한다. 이 같은 지연된 모방 행동을 할 때 자끄린느가 사용한 인지도식이 바로 상징도식이다. 아동들이 자신의 경험을 심상이나 언어와 같은 정신적 상징을 통해 내적으로 표상할 수 있게 되면서 표상적 지능, 상징적 사고가 시작된다.

③ 조작도식

피아제에 의하면 조작적 도식은 7세 이후 아동들의 사고에서 나타난다. 인지적 조작은 어떤 논리적인 결론에 도달하기 위해 사람들이 자신의 사고를 대상으로 행하는 내적인 정신 활동을 말한다. 예를 들어 8세 아동은 액체를 담은 용기의 모양이 달라졌다고 해도 본래의 액체의 양은 변하지 않는다는 것을 안다. 이는 아동이 머릿속에서 다른 그릇에 담긴 액체를 이전의 용기에 담긴 상태로 되돌릴 수 있는 정신적 조작이 가능하기 때문이다. 가장 흔한 인지적 조작의 '예는 '+', '—' 같은 수학적 상징에 의해서 행해지는 정신적 조작이다. 이러한 수학적 조작은 사람들로 하여금 좀더 추상적이고 가설적인 조작도식을 구성할 수 있게 해 준다.

(2) 인지기능

아동들이 자신의 인지도식을 통합하고 인지구조를 변화시켜 나가는 것을 인지발달이라고 할 때, 이를 가능하게 하는 기제가 바로 인지기능이다. 인지기능은 생득적인 경향성으로 인지 발달이 일어나도 일생 동안 변하지 않고 항상 같은 기능을 한다는 점에서 기능적 불변성(functional invariants)이라고도 한다. 피아제는 중요한 인지기능으로 적응(adaptation), 조직화(organization), 평형화(equilibration)의 세 가지를 제안했다.

① 적응

피아제에 따르면 모든 유기체는 환경에 적응하려는 경향성을 가지고 있다. 인지적 측면에서 적응이란 인지구조가 환경적 요구에 맞추어 가는 경향이다. 피아제는 적응이 동화(assimilation)와 조절(accomodation)이라는 두 가지 상호보완적인 과정을 통해 이루어진다고 보았다.

동화 동화는 개인이 이미 가지고 있던 도식을 이용해 새로운 자극을 그 도식에 맞추어 이해하는 사고 과정이다. 이는 새로운 경험을 기존의 도식들로 받아들이는 통합의 과정이다. 예를 들어 한 아동이 긴 코트를 걸치고 색안경을 쓴 남자를 보고 배트맨이라고 말했다면, 그 아동은 자신이 기존에 갖고 있던 배트맨에 대한 도식에 근거해서 그 성인을 배트맨으로 해석한 것이다.

조절 조절은 외부의 자극에 맞추어 아동이 기존에 가지고 있던 도식을 변화시키는 과정이다. 예를 들어 앞서 어떤 남자를 배트맨이라고 본 아동의 경우, 주변 사람들이 그 남자는 단지 긴 코트를 입고 있는 것일 뿐이며 배트맨처럼 날 수도 없다는 사실을 알려주게 되면, 아동은 지금까지 자신이 알고 있었던 배트맨에 대한 개념을 좀더 명확히 하면서 기존의 도식을 새롭게 조절해 나갈 것이다.

② 조직화

조직화는 유기체가 자신이 갖고 있는 기존의 도식들을 하나의 통합된 체계로 만들어가는 생득적인 경향성이다. 즉, 여러 가지 지적 조작들을 하나의 응집된 지식체계로 연결짓고 통합시키는 것이 조직화이다. 이러한 조직화 기능에 의해 하나의 인지구조가 다른 인지구조와 서로 협응해 나가게 된다. 예를 들어 영아들의 경우 처음에는 상호 독립적인 '빨기' 도식과 '잡기' 도식을 갖고 태어나지만 발달이 진행되면서 이 두 행동 도식들을 조직화하여 '잡아서 빨기'와 같은 통합된 인지도식을 만들어 내게 된다.

③ 평형화

모든 유기체는 내부의 인지적 요소들 간의 평형화와 인지체계와 외부세계와의 평형화를 추구하는 생득적 경향성을 가지고 있다. 피아제에 의하면 평형화는 인지적 평형을 유지하려는 경향으로, 동화와 조절을 포함한다. 어느 한 시점에서 동화와 조절이 균형 상태를 이루고 있을 때 인지구조가 평형화를 이루고 있다고 할 수 있다. 일반적으로 평형화는 세 단계를 거쳐 일어난다고 할 수 있는데, 그 첫 번째 단계는 기존의 인지구조에 의해 세계를 이해하는 데 아무런 문제가 없는 인지적 평형 상태이다. 그러나 시간이 지나면서 유기체도 변하고 환경도 변하게 되면서, 현재의 인지구조와 환경과의 균형 상태가 깨어지게 된다. 이 두 번째 단계는 인지구조상에 갈등이 초래된 인지적 불평형 상태를 말한다. 이에 유기체는 깨어진 균형 상태를 다시 바로잡아 새로운 평형 상태에 도달하고자 한다. 이러한 과정을 통해 유기체가 기존의 인지구조를 바꾸어 문제점을 해결하게 되면 새로운 인지구조를 갖춘 세 번째 단계, 즉 보다 안정된 평형상태에 이르게 된다. 즉, 현재 인지구조로는 수용할 수 없는 정보들을 접하면서 이들을 동화할 수 있는 인지구조로 바꾸어 나가기 위한 조절이 일어나고 결과적으로 보다 안정적이고 새로운 인지구조가 발달하게 된다. 요약하면 평형화란 적응과 조직화를 조절하는 자기조절 기제로, 유기체가 발달과정에서 지속적으로 자신의 인지구조를 적극 변화시켜 나감으로써 평형상태가 획득되는 것이다.

2) 인지 발달 단계

피아제는 아동의 인지구조가 일정한 순서를 거쳐 질적으로 다른 단계로 발달한다고 보았다. 피아제는 영유아기로부터 청년기에 이르기까지의 발달과정을 4단계, 즉 감각운동기(sensorimotor period), 전조작기(preoperational period), 구체적 조작기(concrete operational period), 형식적 조작기((formal operational period)로 분류했다.

(1) 감각운동기(출생 후~2세)

감각운동기 동안 영아는 생애 초기의 반사적 유기체 상태로부터 점차 자신과 환경에 대해 많은 것을 학습해 나가는 일종의 문제해결자의 모습으로 발달해나가게 된다. 생득적으로 가지고 태어난 몇 개의 단순한 반사기능이 생후 2년 동안 다양한 감각운동적 도식으로 변화하며 마침내 의도적이고 체계적인 인지 행동으로 발달하게 된다. 피아제는 이 기간을 여섯 개의 하위 단계로 구분하여, 영아의 지적 능력이 반사적 기능에서 반성적 사고로 발달되어가는 과정을 설명하고 있다. 여기서는 감각운동기에 일어나는 대표적인 지적 성장을 문제해결 기술의 발달, 모방 능력의 발달, 대상영속성 개념의 발달을 중심으로 설명하고자 한다.

① 문제해결 기술의 발달

1단계: 반사기능 단계(0~1개월) 생후 1개월 동안은 반사활동 시기로 특징지어진다. 출생 직후 아기는 생득적인 반사 기능에 의해 입에 닿는 것은 무엇이든 빨고(빨기반사), 손에 닿는 것은 무엇이든 잡는다(잡기반사). 그러나 곧바로 영아는 반사를 수정하기 시작하면서 자신의 행동을 환경에 맞추어 적응시켜 나가기 시작한다. 환경에 적응하기 위해 반사를 수정하는 것은 수준 높은 지적 능력이라기보다는 기본적인 적응 기능에 속하지만, 이것이 바로 영아가 자신과 외부 환경을 이해해 나가게 되는 인지 발달의 출발점이 된다.

2단계: 일차 순환반응 단계(1~4개월) 2단계 동안 반사기능들이 감각운동적 도식으로 발달한다. 우연히 했던 반사 행동이 재미와 만족을 주게 되면서 아기들은 그 행동을 계속해서 반복하게 된다. 비반사적 도식에 의한 단순한 반복적 행위는 영아의 신체에 국한되기 때문에 일차적이라고 하며, 또한 행위가 가져다주는 즐거움이 그 행위를 되풀이해서 반복하게 한다는 점에서 순환반응이라고 한다. 일차 순환반응은 아기 자신의 신체나 주변에서의 활동에 초점을 둔다. 그러나 이 단계 아기의 세계는 미분화 상태로, 자신의 활동과 이들 활동에 포함된 경험 또는 대상을 구별할 수 없다. 그러나 일차 순환반응 단계에서 각각의 도식이 보다 정교화되어 조직화된 도식이 형성된다. 나아가 독립적인 도식들이 통합되어 큰 단위의 새로운 도식을 형성하게 된다. 그 대표적인 예가 빨기-잡기 도식, 보기-잡기 도식이다. 이제 영아는 손에 닿는 물건을 되는 대로 잡거나 혹은 빠는 것이 아니라 물건을 잡아 입으로 가져가서 빠는 것과 같은 새로운 도식을 사용할 수 있게 된다.

3단계: 이차 순환반응 단계(4~8개월) 일차 순환반응이 아기들의 신체에 국한된 행동이었다면, 이차 순환반응은 그 방향이 외부 환경으로 바뀌게 된다. 4~8개월의 영아는 자신 외에 외부 대상에게 일어나는 일에 관심을 갖고 탐색하는 행동을 보이기 시작한다. 2단계에서와 유사한 방식으로 영아는 외부 대상에 대해 우연히 했던 행위가 흥미로운 변화를 일으키게 되면 그 행동을 반복하게 된다. 이제 3단계의 아기는 외부대상에 대한 관심을 통해 자신과 자신이 통제할 수 있는 대상을 변별하기 시작한다. 예를 들어 침대에 누워서 손을 흔들다가 우연히 공중에 매달린 장난감을 건드리게 되었을 때 영아는 자신이 일으킨 환경 내 변화에 흥미를 느껴 계속해서 손으로 장난감을 건드리려고 한다. 이로써 영아는 자신의 행동이 어떤 결과를 가져올 수 있다는 초보적인 인과성 내지는 수단-목적 관계에 대한 지식을 갖게 된다. 그러나 2차 순환반응 역시 환경과의 관계 속에서 단순히 행동을 반복하는 것이지 의도적인 반응은 아니다. 영아의 반응에 의해 산출된 결과 자체가 처음부터 의도나 목적을 갖고 시도된 것이 아니라 우연히 얻어진 결과 내지는 우연히 발견된 지식이기 때문이다. 즉, 이차 순환반응은 환경에 대한 직접적인 조작을 수반하기는 하지만 영아에게 그러한 행위가 환경에 특별한 영향을 미친다는 인식은 거의 없다. 이 단계의 아기들은 여전히 '어떻게', 또는 '왜'에는 관심 없이 단순히 어떤 것이 반복해서 발생한다는 사실에 유혹된 소박한 "과학자"(native scientist)라고 볼 수 있다.

4단계: 이차 순환반응의 협응 단계(8~12개월) 4단계에 들어서면 영아는 자신이 원하는 목적을 달성하기 위해 도식을 수단적으로 사용할 수 있게 된다. 이제 목적과 수단이 분리되면서 영아는 자신이 원하는 목표를 지각하고 그 목표를 성취하기 위해 명백히 의도적인 행동을 나타내기 시작한다. 이 단계 영아의 행동은 수단과 목표를 결합하는 최초의 의도적인 문제해결 행동이자 실질적인

지적 행동이다(Piaget, 1952). 4단계 영아들의 의도적인 행동에는 수단과 목표를 구분하는 능력이 포함된다. 나아가 목표가 되는 하나의 도식에 도달하기 위해 수단이 되는 다른 도식을 사용하는 능력을 갖추게 된다. 예를 들어 장난감을 잡으려고 하는데 장난감과 손 사이에 방해물이 있을 경우, 영아는 장난감을 잡으려는 목표 도식에 도달하기 위해 방해물을 치우는 수단적 도식을 사용하게 된다. 이 시기는 두 개의 도식을 연결시킬 수 있다는 점에서 이차적 도식의 협응기라고도 불린다.

5단계: 삼차 순환반응 단계(12~18개월) 5단계에서는 영아의 인지 구조상의 급격한 변화가 명백히 드러난다. 영아는 반복을 위한 활동을 반복하는 대신에 자신의 새로운 행동이 어떤 결과를 가져올 것인지 알아보려고 다양한 실험을 시도한다. 즉, 앞서 획득한 수단-목표 관계를 단순히 반복하는 것이 아니라 적극적인 탐색과 시행착오 과정을 통해 새로운 수단-결과 관계를 탐색하고자 한다. 이 시기 영아는 손이 닿지 않는 곳에 있는 물건을 잡기 위해서 그 물건이 놓여 있는 깔개를 잡아당기기도 하고, 물건이 떨어지는 것을 보기 위해 물건을 떨어뜨려 보기도 한다. 이는 마치 영아가 어떤 목적을 위해서 행동하는 것이 아니라 대상 자체의 속성에 대해 학습하려는 활동처럼 보인다. 피아제는 이러한 시도를 인간의 생득적 호기심의 시작으로 보았다. 5단계에서 영아는 마치 새로운 실험을 하듯이 반복해서 사물을 탐색하고 속성을 파악하여 새로운 도식들을 형성해 나간다. 그러나 이러한 일련의 행동들은 여전히 감각운동적 차원에서 이루어지며, 사고로 내면화되지는 못한다.

6단계: 표상적 사고 단계(18~24개월) 6단계에서 인지 발달은 전조작기로 이행하는 중요한 질적 변화를 겪게 된다. 이제 문제해결을 위해 단순히 행동하는 것이 아니라 내재적, 상징정 조작을 할 수 있게 된다. 5단계까지의 영아가 외적이며 직접적인 행동에 의해서만 사물에 대한 인지 작용이 가능했었다면 6단계에 들어서면부터 눈앞에 없는 사물이나 사태를 정신적 표상(mental representation)을 사용하여 내재화할 수 있게 된다. 이는 영아가 상징을 사용하여 외적 대상이나 사건을 표상하고 저장하며 이를 나중에 문제해결을 위해 다시 꺼내 사용할 수 있게 되었음을 의미하다. 이렇듯 표상을 통해 눈 앞에 없는 대상에 대한 사고가 가능해짐으로써 유아는 감각운동기를 지나 전조작기 사고의 단계로 이행하게 된다.

② 모방 능력의 발달

피아제 이론에서는 모방의 적응적 의미를 중요시한다. 생후 초기부터 낮은 수준의 비의도적인 모방이 가능하다. 그러나 8~12개월에 이르러서야 영아는 모델이 보이는 생소한 반응을 모방할 수 있게 된다. 그러나 이 모방 도식 역시 정확하지 못하며, 가장 단순한 반응일지라도 정확하게 모방하려면 며칠 또는 몇 주의 시간이 걸린다(Kaye & Marcus, 1981). 목격한 사태를 그 자리에서 모방하는 것이 아니라 일정한 시간이 지난 후에 경험한 내용을 자발적으로 재현하는 것을 지연모방(defferd imitation)이라고 한다. 지연모방이 가능하다는 것은 유아가 모델의 행동에 대한 정신적 상징이나 심상을 구성하여 기억 속에 저장했다가 이후에 다시 회상해낼 수 있게 되었음을 의미한다. 피아제에 의하면 부재하는 모델에 대한 체계적인 모방은 표상이 형성되는 18~24개월경에 이르러서 가능해진다. 그러나 여러 연구자들(Bauer & Wewerka, 1995; Mandler & McDohough, 1995; Meltzoff, 1995)에 의해 지연모방 능력이 피아제가 생각했던 것보다 더 어린 연령에 나타난다고 주장되고 있다.

③ 대상영속성 개념의 발달

대상개념(object concept) 혹은 대상영속성(object permanence) 개념이란 모든 대상들이 독립적인 물리적 실체로 존재하며 대상이 한 장소에서 다른 장소로 이동하거나 시야에서 보이지 않게 되더라도 어딘가 다른 장소에 계속해서 존재한다는 사실을 이해하는 것이다. 대상개념은 생의 가장 초기에 나타나는 중요한 표상 능력 가운데 하나이다. 피아제는 이러한 이해 능력이 생득적으로 타고난 것이 아니라 감각운동기의 하위 단계에 준하는 여섯 단계를 거쳐 발달한다고 보았다. 이를 상술하면 다음과 같다.

1단계와 2단계(0~4개월)에 속하는 영아는 대상이 시야에 있는 동안에는 흥미를 갖지만 대상이 안 보이게 되면 흥미를 잃고 나중에는 대상을 더 이상 찾을 생각을 하지 않는다. 이는 생후 4개월 이전의 영아가 시야에서 사라진 대상이 존재한다는 사실을 이해하지 못함을 의미한다. 그러나 대상영속성 개념이 형성되기 시작하는 3단계(4~8개월)에 이르면서 영아는 사라진 대상을 찾는 행동을 보이기 시작한다. 그러나 이 단계의 대상영속 개념은 여전히 매우 제한적이다. 예를 들어 영아는 대상이 일부만 가려진 경우는 찾는 행동을 나타내지만 대상 전체를 숨겨 버리면 더 이상 사라진 대상을 찾으려 하지 않는다. 즉, 4~8개월의 영아의 대상개념은 주로 대상과의 시각적 혹은 지각적 접촉에 의존한다.

4단계(8~12개월)에 이르면서 대상개념이 상당한 진전된다. 이제 영아는 대상이 완전히 감추어졌거나 사라진 경우에도 그 대상을 찾으려는 행동을 나타낸다. 그러나 이 시기의 영아의 대상개념에는 이른바 A not B 오류라는 특이한 한계를 드러낸다. 예를 들어 영아가 A라는 장소에서 숨겨진 대상을 여러 번 성공적으로 찾아냈을 경우 영아 자신이 보고 있는 상황에서 그 대상을 B장소로 옮겨 숨겼음에도 불구하고 영아는 여전히 B가 아닌 A에서 대상을 찾는 행동을 보인다. 피아제는 A not B 오류가 발생하는 것을 이 시기 영아가 대상이 있는 장소와 그것을 찾는 감각운동적 행동을 결합하는 일종의 습관만 형성하고 있기 때문이라고 보았다.

A not B 오류는 대상과 대상에 대한 행동이 완전히 구분되는 5단계(12~18개월)에 이르러서 벗어나게 된다. 이제 영아는 대상을 어디에 숨기든 가장 최근에 사라진 곳에서 대상을 찾게 된다. 그러나 5단계의 대상개념에도 한계가 있다. 예를 들어 장난감을 손에 감춘 다음 보자기 밑으로 가져가서 그 곳에다 장난감을 숨겨둔 채 손을 빼면, 유아는 보자기 밑에서 장난감을 찾기보다는 마지막으로 장난감을 보았던 손에서 찾으려고 한다. 이는 이 시기의 영아에게는 아직 눈에 보이지 않는 대상의 위치 변화를 추론해내는 능력이 없기 때문이다. 즉, 5단계의 대상개념은 자신이 볼 수 있는 공간에서 이동된 대상에 대해서는 적용되지만 볼 수 없는 공간에서 이동된 대상에 대해서는 정확하게 사용되지 못함을 알 수 있다. 마지막 6단계(18~24개월)에 이르러서야 유아는 대상의 위치를 안 보이게 변화시켜도 그 대상을 찾기 위해 이동 위치를 정신적으로 표상하여 추론할 수 있게 된다. 즉, 대상이 영속성을 갖는다는 것을 완전히 이해하게 된다.

(2) 전조작기(2~7세)

전조작기에 사물에 대한 상징과 심상을 사용하는 표상 능력이 급격히 증가한다. 아동은 감각운동기의 반사적인 상태로부터 벗어나 실제 세계의 대상을 표상하는 상징들을 의도적으로 조작할 수 있게 된다. 이제 아동은 더 이상 지각적 경험에 한정되지 않고 환경이 제공하는 것 이상을 넘어설 수 있다. 이는 감각운동적 형태의 지능에서 상징적 형태의 지능으로의 발달을 뜻한다. 감각운동기의 지능이 환경과의 직접적인 상호작용에 제한되었다면, 전조작기의 지능은 환경을 표상하는 상징의 조작에 의해 특징지어진다. 그러나 이 시기 역시 논리적으로 생각할 수 있는 인지적 조작을 습득하지 못했다는 점에서 전조작기라고 불린다. 피아제는 전조작기를 두 개의 하위 단계, 즉 전개념적 사고(preconceptual thinking) 단계와 직관적 사고(intuitive thinking) 단계로 구분했다.

① 전개념적 사고 단계(2~4세)

상징적 사고 전개념적 사고 단계는 전조작기의 초기 단계로, 상징적 기능의 출현으로 특징지어질 수 있다. 감각운동기에 비해 전조작기에는 표상 활동이 급격히 증가하며, 상징적 사고 기능의 발달로 초보적인 개념이나 추론이 나타나기 시작한다. 이러한 표상의 표출 형태가 '상징적 기능'이다. 상징적 기능은 대상과 경험을 표상하기 위해 심상이나 단어와 같은 상징을 사용하는 능력을 말한다. 심상의 경우 감각운동기 끝 무렵부터 형성되기 시작하지만 최초에 형성되는 심상은 대상의 모습, 동작 등에 대한 영상적 표상이 주를 이루며 대상의 속성을 언어적 개념을 통해 의미적으로 표상하기는 어렵다. 그러나 전조작기에 이르면서 아동들은 눈앞에 없는 사물을 머릿속에서 적극 표상하며 자신이 내재적으로 형성하고 있는 표상들을 여러 형태의 상징으로 표현할 수 있게 된다. 여러 형태로 사물을 상징할 수 있는 기능의 발달에 힘입어 아동은 언어, 그림, 몸짓 등을 인지과정에 사용할 수 있게 된다.

전개념적 사고기에 나타나는 표상의 형태는 지연모방, 상징놀이, 심상, 언어 등에서 찾아볼 수 있다(Piaget & Inhelder, 1969). 앞서 설명되었듯이 지연모방은 모방할 동작을 내재적인 표상으로 기억했다가 후에 재현해내는 것으로 감각운동기의 마지막 단계에서 시작되지만 전조작기에 들어서서 급격히 증가하게 된다. 가상적인 사물이나 상황을 실제 사물이나 상황으로 상징화하는 가상놀이 역시 전조작기 인지 발달에 중요한 의미를 지닌다. 예를 들어 나무막대기로 칼싸움하며 노는 아동은 자신의 머릿속의 칼이라는 표상을 나무막대기라는 상징물을 통해 재현하는 것이다. 이는 아동이 현실에 존재하는 어떤 대상이나 상태에서 벗어나 정신적으로 현실 대상과는 다른 표상을 생각할 수 있다는 것을 뜻한다.

전조작기 추론의 한계 전조작기라는 표현이 나타내듯이 이 시기의 사고는 정신적 조작이 불가능하기 때문에 인지 특성상 물활론(animism), 전인과적 추론(precausal reasoning), 자아중심성(egocentrism)과 같은 한계를 드러낸다. 물활론은 무생물 대상에 대해서도 생명이 있다고 생각하는 것이다. 예를 들어 시계바늘이 움직이는 것을 보고 시계가 살아 움직인다고 볼 수 있다. 전인과적 추론은 어떤 특별한 것에서 독특한 것을 추론해내는 방식으로, 예를 들어 어떤 두 사건이 동시에 일어났을 때 한 사건이 다른 사건의 원인이 되었다고 잘못 생각하는 것이다. 이는 전조작기에 세계에 대한 아동의 관점은 급속히 확장되는 데 비해 사건이나 대상을 조작하는 능력이 제한되어 있기 때문이다. 따라서 어떤 형태의 문제를 해결하는 데 있어서 인과관계의 중요성을 이해하기가 어려우며 원인과 결과의 평가에서 혼동을 빚게 되기 쉽다.

자아중심성은 전조작기 사고에서 가장 두드러진 결함이다. 자아중심성은 아동이 타인의 생각, 관점 및 감정을 이해하지 못하고 자신의 입장에서만 세상을 바라보는 경향성을 말한다. 이 시기 아동은 현재의 자기입장 이외의 입장에서 상황을 생각해 보는 것이 힘들 뿐 아니라 자신과 타인과의 구분도 명확하지 않다. 전조작기 특유의 자기중심성은 피아제의 세산 모형 실험([그림 5-2])에서 가장 잘 나타난다. 아동에게 비대칭적인 산모형을 사방에서 보여준 다음에 아이와 다른 위치에 앉아 있는 상대방에게 산이 어떻게 보이는지를 물어보았을 때 아동은 자신이 보고 있는 것과 같은 산모양을 상대방도 볼 것이라고 대답한다. 이러한 오류는 전조작기 아동이 자신의 관점에서만 사물을 이해할 뿐 타인의 관점을 고려하지 못하는 한계에서 기인된다.

전조작기의 자아중심성은 외양/실제(appearance/reality) 구별의 어려움에서도 나타난다. DeVries(1969) 연구에서 아동들에게 고양이를 보여주고 실제로 쓰다듬게 해서 고양이임을 확인시켜 주고 나서 스크린 뒤에서 고양이 머리 부분에 개의 가면을 씌운 다음 스크린을 치우고 그 동물이 무엇인지를 질문했다. 그 결과 대부분의 3세 아동들이 개의 가면을 쓴 고양이를 개라고 판단하는 것으로 나타났다. 이는 전조작기 아동들이 대상이 '실제' 무엇인가를 이해하려고 하기보다는 자신에게 보이는 지각 대상의 '외양'을 중심으로 표상을 구성하여 문제를 해결했음을 의미한다.

전조작기 자아중심성의 제한점은 언어를 사용하는 방법에서도 드러난다. 언어가 직접적인 활동 없이도 다양한 상징을 조직하고 배열할 수 있는 기능을 함에도, 전조작기 아동의 언어 사용은 비논리적 법칙에 의해 상당한 제한을 나타낸다. 예를 들어 아동은 "일 피트 자랐다(He has grown a foot)"라는 진술을 들으면 실제 다른 발이 하나 더 자란 것으로 생각할 수 있다. 또한 피아제가 주장한 자아중심적 언어(egocentric speech)로 인한 한계를 나타내기도 한다. 이 시기의 언어 표현은 종종 참다운 의사소통 목적을 충족시키지 못하고 한 아동이 다른 아동과 이야기하고 있음에도 의미 있는 정보가 전달되기보다는 일방적으로 말을 하는

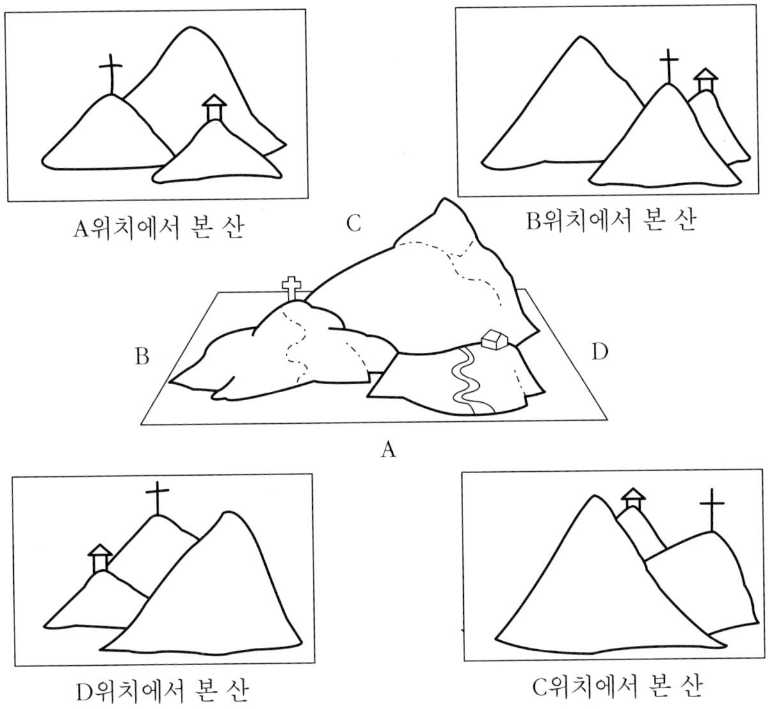

[그림 5-2] 피아제의 세 산 실험

집단적 독백(collective monologue)의 형태가 존재한다.

② 직관적 시기(4~7세)

직관적 시기에는 피아제가 직관이라고 부른 전논리적 표상능력을 갖게 된다. 이 시기의 아동은 어느 정도 중심화 경향성에서 벗어나기는 하지만 여전히 크기, 모양, 색깔과 같은 현저한 지각적 속성에 의해 영향을 받는다. 이렇듯 대상이 갖고 있는 지각적 속성에 의해 그 대상의 성격을 판단하는 중심화된 사고 양상을 직관적 사고라고 한다. 직관적 사고는 보존(conservation) 개념 및 유목포함(class-inclusion) 조작에서의 결함으로 나타난다.

보존개념에서의 직관적 사고 전조작기 사고가 조작적 사고와 다른 점은 보존개념이 없다는 점이다. 보존개념은 어떤 대상의 외양이 바뀌어도 그 양적 속성이나 실체는 바뀌지 않는다는 사실에 대한 이해이다. 예를 들어 형태와 크기가 같은 두 개의 컵 A, B에 같은 양의 물을 담아 아이에게 확인시킨 후 그중 한 컵의 물을 형태가 다른 컵 C에 옮겨 붓는다. 그리고 나서 어떤 컵의 물이 더 많은가를 질문하면 4~5세 아동들의 경우 지각적 특성에 근거하여 형태가 길고 좁은 컵 C에 담긴 물의 양이 더 많다고 틀리게 응답한다([그림 5-3]).

이는 시기의 유아들에게 양에 대한 보존개념이 없음을 뜻하며, 이는 탈중심화(decentration)와 가역성(reversibility)이라는 두 가지 인지적 조작능력에서의 결함에서 기인한다. 탈중심화란 판단시에 한 가지 이상의 측면을 동시에 중심화할 수 있는 능력을 말한다. 직관적 시기의 아동들은 중심화 경향성으로 인해 지각적으로 현저한 한 가지 특성(예: 높이)에 잡혀 다른 차원(예: 넓이)을 동시에 고려하지 못한다. 즉, 지각적으로 우세한 개별 차원에 지나치게 주의를 기울이면서 변화(transformation)보다는 정적(static)인 상태에 관심을 둔다. 전조작기 아동들은 그때그때의 정지된 상태에 주의를 집중할 뿐, 변화하는 상태를 고려한 전체로서 이해하기 어렵다. 또한 한 상태와 다른 상태를 서로 변화시켜 파악하지 못하는데 이는 어떤 변화가 일어났을 때 이전의 상태로 되돌려 볼 수 있는 가역성에서의 결함과 연결된다.

유목포함 조작에서의 직관적 사고 유목포함 조작은 부분과 전체의 논리적 관계 및 상위유목과 하위유목 간의 위계적 관계에서 전체는 부분보다, 상위유목은 하위유목보다 항상 그 양이 많다는 것을 이해하는 능력이다. 직관적 시기의 아동들은 유목포함 조작에서 한계를 나타낸다. Inhelder와 Piaget(1964) 연구에 의하면 아동들에게 많은 수의 갈색 구슬과 적은 수의 흰색 구슬로 된 나무 구슬 세트를 보여준 다음 그 가운데 갈색 구슬이 많은지 나무 구슬이 많은지를 질문했을 때 대부분의 아이들이 갈색 구슬이 더 많다고 틀리게 대답하는 것으로 나타났다. 이는 유목포함에 대한 판단시에 아동들이 현저한 지각적 특성(예: 구슬의 색깔)에 중심화되어 갈색 구슬과 흰색 구슬 모두 나무 구슬이라는 전체 유목에 포함된

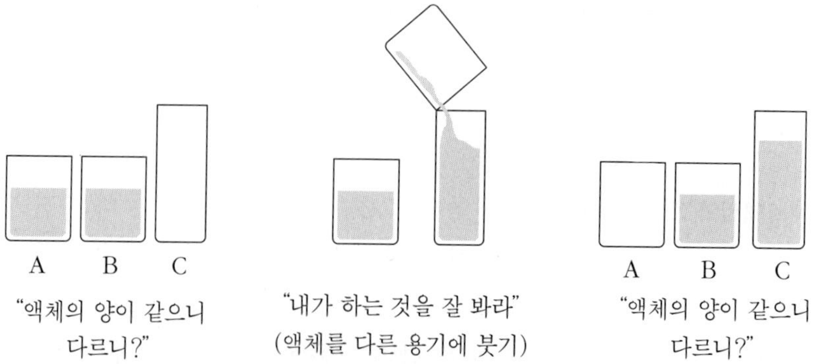

[그림 5-3] 액체량 보존 실험

다는 사실을 고려하지 못했기 때문이다.

(3) 구체적 조작기(7~11세)

구체적 조작기의 인지 발달은 조작(operation)의 습득으로 특징지어진다. 아동들이 감각운동기에 환경을 물리적으로 조작하게 되고 전조작기에 정적인 상태를 내적으로 표상하게 되었다면, 구체적 조작기에는 마침내 내적 표상을 정신적으로 조작할 수 있게 된다. 인지적 조작이란 심상이나 상징을 변경하고 재조직화하여 논리적 결론에 이르게 할 수 있는 내적인 정신 활동이다(Flavell et al, 1993). 인지적 조작을 통해 아동들은 자신들에게 가능한 보다 융통성 있고 강력한 사고의 잠재력을 깨달아가게 된다. 또한 구체적 조작기에 탈중심화가 일어나면서 여러 형태의 조작에 의한 과학적인 사고와 문제해결이 가능해진다.

구체적 조작 행동 속에 나타나는 논리적 사고의 가장 중요한 특징으로 가역성 개념을 들 수 있다. 가역성이 가능해짐으로써 아동들은 어떤 현상을 역으로 상상할 수 있게 되며, 어떤 상황을 본래의 상황으로 변환시킬 수 있다. 이러한 구체적 조작기의 논리적 조작은 보존(conservation), 분류(classification), 서열(seriation) 등에서 나타난다. 그러나 구체적 조작기의 사고 역시 구체적 대상에만 조작이 가해질 수 있다는 점에서는 여전히 제한적이다.

① 보존개념

구체적 조작기 동안 길이, 무게, 부피 증 여러 형태의 보존개념이 습득된다. 이제 인지적 조작 능력으로 무장된 인지적 조작자인 아동은 지각적 특성에 의해서가 아니라 논리적 조작에 의해서 보존문제를 해결할 수 있게 된다. 그러나 동일한 가역성이 적용됨에도 불구하고 과제의 유형에 따라 가역 조작의 획득 시기는 다르게 나타난다. 일반적으로 길이, 크기, 양, 수의 보존개념은 6~7세에, 무게의 보존개념은 8~9세에, 넓이와 부피의 보존개념은 11~12세경에 획득된다(Piaget, 1973).

② 분류 조작

구체적 조작기에 이르면 유목에 근거한 분류 조작이 가능해진다. 아동은 대상이 여러 차원에 따라 다양한 방식으로 분류될 수 있다는 것을 이해하게 된다. 그 결과 여러 대상들을 그 속성에 따라 다양하게 분류하고 통합하여 유목의 위계적 망을 형성할 수 있다. 이는 분류 시에 전체와 부분 간의 관계, 상위유목과 하위유목포함 관계를 이해함을 의미한다. 따라서 상위유목과 하위유목을 혼동하지 않으며 유목포함(class-inclusion) 과제를 해결할 수 있다. 나아가 두 개 이상의 기준을 동시에 고려하여 대상을 분류하는 중다분류(multiplicate classification) 조작도 가능해진다.

③ 서열 조작

구체적 조작기에 사물을 길이나 크기 등의 기준에 따라서 증가 혹은 감소하는 순서대로 배열하는 서열조작 능력이 발달된다. 여기에는 요소들 간의 이행관계를 기술하는 개념으로서, 이행성(trasitivity) 조작과 다중서열(multiple seriation) 조작이 포함된다. 이행성 조작은 A가 B보다 길고, B가 C보다 길 경우 A가 C보다 길다는 것을 이해하는 것이고, 다중서열 조작은 동시에 두 개 이상의 요인을 비교하고 통합하는 것을 가리킨다. 보존개념에서와 마찬가지로 서열 조작의 획득 시기는 과제의 유형에 따라 다를 수 있다. 길이와 관련된 서열화는 7~8세경, 무게에 대한 서열화는 9세경, 부피에 대한 서열화는 11, 12세경에 나타난다.

(4) 형식적 조작기(11, 12세~)

피아제는 형식적 조작사고의 발달을 11, 12세에서 14, 15세에 이르는 초기 단계와 14, 15세에서 성인기까지 지속되는 후기 단계인 두 하위 단계로 구분하고 있다. 구체적 조작이 경험에 근거한 정신적 활동이었다면 형식적 조작은 개념과 명제에 근거한 정신적 활동이다. 형식적 조작이 가능해진다는 것은 인지 능력상의 코페르니쿠스적인 변화를 의미한다. 형식적 조작사고는 추상성(abstractness), 가설연역적 사고(hypothetical-deductive reasoning) 및 조합적 사고(combinational thinking)라는 세 가지 특징으로 설명될 수 있다.

① 추상성

형식적 조작기에는 추상성의 발달로 실제적이거나 구체적으로 관찰가능한 것에 얽매이는 사고를 지양하게 된다. 즉, 추상적 사고가 가능해지면서 대상의 구체적 존재 여부와 상관없이 형식 논리에 의해 대상에 대해 사고를 전개할 수 있으며, 현실적으로 사실이 아니더라도 논리적으로 타당하면 받아들일 수 있다. 이는 형식적 조작사고가 합리적이고 체계적이고 추상적임을 의미한다. 형식적 조작자는 이제 사고에 대해 계획적으로 생각하여 현실과 모순되는 생각을 포함하는 가상적 개념을 생성할 수 있다. 형식적 조작기에는 추상적 개념을 다루게 되면서 추상적 상징과 은유(metaphor)가 많이 사용되며, 상위인지(metacognition) 또한 발달한다. 상위인지의 발달은 정보처리의 효율성을 가져오며 정보처리 전략도 정교화된다. 또한 자신의 사고 자체를 대상화하여 이에 대해 다시 사고하는 것이 가능해지면서 자기성찰(self-examination)과 내성(introspection)에 깊은 관심을 갖게 된다. 이는 나는 누구인가에 대한 질문에 대해 도움을 주게 되어 자아정체감 획득을 촉진시킨다.

② 가설연역적 사고

형식적 조작기에는 논리적 추리능력이 발달로 가설연역적 사고가 가능해진다. 구체적 현실 경험에서 출발해서 일반적인 결론에 도달하는 경험귀납적 사고와는 달리 가설연역적 사고는 일반적 사실에서 출발해서 특정한 결론을 도출해내는 추리능력이다. 이는 가설을 설정하고 이를 전제로 추론하는 명제적 사고로, 이러한 추리능력의 획득은 가설 설정을 통한 'if~, then~' 방식의 논리 전개가 가능해졌음을 의미한다. 이로써 형식적 조작자는 눈앞에 주어진 구체적인 사태를 넘어서서 가능한 것(posssibility)들에 대해서 고려하고 원리를 찾으며 이론을 형성할 수 있게 된다. 나아가 가설설정 능력은 물리적 사태에 대한 과학적 사고에 국한되는 것이 아니라 사회, 정치, 종교, 철학 등의 영역에 걸친 이상주의(idealism)로 확장된다.

③ 조합적 사고

조합적 사고는 모든 관련 변인들의 가능한 조합을 체계적으로 고려하면서 진위를 검증하거나 문제를 해결해내는 능력이다. 피아제 실험([그림 5-4])에 의하면 무색, 무취의 용액이 담긴 다섯 개의 비커를 아동에게 제시하고 그 가운데 두 개 비커의 용액을 섞어서 노란색 용액(G)을 만들어보라고 했을 때 구체적 조작기 아동들의 경우 체계없이 무선적으로 섞어보는 데 반해 형식적 조작기 아동들은 체계적인 조합 방법에 의해 문제를 해결했다. 즉, 상황의 가능한 모든 결과들을 고

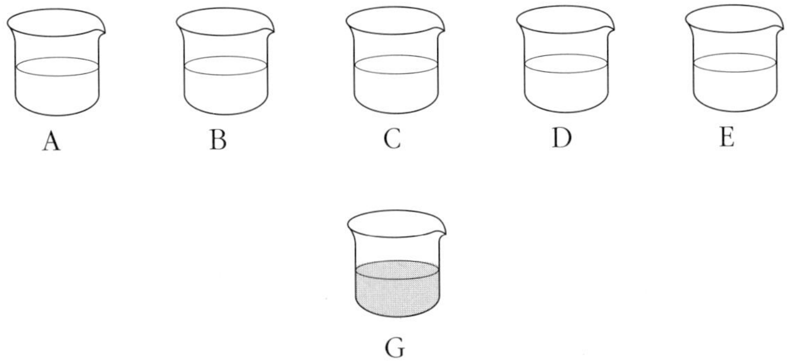

[그림 5-4] 조합적 사고 실험

려하면서 한 번 사용했던 방법을 다시 반복하지 않도록 완벽하게 계획을 세워 문제를 풀어나갔다.

어떤 문제의 해결을 위해 가능한 모든 조합이나 순열을 검토할 수 있는 능력은 형식적 조작기에 가능해진다. 이렇듯 문제 해결 과정에서 관련변인을 추출, 분석하여 이를 상호관련 짓고 통합하는 조합적 사고야말로 과학적 추론을 가능하게 하는 대표적인 인지 능력이다. 이 점에서 형식적 조작기란 본격적인 과학자로서의 기본이 확고해지는 시기이기도 하다.

3) 피아제 이론에 대한 평가

(1) 공헌점

1960년대와 1970년대는 마치 발달심리학의 피아제 시대라고 할 만큼 피아제 이론의 영향력은 압도적이었다. 피아제 탄생 100주기를 맞아 여러 연구자들(Brainerd, 1996; Flavell, 1996; Elkind, 1996; Fischer & Hencke, 1996; Kessen, 1996; Gopnik, 1996; Siegler & Ellis, 1996)이 기술한 피아제 평가를 중심으로 그의 학문적 공헌을 요약해 보면 다음과 같다.

첫째, 피아제는 현재 인지 발달로 알려진 발달심리학 분야를 확립시키는 데 결정적 공헌을 했다. 아동의 사고에 대한 피아제 연구는 이 분야가 '발달적 접근'이 될 수 있도록 이끌었다. 피아제는 얼핏 보아 관련이 없어 보이는 여러 가지 행동들을 발달 단계라는 개념으로 묶어 조직화하는 등 인지 발달에 관련된 자료들을 체계적으로 조직화함으로써 독보적인 이론 체계를 정립했다고 평가된다.

둘째, 피아제 이론은 발달과정을 기술한 것이 아니라 설명하려고 한 첫 번째 시도였다. 그는 표준화된 검사 방법의 한계를 벗어나 스스로 고안한 임상적 면접법이나 자연적 관찰법을 통해 실생활에서의 아동의 사고 특성을 밝혀내고자 했다. 피아제의 설명은 아동이 어떻게 사고하는지에 대한 정확한 견해를 제공해 주었을 뿐 아니라 아동이 환경과 적극적으로 상호작용하면서 자신의 발달에 중요한 역할을 하는 호기심 많은 능동적 탐색가임을 확신시켜 주었다.

셋째, 피아제 이론은 설명의 범위가 넓으며 또한 실용적이다. 그의 연구 결과들은 학계에서뿐 아니라 실제 현장에 실제적인 시사점을 제공했으며 인지 발달을 넘어서서 정서, 사회적 발달 영역에도 주요한 영향을 미쳤다. 이는 피아제가 자신의 다양한 지적 배경을 바탕으로 생물학, 인식론, 과학철학, 교육 등 다양한 학문 분야에 걸친 연구주제를 깊이 있게 다루었다는 점과 무관하지 않다.

넷째, 피아제 이론은 수많은 연구자들로 하여금 인지 발달에 대한 활발한 후속 연구를 창출해냈다. 인지 발달에 대한 과학적 연구가 피아제 이론에 대한 실험적 검증에서 출발했다고 해도 과언이 아닐 것이다. 초기에 피아제의 연구결과를 반복검증하려는 것으로부터 출발하여 점차 피아제에 근거한 다양한 실험실 연구들이 진행되었으며 피아제 이론을 사회성 발달, 교육, 발달장애 등의 영역에 적용하려는 연구들로 이어졌다.

(2) 제한점

피아제 이론은 오랜 기간의 검증을 거치면서 그의 공헌에 대한 찬사와 더불어 몇몇 단점에 대해 신랄한 비판을 받아 왔다. 피아제에 대한 비판들을 요약해 보면 다음과 같다.

첫째, 피아제가 주장한 단계 개념은 가장 논란이 되는 문제점이다. 피아제에 의하면 발달이란 비연속적이며 한 유형의 사고에서 다른 유형의 사고로의 전환은 질적으로 구분된다. 즉, 인지 발달 단계는 총체적(holistic) 구조로, 광범위한 과제에 걸쳐 적용되는 일관된 사고양식이라는 주장이다. 이 같은 사고의 단일성(unities) 가정은 한 아동이 특정 발달 단계에 있다는 것은 곧 그의 사고가 여러 과제들에 걸쳐 그 단계의 특징을 보여야 함을 의미한다. 그러나 인지 발달이 단계적으로 진행된다는 피아제의 주장은 여러 연구자들에 의해 도전받아 왔다(Bjorklund, 1995; Flavell et al, 1993). 일부 연구자들(Case, 1992; Case & Okamoto, 1996; Flavell et al, 1993)은 인지 발달이 일관적이며 피아제가 가정한 것과 똑같은 단계를 거치는 것은 아니지만 일련의 단계를 거쳐 진행된다는 온건한 입장을 취했으나, 또 다른 연구자들은 지적 능력에서의 변화가 점증적으로 일어나며 아동들이 특정한 인지 능력을 측정하는 과제 수행에서 일관성이 없음을 주장했다. 예를 들어 보존개념의 경우 양의 보존개념 획득이 무게의 보존개념보다 더 일찍 이루어지는 것으로 밝혀졌다. 이 같은 지적들은 피아제가 가정했던 것보다 인지적 성숙이 비일관적임을 의미한다(Case, 1985; Kuhn, 1992). 한편 피아제의 영역일반적인(domain-general) 발달에 반대하는 연구자(Gelman, 1990, 1991)들은 인지의 내용 영역에 따라 인지 발달이 다르게 일어난다는 영역특수적(domain-specific) 이론을 주장하기도 했다. 결국 인지 발달은 특정한 지적 영역 내에서는 순서적이며 일관적이라는 점에서 단계적이지만 피아제가 제안한 총체적 구조로서의 단계 개념은 적합하지 않다고 볼 수 있다.

둘째, 피아제가 제안하고 있는 발달 기제가 모호하다는 점이다. 피아제 이론에서는 인지기능, 즉 동화, 조절 및 평형화가 인지 발달을 일으키는 주 기제로 제안되고 있으나 구체적으로 아동의 인지가 어떻게 한 단계에서 다음 단계로 발달하는지에 대한 설명은 명확하지 않다. 특히 평형화가 가장 직접적인 변화의 기제임에도 아동 자신이 인지적 균형이 깨어져서 비형평화 상태가 초래된 것을 어떻게 인식하는지 그리고 비평형화 상태를 어떻게 인지적 평형상태로 재확립시켜 나가는지에 대한 설명을 충분히 제공해 주지 못하고 있다. 이러한 문제점과 관련하여 일부 연구자들은 피아제 이론이 인지 발달에 대해 제한된 설명력을 갖는 일종의 정교한 기술일 뿐이라고 비판하기도 한다(Gelman & Baillargeon, 1983; Kuhn, 1992).

셋째, 피아제 이론에서는 아동의 지적 유능성과 과제 수행 능력을 동일시함으로써 종종 아동의 정신 발달을 과소평가하고 있다는 점이다. 피아제는 아동이 어떤 문제를 해결하지 못할 경우 관련 개념이나 사고구조 등이 결여된 것으로 결론지었으나, 이 경우 아동이 문제해결에 필요한 지식이 없어서일 수도 있지만 과제수행 기술의 부족 때문일 수도 있다. 예를 들어 습관화-탈습관화 절차를 사용한 Baillargeon(1987) 실험에 의하면 피아제가 주장한 것과는 달리 4개월 영아도 대상영속성의 개념을 이해하는 것으로 나타났다. 이는 아동들이 문제해결 상황에서 보이는 미성숙한 사고가 실제 그들의 사고가 결핍되어서가 아니라 피아제가 사용한 연구 절차들이 아동의 사고를 과소평가했을 가능성을 시사해 준다. 다수의 연구자들에 의해 피아제가 사용했던 것보다 더 친숙한 문제를 제시하거나 문제를 평이하게 바꾸었을 때 어린 아동도 유능하게 과제를 수행할 수 있는 것으로 밝혀지면서, 피아제도 후기에는 유능성과 수행을 동일하게 여겼던 자신의 초기 관점의 잘못을 인정하게 되었다.

넷째, Piaget의 연구방법에 대한 평가는 이중적이어서, 긍정적 평가와 동시에 비판의 대상이 되고 있다. 비판 가운데 하나는 피아제의 연구 방법이 비과학적이라는 지적이다. 피아제 연구의 대부분이 그 자신의 세 자녀를 대상으로 한 것이어서 일반화의 문제가 충분히 제기될 수 있다. 또한 연구에서 사용된 언어적 지시가 통일되어 있지 않았기 때문에 상황마다 수행에 다르게 영향을 미칠 수 있다는 문제점도 있다. 그러나 피아제와 유사한 연구방법을 사용한 후속 연구들에 의해 피아제의 발견들의 상당부분은 반복해서 검증된 바 있다(Dasen, 1977;

Dodwell, 1961; Elkind, 1961; Lovell, 1961). 한편에서는 피아제 연구에서 사용된 언어적 방법들은 말을 잘하지 못하는 어린 아동의 인지 능력을 잘못 판단했다고 주장되었다(Brainerd, 1978). 그러나 동일한 문제에 대해 비언어적 검사를 사용했을 때 아동들은 피아제가 기술한 것과 매우 유사하게 사고하는 것으로 나타났다(Siegler, 1976, 1978, 1981; Siegler & Richards, 1979; Siegler & Vago, 1978). 종합해 보면 피아제가 주로 직접적으로 볼 수 있는 외현 행동에 대한 관찰법을 사용함으로써 내현적인 정신능력을 간과하거나 과소평가할 수 있다는 지적은 상당부분 타당한 비판으로 받아들여지고 있다.

4) 신-피아제 이론들

신피아제 이론가(neo-Piagetian theorist)들은 피아제 이론에 기반을 두면서 피아제 이론에서의 문제점을 수정, 보완하고자 했다. 이들은 피아제 이론의 핵심적 특성인 단계 개념을 유지하고 있다는 점에서 신피아제 학파로 분류되나, 피아제를 넘어서서 피아제 이론의 골격에 정보처리 접근을 도입하고 있다. 여기서는 대표적인 신피아제 이론가인 Pascual-Leone과 Case의 이론을 간략히 소개하고자 한다.

(1) Pascual-Leone 이론

Pascual-Leone 등(1978)은 인지 발달을 정보처리 공간의 절대적 양이 커지는 것으로 설명하고자 했다. 이러한 관점에서 보면 인지 발달이란 특정 과제를 해결하기 위해 동시에 작용시킬 수 있는 스키마(scheme) 수의 증가로 볼 수 있다.

〈표 5-1〉 발달 단계에 따른 최대 지적 역량값

연령(세)	피아제의 발달 단계	M value
3~4	초기 전조작기	e + 1
5~6	후기 전조작기	e + 2
7~8	초기 구체적 조작기	e + 3
9~10	후기 구체적 조작기	e + 4
11~12	초기 형식적 조작기	e + 5
13~14	중기 형식적 조작기	e + 6
15~16	후기 형식적 조작기	e + 7

* Pascual-Leone et al., (1978). *Knowledge and development: Piaget and education*. NY: Plenum Press.

Pascual-Leone은 최대 지적 역량(M-power)의 증가에 의해 인지 발달이 결정된다고 보아 최대 지적 역량의 양적 변화에 따른 인지 발달 단계를 제안했다(〈표 5-1〉). 여기서 최대 지적 역량이란 특정 연령 단계에서 아동이 동시에 처리할 수 있는 최대 스키마 수를 가리킨다. 이 같은 Pascual-Leone의 제안은 발달 단계마다 사고의 구조가 질적으로 달라진다는 피아제의 주장과는 달리 일반 정보처리 공간량에 의해 발달 단계를 구분하는 방식이다. 그럼에도 불구하고 Pascual-Leone가 제안하고 있는 최대 지적 역량에서의 발달 단계는 피아제의 인지 발달 단계와 밀접하게 관련되면서 유사한 발달 경향성을 나타낸다.

(2) Case 이론

Case는 피아제의 단계 개념과 정보처리접근의 기억용량 개념을 결합시켜 인지 발달을 설명했다. 그러나 발달에 따른 기억용량의 변화를 가정한 Pascual-Leone의 입장에 반대하며 절대적인 기억용량은 고정되어 있다고 주장했다. Case는 전체 정보처리 역량을 조작공간(operating space)과 저장공간(storage space)으로 이루어진 전체 처리 공간(total processing space)으로 개념화하고, 조작공간과 저장공간 간의 비율적 차이로 발달의 변화를 설명했다. 즉, 인지가 발달하면서 지적 작업을 수행하는 데 요구되는 조작공간이 상대적으로 감소하고 저장에 필요한 공간(저장공간)이 상대적으로 늘어나게 된다고 보았다([그림 5-5]). 이는 인지 발달을 일으키는 변화의 기제를 아동들이 기억용량을 사용하는 효율성이 증가로 설명하는 방식이다.

Case는 아동의 새로운 기술의 습득 여부는 그 기술을 실행하는 데 필요한 단기 기억용량에 달려 있다고 보았는데, 이는 어떤 기술은 그것을 수행하기 위해 현재 아동의 기억용량보다 적은 기억용량을 필요로 할 경우에만 습득될 수 있음을 의

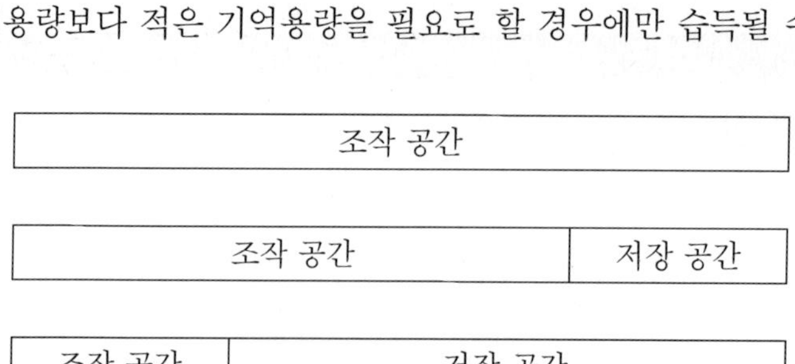

[그림 5-5] 조작 공간 감소모형

출처: Case, R. (1984). *Mechanisms of Cognitive development*. NY: W. H. Freeman.

미한다. 그러나 Case 이론에서는 기억용량의 절대적인 크기는 고정되어 있다고 가정하기 때문에 단기기억의 용량 한계를 극복하고 기억수행의 효율성을 높힐 수 있는 방법으로 자동화(automatization), 생물학적 성숙 그리고 중심개념 구조(central conceptual structure)를 제안하고 있다. 우선 자동화가 이루어지면 정보처리시에 노력이 덜 들고 더 효과적이 된다. 또한 신경세포에서의 생물학적 성숙 역시 신경흥분의 전달 속도를 촉진시켜 정보처리 효율성을 가져온다. 여러 개념들을 연결해 주는 일종의 망체계로서의 중심개념구조도 목표 행동들을 보다 효율적으로 조직화시킴으로써 단기기억 용량의 한계를 극복할 수 있게 해 준다.

2. 비고츠키 이론

비고츠키 이론은 여러 가지 측면에서 피아제의 이론과 뚜렷한 대조를 이루면서 피아제가 소홀히 한 인지 발달에 대한 사회문화적 관점을 제안해 주고 있다.

1) 이론의 특징

(1) 맥락 속에서 활동하는 아동

사회와 독립적인 개인의 발달에 주의를 기울인 피아제와는 달리, 비고츠키에게서 개인과 사회는 분리될 수 없는 하나의 의미 있는 단위이다. 비고츠키는 아동 개인에 초점을 맞추기보다는 발달연구의 최소 단위로 사건(event)에 참여하고 있는 '맥락 속의 아동'(a child-in-context)에 관심을 갖는다. 인간은 진공 상태에서 살아가는 일관적이고 보편적인 유기체가 아니며, 마음은 본래적으로 사회적이다(Vygotsky, 1978). 발달에 미치는 맥락의 힘은 아동의 활동을 결정짓고 아동의 인지를 발달시키는 핵심 요인이다. 어떤 인간 행동도 맥락을 떠나서 이해될 수 없다는 점에서 비고츠키는 단순히 '차가운'(cold) 인지의 특별한 사건들을 다루는 작업이 아닌 맥락 속에서의 '역동적인' 인지에 관심을 두었다.

비고츠키도 피아제와 마찬가지로 생물학적인 요인과 환경적 요인이 상호작용하여 발달을 일으킨다는 점에 동의하면서 발달에서의 개인의 능동적 역할을 강조했으나 피아제의 개인 중심 관점과는 큰 차이가 있다. 그에 따르면 아동과 타인 그리고 사회적 맥락은 특정 '활동' 가운데 함께 섞이면서, 맥락이 아동과 아동의 경험을 정의하고 형성하는 동시에 아동 또한 맥락에 영향을 미치게 된다. 아동과 환경의 상호작용에 대한 강조 자체는 물론 새로운 접근이 아니다. 그러나 비고츠키의 상호작용 관점은 독립된 실체로서의 인간과 환경 간의 관계가 아닌 분리될 수 없는 하나의 단위로서의 인간-환경의 관계를 강조한다는 점에서 특별한 의미를 지닌다. 맥락 속에서 활동에 참여하는 아동에 초점을 맞출 경우, 인지 발달이란 아동들에게 '일어나는' 어떤 것이 아니라 아동들이 '하는' 어떤 것을 뜻하게 된다. 즉, 인지는 하나의 정적인(static) 저장 지식이 아닌 맥락 속에서 이해하고 행하려고 하는 역동적인 지적 활동인 것이다.

(2) 근접 발달 영역

비고츠키는 발달과 학습 간의 관계에 큰 관심을 두면서 학습이 발달을 일으킨다고 본다. 이는 인간의 능동적인 지적 활동성을 선천적인 경향성으로 가정하여 학습을 중요하게 다루지 않았던 피아제와는 대비되는 관점이다. 비고츠키는 학습이 아동의 여러 가지 내재적인 발달 과정들을 일깨우게 되며, 주변의 성인들이나 자신보다 발달이 앞선 또래들과의 상호작용을 통해 발달 과정이 작동된다고 주장하면서 근접발달영역(zone of proximal development; ZPD)이라는 개념을 제안했다([그림 5-6]). 근접발달영역이란 아동이 혼자서 도달할 수 있는 실제적 발달수준과 보다 지적 수준이 높은 성인이나 또래의 도움을 받아 도달할 수 있는 잠재적 발달수준 간의 차이를 가리킨다(Vygotsky, 1986). 실제적 발달수준이란 측정 시의 발달수준이라는 점에서 과거의 발달을 나타내며, 잠재적 발달수준은

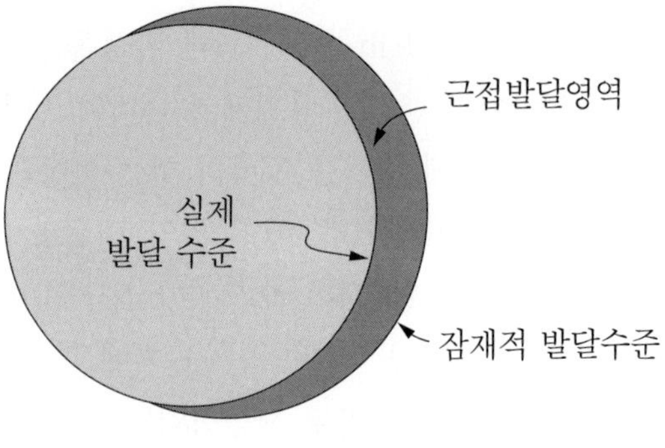

[그림 5-6] 근접 발달 영역

출처: 조목희(1989). 아동발달. 서울: 교육과학사.

다른 사람의 가르침을 통해 아동이 나타낼 수 있는 미래의 능력 수준을 말한다. 즉, 근접발달영역은 학습에 의해 성취되어야 할 목표 영역으로, 새로운 지적 발달이 일어날 것으로 기대할 수 있는 영역이다.

근접 발달 영역은 발달의 열매가 아닌 싹의 기능을 하면서, 지적으로 유능한 사람들과의 사회적 상호작용을 통한 아동의 지적 발달이 일어나게 한다. 발달 과정 중에 있는, 장차는 성숙할 것이지만 현재는 배아 상태에 있는 기능들은 발달의 꽃봉오리라고 볼 수 있다. 따라서 보다 능력 있는 사람이 아동으로 하여금 현재 있는 자리에서 도움을 받아갈 수 있는 곳까지 이르도록 도울 수 있다. 이러한 목표 달성을 위해 조력자는 아동이 현재 갖고 있는 능력을 기반으로 하여 앞으로 나아갈 수 있도록 현재보다 약간 높은 수준의 능력과 기술을 길러 주는 활동을 제공하게 된다. 이러한 일을 Rogoff(1998)는 아동의 현재 능력과 새로운 기술 간에 '다리를 놓는 일'(building bridges)에 비유하고 있다.

근접발달영역 개념은 개인내(intramental) 인지기능의 발달이 개인간(intermental) 인지기능에 발생학적 뿌리가 있다는 비고츠키의 기본 주장에서 연유한다. 발달은 개인간 조절이 개인내 조절로 변환될 때 이루어지는 것으로, 이러한 내면화(internalization)는 성인들의 지도에 의해 촉진된다. 아동들은 성인의 안내에 따라 활동에 참여하면서 다른 사람들의 지원과 가르침에 반응하고 또한 적극적으로 가르침의 과정에 기여한다. 아동과 성인은 서로 협동하면서, 서서히 아동이 더 많은 책임을 지게 된다. 발달은 어떤 한 상태에 얼어붙은 정적인 상태가 아니라 변화의 과정이다. 결과보다 과정이 더 중요하다. 발달적 변환이 일어나기 위해서 학습이 중요한 역할을 담당한다. 이 같은 주장은 비록 측정된 발달 단계는 유사할지라도 학습 체계는 결코 같을 수 없다는 가정을 포함하게 된다. 예를 들어 실제적 발달수준이 8세인 두 아동들에게 그 정신 연령으로는 풀 수 없는 문제들을 성인이나 지적으로 앞선 또래의 도움을 받아 해결하도록 했을 때 잠재적 발달수준에서 한 아이는 12세 수준으로, 다른 한 아이는 9세 수준으로 문제를 해결할 수 있을 것이다. 이 같은 설명 방식은 연령을 중심으로 보편적인 인지 발달 단계를 가정한 피아제와는 큰 차이가 있다.

한편 Rogoff(1990)는 근접 발달 영역 개념을 확장시켜 문화적 도제과정(cultural apprenticeship)을 제안했다. 그는 성인이 반드시 아동을 면대면 해서 명시적으로 가르칠 필요가 없다고 주장하면서, 아동은 평범한 일상생활을 관찰하면서 얼마간 떨어진 채로 숙달된 성인들로부터 배울 수 있다고 보았다. 가르침은 명시적으로뿐 아니라 암묵적으로도 이루어질 수 있다. 학습은 성인이나 보다 유능한 또래들과 작업을 함께 함으로써 자연스럽게 얻어지는 부산물이다. 아이들은 신뢰할만한 안내자들 가까이에 머무르며 그들의 활동을 지켜보거나 가능하면 그 활동에 참여하며 안내자가 제공하는 가르침에 주의를 기울이면서 배울 수 있다. 이 점에서 Rogoff는 인도된 참여(guided participation)를 중요시하며, 인도된 참여활동을 통해 아동과 성인은 서로 협력해나간다고 보았다. 성인은 아동의 참여를 인도하며 아동이 자신의 지식을 새로운 상황에 적용시키는 것을 돕고 새로 습득한 기술을 시도해 보도록 격려한다. 이 과정에서 아동은 성인의 관점과 가치를 공유하며, 공통의 기반을 찾기 위해 자신의 개념을 확장시키는 활동에 참여하게 된다. 이 같은 과정은 초보자인 아동으로 하여금 해당 기술의 눈에 보이는 측면뿐 아니라 숨겨진 생각의 내부 과정까지도 경험하게 해 준다. 그러나 이 과정에서 어른의 행동이 아동에 영향을 주는 것만큼 아동의 행동 또한 어른의 행동에도 영향을 미친다는 사실이 간과되어서는 안 된다. 아동은 보다 숙련된 사람들의 도움으로 적극적으로 자신의 지식과 기술을 구성해 나가며, 아동의 반응에 따라 성인들도 아동을 어떻게 인도해나갈 것인지 지도 수준을 조정하게 된다. 나아가 아동들은 성인들이 활동에 참여하도록 이끌면서 점차 자신들이 더 많은 주도성을 가지고 활동해나가게 된다. 즉, 이들 간의 상호작용은 일방향적이 아닌 '협력'하는 관계이다.

비고츠키의 이론적 전통을 계승하고 있는 맥락주의 접근에서는 인지 발달을 위한 적절한 상호작용의 요소 가운데 하나로 발판화(scaffolding)를 제안하고 있다(Bruner, 1990). 발판이란 본래 건축시에 구조물의 모양을 잡아주기 위해 활용되는 임시 구조물을 말한다. 발판화란 마치 건물이 지어질 때까지 발판이 일꾼들과 자재들을 지탱해 주는 것처럼, 인지적으로 보다 숙련된 사람들이 아동이 앞으로 발전시킬 기술들을 임시적으로 지탱해 줌으로써 아동의 인지 발달을 지지해 줄 수 있음을 함축하는 개념이다. 성인들이 발판의 역할을 하는 동안 아동들은 외부의 지식을 내면화함으로써 근접 발달 영역에서의 발달을 성취해나가게 된다.

(3) 인지의 사회-문화-역사적 기원

비고츠키에 의하면 인간은 사회적 맥락 속에 존재하고, 인지 발달에서도 사회적 맥락이 중요하다. 비고츠키는 아동을 능동적이고 구성적인 존재로 가정하는 피아제의 관점을 넘어서서 인지 발달을 사회적으로 매개된 과정으로 본다. 이는 인지발달이 아동 스스로 주도하는 지적 도전(intellectual challenge)의 함수로 이루어진다고 본 피아제와 비교해 볼 때 인지 발달에 미치는 사회적 기여를 보다 강조하는 입장이다. 중요한 인지적 기술의 대부분은 아동 혼자서 환경과의 상호작용을 통해서 습득한 것이기보다는 부모나 교사 또는 자신보다 조금 앞선 또래들과 사회적 상호작용을 하면서 전달되고 학습된다. 이러한 상호작용을 통해 인지적으로 개인간(between-minds) 국면에서 개인내(within-minds) 국면에로의 전환인 내면화가 이루어진다. 아동에게 일어나는 많은 중요한 발달적 성취는 앞선 기술을 가진 성인들이나 또래와의 협동적인 상호작용이나 대화를 통해 전달된다. 사고, 기억, 주의 등의 인지 활동은 단순히 개인의 활동이 아닌 개인들 간의 상호작용에서 비롯된다. 인지가 자율적인 개인의 마음속에 먼저 존재하고 있다가 나중에 표현되는 것이기보다는 사회적 맥락에서의 활동을 통해 내면화된다. 즉, 인지는 사회적 기원을 갖고 있다.

비고츠키는 발달을 문화 맥락 내에서의 역사적 과정으로 보았다. 아동은 다양한 문화 속에 살아가면서 다른 사람들을 관찰하고 그들의 일상적인 가르침에 반응하면서 그가 속해 있는 문화가 가치롭다고 규정한 기술들을 배워나가게 된다. 이는 개인의 인지 활동이 그가 속한 특정 문화적, 역사적 차원에서 규정되어짐을 의미한다. 아동을 둘러싸고 있는 가족적 일상과 사회적 일상을 통해 표현되는 문화는 그 자체로 이미 역사의 산물인 동시에 아동의 발달과 문화의 미래를 형성하는 환경의 제공자이기도 하다. 피아제 역시 문화적 요인이 인지 발달을 촉진 혹은 저해한다는 점은 인정했으나 문화가 아동이 사고하는 방식에 영향을 준다는 사실은 간과했다(Rogoff, 1998). 비고츠키에 의하면 인지 발달이란 아동 내부에서 이루어지는 것이 아니라 아동과 사회-문화 맥락의 경계에서 이루어지는 것이다.

인지의 내면화는 사회-문화-역사적 맥락 내에서 이루어지는 적극적 과정이다. 개인내 사고과정이 개인간 상호과정을 그대로 모사하는 것이 아니라 내면화 과정 동안 개인간 상호작용이 변형된다. 이 과정에서 인지는 사회적인 동시에 항상 양자의 문화와 역사를 반영하게 된다. 따라서 발달을 이해하기 위해서는 한 문화 안의 개인적 차이들뿐 아니라 다양한 문화들 간의 차이에도 관심을 두어야 한다. Shweder 등(1998)이 지적하였듯이 마음은 보편적인 동시에 그것의 문화적 환경에 따라 특수하다(one mind, many mentalities). 모든 문화는 각기 문화적 교육과정(cultural curriculum)을 가지고 있다(Rogoff, 1990). 각 문화권마다 그 문화의 가치, 신념, 관습 등이 세대를 거쳐 전달되며 아동의 발달에 영향을 미치게 된다. 발달 과정은 문화보편적일 뿐 아니라 문화 특수적이다. 비록 인간이 기본적 정신기능을 생득적으로 가지고 태어난다고 할지라도 보다 정교한 고등 정신 기능에로의 발달은 사회-문화-역사적 환경에 의해서 가능해지는 것이다.

(4) 인지 발달을 매개하는 심리적, 기술적 도구

비고츠키에 의하면 인간은 심리적 도구를 통해 외부로부터 자신들을 만들어 간다. 한 문화는 사람들로 하여금 환경을 다룰 수 있는 도구를 만들어내고, 더 선호되는 도구는 다음 세대에 전해지고, 그 도구들이 다시 사람들의 마음을 형성하게 된다. 즉, 문화에 의해 제공되는 도구가 지적 기능을 매개하게 된다. 이 점에서 비고츠키는 사고발달의 핵심을 매개에 둘 정도로 '매개'(mediation)의 중요성을 강조했다. 문화에 의해 제공되는 심리적 도구에는 언어 체계, 수 체계, 지도, 예술 작품 등이 있으며, 그 외에도 학습, 주의집중, 기억방략 등이 포함된다. 비고츠키는 인지발달은 매개하는 가장 중요한 심리적 도구로 언어를 들고 있다. 사고와 언어는 역동적으로 상호 관련되어 있다. 언어를 이해하고 구사하는 것은 사고의 과정에 영향을 미치며 이를 변화시키는 과정이다. 그릇이 내용물의 모양을 결정하는 것처럼 언어는 어떤 활동을 특정 구조로 모양지을 수 있다. 언어라는 도구는 다른 사람과 사회적 의사소통을 하기 위한 고안물이기는 하지만 정신의 지하 구조로 잠입할 수 있다. 언어를 통해 개인간 내용이 개인내 내용으로 전환된다. 언어는 사고를 방향지우며, 행동을 통제하고, 범주를 조직하고, 과거와 미래에 대한 계획을 표상한다. 언어는 하나의 도구이자 다른 도구들과 긴밀히 연결되어 작용한다. 언어란 역사의 산물이기도 하지만 언어가 역사의 과정을 변화시키기도 한다.

인지발달과 관련된 기술적 도구에는 컴퓨터, 계산기, 복사기 등의 물리적 고안품들이 포함된다. 각각의 도구는 각기 다른 인지 기술이나 인지 양식(style)을 수반하면서 초보적인 정신 기능을 고등 정신 기능으로 변형시켜주게 된다. 예를 들어 펜이나 타자기 대신 컴퓨터를 사용해서 글을 쓰게 되면서 인간의 사고방식 자체가 변할 수 있다. 인지 발달은 다양한 매개 수단을 통해 발전될 수 있다. 성인 혹은 더 유능한 또래들과의 상호작용과 놀이, 그리고 심리적 · 기술적 도구를 사용하는 것 등이 모두 중요하다. 문화에 의해 제공되는 심리적, 기술적 도구들은 활동을 통해 개인과 물리적, 사회적 세계를 연결시켜 주면서 인지 발달에 적극 영향을 미치게 된다. 많은 문화에서 아동들은 그 문화가 중요시하는 지적 매개 도구들을 전수하기 위해 학교교육을 받는다고 해도 과언이 아닐 것이다.

2) 발달의 기제

비고츠키는 아동의 수행이나 결과물보다는 변화와 변화의 기제에 보다 초점을 두었다. 비고츠키에게 있어 발달이란 정반합의 변증법적 과정을 수반한다. 변증법적 과정과 관련하여 변화의 네 가지 원천이 제안될 수 있다(Riegel, 1976). 내적, 생물학적 요인, 개인심리적 요인, 문화사회적 요인, 및 외적, 물리적 요인이 그것이다. 각 요인 내에서 갈등이 일어나기도 하고, 각 요인이 나머지 다른 요인들에 영향을 주고받으면서 변화를 경험하게 된다. 예를 들어 개인의 질병(내적 생물학적 요인)은 직장에서의 수행을 위협하거나 가족내 긴장(사회문화적 요인)을 야기시킨다. 삶이란 개인이 사회-문화-역사적 맥락 안에서 성장하면서 경험하게 되는 서로 상호 작용하는 구체적인 사건과 일화들의 연속이다. 상호작용의 변증법적 과정 동안 정신간 내용(the intermental)으로부터 정신내 내용(the intramental)에로의 내면화가 일어난다. 결국 발달이란 위의 네 가지 요인들 간에 그리고 각 요인들 내에서 발생하는 피할 수 없는 갈등을 해결하려는, 평생을 통해 계속되는 과정이기도 하다. 여기서 갈등이 오히려 성공적인 발달을 가능하게 하는 데 중요한 역할을 한다. 적극적인 개인은 상당한 정도의 갈등에도 적극적으로 대처하며 이와 함께 사는 것을 배워나가게 될 것이다. 이것이 발달이다.

발달의 특성상 순간적인 안정적 구조에 의해 잠시 멈추기도 하지만 계속적인 갈등이 있다는 생각은 피아제의 '평형화'(equilibration) 개념과 유사하다. 비고츠키와 피아제 모두 정반합의 변증법적 과정이 발달의 과정에 작동한다고 보았다. 그러나 피아제는 사회적, 물리적 환경을 평형화 상태를 깰 수 있는 가능한 원천에 포함시키지 않았다는 점에서 환경에 대해서는 다소 소극적인 입장이었다. 반면에 비고츠키는 부모의 안내, 교사의 가르침, 언어와 같은 사회적 힘(social forces)에 더 큰 역할을 부여했다. 특히 피아제가 자신의 개념과 다른 또래 혹은 성인들의 개념 간의 갈등을 강조한 것과는 달리 비고츠키는 이러한 과정에서 사람들 간의 상호작용과 아이디어의 교환을 강조했다. 근래 비고츠키 계열의 사회문화적 심리학자들은 아동과 보다 숙련된 성인들과의 상호작용에서 야기되는 변화에 대한 강조를 넘어서서 또래들 간의 상호작용에 의한 인지적 변화에 보다 관심을 기울이고 있다. 서로 비교할 수 있는 지식과 기술 수준에 있는 또래들 간의 상호작용이 보다 평등한 기여를 가능하게 하며 아동과 성인 관계에 내재해 있는 불균형을 피하게 해 줄 수 있다고 보기 때문이다.

3) 비고츠키 이론에 대한 평가

(1) 공헌점

① 맥락에 대한 관심

비고츠키는 역사, 사회학, 경제학, 정치학, 언어학, 생물학, 예술, 문학 등 다양한 학문 영역으로부터의 나온 통찰들을 심리학에 통합시켰다는 점에서 뛰어난 발달이론가로 평가된다. 동물행동학자들이나 Gibson 학파들도 종의 진화와 물리적, 사회적 환경에의 적응을 강조하였지만, 보다 넓은 의미의 발달의 사회-문화-역사적 맥락을 정식으로 제안하지는 못했다. 특히 비고츠키 이론에서의 맥락이란 단순히 아동들에 대해 '영향 주는' 어떤 것이 아니라, 아동들과 그들의 활동을 '정의하는'(define) 것이다. 발달심리학자들에게 있어 특히 유용한 점은 비고츠키가 자기(self)와 타인 간의 유동적 경계를 설정한 점이다. 사회와 아동은 이 경계에서 인지적 교환을 한다. 발달은 아동 개인의 내부가 아닌 '아동-사회'의 경계에서 이루어진다. 근접발달 영역, 내면화 등은 모두 이 경계에 있는 현상을 설명하는 개념들이다. 사회는 아동과 인지적 목적을 공유하고, 아동은 환경의 변화에 영향을 준다. 더 적극적으로 표현하면 아동이 환경을 만들어간다.

발달심리학자에게 있어 중요한 임무는 아동과 환경 사이의 경계에서 이루어지는 활동 과정에 초점을 맞추는 일이다. 아동과 다른 사람들이 특정 맥락에서 실제로 순간순간 어떤 일을 하는지 그리고 이러한 상호작용이 아동의 발달에 어떤 영향을 미치는지에 대해 답할 수 있어야 한다. 맥락과 관련된 비고츠키의 관점은 아동과 외부 세계를 이분화하고 발달을 개인의 내부의 일로 보는 서구인의 세계관으로는 받아들이기가 쉽지 않을 수 있다. 그러나 맥락에서 일어나고 있는 발달을 강조하며 이러한 발달을 어떻게 연구해야 할 것인가에 대한 근본적인 질문을 제기하였다는 점에서 중요한 의미를 갖는다.

② 학습과 발달의 통합

비고츠키의 이론의 중요한 기여는 인지 발달 연구의 중요한 쟁점 중의 하나인 발달과 학습 간의 관계에 대한 설명을 제공해 주었다는 점이다. 비고츠키에 의하면 학습이 발달을 이끈다(drives). 아동들이 근접 발달 영역에서 학습을 통해 앞으로 나아가 보다 높은 수준의 발달에 도달한다. 이때 아동들의 발달수준은 새로운 개념을 학습할 수 있는 준비도에 영향을 미친다. 아동들은 그들의 특정 환경에서 목적을 달성하기 위해 사물들과 사람들을 어떻게 활용할 것인가를 배워나가게 된다. 비고츠키에 의하면 학습을 떠나 발달을 설명할 수 없다. 인지적 발달은 특정 문제들을 발견하고, 이해하고, 다루게 되는 것, 그리고 이전 세대들로부터 물려받은 지적 도구들과 다른 사람들에 의해 제공된 사회적 자원들 위에 세워 나가는 것으로 구성된다. 학습에 의한 역동적인 변화에 이론적 초점을 둠으로써 비고츠키의 이론은 학습과 발달을 통합한 발달 이론으로서의 진면목을 보여주고 있다.

③ 발달의 다양성에 대한 민감성

대부분의 발달이론들이 발달의 보편적 측면에 초점을 둔 것과는 달리 비고츠키는 한 문화 안의 개인적 차이들뿐 아니라 다양한 문화들 간의 차이에도 관심을 두었다. 사실상 우리가 접하고 있는 발달심리학 지식의 대부분은 백인, 중산층 아동들에 대한 연구들로부터 얻어진 것들로, 종종 일반화에는 제한점이 있을 수 있다. 발달의 다양성을 인식하는 것은 인지발달 연구에서 상당히 중요한 의미를 갖는다. 마음은 보편적인 동시에 문화적 환경에 따라 특수하다. 비고츠키의 견해는 발달심리학자들에게 과연 보편적인 발달이 있는가라는 근본적 질문을 제기해 주면서 발달에 다양성에 대한 관심의 장을 넓혀 주었다.

(2) 제한점

① 근접 발달 영역 개념의 모호성

근접 발달 영역 개념의 모호성과 관련하여 Paris와 Cross(1988)는 두 가지 한계점을 지적했다. 첫째, 근접 발달 영역의 넓이를 아는 것만으로는 아동들의 학습 능력, 학습 스타일, 현재의 발달 수준, 동기 정도 등에 대한 정확한 정보를 제공받을 수 없다. 또한 좁거나 혹은 넓은 근접 발달 영역을 가졌다는 것 자체도 그 원인이 무엇인가에 따라 바람직할 수도 있고 바람직하지 않을 수도 있다. 더구나 성인들이 아동에게 적절한 가르침을 제공하는 데 실패했기 때문에 좁은 근접 발달 영역을 가진 것처럼 해석될 수도 있다는 문제점도 있다. 결국 근접 발달 영역의 개념은 발달에 대한 불완전한 그림을 그려 줄 뿐이라는 비판을 받을 수 있다.

둘째, 근접 발달 영역의 측정 문제이다. 공간적 영역(zone) 비유는 거리라는 측정 기준을 암시하지만, 현재로서는 그 거리를 결정할 수 있는 정확한 기준이 없다. 이러한 문제점과 관련하여 비고츠키는 나이를 단위로 하여 근접 발달 영역을 측정하려는 시도를 했다. 예를 들어 실제적 수준은 6세이지만 9세의 잠재적 수준을 가지고 있을 때 3년이라는 영역(a zone of 3 years)을 가지고 있다고 해석될 수 있다. 그러나 같은 3년이라도 2세와 5세의 차이와 6세와 9세의 차이를 같다고 볼 수 없다는 점에서 비고츠키의 제시한 측정 방식은 여전히 문제점을 안고 있다.

② 발달 쟁점에 대한 불충분한 관심

비고츠키 이론은 연령차에 대한 기술이나 설명이 거의 없다는 점에서 종종 발달에 대한 이론처럼 보이지 않는다. 예를 들어 맥락 속의 아동을 설명하고자 한다면 맥락과 아동들에 대한 발달적 설명이 제공되어야 함에도 비고츠키 이론에서는 연령에 따른 다양한 발달수준에 있는 아동들의 맥락에 대한 기술은 거의 찾아볼 수 없다. Bronfenbrenner(1986)가 비판하였듯이 맥락에서 벗어난 발달 연구도 문제가 되지만 발달이 없는 맥락에 대한 연구 또한 문제점이 있다. 문화적 맥락이라는 측면에서도 문화란 연령에 따라 아동들에게 다른 기대를 갖게 되며, 다른 환경에 처하게 한다. 즉, 사회문화적 맥락은 연령별로 다른 활동들을 허용하거나 고무하게 되며, 발달수준에 따른 아동들의 능력, 요구, 관심 또한 그들이 추구하는 환경의 특성 및 환경 특성이 그들에게 미치는 효과에 영향을 미치게 된다. 그럼에도 비고츠키는 사회문화적 차이는 강조하면서도 발달적 차이에 대한 설명은 매우 빈약하다. 발달수준에 따른 정확한 설명을 제공해 주지 못할 경우 비고츠키의 제안하고 있는 다수의 개념들은 결과적으로 발달 개념으로서의 의미가 반감될 것이다.

③ 문화적-역사적 맥락 연구의 어려움

거의 모든 발달 심리학자들은 발달의 사회적, 문화적, 역사적 맥락을 검토하는 것이 중요하다는 사실에 동의한다. 그러나 맥락적 접근의 필요성은 동감하면서도 실제 연구가 수행되지 않는 주요한 이유는 이런 유형의 연구를 수행하는 것이 실제적으로 어렵다는 점에 기인한다. 맥락 내에서의 아동과 성인 혹은 또래들과의 상호작용을 관찰하는 것은 어렵고도 시간을 요하는 일이다. 문화적 차이 연구 또한 많은 어려움이 따르며, 문화 차이를 해석한다는 것은 매우 어려운 작업이다. 더구나 역사적 영향을 분석한다는 것은 더욱 힘든 일이다. 한 역사적 순간은 결코 다른 것과 비교될 수 없으며, 다양한 역사의 측면들 중 어떤 것이 행동을 유발했는가를 가려내는 것도 어려운 일이다. 사회-문화-역사적 맥락과 아동 간의 상호작용 연구는 발달 연구에서 매우 필요한 작업이라는 것은 명백하다. 그럼에도 비고츠키 자신도 역사적-문화적 요인들에 대해서는 거의 연구를 수행하지 못했다.

④ 흥미로운 발달 현상을 드러내는 원형적 과제의 부재

피아제 이론이 많은 다른 연구들을 촉진시킨 이유 중의 하나는 그가 흥미롭고 놀라운 발달 현상을 드러내는 과제들을 제공해 주었기 때문이다. 대상영속성, 공간지각, 의사소통 등의 피아제 연구는 오랫동안 유용한 실험 연구 영역으로의 역할을 해 왔다. 이에 반해 비고츠키 이론은 후속 연구들을 촉발시키고 발달심리학자들의 상상력을 부추기는 원형적 과제들을 제공하지 못했다. 비록 몇 가지 아동 연구 과제들이 제시되기는 했지만 최근 연구자들에 의해 거의 채택되지 않고 있는 상황이다. 특히 비고츠키는 실험시에 대부분 개략적으로 과정을 기술하고 자료를 거의 제시하지 않는 대신에 일반적인 요약만 제시하고 있다. 따라서 그의 연구들은 예비 연구 내지는 인지와 발달에 대한 기본 원칙들을 보여주는 시범 연구에 가깝다. 비고츠키 연구에서는 어떤 한 영역에서의 발달에 대한 체계적이고 일관된, 잘 문서화된 설명을 찾아보기 어렵고, 일련의 맥락적 연구들도 산만하고 초점이 없는 것 같다. 원형 과제들과 이 과제와 관련된 흥미로운 연구 결과물의 부족은 비고츠키 이론에 기반된 연구의 확산에 걸림돌이 되고 있다.

3. 정보처리이론

정보처리이론은 1960년대 컴퓨터의 발달과 함께 인간의 인지활동을 컴퓨터의 작동원리와 유사한 것으로 보는 관점에서 출발했다. 초기에는 성인 연구가 중심이었지만, 시간이 지남에 따라 아동의 인지 발달을 설명하는 데 적합한 발달기제를 제안하는 발달이론들이 등장하면서 지금은 인지 발달 연구의 주된 접근법의 하나로 자리잡고 있다.

1) 이론의 특징

정보처리이론의 특징을 여기서는 정보처리체계로서의 인간, 자기수정, 과제 분석, 연구방법을 중심으로 개관하고자 한다.

(1) 정보처리체계로서의 인간

정보처리 이론에서는 인간의 사고가 수많은 정보들로 조직화되어 있으며, 사고

과정이 곧 정보처리 과정이라고 본다. 정보처리학자들은 어떤 정신적 과정들이 사람들로 하여금 정보를 사용하게 하고 나아가 그 정보를 변화시켜 나가는지에 대해 관심을 가졌다. 즉, 인간을 정보처리체계로 가정하고, 지식의 문제를 정보의 입력-출력(input-output) 관계에서 설명하고자 했다. 발달의 정보처리 이론가들은 정보처리체계가 일상이나 특별한 사건 가운데 어떻게 작동하고, 어떻게 변화되는지에 초점을 두면서 이러한 변화들에게 가해지는 발달적 제약들은 어떤 것인지를 밝히고자 했다. 또한 아이들이 연령에 적합한 지식이나 정보를 얼마나 갖고 있는지, 그리고 아이들이 실제 갖고 있는 정보들과 연령에 적합한 정보들 간에 차이는 왜 생기는 것인지에 대해서도 관심을 두었다(Siegler, 1998). 이들은 인지 발달에서의 변화를 정보에 주의를 하고, 부호화하고, 회상하고 결정내리기에 이르는 과정으로 보고, 변화의 과정이 정보처리 장치들과 이런 장치에 의해 처리되는 정보의 순환으로 표현했다. 그래서 정보처리이론은 종종 "상자와 화살표의 심리학"(psychology of boxes and arrows)이라고 불리기도 한다.

정보처리체계는 구조와 과정으로 설명된다. 정보처리체계 모형은 인간의 마음 구조에서 의 의사소통 과정을 보여준다는 점에서 기능적 관계를 설명해 주는 계

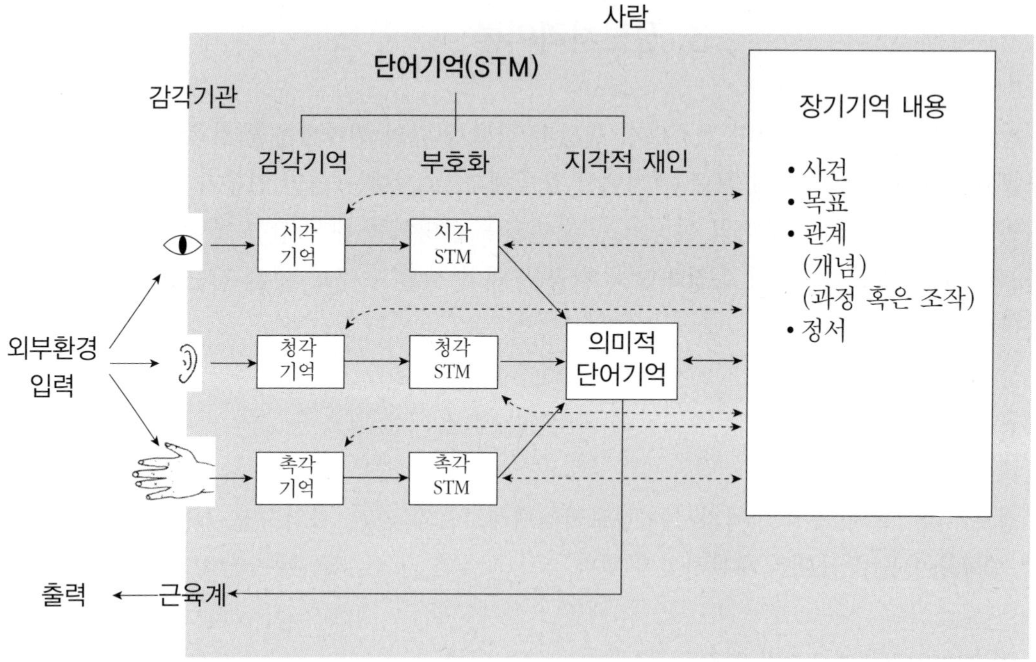

[그림 5-7] 정보처리체계 모형

출처: Thomas, R. M. (2000). *Comparing theories of bild development* (5th ed.). Wadsworth.

산 모형이다. 기억을 중심으로 정보처리체계 모형([그림 5-7])을 살펴보면, 체계는 구조적으로 감각기억, 단기기억, 그리고 장기기억으로 구분되며, 과정은 체계 내에서 정보들이 처리되고 변형되는 기억 구조들 간의 기능적 관계로 설명된다. 이들 관계를 상술해 보면 다음과 같다. 감각 수용기(sensory registers)는 정보를 매우 빠르게 받아들이고, 거대한 양의 정보를 극히 짧은 시간 동안 보유한다. 감각수용기 능력은 아이들도 성인들만큼 우수하지만 감각표상 능력에서는 아이들이 성인에 비해 느리다. 감각기억 정보들은 처리과정을 더 거치면서 단기기억으로 선택되어진다. 단기기억은 제한적인 정보를 일시적으로 남겨두는데, 성인의 경우 7±2 단위정보(chunk)를 15~30초 정도 유지할 수 있다. 단기기억은 정보처리를 위해 감각기억이나 장기기억으로부터 온 정보와 함께 작업을 하기도 한다. 예를 들어 전화를 걸때 사람들은 번호를 기억해내려고 하고, 번호를 계속 쳐다보거나 암송하는 행동을 보이게 된다. 이러한 활동적 특성 때문에 단기기억은 종종 작업기억(working memory)이라고도 불린다. 단기기억이 소멸되지 않으려면 장기기억으로 저장되어야 한다. 장기기억은 거의 무제한의 용량을 갖고 있으며, 저장된 정보는 비교적 영속적으로 남아 있을 수 있다. 이 모형에서 결정적인 특성은 통제과정(control process)이다. 통제과정은 집단적 실행을 포함하며, 컴퓨터 소프트웨어에서처럼 각 처리 단계의 활동을 명확히 파악하고, 체계의 모든 부분들이 유지되도록 해 주며, 전체적인 조화를 만들어간다. 또한 체계가 정보를 다루어나감에 있어서 구조적 한계를 극복할 수 있도록 도와주는 역할을 한다. 즉, 정보처리체계에서 강력한 발달적인 변화가 발생하는 것이 바로 통제과정에 의한 것이다.

(2) 자기수정

정보처리 이론은 변화에 대해 기계론적 관점을 취하면서, 피아제 이론과 마찬가지로 변화가 지속적인 자기수정(self-modification)으로 나타난다고 본다. 즉, 발달을 자기수정으로 설명한다. 예를 들어 인지 발달 과정에서 아이들은 문제해결을 위해 다양한 전략을 사용하다가 그 가운데서 가장 효과적인 방법을 알게 되면 그 방법을 적용시켜 나간다. 이렇게 하여 문제의 난이도나 책략에 따른 효과에 대한 지식이 점차 증가하고, 적절한 문제해결 방식을 선택하는 방법을 배우고, 나아가 책략 자체를 수정하기도 된다. 지속적인 자기수정에 의해 쓸모없는 도구들은 거부하고 도움이 되는 것을 취함으로써 아이들은 점점 더 유능한 정보처리자가 된다. 정보처리 접근은 이러한 자기수정 과정이 연속적으로 진행된다고 본다는 점에서 인지적 전환이 특정 연령 단계에서 일어난다는 피아제식의 가정을 할 필요가 없다. 그 대신 아동의 연령에 따른 차이를 학습 능력의 차이로 설명한다. 예를 들어 나이 든 아동이, 어린 아동에 비해 수행 결과가 좋은 것은 단순히 연령의 문제가 아니라 이들이 보다 좋은 기억력과 계산능력을 가지고 스스로 수정하거나 배워 나갈 수 있기 때문이라고 본다. 이처럼 자기수정이란 각 단계의 활용 수준이나 발달적 수준 전환을 추진하는 원동력이다. 정보처리이론에서 볼 때 인지 발달에서 가장 중요한 것은 자기수정과 자기수정 능력의 발달이다.

(3) 과제 분석

정보처리 접근에서는 아동의 사고 이해를 위해 과제 분석(task analysis)을 중요시한다. 정보처리 심리학자들은 사람들이 정보를 어떻게 표상하고 어떻게 처리할지는 상당 부분 그가 수행하고 있는 과제에 의해 결정된다고 보았다. 과제는 정보처리 기술이나 목표 달성 기술에 제한을 가하게 된다. 서로 다른 과제 요구에 의해 정보처리 과정에서 다른 상황이 도출될 수 있다. 예를 들어 아이들의 경우 언어적 암송(rehearsal)만으로는 사물들을 개념적으로 연결짓기 어렵다. 그러나 사물을 유목화(예: 주방용품, 거실용품 등)할 수 있다면 이 과제를 간단히 해낼 수 있다. 결국 과제 요구에 대한 적절한 혹은 부적절한 처리로 인해 아동 간에 지적 수행에서의 차이가 나타나게 된다. 그렇다면 아이들이 잘 수행하지 못하는 과제를 분석해 봄으로써 정보처리의 어려움이 어디서 기인하며 어떤 정보처리 과정이 효과적인지를 알아낼 수 있을 것이다.

과제 분석에 관심을 두었다는 점에서 정보처리 이론가들은 신-피아제학파와 비슷하다. 이들은 영역특수적 규칙이나 전략을 가정하고, 어떤 인지적 기술과 능력이 과제를 잘 해결하게 하는지에 관심을 두었다. 아동들이 실제로 경험하게 되는 것에 대한 체계적 분석이야말로 정보처리 접근에서 강조하는 바이다. 이들은 다양한 과제에 대한 조심스런 분석을 통해 문제해결 상황에서 왜 아이들이 어떤 특정한 규칙을 적용하는지, 그리고 또 다른 적절한 규칙이 있는지를 밝혀내고자 한다. 아이들은 종종 외부로 드러난 것 이상의 능력을 갖고 있음에도 과제 특성에 의해 그들의 지식이 과소평가될 수 있다. 또한 아동들은 그들 특유의 규칙에 대한 정보들을 갖고 있을 수 있다. 예를 들어 나무토막을 사용해서 저울의 균형을 맞추는 과제를 수행할 때 어떤 현저한, 부적절한 정보가 아이들의 주의를 중요한 정보로부터 멀어지게 할 수 있다. 어린 아동들의 경우 나무토막의 무게는 간과한 채 크기의 차이에 대해 주목할 수 있다. 그러나 다양한 연령 수준에서 어떤 아이들은 나무토막의 무게 및 무게와 위치를 비교할 수 있다.

과제 분석은 아동의 사고 이해에 필수적이다. 정보처리 심리학자들은 과제 요구의 분석을 통해 특정한 과제 목표와 관련하여 실행 주체로서의 아동의 발달적 변화를 밝히고자 했다. 정보처리이론은 과제 자극에 대한 관심뿐 아니라 과제 행동에서 실패를 가정한다는 점에서 학습이론과 유사하다. 그러나 학습 이론가들과는 달리 자극정보를 처리하는 방법의 복잡성에 대해 훨씬 더 허용적이라는 점에서 보다 설명력이 높다.

(4) 연구방법

정보처리 연구자들은 전형적으로 민감한 연구방법(methodology)을 채택했다. 그 특징을 살펴보면 다음과 같다. 첫째, 엄격한 실험적 방법을 사용한다. 예를 들어 시간 과제를 사용하여 극히 짧은 시간 자극에 노출시킨 다음 반응시간을 측정하거나, 정신적 활동과제에서의 처리속도에 근거해 지적 수준에서의 차이를 밝혀내고자 한다. 정보처리 이론가들의 시간에 대한 관심은 그리 놀라운 일이 아닌데, 기본적으로 입력과 출력 사이의 긴 반응시간은 더 느린 정보처리 과정을 반영하는 것으로 가정하기 때문이다. 둘째, 오류분석을 기반으로 한 규칙-평가(rule-assessment) 접근을 활용한다. 이 접근은 다양한 실험들에서 정답과 오답의 규칙을 밝히거나 문제해결에 주로 활용되는 규칙을 알아볼 수 있는 효과적인 연구방법이다. 물론 피아제도 아이들의 오류에 대해 관심을 갖기는 했으나 정보처리 접근에서와 같은 체계적인 분석이라고 볼 수 없다. 셋째, 미시발생학적 방법(microgenetic method)을 적용한다. 이는 비고츠키가 주창했던 연구방법이기도 하다. 예를 들어 아이들에게 똑같은 형태의 문제를 여러 번 제공하며, 그 기간을 몇 주 혹은 몇 달로 하여 다양한 회기를 거치게 한다. 이 방법을 통해 회기가 거듭되면서 나타나는 아동의 책략 사용에서의 변화와 같은 점진적인 인지 변화 내지는 갑작스런 변화나 인지적 통찰력까지도 밝혀낼 수 있다. 이러한 방법은 아이들이 어떤 동일한 목표에 도달하거나 목표를 달성하기까지의 속도와 관련된 발달적 경로에서의 차이를 보여줄 수 있다는 점에서 유용하다. 미시발생학적 방법은 아이들의 실제 행동에 보다 가까이 다가갈 수 있는 돋보기의 역할을 제공해 준다고 볼 수 있다.

한편 실험적 방법의 사용은 모형(model)과 컴퓨터 모의실험(computer simulation)의 발달을 가져왔다. 모형을 사용한 것은 물론 정보처리 접근만의 독특한 방식은 아니다. Freud조차도 그의 이론적 견해를 도식을 통해 설명한 바 있다. 그러나 다른 어떤 접근들도 정보처리이론만큼 도식 모형 차원에서 탄탄하지 못하다. 컴퓨터 모의실험 또한 정보처리 접근에서 특별한 의미를 갖는다. 컴퓨터의 출현은 심리학자들에게 연구 자료를 분석하는 효과적인 방법뿐 아니라 인간 사고의 이론을 검증할 수 있는 과학적 방법을 제공했다. 컴퓨터의 등장은 정보처리이론가들로 하여금 프로그램을 통해 인간의 정보처리과정을 특별하고, 엄밀하고, 정확하게 모사하는 것을 가능하게 해 주었다. 연구자들은 우선 특정 문제해결 과정의 자료들을 모아 초안(protocol)을 만들고 설계를 하고 이 설계를 통해 체계에서의 능력과 정보의 표상, 그리고 인지 과정에 대해 설명하고자 한다. 그리고 컴퓨터 프로그램과 아이들이 동일한 프로그램에서 같은 오류와 성공을 보이며 더 많이 상응하도록 반복 실행을 하면서 보다 정확한 설계를 만들어 나간다. 마침내 각각의 반복을 통해 설명되지 않는 아동들의 행동을 줄어들면서 궁극적으로 인출들 간의 안정적인 대응을 얻어내게 된다. 이 같은 컴퓨터 모의실험은 모형의 검증뿐 아니라 종종 기대하지 않았던 덤으로 심리학자들에게 새로운 가설을 제안해 주기도 한다. 즉, 정보처리이론에서 강조하는 모의실험 방법은 연구자들에게 새로운 변수들을 제안해 주고, 그것들을 설명해 줄 수 있는 것으로 기대될 수 있다.

2) 발달적 정보처리이론들

어린 아이들이 어떻게 성인과 같은 지적 능력과 융통성을 갖추어 나가게 되는지를 설명하기 위해 여러 가지 발달적 정보처리이론들이 제안되었다. 이들 이론에서는 인지 발달을 일으키는 데 중요한 기제들로 방략구성, 약호화, 자동화 및 일반화의 역할을 강조하고 있다. 여기서는 신피아제 학파에 속하는 Case이론을 제외하고 Sternberg 이론, Klahr와 Wallace 이론, 및 Siegler 이론을 중심으로 약술하고자 한다.

(1) Sternberg 이론

Sternberg는 기존의 지능 연구에서 제안된 개념들을 정보처리 입장으로 통합시켜 발전시켰다. Sternberg(1989b)에 의하면 지능은 수행 성분(performance component), 지식습득 성분(knowlege acquisition component), 상위인지 성분(metacomponent)으로 분류된다. 수행 성분은 문제를 해결하는 기능을 담당하며, 약호화(encoding), 추론(inference), 관련짓기(mapping), 적용(application), 비교(comparision), 정당화(justification), 반응(response) 등이 포함된다. 지식습득 성분은 문제에 대한 즉각적인 해결책이 없는 경우에 새로운 정보를 습득하기 위해서 작용하며, 선택적 약호화(selective encoding), 선택적 결합(selective combination), 선택적 비교(selective comparison) 과정이 있다. 상위인지 성분은 다른 두 성분들을 각 목표에 적합한 절차로 정리하는 방략 구성의 집행 기능을 한다. 지능 발달은 이러한 정보처리 성분들의 가용성(availability), 접근성(aaccessibility), 실행용이성(ease of execution)이 변화하고 과제 수행시 이러한 성분들이 더 자동화(automatization)되는 것을 의미한다. Sternberg 이론은 어떤 유형의 정보처리 성분이 어떻게 아동들의 지능 발달에 기여하는지에 관심 두었는데, 여러 가지 인지적 기술이 영재아와 지체아를 포함한 여러 집단의 개인들에게 어떻게 적용될 수 있는지를 구체적으로 다루었다는 점에서 실용적인 유용성이 높다. 그러나 그의 이론에서 중요한 부분으로 가정되고 있는 상위인지 성분의 역할이 불분명하다는 점에서는 제한적이다.

(2) Klahr와 Wallace 이론

Klahr와 Wallace(1976)는 인간을 경험에 반응하여 스스로 변화시킬 수 있는 기제를 갖추고 있는 자기수정 산출체계(self-modifying production system)로 보았다. 이들은 인지 발달을 일으키는 변화의 기제로 일반화(generalization)를 가정하고, 발달하는 체계가 일반화를 도출해내는 능력에 관심을 가졌다. Klahr와 Wallace 이론에 의하면 일반화는 세 가지 요소, 즉 타임라인(time-line), 규칙성 발견, 중복제거로 이루어진다. 타임라인은 일반화의 기초가 되는 모든 자료들이 들어있는 일종의 기억표상과 같은 것으로, 체계가 경험한 모든 상황들과 그 상황에 대한 반응과 결과에 대한 기록이다. 규칙성 발견은 경험에 대한 일반화를 하기 위해 타임라인 안에 있는 자료들에 작용한다. 중복제거는 정보처리 절차에서 제거해도 그 결과가 변하지 않는 부분들을 찾아내서, 불필요한 정보처리과정을 제거한다. 복잡한 절차를 좀더 간단한 절차로 대치하면서 이 같은 이해를 새로운 상황으로 확대시켜 적용할 수 있게끔 일반화가 일어난다. Klahr와 Wallace(1976)

는 이러한 세 과정, 즉 타임라인(time-line) 안에 정보를 유지하고, 그 안에 있는 규칙적 관계를 발견하고, 불필요한 처리과정을 제거하는 과정들이 세상에 대한 일반적인 결론을 이끌어내는 아동들의 능력에 어떻게 영향을 미치는가를 체계적으로 설명해 주었다. 또한 컴퓨터 모의실험을 통해 발달이 어떻게 일어나는지에 관해 보다 정확하고 분명한 모델을 만들 수 있다고 강조했다.

(3) Siegler 이론

Siegler에 의하면 인지체계의 기본적 특성은 경쟁이다. 그의 이론적 기반인 진화론에 따르면 변화란 변이, 경쟁, 선택을 동반한다. 진화론에서 종들 간의 경쟁에 의해 모든 생명체들이 진화한 것으로 보는 것과 마찬가지로 Siegler(1998)는 인지체계 내에서도 개념, 규칙, 방략 등이 서로 경쟁하며 발달이 이루어진다고 보았다. 기술이나 생각들이 경쟁하는 과정에서 다양한 방략들이 지배를 위한 적자생존을 유도한다는 것이다. 따라서 Siegler는 인지 체계 내에서 경쟁하고 있는 것들이 무엇인지, 이들 간의 경쟁이 어떻게 인지 체계로 하여금 상황에 적응적이게 만드는지, 그리고 이러한 인지적 변화(variation)와 선택(selection)을 결정하는 기제는 무엇인지를 밝히고자 했다. 따라서 아동들의 정보처리 능력이 인지변화가 환경에 적합한 방식으로 일어나는 데 필요한 변화를 어떻게 만들고 또 선택하는가에 관심을 두고, 주요 발달 기제로 방략의 선택과 구성, 그리고 일반화를 제안했다. Siegler는 이 같은 인지 변화에서의 진화론적 모형을 아동의 셈하기, 읽기, 문제해결, 쓰기 전반에 적용하였다. 그에 의하면 아동의 사고에서 방략의 발견은 인지 변화를 일으키는 한 원천이며, 방략의 선택 절차가 선택의 수단을 제공하게 된다. 방략발견과 방략선택이라는 두 과정은 함께 작용하면서 여러 가지 방략을 사용하는 빈도뿐 아니라 각 방략을 사용하는 시기를 변화시키게 된다. 아동들이 어떻게 방략을 발견하고 일반화하는지 그리고 기존의 방략 사용이 시간이 지남에 따라 어떻게 변하는가에 대한 연구를 통해 Siegler는 체계의 자기수정이 어떻게 일어나는지에 대한 모형을 제공해 주었다. 그러나 방략 선택의 문제는 잘 설명하지만 새로운 방략의 생성에 대해서는 잘 설명해 주지 못한다는 점에서 Siegler 이론은 제한적이다. 새로운 접근 시도와 통찰을 통해 새로운 전략이 구성될 수 있다는 주장만으로는 인지 발달을 설명해 주기에는 불충분하다. 이는 마치 진화론이 돌연변이 이외의 다른 방식으로 변이를 설명하지 못하는 것과 비슷한 취약점이다.

3) 정보처리이론에 대한 평가

(1) 공헌점

① 사고의 복잡성에 대한 설명력

정보처리 접근에서는 피아제가 그러하였듯이 사고의 복잡성(complexity)에 초점을 맞추었다. 이러한 강점은 학습이론적 접근이 사고와 학습을 단순화시켰다는 비판을 받는 것과는 대조적으로 복잡한 인간사고에 대한 이해의 지평을 넓혀 주는 데 기여하게 되었다. 정보처리 심리학자들은 다양한 규칙, 방략, 개념의 발달에 따른 복잡한 인지 과정을 다루면서, 지각, 주의, 기억, 언어, 추상적인 정신조작의 상호관계를 포함시켰다. 또한 복잡한 사고를 명령하고 지시하는 통제 과정을 제안했다. 정보처리 체계와 규칙을 연결시킴으로써 아동들이 개인적으로 문제를 해결하는 과정을 설명했을 뿐 아니라 같은 연령대에 있는 아동들에게서 나타나는 정보처리 과정에서의 민감한 차이도 밝혀냈다. 그 밖에도 정보처리이론은 학습에서 기대하지 않았던 새로운 행동이 출현하는 과정의 복잡성까지 다루어 줄 수 있다.

② 수행과 변화에 대한 정확한 분석

정보처리 접근에서는 지적 수행(performance)과 변화에 대한 정확한 분석이 가능하다. 따라서 아동의 행동을 현재의 인지체계 상태와 과제분석을 기반으로 하여 구체적으로 설명하고 예측할 수 있게 해 준다. 정보처리 이론에서 아동의 개념이 어떻게 발달하고, 현재의 인지체계가 어떻게 새로운 지식을 제한하고 허용하는지를 설명하고자 한 점은 피아제 학파와 공통점을 갖는다. 그러나 피아제와는 달리 정보처리 이론가들은 발달에서의 제약과 제약을 극복하는 방략, 과제를 다루는 영역특수적 지식 등을 보다 강조하면서 아동들이 어떻게 자신들의 인지 기술을 주어진 상황 속에 적용하면서 변화해나가는지를 체계적으로 다루었다. 주의집중, 기억, 상위인지와 같은 다양한 인지과정이 연령에 따라 어떻게 변화하며 사고에 영향을 주는지가 속속 밝혀졌다. 이 점에서 정보처리이론은 본격적인 수행에 관한 이론으로 평가된다.

③ 엄격한 방법론

정보처리 접근에서는 엄격하고 정확한 실험적 연구방법(methodology)을 적용했다. Mandler(1979)가 지적하였듯이 정보처리 이론가들의 대부분은 훌륭한 인지심리학자가 되기 위해 방법론상으로는 행동주의 심리학자의 입장을 취했다. 이들에게서 실험에서의 불일치, 모순, 애매한 진술들은 결코 허용되지 않았다. 정보처리 접근의 연구에서는 개념이나 용어가 치밀하게 정의되었고 엄격히 통제된 실험이 시행되었다. 방법론적 측면은 정보처리이론이 피아제 이론과 차별화될 수 있는 강점이다.

(2) 제한점

중요한 장점에도 불구하고, 정보처리이론에 대해 다음과 같은 문제점을 지적할 수 있다. 첫째, 발달 쟁점(issues)을 다루는 데 있어서 제한적이다. 정보처리 이론은 연령차를 다루고는 있음에도 유아기가 제외되어 있다. 발달이론으로서 실용성을 가지려면 언어 이전 단계나 인지적으로 덜 발달된 시기의 인간 모습이 기술되어져야 한다. 정보처리 이론가들이 제안하고 있는 발달이론들이 주로 성인의 변화를 보는 관점에 의존하고 있다는 점에서 이들의 주장이 유아기에도 동일하게 적용할 수 있는가는 의문시된다. 실제로 실험 상황에서 학습할 때, 성인들의 경우 이미 갖고 있는 지식에 근거해서 보다 간단하게 배울 수 있지만, 유아들은 여러 영역에서 지식이 부족하므로 새로운 규칙, 개념, 인지적 기술을 습득하려면 훨씬 많은 변화를 필요로 할 것이다.

둘째, 발달 기제에 대한 설명이 연구자들의 주장만큼 명확하지 않다. 정보처리 이론가들은 각기 인지 발달에 기여하는 특정 변화 기제를 제안하고, 이러한 변화 기제들이 어떻게 상호관련을 맺으며 작용하여 인지변화를 일으키게 되는지를 체계적으로 설명하고자 했다. 그럼에도 불구하고 연구자들에 따라 차이가 있기는 하나 지적으로 변화를 일으키는 힘이 어디에서 오는 것인지 그리고 어떻게 해서 그러한 인지 발달이 일어나는지에 대해서 명확하게 밝혀 주지 못했다.

셋째, 인지에 대한 사회, 문화적 영향에 거의 관심을 두지 않았다. 맥락주의자들이 비판하고 있듯이 정보처리 접근은 개인이 처해 있는 맥락보다는 개인의 머리 속에 무엇이 있는지에 지나치게 관심을 쏟았다. 주로 실험실 연구가 중심이 되면서 연구의 영역이나 연구대상이 제약을 받았을 뿐 아니라 생태학적 타당성이라는 측면에서 비판받을 여지가 크다. 최근에는 정보처리 접근에서도 또래와의 협동과 같은 사회적 영향력을 알아보려는 연구가 진행되기도 하지만, 여전히 맥락에 대한 연구에는 소홀한 것으로 평가된다.

4. 이론 - 이론

1) 이론의 특징

(1) 작은 이론가로서의 아동

이론-이론(theory-theory) 접근에서는 아동을 작은 이론가로 간주한다. 아동들의 사고도 과학자들이 가지고 있는 이론과 다를 바 없는 이론의 형태를 갖추고 있다는 입장이다. Gopnik과 Meltzoff(1997)에 의하면 이러한 이론을 형성하고 변화시키는 것이 바로 인지 발달이다. 어린 아이들도 과학자들과 마찬가지 방식으로 이론을 가지고 세상 속에서 자신들의 경험을 다루어 나간다. 일반적으로 과학자들의 이론은 다음과 같은 특징을 갖고 있다. 첫째, 이론은 추상적(abstract)이다. 이론은 현상을 그 자체로서가 아닌 추상적인 구성물과 규칙을 가지고 설명한다. 둘째, 이론은 응집성(coherence)이 있다. 이론에 의해 가정된 구성물들은 규칙에 의해 서로 밀접하게 관련된다. 셋째, 이론은 인과관계를 설명해 준다. 이론은 관찰된 현상에 기저하는 보이지 않는 인과관계를 추론가능하게 해 준다. 넷째, 이론은 사실에 일치하지 않는 예언을 할 수 있다. 따라서 이론에 근거한 예측이 사실과 부합하지 않을 수도 있다. 과학자들이 갖고 있는 이론의 특성을 아이들의 이론도 마찬가지로 갖고 있으며 실제로 동일한 기능을 수행한다. 과학자들이 관찰 가능한 현상에 대한 자료를 수집하고, 그 자료를 토대로 현상들의 관계를 설명하는 이론을 제시하고, 나아가 제시된 이론틀 안에서 관찰 불가능한 현상을 예측하고자 하듯이 아이들도 동일한 방식으로 현상을 다루어나간다. 그러나 이때 아이들이 갖고 있는 이론은 특정한 과학 이론이라기보다는 매일 일어나는 일상생활과 연관된 일상 이론이라는 사실을 주목할 필요가 있다. 이러한 이론들이 아동의 매일의 현상에 대한 이해를 조직하고 구조화하고 나아가 삶에 적응하며 발달해나가는 데 기초적인 역할을 한다.

이론-이론의 중요한 핵심은 아동이 세상에 대해 단순히 어떤 종류의 '지식'을 가진 것이기보다 '이론'을 가지고 있다는 사실이다. 이와 관련하여 이론-이론에서는 다음을 가정하고 있다. 첫째, 아동들은 이 세상을 근본적으로 다른 몇 개의 유형들로 분류할 수 있다. 예를 들어 어린 아동도 생물과 물리적 대상을 구분 짓는다. 둘째, 아동들은 각기 다른 영역들마다 현상에 대한 근본적으로 다른 원인이 있음을 이해한다. 예를 들어 물리적 영역에서 사물을 움직이기 위해서는 접촉이나 충돌이 필요하지만 사람의 행동을 변화시키는 것은 바람(desire)이나 의도라는 것을 안다. 셋째, 아동들은 각 영역들이 다른 구성요소들로 이루어졌음을 이해한다. 예를 들어 마음의 영역은 정신적 표상으로 구성되고 물리적 대상은 물리적 환경과 재료에 의해 구성됨을 안다. 넷째, 개념들은 보다 큰 체계를 형성함을 이해한다. 예를 들어 바람(desire)은 행동을 이끌어 내는 의도와 연결됨을 안다. 사탕을 먹고 싶은 바람이 있으면 그것을 얻기 위한 의도를 가지게 되고 이것이 사탕가게를 찾아가게 하는 행동을 가져온다는 것이다.

(2) 이론의 선천성

이론-이론 접근에서는 이론을 생득적으로 주어진 것으로 본다. 이론은 인류의 진화과정에서 그 적응적 가치로 이해 선택된 기제로, 모든 아기들은 태어날 때부터 이미 이론을 가지고 태어난다는 것이다. 따라서 어린 아이들도 자신들이 속한 세계를 이해하고 그에 따라 행동을 수정해 갈 수 있는 나름대로의 이론을 갖추고 있다. 이렇듯 선천적으로 가지고 태어나는 이론은 상당히 정교하고 풍부한 표상 구조를 갖추고 있을 뿐 아니라 이를 변화시킬 수 있는 기제도 함께 내장되어 있다. 이는 이론을 구성하는 능력이 타고나는 것일 뿐 아니라 이러한 능력이 피아제가 주장한 연령보다 훨씬 더 빨리 나타날 수 있음을 함축한다. 많은 연구들에서 영아들이 태어날 때부터 특정 영역에 대한 개념들을 갖고 있다는 증거들이 속속 제안되면서 어린아이들의 갖고 있는 믿음 체계나 직관적 이론이 피아제가 생각했던 것보다 더 추상적이라는 주장이 지지받고 있다.

그러나 이론-이론에서 주장하는 선천성은 단원 이론(modularity theory)에서의 선천성과는 구별된다. 단원이론에서는 인간은 출생시부터 특정 인지 능력과 관련된 기제 내지는 체계로서의 단원을 가지고 태어나며(Fodor, 1992), 이러한 단원에 의해 인지구조가 결정된다고 본다. 즉, 단원 구조가 일단 작동하면 규정된 표상만을 만들어낸다고 보는 강한 선천성 입장이다. 이러한 주장은 Chomsky가 언어습득 능력을 진화 과정에서 인간이 획득한 선천적 특성으로 설명하는 방식과 유사하다(Fodor,1987; Leslie, 1994). 단원 이론이 '단원 선천성'(modularity nativism) 입장이라면 이론-이론은 '시작-상태 선천성'(starting-state nativism) 입장이다. 이론-이론에서는 생득적으로 타고난 이론이 태어나는 순간부터 새로운 경험 증거에 의해 수정될 수 있다고 가정한다(Astington & Gopnik, 1991). 이

점에서 이론-이론은 약한 선천성 접근이다.

(3) 이론의 영역 특수성

이론-이론 접근은 몇 가지 점에서 피아제학파와 공통점을 갖는다. 특히 지식은 조직화되는 것으로, 아동들에 의해 새로운 지식이 구성되며 이때 현재 갖고 있는 지식이 어떤 종류의 변화가 있을지를 제한한다는 측면에서 유사하다. 그러나 피아제가 인지 발달을 영역일반적(domain-general)인 관점에서 설명하였던 것과는 달리 이론-이론가들은 영역특수적 (domain-specific) 입장을 취하고 있다. 이론-이론 접근 자체가 부분적으로는 피아제의 영역일반적 입장과 관련된 불만족스런 설명에 대한 반박으로 제기되었다고도 볼 수 있다. 실제로 아이들의 이론은 자연범주, 생물학, 물리학, 마음 등 각 영역별로 적용되고, 축적되고, 변화해나간다. 이렇듯 어린 아이들이 어떤 특정 영역에 대한 이론이나 이론틀을 가지고 있다는 사실이 다수의 실험들에서 밝혀지면서 영역특수적 관점이 인지 발달 설명에 적극적으로 받아들여지게 되었다.

영역보편적 입장에서 주장하듯이 특정 발달 단계에 있는 아동들이 그 단계에 해당되는 모든 과제수행에 걸쳐 적용되는 개념을 갖고 있는 것은 아니다. 예를 들어 6세 아동의 생물학적 이론은 그가 가지고 있는 마음 이론과 매우 다를 뿐 아니라 한 영역의 이론이 다른 이론보다 월등하게 앞설 수도 있다. 아동들이 갖고 있는 이론의 유형은 영역마다 각기 다르고 또한 영역마다 다른 비율로 이론은 발전해나가게 된다. 어린 아동들도 다양한 각 영역들이 서로 다른 종류의 독립체로 되어 있고, 다른 구성요소들로 이루어진 것임을 이해한다. 또한 각 영역들에 보이지는 않지만 상호 연결되어 있는 인과적 개념들이 있으며 각 영역마다 각기 구분되는 인과적 설명 원리를 가지고 있음을 안다. 이런 맥락에서 어린 아동들이 생득적으로 영역특수적 이론을 가지고 세상을 이해한다고 보는 이론-이론 관점은 신-선천설(neo-nativism)로 불리기도 한다.

2) 이론의 변화과정과 인지 발달

아동들은 어떤 사건으로부터 정보를 끌어낼 수 있는 생득적 능력이 있어서 이러한 능력이 아동들로 하여금 이론을 구성할 수 있게 해 준다. 이론-이론에 의하면 이러한 경향성에 의해 아동들은 발달 초기부터 경험을 통해 이론에 대한 증거

혹은 반증을 발견하면서 특정한 이론을 발전시켜 나가게 된다. 마치 과학자가 이론에 근거하여 관찰된 현상들 뒤에 숨겨진 사실을 발견해 나가듯이 아이들도 세상을 다루기 위해서 이론을 적용시켜 나간다. 이 같은 과정이 일상에서 끊임없이 반복되면서 어린아이가 가지고 태어난 이론은 확장되고, 이론에 기저하는 메커니즘이 보다 분명해지고, 나아가 이론이 변화하게 된다. 실제로 아동들은 비슷한 인지 발달수준에서 비슷한 이론을 가지고 있다. 아동이 어떤 이론을 가지고 있느냐에 따라 그가 보여주는 인지 발달수준이 다를 수 있다. 예를 들어 다른 사람의 마음 상태를 이해하기 위해 어떤 이론을 가지고 있느냐에 따라 상대방의 행동이 어떻게 나타날 것인가에 대한 아동의 이해가 달라지게 된다.

이론을 가지고 세상을 해석하고, 설명하고, 예측해나가는 아동들의 인지 발달과정을 보면 과학자들이 이론을 발달시켜가는 과정과 비슷하다. 이론 적용 과정에서 증거와 맞지 않는 일이 생기면서 이론은 변화를 맞게 된다. 이론이 변하게 되는 결정적인 계기는 이론에 반대되는 증거들의 등장 및 그 축적이다. 첫 반증은 무시될 수 있으나 반대 증거가 누적되면서 이론은 점차 이론으로서의 본래 특성을 잃어가게 된다. 예를 들어 9개월 된 영아는 사람의 행동은 의사소통을 통해 영향을 미칠 수 있고, 사물에 대해서는 물리적인 접촉을 가함으로써 행동을 일으킬 수 있다고 믿는다(Gopnik & Meltzoff, 1997). 그러나 이 이론은 영아가 좁은 목을 가진 병 안에 나무토막을 집어넣으려는 시도를 할 때 반대 증거에 부딪히게 될 것이다. 영아는 반복해서 시도할 것이지만 그때마다 실패를 경험하고 자신의 이론에 수정을 가하게 된다. 이제 18개월 영아는 무턱대고 힘을 가한다고 항상 물리적인 사물에 영향을 주는 것은 아니라는 사실을 인식하고 새롭게 발전된 이론을 갖게 된다. 그리고 이 새로운 이론은 영아가 세상을 해석하고 예측하며 설명하는 새로운 틀로 자리잡게 된다. 이렇듯 발달과정에서 이론의 모든 부분은 수정이 가능하고, 이론을 지지하는 증거나 이론을 배척하는 증거가 축적되면서 핵심적인 부분까지 바뀌면서 마침내 폐기될 수도 있다. 이렇듯 폐기가능성(defeasibility)까지를 포괄하는 이론의 변화과정이란 실로 역동적이다. 발달 영역에서 급진적인 이론의 변화는 특히 인지 영역에서 두드러지게 되는데, 이는 마치 물리학 영역에서 뉴턴에서 아인슈타인으로의 패러다임 변화가 이루어지는 것과 유사하다. 이론 변화의 역동성 가정이야말로 인지 발달을 설명함에 있어서 이론-이론적 접근이 갖는 핵심적 강점이다.

3) 이론-이론에 대한 평가

이론-이론은 근래 주목을 받고 있는 이론으로, 기존의 발달이론으로 설명하기 어려운 최근의 연구결과들을 수렴해 줄 수 있는 대안으로 평가된다. 특히 발달심리학에서 '유능한' 영아의 관점이 활기를 띠면서 다양한 영역에서 밝혀지고 있는 영아 연구 결과들이 이론-이론 접근으로 통합되고 있다. 그렇다면 현재 이론-이론의 위치는 어디일까? 이론-이론이 갖고 있는 강점은 상당부분 이론적 특성 부분에서 기술되었으므로, 여기서는 이론적 제한점을 간단히 약술하고자 한다. 이론-이론은 분명 어린아이들의 마음과 행동에 대한 이해 영역에서 풍부한 지식을 제공해 주었다. 더구나 영아들에게서 보여지는 영역특수적이고 성숙한 지식은 매우 놀랍고 인상적이다. 그럼에도 불구하고 상당수 발달심리학자들은 여전히 어린 영아들이 과연 '이론'이라고 명명될 수 있을 정도의 추상적이고 일관적이며 연속적인 어떤 것을 가지는지에 대해서 의문을 갖고 있다. 예를 들어 신생아가 태어난 지 42분 만에 성인의 혀 내미는 행동을 모방했다면 과연 이것을 추상적 이론에 의한 것으로 볼 수 있는지 궁금해한다. 또한 학령 전기 아동들의 마음에 대한 이해는 이론-이론가들이 주장하는 것과는 달리 아동 자신의 바람이나 의도에 대한 지식 혹은 가족이나 또래들과의 상호작용으로부터 얻은 보다 구체적이고 제한된 지식을 포함하고 있을 수 있다. 그리고 이론의 응집성과 내적 일관성이란 측면에서 보더라도 이론-이론이 모든 문화권에 걸쳐 우위성을 점할 것으로 보기 어렵다(Lillard, 1998). 그 밖에도 이론-이론 접근은 영역에 대한 구분이 명확하지 않으며, 하나의 이론이 다음 이론으로 변화되는 과정 또한 확실하게 설명해 주지 못하다는 제한점이 있다.

/참/고/문/헌/

박영신 역(1995). 아동사고의 발달. 미리내.
정명숙 역(1999). 인지 발달. 나남출판.
조복희(1989). 아동발달. 교육과학사.

Astington, J. W., & Gopnik, A. (1991). Theoretical explanations of children's understanding of the mind. *British Journal of Developmental Psychology, 9,* 7-31.

Baillargeon, R. (1987). Object permanence in $3\frac{1}{2}$ and $4\frac{1}{2}$-month-old infants. *Developmental Psychology, 23,* 655-664.

Bauer, P. J., & Wewerka, S. S. (1995). One- and two-year-olds recall events: Factors facilitating immediate and long-term memory in 13.5 and 16.5-month-old children. *Child Development, 64,* 1204-1223.

Bjorklund, D. F. (1995). Children? thinking: Developmental function and individual differences (2nd ed.). Pacific Grove, CA: Brooks/Cole.

Brainerd, C. J. (1978). The stage question in cognitive developmental theory. *Behavioral and Brain Science, 1,* 173-213.

Brainerd, C. J. (1996). Piaget: A centennial celebration. *Psychological Science, 7,* 191-195.

Bronfenbrenner, U. (1986). Recent advances in research on human development. In R. K. Silbereisen, K. Eyferth, & G. Rudinger (Eds.), *Development as action in context: Problem behavior and normal youth development.* NY: Springer-Verlag.

Bruner, J. S. (1990). *Acts of meaning.* Cambridge, MA: Harvard University Press.

Case, R. (1984). The process of stage transition: A neo-Piagetian view. In R. J. Sternberg (Ed.), *Mechanisms of cognitive development.* NY: W. H. Freeman.

Case, R. (1985). *Intellectual development: Birth to adulthood.* Orlando, FL: Academic Press.

Case, R. (1992). *The mind's staircase: exploring the conceptual underpinnings of children's thought and knowledge.* Hillsdale, NJ: Erlbaum.

Case, R., & Okamoto, Y. (1996). The role of central conceptual structures in the development of children's thought. *Monographs of the Society for Research in Child Development, 61* (Nos. 1-2, Serial No. 246).

Dasen, P. R. (1977). *Piagetian Psychology: Cross-cultural contributions.* NY: Gardner Press.

Devries, R. (1969). Constancy of genetic identity in the years three to six. *Monographs of the Society for Research in Child Development, 34* (Serial No. 127).

Dodwell, P. C. (1961). Children's understanding of number and related concepts: Characteristics of an individual and of a group test. *Canadian Journal of Psychology, 15,* 29-36.

Elkind, D. (1961). The development of quantitative thinking. *Journal of Genetic*

Psychology, 98, 37-46.

Elkind, D. (1996). Inhelder and Piaget on Adolescence and adulthood: A Postmodern appraisal. *Psychological Science, 7,* 216-220.

Fischer, K. W., & Hencke, R. W. (1996). Infants' construction of actions in context: Piaget's contribution to research on early development. *Psychological Science, 7,* 204-211.

Flavell, J. H. (1996). Piaget? legacy. *Psychological Science, 7,* 200-203.

Flavell, J. H., Miller, P. H., & Miller, S. A. (1993). *Cognitive Development* (3rd ed.). Englewood Cliffs, NJ: Prentice-Hall.

Fodor, J. A. (1987). *Psychosemantics: The problem of meaning in the philosophy of mind.* Cambridge, MA: Bradford Books/MIT Press.

Fodor, J. A. (1992). A theory of the child's theory of mind. *Cognition, 44,* 283-296.

Gelman, R. (1990). Structual constraints on cognitive development: Introduction to a special issue of Cognitive Science. *Cognitive Science, 14,* 3-9.

Gelman, R. (1991). Epigenetic foundations of knowledge structures: Initial and transcendent constructions. In S. Carey & R. Gelman (Eds.), *The epigenesis of mind.* Hillsdale, NJ: Erlbaum.

Gelman, R., & Baillargeon, R. (1983). A review of Piagetian concepts In P. H. Mussen (Ed.), Handbook of child Psychology. *Cognitive development, 3.* NY: Wiley.

Gopnik, A. (1996). The post-Piaget era. *Psychological Science, 7,* 221-225.

Gopnik, A., & Meltzoff, A. (1997). *Words, thoughts, and theories.* Cambridge, MA: MIT Press.

Kaye, K., & Marcus (1981). Infant imitation: THe sensory-motor agenda. *Developmental Psychology, 17,* 258-265.

Kessen, W. (1996). American psychology just before Piaget. *Psychological Science, 7,* 196-199.

Klahr, D., & Wallace, J. G. (1976). *Cognitive development: An information processing view.* Hillsdale, NJ: Erbaum.

Kuhn, D. (1992). Cognitive development. In M. H. Bornstein & M. E. Lamb (Eds.), Developmental psychology. *An advanced textbook* (3rd ed.). Hillsdale, NY: Erlbaum.

Leslie, A. M. (1994). Pretending and believing: Issues in the theory of ToMM. *Cognition, 50,* 211-238.

Lillard, A. (1998). Casting the theory net wide. /Review of the book *Words, thoughts, and theories]. Psychological Science, 5,* 294-302.

Lovell, K. (1961). A follow-up study of Inhelder and Piaget? 'The growth of logical thinking' . *British Journal of Psychology, 52,* 143-153.

Mandler, G. (1979). Emotion. In E. Hearst (Ed.), *The First of Experimental Psychology.* Hilsdale, NJ: Erlbaum.

Mandler, J., & McDohough, L. (1995). Long-term recall of event sequences in infancy. *Journal of Experimental Child Psychology, 59,* 457-474.

Meltzoff, A. N. (1995). What infant memory tells us about infantile ammnesia: Long-term recall and deffered imitation. *Journal of Experimental Child Psychology, 59,* 497-515.

Miller, P. H. (1993). *Theories of developmental psychology* (3rd ed.). NY: Freeman and Company.

Paris, S. G., & Cross, D. R. (1988). The zone of proximal development: Virtues and pitfalls of a metaphorical representation of children's learning. *The Genetic Epistemologist, 16*(1), 27-37.

Pascual-Leone, J. (1987). Organismic processes for neo-Piagetian theories: A dialectical causal account of cognitive development. *International Journal of Psychology, 22,* 531-570.

Pascual-Leone, J., Goodman, D., Ammon, P., & Subelman, I. (1978). Piagetian theory and neo-Piagetian analysis as psychological guides in education. In J. M. Gallager & J. A. Easley, J. R. (Eds.). *Knowledge and development: Piaget and education.* NY: Plenum Press, 243-289.

Piaget, J. (1951). *Play, dreams, and imitation in childhood.* NY: W. W. Norton.

Piaget, J. (1952). *The origin of intelligence in children.* NY: Free Press.

Piaget, J. (1973). *The psychology of intelligence.* Totowa, NJ: Littlefield & Adams.

Piaget, J., & Inhelder, B. (1966). *The psychology of the child* (H. Weaver, trans.). NY: Basic Books, 1969.

Riegel, K. (1976). The dialectics of human development. *American Psychology and Psychiatry, 8,* 13-25.

Rogoff, B. (1990). *Apprenticeship in thinking: Cognitive development in social context.* NY: Oxford University Press.

Rogoff, B. (1998). Cognition as a collaborative process. In D. Kuhn & R. S. Siegler (Eds.), *Cognition, language, and perceptual development* (Vol. 2). In B. Damon (Gen. Ed.), *Handbook of child psychology* (pp.679-744). NY: Wiley.

Shweder, R. A., Goodnow, J., Hatano, G., LeVine, R. A., Markus, H., & Miller, P. (1999). The cultural psychology of development: One mind, many mentalities.

In W. Damon (Series Ed.) & R. M. Lerner (Vol, Ed.), *Handbook of child psychology: Vol. 1. Theoretical models of human development* (5th ed.). NY: Wiley.

Siegler, R. S. (1976). Three aspects of cognitive development. *Cognitive Psychology, 8,* 481-520.

Siegler, R. S. (1978). The origins of scientific reasoning. In R. S. Siegler (Ed.), *Children? thinking: What develops?* Hillsdale, NJ: Erlbaum.

Siegler, R. S. (1981). Developmental sequences within and between concepts. *Monographs of the Society for Research in Child Development, 46* (Whole No. 189).

Siegler, R. S. (1998). *Children's Thinking* (3rd ed.). Upper Saddle River, NJ: Prentice-Hall.

Siegler, R. S., & Ellis, S. (1996). Piaget on childhood. *Psychological Science, 7,* 211-215.

Siegler, R. S., & Richards, D. (1979). Development of time, speed, and distance concepts. *Developmental Psychology, 15,* 288-298.

Siegler, R. S., & Vago, S. (1978). The development of a proportionality concept: Judging relative fullness. *Journal of Experimental Child Psychology, 25,* 371-395.

Sternberg, R. J. (1989b). *Mechanisms of cognitive development* (2nd ed.). NY: Cambridge University Press.

Thomas, R. M. (2000). *Comparing theories of child development* (5th ed.). Wadsworth.

van der Veer, R., & Valsiner, J. (1991). *Understanding Vygotsky: A quest for synthesis.* London: Routledge.

Vygotsky, L. S. (1978). *Mind in society: The development of higher mental processes.* Cambridge, MA: Harvard University Press.

Wertsch, J. V., & Tulviste, P. (1992). L. S. Vygotsky and contemporary developmental psychology. *Developmental Psychology, 28,* 548-557.

6 지능 및 창의성

1. 지능의 개념과 측정

1) 지능의 개념 및 이론

인간의 심리적 특성 중 지능만큼 복잡하고 광범위한 개념도 없을 것이다. 일반적으로 지능이란 추상적으로 사고하는 능력과 효율적으로 문제를 해결하는 능력에 초점이 맞추어져 논의되어 왔지만, 지능에 관해 합의된 단일 정의는 지금까지 존재하지 않으며 이론가마다 지능의 핵심 측면이 무엇인지에 관해 서로 다른 생각을 나타내 왔다. 즉 1900년 초에 최초의 지능검사가 개발되면서부터 지난 100여 년간 지능에 관한 이론은 매우 다양하게 전개되었다. 전통적 관점과 함께 최근에 대두된 대안적 관점의 몇 가지 대표적인 이론들을 살펴보기로 하자.

(1) 지능에 관한 전통적 관점

지능에 관한 전통적 관점들은 심리측정적 접근(psychometric approach)이라고도 불리며, 개인간 지적 차이를 설명해 주는 특질 혹은 한 세트의 특질들을 규명하고 측정하는 데에 초점이 맞추어져 있다. 과연 지능은 개인들의 검사 수행에 영향을 미치는 단일 능력 요인인가? 아니면 여러 가지 다양한 요인들로 구성되었는가?

① Spearman의 이요인(혹은 g 요인) 이론

영국의 심리학자인 Spearman(1927)은 여러 가지 지능검사 점수들 간의 상관관계를 기초로 요인분석을 실시하여 지능이 두 가지 요인으로 구성되어 있다는 것을 밝혀냈다. 여러 가지 지능검사에서 아동의 점수들이 중간 이상의 비교적 높은 상관이 있다는 것을 통하여 하나의 일반적 정신능력 요인(general mental ability 혹은 g)이 존재한다는 것을 추론하였고, 이는 어떠한 종류의 지적인 수행에도 필요한 능력을 의미한다. 그러나 한 개인의 지적 수행이 항상 일관성이 있는 것은 아니므로, 특수 요인(specific mental capacity 혹은 s)도 존재한다고 제안하였는데, 이는 특정 과제 수행에 필요한 특별한 능력(들)을 나타낸다. g 요인의 중요성을 부각시킨 점 외에도 지능의 구성요인을 탐색해 볼 수 있는 요인분석 방법을 개척했다는 점에서 지능연구 분야에 대한 Spearman의 기여도가 크다고 할 수 있겠다.

② Thurstone의 다요인 이론

미국의 심리학자 Thurstone(1938)은 Spearman의 이론에 문제를 제기하며 중학생 및 대학생들을 대상으로 실시된 50개의 정신능력 검사 결과를 요인분석한 후, 지능은 일곱 가지 독립적인 요인들로 구성되어 있다고 제안하였다. 그는 Spearmana의 특수 요인, s를 수용하지 않고 일반 요인, g를 일곱 개의 일차적 정신능력(primary mental abilities) 요인으로 구체화시켰다. 이러한 능력들에는 언어적 의미, 수적 추론, 기억, 지각속도, 단어 유창성, 공간능력 그리고 추리능력이 포함된다. 지능검사 결과를 한두 가지 요인보다는 이와 같은 일곱 개의 요인들에 의해서 해석할 때, 그 결과를 좀더 유용하게 활용할 수 있다.

③ Guilford의 지능구조 이론

지능이 비교적 적은 수의 기본적인 정신능력 요인들로 구성되어 있다고 제안한 Spearman이나 Thurstone의 관점에 동의하지 않았던 Guilford(1967, 1988)는 지능의 구조를 세 가지 차원인 내용(contents), 조작(operations), 그리고 결과(products)로 보고 이들의 조합으로 도출되는 180개의 상호 독립적인 정신능력들로 지능이 구성된다고 주장하였다. 구체적으로 '내용'이란 사람들이 생각해야 하는 것으로, 언어적, 도형적, 수리적, 상징적, 행동적 내용의 다섯 종류가 있고,

정신적 '조작'은 사람들이 수행하도록 요구받는 사고의 유형을 의미하며 여기에는 인지, 기억, 확산적 사고, 수렴적 사고, 평가 등의 여섯 종류가 가능하다. 마지막으로 '결과'란 요구되는 대답 유형을 나타내는데, 단위, 유목, 관계, 체계, 변환, 함축 등 여섯 종류의 지적 결과가 포함된다. 지금까지 180개(즉, 5×5×6=180)의 정신능력 중 100개 정도를 측정하는 검사들이 개발되었으나 Guilford가 주장한 것처럼 이 요인들이 비교적 독립적이라는 것은 확증되지 못한 상태이다. 그러나, 종전의 지능검사와는 달리 확산적 사고(divergent thinking), 즉 창의성 측정을 포함시켰다는 점에서 그 의의를 찾을 수 있다.

④ Cattell의 이론

Cattell(1963)에 의하면 Spearman의 g나 Thurstone의 일곱 가지 주요 정서능력들은 두 개의 주요 지능으로 축약시켜 생각할 수 있는데, 그 하나는 유동성 지능(fluid intelligence)이며 다른 하나는 결정성 지능(crystallized intelligence)이라고 제안하였다. 유동성 지능이란 비교적 특정 문화의 영향에서부터 자유로운 내용을 포함하는 새롭고 추상적인 문제들을 해결할 수 있는 능력을 의미하며, 예를 들면 사물간 유사성을 파악하거나 사물을 분류할 수 있는 추리능력이 포함된다. 반면에 결정성 지능은 대부분 문화적, 환경적인 영향을 받는 내용들로 예를 들면, 어휘력과 일반적인 정보 등이 포함된다. 따라서 유동성 지능이 유전이나 성숙 등 생리적인 요인들의 영향을 받는 것이라면, 결정성 지능은 학교 교육이나 기타의 생활 경험들의 결과로 학습된 지식을 반영하는 것이라고 할 수 있다. 또한 유동성 지능은 유아기부터 16~20세 전후로 꾸준히 증가하다가 그 이후로는 연령이 증가함에 따라서 점차로 쇠퇴되는 경향이 있으나, 결정성 지능은 성인 중기 이후에도 경험, 연령에 따라 유지 혹은 증가될 수 있다. 인간의 연령에 따른 지능 발달이 지능의 종류에 따라서 달라질 수 있음을 시사해 준다는 점에서 이 이론의 의미를 찾아볼 수 있다.

(2) 지능에 관한 현대의 대안적 관점

최근에 들어와서 지능의 개념은 전통적인 지능(즉, 학교 장면에서 요구되는 학업적 지능) 외에 사회적 능력, 정서적 능력, 실용적 능력, 창의적 능력, 도덕적 능력, 네트워킹 능력 등과 같은 다양한 능력들을 포함시켜 확장되고 있으며, 또 과거보다 현실세계 및 상황을 더욱 강조하고 있다(김명소 · 김명언 · 이도형, 1996). 1920년대에 Thorndike에서부터 시작되어 1980, 1990년대에 와서는 Sternberg,

Gardner, Salovy와 Mayer 등이 중심이 되어 전통적 지능 외의 다양한 지능개념을 찾아보려는 노력을 계속하였다. 1986년에 24명의 저명한 심리학자들에게 '지능이란 무엇인가?' 라는 질문을 던졌을 때, 서로 다른 다양한 대답들이 나왔지만 '경험으로부터 배우는 능력' 및 '주변 환경에 적응하는 능력' 과 함께 메타인지와 문화(상황)의 역할이 중요한다는 점이 부각되었다(Sternberg & Berg, 1986). 이러한 지능의 개념들을 살펴보면 종래의 IQ 유형의 검사에서 측정하는 지능의 측면들과는 큰 차이를 나타내고 있어, 학교 상황에서 요구되는 인지 능력을 중심으로 논의된 전통적 지능개념은 인간의 지적 능력 중 일부분에 지나지 않으며 삶의 성공이나 적응을 위해서는 보다 광범위하고 다양한 능력들이 요구된다고는 것을 확인할 수 있다.

① Sternberg의 삼두(혹은 성공적 지능) 이론

Sternberg(1985)의 삼두(triarchic) 이론은 지적 행동의 세 가지 측면들(facets) 혹은 요소들을 강조하는 세 개의 하위 이론으로 구성되어 있으며, 지금까지 제시된 이론들 중 가장 포괄적인 이론으로 알려져 있다. 이러한 세 측면들은 맥락(context), 경험(experience), 그리고 성분 혹은 정보처리(component)를 의미하며, 이 세 종류의 지능은 문제 해결에서 각각 다른 방식으로 관여된다. 각각의 하위이론을 좀더 자세히 설명하자면, 맥락(혹은 상황) 하위 이론은 지적 행동의 의미가 개인이 처한 상황마다, 즉 문화마다, 역사의 시대마다, 일생의 시기(연령)마다, 그리고 주어진 역할마다 다를 수 있다는 점에 초점이 맞추어져 있다. 예를 들면, 한국에서 지적으로 여겨지는 '신속한' 혹은 '빠른' 행동이 아프리카에서는 그 반대의 경우로 취급될 가능성이 있다. 여기서 맥락적으로 지적인 행동에는 현재에 처한 환경에 적응(adaptation)하는 행동, 현재보다 더 나은 적절한 행동을 선택(selection)하는 행동, 그리고 현재의 환경을 자신의 기술, 흥미, 혹은 가치에 더 잘 부합되도록 조성(shaping)하는 행동이 포함된다. Sternberg는 이러한 상황적 접근의 유용성을 강조했는데, 이는 대부분의 지적 행동이 현실세계의 실제적 문제들에 적용되고(특히 성인의 경우) 전통적 지능검사에 나타나는 인위적인 문제들에 활용되는 경우는 매우 드물기 때문이다.

두 번째로 성분 하위 이론은 지식이 습득되고, 유지되고, 결과적으로 문제해결에 사용되는 과정에 초점이 맞추어져 있으며, 이는 지능에 관한 전통적인 심리측정적 접근이 개인이 알고 있는 지적 내용 및 결과를 중심으로 정의되고 있는 점에 대한 비판을 반영해 주는 것이다. 어떤 종류의 인지 과정이 얼마만큼 관련되느냐에 따라서 특정 행동이 지적인지 여부가 결정된다는 가정 하에, Sternberg는 서로 다른 기능을 수행하는 세 가지 과정 요소를 제시하였다. 지식-획득 요소는 새로운 정보를 학습하는 데 사용되는 과정이고, 메타 요소는 과제 수행에 있어서 정보처리를 통제하고 감시, 평가하는 데에 사용되는 높은 수준의 집행과정을 의미하며, 세 번째 요소인 수행 요소는 메타 요소가 세운 계획을 실행하는 과정을 나타낸다. 이러한 요소들의 차이로 인해서 어떤 사람들은 다른 사람들보다 정보를 더 빠르고 효율적으로 처리하게 된다.

마지막으로 경험 하위 이론은 특정 과제에 대한 개인의 경험에 의해서 그 사람의 수행이 지적 행동인지 아닌지가 결정된다는 점을 강조한다. 경험적 요소는 두 가지로 나누어 설명되고 있는데, 첫 번째 경험적 지능은 새롭고 낯선 과제에 대한 수행 및 반응과 관련되어 있다. 즉, 새롭고 도전적인 문제를 좋아하고 이를 해결할 수 있다면, 이는 지적인 행동으로 간주될 수 있다. 또한, 이와는 달리 두 번째 경험적 지능은 일상생활 속에서 친숙한 과제들(예: 이메일 사용하기, 운전하기)에 대해서 자동화된 수행을 보이는지의 여부와 관련이 있다. 이는 정보처리 효율성의 증가를 의미하며, 일상의 과제들을 정확하면서도 자동적으로 수행하는 능력 측면을 반영해 준다.

좀더 최근에 Sternberg(1996)가 제안한 성공적 지능(successful intelligence) 이론은 삶에서 성공적으로 지적(successfully intelligent)이기 위해서 필요한 세 가지 지능을 강조하고 있는데, 이는 그의 삼두 이론을 일반인들이 알기 쉽도록 설명해 놓은 것이다. 즉, 핵심 내용은 두 이론이 동일하나 성공적 지능이론에서는 좀더 실용적인 용어를 사용하여 그의 입장을 기술하고 있다(하대현, 1996). 성공 지능의 첫 번째 요소는 분석적 지능(analytical intelligence)인데, 이는 기존의 심리측정적인 지능의 본질과 유사하며 주로 학교 장면에서 활용되는 학업적 지능을 나타낸다. 이 지능은 삼두 이론의 성분 하위 이론을 반영하고 있으며, 개인의 내부 세계와 관련된 능력이다. 두 번째 지능인 창의적 지능(creative intelligence)은 비교적 새로운 장면과 과제에 대처하는 능력, 즉 통찰력이나 독창성과 같은 능력을 의미하며 경험 하위 이론을 반영한다. 세 번째 유형인 실제적 지능(practical intelligence)은 개인이 처한 현실의 삶이나 상황에서 당면하는 문제를 파악하고 해결하는 실용적 능력을 나타내며, 이는 맥락 하위 이론의 입장에서 이해할 수 있다. Sternberg에 의하면 이 세 지능은 서로 구분되는 독립적 지능이며, 이 세 측면의 지능이 균형을 이룰 때 가장 성공적으로 지적일 수 있다고 한다.

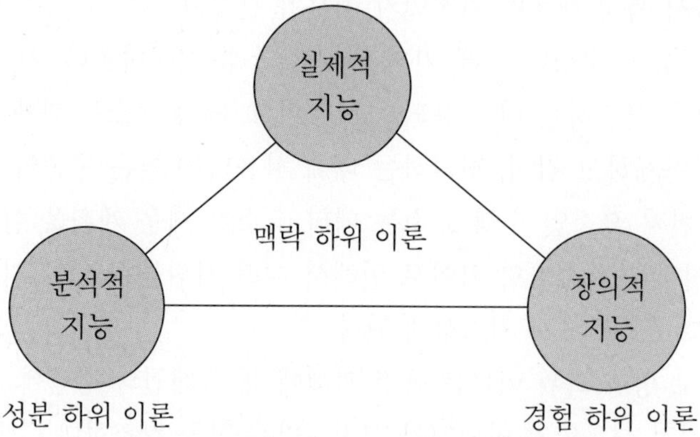

[그림 6-1] Sternberg의 성공적 지능 이론

② Gardner의 중다 지능 이론

지능 연구 분야에서 자주 등장하는 논쟁 중 하나가 지능과 관련된 세부적인 능력들이 서로 공통 분모를 가지는 계층적 선형모델인지, 아니면 개별적인 능력으로서 독립적으로 존재하는지의 문제였다. 이에 대해서 Gardner(1983, 1987)는 인간의 지적 능력이 단 하나의 일반 지능 요인으로 수렴되는 것이 아니라 각기 개별적인 다지능(multiple intelligence)으로 구성되어 있으며, 이는 생리학적으로도 지지된다고 주장하였다. 그의 이론 안에 포함되는 일곱 개의 독립적인 지능은 언어지능, 논리-수학적 지능, 공간 지능, 음악 지능, 신체-운동 지능, 대인관계 지능, 개인 내적 지능이다.

Gardner는 모든 사람들이 이런 지능을 각각 어느 정도씩은 소유하고 있으나, 유전과 환경적인 이유 때문에 개인의 현재 지능 프로파일이 다르게 나타난다고 주장한다. 또한 각 지능은 뇌의 서로 다른 영역과 관련이 있으며, 서로 다른 발달 과정과 심리적 과정(예: 지각, 기억 등)을 수반한다고 가정된다. Gardner의 다중 이론은 전통적인 학업적 지능 중심의 지능을 음악, 신체-운동, 개인 내적 지능 등을 포함하여 확장시킨 점에서 긍정적인 평가를 받고 있다.

③ Salovy의 정서적 지능

전통적 지능 개념에 대한 여러 가지 대안적 개념들 중 Salovy와 Mayer(1990, 1997)가 제시한 정서적 지능(emotional intelligence)이 국내에서도 큰 관심을 불러일으켰다. 이들에 의하면 정서적 지능은 사회적 지능의 한 유형으로 1) 자신과 타인의 감정을 잘 인식하고 적절히 표현하며, 2) 자신과 타인의 정서를 잘 조절하

〈표 6-1〉 Gardner의 7개 지능 요인

7개의 지능	핵심 요소
언어지능	언어의 소리, 구조, 의미와 기능에 대한 감수성
논리-수학적 지능	논리적 주제나 수리적 문제에 대한 민감성과 논리적 및 체계적으로 사고하는 능력
공간지능	시·공간의 세계를 정확하게 지각하고 이러한 지각을 변형하고 재창조하는 능력
음악지능	리듬, 음조, 음색에 대한 감수성 및 이들을 만들고 평가하는 능력
신체-운동 지능	자신을 표현하거나 목표달성을 하기 위해 신체를 능숙하게 활용하고 사물을 능숙하게 다루는 능력
대인관계 지능	타인의 기분, 기질, 동기 및 의도를 탐지, 구분하고 이에 적절히 대응하는 능력
개인 내적 지능	자신의 감정을 이해, 구분하고 자신의 장·단점에 대한 인식을 바탕으로 적응적 행동을 하는 능력

며, 3) 이를 활용하여 후속적인 사고 및 행동을 적응적으로 수행해 나가는 능력을 의미한다. 정서가 지능이라는 이러한 정의는 정서의 발생 및 대처 행동이 다분히 의식적이며 자율적인 통제가 가능한 일종의 정보처리 과정이라는 가정을 전제로 하고 있다(이수정 · 이훈구, 1997).

Salovy와 Mayer가 정서적 유능감이나 정서관리 능력이라는 용어 대신에 굳이 정서적 지능이라는 용어를 사용한 것은 Thorndike(1921), Sternberg(1985), Gardner(1983, 1987)로 이어지는 전통적인 학업적 지능 혹은 적성 외의 다양한 지능의 존재 가능성을 탐색해 보려는 노력의 맥락으로 이해할 수 있다. Mayer와 Salovy(1993)는 그들의 정서적 지능이라는 개념이 Gardner(1983)의 대인관계 지능 및 개인 내적 지능을 포괄하는 개념이라고 말하면서, Gardner의 개념을 좀더 발전, 명료화시켜 위에서 언급한 정서의 평가와 표현, 정서의 조절, 그리고 정서의 활용과 같은 세 가지 요인으로 구성된 지능 모형을 제안하였다. 이들의 정의에 의하면, 정서적 지능은 정서 과정뿐 아니라 개인의 인지적 특징(즉, 내적으로 느끼는 정서 상태를 어떻게 바꿀 것인가, 상황을 어떻게 재구성하여 인식할 것인가) 또는 내적으로 유발된 정서를 조절하는 전략과 후속적인 행위에 대한 동기 수준까지를 망라하는 개념이다.

2) 지능에 영향을 미치는 요인들

사람마다 지능이 서로 다른 이유는 무엇일까? 물론 유전적 영향들과 환경적 영향들을 모두 생각해 볼 수 있겠다. 인간의 다양한 심리적 특성들에 있어서 지능만큼 '유전이냐 환경이냐'에 대한 논쟁이 두드러지게 나타난 영역도 드물 것이다. 개인의 현재 지능이 유전과 환경의 상호작용의 결과라는 것에는 의심하지 않지만 각각의 상대적 중요도나 비중에 대해서는 분명히 알 수 없다. 그러면 유전과 환경의 영향에 대한 증거를 제시해 주는 연구 결과들을 간략히 살펴보겠다.

(1) 지능과 유전

인간의 지적 능력은 태어날 때부터 결정되어 비교적 고정적이며 안정적이라는 유전론적 입장의 연구들은 Galton에서부터 시작되었다고 볼 수 있다. Galton은 영국 상류 가계 구성원들을 추적조사한 결과 뛰어난 지적 능력은 유전에 의해서 형성된다고 주장하였고, 그 이후 유전론적 입장의 학자들은 가족혈연 연구를 통해 유전적 증거를 제시해 왔다. 일반적으로 가족 연구는 두 종류의 설계에 의해 진행되는데, 쌍생아 설계(twin design)와 입양아 설계(adoption design)가 그것이다.

쌍생아 설계로 구성된 가족 연구에서는 일란성 쌍생아와 이란성 쌍생아를 비교하는데, 만일 유전자가 영향을 준다면 유전자의 100%를 공유하는 일란성 쌍생아가 유전자의 50%를 공유하는 이란성 쌍생아보다 지능이 더욱 비슷해야 한다. 물론 이 경우 쌍생아들이 함께 양육되고 있다는 조건을 수반한다. 반면, 입양아 설계에서는 입양아들에게 초점을 맞추어 연구를 진행해 왔다. 만일 입양아들의 지적 능력이 같은 환경에서 생활하는 양부모보다 직접 양육하지 않지만 유전적으로는 닮은 친부모와 더 비슷하다면, 유전자의 영향력이 크다는 것이 자명해진다.

쌍생아나 입양아 연구를 좀더 확장해 보면, 환경의 영향력도 함께 추정해 볼 수 있다. 예를 들면, 유전적으로 아무런 관련이 없는 두 명의 입양아들이 같은 가정에서 자란다고 할 때 입양아들 간의 유사성 혹은 입양아와 양부모의 유사성 정도를 조사해 볼 수 있고, 또한 같은 환경에서 자란 일란성(혹은 이란성) 쌍생아와 다른 환경에서 자란 일란성(혹은 이란성) 쌍생아를 비교하여 그 유사성의 차이를 분석해 보면 환경의 영향을 측정해 볼 수 있다. 다시 말해서 유전학 연구들은 유전적 영향뿐 아니라 환경적 영향에 대한 정보들도 함께 제시해 주고 있다.

Bouchard와 Mcgue(1981)는 같은 가족혈종을 소유한 가족구성원들(113, 942쌍의 아동들, 청소년들, 성인들)의 지능지수(IQ)간 상관계수를 기초로 하여 유전적 영향을 살펴본 111편의 연구결과들을 요약해서 제시하고 있다(〈표 6-2〉).

일란성 쌍생아(.86)의 경우 같은 환경에서 양육되었던지 아니면 서로 다른 환경에서 양육되었든지 상관없이 이란성 쌍생아 간의 상관계수보다 높게 나타나, 유전적 영향이 중요함을 확인할 수 있었다. 또한 친부모와 자녀의 지능간 상관관계(.40)가 양부모와 양자 간의 상관(.31)보다 높은 것도 지능에 미치는 유전적 영향력을 나타내고 있다. 그러나 같은 혹은 유사한 유전적 조건을 가진 쌍생아나 형제가 서로 다른 환경에서 자라났을 때 같은 환경에서 자란 경우보다 더 낮은 상관을 보이고 있는 점은 지능에 미치는 환경적 요인의 영향력 역시 무시할 수 없음을 시사하고 있는 결과이다.

그렇다면 지능에 미치는 유전적인 영향력은 어느 정도 강한 것인가? 행동유전학자들은 통계적 방법을 사용하여 유전가능성 계수(heritability coefficient, H=(일란성 쌍생아 지능간 상관계수 - 이란성 쌍생아 지능간 상관계수) 2)를 산출하여 유전적 요인의 설명분산을 추정하는데, 그 설명력은 약 50% 정도로 나타났다. 그러나 이 계수는 유전자와 환경의 영향 정도가 시간이 경과함에 따라 변화할 수 있는지에 대한 정보는 주지 못한다. 쌍생아에 대한 종단적 연구를 보면, 일

〈표 6-2〉 서로 다른 가족관계에서 나타난 지능지수간 상관관계

관 계	상관계수
일란성 쌍생아	
같은 환경에서 양육됨	.86
다른 환경에서 양육됨	.72
이란성 쌍생아	
같은 환경에서 양육됨	.60
다른 환경에서 양육됨	.52
형제자매	
같은 환경에서 양육됨	.47
다른 환경에서 양육됨	.24
친부모와 자녀	
같은 환경에서 양육됨	.42
다른 환경에서 양육됨	.22
양부모와 자녀	.31

* Bouchard & Mague (1981)에서 인용.

란성 쌍생아의 경우 3세에서 15세까지 지능이 매우 유사한 상태로 남아 있는 반면(평균 .85의 상관), 이란성 쌍생아들은 3세 때 .79의 상관에서 15세에는 .54로 낮아지고 있어 시간이 지남에 따라서 형제자매의 지적 유사성과 비슷해지는 경향을 보였다(Wilson, 1978, 1983). 입양아에 대한 종단적 연구 결과도 유사한 패턴을 보여준다. 입양아의 경우 청소년기에 이르러서 친부모와는 계속해서 지능이 유사하지만, 양부모와의 유사성은 급격히 떨어지는 것으로 나타났다(Scarr & Weinsberg, 1978). 결론적으로, 지능에 대한 유전자의 영향은 아동들이 나이가 들수록 환경의 영향에 비해서 더 강하다는 것을 알 수 있다.

(2) 지능과 환경

지능의 개인차에 대한 원인을 유전적 요인에서 찾는 입장과는 달리 개인이나 집단 간 지능 차이를 주로 환경적 요인들로 설명하는 학자들도 다수이다. 만일 지능이 유전인자에 의해서만 결정된다면 아무리 훌륭한 교육 프로그램과 충분한 영향, 따뜻한 보살핌을 제공하여도 재인의 지능 발달을 가져올 수 없을 것이며, 또한 아무리 불우하고 빈곤한 환경에 노출되더라도 지능 발달의 저하는 없을 것이다. 그러나 위의 Bouchard와 McGue(1981)의 연구와 같은 유전연구 결과들에서도 나타난 바와 같이 실제로 환경이 인간의 지능 발달에 영향을 미친다는 증거는 매우 많다. Newman과 그의 동료들(1937)의 연구에 의하면 각기 다른 환경에서 양육된 일란성 쌍생아의 경우 좋은 교육적인 환경에서 자란 아동들이 그렇지 못한 쌍생아 형제자매보다 훨씬 높은 지능지수(약 15점 정도)를 보였다. 또한 양자나 양녀의 지능에 대한 연구에서도 교육적인 환경이 좋지 못한 가정에 입양된 아동들이 교육적 환경이 중간 정도이거나 풍요로운 가정에 입양된 아동들보다 지능이 낮게 나타났다.

Klineberg(1963)는 누적적 결함가설(cumulative deficit hypothesis)을 제시했는데, 이 가설에 의하면 빈곤한 환경과 결핍된 상황이 개인의 지적 성장을 억제하며, 이러한 억제효과는 시간이 경과함에 따라서 점점 누적되어 간다. Ginsburg(1972)는 저소득 계층 아동들의 지능 발달을 통하여 아동들이 이러한 환경에 오래 노출되어 있을수록 지능 발달은 그만큼 지체된다는 점을 보여주었다. Jensen(1977)에 의하면 경제적으로 빈곤한 아프리칸 미국인 형제들 중 이러한 환경에 더 오래 노출된 첫째들이 동생들보다 더 낮은 지능지수를 보였다고 한다. 또한 Skeels(1966)는 고아원에서 적절한 보살핌과 지적 자극을 받지 못한 유아들의 일부를 기능적인 건강한 가정으로 옮겨 2년간 양육한 후 이들의 지능 발달을 고아원에 남아 있었던 유아들과 비교해 본 결과, 좋은 환경에서 자란 아동들의 경우 지능지수가 평균 28점이 증가한 반면 고아원에서 자란 아동들은 같은 2년 동안 평균 26점이 감소되었다는 것을 밝혀냈다. 표본오차를 감안하더라도 이러한 연구결과는 환경이 지능에 미치는 영향력이 결코 작지 않다는 것을 입증해 주고 있다.

이 외에도 가족의 사회경제적 지위, 가족의 크기, 출생순위, 형제간 터울정도, 부친부재여부, 부모의 양육방식, 태내기의 상태(태아의 영양실조, 정서적 긴장, 산모의 질병, 조산과 비정상분만 등), 그리고 인종 및 민족의 차이 등이 환경적 요인으로 연구되어 왔다. 요약하면, 유전적인 요인이 잠재적인 지적 능력의 한계를 정해 준다면, 주어진 지적 능력을 얼마나 개발하는가는 바로 환경적인 요인에 크게 영향을 받는다고 할 수 있다.

(3) 지능과 연령

아동이 성장함에 따라 지능도 점차적으로 발달하게 된다. 지능 발달에 대한 일치된 이론들을 찾아보기는 어렵지만, 일반적으로 약 15, 16세경부터 20세까지를 지능 발달의 정점에 달하는 기간으로 보고 있다. 물론 지능의 하위 구성요인들마다 약간씩 차이가 있다. 예를 들면, 수리적 능력이나 추리력의 경우 지능 발달의 정점인 20세 이후에는 점차적으로 쇠퇴해가는 경향을 보이지만, 어휘력이나 일반지식은 20세가 넘어서 일정한 연령까지 오히려 증가하는 모습을 보인다. 이러한 차이는 지능의 이론에서 언급한 것처럼 후자의 능력들은 유동성 지능이 아니라 연령에 따른 여러 가지 경험과 적응력과 관련된 결정성 지능을 대표하기 때문인 것으로 이해될 수 있다. 따라서 지적 능력이란 연령이 증가하면 자연적으로 감소되는 것이 아니며, 성인에 있어서도 경험과 환경적인 요인들이 그들의 지적 능력을 향상시킬 수도 있다.

지능관련 연구자들은 아동의 지능이 성장해가는 동안 안정적으로 유지되는지에 대해서도 많은 관심을 가져왔다. 다시 말해서 지능이 110인 아동은 10세, 15세, 혹은 20세에도 비슷한 지능지수를 가지게 되는가? 만 3세 이하 유아들의 경우 그들의 지능지수(정확히 말하자면, 발달지수)는 그 이후의 지능을 예측하는 데에 많은 어려움이 있다. 그러나 약 4세부터는 그 이후의 지능지수와 비교적 의미 있는 상관관계를 보이는 것으로 나타났으며, 특히 초등학교 입학 후에 측정된 지능지수는 18세까지의 지능지수와 상당히 높은 상관을 보였다(Sameroff et al., 1993). Honzik와 동료들(1948)은 250여 명의 아동들에 대한 종단적 연구를 시행한 결과, 〈표 6-3〉과 같은 상관관계를 도출하였다.

〈표 6-3〉 4~13세 동안에 측정된 지능지수들과 10세 및 18세에 측정된 지수들간 상관계수

아동의 연령	10세의 지능지수	18세의 지능지수
4	.66	.42
6	.76	.61
8	.88	.70
10	-	.76
12	.87	.76

* Honzik, MacFarlane, & Allen (1948)에서 인용.

그러나 위와 같은 상관계수들은 아동 개개인 지능의 안정성 여부를 나타내는 것은 아닐 수 있다. McCall과 동료들(1973)은 2년 6개월부터 17세 사이에 정규적으로 검사를 받은 140여 명의 아동들을 대상으로 지능지수 변동의 평균범위가 20점 이상이었음을 보고하고 있다. 흥미로운 사실은 지능지수가 변화하는 아동들의 대부분은 무질서하게 변화하기보다는 일관성 있게 증가하거나 혹은 감소한다는 것이다(Shaffer, 1993). 그렇다면, 지능지수가 증가하는 사람은 어떤 사람이고, 감소하는 사람은 어떤 사람인가? 전자의 경우는 전형적으로 부모가 아동의 지적 성장에 관심이 많아서 지적 자극의 기회를 풍성히 제공해 주며, 또한 자녀 양육방법에서 너무 엄격하지도 너무 느슨하지도 않은 가정환경에서 자란 아동들에 해당된다(Honzik et al., 1948; McCall et al., 1973). 반면, 지능지수에서 감소하는 현상을 나타내는 아동들의 경우, 종종 빈곤한 환경에서 자라고 있었으며, 특히 부모들의 지적 수행정도가 낮을 때 더욱 그러한 경향이 나타났다(Jensen, 1977; Ramsey & Ramsey, 1992). 이는 위에서 언급한 누적적 결함가설을 지지해 주는 결과이기도 하다.

3) 지능의 측정 및 검사

일반적으로 지능검사는 학교장면의 전반적인 학습과 문제-해결 능력에 일차적

인 초점을 두며, 영재, 정신지체, 학습장애 등을 밝히는 데 유용하게 활용되어 왔다. 오늘날 수많은 지능검사들이 있으나, 현대 지능검사의 시조라고 할 수 있는 검사는 1900년대 초 프랑스의 Binet에 의해 개발되었다. 그 당시 인본주의 철학과 심리학의 영향으로 정신지체아에 대한 관심이 높아졌고, 이들을 수용소에 보내기보다는 특별한 교육 시스템을 통해 가르쳐야 한다는 원칙 하에 정신지체를 측정, 진단하는 검사를 개발하게 되었다. Binet 검사는 최초의 표준화된 일반 지능검사로, (1) 기본적 언어 능력을 측정하고 (2) 검사문항에 대한 수행을 지능적 기능의 단일 측정치(g 또는 g-요인)로 전환함으로써, 학교에서의 성공을 예측하기 위한 목적으로 제작되었다.

1930년대에 이르러, Wechsler는 지능의 두 가지 요소인 언어적 능력과 비언어적 능력(또는 동작성 능력)을 측정함으로써 지능검사에 혁명을 일으켰다(Wechsler, 1939, 1949, 1967). 각 영역에 대한 평가는 요인분석적 연구를 반영한 것으로써, 일반적 지능(g)이 몇 개의 독립된 능력들로 쪼개질 수 있다는 것을 의미한다. Wechsler 체계에서 언어적 지능은 언어를 이해하고 사용하는 능력을 나타내는 반면에, 동작성 지능은 그림이나 기하학적 형태 등의 상징체계를 사용하는 능력을 나타낸다. 지능에 대한 전반적 측정치(총체적 IQ)를 제공하고 있으면서 동시에 지능 또는 g 요인을 하위요소들로 분리한 것은 그 이후 지능 검사의 전통이 되었다.

Wechsler 검사 시리즈는 연령에 따라 설계된 세 개의 개별 검사들로 구성되어 있다. (1) Wechsler 유아지능검사(Wechsler Preschool and Primary Scale of Intelligence; WPPSI): 4~6.5세, (2) Wechsler 아동지능검사(Wechsler Intelligence Scale for Children; WISC): 6~16세, (3) Wechsler 성인지능검사(Wechsler Adult Intelligence Scale; WAIS): 16세 이상. 이 세 개의 검사 모두 몇 차례의 개정작업을 실시하였는데, 성인용은 1997에 개정된 WAIS-III가 최신 개정판이고, 아동용은 1992년에 개정된 WISC-III이, 유아용은 1989에 개정된 WPPSI-R이 가장 최신 개정판이며, 이들은 전 세계적으로 가장 널리 쓰이는 개인용 지능검사들이다. Wechsler 검사들은 여러 개의 하위검사들로 이루어져 있으며, 이들 하위검사들이 결합되어 각각 세 가지의 지적 기능들에 대한 측정치(언어성 지능지수, 동작성 지능지수, 전체 지능지수)를 산출하게 된다(Wechsler, 1981/1989/1991). 각 검사의 척도를 구성하고 있는 구체적인 하위검사들은 〈표 6-4〉에 제시되어 있다.

〈표 6-4〉 WAIS-R, WISC-Ⅲ, WPPSI-R의 하위검사들

언어성 하위검사	WAIS-R	WISC-Ⅲ	WPPSI-R
• 상식(Information)	×	×	×
• 이해(Comprehension)	×	×	×
• 산수(Arithmetic)	×	×	×
• 공통성(Similarities)	×	×	×
• 어휘(Vocabulary)	×	×	×
• 숫자(Digit span)	×	×[a]	–
• 문장(Sentence)	–	–	×[a,b]
동작성 하위검사	**WAIS-R**	**WISC-Ⅲ**	**WPPSI-R**
• 빠진 곳 찾기 (Picture completion)	×	×	×
• 토막짜기(Block design)	×	×	×
• 차례맞추기 (Picture arrangement)	×	×	–
• 모양맞추기(Object assembly)	×	×	–
• 도형(Geometric design)	–	–	×[c]
• 기호쓰기(Digit symbol)	×	–	–
• 부호(Coding)	–	×[b]	–
• 동물의 집(Animal house)	–	–	×[b]
• 미로(Mazes)	–	×[a]	-
• 동형찾기(Symbol search)	–	×[a]	-
• 동물의 집 재검사 (Animal house retest)	–	–	×[a]

[a]다른 하위검사들을 실시하는 데 문제가 있을 때에만 사용되는 부가적인 하위검사.
[b]성인들에게 이용되던 검사를 아이들에게 적합하도록 유사하게 설계된 하위검사.
[c]도형검사는 차례맞추기와 모양맞추기검사를 대체한 것.

* Wechsler (1981, 1989, 1991)에서 인용.

한국에서도 연령층 별로 위 세 가지 검사가 모두 표준화되어 3세부터 성인에 이르기까지 지능을 측정할 수 있게 되었다. 예를 들면, 1981년판 WAIS-R을 염태호, 오경자, 김정규 및 이영호(1992)가 K-WAIS라는 이름으로 표준화하였고, 1949년판 WISC를 이창우와 서봉연(1974)이 K-WISC란 이름으로 표준화하였으며, 그 후 1974년판 WISC-R을 박경수, 윤점룡, 박효정 및 권기욱(1987)이 KEDI-WISC란 이름으로 표준화하였다. 가장 최근에 이루어진 표준화는 1992년판

WISC-III를 곽금주, 박혜원, 김청택이 표준화한 K-WISC-III(2001)이다.

Wechsler 검사의 개발과 함께, Stanford-Binet 지능검사(Stanford-Binet Intelligence Test)의 인기는 감소하게 되었다. 그러나 최근의 수정판들은 Wechsler 검사의 장점들을 많은 부분 받아들였다. 더욱이 가장 최근의 수정판(4판, S-B IV, 1972)에서는 이전의 검사들과는 달리 지능의 다차원적 관점을 채택하여, 오히려 Wechsler 검사보다도 지능에 대한 현대적 관점을 더 잘 반영하고 있다는 평을 받고 있다(Thorndike, Hagen, & Sattler, 1986). 4판은 지적 기능의 네 가지 영역들, 즉, 언어적 추리, 추상적/시각적 추리, 양적 추리, 단기기억)을 측정하는 15개의 하위검사들로 구성되어 있다. 비언어적 영역들을 두 개의 하위척도(추상적/시각적 추리와 양적 추리)로 나누었으며, 정보처리능력에 대한 측정치인 단기기억 척도를 포함시킨 것이다. 그 결과, Stanford-Binet는 2세에서 성인에 이르는 개인을 대상으로 지능의 네 가지 영역에 대한 지능지수와 전체 지능지수를 산출하게 된다. Stanford-Binet의 네 가지 지능 영역들과 15개 하위검사들 간의 관계를 〈표 6-5〉에

〈표 6-5〉 Standford-Binet 4판 검사의 하위검사 분류표

지능의 측면	영 역	하위검사
결정성 능력 (Crystallized abilities)	언어적 추리	어휘(vocabulary) 문장 이해(Comprehension) 모순점 찾기(Absurdities) 관계 찾기(Verbal relations)
	양적 추리	양적 비교(Quantiative) 수열(Number series) 공식 세우기(Equation building)
유동성 능력 (Fluid abilities)	추상적/시각적 추리	패턴분석(Pattern analysis) 같은 것 찾기(Copying) 행렬(Matrices) 종이 접기/오리기 (Paper folding/cutting)
기억력 (Memory abilities)	단기기억	물방울기억(Bead memory) 문장기억(Memory for sentences) 숫자기억(Memory for digits) 물체기억(Memory for objects)

* Thorndike, Hagen, & Sattler (1986)에서 인용.

제시하였다. 한국에는 1970년에 고려대학교 행동과학연구소 전용신이 1937년판 Standford-Binet 검사 2판을 토대로 개발한 고대-비네 검사가 있다.

정통적인 Wechsler 검사나 Stanford-Binet 검사들이 여전히 강세이지만, 새로운 지능이론을 반영하는 검사들이 꾸준히 개발되고 있다. 그중 현대의 정보처리 이론을 바탕으로 개발된 Kaufman 검사(Kaufman Assessment Battery for Children; K-ABC)는 2세 6개월에서 12세 5개월의 아동을 대상으로 신경심리학의 지능이론을 바탕으로 아동의 인지처리능력과 습득도를 평가하기 위한 검사이다(Kaufman & Kaufman, 1983). K-ABC는 다양한 인지처리 영역의 하위검사들(손동작, 수회상, 단어 배열, 마법의 창, 얼굴재인, 그림통합, 삼각형, 행렬추리, 위치기억, 사진순서) 10개와 습득도를 측정하는 하위검사들(어휘표현, 인물과 장소, 산수, 수수께끼, 문자해독, 문장이해) 6개로 구성되어 있다. 한국판 K-ABC는 문수백과 변창진(1997)이 번역하여, 만 2세 6개월부터 12세 5개월까지의 정상 및 특수 아동들을 대상으로 표준화하였다.

위와 같은 표준화된 지능검사들은 기초적인 언어능력과 주의집중시간을 요하기 때문에 최소 2년 6개월이 지난 아동들에게 사용될 수 있다. 이보다 어린 영유아들의 능력을 측정하기 위한 시도들도 이루어져 왔는데, 이러한 검사들은 주로 중요한 발달상의 이정표들을 성취하는 비율을 평가하고 있다. 가장 널리 사용되는 것은 Baryey 척도(Baryey Scale of Infant Development)로 2개월에서 30개월까지의 유아들을 위해 제작되었다. 이 도구는 운동척도(정육면체를 잡고, 공을 던지고 혹은 컵을 들고 마시는 것과 같은 운동능력평가), 정신척도(대상들을 범주화하고 숨겨진 장난감을 찾고, 또는 지시에 따르는 것과 같은 적응 행동평가), 그리고 유아행동기록(목표지향성, 두려움 및 사회적 반응성과 같은 차원에서 보이는 행동평가)으로 구성되어 있다(1969/1993). 운동척도와 정신척도에서의 평가를 기초로 하여 유아에게 점수가 부여되는데, 이 지수는 지능지수라기보다는 발달지수(developmental quotient; DQ)라고 불리며, 동일한 연령(개월)의 유아들과 비교해 볼 때 얼마나 잘 혹은 덜 성장, 발달하고 있는지를 보여주고 있어 신경학적인 장애 및 다른 정신지체의 증후들을 진단하는 데 매우 유용하다.

이상에서 언급한 검사들은 개인적으로 실시되는 지능검사들이다. 이러한 개인검사 외에도 실시상의 편리함으로 인해 집단검사가 널리 사용되고 있다. 집단검사의 대표적인 예가 Otis-Lennon 학교능력검사(Otis-Lennon School Ability Test) 또는 OLSAT1)이다(Otis & Lennon, 1990). 현재 사용되고 있는 것은

OLSAT 6판으로서, 유치원에서부터 고등학교 재학생들까지를 대상으로 (1) 학교에서의 과제와 활동들을 수행할 수 있는 능력을 평가하고, (2) 그 학생에게 맞는 학교를 제안하며, (3) 학생의 잠재력과 비교했을 때의 상대적인 학업성취도 평가 등을 목적으로 학생들의 사고력과 추리력을 측정한다(Otis & Lennon, 1990). 여러 개의 하위검사들은 크게 두 가지의 지적 기능, 즉 언어적 능력과 비언어적 능력으로 분류될 수 있다. OLSAT의 최근 판에서는 지능지수라기보다는 학교능력지수(School Ability Indexes; SAIs)를 산출한다. 명칭을 바꾼 것은 이 지수가 학교-관련 능력 즉, 학문적 지능에 초점을 두고 있는 것을 강조함으로써, 검사에 대한 오해와 오용을 줄이기 위한 것이다.

OLSAT 외에 또 잘 알려진 집단 지능검사인 인지능력검사(Cognitive Abilities Test) 혹은 CogAT는 Binet 검사에 토대를 둔 초기의 또 다른 집단검사인 Lorge-Thorndike 지능검사를 확장한 것이다. 이 검사는 유치원에서 12학년까지에 맞게 설계되어 있으며(Thorndike & Hagen 1986), 세 가지 영역(언어적 영역, 비언어적 영역, 양적 영역)에서의 추리력과 문제해결능력을 측정한다. OLSAT와 달리, CogAT는 공간적 및 지각적 능력(비언어적 능력)과 수리적(양적) 능력을 구분한다. 비언어적 하위검사들은 기하학적 및 공간적 문제들에 초점을 두는 반면에, 양적 하위검사들은 수치적 및 계산적 문제들에 초점을 둔다.

2. 창의성의 개념과 측정

1) 창의성 연구의 동향

이전에는 창의성을 아주 소수의 사람들만이 선천적으로 가지고 있는 측정하기 어려운 능력이라고 생각하였다(성은현, 1996). 20세기 초반 이후 게슈탈트(Gëstalt) 학파와 행동주의 학자들 그리고 왈라스(Wallas) 등이 창의적 사고를 연구하기는 하였지만 창의성 개념의 구체적인 모형은 찾아내지 못하였다. 창의성을 구성하는 요인들이 밝혀진 것은 20세기 중반 이후 길포드(Guilford)를 중심으로 한 심리측정적 접근이 나타나면서부터였다. 길포드는 지능의 구조를 연구하면서 확산적 사고 요인들을 밝혀냈고, 이 요인들에 몇 가지 요인을 첨가하여 창의성의 구성 요인들을 찾아내었다. 이러한 요인이 밝혀지자 일반인들의 창의적 능력을 측정하고 개발하는 데 학자들의 관심이 모아졌다. 이러한 관심은 20세기 후반을 거쳐 21세기 초반인 현재에 이르는 동안 창의성의 인지적 측면, 창의성의 인성적 측면, 창의성의 사회문화적 측면 등 다차원적 접근이 창의성 연구를 위해서 이루어져야 한다는 의견으로 변화되고 있다. 본 절에서는 이러한 흐름에 대해 좀더 자세히 살펴보기 위해 20세기 초반부터 중반 전후까지 이루어진 연구들을 '(1) 창의성의 전통적 접근' 에서 소개하고 1970년대와 1980년대부터 현재까지의 연구 경향을 '(2) 창의성 연구의 최근 동향' 에서 살펴보려 한다.

(1) 창의성 연구의 전통적 접근

① 20세기 초기의 창의성 연구

1920년대에 게슈탈트 학파(Duncker, Köhler, & Wertheimer)는 창의적 사고(그들의 용어로는 생산적 사고)를 연구하면서 '문제의 재구성 (reconstruction)' 을 창의적 문제해결의 핵심요소로 중요시하였다. 그들은 문제의 재구성이란 과거 경험과는 독립적인 과정으로 보았으며, 지각의 재구성 과정과 유사한 것으로 생각하였다. 예를 들어 정육면체를 지각할 때 정면 방향으로 보이던 정육면체가 갑자기 깊이 방향으로 달리 지각되는 것과 같이, 문제를 정의하던 시각이 갑자기 바뀌어 새롭게 문제를 정의 하게 된다는 것이다. 이러한 재구성 과정이 일어나는 이유를 문제를 해석하던 뇌의 활성화 부위가 자발적으로 다른 곳으로 전이되기 때문이라고 해석하고 있으나 왜 자발적인 전이가 일어나는지에 대해서는 과학적인 설명을 하지 못하였다.

왓슨(Watson)을 중심으로 한 행동주의 학파는 게슈탈트 학파가 창의적 문제해결과정에 있어 과거 경험을 전혀 중시하지 않았던 것과는 달리, 새로운 문제해결의 열쇠는 새로운 문제 상황과 과거에 겪은 문제 상황 사이의 유사성을 찾아내는 데 있다고 하였다. 이러한 유사성 때문에 과거 문제 상황에서 쓰여졌던 지식들이 새로운 문제를 해결하는 데 도움을 주게 된다는 것이다. 그런데 만약 새로운 문제 상황이 과거의 문제 상황과 어떤 유사성도 갖지 않는다면 그 문제 해결은 '시행착오' 에 의해서 가능하다고 하였다. 예를 들어 시인이 새로운 시를 짓는 것은 우연히 시인을 기쁘게 하는 구절을 찾을 때까지 여러 단어를 짜 맞추어 보는 과정을 통해 이루어진다고 하였다. 이러한 행동주의 의견은 복잡한 창의적 사고 과정을 너무 단순화시켰다는 비판을 받게 된다.

왈라스(Wallas)의 창의적인 사고 과정에 관한 연구는 행동주의 입장에 비해 창의적 사고과정을 좀더 자세히 분석하고 있다. 즉, 창의적인 산출이 이루어지기 위해서는 주어진 문제를 다각도로 검토하고 분석해보는 준비(preparation) 단계를 거쳐, 문제에서 벗어나 휴식이나 다른 활동을 하면서 무의식적으로 문제에 대해 검토해 보는 부화(incubation) 단계에 이르게 된다고 하였다. 충분한 부화 기간을 거치면 '아하' 하는 통찰력과 함께 유레카(eureka)를 경험하게 되는데 이 단계를 발현(illumination) 단계라고 하고 이후, 발견된 해결책을 객관적으로 검증하고 조합하는 검증(verification) 단계를 맞게 된다고 하였다. 이러한 왈라스의 단계 이론은 지금도 창의성에 관한 여러 책에서 가끔씩 언급되고 있지만 세밀하고 과학적인 분석은 아니라고 할 수 있다.

② 심리측정적 접근

1950년대에 들어서서 창의적 사고에 대한 연구가 좀더 과학적인 양상을 띠게 되었다. 특히, 길포드는 이 물결의 선두주자로 창의성의 요인과 측정에 대해 활발한 연구를 하였다. 그는 창의성은 소수의 사람만이 가진 선천적인 능력이라는 당시의 창의성에 대한 고정관념을 깨고 창의성이란 개인에 따라 다소 차이가 있지만 모든 사람들이 가지고 있는 능력이라 하였다. 그리고 '지능 구조의 모델(Structure of intelligence)'을 소개하면서 지능 구조의 한 부분인 확산적 사고(divergent thinking)를 창의성의 기본 사고유형으로 보았다(Guilford, 1967). 확산적 사고란 어떤 주어진 문제에 대해 다양하고 많은 정보를 만들어 내는 사고유형으로 정답이나 오답이 없고 응답자가 상상력을 동원하여 자유롭게 답을 찾아내는 사고이다. 요인분석을 통해 밝혀진 확산적 사고의 기본 요인은 유창성, 융통성, 독창성이었다. 길포드는 창의성이란 엄격히 말하면 확산적 사고보다 좀더 큰 개념으로 유창성, 융통성, 독창성 요인 외에 문제를 재정의 하는 능력, 문제에 대한 민감성, 답을 결정하기 전에 그것을 평가하는 능력, 문제를 분석하고 요약하는 능력, 직관력 등을 요구하는 개념이라고 생각하였다. 또한, IQ와 확산적 사고와의 관련성에 대해서 '높은 IQ는 창의성에 충분조건은 아니지만 필요조건'이라고 하였다.

카텔(Cattell) 역시 길포드와 같이 창의성의 요인들을 제시하였다. 그는 창의성의 주요인은 주어진 정보들 사이에 새로운 관계를 이끌어 내는 능력인 유동적 지능(fluide intelligence)이라 하였다. 그리고 세 개의 부요인으로써 결정적 능력(crystallized ability), 유창성(fluidity), 융통성(flexibility)을 제시하였다(Cattell, 1971).

토란스(Torrance)는 길포드의 창의성에 관한 이론을 발전시켰고 아동을 대상으로 한 창의성 검사를 개발하는 데 관심을 가졌다. 그는 아동의 흥미를 유발시킬 수 있는 재미있고, 구체적인 문항들로 구성된 검사를 만들기 위해 노력했으며 마침내 언어검사와 도형검사로 구성된 '토란스 창의성 검사'를 개발하였다. 그 후 다양한 연구를 통해 검사의 타당도와 신뢰도를 입증하였다. 한 예로 초등학생을 대상으로 창의성 검사를 실시하여 얻은 결과와 그 학생들의 22년 후의 실제 창의적 성취도를 비교한 연구결과, 초등학교 때 창의성 검사에서 높은 점수를 얻은 학생들이 후에 창의적 성취를 많이 한 것으로 나타났다(Torrance, 1988).

③ 연상주의적 접근

길포드를 중심으로 한 접근과는 달리 연상주의자들은 내성법(introspection)을 토대로 창의적 사고의 메커니즘을 연구하려 하였다. 이러한 조류의 대표적인 학자인 메드닉(Mednick)은 창의적 생각을 찾는 세 가지 방법을 제시하였는데, 우연적인 연상(serendipity), 유사한 자극과의 연상(similarity), 각각 다른 단어들이 제3의 단어와 결합하게 되는 매개(mediation)의 방법이 그것이다(Mednick, 1962). 또한 메드닉은 '먼 결합능력 검사(Remote Associates Test)'를 제작하여 창의성을 측정하려 하였다.

이러한 메드닉의 검사는 왈락과 코간(Wallach & Kogan)에 의해 보완되었다. 이들은 피험자의 연상 작용으로 나오는 답의 양과 그 답이 가지는 독창성의 질로 개인의 창의적 능력을 측정하려 하였다. 특히 이들은 창의성 검사는 시간적 제한 없이 놀이를 하는 것처럼 즐거운 환경에서 이루어져야 한다고 생각하였다. 왜냐하면 창의적이지 못한 사람들은 일반적이고 전형적인 답을 먼저 많이 하고 그 다음 답의 양이 급격히 적어지는 반면, 창의적인 사람들은 처음에 독창적인 답을 찾기 위해 시간을 소비하고, 어느 정도 시간이 경과한 후 기발한 답들을 내놓기 시작한다는 것이다. 그러므로 시간을 제한하면, 독창적이지 않으나 많은 양의 답을 산출하는 사람을 창의적인 사람으로 판정하게 되고, 독창적인 답을 찾기 위해 처음에 시간을 소비한 사람들은 답을 많이 산출하지 못하였기 때문에 상대적으로 덜 창의적인 사람으로 판정될 수 있다는 것이다. 또한 창의적인 사람들의 자서전을 읽어 보면 창의적인 사고는 평가에서 자유로운 상황에서 일어나기 때문에 놀이 상황 같은 조건에서 검사를 하는 것이 시험 상황 조건보다 창의성을 잘 측정할 수 있다고 하였다(Wallach & Kogan, 1965).

(2) 창의성 연구의 최근 동향: 통합적 접근

김혜숙(1999), 송인섭과 김혜숙(1999)은 창의성을 '새롭고 가치 있는 유용한 것을 만들어 내는 능력(힘)으로서 개인의 정의적 성향과 인지적 능력, 환경(상황) 및

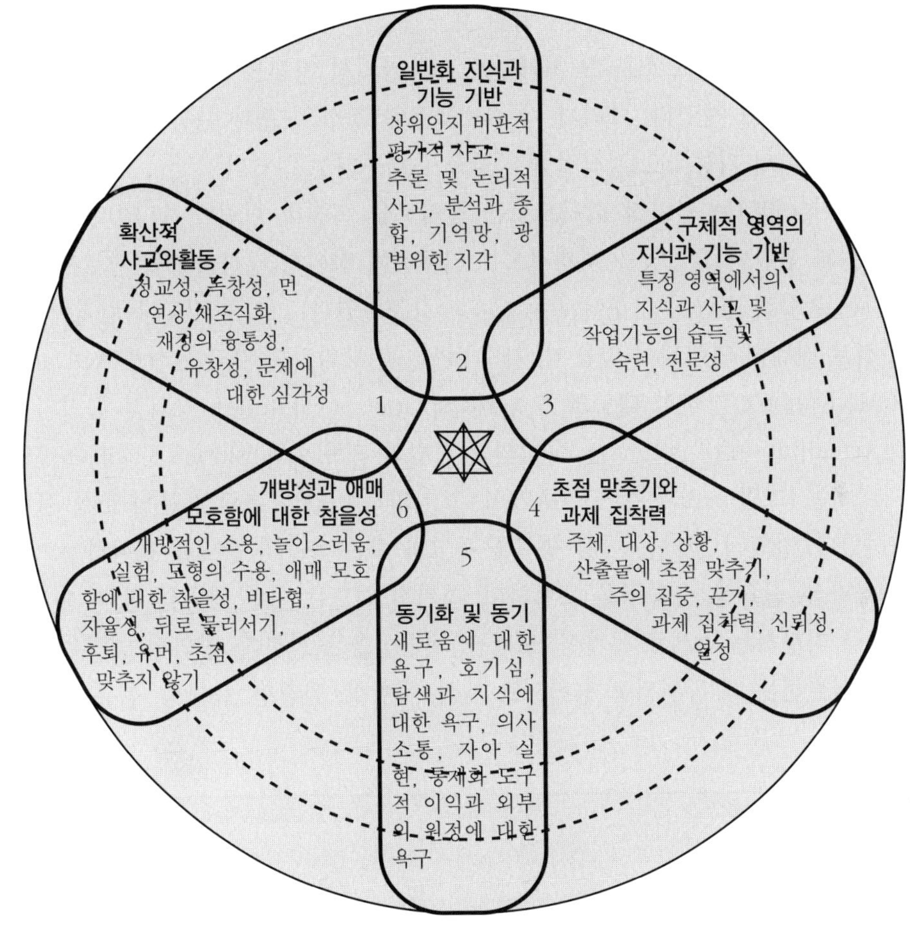

[그림 6-2] Urban(1995)의 창의성 요소 모델

출처: 조석희(1996). 창의성의 파라독스, 인지와 창의성의 심리학(p.98). 서울: 창지사.

과제와의 상호작용을 통해서 결정되는 것'이라고 정의했다. 이러한 정의는 최근 창의성 연구의 다원적이고 복합적인 접근 방식을 반영해 준다. 다원적 복합적 접근에서는 창의성의 발현이 동기, 인성, 인지능력, 환경 등의 복합적인 요소들에 의하여 이루어진다고 생각한다(Collins & Amabile, 1999; Csikszentmihalyi, 1988).

얼반(Urban, 1995)은 아래 그림과 같은 창의성 요소 모델을 발표하면서 창의

성에 필요한 요소들을 제안하였다(조석희, 1996: 96-110).

위 모델에서 볼 수 있듯이 창의성에는 확산적 사고와 행동, 일반적 지식과 사고 기반, 특정 영역에서의 지식 기반과 사고 및 작업 기능, 초점 맞추기와 과제에 대한 집착력, 동기와 동기화, 개방성과 애매모호함에 대한 참을성, 환경의 요소들이 필요하다. 조석희(1996)는 위 하위 요소들 간의 변증법적 조합은 한없이 계속될 수 있으며, 어느 요소도 그 자체만으로는 창의성 전체를 책임질 수 없고, 좌우할 수도 없다고 하였다. 그리고 각 요소들은 특정한 수준과 특정한 상황에서 상호 의존적이며 기능적으로 적절한 역할을 수행한다고 하였다.

박병기(1998)는 단편적 접근으로는 창의성을 온전히 이해할 수 없다고 보고, 창의성과 관련된 요인들을 체계적으로 연계하여 창의성을 하나의 전체로서 이해하려는 통합적 접근이 이루어져야 한다고 강조하였다. 그리고 각각 독립적이면서도 서로 긴밀히 연관되어 있는 네 가지 차원, 즉 창의적 동기의 활성화(Activation of Motivation), 창의적 태도의 수용(Acceptance of Attitude), 창의적 능력의 발현(Actualization of Potency) 및 창의적 기법의 습득(Acquisition of Skill)을 근간으로 하는 [그림 6-3]과 같은 'MAPS 4A : 창의적 인간의 통합적 분석 모형'을 제시하였다. 창의적 동기는 어떤 행위를 하고자 하는 욕구의 강도를 표현하는 것으로 호기심, 집요성, 유희성을 포함하며, 창의적 태도는 어떤 행위를 할 때 일관된 방향을 지향하는 자세로 독자성, 모험심, 개방성을 포함한다. 창의적 능력은 창의성을 실현하는 데 동원되는 능력으로 지식, 독창성, 민감성, 유창성, 융통성, 정교

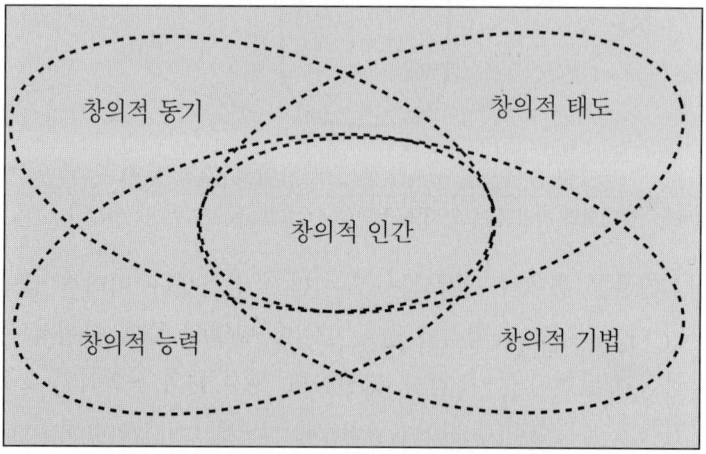

[그림 6-3] MAPS 4A: 창의적 인간의 통합적 분석 모형

출처: 박병기 · 유경순(2000). 창의성과 지능의 관계구조. **교육심리연구**, 14(2), 37.

성, 상상력, 메타창의성을 포함하며, 창의적 기법은 창의적 과정의 효율적 수행을 돕는 많은 기법들이다.

김종안(1998) 역시 통합적 관점에서 창의성에 기여하는 여섯 가지 요소를 제안하였는데 첫 번째 요소는 지적 능력으로(문제를 발견하고 해결하고 해결안을 평가하는) 문제해결력과(유창성, 융통성, 독창성 요인을 포함하는) 확산적 사고력 및 일반 지능이 포함된다. 두 번째 요소는 관련 분야에 대한 박식함을 나타내는 지식이고, 세 번째 요소는 사고 양식으로 직관적이고 전체적으로 사고하고 좌뇌와 우뇌를 통합적으로 사용하는 사고 양식을 말한다. 네 번째 요소는 인성 특성으로 독창적, 독립적, 위험 감수, 정열적, 호기심, 끈기와 인내, 유머감, 복잡성, 심미적, 개방성 등의 요소를 포함한다. 다섯 번째 요소는 창의적 목적을 위해 인지적 요소를 사용할 추진력을 제공하는 동기인데, 전통적으로는 내적 동기만 중시하였으나 현재는 내적 동기와 상승 효과를 갖는 외적 동기도 중요시 생각된다. 마지막 여섯 번째 요소는 환경으로 새로운 아이디어를 형성하고 발전시키는 것을 돕는 물리적, 사회적 조건을 말한다.

직첸미할리(Csikszentmihalyi, 1999)는 그동안의 창의성 연구가 정신 과정(mental process)에만 집중되어 있었다고 지적하고, 이러한 접근만으로는 창의성을 올바로 이해할 수 없다고 하였다. 그는 어떤 사람의 창의성이 유용한 의미를 지녔다면 그가 만든 창의적 산물은 다른 사람들로부터 인정을 받게 될 것이라고 하였다. 개인이 가진 독창성과 지각의 신선함, 확산적 사고의 요인 등이 중요하지만, 이러한 특성을 가진 개인의 창의적 산물이 주위 사람들로부터 인정을 못 받는다면 그 개인은 창의적이라 할 수 없다고 하였다. 그러므로 창의성은 관중과 생산자 사이의 상호작용을 통해 구성되는 현상(Phenomena)으로 심리적 사건인 동시에 사회문화적 사건이라고 하였다. 이러한 입장에서 그는 창의성의 체계(Systems) 모델을 제안하였다. 체계 모델의 구성은 아래 [그림 6-4]와 같다.

[그림 6-4]를 보면 체계 모델은 다양한 영역으로 구성된 문화와, 여러 분야의 사람들이 모인 사회, 그리고 개인적 배경을 가진 개인의 세 체계로 구성되어 있으며 각 요소들은 양방향적으로 상호작용하고 있다[1]. 각 체계를 하나하나 설명해 보면 문화는 미술 영역, 음악 영역 등 다양한 영역들이 모여 이루어진다. 즉, 개인이 만든 창의적 산물이 그 분야의 평가를 거쳐 인정을 받으면 그것은 관련 영역

1) 처음 Csikszentmihalyi(1988)가 체계 모델을 제시하였을 때 각 체계의 상호작용 방향성은 개인→분야→영역→개인의 일방향적 모델을 가정하였으나 후에 양방향성으로 수정됨.

에 첨가되고, 이후 영역은 이를 보전하여 학습을 통해 후대에 전달하는 기능을 하며, 다양한 영역들이 모여져 그 시대의 문화를 만들어 낸다. 분야는 교사나 비평가처럼 특정 영역과 관련된 사람들의 집단으로, 개인의 산물을 평가하여 가치 있다고 인정되는 것을 영역에 통합시키는 기능을 하며, 각 분야의 사람들이 모여 사회를 이루게 된다. 개인은 저마다 개인적인 배경을 가지고 있으며, 문화로부터 전달 받은 정보와 새로운 것을 생산하도록 요구하는 분야의 영향을 받아서, 새로운 산물을 만들어내는 창의의 주체이다. 직첸미할리(Csikszentmihalyi)는 그동안 창의성 연구에서 가장 많이 관심을 가졌던 주제가 개인과 관련된 특성, 즉 개인의 호기심, 동기, 확산적 사고력, 창의적 인성 등에 관한 것이었다고 지적하면서 창의성 연구가 발전하려면 창의성 연구의 관심이 개인에서 사회, 문화적 환경으로 확장되어야 한다고 하였다. 그는 또한 창의적 업적을 낸 사람들의 개인적 배경 중에 하나인 가정환경도 연구하였는데 호기심을 격려하는 분위기, 부모의 교육적 분위기, 인생 초기에 관련 분야의 숙련가에게 훈련을 받을 수 있는 환경 등이 창의성에 영향을 미친다고 하였다. 그리고 때로는 많은 창의적인 사람들이 대부분의 사람과는 다른 독특한 환경에서 성장하였다고 하였는데, 가드너(Gardner)가 복합 지능과 관련하여 선정한 7인의 창의가들(Einstein, Gandhi,

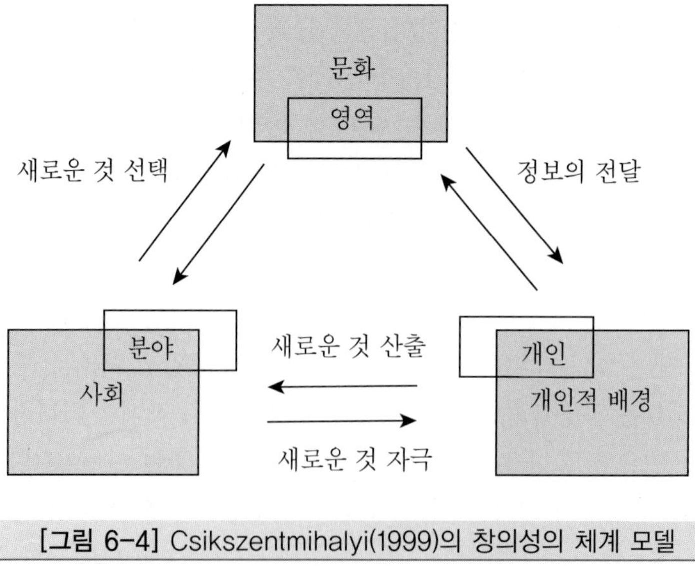

[그림 6-4] Csikszentmihalyi(1999)의 창의성의 체계 모델

출처: Csikszentmihalyi, M. (1999). *Handbook of Creativity* (p.315). Cambridge: Cambridge University Press.

Stravinsky, Eliot, Martha Graham, Freud, Picasso)은 모두 자기가 태어난 나라와 다른 나라에 정착하거나, 이리 저리 옮겨 다니거나, 다른 종교를 가진 사회의 이방인(outsider)이었다고 하였다.

이작슨, 푸시오, 트레휭거(Isaksen, Puccio, & Treffinger, 1993) 또한 창의적 생산성이 단지 개인 내부에 존재하는 능력 또는 요소들의 상호작용 결과만은 아니며, 시간, 타인, 장소, 배경 등의 영향을 받게 된다고 보고, 창의성을 절대적인 능력으로 보기보다는 시대와 장소 등 배경에 따라 영향받을 수 있는 상대적인 능력으로 보았다. 또한 우드만과 쉔휄트(Woodman & Schoenfeldt, 1989)도 창의적 산물은 인지 능력(인지 양식 및 확산적 사고력 등)과 인성차원(인성 및 내외 통제 신념 등)이 창의적 성취를 촉진시키거나 억제하는 상황(또는 사회적 영향)과 상호작용하여 만들어 진다고 하였다.

2) 창의성과 지능의 관계

바론(Barron, 1963)은 특정 수치를 기점으로 창의성과 지능의 관계가 변한다는 식역이론을 제안하였다. 즉, IQ 120을 기점으로 하여 120 이하에서는 창의성과 지능이 정적인 상관을 이루다가 120이상이 되면 관련이 없어진다고 하였다. 박병기와 유경순(2000)에 따르면 식역의 수치는 학자마다 다소 차이가 있는데 크로프리(Cropley)는 식역으로 IQ 130을 제시하였고, 다른 연구에서는 IQ 110을 제시하였다고 한다.

스턴버그와 오하라(Sternberg & Ohara, 1999)는 창의성과 지능의 관계를 연구하며 다음과 같이 창의성과 지능이 맺을 수 있는 다양한 관계들을 설정하고 각 관계와 관련된 연구들을 정리하여 소개하였다. 먼저 지능 위주의 포섭적 관계(subset of intelligence)에서는 창의성이 지능의 한 영역으로 간주되는 것으로 길포드(Guilford)가 지능의 구조 안에 확산적 사고 요인을 포함시킨 연구가 그 예라 할 수 있다. 반대로 지능이 창의성의 영역에 포함된다고 가정한 창의성 위주의 포섭적 관계(subset of creativiy)가 있는데, 이 영역의 예로는 창의적 사고와 행동이 나오려면 지능, 지식, 사고양식, 인성, 동기, 환경 요인이 수렴되어야 한다고 생각하는 스턴버그와 뤼바트(Sternberg & Lubart)의 투자이론(investment theory)을 들 수 있다. 다음으로 창의성 영역의 일부와 지능 영역의 일부가 겹쳐지는 중첩적 관계(overlapping sets)가 있는데, 스턴버그와 오하라(Sternberg &

O' Hara, 1999)에 따르면 이 관계가 가장 널리 받아들여지는 견해로, 앞서 바론(Barron)의 식역이론(IQ와 지능이 정적 관계를 보이다가 IQ의 어느 점수 이상이면 관계가 없어진다는 이론)이 이러한 중첩적 관계를 반영하는 것이라고 생각하였다. 또한 창의성과 지능이 실제적으로 똑 같다고 생각하는 동등한 포섭적 관계(coincident sets)도 있다. 이 예로 퍼킨스(Perkins)의 만약 우리가 창의성을 이해하기를 원한다면, 일반적인 문제해결을 연구하면 된다고 한 '아무것도 특별한 것은 없다(nothing special)' 는 견해를 제시하였다. 마지막으로 창의성과 지능이 서로 다른 실체라고 생각하는, 창의성과 지능은 상호 독립적인 관계(disjoint sets)라고 가정하는 사람도 있다. 게젤과 잭슨(Getzel & Jackson), 토란스(Torrance), 왈락과 코간(Wallach & Kogan) 등 전통적 접근의 연구가들이 창의성과 지능을 서로 다른 실체로 생각하는 경향이 있었다.

창의성과 지능의 관계는 영역(domain)에 따라 다르다는 사실도 일반적으로 받아들여지고 있다(Barron & Harrington, 1981; Mumford, Peterson, & Childs, 1999). 예를 들어 엔지니어링과 메네지먼트 영역에서 창의적인 업적을 내기위해서는 지능이 더 많이 요구된다고 한다(Mumford, Peterson, & Childs, 1999).

또한 가드너(Gardner, 1983, 1993)는 복합 지능을 이야기하며 지능의 각 요인과 관련된 창의적인 사람(예를 들어 스트라빈스키(Igor Stravinsky)는 음악지능, 피카소(Picasso)는 공간지능, 아인슈타인(Einstein)은 논리수학적 지능 등)을 연구하였다. 가드너(Gardner)의 이론은 스턴버그와 오하라(Sternberg & O' Hara)에게는 지능위주의 통합으로 간주되었는데 각 지능 영역의 우수한 사람 가운데 창의적인 사람이 속하는 것으로 가정하였기 때문인 듯하다.

3) 창의성의 발달

유 · 아동기에 창의성이 보편적인 특성이라는 의견에는 많은 학자들이 동의하고 있다(Dudeck, 1974). 그러나 창의성 발달 시기에 대해서는 의견이 분분하다. 조성연(1990)은 창의성 발달에 초등학교 저학년 시기가 결정적이라고 하였고, 레만(Lehman)은 30대 후반과 40대 초반 사이가 창의적 성취의 최고점이라 하였다(Dudeck, 1974). 또한 코뮤라이넨(Komulainen, 1985)은 창의적 성취가 일생 동안 2회 즉, 30대와 50대에 나타난다고 하였다. 이러한 의견은 창의성 발달에 대한 몇 가지 접근으로 수렴된다. 연령감퇴모델(Age-Decremental Model 또는 Deficit approach)에서는 창의성이 아동기부터 발달하다가 3, 40대에 정점에 도달하고 이후 감소한다고 주장한다. 이 모델에서는 전 일생을 통해 창의성이 일관된 구조를 갖고 있다고 생각하며, 신체적 · 지적 감퇴가 일어나는 시기부터 창의성도 감퇴한다고 생각한다. 이와는 달리 창의성이 연령별로 다른 형태로 나타난다는 전 일생 발달적 접근(Life-Span Developmental Approach)에서는 각 연령마다 특성은 다르지만 인간은 일생동안 창의적이라는 것을 가정한다. 특히 싸써 코앤(Sasser-Coen, 1993)은 발달의 어떤 단계에서든 잃는 것이 있으면 얻는 것도 있으며 인간은 이 역동적인 균형을 유지하며 전 일생을 통해서 발달한다고 한다. 다시 말하면 중년기 이후의 신체적인 기능의 감퇴가 정서, 인지, 좀더 나아가 창의성의 감퇴로 이어지지는 않는다고 한다. 그러므로 창의성은 연령에 따라 감소하는 것이 아니고 창의성을 구성하는 기저 요인들이 전 일생을 통해서 변화하고 발달하는 것이며 결과적으로 각 단계의 창의성은 질적으로 다른 것이라고 한다. 그리고 성인기 이후의 창의적 능력은 경험과 지식을 자신만의 방식으로 통합하는 것이라고 한다(Komulainen, 1985).

하주현(1999)은 창의성 발달에 관한 연구들을 좀더 자세히 소개하고 있는데 그 내용을 요약하면 다음과 같다. 먼저 위에서 소개한 연령 감퇴모델(Age-Decremental Model)을 주장하는 레만(Lehman)은 30대 후반과 40대 초반 사이가 창의적 성취의 최고점이라 하였고, 알포우(Alpaugh) 등은 창의적 성취가 40세까지 증가하다가 그 후 감퇴한다고 하였다(Dudeck, 1974). 그러나 쟈퀴쉬(Jaquish 등, 1981) 등은 18세에서 84세를 대상으로 연구한 결과 유창성과 융통성은 연령에 따라 감소하였으나 독창성은 연령의 영향을 받지 않는다고 하여 확산적 사고력의 요인별로 연령에 따른 발달 형태가 다르다는 의견을 제시하였다. 전 일생 발달적 접근(Life-Span Developmental Approach)에서는 창의성이 인생 시점에 따라 서로 다른 형태로 나타난다고 보았다. 예를 들어 레스너와 힐만(Lesner & Hillman, 1983)은 출생에서 1세를 창의성의 내적 풍요기(creative internal enrichment period), 12세에서 60세를 창의성의 외적 풍요기(creative internal enrichment period) 그리고 60세에서 사망까지를 창의적인 자기 평가기(creative self-evaluation period)로 보았다. Taylor는 창의성 발달의 5단계를 제시하였는데 1단계는 6세까지로 표현적 자발성(expressive spontaneity) 단계, 2단계는 6세에서 12세로 기술적 유능성(technical proficiency) 단계, 3단계는 13세에서 20대로 발명적 재능(inventive ingenuity) 단계, 4단계는 20대 후반에서

30대 후반으로 혁신적 융통성(innovative flexibility) 단계, 5단계는 50대 후반에서 80대까지로 발현적 독창성(emergentive originality) 단계라고 하였다. 이렇게 전생애에 걸쳐 질적으로 다른 창의성이 출현한다는 의견과 달리 인생 초반에 한 번 그리고 후반에 한 번 창의성이 두 번 정점에 도달한다는 의견도 있다. 인생 초반에 한 번 그리고 후반에 한 번, 두 번 정점에 도달한다는 모델(Up Early-Up Later: Two Peak Model)을 제안하는 학자 중 코뮤라이넨(Komulainen, 1985)은 14세에서 61세를 대상으로 창의적 산물을 연구한 결과 정상에 도달하는 2번의 주기가 30대와 50대라는 것을 발견하였다.

또한 하주현(1999)은 우리나라 초등학교 2학년에서 대학생을 대상으로 한 연구에서 창의적 인성의 발달 경향성과 창의적 사고의 발달 경향성을 보고하였다. 창의적 인성 요인별로 발달경향성을 살펴보면 창의적 인성(개방성, 독립성, 모험심, 유머감, 상상, 인내/집착, 자기확신, 호기심) 총점은 초등학교 2학년에서 중학교 까지는 계속 높아지다가 그 이후 감소하고 대학교 시기에 다시 높아지는 경향이 있다고 하였다. 또한 호기심, 개방성, 모험심, 인내/집착은 아동기에 발달하고, 중학교 시기에는 상상, 자기 확신, 유머감이 발달하며, 대학교 시기에 독립성이 발달한다고 하였다. 그리고 자기확신, 독립성, 유머감, 인내/집착, 호기심 등 대부분의 창의적 인성요인들이 고등학교 시기에 감소하다가 대학교 시기에 다시 높아진다고 하였다. 창의적 사고력의 요인별 발달 경향성은 창의적 사고력 총점에서 초등학교 2학년에서 중학교까지 점점 높아지다가 고등학교에서 대학교에 이르는 시기에 급격히 떨어졌다. 요인별로 보면 유창성은 초등학교 4학년 때 가장 높았고 그 이후에 계속 떨어졌으며 독창성은 초등학교 6학년 때 가장 높았고 그 이후에 계속 정체를 이루다가 대학교 시기에 낮아졌다. 정교성은 초등학교 6학년

〈표 6-6〉 에릭슨-피아제-고완의 발달 단계

수준	단계	특성		시기
1 수준: 자기중심의 미분화된 표상수준	단계 1 단계 2	신뢰감 자율성	감각운동적 활동 전조작적 활동	아동기 이전
2 수준: 과제중심의 분화된 상상수준	단계 3 단계 4	주도성 근면성	직관적 활동 구체적 활동	아동기
3 수준: 관념 중심의 통합된 창조수준	단계 5 단계 6	정체감 친밀감	형식적 활동 미적 창의적 활동	아동기 이후

* 이경화(2003). 창의성 발달의 이론과 과제. **영재와 영재교육**, 2(1).

때 가장 높았으나 그 이후 계속 떨어져서 고등학교 시기에 가장 낮아졌다. 이렇게 초등학교 시기에 정점에 달하는 요인들과는 달리 수렴적 사고의 영역인 제목의 추상성 요인이나 종결에 대한 저항 요인은 형식적 조작기에 접어드는 중학교 시기까지 계속 증가하였다.

이경화(2003)는 고완(Gowan)의 (Piaget의 인지 발달 단계와 Erikson의 정의적 발달 단계를 통합한) 창의성 단계를 〈표 6-6〉과 같이 제시하였는데, 이 표를 자세히 보면 창의성은 형식적 조작기 이후에 발달한다는 것을 알 수 있다.

또한 이경화(2003)는 피아제(Piaget)의 인지 발달 단계에 기초한 창의성 발달 단계를 다음과 같이 설명하였다. 즉, 감각운동기에 속하는 9개월에서 12개월 사이는 창의성의 기본 요인인 민감성을 키우는 기반을 구축하는 시기로 이때 구축된 민감성이 4세 이후의 창의력 발달에 도움을 준다. 13~18개월은 신체와 감각의 기능이 발달하면서 호기심이 생기고, 19~24개월에는 재생과 기억 능력이 생겨 상상력 발달이 일어나는 시기이다. 그리고 전조작기인 2세 6개월경부터 모방놀이가 시작되고 질문이 많아지며 상상력과 추리력이 발달하게 되고, 역할 놀이와 상상놀이를 하면서 창의성을 발달시키게 된다. 4~5세경에는 언어 발달이 급속히 이루어지면서 새로운 단어의 소리를 듣고 의미를 깨닫게 되고 동화책을 읽고 이야기하는 가운데 창의성의 요소를 발달시키게 된다. 그리고 구체적 조작기인 초등학교 연령부터 자기중심성에서 탈피하여 과학적인 결론을 얻기 위하여 아이디어를 변경하고 결합시키는 의도된 의식적 사고과정을 하는 것을 배우게 되고, 형식적 조작기에는 상상과 합리적 사고를 결합하여 추상적 개념을 다룸으로써 어느 시기보다도 능동적이고 의욕적인 창의성을 발달시킬 수 있다.

휄드만(Feldman, 1999)은 '창의성 발달'을 연구하면서, 창의적인 사람들의 인지 과정(cognitive process)과 사회정서적 과정(social emotional process), 그들의 가족(family), 그들이 받은 교육과 준비(education/preparation), 그들이 속한 영역(domain), 그들과 관련된 분야(field), 그들에게 미치는 사회문화적 영향(societal/cultural influence)과 역사적인 영향(historical influence)을 분석하고 설명해야 한다고 생각하였다. 그의 연구에 따르면 일반적으로 창의적인 사람의 가정은 경제적으로 그렇게 부유하지는 않았지만 아이의 흥미에 대해 계속적인 지지와 격려를 보내고 있었다. 또한 가업을 이어 일하면서 창의적인 산물이 나오는 경향이 많았는데, 이는 그 영역에 쉽고 자연스럽게 접근할 수 있는 기회가 일찍부터 있었기 때문이라 생각된다. 그리고 부모를 일찍 여의게 된 경험이나 심리적인 상처(trauma)를 입었던 사람이 창의적인 업적을 생산해내는 경우도 종종 보고 되고 있다(예: Picasso). 정규 교육의 필요성 여부도 개인에 따라 다른데 아인슈타인(Einstein)과 피아제(Piaget)는 정규 교육에 가치를 두고 있지 않으나, 다윈(Darwin)은 정규 교육을 받고 학문적인 환경 속에서 자랐으며, 이에 가치를 두고 있다. 그리고 프로이트(Freud)는 학교에서 탁월한 인물이었던 반면, 아인슈타인(Einstein)은 뛰어난 인물이 아니었다. 이러한 휄드만(Feldman, 1999)의 연구는, 창의성 발달을 연구하는 것은 양적인 연구보다 개인의 삶을 종단적으로 연구하는 질적인 연구가 필요하며, 개인적인 배경과 영역(domain)과 분야(field)를 고려한 통합적인 연구가 필요함을 시사한다.

4) 창의성의 측정과 검사

창의성을 측정하려는 다양한 시도가 있었는데 이것을 범주화하면 창의적 인지능력에 관한 검사와 창의적 인성에 관한 검사가 가장 많고 합의에 의한 평정기법 및 창의성의 통합적 접근 검사도 있다. 그리고 창의적 환경, 복합적이고 비대칭적인 것에 대한 선호도, 단어를 연관짓는 능력을 측정하는 검사들이 있다. 본문에서는 창의적 인지능력 검사와 창의적 인성 검사 그리고 합의에 의한 평정기법 및 통합적 접근에서의 창의성 검사들과 기타 창의성과 관련된 검사들로 분류하여 소개할 것이다.

(1) 창의적 인지능력 검사

창의적 인지능력 검사는 주로 확산적 사고력의 주 요인인 유창성, 융통성, 독창성, 정교성 등을 측정한다(성은현, 2000, 2001, 2002). 확산적 사고에 기초하여 창의적 인지 능력을 측정하는 대표적인 검사는 [그림 6-5], [그림 6-6]과 같은 토란스 창의적 사고력 검사(TTCT; Torrance Tests of Creative Thinking)이다. 이 검사는 언어 검사와 도형검사로 구성되어 있으며 유창성, 융통성, 독창성, 정교성 및 제목의 추상성 등을 측정한다. 미커(Meeker)는 지능구조 학습 능력 검사(Structure of Intellect Learning Abilities Test; SOI-LA) 안에 유창성과 융통성 및 독창성의 창의적 사고를 측정하는 확산적 사고 검사를 제작하였다. 또한 젤렌과 얼반(Jellen & Urban)은 [그림 6-7]과 같은 여섯 개의 불완전한 부분 도형을 보여주고 자유로운 상상과 해석을 유도하여 창의성을 측정하는 검사인 창의적 사고 그림 검사(TCT-DP; Test for Creative Thinking Drawing Production)를 개발하였다. 우리나라에서 개발된 검사로는 유창성, 융통성, 독창성, 조직성, 지각적 개

[그림 6-5] 토란스 언어 검사 중 장면에 대한 질문, 원인 및 결과 이야기하기에 사용된 그림

출처: 김영채(1999). 창의적 문제해결: 창의력의 이론 개발과 수업. 서울: 교육과학사에서 인용.

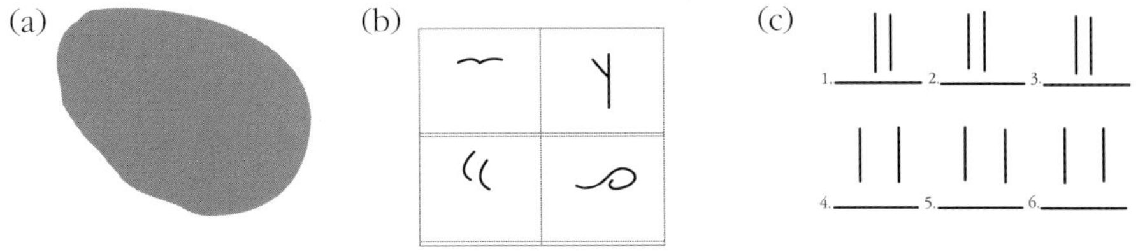

[그림 6-6] Torrance 도형 검사 중 (a)' 그림구성하기', (b)' 도형 완성하기', (c)' 평행선 완성하기' 에 사용된 그림(김영채, 1999)

출처: 김영채(1999). 창의적 문제해결: 창의력의 이론 개발과 수업. 서울: 교육과학사에서 인용.

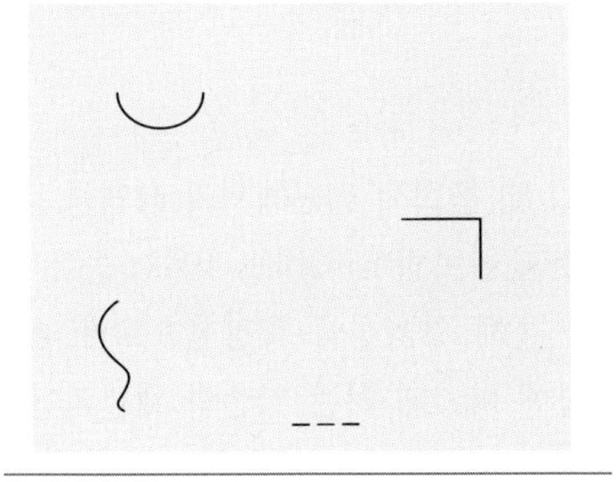

[그림 6-7] TCT-DP검사에 사용된 자극들

출처: 유연옥 · 허미자(1999). 그림 창의성 검사(TCT-DP)에 의한 유아의 창의성 발달. 미래 유아교육학회지, 6(2)에서 재인용.

방성 등 인지능력과 인성능력을 측정하는 정원식과 이영덕(1993)의 초 · 중 · 고등학생용 표준화 창의성 검사가 있고, 전경원(1999)이 만 4세에서 6세 유아를 대상으로 언어 영역, 도형 영역, 신체 영역과 관련된 창의성을 측정하기 위해 개발한 유아종합 창의성 검사가 있다.

(2) 창의적 인성검사

창의적 인성(동기 · 태도 포함)과 가치관을 측정하는 검사들을 소개하면 300개의 형용사 문항들로 구성되어 연구 대상의 특성을 체크하도록 되어 있는 형용사 체크리스트(ACL; Adjective Check List, Gough & Heilbrun, 1983)가 있다. 그리고 카테나-토란스 창의성 지각검사(Khatena-Torrance Creative Perception Inventory, Khatena & Torrance, 1976)가 있는데 이는 권위의 수용, 자신감, 호기심, 다른 사람에 대한 의식, 정돈된 상상력을 측정하는 '당신은 어떤 사람입니까?(WKOPAY; What Kind of Person Are You?)' 와 환경에 대한 민감성, 주도성, 자아의 힘, 지성, 개별화, 예술성을 측정하는 '나 자신에 대하여(SAM; Something About Myself)' 의 하위검사를 갖고 있다. 또한 초등학생을 대상으로 독립성, 융통성, 호기심, 인내, 다양한 관심, 창의적 활동 경험을 측정하는 GIFT(Rimm & Davis, 1976)와 중 · 고등학생을 대상으로 독립성 자기신뢰, 위험감수, 에너지, 모험심, 호기심, 숙고성, 유머감각, 예술적인 관심 및 창의적인 경험과 취미를 측정하는 GIFFI I, II(Davis & Rimm, 1982)가 있다. 우리나라에서는 하주현(2000)이 호기심, 자기확신, 상상, 인내/집착, 유머, 독립성, 모험심, 개방성의 여덟 개 요인을 측정하는 창의적 인성검사를 개발하였다. 이들 검사는 대부분 자기 보고식이며 검사를 실시하고 채점하는 데 드는 시간과 노력이 적다는 장점이 있으나 모든 자기 보고식 검사가 갖고 있는 한계인 검사결과의 객관성에 취약점을 갖고 있다.

(3) 합의에 의한 평정기법 및 통합적 접근에서의 창의성 검사

스턴버그(Sternberg, 1995), 아마빌(Amabile, 1982) 등은 유창성, 융통성, 독창성 등 확산적 사고 요인을 통해 창의성을 측정함으로써, 마치 창의성이 확산적 사고와 같은 것이라는 오류에 빠지게 하는 기존의 제한적인 측정 방법에서 벗어날 방법을 궁리하였다. 마침내 이들은 창의적 산물에 대한 평가를 통해서 개인의 창의성을 판단해야 한다고 생각하였다. 이러한 생각을 반영한 것이 합의에 의한

평정기법(CAT; Consensual Assessment Technique)인데 방법은, 연구 대상에게 창의적 산물을 만들게 하고 전문가들이 그 작품의 창의성 정도를 평가하는 것이다. 스턴버그(1995)는 글쓰기, 그림, 광고, 과학 영역에서 각 영역마다 제목 리스트를 주고 그중에서 두 개 제목을 골라 작품을 완성하도록 하고 그 분야의 전문가들이 작품의 창의성 정도를 평가하게 하였다. 이와 유사한 방법으로 아마빌(1982)은 언어적 창의성, 공간 수학적 창의성, 예술적 창의성 등을 측정하였다. 예를 들어 예술적 창의성을 측정하기 위하여 피험자에게 콜라주를 되도록 재미있게 완성하도록 요구하고, 그 작품의 창의성 정도를 전문가 또는 그 분야에 어느 정도 소양이 있는 사람에게 평가하도록 하였다. 이러한 방법은 창의성을 측정함에 있어서 인지적 또는 인성적 측면에 치우치지 않고 개인의 실제 창의성과 근접한 창의성을 측정하려 하였다는 점에서 그 의의를 찾을 수 있겠다.

이외에도 창의성의 다원적 접근에 부응하여 통합적 창의성 검사가 만들어졌는데 창의성 평정 묶음 검사(CAP; Creativity Assesment Packet, Williams, 1980)가 그것이다. 이 검사는 확산적 사고 능력을 측정하는 검사, 부모나 교사가 학생의 창의적 인성을 평가하는 검사, 학생 자기 평가검사로 구성되어 있다. 창의성을 좀 더 거시적 안목에서 측정하려는 시도였다는 점에서 그 가치가 인정되지만 아직 내용 타당도와 구성 타당도가 만족스럽지 못하다는 단점이 있다. 국내에서는 김종안(1998)과 김혜숙(1998)이 이와 같은 취지에서 통합적 접근의 창의성 검사도구 개발을 연구하였다.

(4) 기타 창의성과 관련된 검사들

창의성 연구에서 창의성에 영향을 미치는 사회, 문화, 환경의 영향력이 강조되는 추세에 따라 아마빌(Amabile, 1989)은 내적 동기와 창의적인 환경을 알아보는 질문지를 제작하였다. 바론(Barron, 1963)은 창의적인 사람은 단순한 것보다 복합적인 것을, 질서 있는 것보다는 무질서한 것을 선호한다는 가정 아래, 그림들 가운데 단순하고 질서 있는 그림을 선호하는지 무질서하고 복잡한 그림을 선호하는지를 알아보는 도구인 그림 선호도 검사(Barron-Welsh Figure Preference Test)를 개발하였다. 메드닉(Mednick, 1962)은 창의적인 사람일수록 관련성이 먼 단어들을 결합해내는 능력이 있다고 가정하고 먼 결합능력 검사(RAT; Remote Associates Test)를 제작하였다. 토란스(Torrance)는 행동과 동작에서의 창의적 사고(TCAM; Thinking Creatively in Action and Movement, Torrance, 1981) 검사를 제작하여 유치원생 및 초등학생의 유창성, 융통성, 독창성, 상상력을 측정하였고, 토란스(Torrance), 카테나(Khatena), 커닝톤(Cunnington)은 소리와 단어를 사용한 창의적 사고(TCWSW; Thinking Creativity with Sounds and Words, Torrance, Khatena Cunnington, 1973) 검사를 통해 소리와 관련된 상상력을 측정하였다.

/참/고/문/헌/

김영채(1999). **창의적 문제해결: 창의력의 이론 개발과 수업**. 교육과학사.

김종안(1998). 통합적 접근에 기초한 아동의 창의성 측정 도구 개발. 성균관대학교 박사학위 논문.

김혜숙(1998). 다원적 접근에 기초한 창의성 진단 측정도구의 개발 및 타당화 연구. 숙명여자대학교 박사학위논문.

김혜숙(1999). 창의성 진단 측정도구의 개발 및 타당화. **교육심리연구**, **14**(4), 269-303.

박병기(1998). **창의성 교육의 기반**. 서울: 교육과학사.

박병기 · 유경순(2000). 창의성과 지능의 관계구조. **교육심리연구**, **14**(2).

성은현(1996). 창조성과 심상에 관한 이론적 고찰. **인지와 창의성의 심리학**. 창지사.

성은현(2000). 심상적 능력과 심상적 사고 횟수 및 창의성간의 관계. **교육심리연구**, **14**(1), 19-44.

성은현(2001). 심상적 사고를 통한 창의력 증진 프로그램 개발 및 효과 검증. **한국심리학회지: 발달**, **14**(1), 161-180.

성은현(2002). 이미지화된 자극을 매체로 한 창의성 증진 프로그램 효과에 관한 연구-피험자의 창의적 동기와 태도 변인을 중심으로-. **교육심리연구**, **16**(1), 75-100.

송인섭 · 김혜숙(1999). 창의성 개념정립을 위한 탐색적 연구-암시적 창의성 이론을 중심으로-. **교육심리연구**, **13**(3), 93-117.

유연옥 · 허미자(1999). 그림창의성 검사(TCT-DP)에 의한 유아의 창의성 발달. **미래유아교육학회지**, **6**(2), 157-183.

이경화(2003). 창의성 발달의 이론과 과제. **영재와 영재교육**, **2**(1), 89-111.

전경원(1999). **유아종합창의성검사**. 서울: 학지사.

정원식 · 이영덕(1993), **표준화 창의성 검사 실시 요강 및 규준**. 서울: 코리안 테스팅 센터.

조석희(1996). **창의성의 파라독스, 인지와 창의성의 심리학**. 서울: 창지사.

조성연(1990). 아동의 창의성 발달 및 이에 관련된 생태학적 변인에 관한 연구. 연세대학교 박사학위논문.

하주현(1999). 아동기에서 청년기까지의 창의적 인지와 창의적 인성의 발달경향. 성균대학교 박사학위논문.

하주현(2000). 창의적 인성 검사 개발. **교육심리연구, 14**(2), 187-210.

Amabile, T. M. (1982). Children's artistic creativity: Detrimental effects of cmpetition in a field setting. *Personality and Social Psychology Bulletin, 8,* 573-378.

Amabile, T. M. (1989). *Growing up Creative: Nurturing a Lifetime of Creativity.* **창의성과 동기유발**(전경원 역, 1998). 서울: 창지사.

Barron, F. (1963). The disposition toward originality. In C. E. Taylor & F. Barron (Eds.), *Scientific creativity: Its recognition and development.*

Barron, F., & Harrington, D. M. (1981). Creativity, Intelligence, and Personality. *Annual Review of Psychology, 32,* 349-376.

Cattell, R. B. (1971). *Abilities their structure, growth, and action.* Houghton Mifflin Company, Boston.

Collins, M. A., & Amabile, T. M. (1999). Motivation and creativity. In Sternberg, R. J. (Ed.), *Handbook of Creativity.* Cambridge: Cambridge University Press.

Csikszentmihalyi, M. (1988). Society, Culture and Person: a systems view of creativity. In R. J. Sternberg (Ed.) *The nature of creativity: Contemporary psychological perspectives.* Cambridge: Cambridge University Press.

Csikszentmihalyi, M. (1999). Implications of a systems perspectives for the study of creativity. In Sternberg, R. J. (Ed.), *Handbook of Creativity.* Cambridge: Cambridge University Press.

Davis, G. A., & Rimm, S. B. (1982). Group inventory for finding interests(GIFFI) I and II: Instruments for identifying creative potential in the junior and senior high school. *Journal of Creative Behavior, 16,* 50-57.

Dudeck S. J. (1974). Creative in young children-attitude or ability? *Journal of creative behavior, 8,* 282-292.

Feldman, D. H. (1999). The Development of Creativity. in Sternberg, R. J., *Handbook of Creativity,* 169-186.

Gardner, H. (1983). *Frames of mind.* N.Y.: Basic.

Gardner, H. (1993). *Creating minds: An anatomy of creativity seen through the lives of Freud, Einstein, Picasso, Stravinsky, Eliot, Graham, and Gandhi.* N.Y.: Basic.

Gough, H. G., & Heilbrun, A. B. (1983). *The adjective check list manual,* Palo Alto, CA: Consulting Psychologists Press.

Guilford, J. P. (1967). *The nature of human intelligence.* New York: McGraw-Hill.

Isaksen, S. G., Puccio, G. J., & Treffinger, D. J. (1993). An Ecological approach to creativity research: profiling for creative problem solving. *The Journal of Creative Behavior, 27*(3).

Jaquish, G. A., & Ripple, R. (1981). Cognitive creative abilities and self-esteem across the adult life-span. *Human Development, 24,* 110-119.

Khatena, G., & Torrance, E. P. (1976). *Khatena-Torrance creative perception inventory.* Chicago, IL: Stoelting.

Komulainen, S. P. J. (1985). Creativity ability as a life-span phenomenon, a crosscut survey in Finland. *The creative Child and Adult Quarterly, 10,* 170-181.

Lesner, W., & Hillman, D. (1983). A developmental schema of creativity. *Journal of Creative Behavior, 17,* 103-114.

Mednick, S. A. (1962). The associative basis of creative process. *Psychological Review, 69,* 220-232.

Mumford, M. D., Peterson, N. G., & Childs, R. A. (1999). Basic and creoss fuctional skills: Taxonomies, measures, and findings in assessing job skill requirements. In N. G. Peterson, M. D. Mumford, W. C. Borman, P. R. Jeanneret, & E. A. Fleshman(Eds.), *An occupational information system for the 21st century* (pp.49-70). Washington, D.C.: American Psychological Association.

Rimm, S., & Davis, G. A. (1976). GIFT an instrument for the identification of creativity. *Journal of Creative Behavior, 10,* 178-182.

Sasser-Coen, J. R. (1993). Qualitative changes in creativity in the second half of life: A life-span developmental perspective, *Journal of Creative Behavior, 27,* 18-27. Sternberg, R. J. (1984). The Kaufman Assessment Battery for Children: An information processing analysis and critigue. *Journal of Special Education, 18,* 269-279.

Sternberg, R. J. (1995). Investing in Creativity: Many happy returns. *Educational Leadership,* December, 80-84.

Sternberg, R. J., & O' Hara, L. A. (1999). Creativity and Intelligence. In Sternberg, R. J. (Ed.), *Handbook of Creativity,* Cambridge University Press.

Torrance, E. P. (1981). *Thinking Creatively in Action and Movement.* Bensenville. IL: Scholastice Testing Service.

Torrance, E. P. (1988). The nature of creativity as manifest in its testing. In R. J.

Sternberg (Ed.) *The nature of creativity: Contemporary Psychological perspectives*, Cambridge: Cambridge University Press.

Torrance, E. P., Khatena, J., & Cunnington, B. F. (1973). *Thinking creatively with sounds and words*. Bensenville. IL: Scholastice Testing Service.

Urban, K. K. (1995). Creativity-a componential approach. Post conference china metting of the 11th world conference on gifted and talented children. Beijing, China, August. 5-8. Press.

Wallach, M. A., & Kogan, N. (1965). *Modes of Thinking in Young Children(A study of the creativity-intelligence distinction)*, Holt, Rinehart and Winston, Inc.

Williams, F. (1980). *Creativity Assessment Packet*. Buffalo, NY: Dok.

Woodman, R. W., & Schoenfeldt, L. F. (1989). Individual Difference in Creativity An Interactionist Perspective. *Handbook of creativity*. Plenum Press: N. Y. & London, 77-92.

7 학습과 기억

주어진 환경에 효과적으로 적응하기 위하여 모든 유기체는 학습할 수 있어야 한다. 특히 인간에게는 학습이 더더욱 절실히 필요하다. 대부분의 유기체는 생존에 필요한 선천적인 기제를 가지고 태어나지만, 인간은 몇 가지 반사능력을 제외하고는 다른 동물들에 비해 이런 기제가 부족하기 때문에 생존을 위해서는 배워야 하는 것이다. 더욱이 급격히 변화하는 현대사회에 맞추어 살아가려면 인간은 부단히 새로운 것을 학습해야만 성공적으로 적응할 수 있다. 이러한 학습의 과정은 평생에 걸쳐 나타나서 학교를 통한 교육기간뿐만 아니라 결혼을 앞두고 요리하는 법을 배우고, 성인기 이후에도 운전면허를 취득하며, 컴퓨터를 익히기 위해 학원을 다니고, 노년기 노인대학에서 스포츠댄스 같은 각종 취미를 개발하고 익히곤 하는 것 등을 포함한다.

이렇듯 우리는 가정과 학교와 사회로부터 여러 기술과 지식을 배우고 익혀서 이 세상을 이해하고 우리 앞에 놓인 여러 가지 문제들을 해결하며 살아가는 것이다. 우리가 한번 터득한 기술과 지식은 한번 사용하고 나면 없어지는 소모품과 같은 것이 아니라, 지금 당장은 사용하지 않더라도 나중에 사용할 수 있도록 어딘가에 저장해 두는 반영구적인 것이다. 우리가 새로운 지식과 기술을 학습하여

기억 속에 저장하고 필요할 때마다 그것을 인출, 활용, 변형하는 과정을 인지심리학에서는 정보처리의 관점에서 이해한다.

본 장에서는 학습의 개념을 살펴본 후, 많은 학습이론 가운데 중요하고 널리 통용되는 행동주의 학습이론과 인지주의 학습이론을 다룰 것이다. 또한 기억의 구조와 과정을 인지심리학에서 가정하고 있는 정보처리의 관점에서 고찰하고자 한다.

1. 학습의 개념

대부분의 사람들은 "학습"이라는 단어를 들으면, 공부와 학교를 떠올리곤 한다. 영어, 수학, 과학 등과 같은 우리가 배우는 과목이나 덧셈, 뺄셈, 곱셈 등 교과에서 익혀야 할 기술들에 대해 생각하는 것이다. 하지만 학습은 학교에만 국한되지 않는다. 우리는 살아가며 무언가를 항상 배운다. 아기는 딸랑이를 쥐고 흔드는 것을 배우고, 아동은 수저를 올바로 사용하는 법을 배우며, 청소년들은 자신들이 좋아하는 노래 가사를 익히고, 중년의 성인들은 건강을 위해 운동을 하거나 식이요법을 변화시키는 것을 익히곤 한다. 어떤 학습은 또한 항상 의도적인 것만은 아니다. 예를 들어 우리는 의도하지 않더라도 유행이 지나간 스타일보다는 새로운 스타일의 옷이 매력적이라는 것을 배운다. 우리는 새 유행을 좋아하고 구형을 싫어하려고 시도하지는 않는다. 많은 관중 앞에 섰을 때 긴장하려고 의도하지는 않지만 우리 대부분은 그런 상황에서 긴장된다.

학습이란 용어가 상식적으로 사용될 때는 배워서 익힌다는 의미로 쓰인다. 그러나 심리학자들은 학습을 보다 광의의 의미로 해석하고 있다. 즉, 학습에 대한 일반적인 정의는 학습이 '후천적 경험의 결과로 생긴 비교적 지속적이고 일관성 있는 행동의 변화'라는 것이다. 이러한 정의에 따르면 학습은 연습이나 훈련에 의해서 습득되는 행동을 말한다. 이 정의를 좀더 자세히 살펴보면 다음과 같다.

(1) 학습은 행동의 변화이다

학습이란 유기체의 행동에 관련된 개념으로 여기에서 행동이란 신체적 · 정신적인 일체의 행동을 포함한다. 즉, 외현적 · 신체적 행동(overt · physical behavior)과 내현적 · 심리적 행동(covert · psychological behavior)을 포함한 넓은 의미의 행동을 말한다.

(2) 학습은 경험에 의한 변화이다

유전적 요인인 성숙이나 신체적 성장, 혹은 질병이나 신체적 손상에 의해서 나타난 행동변화는 학습으로 간주하지 않는다. 따라서 학습은 성숙이나 상해로 인한 변화가 아닌 이전의 경험이나 연습의 결과로 나타나는 변화를 의미한다.

(3) 행동의 변화는 지속적이다

비록 경험과 연습에 의한 행동의 변화라고 할지라도 그 변화된 행동이 비교적 지속적이어야 학습이라 할 수 있다. 따라서 피로나 약물에 의한 일시적인 행동의 변화는 학습으로 여기지 않는다.

2. 학습의 이론

학습이론은 경험이나 연습에 의해서 유기체가 새로운 행동특성을 획득하고, 새로운 적응능력을 습득하게 되는 과정을 설명하기 위해 만들어진 이론이다. 대표적인 학습이론은 크게 행동주의 학습이론과 인지주의 학습이론으로 나누어 볼 수 있다. 이들 학습이론은 대부분 쥐나 고양이, 비둘기, 침팬지와 같은 동물들을 실험대상으로 사용하여 만들어진 이론들이다. 우선 행동주의 학습이론으로 고전적 조건형성과 조작적 조건형성을 살펴볼 것이다. 또한 인지주의 학습이론으로는 통찰학습과 인지도, 관찰학습 등을 살펴보려 한다.

1) 행동주의 학습이론

행동주의 심리학자들에 의하면 학습이란 경험의 결과로 발생하는 행동의 변화로 정의한다. 행동주의적 접근은 영국의 경험주의와 연합주의의 영향을 받아서 인간의 앎의 과정은 환경자극에 의해서 결정되며 인간은 환경에 수동적으로 반응하는 기계로 간주하는 것이다. 또한 경험과 행동이라는 용어보다는 자극(stimulus: S)과 반응(response: R)이라는 용어를 많이 사용한다. 그들의 용어로 학습을 다시 표현한다면 학습이란 자극-반응(S-R) 연합인 것이다. 행동주의는 심리현상을 눈으로 볼 수 있는 자극-반응의 체계로 설명하고자 하였으며, 이러한 자극과 반응의 연합적인 관계를 밝혀 내고자 엄격한 실험적 방법을 적용하였다. 그래서 행동주의 학습이론을 'S-R 이론'이라 한다.

S-R 이론의 몇 가지 가정은 다음과 같다. 우선 연구대상에 관한 가정이다. 이들 행동주의자들은 심리학이 과학적인 심리학이 되려면 연구대상이 관찰가능(observable), 측정가능(measurable), 비교가능(comparable) 해야 한다고 가정한다. 즉, 객관적 대상을 연구해야 한다는 것이다. 일반적으로 객관적 연구대상은 외적 행동이므로 S-R 이론에서는 인간의 외적행동만을 연구한다.

둘째, 인과론(causality)에 관한 가정이다. 행동주의에서는 모든 현상을 인과적 관점에서 이해하기 때문에 원인으로서 자극(S)과 결과로서 반응(R) 간의 관계로 본다. 즉, 학습현상은 S-R관계로 이해되어야 한다고 가정한다.

셋째, 전체와 부분 간의 관계에 대한 가정이다. S-R 이론에서는 전체란 그 전체를 구성하고 있는 부분들의 합과 같다고 가정한다. 물리학에서 어떤 물질의 속성을 이해하기 위해 그 물질을 구성하고 있는 원자들을 연구하듯이 심리학에서는 환경과 행동을 분석하여 그들을 구성하는 기본단위를 연구해야 한다고 생각한다. 즉, 복잡한 환경은 특수한 자극(S)이라는 단위로 분석될 수 있고, 행동은 반응(R)이라는 기본단위로 분석될 수 있다고 보는 것이다. 복잡한 환경과 행동간의 관계는 수많은 S-R 연합들로 이루어져 있고, 수많은 S-R 연합들의 합이 곧 복잡한 환경과 행동의 연합과 같다고 가정하는 것이다.

넷째, 인간학습과 동물학습 간의 차이에 관한 가정이다. S-R 이론에서는 인간학습과 동물학습은 양적 차이만 있을 뿐, 질적 차이는 없다고 가정한다. 복잡한 인간의 반응도 분석하면 동물들이 보여주는 단순반응들로 구성된다고 보는 것이다. 그래서 동물실험을 많이 하고 그 결과로 인간의 학습행동을 설명할 수 있다고 믿었다.

연합에 의한 학습에는 고전적 조건형성과 조작적(혹은 도구적, 작동적이라고도 함) 조건형성이 연구되어져 왔다. 조건형성이란 자극에 대해서 새로운 반응을 획득하는 과정으로, 고전적 조건형성은 주로 자극과 자극, 자극과 반응과의 관계를, 조작적 조건형성은 반응과 그 결과와의 관계를 다루는 것이다. 예를 들면, 번개(자극)와 천둥(자극), 적신호(자극)에 멈추기(반응), 아버지 구두를 닦고(반응) 용돈(자극)받기와 같은 것이다.

많은 인간행동들은 이런 연합을 토대로 학습되며, 학습과정을 이러한 연합과정으로 설명하려는 것이 조건형성이론이다. 그러나 문제해결과 같은 복잡한 형태의 학습은 조건형성으로로는 설명하기가 어렵고, 뒷부분의 인지주의 학습이론에서 검토하기로 한다.

(1) 고전적 조건형성

고전적 조건형성(Classical Conditioning)이란 번개와 천둥과 같이 시간적으로 연이은 관계를 학습하는 것으로, 이러한 학습은 우리 행동에 변화를 가져온다. 우리는 처음에 천둥이 울려야 귀를 막던 행동을 하다가, 차츰 번개만 번쩍여도 귀를 막거나 대피하려는 행동을 하게 된다.

① Pavlov의 고전적 조건형성 실험

원래 Pavlov(1849~1936)는 동물의 타액분비과정을 연구하여 생리학 분야에서 최초로 노벨상을 받은 러시아의 소화생리학자였다. 그는 개에게 음식이 제공되면 항상 침이 자동적으로 분비되며 침샘의 타액분비는 다른 호르몬의 분비와는 달리 독특한 과정으로 일어난다고 믿고 그 증거를 찾고자 하였다. 그런데 실험을 하다보니 어떤 경우에는 음식이 제공되기 전에도 타액이 분비되었고, 때로는 음식 이외의 다른 자극에 의해서도 타액이 분비된다는 사실을 발견하였다. 개는 음식을 먹기 전에 음식을 보는 것만으로도, 어떤 때는 음식을 주는 사람 얼굴이나 흰 가운을 보는 것만으로도 침을 분비하였다. 일반인들이 무심코 지나치던 이러한 현상을 신기하게 생각한 그는 그 이유를 본격적으로 탐구하기로 결심하고, 50세가 넘어서야 심리적 현상인 조건반사를 연구하기 시작하였지만, 끊임없

[그림 7-1] Pavlov의 고전적 조건형성 실험에서 사용되었던 장치

는 실험을 통해 고전적 조건형성이론을 만들어 심리학 발전에 크게 공헌하게 되었다.

고전적 조건형성을 이해하려면 무조건 · 조건 · 중성자극 및 반응의 조화에 대

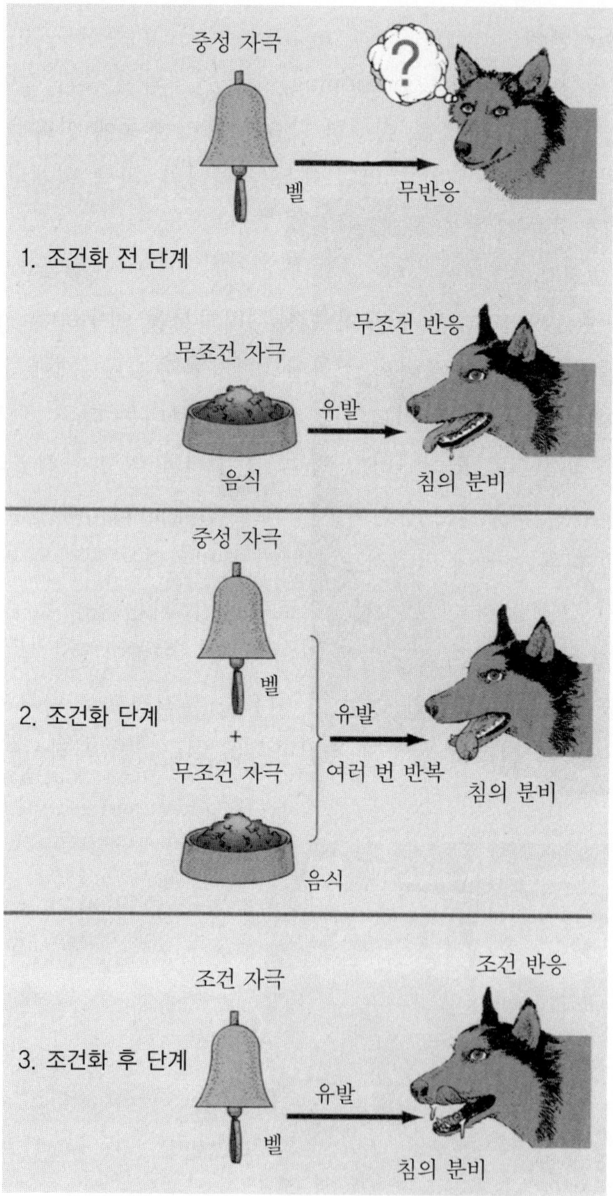

[그림 7-2] 고전적 조건형성과정

해 이해하여야 한다. 고전적 조건형성 실험에서 동물은 이전에 반응을 일으키지 않던 자극에 반응하게 된다. 실험절차는 다음과 같다. 조건형성 전에 동물들은 음식이 제공되면 자동적으로 타액을 분비한다. 그러나 처음의 벨소리는 음식이나 타액과는 관련이 없는 중성자극이다. 조건형성 동안에 동물에게 중성자극(벨소리)과 무조건자극(음식)을 계속 반복적으로 짝지어서 제시하면 벨소리를 제공할 때마다 타액을 분비한다. 이 과정을 획득과정이라 한다. 획득과정은 중성자극이 조건자극으로 전환되는 과정이다. 학습이 완전하게 일어나게 되면 조건자극(벨소리)만 제시하더라도 무조건자극(음식)을 제시할 때만큼의 타액(조건반응)이 분비된다. 이때 조건-무조건자극의 흥분적 연합이 형성되었다고 보는 것이다.

Pavlov의 실험에서, 배고픈 개에게 음식을 제공하였을 때 개의 입안에 타액이 분비되었다. 이때 음식은 타액을 분비하게 하는 무조건 자극(unconditioned stimulus; UCS)이 된다. 즉 무조건 자극이란 자동적으로 대개는 이전의 경험(조건형성 경험)없이 반사를 통해서 반응을 일으키는 자극을 말한다. 또한 먹이에 의한 타액 분비는 무조건 반응(unconditioned response; UCR)이라 하는데, 무조건자극에 대한 원래의 반응이다. 중성자극인 벨소리를 들려준 후 곧바로 무조건자극인 음식을 제공하는 것을 반복한 결과, 마침내 개는 벨소리만 듣고도 타액을 분비하게 되었다. 여기에서 벨소리는 처음엔 중성자극이었지만 무조건자극(음식)과 짝지어지므로 조건자극(conditioned stimulus; CS)이 되어서, 무조건자극처럼 타액분비를 유발하게 된다. 조건자극이 될 수 있는 것은 연구대상인 반응과는 중립적인 것이어야 한다. 개가 종소리만 듣고도 타액을 분비할 때 그 타액을 조건반응(conditioned response; CR)이라 한다. 조건자극에 대해, 즉, 원래는 반응을 일으키지 않았던 자극에 대해 학습되거나 습득된 반응을 말한다. 즉, 학습은 자극(CS)과 반응(CR)의 반복적 연결로써 발생한다. 조건반응이 학습되어지는 과정을 조건화(conditioning)/조건형성이라 한다.

② 고전적 조건형성의 주요개념

자극의 일반화 조건형성에서, 일단 조건반응이 특정자극에 대해서 확립되게 되면 비슷한 자극이 또한 그 반응을 일으킨다는 원리이다. 즉, 자극의 일반화(stimulus generalization)란 유사한 자극에 비슷한 반응을 보이는 것을 말한다. 마치 '자라보고 놀란 가슴 솥뚜껑 보고 놀란다'는 우리 속담과 같은 경우이다.

변별 변별(辨別, discrimination)이란 조건형성에서 정적(강화받은) 자극에 대한 반응과 부적(강화받지 않은) 자극에 대한 반응이 다른 것을 말한다. 다시 말해 두 개 이상의 자극을 구분하는 것을 변별이라 한다. 이렇게 특정자극과 다른 자극을 구별하는 변별과정으로 인해 과잉일반화를 방지할 수 있다. 일반화와 변별이 상보적으로 작용할 때 환경에 대한 적절한 반응을 할 수 있게 된다.

소거/실험적 소거 소거/실험적 소거(實驗的 消去, experimental extinction)란 학습 후 계속해서 무조건자극(음식) 없이 조건자극만 제시되면 타액분비량이 점차 감소하며 결국 타액이 분비되지 않게 되는 과정을 말한다. 즉, 종소리를 듣고도 타액을 분비하지 않는 원래의 상태로 되돌아가는 현상을 말한다.

자발적 회복 자발적 회복(自發的 回復, spontaneous recovery)이란 소거 후, 시간간격을 두어 다시 조건자극을 제시하면 소거된 것으로 보였던 조건반응이 재생되는 현상이다. 즉, 소거 후 일정시간이 경과된 후에 다시 벨소리를 제시하면 미량의 타액이 분비되는 현상을 말한다.

재조건형성 완전히 소거된 후에 조건자극과 무조건자극을 계속 짝지어 제시하면 조건반응은 곧 원래의 강도로 되돌아오는 현상을 재조건형성(再條件形成, reconditioning)이라 한다.

고차적 조건형성 조건자극이 일단 조건반응을 유발하는 힘을 획득하고 나면, 이 조건자극은 유기체가 지각할 수 있는 다른 자극과 짝지어질 수 있다. 그러면 이 제2의 자극은 무조건자극과 짝지어진 적은 없지만 조건반응을 일으키는 제2의 조건자극이 된다. 이렇게 해서 3차, 4차의 조건자극을 만들어 낼 수 있다. 실험에서 보면 벨소리를 울리기 전마다 전등불을 번쩍이면 나중에는 전등불만 번쩍여도

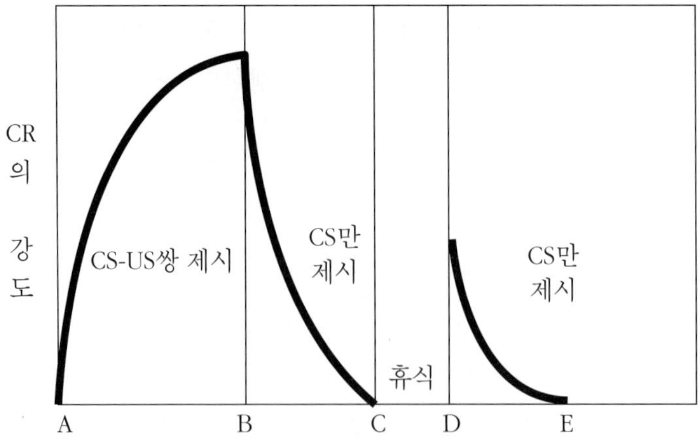

[그림 7-3] 소거와 자발적 회복

침을 흘린 경우를 말한다. 고차적 조건형성(higher-order conditioning)은 다소 힘들기는 하나 인간과 동물에서 가능한 학습절차임이 밝혀져 왔다. 소거가 일어나지 않으려면 중간에 가끔 무조건자극을 함께 제시해 주어야 효과적이다.

③ 무조건자극과 조건자극의 시차적 관계

근접성(近接性, contiguity)이란 조건자극과 무조건자극의 시차적 관계를 말한다. 조건자극과 무조건자극의 연합이 학습이라 생각하는 고전적 조건형성 이론에서 연합이 효과적으로 이루어지기 위해 근접성이 중요하다. 동시 조건형성(simultaneous conditioning)에서는 CS와 UCS가 동시에 제시된다. 지연 조건형성(delay conditioning)에서는 CS가 먼저 제시되고 뒤이어 UCS가 제시되는 것인데, 이때 시간간격은 0.5~1초 뒤에 UCS가 주어질 때 가장 효과적이다. 또한 흔적 조건형성(trace conditioning)이란 CS를 제시하고 난 후 CS가 완전히 사라지고 난 후 UCS를 제시하는 방법이다. 역행 조건형성(backward conditioning)이란 UCS를 먼저 제시하고 CS를 뒤에 제시하는 방법으로서, 이런 절차는 학습하기가 매우 어렵다.

④ 고전적 조건형성의 발달적 적용

고전적 조건형성은 연합학습에 의해 형성된 많은 행동들을 설명할 수 있다. 신생아기, 걸음마기 동안에 유아가 애착을 발달시키는 것처럼 다양한 정적 · 부적 정서 반응들이 사람, 물건, 환경에게 조건화되어진다. 아동기에 형성된 특정음식에 대한 기호나 특정 사물에 대한 느낌은 보통 성인기까지 지속되는데 이는 고전적 조건형성에 의한 학습의 결과이다. 유사하게 공포도 고전적 조건형성에 의한 결과일 수 있다. 대부분의 사람들은 아동기 때에 매맞았다거나, 동물에 물리거나, 높은 곳에서 떨어지는 등의 공포경험을 적어도 한두 개는 회상하고 있다. 구체적 대상물과 공포나 고통의 연합은 그 사람의 남은 생애 동안 그 대상물을 체계적으로 회피하도록 만들 것이다.

고전적 조건형성을 통해 공포가 학습된 대표적인 예는 John B. Watson의 실험 대상이었던 Albert라고 하는 아기이다. Albert는 처음에 털 있는 동물들을 좋아하였는데, 11개월 되었을 때 실험에서 매번 흰쥐를 만질 때마다 쾅하는 큰소리를 듣고 깜짝 놀랐기 때문에 흰쥐에 대한 공포를 학습했다. 이때 커다란 소리는 공포를 유발하므로 무조건자극이 되고, 쾅 소리와 쥐(처음에는 중성자극)가 반복적으로 짝지어서 제시됨으로써 이 쥐에 대한 공포를 학습하게 되는 것이다. 이처럼 정서반응이 고전적 조건형성 과정을 통해 습득될 수 있다.

신생아도 고전적 조건형성으로 조건화될 수 있다. 신생아는 젖꼭지가 입에 들어오면 반사적으로 빨기를 시작한다. 몇 주일 후부터는 어머니를 보자마자 빨기 동작을 시작하게 되었다. 어머니의 출현이 수유를 예시한다는 것을 학습한 것이다. 그러나 생후 몇 주 내의 신생아의 고전적 조건화는 생존가치를 지닌 빨기 행동과 같은 생물학적으로 계획된 반사에 대해서만 성공할 수 있다. 또한 신생아는 정보를 매우 느리게 처리하여 조건자극과 무조건자극을 연합시키기 위해서는 좀 더 큰 유아들보다 더 많은 시간을 요한다(이영 공역, 1991).

(2) 조작적 조건형성

고전적 조건형성은 공포나 심장박동증가, 타액분비, 혹은 땀분비 등과 같은 비자발적인(involuntary) 정서나 생리적 반응들의 학습에 초점을 둔다. 고전적 조건형성 과정을 통해서, 인간과 동물들은 두 개의 사건이나 대상이 시간적으로 잇달아 일어남을 학습하여, 새로운 자극과 예전에 이미 형성된 반응을 연결짓는 학습유형이다. 그러나 이러한 학습은 예전에 형성되지 않았던 새로운 반응이 어떻게 형성되는지를 설명하지는 못한다. 이는 조작적 조건형성으로 설명할 수 있다.

조작적 조건형성이란 인간이나 동물이 하나의 새로운 행동을 한 결과로 어떤 사건이 뒤따르게 되면, 이 둘 사이에 연결관계를 습득하게 되는 경우를 말한다. Edward Thorndike과 B. F. Skinner 두 사람 모두 조작적 조건형성의 지식을 발전시키는 데 중요한 역할을 했다.

조작적 조건형성에서는 자유롭게 방출하는 반응을 연구한다. 행동을 일으키는 자극에 의해서보다는 자극을 일으킨 것에 의해서 정의된 행동이라는 의미에서 작동적(operant) 조건형성이라고도 하고, 자신의 행동반응을 자기가 원하는 사건의 발생을 위한 도구로 사용한다는 의미에서 도구적 조건형성이라고도 한다.

① Thorndike의 실험

Thorndike는 파블로프와 같은 시대에 살면서 전혀 다른 맥락에서 조건형성이론을 제안하였다. 그는 동물의 지능에 관심이 많아서 동물은 인간과는 달리 지능을 가지고 있지 않으며, 동물의 지적인 행동은 우연에 의한 것이라고 주장하였다. 그는 자신의 주장을 증명하기 위해 고양이를 문제상자(problem box)라는 실험장치에 넣고 성공적으로 탈출하는 과정을 관찰하였다. 상자 안에 갇힌 배고픈 고양이는 상자 안을 돌아다니고 뛰고 울고 이리저리 둥글다가 어쩌다 우연히 지렛대를 건드리게 되면 문이 열려서 탈출할 수 있게 된다. 동물들은 사고하기보다는 시행착오를 통하여 우연히 탈출하였으므로 이를 시행착오학습(trial & error learning)이라 부른다. 처음에 고양이는 이렇게 우연히 상자를 탈출하여 일단 탈출에 성공하면 탈출행동 이후에 제공되는 보상과 처벌의 효과에 의하여 다음 행동이 결정되었다. 즉, 특정행동 이후에 만족스러운 결과가 나타나면 다음에 그 행동이 나타날 확률이 증가하며, 불만족스러운 결과가 나타나면 행동이 감소한다고 보았다.

Thorndike은 학습의 3대 법칙을 주장하였는데, 첫째 연습의 법칙(law of exercise)이란 시행이 거듭될수록 정확한 반응은 많아지고 부정확한 반응은 적어진다는 것이다. 즉, 문제해결에 성공적인 반응은 자주 사용되기 때문에 자극과 반응간의 결합이 강화되며 적게 사용되는 반응은 약해진다는 것이다. 그러나 보상이 없는 연습은 비효과적이기 때문에 S-R 결합은 오직 보상받은 연습에 의해서만 강화된다는 것이다. 둘째, 효과의 법칙(law of effect)으로 탈출 후의 결과(음식)가 만족스러워야 한다는 것이다. 셋째, 준비성의 법칙(law of readiness)이란 고양이는 굶주려 있을 때 더 적극적으로 탈출을 배운다는 것이다. 즉 학습자가 학습할 준비가 되어 있을 때 학습한다면 효과를 얻을 수가 있고 준비가 되어 있지 않을 때 학습을 한다면 학습의 효과를 얻을 수가 없다는 것이다.

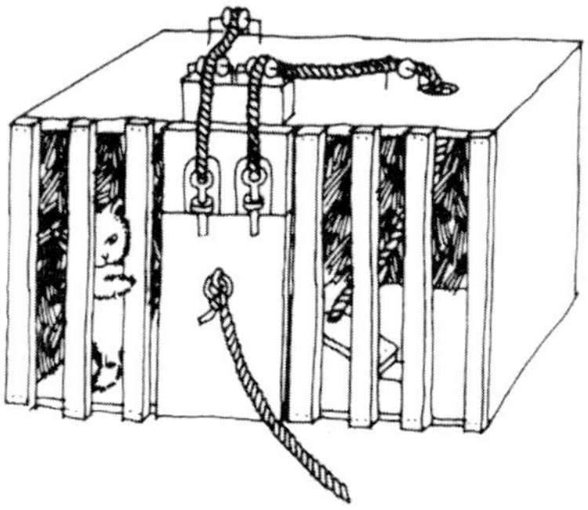

[그림 7-4] 문제상자(problem box)

② Skinner의 실험

Skinner는 완고한 행동주의자 J. B. Watson의 영향을 받아 인간의 자유의지보다는 환경, 특히 사회적 환경에서 제공되는 자극이 인간의 행동을 결정한다는 입장을 지녔다. 그는 이것을 증명하기 위해 [그림 7-5]와 같은 Skinner 상자

(Skinner box)를 개발하여 쥐와 비둘기를 대상으로 연구하여 조작적 조건형성을 제안하였다.

Skinner 상자는 쥐가 지렛대를 누르면(비둘기의 경우 단추를 쪼면) 이동문이 열리면서 음식이 떨어지도록 하거나, 발바닥에 흐르던 전기충격과 같은 혐오자극이 멈추게 하여서, 쥐로 하여금 자신의 행동과 결과의 연결을 학습할 수 있게 고안된 실험장치이다. 쥐가 지렛대를 누르는 반응(R)은 처음엔 우발적으로 발생하는데 반응의 결과로써 음식(S)을 계속 받으면 마침내 지렛대 누르기와 음식을 연결하도록 조건화되는 것이다. 또한 쥐가 지렛대를 누르면(R) 전기충격(S)이 멈추면 쥐는 이 혐오자극을 피하기 위해 지렛대를 누르는 행동을 증가시키게 된다. 이때 음식이 주어지는 것은 정적강화(positive reinforcement)이고, 전기충격이 멈추는 것은 부적강화(negative reinforcement)라 한다. 부적강화와 처벌은 다른 개념으로 부적강화는 반응빈도의 증가의 효과가 있는 반면 처벌은 반응빈도의 감소의 효과가 있다.

어떤 자극을 얻거나 피하기 위해 행동반응이 증가될 때 그 자극을 강화자(reinforcer)라 하고, 그 자극(강화자)이 행동을 증가시키는 힘을 강화(reinforcement)라 한다. 강화를 통하여 학습이 일어난다.

Skinner의 조건형성을 쥐가 능동적으로 그 반응을 방출했다는 점을 강조하여

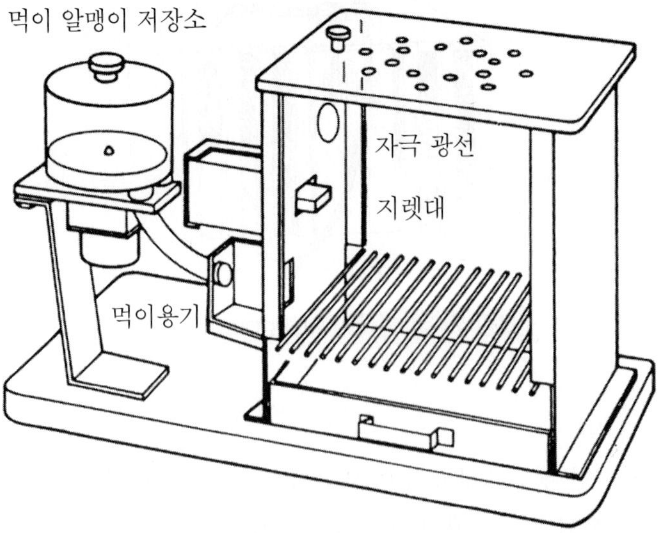

[그림 7-5] Skinner 상자

작동조건형성이라고도 하고, 쥐는 그 반응을 왜 하게 되었는가의 관점에서 누르는 행동이 강화자(음식)을 얻거나 강화자(전류)를 피하기 위한 수단으로써 발생되었기 때문 도구적 조건형성(instrumental conditioning)이라고도 한다.

③ 강화계획

행동은 강화양식이나 계획에 따라 달라지는데, 강화계획이란 강화를 주는 시간 간격과 몇 번의 반응 후에 강화를 주느냐의 문제를 말한다. 계속적 강화(continuous reinforcement) 혹은 전체적 강화(total reinforcement)란 반응할 때마다 100% 강화가 주어지는 것을 말한다. Skinner의 실험에서는 쥐가 지렛대를 누를 때마다 먹이를 얻는 것이다. 그러나 실험실에서와 달리 일상생활에서 100% 강화란 거의 불가능하다. 반면에 간헐강화(intermittent reinforcement)란 보상을 주는 비율과 횟수가 실험자에 의해 조정될 때를 말한다. 예를 들어, 교사가 숙제를 잘해 온 학생에게 가끔씩 청소를 면제시켜 주면 숙제를 잘해 오는 행동을 유지시킬 수 있는 경우이다.

Skinner에 의하면, [그림 7-6]에서 보듯이 동물의 행동은 강화계획에 따라 달라졌다. 즉, 지렛대를 누르는 반응의 횟수는 음식을 주는 시간과 횟수에 따라 달랐다.

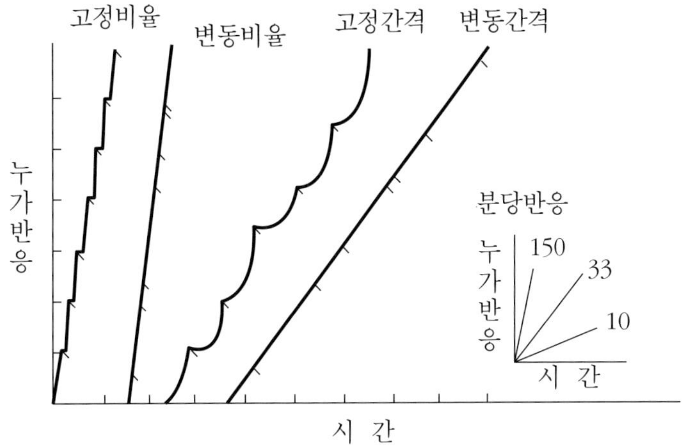

[그림 7-6] 강화계획

고정간격 강화계획 고정간격 강화계획(fixed-interval schedule of reinforcement; FI)이란 일정한 시간이 경과된 뒤에 일어난 첫 번째 반응에 강화가 주어지는 것을 말한다. 예를 들어, 동물에게 매 1분마다, 혹은 매 3분마다 먹이가 주어지는 경우를 들 수 있다. 쥐가 지렛대를 몇 번 누르는가에 상관없이 음식을 일정한 시간마다 주면, 쥐는 음식이 나올 때가 가까워지면 열심히 지렛대를 눌러대지만 그 시간 이외에는 별로 반응을 하지 않는다. 봉급날이 다가오면 열심히 일하다가 월급을 받고나면 대충 일하며 지내는 인간의 행동양식과 같다. 강화가 주어진 직후에는 반응률이 급속도로 떨어졌다가 다음 강화가 주어질 무렵 반응이 급상승하는 스캘롭 효과(scallop effect)를 보인다.

고정비율 강화계획 고정비율 강화계획(fixed-ratio schedule of reinforcement; FR)이란 시간에 관계없이 일정한 수의 반응을 한 후에 강화가 주어지는 방법이다. 일정 개수의 제품을 만들거나 팔았을 때마다 일정액수의 보수를 지불하는 방법이 여기에 속하는데, 굉장히 빠른 반응률을 보인다. 실험에서 쥐가 지렛대를 10번 누른 후마다 음식을 주는 경우인데 이런 경우, 쥐는 쉬지 않고 열심히 반응을 하게 된다. 이는 물건을 판매한 만큼 보수가 주어지는 세일즈맨의 경우 상당히 열심히 일하게 되는 행동양식과 같다.

변동간격 강화계획 시간간격을 달리해서 어떤 때는 1분 만에 한 번 강화해 주고, 어떤 때는 3분 만에 한 번 강화를 해 주는 등 강화간격을 계속 변화시켜서 강화를 해 주는 것을 변동간격 강화계획(variable-interval schedule of reinforcement; VI)이라 한다. 이때 강화간의 시간은 어떤 평균을 중심으로 변동한다. 또한 강화와 강화 사이에 반응률이 크게 동요하지 않는다. 예를 들어 시골길의 버스 배차 시간의 경우 평균 10분이라 해도 어떤 때는 20분을 넘게 기다려도 오지 않다가 2대, 3대가 같이 몰려서 오는 경우도 있어서 승객들은 계속 기다릴 수밖에 없는 경우와 같다.

변동비율 강화계획 변동비율 강화계획(variable-ratio schedule of reinforcement; VR)이란 고정비율계획과 같이 시간이 아닌 반응횟수에 따라 강화하나, 강화와 강화간의 반응횟수는 일정 횟수가 아닌 어떤 평균치를 중심으로 변동하는 방법을 말한다. 가장 빠른 반응률을 나타낸다. 어떤 때는 5번 누른 후에 음식을 주고, 어떤 때는 15번 누른 후에 음식을 주는 등 몇 번이라는 기준을 계속 변동시키면 쥐는 잠시도 쉬지 않고 계속해서 열심히 반응한다. 슬롯머신 등의 도박에 빠져드는 사람들의 행동은 이에 따른 것이라 할 수 있다.

④ 조작적 조건형성의 적용

고전적 조건형성과 유사성 고전적 조건형성과 마찬가지로 조작적 조건형성에서도 자극일반화와 변별현상, 소거, 이차적 조건형성이 나타난다. 지렛대를 누른 후에 음식이 제공될 때마다 벨소리를 울려 주면, 나중에는 음식 없이 벨소리만 울려 줘도 쥐는 계속 지렛대를 누른다. 인간의 경우에, 돈과 명예, 권력 등은 그것들이 안식처나 음식 등의 일차적인 강화물을 줄 수 있다는 면에서 조건형성이 된 이차적 강화물이라 할 수 있다.

미신행동 조작적 조건형성이 일어나기 위해서는 반드시 보상이 뒤따라야 한다. 그런데 어떤 반응 뒤에 강화가 주어졌느냐에 따라 행동이 달라진다. 보상이 반응에 관계없이 주어질 때 그 보상과 우연히 연합된 반응이 학습되는 현상을 미신행동이라 한다. 이렇게 반응과 보상 간에 아무런 인과관계가 없음에도 불구하고 잘못된 연합을 형성하였기 때문에 미신행동이라 일컫는다. 예를 들어, Skinner 상자 안에서 처음에 쥐는 바닥을 긁거나 이리저리 돌아다니고 꼬리를 흔드는 등 다양한 행동을 한다. 매 1분마다 음식을 제공하였는데, 우연히 꼬리를 흔들자마자 음식이 주어졌다면, 쥐는 꼬리를 흔드는 행동이 음식을 나오게 하는 것으로 오인하고 계속 꼬리를 흔들게 된다. 이는 어린아이가 아버지 구두를 닦은 날 우연히 학교 시험성적이 좋았다면 다음에도 시험보는 날마다 구두닦는 행동이 증가하는 것과 같다. 운동선수들의 경우 시합이 있는 날 이러한 미신행동이 빈번하다.

행동조성 행동조성(shaping)이란 원하는 반응을 학습할 때까지 그 반응을 단계적으로 보상하여 학습시키는 방법이다. 이는 고전적 조건형성에는 없는 조작적 조건형성의 특징 중 하나이다. 예를 들어 돌고래가 공으로 농구를 하도록 훈련시키려면 처음에 돌고래가 공에 가까이 가게 되면 음식을 주고, 다음에는 공에 입을 갖다대면, 다음에는 공을 밀어 올리면, 다음에는 떨어지는 공을 받아치면, 마침내는 받아쳐서 바구니에 넣으면 음식을 주는 것이다. 돌고래에게는 전혀 낯선 행동인 농구를 이와 같이 단계별 행동을 점진적으로 강화시킴으로써 목표행동을 조성하는 것이다. 동물을 조련시킬 때 많이 사용하는 방법으로 일상생활에서 보이지 않는 반응을 학습시킬 수 있다는 장점이 있다.

행동수정의 영역 행동수정(behavior modification)은 바람직한 행동반응에 대해서는 보상을 해 줌으로써 그 반응빈도를 증가시키며, 부적응행동을 약화시키기 위해서는 벌 등 혐오자극을 제공하는 것을 말한다. 행동수정 과정의 단계는 다음과 같다. 먼저 교사는 수정해야 할 행동들을 정확하게 파악하고 정의한 후 원하는 종착점 행동(바람직한 행동)을 결정해야 한다. 다음에 수정작업이 끝난 후의 변화를 알기 위해 실제 수정해야 할 행동들이 얼마나 빈번히 일어나고 있는가를 측정한다. 정적강화, 부적강화 등 행동수정의 기법들을 적용한 후 행동수정의 효과를 검증한다.

⑤ 조작적 조건형성의 발달적 적용

신생아기 영아가 고전적 조건형성에 의해 빨기행동이나 공포 등을 학습하게 되는 것을 앞 절에서 살펴보았다. 신생아의 조작적 조건형성에 의한 학습의 경우, 일련의 연구들에서 그 예를 들고 있으나 신생아의 행동 자체가 매우 제한되어 있기 때문에 조작적 조건형성은 머리돌리기와 빨기 반응 등에 제한되어 나타난다. 예를 들면 설탕물을 강화자로 제시했을 때 신생아들은 머리를 옆으로 돌리며 제공되는 액체의 단맛에 따라 빠는 비율을 변화시켰다(Lipsitt, 1990).

그러나 영아는 점차 성장하게 하게 되면서 고전적 조건형성보다는 조작적 조건형성에 의한 학습이 더 빈번해진다. 불편할 때마다 우는 영아의 행동은 엄마가 눈앞에 나타나게 만들므로 다시 반복된다. 조작적 조건형성은 행위의 결과에 의해 행동이 변화되는 기본적인 학습과정이므로 아무리 울어도 엄마가 오지 않으면 더 이상 울지 않게 될 것이다.

또한 조작적 조건형성은 부모와 신생아의 상호반응을 촉진시킨다. 아기가 어머니의 눈을 응시할 때 어머니는 아기를 보고 미소를 지을 것이며, 그에 따라 아기는 다시 미소짓는 어머니를 응시할 것이다. 두 사람의 이러한 행동은 서로를 강화하여 행복한 상호작용은 계속될 것이다(장휘순, 2001). 영아는 미소나 옹알이와 같은 사회적 제스처를 보일 수 있게 되는데 이는 그런 반응이 돌보는 사람의 주의와 애정을 유발시킴을 알았기 때문이다. 동시에 돌보는 사람은 영아로부터 호의적인 반응을 유발시키는 방법을 학습하므로 그들의 사회적 상호작용은 양측 모두를 만족스럽게 해 준다. 이처럼 영아가 학습할 수 있다는 사실은 다행스러운 일로, 이러한 긍정적 상호작용은 영아와 친한 사람들 사이에 강한 정서적 애착의 토대를 제공해 주는 것이다(Shaffer, 1999).

조작적 조건형성의 증거들은 신생아 같은 어린 아기들도 능동적인 학습자임을 시사한다. 행동주의에서는 인간을 환경에 대해 수동적인 반응자로 간주함에도 불구하고, 조작적 조건형성에 대한 많은 연구들은 신생아조차도 휴식과 영양, 자극,

사회적 접촉에의 욕구를 충족시키기 위해서 주위를 탐색하고 적극적으로 반응하고 있음을 시사한다(Rovee-Collier, 1996).

2) 인지주의 학습이론

행동주의 학습이론은 자극과 반응 간의 연합학습으로 인간행동의 일부만 설명이 가능하다. 인간의 보다 복잡한 문제 해결행동에 대해서는 설명이 불가능한데 이것은 인지주의 학습이론으로 설명할 수 있다. 인지주의 학습이론에서 학습이란 문제를 구성하는 요소들 사이의 내적 관계를 발견하는 과정이다. 내적관계란 문제 속에 내포된 요소들끼리 상호관련되어 있는 방법을 말한다.

인지주의 학습이론의 몇 가지 가정을 살펴보면 우선 연구대상에 관한 가정을 들 수 있다. 인지주의 학습이론에서는 환경과 행동 간의 중간과정인 인간의 내적과정(인지과정)을 연구대상으로 삼는다. 이는 단순정신 과정이 아니라 이해나 창조적인 사고와 같은 고등정신 과정을 말하며, 재생적 사고보다는 생산적 사고를 주로 연구한다. 둘째, 학습의 단위와 방법에 관한 가정으로 학습의 단위를 "요소들 간의 관계"로 보며, 이런 관계는 '통찰(insight)'에 의해 발견된다고 가정한다. 셋째, 인간과 동물의 차이에 관하여 질적인 차이가 있다고 가정한다. 인간은 외부로부터의 자극을 능동적으로 지각 · 해석 · 판단하는 사고과정을 통해서 행동한다. 그러므로 인간만이 지니고 있는 고차적인 사고 과정 그 자체를 연구대상으로 삼아야 한다고 한다. 넷째, 전체는 부분의 합 이상이라고 가정한다. 이는 인간의 지각에 대한 가정에서 유래한 것으로, 우리가 환경을 지각할 때 낱낱의 자극제로 지각하는 것이 아니라 요소들 간의 관계를 기초로 전체를 지각한다고 보는 것이다.

(1) 켈러(W. Köhler)의 통찰이론

통찰이론은 켈러가 1916년 침팬지를 대상으로 한 실험으로부터 발전된 이론이다(김정률 외, 1995). 이 실험은 침팬지를 빈 상자들이 여러 개 들어 있고 천장에는 바나나 둥치가 달려 있는 우리 속에 가두고 어떻게 바나나를 따먹는지를 관찰하였다. 침팬지는 처음에 바나나를 쳐다보며 껑충껑충 뛰어오르며 따먹으려고 시도하다가 실패하자 잠시 행동을 중단하고 가만히 우리 안을 둘러보았다. 잠시 후 바나나와 빈 상자들을 번갈아 쳐다보던 침팬지는 갑자기 상자들을 쌓고 올라가

[그림 7-7] 침팬지 실험

바나나를 따먹었다.

이때 침팬지의 힘이 미치는 영역을 장(field)이라 하는데 이 실험에서는 침팬지가 갇혀 있는 우리를 장이라 한다. 또한 장을 구성하는 요소로 바나나와 상자들이 있다. 학습이란 장을 구성하고 있는 요소들 간의 관계를 발견함으로써 내적 행동의 변용이 일어나는 것이다. 처음에 무관해 보였던 장의 구성요소들을 목적(바나나)과 수단(상자들)이라는 관계로 구성한 것이다. 이런 목적-수단 관계를 발견했을 때, "장을 구성하였다" 혹은 "장을 구성하고 있는 요소들 간의 관계를 재정립하였다"고 한다. 켈러는 이런 상황을 학습이라 하였는데 통찰학습이라고 부른다. 침팬지는 상자와 바나나를 번갈아 쳐다보다가 목적과 수단 관계를 갑자기 발견하였는데 통찰에 의해 장을 재구성한 것이다. 보통 통찰이 갑자기 오기 때문에 이를 "아하" 경험이라고도 한다.

(2) 톨만의 잠재학습

잠재학습이란 행동으로 드러나지 않는 학습을 말한다. 톨만(E. C. Tolman)은 세 집단의 쥐가 미로에서 빠져나오는 실험을 하였다. 1집단은 16일간 계속 보상(음식 강화)을 제공한 집단, 2집단은 끝까지 보상을 주지 않은 집단, 3집단의 경

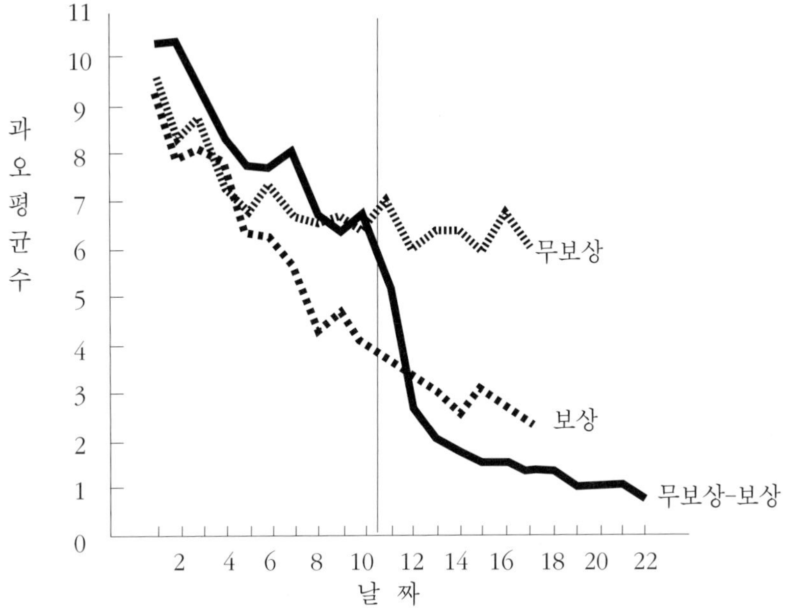

[그림 7-8] 잠재학습의 효과

우, 처음 10일까지는 보상을 주지 않다가, 11일째부터 먹이를 제공한 집단이다. [그림 7-8]에 나타난 대로, 정규보상집단은 꾸준히 오류가 줄어든 반면 2집단은 오류가 줄어들지 않았다. 그런데 3집단은 11일째 갑자기 오류가 줄어듦을 볼 수 있다. 이는 10일까지 미로에 대한 학습이 이루어졌음에도 보상이 없기 때문에 수행 상으로 드러나지 않았지만 잠재적으로 학습이 되었음을 의미한다. 즉, 미로에 대한 정신적인 그림인 인지도(cognitive map)가 그려진 것이다. 톨만(Tolman)은 유기체가 자신의 환경에 대한 인지도를 구성함으로 학습한다고 주장하였다. 학습할 때 유기체는 가설을 설정하고 상호관계를 보고 난 후에 인지도를 구성하고 그에 따라 적절한 반응을 한다는 것이다.

3) Bandura의 사회학습이론

사회학습 이론가들은 학습원리들로 인간행동의 발달과 유지를 충분히 설명할 수는 있다고 보지만, 생각하고 판단하는 인간의 인지능력 때문에 인간의 학습과 행동은 동물의 학습과 행동과 같을 수는 없다고 믿는다. 인간은 Skinner 상자 안의 쥐와 같이 혼자 지내는 것이 아니라, 사회적 맥락에 따라 행동하게 되고, 또한 스스로 강화를 받지 않는다 하더라도 다른 사람의 행동과 그에 따른 결과를 관찰하는 것만으로도 학습이 일어난다. 즉, 인간은 타인을 관찰함으로써 학습하는 능력을 지니고 있다. 혼자서 기능하는 것이 아니라 타인의 행위의 결과를 보고 그가 보상받는지, 무시되는지, 처벌받는지를 관찰함으로써 자신의 직접경험은 물론 타인의 관찰을 통해 학습한다.

이런 관찰학습은 모방에 의한 학습으로 Albert Bandura에 의해 체계적으로 연구되었다. 그는 공격적인 모델을 관찰한 아동들은 비공격적인 모델을 관찰한 아동들에 비해 더 공격적으로 행동한다는 Bobo인형실험 결과를 통해, 직접 강화가 아니라도 모델의 행동을 관찰하고 모방함으로 학습된다는 사실을 검증하였다. 이러한 관찰학습의 원리는 직접적인 행동에 의한 학습을 주장한 조건형성과는 달리 대리적인 강화와 대리적 학습이 가능함을 보여주었다.

(1) 관찰학습의 발달적 적용

Piaget에 의하면 영아는 생후 6개월 정도가 되어야 비로소 다른 사람의 행동을 모방할 수 있다고 한다. 그러나 다른 연구들에 의하면 그보다 이른 시기에도 모방이 가능해 보인다. 생후 7일 미만의 신생아도 성인의 안면표정을 모방할 수 있었고(Field et. al., 1982), 생후 3~4개월이 되면 초기 모방능력이 더욱 발달된다고 한다(Abravanel & Sigafoos, 1984). 이러한 성인의 표정을 모방하는 것이 자발적인 모방이 아니라 특별해 보이는 것을 탐색하려는 시도라는 엇갈린 주장도 있지만, 안면표정에 대한 신생아의 반응이 "모방"이든지 "탐색"이든지 간에 돌보는 사람의 마음을 훈훈하게 해 주고 유아와 돌보는 사람간의 상호관계를 돈독하게 해 주므로 유익하게 작용한다(Shaffer, 1999).

9개월 된 영아는 맨 처음 관찰한 행동을 24시간이 지난 다음 매우 단순하게 모방할 수 있었다(Meltzoff, 1988). 미래의 어느 시점에서 모델의 행동을 재생산해 낼 수 있는 지연모방은 생후 2년 동안에 급속히 발달한다. 놀이방에서 새로운 장난감을 가지고 노는 또래를 관찰한 14~18개월 된 영아는 이틀 후, 집에서 장난감을 가지고 놀 때 모델의 행동을 모방하는 경향이 있었다(Hanna & Meltzoff, 1993).

Bandura의 사회학습이론은 사회화의 연구에 적용되는데, 특히 상벌의 간접경험이나 단순한 관찰에 의해 새로운 행동을 학습시키고 부적절한 행동을 억제시킬 수 있다. 또한 성역할의 발달 역시 사회학습이론으로 설명되어진다. 즉, 여아의 여성적인 역할과 특성 및 남아의 남성적인 역할과 특성들은 그 사회의 문화권에서 자신과 같은 성의 모델을 관찰하는 대리적인 경험에 의해 형성되고 발달되는 것으로 설명되고 있다.

친사회적 행동 역시 적합한 모델을 관찰함에 의해서 학습되고 모방될 수 있다. 불우이웃 돕기 캠페인 등에 인기 연예인 등을 등장시키면 평소 그 연예인을 좋아하는 시청자들의 친사회적 행동유발에 큰 영향을 주게 된다. 이렇게 사회적으로 강화가 뒤따르는 행동은 마침내 관찰자 스스로 자기강화가 되어서 전혀 모델이 없는 상황에서도 바람직한 행동을 유발시키게 된다.

3. 기억과 망각

심리학에서는 우리가 세상을 알아가는 과정을 인지과정(cognitive processes)이라 일컫는데 이는 학습과 기억, 언어 및 사고과정으로 이루어진다. 학습이란 경험에 의해서 새로운 지식을 습득하는 과정인 반면에 기억은 습득된 지식을 보유하는 과정이다. 또한 언어는 지식을 구성하는 상징이고, 사고는 기억 속의 지식을 사용하고 활용하는 과정이다. 인지과정은 이들 세부과정들이 복잡하게 상호작용하면서 이루어진다.

기억에 관한 연구는 Ebbinghaus의 연구에서 출발한다. 그는 무의미철자를 이용하였으며 행동주의의 동물학습연구에서 사용한 연합주의 패러다임을 사용하였다. 그러나 점차로 기억 연구의 방향은 구성주의적 접근이 지배하게 되었고, 그에 따라 정보처리적 입장이 부각되었다.

1) 기억의 본질

기억은 두 가지 의미를 지니는데 하나는 각종 사건이나 대상에 대한 지식을 쌓아두는 저장고라는 의미이고, 다른 하나는 기억에 저장해 넣고 저장된 것을 꺼내는 과정을 의미한다. 정보처리이론에서는 인간의 기억을 마치 컴퓨터가 외부의 자극들을 정보처럼 받아들여서 그것을 처리 · 저장해 두었다가 출력으로서 내놓는 것과 같이 본다. 마치 인간을 복잡한 컴퓨터로 인간의 사고과정을 컴퓨터 프로그램인 것처럼 생각하는 것이다. 즉, 인간을 "컴퓨터와 같은 정보처리자

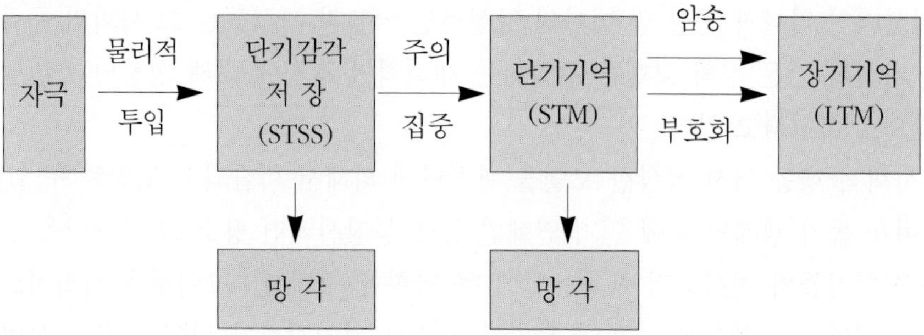

[그림 7-9] 기억의 정보처리모형

(computer-like processors of informations)"로 여긴다.

기능적인 과정 측면에서 보면, 기억은 부호화, 저장, 인출의 세 과정으로 나누어 볼 수 있다. 부호화(encoding)란 외부자극을 정보화하여 기억에 넣는 과정이며, 저장(storage)이란 이렇게 기록된 정보를 보유하여 유지하는 과정이다. 인출(retrieval)이란 필요한 정보를 저장고에서 찾아내어 우리가 의식할 수 있게 하는 과정이다.

기억은 아래 [그림 7-9]와 같이 저장기간의 길이와 인식의 정도에 따라 감각기억, 단기기억, 장기기억으로 나누어 볼 수 있다. 정보처리이론에 따르면 외부 환경으로부터 들어오는 감각입력이 기억의 바탕이 된다고 보았다. 이 감각입력은 번개처럼 아주 잠깐 감각기억에 기억되다가 사라진다. 주의집중한 정보는 단기기억으로 넘어가서 머무른다. 이 단기기억이 이전에 저장된 정보와 연결되기 위해 반복적으로 보유를 시도하여 처리된 정보는 장기저장으로 넘어가고 처리되지 못한 정보는 상실되거나 망각되는 것이다.

(1) 감각기억

인간에게 들어오는 수많은 자극정보들은 감각기관을 통해서 들어온다. 쏟아져 들어오는 무수한 정보들을 모두 처리할 수 없으므로 지엽적인 것은 지나쳐 버리게 하고 중요한 것들만을 걸러내는 여과과정이 필요하다. 감각기억(short-term memory sensory storage; STSS)에 들어오는 정보는 선택적으로 주의를 집중함으로써 단기기억에 들어갈 수 있다.

여과과정을 통해 주의집중되지 않은 감각적 자극은 곧 감각기억에서 사라지게 된다. 시각정보는 약 1초 이상, 청각정보는 4~5초까지 머무를 수 있다.

(2) 단기기억

감각기억에서 주의집중된 정보나 자극들은 단기기억(short-term memory; STM)으로 넘어가 잠시 머무르게 된다. 단기기억에 머무르는 정보들은 몇 초 이내에 망각되어지거나 반복적인 암송을 통해 장기기억으로 넘어가게 된다. 이런 의미에서 단기기억은 새로운 내용을 장기기억으로 보내기 위하여 거쳐 가야 할 일차적인 작업장 또는 작업과정의 의미를 지니므로 작업기억(working memory)이라고도 부른다.

공중전화를 사용하여 누군가에게 전화를 걸려고 수첩에서 전화번호를 찾아서 전화해 보니 통화 중이었다. 뒷사람에게 양보하여 먼저 쓰게 한 후 다시 전화를 걸려고 하는데 전화번호가 잘 생각나지 않는다. 전화번호가 단기기억 속에 머물다 사라졌기 때문이다. 이는 단기기억이 몇 초밖에는 지속되지 않는 임시기억임을 시사한다. 단기기억에 자극정보가 머무르는 시간은 평균적으로 18초 내지 길어야 30초 이내이다. 단기기억 속에 들어온 정보는 마음속에서 적극적으로 되뇌지 않으면 곧 사라지게 된다.

단기기억의 처리용량은 한정되어 있는데, 이는 기억폭(memory span)을 측정함으로써 알 수 있다. 기억폭이란 항목을 한 번 제시한 후에 회생해 낼 수 있는 항목의 수를 말한다. '97031601123712824……' 과 같은 긴 숫자를 잠시 제시한 후 기억해서 말해 보라고 한다면, 대부분 첫머리의 일곱자 내외는 정확히 기억하지만 나머지는 잘 기억해 내지 못한다. 단기기억의 기억폭은 7±2 항목으로 '마법의 수(magic number) 7' 이라 일컫는다. 전 세계적으로 대부분의 나라의 전화번호가 몇몇 대도시를 제외하고는 7자리수로 되어있는 것은 우리의 단기기억의 용량이 제한적임을 반영한 것 같다.

그러나 이렇게 제한적인 단기기억의 용량을 '덩이짓기(chunking)' 라는 방법을 통해 극복할 수 있다. 덩이짓기란 주어진 정보를 우리가 알고 있는 지식을 이용하여 보다 큰 의미 있는 단위로 묶는 방법을 말한다. 예를 들어 위의 숫자를 '학생의 생년월일(97 · 03 · 16), 학년 · 반 · 번호(01 · 12 · 37), 키 · 몸무게(128 · 24)……' 등의 의미를 주어 묶거나, 우리가 조선시대 왕들의 계보를 외울 때처럼, '태정태세 문단세 예성연중 인명선……' 과 같이 운율을 주어 묶어 기억하는 방법이 덩이짓기 책략이라 할 수 있다. 이와 같은 덩이짓기 책략은 항목의 크기를 크게 함으로써 단기기억에 저장할 수 있는 정보량을 증가시킬 수 있다. 그리하여 단기기억 저장용량은 7±2 청크라고 할 수 있다.

단기기억을 목수의 작업대에 비유할 수 있다. 목수가 무언가를 만들 때 작업 테이블의 면적이 한정되어 있으므로, 작품에 필요한 모든 공구를 한꺼번에 작업대 위에 올려놓고 일할 수 없다. 작업당시 단계별로 꼭 필요한 공구만을 꺼내놓고 작업을 하다가, 작업이 끝난 공구는 저장 선반에 가져다두고, 다시 필요한 공구들로 바꾸어 꺼내 와서 작업을 하는 것이다. 단기기억은 용량이 한정되어 있고, 현재 활동 중인 기억들이 머무는 곳이므로 목수의 작업대와 같은 것이다. 작업대 위에 너무 많은 공구를 올려놓고 일을 하면 공구들이 밀려 떨어지기도 하는데, 이는 망각현상으로 볼 수 있다. 이렇듯 현재 활동 중인 기억들을 단기기억이라 한다.

(3) 장기기억

우리가 일반적으로 "기억력이 좋다." 혹은 "기억력이 나쁘다."고 말할 때의 기억이 바로 장기기억(long-term memory; LTM)이다. 단기기억에서 머무르던 정보는 암송(rehearsal)이나 부호화에 의해 장기기억으로 전이되고 전이되지 못한 정보는 상실되어 망각된다.

단기기억을 목수의 작업대에 비유한다면, 장기기억은 지금 당장은 사용하지 않지만 언젠가 필요할 때 다시 사용하기 위해 선반 위에 정리해 놓은 공구저장소와 같다. 각종 망치류, 못, 대패, 톱, 사포, 드라이버,…… 등 여러 공구들을 용도별, 크기별로 따로 정리정돈을 잘 하는 목수일수록 필요한 공구를 빨리 쉽게 찾아 사용할 수 있다. 이것은 마치 의미 있게 잘 정교화시킨 기억이 재생하기 쉬운 것과 같다.

장기기억에는 여러 가지 기억들이 저장되어 있다. 각종 사물에 대한 일반적인 지식이나 기술 지식, 심상들, 감정들, 개인적인 경험내용 등이 저장되어 있다. 각종 정보들이 부호화되어 저장되는 것을 표상이라 하는데, 이는 사물 그 자체가 기억에 저장되는 것이 아니라 사물에 대한 정보가 상징의 형태로 재표현되어 저장되기 때문이다. 단기기억에서는 정보가 시각적이거나 청각적인 부호로 저장되는 반면에, 장기기억에서는 의미적으로 즉, 어의부호(semantic code)나 심상부호(imagery code)의 형태로 저장된다. 자기기억의 저장형태는 의미 있고 조직화된 형태로 부호화되어 저장된다. 새로이 들어오는 정보가 기존의 기억자료와 잘 조화되기 위해서는 조직화와 정돈이 잘되어야 한다. 또한 들어오는 정보를 우리 자신에게 맞게 부호화해야 하는데 이를 주관적 조직화라 한다. 재료 자체가 이미 조직된 것이라 할지라도 주관적으로 조직될 때 상기가 잘 된다.

장기기억에서도 청각부호화도 가능하다. 예를 들어 오랜만에 전화를 통해 들리는 상대방 목소리를 금방 알아듣는 것은 그 사람의 음성이 청각적으로 부호화되어 장기기억 속에 있다는 것이다. 또한 냄새나 맛도 장기기억 속에 부호화되어 저장되어서 눈을 감고 음식을 맛보거나 냄새만 맡아도 어떤 음식인지를 알 수 있는 것이다.

(4) 기억의 발달적 적용

일반적으로 아동은 우발적으로 학습된 정보보다는 의도적으로 학습된 정보를 더 잘 기억한다. 학습하려는 동기 때문에 정보를 의미 있게 분류하거나 군집화하는 의도적인 입력화 전략을 사용해서 더 많은 것을 기억하게 되기 때문이다. 이런 능력은 아동이 성장함에 따라 더욱 발달되어 간다.

또한 입력된 정보를 재생하는 능력도 연령이 증가함에 따라 더욱 효과적이 된다. Neimak(1971)의 실험에 의하면 초등학생들과 대학생을 대상으로 4가지 범주로 분류될 수 있는 24개의 그림을 주고 기억하게 하였는데 연령 증가에 따라 그림을 범주화하여 재배열하는 경향이 높아졌고, 재생하는 능력도 그림의 수가 연령에 따라 증가하였다. 또한 연령이 증가될수록 낱말을 외울 때 운을 맞춰가며 암기할 수 있으며, 사물을 분류할 때 범주의 지식을 사용할 수 있다. 즉, 하나의 사상이 동시에 두 개 이상의 유목에 속할 수 있다는 논리적 구성능력이 발달된다.

한편 아동이 7세정도 되면 단어나 숫자의 길이를 현저히 길게 기억할 수 있게 되는데 이는 기억에 도움이 되는 전략을 자발적이고 무의식적으로 사용하기 때문이다.

2) 망 각

(1) 망각의 의미

망각(Forgetting)이란 학습된 내용이 시간의 경과와 더불어 재생(상기) 및 재인할 수 없는 상태를 말한다. 망각은 기억의 다른 측면일 뿐이며, 별개의 것이 아니다. 역사적으로도 기억에 대한 연구는 회상과 망각에 관한 연구에서 비롯되었다.

기억은 약호화, 저장, 인출의 세 단계를 거쳐 이루어지는데, 망각은 주로 이 세 단계 중 어느 하나의 실패 때문에 생기는 것이다. 약호화가 부적절하거나, 저장

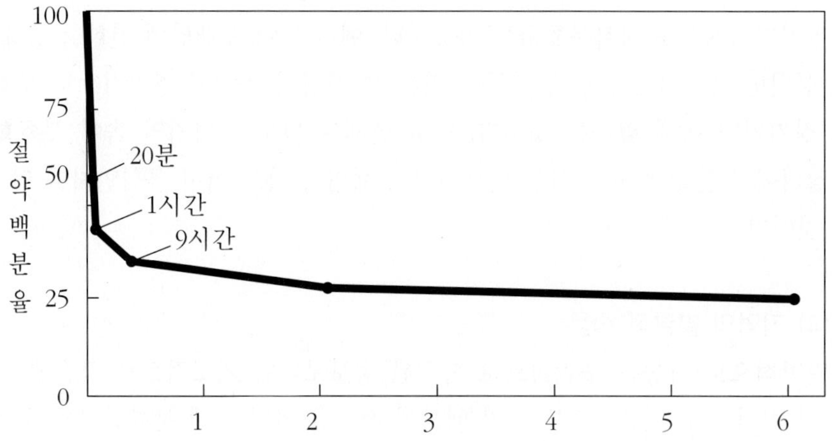

[그림 7-10] 망각곡선

도중에 정보가 왜곡되었거나, 저장용량이 작거나, 인출단서가 부적절하기 때문에 망각이 일어날 수 있다.

기억을 다른 말로 파지(retention)라 하는데, 학습한 내용을 보존하는 과정을 말한다. 그러나 우리는 모든 경험내용을 파지할 수는 없다. 즉, 시간이 경과함에 따라 학습한 많은 것을 망각하게 되는 것이다. 파지와 망각은 같은 현상을 다른 측면에서 언급하는 것이다. 시간의 경과에 따른 파지량 또는 망각량의 변화에 관한 그래프가 파지곡선 혹은 망각곡선이다. 그러므로 파지곡선을 거꾸로 놓고 보면 망각곡선이 된다. 위의 [그림 7-10]은 1885년 H. Ebbinghaus가 무의미철자(nonsense syllable)의 기억실험을 기초로 하여 그린 망각곡선이다. 망각은 원학습 직후가 가장 심하고, 시간이 경과할수록 망각의 진행이 완만해짐을 알 수 있다.

(2) 망각의 원인

인출해내지 못하는 정보는 장기기억 속에서 망각되었다고 본다. 망각은 시간이 흐름에 따른 자연소실이라는 의미로도 쓰이지만, 그보다는 정보들 간의 간섭에 의한 인출실패라는 의미로 쓰인다. 때로는 정서적인 이유에서 망각이 일어날 수도 있다. 흔히 우리들은 불유쾌한 사건들을 무의식적으로 억압하여 망각하곤 한다. 때로 이러한 증상이 지나치면 비정상으로 발전할 수도 있다.

① 흔적쇠퇴설

기억이란 학습한 것이 기억흔적(memory trace)으로 남은 것이고, 망각이란 기억흔적이 쇠퇴하는 현상이라고 보는 입장이 흔적쇠퇴설이다. 이 입장은 기억의 망각을 시간적인 함수로 여긴다. 이러한 입장에서 본다면, 일단 파지된 것일지라도 활용하지 않으면 망각하기 쉽다. 흔적쇠퇴설의 단점은 시간이 경과하는 동안 어떤 영향을 받아 망각하는지를 설명 못한다는 것이다. 이러한 입장을 보완하는 이론이 정보처리이론의 입장이다. 즉 정보처리이론에서 보면, 인간의 정보처리능력에는 한계가 있기 때문에 이 한계를 넘어선 정보가 입력되면 낡은 정보와 중요하지 않은 정보들은 버리게 된다고 주장한다.

② 간섭설

간섭(interference, 干涉)설에서는 회상이 안 되는 기억은 손실된 것이 아니라 기억된 정보들끼리 간섭을 일으켜서 정보의 인출이 방해되는 것이라 설명한다. 간섭설은 기억에서 입력된 정보들의 속성의 유사성에 따라 망각이 일어난다고 보는 입장이다. 간섭설은 순행간섭과 역행간섭, 두 가지로 나누어 볼 수 있다.

첫째, 순행간섭(proactive interference)이란 시간의 흐름과 같은 방향으로 간섭이 일어나는 현상으로, 이전에 학습되었던 것이 새 정보가 기억되는 것을 간섭하는 경우를 말한다. 예를 들어, 새로 이사간 집을 상기하기 어려울 때와 같이 예전 기억 때문에 새로 학습한 내용이 방해받을 때이다.

둘째, 역행간섭(retroactive interference)이란 새로운 것을 학습함으로써 옛 기억을 간섭하는 경우를 말한다. 예를 들면, 이사 가서 새 전화번호를 외운 후 옛날 전화번호를 빨리 기억해내기 어려운 때가 여기에 해당한다.

③ 억압설

아동기 때의 충격적인 정서적 경험은 나중에 그것들이 의식에 떠오르게 되면, 완전히 불안에 의해 압도되어 버릴 것이다. 왜냐하면 인간은 자기에게 위협적이었고 불쾌했던 경험과 인정하기 어려운 욕망이나 관념을 억압(repression)하여 무의식의 심층에 침잠시켜 버리게 되며, 그 결과 망각이 일어나기 때문이다. 이렇듯 억압에 의한 망각을 동기화된 망각이라 일컫는데, 대개 치료에 의해서 외상적 경험과 연합된 어떤 정서가 제거되었을 때만이 상기될 수가 있다.

④ 인출실패설

인출실패설은 망각을 상기에 필요한 정보의 인출실패(retrieval failure) 때문에 생기는 현상이라고 보는 입장이다. 인출실패란 분명히 어떤 정보가 기억되어 있다는 확신은 있지만, 기억해내고자 하는 구체적인 정보를 기억에서 찾을 수 없는 현상이다. 정보는 기억의 창고에 저장되어 있지만 필요한 정보를 찾아서 끌어내는 검색의 실마리를 발견하지 못했을 때 망각이 발생한다는 것이다.

/참/고/문/헌/

김아영 · 백화정 · 설인자 · 양혜영 · 이선자 · 정명숙 공역(1997). **교육심리학**. 학문사.

김정률 · 임형진 · 정일호 · 정종진(1995). **아동발달과 학습**. 교육출판사.

김정오 · 민경환 · 서봉연 · 원호택 · 이관용 · 이장호 · 이춘기 · 조대경 · 조명한 · 차재호(1991). **심리학개론**. 한국방송통신대학교 출판부.

유안진(1999). **아동발달의 이해**. 문음사.

이영애 역(1998). **학습심리학**. 을유문화사.

장현갑 외 6인 공저(1999). **심리학**. 시그마프레스.

최정훈 · 이훈구 · 한종철 · 윤진 · 정찬섭 · 오경자(1993). **인간행동의 이해－심리학**. 법문사.

한국심리학회 편(1997). **현대심리학의 이해**. 학문사.

Fabes, R. A., & Martin, C. L. (2000). *Exploring child development : Transactions and transformations*. Allyn & Bacon, MA.

Newman, P. R., & Newman, B. M. (1999). *Development through life: A psychosocial approach* (7th ed.). Brook/Cole. Wadsworth/ITP.

Newman, P. R., & Newman, B. M. (1997). *Childhood and adolescence*. Brooks/Cole Publishing Company, ITP.

Zigler, E. F., Finn-Stevenson, M., & Hall, N. W. (2002). *The first three years and beyond: Brain development and social policy*. Yale University Press: New Haven & London.

8 언어 발달

인간을 동물과 구분하는 가장 큰 특징은 언어이다. 동물은 아무리 가르쳐도 인간과 같은 수준의 언어를 구사할 수 없다. 그러나 인간은 특별한 훈련 없이도 누구나 완벽한 언어를 구사할 수 있다. 언어는 사고의 중요한 도구이자 수단일 뿐 아니라 사회적 상호작용의 중요한 도구이자 수단이기도 하다. 인간은 언어를 통해 자신의 생각을 정교하게 하기도 하고, 또 다른 사람과의 상호작용에서 자신의 생각이나 느낌을 전달하고 전달받기도 한다.

언어가 어떻게 발달하는지는 오래전부터 많은 사람들의 관심사였다. 그럼에도 불구하고 과거에는 언어에 대한 경험적 연구들이 상당히 제한적이었다. 그러나 최근에 오면서 언어 발달에 대해 많은 경험적 연구들이 이루어지면서 이때까지 알려지지 않았던 언어 발달의 여러 측면들이 밝혀지고 있다. 언어는 일생을 두고 발달한다. 그러나 출생부터 약 5세 정도 사이에 가장 큰 발전을 보이며 아동들이 약 5세 정도가 되면 자국어를 상당히 완전하게 구사하게 된다.

따라서 제8장에서는 이 기간 동안에 일어나는 언어 발달에 초점을 맞출 것이다. 또한 언어 발달을 크게 음운 발달, 단어 및 의미 발달, 문법 발달과 의사소통 기술의 발달의 네 영역으로 구분하고 각 분야에서 이루어진 연구들을 중심으로 언어 발달의 일반적 경향을 살펴보고, 언어 발달을 설명하기 위해 제안되어 온 다양한 이론들을 소개하고자 한다.

1. 음운 발달

언어에서 가장 중요한 것은 말소리를 듣고 구별하고 또 말소리를 내는 것이다. 말소리를 듣고 구별하고 또 말소리를 내는 능력의 발달을 음운 발달(phonological development)이라고 한다.

1) 말소리 지각

(1) 출생 이전 말소리 지각

영아들의 듣는 능력은 일찍부터 발달하여 태내에서부터 들을 수 있다. 출생하기 이전부터 말소리를 듣는 데 필요한 귀의 구조가 거의 성숙하고, 귀와 뇌를 연결하는 신경회로도 발달하며, 출생 시에는 많은 신경회로들에 수초화가 이루어져서 들을 수 있는 준비가 된다. 영아들이 출생 이전에 들을 수 있다는 증거들은 여러 가지이다. 태어난 지 12시간 밖에 안 된 영아가 엄마의 목소리와 낯선 여자의 목소리를 구별할 수 있었다(DeCasper & Fifer, 1980). 영아들에게 장난감 젖꼭지를 물리고 빠는 정도를 측정한 후 더 빨리 빨면 엄마 목소리가 들리고 더 느리게 빨면 낯선 여자의 목소리가 들리거나 또는 반대가 되도록 장치를 하였다. 영아들은 엄마의 목소리를 들을 수 있는 쪽으로 젖꼭지를 빠는 속도를 변화시켰다. 뿐만 아니라 영아들은 태내에서 들었던 이야기와 듣지 않았던 이야기도 구별할 수 있었다(DeCasper & Spence, 1986). 임신한 엄마들에게 태내의 아기에게 특정 이야기를 출산 직전 6주 동안 들려주게 하였다. 출생한 이후 영아들은 태내에서 들었던 이야기를 태내에서 듣지 않았던 이야기보다 더 좋아하였다. 영아들은 출생 이전부터 이미 소리를 들을 수 있을 뿐 아니라 들은 이야기의 어떤 측면들을 기억하고 있는 것 같다.

(2) 출생 이후 말소리 지각

태아들이 소리를 들을 수 있다고 해서 말소리를 구별할 수 있는 것은 아니다.

말소리를 알아듣기 위해서는 말소리를 구성하는 음소들을 구별할 수 있어야 한다. 말소리의 구성단위는 독특한 소리인 음소(phoneme)들로 음소에는 'top'이나 'toe'의 [t]소리와 같은 자음과 'get'이나 'bed'의 [e]소리와 같은 모음이 있다. 언어에 따라 사용하는 음소들은 달라진다. 예를 들어, 우리나라 말과 영어에 사용되는 음소들이 같은 것도 있지만 다른 것도 있어서 우리나라 말에서는 영어의 [f]소리는 사용되지 않는다.

말소리를 알아들으려면 여러 가지 음소들을 듣고 구별할 수 있어야 한다. 많은 연구들이 영아들이 말소리의 기본단위인 음소들의 차이를 구별할 수 있는지를 검토해 왔다. 영아들은 4주 정도가 되면 자음과 모음의 소리를 구별할 수 있었다. 즉 [p]와 [b], 또는 [d]와 [g] 같은 자음소리와 [u]와 [I] 또는 [I]와 [a] 같은 모음소리를 구별하였다(Kuhl, 1976). 그러나 [f]소리와 무성 [th]소리에 대한 구별은 훨씬 뒤인 5세 정도가 되어야 가능해졌다(Owens, 2001).

영아들이 음소를 구별하는 능력은 자국어에만 한정되지 않고 상당히 언어-일반적이다. 처음에는 영아들은 자국어에 있는 소리뿐 아니라 없는 소리들도 구별할 수 있다. 영어를 사용하는 가정에 태어난 영아들은 영어에는 없고 불어에 있는 모음소리의 대비를 구별할 수 있었고(Trehub, 1976), 영어에 없고 힌두어에 있는 자음소리의 대비도 구별할 수 있었다(Werker, Gilbert, Humphrey, & Tees, 1981). 즉, 영아들은 세상의 모든 언어들에 존재하는 소리들을 구별할 수 있는 능력을 가지고 태어나며 이러한 능력이 경험에 의해 형성되는 것은 아닌 것 같다. 그러나 이러한 능력은 영아들이 자국어에 노출되면서 6개월에서 12개월 사이에 크게 감소하여서(Werker & Tees, 1984) 다른 언어에서 사용되는 소리들을 구별하는 능력을 잃는 반면 자국어에 있는 소리들의 작은 차이를 구별하는 능력은 더 발달하였다.

(3) 범주적 말소리 지각

말소리를 구별하기 위해서는 물리적으로는 차이가 있는 소리들을 같은 소리로 듣는 것이 요구된다. 이를 범주적 지각이라고 한다. 말소리의 물리적 특성은 연속적이지만 성인들은 이 연속적 특성에 경계선을 부여하여 특정 경계선 내에 있는 소리들은 비록 그 물리적 특성에 차이가 있더라도 모두 같은 소리로 듣는 경향이 있다(Liberman, Harris, Kinney, & Lane, 1961). 예를 들어, [b]와 [p]소리는 공기가 입술을 통과할 때부터 성대가 진동할 때까지 걸리는 음성개시시간에서 차이가 난다. [b]소리에서는 음성개시시간이 짧은 반면, [p]소리에서는 음성개시시간이 길다. [b]소리와 [p]소리 사이에는 음성개시시간이 차이가 있는 다양한 소리들이 존재하지만 성인들은 음성개시시간이 25msec 이하인 소리들은 모두 [b]소리로 듣고 음성개시시간이 40msec 이상인 소리들은 모두 [p]소리로 듣는다.

말소리에 대한 범주적 지각은 언제부터 발달할까? 말소리에 대한 범주적 지각은 타고나는 것일까 또는 경험에 의해 가능해질까? 말소리에 대한 경험이 별로 없는 1개월 된 영아들도 성인들처럼 [b]소리와 [p]소리를 범주적으로 지각하였다(Eimas, Siqueland, Jusczyk, & Vigorito, 1971). 영아들을 음성개시시간이 20msec인 소리, 즉 성인들이 [b]로 듣는 소리에 습관화시킨 다음 음성개시시간이 40msec인 소리, 즉 성인들이 [p]로 듣는 소리를 들려주자 빨기반응이 증가하여 탈습관화를 보였다. 그러나 음성개시시간이 60msec인 소리, 즉 성인들이 [p]로 듣는 소리에 습관화시킨 다음 음성개시시간이 80msec인 소리, 즉 성인들이 역시 [p]로 듣는 소리를 들려주자 빨기반응에 변화가 없었다. 두 경우에 음성개시시간의 차이는 20msec으로 동일하였지만 말소리에 대한 영아들의 지각은 달랐다. 이는 생후 1개월 밖에 안 된 영아들도 말소리를 범주적으로 지각하며 이러한 범주적 지각에는 특별한 학습이나 경험이 필요하지 않음을 보여준다.

2) 말소리 산출

(1) 말소리 이전의 소리 발달

영아들은 말을 하기 이전에도 여러 가지 소리를 낸다. 이런 소리들은 비록 말소리는 아니지만 나중에 말소리를 산출하는 데 여러 가지로 기여를 한다. 이런 소리들은 다섯 단계에 걸쳐 발달한다(Stark, 1986).

① 단계 1: 신생아기로 이때에는 영아들은 반사적으로 울고, 트림하고, 재채기하고, 그리고 숨을 쉬고, 빠는 등의 생물학적 기능에 수반되는 여러 종류의 불수의적 소리를 낸다.

② 단계 2: 6주나 8주에서 16주 사이의 기간으로 영아들은 목울리는 소리(cooing)를 내고 또 웃음을 터뜨린다. 목울리는 소리는 혀를 입의 뒤에 갖다놓고 입을 동그랗게 만들면서 내는 소리로서 처음에는 하나의 긴 모음처럼 들린다. 그리고 점점 더 다양한 모음소리를 내기 시작하다가 나중에는 여러 모음소리를 섞어서 낸다.

③ 단계 3 : 16주에서 30주 사이의 기간으로 이때에는 발성놀이가 시작된다. 영아들은 더 다양한 모음과 자음소리를 더 자유자재로 낼 수 있게 되고, 이런 소리를 연결하게 되는데 이를 주변적 옹알이(marginal babbling)라고 한다.

④ 단계 4 : 6개월에서 9개월경부터 12개월 사이의 기간으로 진정한 옹알이(canonical babbling)가 시작된다. 이 시기의 옹알이에는 〔다다〕 또는 〔너너〕와 같이 처음으로 자음과 모음이 결합된 음절이 나타나며 동일한 음절이 계속 반복된다.

⑤ 단계 5 : 12개월 이후의 단계이다. 이 시기에는 영아들이 내는 자음과 모음소리가 더 다양해지며 소리가 중복되지 않는 다채로운 옹알이가 나타난다. 즉, 자음+모음 또는 자음+모음+자음의 형태로 음절이 연속적으로 연결되면서 더 다채로워지고 여기에다 말의 억양이 첨가되어 마치 말처럼 들린다. 이와 같은 발달은 환경에 관계없이 영아들에게서 보편적으로 나타난다.

(2) 말소리의 발달

옹알이가 발달하면서 영아들은 한 살경이면 첫 단어를 말하게 되고 그 이후에 말소리를 산출하는 능력은 계속 발달한다. 말소리의 산출은 일정한 순서를 가지고 발달하여 아동들은 어떤 소리는 일찍 산출하고 어떤 소리는 늦게 산출하는 경향을 보인다. 일반적으로 옹알이에서 많이 사용되었던 소리가 먼저 산출된다. 옹알이에서 가장 흔하게 나타나는 소리는 〔b〕, 〔p〕, 〔m〕, 〔d〕, 〔n〕소리인데(Locke, 1983) 영어를 사용하는 영아들에서 〔b〕, 〔p〕, 〔m〕, 〔d〕, 〔n〕, 〔h〕, 〔w〕소리들이 비교적 먼저 산출되었다(Sander, 1972). 또한 영어를 사용하는 아동들이 처음 사용하는 50 단어에 사용되는 자음소리도 옹알이에서 흔하게 사용되었던 소리들이었다(Leonard, Newhoff, & Meselam, 1980).

또한 발음의 난이도도 말소리의 산출에 영향을 미쳐서 비교적 발음하기 쉬운 소리들이 먼저 산출되고 발음하기 어려운 소리들은 늦게 산출된다. 예를 들어, 영어를 사용하는 아동들에서 〔k〕, 〔g〕, 〔d〕 등과 같이 비교적 발음하기 쉬운 소리는 2세에서 4세 사이에 산출된 반면, 〔ch〕, 〔sh〕, 〔z〕 등과 같이 발음하기 어려운 소리는 4세에서 7세 사이에 산출되었다(Sander, 1972). 그러나 7세경이 되면 아동들의 말소리 산출능력이 거의 성인들의 수준에 도달한다.

(3) 음운처리과정

이처럼 자국어의 모든 소리를 성인들처럼 낼 수 있을 때까지는 시간이 걸리므로 아동들은 이러한 문제를 극복하기 위해 여러 가지 방법을 사용한다. 우선 자신들의 산출능력에 맞추어 단어들을 선택하여 사용한다. 특정 의미를 나타내는 단어를 여러 개 알고 있을 경우에는 발음하기 어려운 단어보다는 쉬운 단어를 선택하여 사용하고(Menn & Stoel-Gammon, 1995) 어떤 발음을 할 수 있게 되면 그 발음이 포함된 단어들을 많이 사용한다(Vihman, 1992).

이보다 더 중요한 것은 음운처리과정(phonological process)이다. 음운처리과정이란 아동들이 산출할 수 있는 소리들에 맞추어 언어를 체계적으로 변화시키는 과정으로 약 1.5세경부터 나타나기 시작한다. 아동들이 사용하는 음운처리과정은 그 종류가 다양한데 이들 가운데 일부와 그 예가 〈표 8-1〉에 제시되어 있다(성현란 · 이현진 · 김혜리 · 박영신 · 박선미 · 유현옥 · 손영숙, 2001). 대치과정은 특정소리가 다른 소리로 바뀌는 현상으로 '라면'의 〔ㄹ〕소리가 '야면'의 〔ㅇ〕소리로 바뀐다. 동화과정은 어떤 소리가 이웃한 소리의 영향을 받아 닮아가거나 처음 음절이 반복되는 현상으로 '빨강'의 〔ㄹ〕소리가 '강'에 있는 〔ㅇ〕소리의 영향으로 '빵강'으로 발음된다. 생략과정은 어떤 음절이나 소리가 생략되는 현상으로 '사탕'의 〔ㅅ〕소리가 생략되어 '아탕'으로 발음된다. 첨가과정은 어떤 음절이나 소리가 첨가되는 현상으로 '오징어'의 〔ㅇ〕소리에 〔ㄱ〕소리가 첨가되어 '오징거'로 발음된다.

아동들이 이렇게 음운처리과정을 사용하는 것은 단어를 음절의 연쇄나 분리되지 않은 전체로 표상하지 않고 개개 음소로 표상함을 시사한다. 그러나 이러한 음운처리과정은 아동들이 자국어의 모든 말소리들을 능숙하게 산출하게 되면서 점차 사라진다.

〈표 8-1〉 여러 가지 음운처리과정과 그 예들

종 류	예		
대치과정	라면 ⇨ 야면	사람 ⇨ 타암	모자 ⇨ 모다
동화과정	빨강 ⇨ 빵강	나무 ⇨ 마무	코끼리 ⇨ 코코
생략과정	사탕 ⇨ 아탕	지하철 ⇨ 지하처	할아버지 ⇨ 하버지
첨가과정	껌 ⇨ 꼼마	오징어 ⇨ 오징거	연필 ⇨ 년피

2. 단어 및 의미 발달

1) 단어의 발달

아동들은 대략 10개월에서 15개월 사이에 첫 단어를 말하고 그 이후 단어의 수는 꾸준히 증가한다. 연령에 따라 단어수가 어떻게 증가하는지의 구체적 예가 〈표 8-2〉에 제시되어 있다. 12개월에는 평균 단어가 3개이다가 18개월에는 22개로 증가한다. 그러나 21개월이 되면 무려 118개로 5배 정도 증가하고 그 이후에도 이런 추세는 계속된다. 처음 18개월까지는 단어의 수가 비교적 천천히 증가하지만 18개월을 기점으로 하여 급격하게 증가한다. 이처럼 단어가 갑자기 증가하는 현상을 단어폭등(word explosion)이라고 부른다. 단어폭등은 다른 연구(Benedict, 1979; Nelson, 1973)뿐 아니라 다른 언어에서도 관찰되었는데 한국 아동들에서는 약 20개월에 나타났다(장유경, 1997; Gopnik, Choi, & Baumberger, 1996).

왜 단어폭등이 18개월경부터 나타나는지에 대해 여러 가지 가설이 있다. 이 시기에 단어학습을 위한 내적 제약이 작동하기 시작하거나 성숙하여(Behrend, 1990; Mervis & Bertrand, 1994) 아동들이 갑자기 단어를 많이 배우게 될 수도 있고 또는 이 시기에 '이름붙이기 통찰' 즉, 세상 모든 것에 이름이 있다는 사실을

〈표 8-2〉 연령에 따른 단어수의 변화

연 령	단어수	증가된 단어수
8개월	0	
10개월	1	1
12개월	3	2
15개월	19	16
18개월	22	3
21개월	118	96
24개월	272	154
30개월	446	174
36개월	896	450
48개월	1,540	644
60개월	2,072	532

* Smith, M. E. (1926); Siegler, R. (1998)에서 재인용

깨닫게 되면서 아동들이 사물들의 이름을 열심히 배우게 될 수 있다(McShane, 1980).

2) 초기 단어들의 특징

아동들의 초기 단어, 즉 단어폭등이 일어나기 전에 배우는 단어들은 어떤 특징을 가지고 있을까? 단어폭등이 일어난 후에는 단어수가 급격하게 증가하여 그 특징을 파악하기가 용이하지 않지만 단어폭등이 일어나기 전에는 단어의 수가 제한되어 있을 뿐 아니라 단어가 획득되는 속도가 비교적 느리기 때문에 그 특징을 파악하는 것이 용이하다.

(1) 초기 단어들의 종류

아동들이 초기에 획득하는 단어는 어떤 특징을 가지고 있을까? 이에 대한 연구들의 결과가 〈표 8-3〉에 제시되어 있다. 넬슨(1973)은 18명의 아동들을 종단적으로 연구하여 그들이 처음에 획득한 50개의 단어를 분석하였다. 단어들을 보통명사(개, 공, 우유 등)와 대명사(이것, 그 여자 등)를 포함하는 일반명사와 특정 대상을 지칭하는 특수명사(아빠, 엄마, 특정 이름), 동사류(간다, 달린다, 본다 등), 어떤 대상이나 상황의 특징이나 성격을 나타내는 수식어(큰, 내 것, 바깥의 등), 정서를 표현하거나 관계를 나타내는 개인-사회적 단어(아니, 제발 등), 그리고 문법적 기능어(무엇, ~이다, ~위한)의 여섯 범주로 구분하였다. 그 결과 명사류가 가장 많이 나타나서 일반명사와 특수명사를 포함하여 약 65% 정도였고, 그

〈표 8-3〉 유아들이 많이 사용하는 단어들의 문법적 범주

	단어의 %		
문법적 범주	Nelson(1973)	Benedict(1979)	장유경(1997)
명사류			69*
일반명사	51	50	52
특수명사	14	11	
동사류	14	19	4
수식어	9	10	
개인-사회적 단어	9	10	
문법적 기능어	4	-	

* 명사류에는 일반명사에 바깥 것, 장소, 사람을 지칭하는 단어들이 첨가되었다.

다음에 많이 나타나는 것이 동사류로 14%였다. 나머지 범주의 비율은 각각 10% 이내로 아주 적게 나타났다. 다른 연구(Benedict, 1979)에서도 역시 명사류의 비율이 가장 높게 나타났고 다음이 동사류였다. 단어폭등이 일어나기 전에 아동들이 획득하는 단어는 주로 명사류였다.

아동들이 획득한 명사류를 범주별로 살펴보면(Nelson, 1973), 음식이나 음료(주스, 우유, 쿠키, 물 등), 동물(개, 고양이, 오리, 말 등), 옷(신발, 양말 등), 장난감이나 놀잇감(공, 블록, 인형 등), 탈것(차, 보트 등)에 대한 단어가 주를 이루어 주로 주변에 있거나 가지고 놀 수 있는 물건들과 관련된 단어가 많았고 추상명사(기쁨, 즐거움 등)나 집합명사(숲 등)는 거의 나타나지 않았다.

한국 아동들에서도 비슷한 경향이 나타나서 18개월에서 20개월 사이에 아동들이 사용한 단어에도 명사류가 가장 많아서 69%였고 동사는 4% 정도였다. 명사의 종류도 영어를 사용하는 아동들과 비슷하여 음식(맘마, 물, 빵 등), 탈것이나 장난감, 동물과 관련된 단어들이 주로 많았다.

이처럼 초기 단어에 명사가 많은 이유는 명사가 아동들이 흥미를 느끼고, 원하는 구체적인 대상들을 지칭하기 때문인 것 같다. 그러나 이런 경향은 언어에 따라 달라져서 중국 아동들에서는 동사가 명사보다 많거나 같았다(Tardif, 1996). 또한 일부 연구(Choi & Bowerman, 1991; Gopnik & Choi, 1990, 1995)는 한국어에서 동사가 문장의 끝에 나타나서 지각적으로 더 현저하고 또 명사가 생략되는 경우가 많기 때문에 한국 아동들이 명사보다 동사를 더 빨리 획득한다고 밝히고 있기도 하다.

(2) 초기 단어들의 과잉확장과 과소확장

아동들이 단어를 사용하기 시작해도 처음에는 단어의 의미를 완전하게 이해하지 못하기 때문에 단어를 성인들과 다른 의미로 사용하는 경우가 많다. 이런 예가 과잉확장(overextension)과 과소확장(underextension)이다. 과잉확장은 어떤 단어를 그 단어의 의미 이상으로 폭넓게 사용하는 경향을 말한다. 네 발 달린 동물을 모두 '개' 라고 부르거나 남자를 모두 '아빠' 라고 부르는 것 등이다. 일반적으로 과잉확장은 특정 단어가 지칭하는 대상과 지각적으로 유사하거나 또는 기능적으로 유사한 대상에게 많이 나타나서 아동들은 사과나 달걀을 '공' 이라고 하고 동그란 과자 반쪽이나 반달모양의 과일조각을 '달' 이라고 하였다(이승복, 1994; Rescorla, 1980). 아동들이 12개월에서 18개월 사이에 사용하는 단어들의

33% 정도가 과잉확장이지만 몇 개의 단어에만 집중되어 있어서 과잉확장은 생각만큼 여러 단어에서 보편적으로 일어나지는 않았다(Rescorla, 1980). 또한 과잉확장은 아동들이 특정 단어의 의미를 모르기 때문이 아니라 특정 사물을 지칭하는 단어를 모를 때에 이미 알고 있는 단어를 차용하여 쓰기 때문에 나타났다(Huttenlocher & Smiley, 1987). 즉, 아동들이 소를 '개' 라고 한다면 '개' 라는 단어가 소를 지시한다고 생각해서가 아니라 소를 지시하는 단어를 모르기 때문에 자신이 알고 있는 단어들 가운데에서 가장 적합하다고 생각되는 '개' 라는 단어를 차용하여 쓰는 것이다.

과잉확장에 반대되는 과정은 과소확장인데 이는 어떤 단어를 그 단어의 의미보다 더 좁은 의미로 사용하는 경향을 말하다. 집에서 키우는 개만 '개' 라고 부른다거나 초콜릿 칩 쿠키만 '쿠키' 라고 부르는 것 등이다. 과잉확장이 일어날 때에는 쉽게 알 수 있지만 과소확장은 일어나도 알기가 어렵다. 예를 들어, 아동들이 소를 '개' 라고 할 때에는 과잉확장이 일어났는지 쉽게 알 수 있지만 아동들이 초콜릿 칩 쿠키만을 '쿠키' 라고 할 때에는 과소확장이 일어났는지 쉽게 알 수 없다. 따라서 과소확장이 과잉확장보다 덜 일어나는 것처럼 생각할 수 있지만 과소확장이 과잉확장보다 더 흔하게 나타난다(Kay & Anglin, 1982). 이런 과잉확장과 과소확장은 아동들이 단어들의 의미를 정확하게 학습하게 되고 또 틀린 반응에 대해 주변 사람들로부터 피드백을 받으면서 점진적으로 사라진다.

(3) 단어 발달의 개인차

새로운 단어를 배워 나가는 과정에서 아동들 사이에 다양한 차이가 나타난다. 우선 아동들이 첫 단어를 사용하는 시기에 차이가 있어서 어떤 아동들은 첫 단어를 일찍 말하고 어떤 아동들은 늦게 말한다. 또한 단어가 증가하는 속도도 차이가 있다. [그림 8-1]에 16개월에서 30개월 사이의 아동들 가운데 전체의 10, 25, 50, 75, 90 퍼센타일에 해당하는 아동들의 단어수가 제시되어 있다(Fenson, Dale, Reznick, Bates, Thal, & Pethick, 1994). 16개월경에도 아동들의 단어수의 차이가 100여 개 정도였으며 이러한 차이는 연령이 증가할수록 계속 증가하여 30개월경에는 약 300개 이상이었다.

또한 아동들이 많이 사용하는 단어의 종류에서도 차이가 나타났다(Nelson, 1973). 18개월 된 아동들 가운데 어떤 아동들은 물체와 사람의 이름을 나타내는 명사류를 더 많이 획득했고 어떤 아동들은 명사류를 적게 획득한 반면 "I

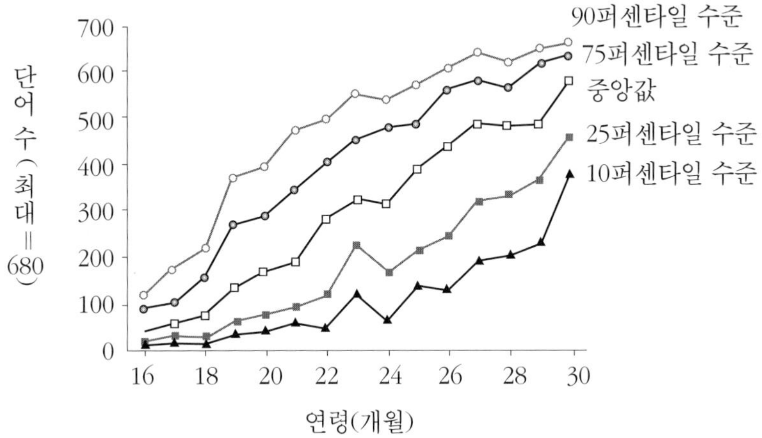

[그림 8-1] 16개월에서 30개월까지의 단어수의 개인차

want…" 또는 "go away"와 같은 사회적 상호작용을 위한 단어들과 "where" 또는 "what"과 같은 질문에 필요한 단어들을 더 많이 획득하였다.

단어 발달에서 나타나는 이러한 개인차는 다양한 요인들과 관련이 있다. 말소리를 기억하는 능력이 관련이 있어서 처음 듣는 단어의 소리를 잘 기억하는 아동들이 그렇지 못한 아동들에 비해 더 단어가 많았다(Gathercole & Baddley, 1989). 성격도 작용하여 외향적 아동들이 내향적 아동들보다 주변 사람들과 상호작용을 더 많이 하므로 단어 발달이 빨랐다(Slomkowski, Nelson, Dunn, & Plomin, 1992). 성에 따른 차이도 있어서 여아들이 남아들보다 단어 발달이 더 빨랐다(Huttenlocher, Haight, Bryk, Seltzer, & Lyons, 1991). 이와 같은 요인 이외에도 환경적 요인도 중요하게 기여한다. 가장 중요한 것은 엄마가 아동들과 이야기를 나누는 정도로서 엄마가 아동들과 말을 하는 정도가 단어 발달의 속도를 잘 예언하였다(Huttenlocher 등, 1991). 즉, 자녀들과 이야기를 많이 나누는 엄마들이 그렇지 못한 엄마들보다 단어 발달을 더 촉진하였다.

3) 단어 의미 발달

단어의 수는 아동이 18개월이 되면서부터 급속하게 증가한다. 따라서 그 이후에는 아동들이 짧은 기간에 많은 단어를 획득하게 된다. 아동들이 어떻게 짧은 기간 동안 많은 단어들을 획득하게 될까? 아동들이 단어를 배우는 상황을 생각하면 아동들이 짧은 시간에 많은 단어들을 배우게 하는 기제에 관심을 갖게 된다. 부모들이나 성인들이 아동들에게 '공'이라는 새로운 단어를 가르친다면 보통 공을 보여주면서 "이것은 공이야"라고 말해 주는 경우가 대부분이다. 이 상황에서 '공'이라는 단어가 지시할 수 있는 대상은 너무 많다. 예를 들어, '공'이라는 단어가 공의 색깔을 지시할 수도 있고, 둥근 모양을 지시할 수도 있고, 또 공에 그려진 어떤 무늬를 지시할 수도 있다. 그러나 아동들은 마치 성인들의 마음을 읽기라도 하듯이 '공'이 둥글고 던지는 데 사용하는 물건의 이름이라고 이해한다. 이와 같은 현상을 '귀납의 수수께끼'라고 부른다(Quine, 1960). 아동들이 어떻게 고려해야 할 여러 가지 가능성을 모두 무시하고 쉽게 '공'의 진정한 의미를 이해하게 될까?

(1) 신속한 연결

우선 아동들은 어떤 단어가 어떤 대상에 한두 번 사용되는 것만 듣고도 그 단어와 그 단어가 의미하는 것을 신속하게 연결하는 능력을 가지고 있다(Carey & Bartlett, 1978). 교사들이 3세와 4세 아동들에게 특정 색깔을 지시하기 위해 아동들이 모르는 "chromium"이라는 새로운 단어를 사용하였다. 아동들에게 "푸른 쟁반 말고 chromium 쟁반을 가지고 오세요."라고 말하자 대부분의 아동들은 단어를 한 번 듣고도 이 단어가 색깔의 이름이며 또 어떤 색깔을 지시하는지 이해하였다. 또한 더 어린 20개월 정도 된 아동들도 자신이 이름을 아는 세 개의 물건과 이름을 모르는 한 개의 물건이 제시된 상황에서 새로운 단어를 들으면 그 단어가 자신이 이름을 모르는 사물의 이름임을 금방 알아차렸다(Dollaghan, 1985). 이러한 능력은 2세부터 11세 사이의 폭넓은 연령층의 아동들에서 발견되었을 뿐 아니라 형용사, 명사, 색깔 이름뿐 아니라 모양이나 촉감과 관련되는 단어에서도 나타났다.

(2) 의미 추론에 기여하는 제약들

아동들이 어떻게 새로운 단어와 그 단어가 지시하는 사물, 사건을 빠르게 연결할 수 있을까? 마크만(Markman, 1989)은 아동들에게 단어 의미와 직접 관련이 없는 여러 가지 가능성들을 고려하지 않는 경향성이 있어서 단어 의미를 쉽게 추론할 수 있다고 주장했다. 이러한 경향성에는 여러 가지가 있는데 온전한 대상물 제약(whole object constraint), 분류학적 제약(taxanomic constraint), 상호배타성의 제약(mutual-exclusivity constraint) 등이 이에 속한다.

온전한 대상물 제약은 아동들이 새로운 단어가 물체의 부분 또는 특징이 아니라 전체 물체를 의미한다고 가정하는 경향을 말한다. 예를 들어, 성인들이 어떤 사물을 가리키면서 "이것은 ○○야"라고 했을 때 아동들은 ○○가 물체의 일부나 색깔 또는 특징을 지시하는 것이 아니라 그 물체 전체를 지시한다고 이해한다. 어른이 새로운 물체를 지적하면서 "This is my blicket"이라고 했을 때, 2세 아이들은 "blicket"이라는 단어가 물체의 색깔이나 촉감이 아니라 새로운 물체 자체를 지시하는 것이라고 이해하였다(Soja, Carey, & Spelke, 1991). 이러한 경향은 한국의 3세와 5세 아동들에서도 발견되었다(이현진, 2002).

분류학적 제약은 새로운 단어가 어떤 사물을 지시할 때 그 단어가 그 사물과 같은 범주에 속한 다른 사물에도 적용된다고 가정하는 경향을 말한다. 예를 들어, 성인들이 개를 가리키면서 "이것은 개야"라고 했을 때 아동들은 "개"라는 이름이 다른 모든 개에도 적용된다고 이해한다. 2세와 3세 아동들에게 개의 그림을 제시하고 "이것은 sud야"라고 말해 주었다. 그리고 개가 먹는 음식의 사진과 다른 종류의 개 사진을 동시에 보여주고 "이 sud와 같은 sud를 찾아볼래?"라고 지시하자 아동들은 대부분의 경우에 다른 종류의 개를 선택하였다(Markman & Hutchinson, 1984). 이러한 분류학적 제약은 한국 아동들에서도 관찰되었다(김혜리, 1999).

상호배타성의 제약은 다른 단어들은 서로 다른 종류의 물체를 가리킨다고 가정하는 경향을 말한다. 아동들은 두 개의 물체 가운데 하나의 이름을 알고 있을 때에는 처음 듣는 단어는 자신이 이름을 모르는 물체를 지시하는 것으로 받아들인다. 숟가락이라는 단어를 알지만 집게라는 단어를 모르는 3세 아동들에게 숟가락과 집게의 그림을 보여주고 'gug을 줄래'라고 지시하면 대부분의 아동들은 집게를 주었다(Golinkoff, Hirsh-Pasek, Lavallee, & Baduini, 1985). 상호배타성의 제약도 다른 제약들과 마찬가지로 영어를 사용하는 아이들뿐 아니라 우리나라의 3세 아동들에서도 발견되었다(김혜리, 1994; 조경자 · 김혜리, 1994).

(3) 단어 의미 추론에 영향을 미치는 그 밖의 요인들

이 밖에도 여러 가지 요인들이 단어 의미 추론에 영향을 미친다. 사물의 지각적 특성(Clark, 1973) 또는 형태(Landau, Smith, & Jones, 1988)가 단어 의미 추론에 중요한 역할을 한다. 2세와 3세 아동들에게 어떤 자극을 보여주면서 새로운 이름을 붙인 다음, 여러 개의 예를 제시하고 그 이름에 해당하는 다른 자극을 선택하게 하면 크기나 재질보다는 모양이 비슷한 자극을 선택하는 경향을 보였다. 특히 한국의 4세와 5세 아동들은 단어의미를 추론하는 데 있어서 형태의 영향을 많이 받는 경향을 보였다(이현진, 1998, 2002). 또한 기능적 유사성(Nelson, 1973)도 영향을 미쳐서 아동들은 '쿠키' 라는 단어를 먹을 수 있는 물건들 즉 크래커, 도넛, 그 밖의 먹을 수 있는 작고 둥근 물체에 과잉확장하였다.

발달의 초기 단계에서는 형태가 중요한 단서이지만 점점 형태보다 기능이 중요한 단서가 된다. 우리나라 3세와 5세 아동들을 대상으로 한 연구가 이 사실을 잘 보여준다(김현주 · 이현진 · 채민아, 1998). 아동들에게 '로띠' 라는 이름의 자극을 제시하고 그 기능을 보여준 다음, 그 자극과 기능은 같지만 형태가 다른 자극 그리고 기능은 다르지만 형태가 같은 자극 가운데에서 '로띠' 를 선택하게 되었다. 3세 아동들의 68%와 5세 아동들의 42%가 형태가 같은 자극을 선택한 반면 3세 아동들의 32%와 5세 아동들의 58%가 기능이 같은 자극을 선택하여 3세 아동들은 형태를, 5세 아동들은 기능을 더 중요하게 고려하였다.

3. 문법 발달

문법은 구나 문장을 만들기 위해 단어들이 어떻게 배열되어야 하는지를 결정하는 규칙을 말한다. 아동들은 자국어의 문법을 배워야 의미 있는 문장을 구성하여 자신의 의사를 전달할 수 있다. 문법 발달은 아동들이 타고난 생득적 경향성과 주변 환경의 영향에 의해 점진적으로 이루어진다.

1) 한 단어 문장

아동들이 첫 단어를 말한 이후 상당 기간 동안 한 단어를 사용하여 말한다. 이때 한 단어는 사물이나 사건을 명명하기 위해서뿐 아니라 한 문장에 해당하는 의미를 표현하는데 이를 한 단어 문장(holophrases)이라고 부른다.

한 단어 문장은 다양한 기능을 한다. 어떤 물체에 이름을 붙이기, 들은 말을 반복하기, 성인들의 질문에 대답하기, 새로운 활동을 요구하기, 질문하기, 주변의 누구 부르기, 인사하기, 성인들의 행동에 항의하기, 단어나 운율의 패턴을 연습하기 등의 기능을 한다(Chapman, 1981).

2) 두 단어 문장

아동들이 한 단어로 의사를 전달하기 시작한 후 몇 달 이내에 두 단어를 연결하여 말하기 시작한다. 그러나 초기에 나타나는 두 단어 문장은 "엄마 까까", "해피 간다" 등과 같이 의미를 나타내기는 하지만 진정한 문장이라고 보기 어려운 개개 단어들의 연결이다. 그렇지만 이러한 두 단어 문장은 다양한 관계적 의미를 표현한다(Brown, 1973; 이승복, 1994; 조명한, 1982). 행위자-행위(Daddy sit, 아빠 어부바), 행위-목적(Drive car, 까까 줘), 행위자-목적(Mommy sock, 엄마 밥), 행위-장소(sit chair, 오토바이 타), 실체-장소(toy floor, 사탕 여기), 소유자-소유물(my teddy, 아빠 책), 실체-특성(crayon big, 주사 아야), 지시하기-실체(this telephone, 요거 불) 등의 관계적 의미가 표현된다.

이 단계의 말은 전보식(telegraphic)이어서 아동들이 말하는 문장에는 자신이 표현하고자 하는 의미에 중요한 핵심 단어들만 포함되고 전치사, 관사, 조사나 조동사와 같이 성인들의 기준에서 볼 때 문장을 문법적으로 만드는 데 필요한 많은 요소들이 생략된다. 이런 두 단어의 조합으로 구성된 문장은 그 이후에도 몇 개월 동안 계속된다.

3) 후기의 문법 발달

두 단어 문장 이후에는 세 단어로 구성되는 문장이 나타나며 동시에 두 단어 문장에서 생략되었던 다양한 문법적 요소들이 나타나기 시작한다. 아동들은 문법적 문장을 만드는 데 필요한 문법적 규칙과 요소들은 점차 학습하는데 이 과정에서 아동들은 단순히 주변에서 들은 말들을 반복하는 것이 아니라 주변에서 들은 말에 기초해 자국어에 존재하는 규칙들을 추론하고 이를 적용하는 특별한 능력을 발휘한다.

(1) 세 단어 문장의 발달

처음에는 대개 두 단어 문장에 부르기나 감탄사를 덧붙이는 과도기적 형태의 세 단어 문장이 나타난다(이승복, 1994). 예를 들어, "물 줘"라는 두 단어 문장에

〈표 8-4〉 세 단어 문장의 관계적 의미와 실 예

세 단어 문장의 관계적 의미	실 예
행위자-대상-행위	아찌 흙 파
행위자-장소-행위	아빠 학교 가
장소-대상-행위	아빠 전화 하야?
행위자-공존자-행위	엄마 야 같이 가
공존자-대상-행위	애기애 호미 찾자
공존자-장소-행위	아빠 요 가자
행위자-수여자-대상	엄마 아야 하나
수여자-대상-행위	엄마 물 주까?

"엄마 물 줘"로 호칭어가 첨가되거나 "이거 발"이라는 두 단어 문장에 "이거 발이다"로 "이다"라는 문법형태소가 첨가되기도 한다. 그러다가 각각의 단어가 서로 독립적인 의미관계를 표현하는 진정한 세 단어 문장으로 발전한다. 세 단어 문장이 표현하는 다양한 관계적 의미와 그 실예들이 〈표 8-4〉에 제시되어 있다(조명한, 1982).

두 단어 문장과 비교할 때 세 단어 문장에서는 대부분의 경우에 행위에 대한 표현, 즉 동사가 첨가된다. 또한 두 단어 문장은 맥락을 고려해야 아동들이 의미하는 바를 정확하게 이해할 수 있지만 세 단어 문장에서는 맥락을 고려하지 않아도 그 의미를 비교적 정확하게 이해할 수 있을 정도로 발달한다.

(2) 문법형태소들의 발달

세 단어 문장부터 이전에는 생략되었던 다양한 문법형태소들이 나타나기 시작한다. 문법형태소의 발달은 오랜 기간이 걸쳐 이루어지며 모든 아동들에서 비슷한 순서로 일어난다. 영어와 한국어에서 사용하는 문법형태소들이 발달하는 순서가 〈표 8-5〉에 제시되어 있다. 영어의 경우에는 동사에 -ing를 첨가하는 현재진행형이나 명사에 -s를 첨가하는 복수형이 비교적 일찍 획득되고 축약된 계사나 조동사가 가장 늦게 획득되었다(Brown, 1973). 이렇게 문법형태소가 획득되는 순서는 문법형태소의 복잡성의 정도를 반영하여 비교적 단순한 형태소가 일찍 획득되고 복잡한 형태소는 늦게 획득되는 경향을 보였다.

조명한(1982)은 다섯 아동들에서 한국어의 여러 문법형태소들이 나타나는 시

〈표 8-5〉 영어와 한국어에서의 문법형태소들의 발달순서

순서	영 어	한국어
1	현재 진행(+ ing)	문장어미 (야, 라, 자 등)
2	장소(in, on)	공존 (랑, 하고, 도, 같이)
3	복수 (+ s)	장소 (에, 로, 한데)
4	불규칙과거 (came, went 등)	과거 (었)
5	소유격 (+ 's)	미래 (ㄹ)
6	축약되지 않은 계사(am, is, are 등)	주어 (가)
7	관사 (a, the)	진행 (ㄴ, ㄴ다)
8	규칙과거 (+ ed)	수동 (이, 히)
9	3인칭 규칙 (+ 's; 예, she talks)	주어 (는)
10	3인칭 불규칙 (does, has)	목적 (을, 를)
11	축약되지 않는 조동사 (am, is, are, has, have)	도구 (로)
12	축약된 계사 ('m, 's, 're)	
13	축약된 조동사 (+ ing 와 결합될 때 'm, 's, 're; has been과 같은 과거분사와 결합될 때, 've, 's)	

기를 관찰하였다. 명사에 부가되는 형태소의 발달에 순서가 있어서 공존, 장소, 주어(가), 주어(는), 목적, 도구와 관련된 형태소의 순서로 나타났고, 동사에 부가되는 형태소는 문장어미, 과거, 미래, 진행, 수동과 관련된 형태소의 순서로 나타났다. 영어와 한국어를 비교해 보면 장소를 나타내는 형태소가 두 언어에서 비교적 일찍 나타난 데 반해 영어에서는 진행형이 비교적 일찍 나타나는데 한국어에서는 늦게 나타난다는 차이점이 있었다.

4. 의사소통기술의 발달

일반적으로 언어 발달과 의사소통기술의 발달은 구분한다. 언어 발달은 주로 언어의 구조적 측면에 관심을 둔다면 의사소통기술의 발달에서는 언어의 기능적 측면에 관심을 둔다. 언어의 궁극적 목표는 의사소통이다. 말하는 사람이 자신의 생각, 의도, 느낌을 정확하게 전달하여야 하고 듣는 사람은 들은 말을 의도된 바대로 정확하게 이해하여야 한다. 여기에서는 앞에서 다루지 않았던 언어의 기능

적 측면, 즉 의사소통기술이 어떻게 발달하는지 살펴보겠다.

1) 초기의 의사소통 발달

진정한 의사소통은 의사소통하고자 하는 의도가 있을 때 가능하므로 초기의 의사소통 발달에서 핵심적인 문제는 과연 영아들이 의사소통 의도를 가지고 있느냐이다. 의사소통의 의도의 측면에서 볼 때 언어를 사용하기 이전의 영아들의 의사소통 발달은 세 단계로 이루어진다(Bates, 1975).

(1) 1단계(출생부터 생후 10개월까지)

이 시기의 영아들에게는 의사소통 의도가 없다. 그러나 마치 의도를 가지고 이루어진 의사소통처럼 주변 사람들에게 영향을 미친다. 예를 들어, 원하는 물체를 잡기 위해 야단을 떨면 그것을 보고 엄마가 원하는 물체를 가져다준다. 영아가 엄마에게 영향을 미쳐서 원하는 바는 이루었지만 이는 주변의 성인들이 영아들의 행동을 보고 그들의 원하는 바를 짐작하여 행동한 결과이지 영아들이 엄마에게 의사소통하려는 의도를 가지고 행동한 것은 아니다.

(2) 2단계(10개월에서 12개월까지)

이 시기의 영아들에게는 분명한 의사소통 의도가 있지만 그 의도를 말을 사용하여 표현하지 못한다. 그러나 여러 가지 행동 또는 행동과 발성의 조합으로 자신의 의도를 표현한다. 이런 행동에는 보여주기, 주기, 지적하기, 요구하기 등이 있다. 예를 들어, 영아들이 성인에게 어떤 물체를 보여준다면 그 물체를 같이 보고 싶다는 의도를 나타내는 것이고 영아가 어떤 물체 쪽으로 몸을 기울이면서 잡으려 한다면 그 물체를 원한다는 의도를 나타내는 것이다. 또한 10개월경이면 함께 주의하기(joint attention)가 나타나는데 이는 영아들이 성인들과 하나의 물체나 사건에 함께 주의를 기울이는 것으로 이 과정에서 영아들은 다른 사람도 의도를 가지고 있음을 이해하게 되므로 의사소통과 언어 발달의 중요한 선행조건이 된다(Carpernter, Nagell, & Tomasello, 1998).

(3) 3단계(12개월 이후)

이 시기의 아동들에게는 의사소통 의도가 있으며 말을 사용하여 의사소통 의도를 표현하기 시작한다. 이때에는 그 전 단계에서 행동 또는 행동과 발성의 조합으로 표현하던 의도가 언어로 표현되기 시작한다. 앞에서 살펴본 것처럼, 12개월경이 되면 아동들은 한 단어 문장으로 여러 가지 의사소통 의도를 표현하기도 하고 또한 단어의 억양을 다양하게 함으로써 여러 가지 의도를 표현하기도 한다(Dore, 1975). 예를 들어, mama라고 할 때에도 엄마에게 질문할 때에는 올라가는 억양을, 멀리 있는 엄마를 부를 때에는 올라갔다가 떨어지는 억양을 그리고 엄마의 이름으로 말할 때에는 내려가는 억양을 사용하였다. 이 시기에 의사소통이 얼마나 성공적으로 이루어지는가는 영아들이 얼마나 효과적으로 의사전달을 하는가 뿐 아니라 주변의 성인들이 영아들의 의사소통 노력에 얼마나 지지적인가도 중요하게 영향을 미친다.

2) 효과적인 의사소통기술의 발달

의사소통을 효과적으로 하기 위해서는 여러 가지 기술이 필요하다. 첫째, 의사소통에는 여러 가지 규칙이 있는데 이런 규칙을 이해하고 이 규칙에 따라야 한다. 둘째, 자신의 의사가 잘 반영되도록 듣는 사람의 특징이나 상황을 고려하여 메시지를 구성할 수 있어야 한다. 셋째, 들은 메시지의 의미를 이해할 수 있어야 할 뿐 아니라 들은 메시지의 문제점을 정확하게 평가할 수 있어야 한다. 넷째, 의사소통이 잘 안 되는 메시지를 효과적으로 수정할 수 있어야 한다.

그런데 피아제에 의하면 학령전기 아동들은 의사소통 장면에서 효과적으로 자신의 의사를 전달하지 못한다. 아동들이 서로 이야기를 주고받는 것처럼 보이지만 한 아동의 이야기가 다른 아동의 이야기와 관련이 없는 집단적 독백(collective monologue)인 경우가 많다. 피아제는 학령전기 아동들은 자기중심적(egocentric)이어서 다른 사람의 입장을 이해하지 못하기 때문에 효과적으로 의사소통하는 기술이 제한되어 있다고 주장하였다. 그러나 최근의 연구들은 학령전기 아동들도 다양한 의사소통기술을 가지고 있고 이런 기술은 학령기에 가면서 더 확실하게 발전함을 밝히고 있다.

(1) 대화의 규칙 이해하기

대화에는 여러 가지 규칙이 있다. 다른 사람이 말을 하면 반응을 해야 하고 진행 중인 대화와 관련 있는 말을 해야 하는 것 등이다. 이런 능력들은 학령전기부터 나타난다. 2세 정도 어린 아동들도 다른 사람이 무엇이라고 말하면 행동으로 반응하는 경향을 보였다(Shatz, 1978). 또한 21개월에서 26개월 사이의 아동들과 성인들의 대화를 종단적으로 세 시점에서 분석한 연구에 의하면(Bloom, Rocissano, & Hood, 1976), 아동들의 대부분의 언어적 반응은 다른 사람이 말을 하고 난 다음에 있었고 이런 경향은 분석 시기에 따라 별 차이가 없었다. 이는 아동들이 다른 사람의 말에 반응해야 한다는 사실을 일찍부터 잘 이해하고 있음을 보여준다.

대화가 원활하게 이루어지기 위해서는 다른 사람이 한 말과 관련 있는 말을 하는 것도 또한 중요하다. 다른 사람이 날씨에 대해 이야기하는데 그 이야기를 듣고 자기 친구에 대해 이야기한다면 대화가 이어지기 어려울 것이다. 위에서 살펴본 연구에서(Bloom 등, 1976) 아동들이 하는 말이 주제와 관련이 있는지 없는지도 분석하였다. 주제와 관련 없는 말이나 주제와 관련되지만 새로운 정보를 제공하지 못하는 말은 21개월부터 26개월로 가면서 점차 감소하였고 주제와 관련되면서 새로운 정보를 제공하는 말은 증가하였지만 26개월에도 여전히 전체 말 가운데에서 차지하는 비율은 낮은 편이었다. 이는 아동들이 다른 사람의 말과 관련된 말을 하는 기술이 일찍부터 나타나기는 하지만 한계가 있음을 보여준다.

(2) 적절한 메시지 구성하기

효과적으로 의사소통하기 위해서 필요한 또 다른 능력은 듣는 사람의 특징을 고려하여 적절하게 메시지를 구성하는 것이다. 아동들이 상대방의 특징을 고려하여 적절한 메시지를 구성하는 능력은 1960년대와 1970년대에 지시적 의사소통(referential communication) 과제를 사용하여 많이 연구되었다. 이 과제에서는 장막을 사이에 두고 서로 반대편에 앉은 두 명의 아동들에게 동일한 자극세트를 제시하고 한 아동에게 다른 아동이 특정 자극을 선택할 수 있도록 말로 그 자극을 설명하게 한다. 시행이 거듭되면서 학령기 아동들의 실수는 상당히 감소하였지만 학령전기 아동들의 실수는 그대로 지속되었다(Krauss & Glucksberg, 1969). 이는 피아제의 주장대로 학령전기 아동들이 상대방의 특징을 고려하여 메시지를 구성하는 기술에 한계가 있음을 보여준다.

그러나 학령전기 아동들도 어떤 상황에서는 듣는 사람의 연령, 상황 등을 고려하여 효과적으로 메시지를 구성할 수 있었다. 4세 아동들에게 다른 사람에게 새로운 장난감을 소개하게 하였다. 아동들은 2세 아동에게 설명할 때는 짧은 문장을 사용한 데 반해 성인에게 설명할 때는 더 길고 복잡한 문장을 사용하였다(Shatz & Gelman, 1973). 4세 아동들은 또한 대화가 진행되는 상황도 고려하여 메시지를 구성하였는데 다른 아이에게 새로운 게임의 규칙을 설명해 주게 하자 아동들은 게임보드가 눈에 보이지 않을 때 설명을 더 자세하게 하였다(Pratt, Scribner, & Cole, 1977).

(3) 메시지 이해하기와 메시지의 문제점 발견하기

효과적으로 의사소통하려면 들은 메시지의 문제점을 파악할 수 있어야 한다. 학령전기 아동들은 메시지의 문제점을 잘 파악하지 못하였다(Beal & Belgrad, 1990). 예를 들어, 여러 개의 크리스마스트리 가운데 아동들이 찾아야 하는 목표 트리에는 금색별과 붉은 장식이 달려 있었고, 다른 하나에는 붉은 장식이 달려 있었다. 아동들에게 효과적인 단서인 금색별, 모호한 단서인 붉은 장식, 비효과적 단서인 선물의 그림을 보고 도움이 되는 정도를 평가하게 하였다. 4세, 5세와 8세 아동들 모두 효과적 단서인 금색별이 가장 도움이 된다고 평가하였으나 상당수의 4세와 5세 아동들이 모호한 단서인 붉은 장식도 도움이 된다고 평가하였고 상당수의 4세 아동들이 비효과적 단서도 도움이 된다고 평가하였다. 즉, 4세와 5세의 학령전기 아동들은 모호하거나 비효과적 메시지를 과대평가하는 반면 8세의 학령기 아동들은 메시지를 적절하게 평가하였다.

(4) 메시지 수정하기

또 다른 중요한 기술은 의사소통에 실패했을 때 자신의 의도가 전달될 수 있도록 메시지를 수정하는 것이다. 이런 능력의 초보적 형태는 아동들이 말을 하기 전부터 나타났다. 말을 원활하게 사용하기 이전인 1세에서 1.5세 사이의 아동들도 자신이 보낸 신호가 성공하지 못하면 신호를 반복하거나, 수정하거나, 새로운 신호로 대체하였다(Golinkoff, 1986). 아동들이 언어를 사용하게 되면 메시지를 수정하려는 시도가 더 발달한다. 1세에서 3세 아동들은 다른 사람이 자신의 말을 이해하지 못하면 단순히 말을 반복하는 경향을 보이나 3세에서 5세 아동들은 반복하지 않고 말을 수정하는 경향을 보인다(이현진 · 박영신 · 김혜리, 2001). 그러나 나이가 많은 아동들과 비교했을 때에는 나이가 어린 아동들이 메시지를 수정하는 능력은 여전히 뒤졌다. 학급의 이야기 나누기 시간에 자신의 메시지를 수정하는 정도를 비교하면 초등학교 1학년 아동들은 19%의 말을 수정한데 반해 유치원 아동들은 단지 7%만 수정하여서 메시지를 수정하는 정도가 나이가 많을수록 증가하였다(Evans, 1985). 자신의 메시지가 이해되지 못할 때 수정하려는 경향이 학령전기 아동들에서도 나타나기는 하지만 학령기에 더 발달하였다.

5. 언어 발달을 설명하는 이론들

위에서 음운 발달, 단어 및 의미 발달, 문법 발달, 그리고 의사소통기술의 발달을 차례로 살펴보았다. 이런 발달이 어떻게 일어나는지를 설명하는 다양한 이론들이 제안되어 왔다. 여기에서는 언어 발달을 설명하기 위해 제안되어 온 세 입장, 행동주의 입장, 생득주의 입장과 사회적 상호작용 입장을 차례로 살펴보겠다.

1) 행동주의 입장

행동주의 입장에서는 언어도 인간의 다른 행동과 같다고 본다. 따라서 언어학습에 환경으로부터 오는 자극이 중요하다고 볼 뿐 아니라, 언어도 인간의 다른 행동과 동일한 방식으로 학습된다고 본다. 따라서 인간의 다양한 행동의 학습에 관여한다고 생각했던 강화와 모방을 중요한 언어학습의 기제로 생각하였다. 스키너(1957)는 아동들이 우연하게 바람직한 행동을 하게 되었을 때 부모들이 강화함으로써 그 행동을 학습하게 되는 것과 마찬가지로 부모들이 문법적인 말을 선택적으로 강화함으로써 아동들이 문법적인 말을 하도록 만든다고 주장한다. 또한 반두라는 아동들이 주변 사람들이 하는 말을 그대로 모방함으로써 문법을 학습한다고 주장한다.

그러나 이후에 이루어진 많은 연구들은 행동주의 입장이 언어 발달을 설명하는 데 여러 가지 문제점을 가지고 있음을 보여주었다. 우선 행동주의 입장의 가정과는 달리 부모들은 아동들의 말의 문법적 정확성보다는 말의 내용이 진실이냐에 대해 반응하였다(Brown & Hanlon, 1970). 부모들은 문법적으로 틀려도 내용이 맞는 문장에는 강화를 주지만 문법적이라도 내용이 틀린 문장에는 강화를 주지 않아서 문법적으로 정확한 말을 선택적으로 강화하지 않았다. 둘째, 아동들은 성인들의 말을 모방할 때에 들은 그대로 모방하는 것이 아니라 자신들의 문법적 능력에 맞게 변화시켜 모방하였다(Bloom, Hood, & Lightbown, 1974). 마지막으로 무엇보다도 중요한 것은 아동들은 전혀 들은 적이 없는 말을 무수히 만들어 낼 뿐 아니라 성인들이 사용하지 않는 문장도 사용한다는 점이다. 예를 들어, 아동들은 엄마가 "어디가 아프니?"라고 질문하면 "눈이가 아퍼"라고 대답하였다(이승복, 1994). 성인들은 "눈이…"라고 하지 "눈이가…"라고 하지 않음에도 불구하고 아동들은 듣지 못한 말을 사용하였다. 또는 영어를 사용하는 아동들은 성인들이 결코 사용하지 않는 "I goed to school yesterday" 또는 "There are two mouses" 라는 문장을 사용하였다. 이런 사실들은 강화나 모방만으로는 언어학습을 설명할 수 없음을 보여준다.

2) 생득적 입장

생득적 입장에서는 인간의 언어는 인간의 다른 행동과는 구분되는 독특한 행동으로 본다. 따라서 언어 발달이 인간의 다른 행동의 학습에 관여하는 강화나 모방에 의해서 설명될 수 없다고 보며 인간이 생득적으로 타고난 언어학습기제에 의해 이루어진다고 본다. 생득적 입장을 대표하는 초기학자는 촘스키(Chomsky)이다. 그는 아동들이 복잡한 문법을 학습하기에는 주변에서 듣는 말이 부적절하다는 '자극의 빈곤(the poverty of stimulus)' 가설을 주장하였다. 즉, 아동들이 듣는 말에는 오류도 있고 실수도 포함되어 있다. 따라서 행동주의자들이 주장하는 것처럼 아동들이 주변에서 들은 말로부터 모국어의 문법을 학습하기는 어렵다는 것이다.

그러면 아동들이 어떻게 문법을 배울까? 촘스키(1968)는 인간은 생득적 언어습득기제(LAD; Language Aquisition Device)를 가지고 태어난다고 보았다. 언어습득기제는 보편적 문법(universal grammer) 혹은 모든 언어에 공통적인 규칙에 관한 지식과 언어 간의 차이의 범위를 정의해 주는 매개변인(parameters)으로 구성되어 있다. 따라서 아동들은 어떤 언어도 배울 수 있는 가능성을 가지고 태어나지만 특정 언어에 노출되어 그 언어에 특정적인 매개변인이 설정(parameters setting)됨으로써 자국어의 문법을 습득하게 된다. 따라서 환경이 문법 발달을 결정하는 것이 아니라 단지 특정 문법 발달을 촉발시키는 자극의 역할을 한다고 보며 대부분의 문법적 지식은 아동들이 생득적으로 보유하고 있다고 본다.

이 입장을 지지하는 여러 가지 증거가 있다. 우선 어떤 동물도 사람과 같은 수준의 언어를 구사할 수는 없는데 이는 동물들이 인간들과 달리 언어습득기제를 가지고 있지 않기 때문일 수 있다. 또 다른 증거는 많은 언어들의 구조적 특징과 개개 아동들이 처한 환경적 조건의 차이도 불구하고 세상의 모든 정상적 아동들은 만 4세에서 5세 정도에는 자국어의 문법을 학습한다는 점이다. 또 다른 증거는 언어가 특정 기간, 즉 결정적 시기에 특히 잘 학습된다는 점이다. 언어학습의 결정적 시기는 대개 영아기에서 사춘기까지의 기간으로 사춘기 이전에는 특별한 훈련이 없이도 모국어를 유창하게 구사하도록 배울 수 있지만 사춘기가 지나면 아주 어려워진다. 이런 사실들은 모두 생득적 입장을 지지한다고 볼 수 있다.

그러나 이 입장에는 문제점도 있다. 우선 생득적 입장에서는 아동들이 어떻게 생득적 문법지식으로부터 특정 언어의 문법을 가지게 되는지를 구체적으로 설명하지 못하고 있다. 또한 생득적 입장은 언어 발달에 미치는 환경의 영향을 간과하고 있다. 언어 발달이 환경적 요인의 영향을 받는다는 사실을 보여주는 예들은 수없이 많다. 그러나 생득적 입장에서는 환경의 영향은 단지 문법 발달은 촉발시키는 역할만 하는 것으로 제한하고 있다. 또한 문법의 학습이 만 4세나 5세경에 거의 이루어지지만 수동태와 같은 일부 문법을 학습하는 데 상당히 오랜 시간이 걸리고 만 4세나 5세 이후에도 상당한 문법 발달이 이루어진다. 따라서 생득주의 입장의 가정과는 달리 모든 문법이 비슷한 정도로 쉽게 학습되는 것은 아니다.

3) 사회적 상호작용 입장

사회적 상호작용 입장에서는 언어 발달에 있어서 생득적 기제의 역할과 환경의 역할을 모두 인정한다. 생득적 입장처럼 아동들이 언어를 획득하는 데 생득적 기제가 중요한 역할을 한다고 본다. 또한 행동주의 입장처럼 언어 발달에서 환경적 영향을 중요하게 본다. 그러나 생득적 입장이나 행동주의 입장에서는 의사소통과는 독립된 언어의 구조적 측면을 강조한 데 반해 이 입장에서는 언어의 의사소통적 측면을 강조한다. 언어의 가장 중요한 기능은 의사소통이며 다른 사람과 의사소통하려는 욕구가 언어 발달에서 강력한 동기로 작용한다고 본다. 따라서 언어의 구조적 측면, 즉 문법은 의사소통하려고 노력하는 과정에서 생겨나는 부수적 결과라고 본다.

이 입장에서는 언어 발달이 일어나기 위해서는 아동들이 다른 사람과 나누는 상호작용이 필수적이라고 본다. 부르너(Bruner, 1983)는 성인들은 아동들의 언어 획득을 극대화할 수 있는 방식으로 언어를 제시한다고 주장했다. 그는 이러한 체계를 언어습득지지체계(LASS; Language Acquisition Support System)라고 불렀는데 LASS는 아동들이 언어를 획득하는 것을 돕기 위해 부모들이 사용하는 책략의 집합이다. LASS에는 다양한 책략들이 포함되는데 이 가운데 하나는 발판화로, 부모들은 의도적으로 아동들이 이해할 수 있는 것보다 약간 높은 수준의 말을 사용한다. 이로 인해 아동들은 혼자 학습할 때보다 더 복잡한 언어를 더 빠르게 획득할 수 있게 된다. 다른 하나는 모성어(motherese)이다. 모성어는 엄마들이 아기들에게 사용하는 독특한 형태의 말로 음성학적으로 단순하며, 짧고, 중간에 많이 쉬고, 느리고, 분명하게 분절되고, 억양이 과장된 특징을 가진다. 이런 독특한 말투는 아기들이 좋아하고, 아기와 엄마 사이의 정서적 유대를 강화할 뿐 아니라 소리의 미세한 차이를 쉽게 구별할 수 있게 하기 때문에 아기들의 언어획득을 촉진할 수 있다. 또 다른 하나는 수정과 확장이다. 부모들은 아동들이 하는 말을 더 복잡한 형태의 말로 확장하여 들려줄 뿐 아니라 문법적으로 틀린 말들은 문법적으로 바른 말들로 수정하여 들려줌으로써 아동들의 언어 발달을 돕는다.

그러나 이 입장의 문제점은 문화에 따라 언어적, 사회적 실제가 많이 달라서 모든 문화에서 부모들이 아동들과 위에서 언급한 것과 같은 언어적 상호작용을 하지 않는다는 점이다. 사모아와 파푸아 뉴기니아에서는 성인들은 말을 하기 전의 영아들에게 말을 전혀 하지 않지만(Hoff, 2001) 그럼에도 불구하고 아동들은 말을 잘 배운다. 또한 일부 학자들은 모성어의 보편성에 대해 의문을 제기하고 있다(Ingram, 1995). 또 다른 문제점은 행동주의의 문제점에서도 지적했듯이 부모들이 아동들의 말이 문법적으로 적합한가에 대해 직접적으로 피드백하지 않는다는 점이다.

위에서 소개된 어떤 한 이론이 언어 발달의 모든 과정을 완벽하게 설명할 수는 없다. 각 이론들은 언어 발달을 이해하는 데 있어서 나름대로의 설명력을 더하고 있다. 즉, 행동주의 입장이 언어학습에 있어서의 환경의 중요성을 밝히고 있고, 생득적 입장은 언어학습에 있어서의 생득적 기제의 중요성을 밝히고 있다면, 사회적 상호작용 입장은 언어학습에 있어서 사회적 환경과 언어적 상호작용의 중요성을 부각시키고 있다.

/참/고/문/헌/

김현주 · 이현진 · 채민아(1998). 정상아동과 정신지체 아동의 단어 의미 추론에서의 형태와 기능의 역할. **인간발달연구, 5**, 40-52.

김혜리(1994). 단어의미 추론과정에 나타나는 상호배타성 가정: 긍정적 증거와 부정적 증거. **한국심리학회지: 발달, 7**, 1-23.

김혜리(1999). 개인이름과 범주이름의 획득: 의미론적 제약의 효과. **한국심리학회지: 발달, 12**, 39-53.

성현란 · 이현진 · 김혜리 · 박영신 · 박선미 · 유현옥 · 손영숙(2001). **인지발달**. 서울 : 학지사.

이승복(1994). **언어획득과 발달**. 서울: 정민사.

이현진(1998). 한국어에서의 단어의미 습득: 지각적 속성, 존재론적 범주, 통사적 단서. **한국심리학회지: 발달, 11**, 107-120.

이현진(2002). 한국어에서의 단어의미추론: 존재론적 개념, 대상제약, 형태의 역할. **한국심리학회지: 발달**, 15, 77-92.

이현진 · 박영신 · 김혜리(2001). **언어 발달**. 서울: 시그마프레스.

장유경(1997). 한국 아동의 초기 어휘획득에서 제약성의 역할 (I). **인간발달연구, 4**, 76-87.

조경자 · 김혜리(1994). 아이들의 사물의 이름을 추론하는 과정에서 보이는 상호배타성 가정. **한국심리학회지: 발달, 7**, 220-244.

조명한(1982). **한국아동의 언어획득연구 : 책략모형**. 서울대학교 출판부.

Bates, E. (1975). Peer relations and the acquisition of language. In M. Lewis & L. Rosenblum (Eds.), *Friendship and peer relations.* New York: Wiley.

Beal, C. R., & Belgrad, S. L. (1990). The development of message evaluation skills in young children. *Child Development, 61,* 705-712.

Behrend, D. A. (1990). *Constraints and development.* A reply to Nelson (1988). *Cognitive Development, 5,* 313-330.

Benedict, H. (1979). Early lexical development : Comprehension and production. *Journal of Child Language, 6,* 183-200.

Bloom, L., Hood, L., & Lightbown, P. (1974). Imitation in language development: If, when and why. *Cognitive Psychology, 6,* 380-420.

Bloom, L., Rocissano, L., & Hood, L. (1976). Adult-child discourse: Developmental interaction between information processing and linguistic knowledge. *Cognitive Psychology, 8,* 521-552.

Brown, R. (1973). *The first language: The early stages.* Cambridge, MA: Harvard University Press.

Brown, R., & Hanlon, C. (1970). Derivational complexity and order of acquisition. In J. R. Hayes (Ed.), *Cognition and the development of language.* New York: Wiley.

Bruner, J. (1983). *Child' s talk.* New York: W.W. Norton.

Carey, S., & Bartlett, E. (1978). Acquiring a single new word. *Paper and reports on child language development*(Department of Linguistics, Stanford University), *15,* 17-29.

Carpenter, M., Nagell, K., & Tomasello, M. (1998). Social cognition, joint attention, and communicative competence from 9 to 15 months of age. *Monographs of the Society for Research in Child Development, 63* (Serial No. 255).

Chapman, R. S. (1981). *Exploring children' s communicative intents.* In J.F. Miller (Ed.), Assessing Language Production in Children, Austin, TX: Pro-Ed.

Choi S., & Bowerman, M. (1991). Learning to express motion events in English and Korea: The influence of language-specific lexicalization patterns. *Cognition, 41,* 83-121.

Chomsky, N. (1968). *Language and mind.* New York: Hartcourt, Brace & World.

Clark, E. V. (1973). What' s in a word? On the child' s acquisition of semantics in his first language. In T. E. Moore (Ed.), *Cognitive development and the acquisition of language.* New York: Academic Press.

DeCasper, A. J., & Fifer, W. P. (1980). Of human bonding: Newborns prefer their mothers' voice. *Science, 208,* 1174-1176.

DeCasper, A. J., & Spence, M. J. (1986). Prenatal maternal speech influences newborns' perception of speech sounds. *Infant Behavior and Development, 9,* 133-150.

Dollaghan, C. (1985). Child meets word: "Fast mapping" in preschool children. *Journal of Speech and Hearing Research, 28,* 449-454.

Dore, J. (1975). Holophrases, speech acts, and language universals. *Journal of Child Language, 2,* 20-40.

Eimas, P. D., Siqueland, E. R., Jusczyk, P., & Vigorito, J. (1971). *Speech perception in infants. Science, 171,* 303-306.

Evans, M. A. (1985). Self-initiated speech repairs: A reflection of communicative monitoring in young children. *Developmental Psychology, 21,* 365-371.

Fenson, L., Dale, P. S., Reznick, J. S., Bates, E., Thal, D. J., & & Pethick, S. J. (1994). Variability in early communicative development, *Monographs of the Society for Research in Child Development, 59*(Serial No. 242).

Gathercole, S. E., & Baddley, A. D. (1989). Evaluation of the role of phonological STM in the development of vocabulary in children: A longitudinal study. *Journal of Memory and Language, 28,* 200-213.

Golinkoff, R. M., Hirsh-Pasek, K., Lavallee, A., & Baduini, C. (1985). What's in a word? The Young Child's Predisposition to use lexical contrast. Paper presented at the Boston University Conference on Child Language, Boston, MA.

Gopnik, A., & Choi, S. (1990). Do linguistic differences lead to cognitive differences? A cross-linguistic study of semantic and cognitive development. *First Language, 10,* 199-215.

Gopnik, A., & Choi, S. (1995). Names, relational words, and cognitive development in English and Korean speakers: Noun are not always learned before verbs. In M. Tomasello & W. E. Merriman (Eds.), *Beyond names for things: Young children's acquisition of verbs.* Hillsdale, NJ: Erlbaum.

Gopnik, A., Choi, S., & Baumberger, T. (1996). Cross-linguistic differences in early semantic and cognitive development. *Cognitive Development, 11,* 197-227.

Hoff, E. (2001). *Language development.* Belmont, CA: Wadsworth/Thomson Learning.

Huttenlocher, J., Haight, W., Bryk, A., Seltzer, M., & Lyons, T. (1991). Early vocabulary growth: Relation to language input and gender. *Developmental Psychology, 27,* 236-248.

Huttenlocher, J., & Smiley, P. (1987). Early word meaning: The case of object name. *Cognitive Psychology, 19,* 63-89.

Ingram, D. A. (1995). The cultural basis of prosodic modifications to infants and children: A response to Fernald's universalist theory. *Journal of Child Language, 22,* 223-233.

Kay, D. A., & Anglin, J. (1982). Overextension and underextension in the child's expressive and receptive speech. *Journal of Child Language, 9,* 83-98.

Kuhl, P. K. (1976). *Speech perception in early infancy: The acquisition of speech-sound categories.* In S. K. Hirsh, D. H. Eldredge, I. J. Hirsh, & S. R. Silverman (Eds.), Hearing and Davis: Essays honoring Hallowell Davis. St. Louis, MO: Washington University Press.

Krauss, R. M., & Glucksberg, S. (1969). The development of communication as a function of age. *Child Development, 40,* 255-266.

Landau, B., Smith, L. B., & Jones, S. (1988). The importance of shape in early lexical learning. *Cognitive Development, 3,* 299-321.

Leonard, L. B., Newhoff, M., & Meselam, L. (1980). Individual differences in early child phonology. *Applied Psycholinguistics, 1,* 7-30.

Liberman, A. M., Harris, K. S., Kinney, J. A., & Lane, H. (1961). The discrimination of relative onset time of the components of certain speech and nonspeech patterns. *Journal of Experimental Psychology, 61,* 379-388.

Locke, J. L. (1983). *Phonological acquisition and change.* New York: Academic Press.

Markman, E. M. (1989). *Categorization and naming in children: Problems of induction.* Cambridge, MA: MIT Press.

Markman, E. M., & Hutchinson, J. E. (1984). Children's sensitivity to constraints on word meaning: Taxonomic versus. thematic relations. *Cognitive Psychology, 16,* 1-27.

McShane, J. (1980). *Learning to talk.* Cambridge, England: Cambridge University Press.

Menn, L., & Stoel-Gammon, C. (1995). Phonological development. In P. Fletcher & B. MacWhinney (Eds.), *The handbook of child language.* Oxford: Blackwell.

Mervis, C. B., & Bertrand, J. (1994). Acquisition of the novel name-nameless category principle. *Child Development, 65,* 1646-1662.

Nelson, K. (1973). Structure and Strategy in learning to talk. Monographs of the *Society for Research in Child Development, 38* (Serial No. 149).

Owens, R. E. (2001). *Language development.* Boston: Allyn and Bacon.

Pratt, M. W., Scribner, S., & Cole, M. (1977). Children as teachers: Developmental studies of instructional communication. *Child Development, 48,* 1475-1481.

Quine, W. V. O. (1960). *Word and object.* Cambridge, England: Cambridge University Press.

Rescorla, L. A. (1980). Overextension in early language development. *Journal of Child Language, 7,* 321-335.

Sander, E. K. (1972). When are speech sounds learned? *Journal of Speech and Hearing Disorders, 37,* 55-63.

Shatz, M. (1978). On the development of communicative understandings: An early strategy for interpreting and responding to messages. *Cognitive Psychology, 10,* 271-301.

Shatz, M., & Gelman, R. (1973). The development of communication skills:

Modifications in the speech of young children as a function of listener. *Monographs of the Society for Research in Child Development, 38* (Serial No. 152).

Sigler, R. (1998). *Children' s thinking,* New Jersey: Prentice-Hall.

Skinner. B. F. (1957). *Verbal Behavior.* Englewood Cliffs, NJ: Prentice-Hall.

Slomkowski, D. L., Nelson, K., Dunn, J., & Plomin, R. (1992). Temperament and language: Relations from toddlerhood to middle childhood. *Developmental Psychology, 28,* 1090-1095.

Smith, M. E. (1926). An investigation of the development of the sentence and the extent of vocabulary in young children. *University of Iowa Studies in Child Welfare, 3* (Whole No.5).

Soja, N. N., Carey, S., & Spelke, E. S. (1991). Ontological categories guide young children' s inductions of word meaning: Object terms and substance terms. *Cognition, 38,* 179-211.

Stark, R. E. (1986). Prespeech segmental feature development. In P. Fletcher & M. Garman (Eds.), *Language acquisition*. Cambridge, England: Cambridge University Press.

Tardif, T. (1996). Nouns are not always learned before verbs: Evidence from Mandarin speakers' early vocabularies. *Developmental Psychology, 32,* 492-504.

Trehub, S. E. (1976). The discrimination of foreign speech contrasts by infants and adults. *Child Development, 47,* 466-472.

Vihman, M. M. (1992). Early syllables and the construction of phonology. In C. A. Ferguson, L. Menn, & C. Stoel-Gammon (Eds), *Phonological development: Models, research, implications.* Timonium, MD: York Press.

Werker, J. F., Gilbert, J. H. V., Humphrey, K., & Tees, R. C. (1981). Developmental aspects of cross-language speech perception. *Child Development, 52,* 349-355.

Werker, J. F., & Tees, R. C. (1984). Cross-language speech perception: Evidence for perceptual reorganization during the first year of life. *Infant Behavior and Development, 7,* 49-63.

9 정의-사회성 발달

기질, 정서, 애착과 같은 정의적 특성은 생의 초기부터 나타나 개인을 타인과 구별시키고 개인의 경험을 조직화한다. 이러한 특성은 사회적 관계에 영향을 주면서 사회성 발달과도 관련된다. 이 장의 전반부에서는 기질, 정서, 애착에 관한 주요 이론과 연구결과들을 살펴보고, 후반부에서는 사회성 영역으로서 도덕성과 공격성, 그리고 마음이론에 대하여 알아볼 것이다.

1. 기 질

1) 기질의 정의와 분류

태어난 지 얼마 되지 않은 신생아는 대부분의 시간을 잠으로 보내지만 이러한 신생아들도 수면 패턴이나 활동정도, 자극에 대한 반응 등에 있어서 상당한 차이를 보인다. 잘 먹고 잘 자는 아기가 있는가 하면 재우기 힘들고 자다가 잘 깨고 까다로워서 부모의 애를 태우는 아기도 있다. 이러한 차이는 기질에서 비롯된다.

기질은 생의 초기부터 나타나는 개인의 안정되고 일관된 특성이다(Goldsmith

et al., 1987). 생의 초기부터 안정적이고 일관되게 나타나는 기질의 특성 때문에 학자들은 생물학적인 차이가 기질적 차이를 만든다고 가정하고 있다. 기질을 구성하는 차원에 대해서는 학자들마다 다소 차이가 있지만, 이 중 공통되는 요인은 다음에 제시한 다섯 가지 요인이다.

- 활동수준: 활동의 속도 및 활력
- 자극 민감성/부적 정서: 부적 자극에 의해 영향을 받는 정도
- 진정능력: 동요 후 평안한 상태로 회복하는 능력
- 공포: 낯설고 강한 자극에 대한 반응
- 사회성: 사회적 자극에 대한 수용 여부

위와 같은 요인들에 대해 아이들은 각기 다른 반응을 보임으로써 아이들마다 다양한 기질을 나타내게 되는 것이다. 토마스와 체스(Thomas & Chess, 1977)는 유아의 기질을 세 가지로 분류하였다. 첫째, 쉬운 기질의 아동(easy child)으로, 약 40%의 아동들이 이 범주에 속한다. 쉬운 기질의 아동은 순하고 규칙적이며 적응적이다. 이들은 새로운 경험에 대해서 개방적이며 정적 정서를 보인다. 둘째, 까다로운 기질의 아동(difficult child)으로, 이들은 민감하고 예민하여 작은 변화에도 강하게 반응하고 불규칙한 행동 패턴을 보인다. 그 결과 새로운 사람이나

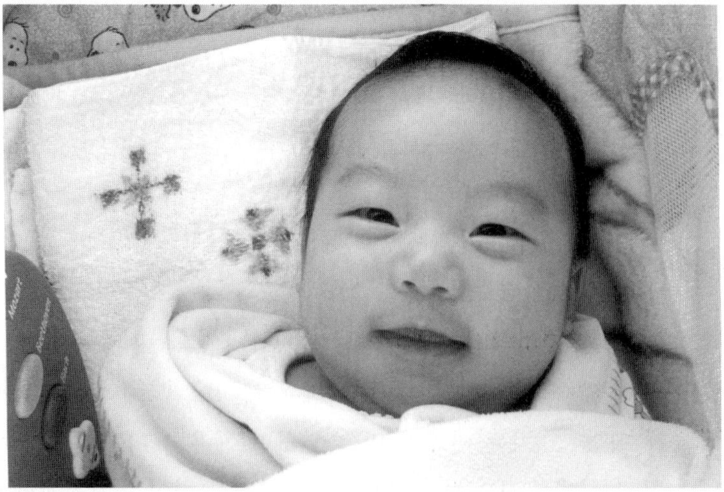

[그림 9-1] 쉬운 기질의 영아는 순하고 규칙적이며 정적인 정서를 나타낸다

상황에 적응하기 어려우며, 약 10%의 아동이 까다로운 기질을 갖고 있다. 셋째, 더딘 기질의 아동(slow-to warm up child)으로, 여기에 속하는 아동은 까다로운 기질과 유사하면서도 반응이 강력하지 않고 느린 특성을 지닌다. 이들은 활동성이 떨어지고 느려서 새로운 상황에 적응하는 데 오랜 시간이 필요하다. 약 15% 아동들이 더딘 기질을 갖고 있다. 나머지 35%의 아동들은 셋 중 어느 하나에도 속하지 않는다.

2) 기질의 안정성

생의 초기부터 나타나는 기질은 일관되게 나타나 성격특성을 예측할 수 있는가? 아니면 시간과 상황에 따라 변화하는가? 이러한 물음은 기질의 안정성에 대한 문제이다. 이에 답하기 위해서는 여러 가지 발달 상황을 고려해야 하는데 여러 연구에 따르면 기질은 아동이 발달해 감에 따라 점차 안정적이 된다.

첫째, 신생아의 기질은 생후 첫 몇 달 동안 불안정하다. 이 시기는 신경체계의 변화가 빠르게 진행되는 시기로서 활동 수준, 민감성, 주의 등에서 불안정하다. 따라서 신생아기에 순하고 규칙적이던 아이가 몇 달 사이 민감하고 까다로운 아이로 변하기도 한다. 그러다 생후 1년경 전전두엽의 성숙이 이루어지면서 주의 통제, 주의 지속 능력이 나타나기 시작하면 기질은 안정성을 보이기 시작한다(Rothbart et al., 1994).

둘째, 생후 1년 내지 2년경부터 기질은 단기적으로 안정성을 보이지만 그리 확고한 상태라고 보기는 어렵다. 부모 보고에 따르면 이 시기의 영아는 공포, 긍정적 정서, 주의의 범위와 지속, 행동수준 등에서 중간 정도의 안정성을 보인다. 일부 학자들은 이 시기의 기질로 나중의 성격적 특징을 예측하기도 한다(Kagan et al., 1989).

셋째, 2세 이후의 기질과 이후의 행동 사이에는 어느 정도의 안정성이 있다. 2세 이후에는 생리적 기제가 점차 자리를 잡아가고 자아(self)가 출현하기 때문에 이 시기 이후의 기질은 이전 시기의 기질보다 더 많은 예측력을 갖게 된다. 카스피와 실바(Caspi & Silva, 1995)의 연구에 따르면, 3세 때의 기질 특성과 15세의 성격 특성 사이에는 의미 있는 관련이 있다. 어릴 때 충동적이고 민감하며 혼란된 기질 특성을 가졌던 청소년은 외현화 문제를 보이고 성격적으로도 공격성, 충동성, 위험-추구의 경향을 보이는 것으로 나타났다. 그러나 기질과 성격의 장기적 관련성이 모든 아동에게 일반화될 수 있는 것은 아니다.

3) 기질과 발달

기질이 개인의 발달에 작용하는 방식은 다양하다.

첫째, 기질은 개인의 선호(preference)에 영향을 미친다. 활동 수준이 높은 아이는 가만히 앉아서 책을 읽기보다는 밖에 나가서 운동하기를 선호하고 비슷한 친구와 어울리며 활동적인 상황을 스스로 만들어간다. 이런 선호는 친구, 배우자, 직장, 취미 선택에 영향을 미쳐 결국 개인의 기질은 시간이 갈수록 공고해지는 경향이 있다.

둘째, 기질은 아동이 타인 및 환경과 맺는 관계에 영향을 미침으로써 개인의 발달에 작용하기도 한다. 아동의 행동패턴은 타인의 반응을 유발(evoke)할 수 있는데 예를 들어 잘 자고 잘 먹어서 기분 좋은 아이는 보는 이의 미소를 자아낸다. 이런 긍정적인 사회적 반응은 다시 아동으로 하여금 사회적인 행동을 촉진하고 사회성을 기른다. 이와 반대로 까다로운 기질의 아동은 돌보는 사람을 힘들게 하고 부정적인 반응을 이끌어내기 쉽기 때문에 이러한 부정적인 사회적 반응을 받는 까다로운 기질의 아동은 사회성을 발달시키는 데 어려움을 겪게 된다.

토마스와 체스(Thomas & Chess, 1986)는 기질이 발달에 미치는 영향력을 알아보기 위해서 기질과 환경적 요구간의 적합성(goodness of fit)을 고려해야 한다고 제안했다. 그에 따르면 아동의 기질이 부모와 같은 환경 특성과 잘 맞을 때 바

[그림 9-2] 영아의 특성은 주위 사람의 반응을 유발시킨다

람직한 방향의 발달이 가능해진다. 예를 들어 기질적으로 까다로운 아동도 너그럽고, 이해심 많은 부모 밑에서 자기 주도적인 선택이 허용되는 가운데 자라나면 나중에 문제행동을 일으킬 가능성은 낮아질 수 있다. 반면 쉬운 기질을 가진 아이라도 차갑고 둔감한 부모 밑에서 과도하고 부적절한 요구를 받으며 자라면 문제행동을 일으킬 수 있다. 따라서 발달의 내용을 결정하는 것은 기질 자체라기보다 기질과 환경간의 적합성이라고 할 수 있다.

2. 정 서

사람들은 축구 경기를 보면서 흥분하고, 숙제를 하며 지루해하고, 음악을 들으면 기분 좋아진다. 이와 같이 정서는 세상에 대한 일상적인 경험을 구성하며 전 생애에 걸쳐 개인의 삶에 영향을 미친다. 여기에서는 정서의 정의, 발달 그리고 정서와 관련된 여러 차원들의 발달 양상에 대해 살펴보고자 한다.

1) 정서의 정의

사람들은 어떻게 정서를 경험하는가? 이에 대한 설명은 학자들의 이론적 배경에 따라 매우 다양하다. 우리는 흔히 가슴이 뛰고 손바닥에서 땀이 나는 등의 생리적 반응으로 정서를 느끼기도 하고, 주의집중이 어렵고 에너지가 고갈된 듯한 주관적 경험으로 정서를 체험하기도 한다. 때로는 위협을 감지하거나 목표를 달성하는 등의 인지적 인식에서 정서를 경험하고, 얼굴 표정 혹은 공포, 분노, 기쁨, 불쾌, 죄책감 등 언어적으로 구분되는 정서의 표현적 요소에 의해 정서를 경험한다. 이와 같이 정서를 생물학적, 주관적, 인지적, 그리고 표현적 요소의 배열로 이해하는 입장이 있는데, 대표적인 학자는 이자드(Izard, 1991)이다. 그에 따르면 인간의 정서는 적응과 관련되는 것으로서 생애 초기부터 나타난다. 즉, 분노, 두려움, 놀라움, 기쁨 등의 정서는 생존 가능성을 높이는 적응적 반응이며 진화의 결과로서 모든 사람에게 뚜렷하게 나타난다.

이에 반해 캄라스(Camras, 1992)와 같은 문화주의자들은, 정서가 위와 같이 확연히 구별되는 것이 아니라 역동적이고 연속적이며 광범위하다고 설명한다. 이 입장에서는 정서가 자체적으로 뚜렷하게 경계를 갖지 않고 대신 문화에 의해 규정된다고 본다. 즉, 동일한 사건을 문화에 따라 다른 정서로 경험할 수 있는데, 예를 들어 죽음에 대한 정서적 반응은 문화에서 죽음을 어떻게 규정하느냐에 따라 달라지는 것이다.

한편, 캠포 등(Campos et al., 1989)과 같은 기능주의자는 정서의 내용보다는 정서가 갖는 기능에 주목한다. 이들은 정서가 개인에게 중요한 사람이나 환경과의 관계를 설정하고, 유지, 변화시키려는 개인의 시도라고 이해한다. 따라서 사람들은 정서를 통해 의사소통을 하고, 정서에 의해 동기가 유발되며, 죄책감과 같은 정서에 의해 도덕적 행동을 하기도 하며 때로는 정서를 통해 타인의 행동을 통제하기도 한다.

이처럼 정서는 단순히 감정을 경험하고 표현하는 것뿐 아니라 타인과의 관계 속에서 다양한 기능을 하면서 정서적 발달을 이루게 된다. 다음에서는 정서의 발달에 대해서 알아보겠다.

2) 정서의 발달

정서는 전 생애를 통해 많은 변화를 겪는데, 일반적으로 나이가 들면서 정서 내용이 풍부해지고 다양해질 뿐 아니라 사회적 맥락 안에서 다른 사람과 정서를 나누고 표현하는 방법도 능숙해진다. 다음에서는 발달 단계별로 정서가 어떻게 발달해 가는가에 대해서 살펴보겠다.

(1) 영아기

영아는 종종 숨이 넘어가게 울기도 하고 좋아서 소리를 지르기도 한다. 이와 같이 영아가 보이는 분노, 슬픔, 공포, 기쁨, 놀람 등 비교적 단순한 정서를 일차(혹은 기초) 정서(primary, basic emotion)라고 부른다. 이러한 정서는 모든 문화권에서 보편적으로 나타나므로 생물학적으로 준비된 반응으로 가정되지만, 영아가 발달해 가면서 약간의 학습을 통해 표현하게 되는 부분도 있다.

(2) 유아기

유아는 영아기의 기본적 정서 경험에서 나아가 상당히 분화된 정서를 체험한다. 2세 이후가 되면 유아는 자신이 한 일이나 작품에 만족하여 으쓱함을 나타내 보이기도 하고, 창피하여 울음을 터뜨리기도 하며, 죄책감에 눈치를 살피기도 한다. 이와 같은 자긍심, 죄책감, 부끄러움 등을 이차(혹은 복합) 정서(secondary, complex emotion)라고 부르는데, 여기에는 자기 의식적(self-conscious) 정서와 자기 평가적(self-evaluative) 정서가 있다. 자기 의식적 정서는 자아감을 해치거나 증진하는 것과 관련되고, 자기 평가적 정서는 자기 인식과 자신의 행동을 평가하는 규칙이나 규준에 대한 이해를 바탕으로 하는 정서이다.

유아기의 분화된 정서 경험은 아동으로 하여금 정서에 대해 생각하게 하고 이를 부모 혹은 또래와 나누게 한다. 유아는 때때로 놀이를 통해 다양한 정서를 극적으로 표현하기도 하며 자신의 정서적 경험을 바탕으로 정서의 원인과 결과에 대해 이해할 수 있고 사회적 상황에 정서가 영향을 미친다는 것을 알기 시작한다.

(3) 아동기

아동기가 되면 아동은 정서를 보다 효과적으로 다루게 된다. 자신이 아무리 좋아도 친구가 슬퍼할 때는 자신의 기쁨을 감추는 것과 같은 정서의 표현 규칙(display rule)을 학습하여 사회적 상황에서 정서를 적절히 조절할 수 있게 된다. 또한 타인의 감정을 추론하고 이해하는 능력이 발달하여 감정이입(empathy)을 할 수 있게 된다. 아동은 가까운 사람의 정서를 구체적으로 느낄 수 있게 됨에 따라 공감의 폭이 넓어지고 정서 이해의 폭도 확대된다.

(4) 청소년기

청소년은 영아기로 되돌아간 것처럼 극심한 정서적 동요를 경험한다. 그러나 영아와는 달리 청소년은 이미 개인만의 독특한 정서적 경험을 갖고 있고, 타인 특히 또래의 정서적 반응을 민감하게 읽을 줄 알며, 직접적인 정서 유발뿐 아니라 음악이나 미술작품 같은 상징을 접하면서도 강하게 정서를 체험할 수 있다. 청소년들이 흔히 음악이나 연극, 영화 등에 정서적으로 깊이 몰입하고 빠져들기도 하는 것은 청년기의 이러한 정서적 특성과 관련된다.

(5) 성인기

성인은 정서적 만족을 얻기 위해 보다 적극적으로 행동하고 선택한다. 사람을 만나는 것, 직업을 선택하는 것, 취미활동을 하는 것 등이 모두 정서 만족을 위해 선택되기 때문에 성인은 자신의 개인적 삶의 양식을 창조해 나갈 수 있고, 이를 통해 정서와 일상이 통합된다. 그 결과 성인은 아동이나 청년에 비해 정서적으로 안정되고 예측 가능한 것처럼 보인다.

3) 정서와 관련된 다른 발달

정서 발달은 생물학적 성숙뿐 아니라 주변 환경에 대한 이해 능력과 관련해 다양한 요인들의 발달과 관련된다. 다음에서는 개인이 어떻게 타인의 정서를 지각하고 이해하게 되는지의 발달과정을 살펴보고, 정서의 발달 내용으로서 혼합정서를 알아보겠다. 또한 정서 조절에 대해서 알아보기로 한다.

(1) 타인의 정서 지각 및 이해

타인의 정서를 지각하는 능력은 생애 초기에 나타나는 중요한 발달이다. 이는 사회인지의 기초가 되는 능력으로서 매우 적응적 가치를 지닌다. 약 1세경이 되면 영아는 성인의 목소리와 얼굴 표정을 바탕으로 그 사람의 정서를 지각할 수 있게 된다. 또한 낯선 상황이나 사람을 접했을 때 아동은 성인의 정서 내용을 참조하여 반응한다. 즉, 성인이 긍정적 정서를 보이면 아동은 접근하여 탐색하는 활동을 보이지만 성인이 부정적 정서를 보이면 아동은 대상에 대해 회피반응을 나타낸다. 약 2세경이 되면 자신의 정서적 경험을 뚜렷하게 의식하고 타인은 자신과 다르게 느낀다는 것을 인식한다(Harris, 1993).

타인의 정서를 이해하는 능력은 타인의 심리 상태에 대한 지식, 즉 마음이론이 발달하면서 정교해진다. 2~3세경이 되면 아동은 정서가 욕구의 만족과 관련된다는 것을 이해하고, 4~5세경이 되면 정서, 사고, 신념 그리고 기대 간의 복잡한 관계를 이해하게 된다. 6~9세가 되면 정서 과정에 대한 이해가 생겨서, 특정 정서를 유발하는 선행 요인을 알게 되고, 정서가 시간이 지남에 따라 강도가 약해진다는 것을 이해하며, 개인적 경험과 성격이 어떻게 독특한 정서적 반응을 일으키는지에 관해서도 이해하게 된다(Thompson, 1999).

(2) 혼합정서의 발달

우리는 일상생활에서 두 가지 이상의 정서를 한꺼번에 경험하기도 하는데 이를 혼합정서라고 한다. 하터와 버딩(Harter & Budding, 1987)은 혼합 정서의 발달을 다음의 5단계로 제시하였다(유경 · 민경환, 2000 재인용).

① 1단계(평균 5.2세): 두 가지 정서가 공존할 수 있다는 사실을 부정하고 분리된 각각의 정서 표상만 이해한다. 즉 한 번에 하나의 정서만 경험한다고 이해하여, '마음은 하나밖에 없으니까 두 가지 기분을 느낄 수 없다' 는 반응을 보인다.

② 2단계(평균 7.3세): 두 정서가 동시에 나타날 수 있다는 것은 이해하지만 하나의 대상에 대해 상반된 정서적 가치를 가진 혼합정서는 이해하지 못한다. 즉, 긍정적 정서가 같이 일어나는 것은 가능하지만, 긍정적 정서와 부정적 정서가 함께 일어날 수 있다는 것은 이해하지 못한다. 이 단계의 전형적인 예는 '형이 나를 때리면 나는 화가 나고 슬퍼요' 와 같은 반응이다.

③ 3단계(평균 8.3세): 두 가지 동일 정서적 가치의 정서들이 각각 상이한 대상들에 대해 동시에 유발될 수 있음을 이해한다. 이 단계에서는 '나는 시골에 가는 게 즐겁기도 했고 할아버지를 만나서 기쁘기도 했어요' 와 같은 반응이 나타난다.

④ 4단계(평균 10.1세): 동시에 유발되는 상반된 정서적 가치의 혼합정서를 이해하지만 이러한 정서들은 각기 상이한 대상에 대해서만 가능한 것으로 이해한다. 예를 들면, '형이 날 때려서 화가 났어요. 하지만 아빠가 형을 혼내 준대서 기뻤어요' 와 같은 반응이다.

⑤ 5단계(평균 11.3세): 동일한 대상에 대해 상반된 정서적 가치의 혼합정서가 동시에 유발될 수 있다는 것을 이해한다. 이 단계에 속하는 아동들은 '선물을 받아서 기뻤지만 내가 원하는 것이 아니어서 화가 났어요' 와 같이 반응한다.

(3) 정서의 조절

자신과 타인의 정서를 이해하는 것 못지않게 중요한 것이 정서를 조절하는 것이다. 톰슨(Thompson, 1991)에 따르면 정서 조절이란 목적을 달성하기 위해 정서적 반응을 모니터링하고 평가하고 변화시키는 외적, 내적 과정이다. 정서 조절은 자신의 정서 상태와 정서의 강도, 그리고 표현의 시기를 조절하는 것을 내용으로 한다. 특히 사회적 관계 속에서 정서를 조절하는 것은 적응과 직접적으로 관련된다. 많은 연구들은 아동 중기에 이르러서야 정서 조절이 가능한 것으로 보고 있으나 이보다 이른 시기에 발달한다는 지적도 나오고 있다. 조광수와 최경숙(1996)에 따르면 만 4세 아동도 자신의 정서 상태가 현재 과제를 방해하는 상태에 있다면 이를 자발적으로 감지하고 적응을 위해 자신의 정서 상태를 변화시킬 수 있었다.

3. 애착

애착에 대한 관심은 20세기 초반, 시설에 수용되어 있는 아동의 적응을 관찰하면서 시작되었다. 특히 제2차 세계 대전 이후 고아원과 같은 시설에 맡겨진 아동들이 증가하였는데, 이들이 시간이 지남에 따라 사람에 대한 관심이 줄어들고 우울하고 잘 먹지 않아 신체적으로도 왜소하고 자주 아픈 것이 관찰되었다. 심리학자들은 이런 현상이 정상적 사회관계가 부족한 데서 기인하는 것이 아닌가라는 의문을 갖게 되었고, 이는 보울비(Bowlby)의 이론과 함께 애착 연구가 본격화되는 계기가 되었다. 다음에서는 보울비에서 시작된 애착의 개념을 간단히 살펴본 후, 영아의 애착유형을 알아보고, 성인의 애착 유형을 살펴보겠다. 이를 통해 애착이 개인의 삶 속에서 얼마나 안정적으로 작용하고 있는지에 대해 생각해 보기로 하자.

1) 애착의 정의

애착(Attachment)은 양육자와 아동간의 강한 정서적 유대를 뜻한다(Bowlby, 1969). 애착을 형성한 아동은 애착 대상과 물리적으로 접촉하고자 하며 애착 대상자를 안전기지로 삼아 새로운 상황을 탐색한다. 그리고 애매한 상황이 되면 애착 대상자의 반응을 참조하여 행동하기도 한다.

아동은 양육자와 계속 상호작용하면서 자기 자신과 타인에 대한 인지적 표상들을 발달시키는데, 이를 내적 작동 모델(internal working model)이라고 부른다. 이는 인간관계의 특성에 대한 기대를 형성하여 새로운 상황에서 어떻게 행동해야 하는지를 결정하는 데 영향을 미치고 또래, 교사, 배우자, 나아가서는 자신의 자녀와 형성하게 될 사회적 관계에 영향을 미친다. 따라서 내적 작동 모델로 작용하는 애착은 정서적 안정, 자기조절뿐 아니라 대인관계의 중요한 기초가 된다.

2) 영아 애착의 유형

영아들의 애착 유형은 양육자와 떨어지거나 낯선 곳에 혼자 있게 될 때 잘 드러난다. 이를 이용하여 에인스워스 등(Ainsworth et al., 1978)은 낯선 상황 절차

〈표 9-1〉 Ainsworth의 낯선 상황

번호	등장인물	지속시간	행동
1	어머니, 아기, 관찰자	30초	관찰자가 어머니와 아기를 장난감과 여러 가지 놀이기구들이 있는 실험실에 안내한 후 남겨두고 나간다.
2	어머니와 아기	3분	어머니는 아기가 방안을 탐색하도록 허용한다. 아기가 아무것도 하지 않을 때는 2분이 지난 후 놀이를 하도록 격려한다.
3	낯선 이, 어머니와 아기	3분	낯선 이가 들어온다. 최초의 1분은 침묵, 두 번째 1분은 낯선이가 어머니와 대화, 세 번째 1분은 낯선 이가 아기에게 접근, 3분이 다 지난 후 어머니가 조용히 방을 나간다.
4	낯선 이와 아기	3분 또는 보다 짧게	첫 번째 격리. 낯선 이의 행동은 아기의 행동에 맞추어 조정한다.
5	어머니와 아기	3분 또는 보다 길게	첫 번째 재회. 어머니가 아기를 반기거나 달랜 후, 아기가 다시 놀이를 하도록 도와준다. 그런 다음 어머니가 '안녕'이라고 말하며 방을 나간다.
6	아기혼자	3분 또는 보다 짧게	두 번째 격리
7	낯선 이와 아기	3분 또는 보다 짧게	두 번째의 격리의 계속. 낯선이가 들어와서 아동의 행동에 맞추어 행동한다.
8	어머니와 아기	3분	두 번째 재회. 어머니가 들어와서 아기를 반기고 안아 준다. 그 사이에 낯선 이는 가만히 방을 나간다.

* 송명자(1995). **발달심리학**. 서울: 학지사 재인용

(strange situation procedure)를 개발하였다. 낯선 상황 절차는 〈표 9-1〉에 나타난 바와 같이 어머니가 영아를 낯선 방에 홀로 남겨 두거나 낯선 이와 함께 남겨 두는 것을 포함하는 여덟 개의 짧은 에피소드로 구성된다. 애착 반응의 측정은 절차 중 어머니와 재결합할 때 영아가 보이는 행동을 기초로 이루어지는데, 주로 12~18개월 영아가 그 대상이었다.

그 결과 영아의 애착 유형은 크게 세 가지 유형으로 분류되었다. 그 후 메인과 솔로몬(Main & Solomon, 1990)에 의해 비조직화된 애착 유형이 첨가되어, 현재는 네 가지 유형으로 분류하고 있다. 이를 살펴보면 〈표 9-2〉와 같다.

아동의 애착 유형에 따라 부모와 자녀의 상호작용이 달라지게 되는데, 안정 애착 영아의 부모는 영아의 정서적 신호에 대하여 민감하게 반응하고 영아에게 자율적 놀이를 허용하며, 따뜻하고 일관되고 사려 깊은 태도를 보인다. 불안정 회피 애착을 보이는 영아의 부모는 영아를 무시하는 경향이 있고 영아의 반응이나 분

〈표 9-2〉 영아의 애착 유형

애착 유형	행동 특성
안정 (secure)	낯선 곳에 혼자 있거나 낯선 사람과 함께 있으면 때때로 불안 낯선 이와는 놀지 않으며 새로운 탐색행동을 보이지 않음 어머니가 돌아오면 반갑게 맞고 신체접촉, 눈맞춤, 안도감, 다시 놀이를 시작
불안정 회피 (insecure-avoidant)	낯선 상황에서 어머니가 떠나는 것에 대해 별 신경 쓰지 않음 어머니가 돌아와도 무시하고 다가서지 않음 어머니가 접근하면 다른 방향으로 몸을 돌림
불안정 저항 (insecure-resistant)	어머니의 부재에 대해 불안 느낌 어머니가 돌아오면 접촉 추구와 함께 분노, 저항을 보임 양가적 행동, 놀지 않음, 잘 달래지지 않음
비조직화 (disorganized)	불안정하면서도 회피와 저항의 어느 쪽에도 분류되지 않음 일관되지 못하고 혼란스러운 행동 때때로 어머니에게 공포감을 보임

* Main, M., & Solomon, J. (1990). *Attachment in the preschool years: Theory, research and intervention*. Chicago: Univ. of Chicago Press.

노에 관심을 두지 않아 영아로 하여금 이를 극복하기 위하여 스트레스에 대한 방어기제로 회피 행동을 보이게 했다. 불안정 저항 애착을 보이는 영아의 부모는 영아의 울음을 방치하고 영아에게 상호작용을 하지 않으며 영아에게 양가적이고 일관되지 않는 태도를 보였다. 비조직화 애착 유형을 보이는 영아의 부모는 상실 경험이나, 해결되지 못한 정신적 외상 경험을 가졌으며 우울증을 보이거나 자녀를 학대하는 경우도 있다.

3) 성인 애착 유형

메인 등(Main et al., 1985)은 인터뷰를 통해 성인 애착을 측정할 수 있는 AAI(Adult Attachment Interview)를 개발했는데, 이는 부모와의 애착 경험에 대한 정서적-인지적 표상을 잰다. 이 도구는 성인을 대상으로 하여 아동기의 경험에 대한 현재 마음의 표상을 잰다는 점에서, 실제 영아의 행동을 관찰하는 낯선 상황 절차와는 차이가 있다. AAI는 개인의 경험 내용보다 이에 대한 현재의 이해 및 통합 능력을 더 중시하기 때문에, 평가 시 경험의 내용뿐 아니라 기억, 조리 있게 말하기, 내용의 일관성 유지 등이 고려된다. 메인 등은 AAI를 사용하여 성인의 애착 표상 유형에 대해 연구하였는데, 그 결과 〈표 9-3〉과 같은 네 가지 성인 애착 유형을 제시하였다.

한편 AAI의 개발은 애착 유형의 세대간 전이를 알아볼 수 있는 틀을 마련하는 계기가 되었다. 최근 영아-어머니 쌍의 애착 유형의 관련성을 알아보고 때로는 3세대 간의 애착 유형의 관련성을 살피는 등의 연구가 이루어지고 있다. 예를 들어, 포나기 등(Fonagy, 1991)은 임신한 여성들을 대상으로 AAI를 실시하여 애착 표상 유형을 밝히고, 이후 낯선 상황 절차를 사용하여 생후 12개월 된 자녀의 애착 유형을 알아본 결과, 어머니와 자녀의 애착 일치율이 75%에 이르는 것으로 나타나 애착 유형의 세대간 전이가 뚜렷한 것으로 보고하였다. 그러나 개인 내 혹은 세대간 애착의 연속성에 영향을 주는 매개 변인이 무엇인지를 밝히는 연구는 아직 많지 않은 실정이다(Benoit & Parker, 1994; Thompson, 1998).

〈표 9-3〉 성인의 애착 유형과 행동 특성

애착 유형	행동 특성
자율형 (autonomous)	과거 애착 경험의 만족 여부와 상관없이 애착에 대해 분명하고 일관된 기술. 부정적 경험도 조리 있게 기술 면접자에게 협조적 · 반영적이고 메타인지적인 기술
거부형 (dismissing)	부모에 대해 모순된 기술. 종종 기억하지 못한다고 보고 애착 경험을 이상화하거나 최소화하려는 경향 무성의하고 너무 간단한 답변
몰입형 (preoccupied)	애착 경험에 지나치게 몰두하여 화를 내기도 함 기술의 내용이 불분명. 너무 장황한 기술
미해결/비조직형 (unresolved)	외상적 사건(상실, 학대 등)에 대해 기술하는 데 어려움을 보임. 말하다가 맥이 끊어지고 혼란되고 붕괴 자신의 기술 내용을 모니터링하지 못함

* Main, M., Kaplan, N., & Cassidy, J. (1985). *Monographs of the Society for Research in Child Development, 50,* 66-104.

4) 애착의 연속성과 불연속성

초기 애착연구자들은 영아기의 애착과 이후의 발달 사이에 관련성이 있다고 가정하고 이에 대한 경험적 연구를 하였다. 이들은 영아기 애착의 질이 내적 작동 모델을 통해 자신과 타인과의 관계에 대한 기대 및 표상의 내용을 결정한다고 가정하였다. 영아가 따뜻하고 사려 깊은 양육을 경험하여 안정 애착을 형성하게 되면 자신을 긍정적으로 평가하고 타인과의 관계에서도 개방적이고 따뜻한 관계를 맺게 되는데, 이는 다시 자신의 안정적인 내적 작동 모델을 더욱 강화시킨다. 그러나 불안정 애착을 형성하게 되면 자신을 부정적으로 인식하고 타인과의 관계에서도 신뢰와 수용을 학습하지 못해 불안정한 관계를 맺게 된다. 이러한 순환 과정을 통해 초기의 내적 작동 모델은 더욱 강화되고 발달에 영향을 주면서 초기 애착과 이후 발달 간의 연속성이 증가된다.

그러나 최근에 애착 연구자들은 애착의 질이 기본적으로 양육의 질에 의존한다면 과연 양육의 질이 일관되게 유지되지 못할 경우에도 애착 유형이 변하지 않는가에 대해 의문을 제기한다. Thompson(1998)은 애착의 질과 후기 발달이 양육의 질에 의해 매개되는데 양육의 질은 가정의 변화에 따라 유동적이라는 점을 지적하고 애착 질의 비연속성을 가정하였다. 이 입장에서는 부모 양육이 일관되고 불변하는 것이 아니라 가족 내의 상황이 변하면 달라지는 것이다. 예를 들어 부부갈등이 있거나 경제적 어려움에 처하는 것과 같은 가족 내의 부정적 변화는 부모의 양육 태도를 변화시킨다. 따뜻하고 사려 깊던 어머니가 아버지와 심각한 부부갈등을 느낄 때 우울증에 빠져 자녀에게 무관심해질 수 있고, 경제적 어려움이 있을 때 어머니도 직업을 갖게 되어 자녀를 돌볼 시간이 부족해질 수도 있다. 이러한 양육 질의 변화는 부모 자녀의 상호작용에 변화를 가져오게 된다. 따라서 영아기의 애착만으로 이후의 발달을 직접적으로 예언하는 데에는 무리가 있다.

4. 도덕성

사회성 발달에서 도덕성은 친사회적 행동을 발달시키기 위한 주요 요인으로, 지금까지 이에 대한 많은 연구가 이루어져 왔다. 도덕성은 옳고 그른 것을 분별할 줄 알고, 이런 판단에 따라 행동하며, 옳게 행동했을 때는 자긍심을 느끼고 그르게 행동했을 때 죄책감과 부끄러움을 느끼는 능력이다(Quinn 등, 1994). 따라서 도덕적으로 성숙하다는 것은 도덕과 관련된 정서를 느낄 수 있는 도덕적 감정을 갖고 있고, 옳고 그른 것을 인식할 줄 아는 도덕적 추론 능력이 있으며 자신을 통제하고 유혹에 저항하는 도덕적 행동을 할 수 있음을 의미한다. 이와 같이 도덕성에는 정서적, 인지적, 행동적 요소가 포함되고 있는데, 도덕 발달의 각 이론들에서는 이 세 가지 요소 중 강조하는 것이 각기 다르다. 정서적 요소는 주요 정신분석이론에서 강조하는 것으로 죄책감과 다른 사람의 감정에 대한 공감 등을 다루며 이는 도덕적 사고와 행동의 동기가 된다. 인지적 요소는 옳고 그름에 대한 판단과 어떻게 행동할 지에 대해 생각하고 결정하는 과정을 말하는데, 인지발달 이론에서 도덕적 추론에 초점을 두어 이에 대한 설명을 제공한다. 마지막으로 행동적 요소는 거짓말하거나 훔치고자 하는 유혹이 있을 때 실제 어떻게 행동하는가의 문제인데, 사회학습이론과 사회정보처리이론은 이에 대한 이해에 도움을 준다. 다음에서는 이 세 이론에 대해 검토할 것이다.

1) 도덕적 감정

도덕적 감정(Moral affect)은 정신분석이론에서 잘 설명된다. 프로이트(Freud, 1935, 1960)에 따르면 성격은 원자아(id), 자아(ego), 초자아(superego)로 구성되며 그 가운데 초자아가 도덕성과 관련된다. 비이성적이고 본능적 욕망인 원자아를 갖고 태어난 아기는 구강기와 항문기를 거치면서 현실을 파악하고 합리적으로 생각하는 자아를 발달시킨다. 남근기에 들어서면서 남아는 어머니를 향하여 성적 욕망을 품게 되는데 이것이 오이디푸스 콤플렉스이다. 그러나 현실적으로 어머니에 대한 성욕이 채워질 수 없다는 것을 깨닫게 되면서 아버지에 대한 두려움을 강하게 느낀다. 거세공포로 대변되는 이 두려움에서 벗어나기 위하여 남아는 아버지를 동일시한다. 이 과정에서 남아는 아버지를 통해 사회적 규칙, 규범을 내면화하여 사회에서 금하는 것은 자신도 금하고, 사회에서 가치 있게 여기는 것을 추구하는 초자아가 발달한다. 여아의 경우도 오이디푸스 콤플렉스를 경험하지만 강한 공포를 경험한 남아와는 달리 강한 초자아를 발달시키지 못한다.

정신분석이론은 도덕의 근간이 되는 초자아가 오이디푸스 콤플렉스로 인해 아동이 경험한 감정으로부터 시작된다는 점을 설명함으로써 도덕성의 감정적 기원에 대해서 밝히고 있다. 그러나 구체적 발달 경로를 기술하지는 못하고 있고, 여성이 남성보다 도덕적으로 열등하다고 설명하여 많은 비판을 받았다. 뿐만 아니라, 초자아가 형성되기 전의 유아도 사회적 규칙과 관습이 내면화된 행동을 나타낸다는 점에서 도덕성의 발달 시기에 대한 비판이 제기되고 있다.

2) 도덕적 추론

인지 발달 이론에서는 행동이 옳고 그른가를 결정할 때 아동의 사고에서 일어나는 도덕적 추론(moral reasoning)의 발달과정에 초점을 두어 도덕성을 설명한다. 이 입장의 주요 가정은 도덕 발달이 인지 발달에 의존하여 일어난다는 것이다. 도덕적 추론은 일정한 단계에 따라 발달하는데, 각 단계는 도덕적 문제에 대해 공통된 방식으로 추론을 하는 특성을 나타낸다. 다음에서는 도덕성에 대한 인지발달이론으로 피아제와 콜버그의 이론을 살펴보겠다.

(1) 피아제 이론

피아제(Piaget, 1932, 1965)에 따르면 도덕적 성숙이란 규칙에 대한 존중과 사회적 정의에 대한 의식으로, 사회적 규칙 아래서 모든 사람들이 공평하고 정당하게 대우받고 있는가에 대한 관심이다.

그는 도덕성을 세 단계로 이론화하였는데, 첫 단계는 전도덕 단계로서, 이 단계의 유아는 규칙에 대한 관심을 거의 보이지 않는다. 대신 자기 나름대로의 규칙을 만들고, 서로 재미있게 노는 것을 좋은 일이라고 생각한다.

두 번째 단계는 타율적 도덕성(heteronomous morality) 단계로서, 6~11세의 아동이 이 단계에 해당된다. 이들은 규칙이 신이나 경찰, 혹은 부모와 같이 권위를 가진 존재에 의해 만들어진 것이라고 생각하여 규칙을 절대적으로 받아들인다. 이 시기의 아동은 행위자의 의도보다는 행위의 결과에 의해 옳고 그름을 판단하는 경향이 있어서 어머니를 도와드리려다 컵 15개를 깨뜨린 수현이가, 잼을 몰래 먹으려다 컵 하나를 깨뜨린 나연이보다 더 나쁘다고 판단한다. 또한 타율적 도덕 단계의 아동들은 사회적 규칙을 위반했을 때는 항상 어떤 방식으로든 벌이 따르게 된다는 내재적 정의(immanent justice)를 믿는다. 그래서 만약 6세인 도윤이가 아이스크림을 몰래 꺼내 먹으려다 넘어져서 무릎을 다쳤다면 도윤이는 그 상처가 자신이 잘못한 것에 대한 처벌이었다고 믿는다.

세 번째 단계는 자율적 도덕성(autonomous morality) 단계로 10~11세가 되면 대부분 아동이 여기에 도달한다. 이들은 사회적 규칙이 사람들의 합의에 의해 변경될 수 있다는 것을 이해하기 시작하고 옳고 그름에 대한 판단도 행위의 결과에 의해서가 아니라 행위자의 의도를 고려하기에 이른다. 따라서 이 시기의 아동은 잼을 몰래 먹으려다 컵 하나를 깨뜨린 나연이가 어머니를 도우려다 컵 15개를 깬

수현이보다 나쁘다고 판단할 수 있다. 자율적인 아동들은 사회적 규칙을 위반해도 항상 벌이 따르는 것은 아니라는 것을 자신의 경험을 통해 알고 있기 때문에 더 이상 내재적 정의를 믿지 않는 경향이 있다

한편 타율적 도덕성 단계에서 자율적 도덕성 단계로 발달하기 위해서는 인지적 성숙과 사회적 경험 두 가지가 모두 중요하다. 인지적인 면에서 탈중심화와 역할 수행 기술이 발달하게 되면 여러 관점에서 조망하는 것이 가능해지게 된다. 또한 사회적인 면에서 또래들과의 접촉을 통해, 성인의 권위에 대한 무조건적인 경외심이 줄어들고 자기와 타인을 존중하는 마음이 생기며 집단의 합의에 따라 규칙이 임의로 변경될 수 있는 것을 학습하면서 아동은 좀더 융통성 있는 자율적인 도덕성의 단계로 발달한다고 보았다. 이때 만약 부모가 자녀에게 행사하던 영향력을 계속 유지하려고, '내가 시킨 것은 무조건 해야 돼!' 라는 식의 말로 규칙이 절대적인 것이라는 학습을 시키면, 자녀의 도덕성 발달은 늦추어지게 될 수도 있다.

피아제의 도덕성 발달 단계에 대한 설명은 여러 문화권에서 반복 검증되었다. 예를 들어 어린 아동은 나이든 아동에 비해 더 타율적 도덕성 단계의 특징들을 나타냈고 행동이 왜 잘못되었는지를 판단할 때 행위의 결과를 더 강조하는 경향을 보였다(Jose, 1990; Lapsley, 1996). 또한 성숙한 도덕성은 아동의 IQ와 역할 수용 능력과 같은 인지 발달 수준과 관련되었다(Lapsley, 1996).

이러한 연구결과에도 불구하고 피아제 이론이 아동의 도덕 판단 능력을 과소평가했다는 증거들 또한 있다. 우선 어린 아동이 행위자의 의도를 정말 무시하는가와 관련해, 피아제가 사용한 도덕 판단 과제가 (1) 나쁜 의도로 좋은 결과(적은 손상)를 가져온 경우와 좋은 의도로 나쁜 결과(많은 손상)를 가져온 경우를 비교하고 있어 의도와 결과를 혼동하게 만들고 있다는 점, (2) 아동의 의도에 대한 정보보다 행위의 결과에 대해 훨씬 더 분명한 정보를 제공하고 있다는 결점을 가지고 있다고 비판받는다.

이에 넬슨(Nelson, 1980)은 피아제 과제의 문제점을 보완해 3세 아동을 대상으로 다시 실험하였다. 여기서 그는 아동의 동기가 좋으면서 결과가 긍정적일 때, 동기가 좋으면서 결과가 부정적일 때, 동기가 나쁜데 결과는 긍정적일 때, 동기도 나쁘고 결과도 부정적일 때의 네 가지 상황을 제시하였고, 행위자의 의도를 이해할 수 있도록 이야기와 함께 그림을 제시하였다. 그 결과 3세 아동은 긍정적인 행위를 가져온 행위를 보다 선호하는 경향을 나타냈는데, 이러한 경향은 행위의 결

과와는 관계없이 나쁜 의도보다는 좋은 의도를 가진 경우에 나타났다. 따라서 학령 전 아동들도 도덕적 판단을 할 때 행위자의 의도를 고려한다고 할 수 있다. 그러나 비록 어린 아동이나 나이든 아동이 모두 다른 사람의 행위를 판단할 때, 의도와 결과 두 가지 정보를 모두 고려하지만, 나이가 어린 아동들은 나이든 아동에 비해 결과에 더 많은 비중을 두는 것 같다(Lapsley, 1996).

(2) 콜버그 이론

콜버그(Kohlberg, 1963, 1984)는 피아제의 도덕이론을 더욱 정교하게 발전시켜, 다양한 연령에게 도덕적 딜레마 문제들을 제시하고 이에 대한 반응 내용을 분석하여 도덕 발달 단계를 제시하였다. 다음은 대표적인 도덕적 딜레마 문제의 예이다.

> 유럽에 한 여인이 있었는데 그녀는 희귀암을 앓고 있었으며 죽음에 직면해 있었다. 의사들은 그녀를 살릴 수 있는 유일한 약은 같은 마을에 사는 약사가 최근 발견한 라듐 성분의 약이라고 말했다. 그 약을 만드는 데에는 매우 많은 비용이 들었다. 약사는 생명을 구할 수 있는 약값으로 2,000달러를 요구했다. 여인의 남편인 하인츠는 최대한의 돈을 빌렸지만 약값의 반 밖에 빌릴 수 없었다. 하인츠는 약사에게 부인이 죽어가고 있으니 약을 조금 싸게 팔든지 아니면 나중에 갚을 수 있게 해 달라고 사정하였다. 그러나 약사는 "싫소, 이 약은 내가 어렵게 개발한 것이고 나는 이 약으로 돈을 벌어야 하오"라고 거절했다. 다급해진 하인츠는 부인의 약을 훔치기 위해 약국에 침입했다. 하인츠의 행동은 옳은가?

여기서 콜버그는 옳은가 그른가의 판단이 아니라 판단에 이르게 된 추론의 내용에 관심을 기울인다. 그에 따르면 도덕성은 세 가지 수준의 도덕 수준을 거쳐 발달하는데, 각 수준은 다시 두 단계로 나누어진다. 그리고 이 도덕 수준과 단계는 인지 발달에 의존하여 발달되기 때문에 항상 동일한 순서로 전개된다고 보았다. 콜버그의 도덕발달이론의 세 수준과 여섯 단계는 다음의 〈표 9-4〉와 같다.

콜버그는 나이가 어릴수록 처벌과 복종 지향 및 쾌락주의 지향이 우세하지만 10세경에 이르면 착한 아이 지향과 법과 질서 지향이 급속하게 발달하여 청년기 이후까지 지속된다고 보았다. 그리고 일반적으로 나이와 상관없이 사회계약 지향과 보편적 원리 지향은 흔하지 않다고 지적하였다.

콜버그는 도덕 단계들이 불변적 순서로 발달해 간다고 기술했는데, 이후 연구

〈표 9-4〉 콜버그의 도덕성 발달 단계

전인습 수준	처벌과 복종 지향	처벌을 받지 않기 위하여 규칙에 복종하며 자신보다 힘있는 사람의 권위에 맹목적으로 순종한다.
	쾌락주의 지향	자신의 욕구 만족 여부에 따라 도덕적 행동을 결정한다.
인습 수준	착한 아이 지향	타인의 인정을 받고 사회적 규범에 동조하는 것을 선한 행동이라고 여기고 신의, 충성, 감사를 중요한 도덕적 가치로 여긴다.
	법과 질서 지향	규칙은 사회적 질서 내에서 고정된 것이며 선한 행동이란 사회가 정한 규칙이나 역할을 그대로 따르는 것이다.
탈인습 수준	사회계약 지향	공동사회의 복지를 바탕으로 한 사회계약이나 규칙을 존중하며 삶, 자유, 행복의 추구를 인간의 기본 권리로 간주한다.
	보편적 원리 지향	최고의 선은 자신이 선택한 보편적 원리를 따르는 것이다.

들에 의해 이러한 가정은 대체로 지지되었으며(Colby & Kohlberg, 1987), 이러한 도덕성 발달에 기여하는 인지적 요인 및 환경적 영향에 대한 연구들도 진행되어 왔다(Kohlberg, 1984; Harness, Edwards, & Super, 1981; Walker, 1980). 연구들에 따르면 피아제와 유사하게 인지 발달과 적절한 사회적인 경험들이 도덕 추론 능력의 성장에 기초를 이루는 것 같다.

그러나 콜버그의 도덕발달이론은 도덕에서 문화적 다양성을 고려하지 않고 서구 사회의 기준을 보편적 도덕 원리로 채택하고 있으며 아동의 도덕 추론을 과소평가했다는 점에서 비판받고 있다. 또한 콜버그는 남성만을 대상으로 한 연구를 토대로 남녀 일반에게 적용되는 도덕 단계를 만들고 그 결과 여성은 착한 아이 지향에서 도덕적 추론을 하고 남성은 법과 질서 지향에서 도덕적 추론을 한다고 하였다. 이는 정의 중심의 남성적 도덕성을 배려 중심의 여성적 도덕성보다 우위에 둠으로써 여성의 도덕성을 평가 절하했다는 비판을 받는다(Gilligan, 1982).

3) 도덕적 행동

반두라(Bandura, 1986)와 미셸(Mischel, 1974)과 같은 사회학습 이론가들은 도덕적 행동(moral behavior) 역시 학습을 통해 이루어진다고 보았다. 이들에 따르면 강화와 처벌, 관찰을 통해 도덕적 행동이 학습된다. 강화를 받은 행동은 후에 다시 일어날 가능성이 높으며 처벌받은 행동의 발생 빈도는 줄어든다. 예를 들어 좋아하는 장난감을 만지지 않도록 하고자 할 때 별로 관심 없는 장난감을 갖고 노는 것을 강화해 줌으로써 좋아하는 장난감을 만지지 않을 가능성이 높아진다(Perry & Parke, 1975). 뿐만 아니라 강화와 처벌을 직접 받지 않더라도 사회적 관찰을 통해서도 학습이 일어난다. 그루젝과 그의 동료들(1979)은 규칙을 준수하는 모델이 지금 자신은 규칙을 따르고 있다는 점과 규칙을 위반해서는 안 되는 이유를 언어적으로 명백하게 설명했을 때, 아동들이 그 모델의 행동을 따르게 하는 데 효과가 크다는 것을 발견하였는데, 특히 모델이 말하는 규칙 준수의 이유가 아동의 도덕 추론 수준과 맞을 때 그 영향력은 더 컸다.

내면화된 도덕적 행동은 도덕적 규칙을 어기도록 유혹하는 상황에 직면하게 되었을 때에도 이에 저항하도록 작용한다. 그러나 유혹에 저항하기 위해서는 강화와 처벌, 관찰 학습뿐 아니라 인지적 설명이 수반되어야 한다는 지적이 있다. 유혹을 견디고 확고한 자기 통제를 확립하기 위해서는 왜 이런 행동이 나쁘고 이 행동을 하면 왜 죄책감을 느끼고 적절하지 않다고 느끼게 되는지에 대한 적절한 인지적 설명이 필요하다고 본다(Hoffman, 1988).

5. 공격성

많은 부모들은 자신의 자녀가 도덕적으로 올바르고 다른 사람에게 피해를 주지 않는 사람으로 성장하기를 기대한다. 따라서 부모는 자녀가 다른 아동을 때리거나 떠미는 행동 등을 할 때 제지한다. 아동이 다른 사람을 의도적으로 해치는 행동을 할 때 성인들은 아동의 그런 행동을 억압하려고 노력하게 되는데, 사회로부터 제지를 받는 대표적 행동이 공격적 행동이다. 다음에서는 먼저 공격성이 무엇인지와 그것이 어떻게 발달하는지를 살펴본 후, 이러한 행동을 이끌어내는 요인이 무엇인지를 이해하고 공격적인 행동은 어떻게 효과적으로 통제될 수 있는지를 알아보겠다.

1) 공격성의 정의

공격성(aggression)은 흔히 관찰되는 반사회적 특성으로, 유기체를 해치려는 의도를 가진 모든 행동과 그 결과를 말한다(Baron & Byrne, 1994). 따라서 남을 해치려고 시도했으면 성공하지 못해도 이는 공격적인 행동이라고 볼 수 있다. 반면, 우연한 행동의 결과 공격적이 되어버린 경우, 예를 들어 물건을 옮기려다가 남을 다치게 한 행동은 공격적 행동으로 보지 않는다.

공격성은 흔히 도구적 공격성(instrumental aggression)과 적대적 공격성(hostile aggression)으로 나뉜다. 도구적 공격성은 자신의 욕구를 충족시키거나 다른 목적을 이루기 위한 수단으로 공격 행동을 하는 것으로, 예를 들면 마음에 드는 장난감을 갖기 위하여 친구를 밀치고 때리는 행동을 하는 것이다. 도구적 공격성은 목적이 달성된 뒤에는 공격 행동이 사라지는 특징을 가지는데, 이에 비해 적대적 공격성은 공격 행동의 목적 자체가 남에게 해를 입히는 것이다. 이는 종종 특정한 개인을 향해 그 사람을 해치기 위한 공격 행동으로 지속적인 특징을 지닌다.

2) 공격성의 발달

한 살 된 영아가 화가 나서 사람을 때린다면 이를 공격적인 의도가 있는 것으로 볼 수 있을 것인가? 카플란과 그의 동료들(Caplan et al., 1991)은 한 살 된 유아가 다른 유아가 가지고 있는 장난감을 가지려고 격하게 행동할 수 있다는 것을 발견했는데, 심지어 자기가 똑같은 장난감을 가지고 있을 때도 상대방 아이의 장난감을 뺏기 위해 힘으로 그를 이기려 했다. 이는 도구적 공격성이 생후 1년이 될 무렵부터 시작됨을 시사한다. 생의 초기에 나타나는 이런 물리적 공격은 유아기를 거치면서 성인이 개입하여 갈등의 해결책으로 협상이나 나눔의 방식을 격려할 때 점차 감소하는데, 이런 갈등을 통해 영아들이 타협하는 방법을 배워 간다는 점에서 적응적인 기능도 있다. 반면 남을 해치려는 의도를 갖고 행하는 적대적 공격성은 언어적 공격과 비물리적 공격 형태로 점차 증가하는 경향이 있다. 신체적 공격성은 3세에서 5세 사이에 점차 감소되지만, 대신 괴롭히기, 고자질하기, 별명으로 놀리기 등 다양한 형태의 언어적 공격성으로 대치되고, 나이가 들어가면서 타인의 의도를 추론할 수 있는 역할 수용 능력이 점차 획득하기 때문에 상대방이 자신을 해치려는 의도가 있을 때 자신도 대항하여 싸우는 행동을 선택하게 된다.

공격적인 아동에 대한 종단 연구는 공격 성향의 지속성과 심각성에 대한 우려를 나타낸다. 친구들로부터 싸움을 먼저 시작하는 아이로 지목받은 아이는 7년 후 50% 이상이 전과기록을 가졌으며 이는 보통의 아이가 10% 미만의 전과기록을 갖는 것과는 대조된다. 또한 교사로부터 공격적이라고 평가받은 것과 이후의 범죄율간의 상관이 높았다. 이는 아동기의 공격성이 단순히 놀이과정에서 밀치고 때리는 것으로 그치는 것이 아니라 그중 소수는 성인기에 심각한 반사회적 행동으로 발전할 수 있음을 시사한다(Kupermist & Coie, 1990; Stattin & Magnusson, 1989). 그렇다면 왜 공격적 행동이 일어나는가?

3) 공격 행동의 원인

공격 행동의 원인을 설명하려는 노력이 다양하게 이루어져 왔는데, 먼저 개인적 요소로서 좌절을 원인으로 고려하려는 입장이 있다. 이는 정신분석 모델에 기초하여 목표 행동을 방해받는 때 경험하는 좌절(frustration)이 공격을 불러일으킨다는 설명이다. 이를 좌절-공격성 가설이라 부르는데, 여기서는 공격이 좌절의 결과이며, 좌절은 항상 다양한 공격을 유도한다고 가정한다. 그러나 좌절이 공격성에 중요한 역할을 한다는 점은 인정하더라도, 좌절이 항상 공격을 유발하지는 않는 현실을 비추어 볼 때 좌절-공격성 가설은 제한적이다.

공격 행동에 대한 또 다른 설명에서는 가족의 영향을 고려한다. 가족은 공격 행동을 학습하는 데 근간이 되는 장이 될 수 있다. 패터슨과 그의 동료들(Patterson, Reid, & Dishion, 1992)은 공격성을 많이 나타내는 아동의 경우 가족 구성원들이 서로 끊임없이 다투는 상황 속에서 생활한다는 점을 관찰하고, 이러한 가정환경을 강압적 가정환경(coercive home environment)이라고 불렀다. 그는 부적 강화(negative reinforcement)라는 개념을 사용하여 가정 내에서 아동의 공격성이 어떻게 발달되어 갈 수 있는가를 설명하였다. 그에 따르면, 가족구성원들이 계속 자신을 괴롭히고 위협하는 상황에서는 가족구성원들 간의 상호작용의 많은 부분이 가족들이 자기를 괴롭히는 것을 멈추게 하려는 것에 집중되고, 그 가운데 아동은 다른 사람에게 소리지르거나 위협하는 등의 방법이 효과적이라는 것을 학습하게 된다. 강압적 가정환경에서 나타나는 전형적인 일련의 과정은 다음과 같다(Shaffer, 1999).

① 한 여아가 오빠를 놀리자, 오빠는 고함을 질러 자신을 괴롭히는 행동을 멈추게 한다(이때 고함을 지르는 것이 부적강화가 된다).
② 몇 분 후, 그 여아는 오빠가 싫어하는 별명을 부른다. 그러자 오빠는 여동생을 쫓아가서 때린다.
③ 여아는 오빠 놀리기를 멈춘다(이것은 때리는 행동을 부적으로 강화한다). 여아는 울면서 오빠를 맞받아 때리고 오빠는 움츠린다(여동생이 때린 것을 부적으로 강화한다). 그리고 나서 오빠는 다시 여동생에게 다가가서 때리고 갈등은 고조된다.
④ 이 시점에서 어머니가 개입한다. 그러나 아이들이 너무 흥분해 있기 때문에 어머니의 이성적인 개입에 귀기울일 수 없다. 따라서 어머니는 아이들의 다툼을 멈추기 위해 처벌적이고 강압적인 방법을 사용하게 된다.
⑤ 싸움이 그친다(따라서 어머니의 강압적인 방법의 사용은 강화를 받는다). 그러나 아이들은 곧 어머니에게 칭얼거리거나 울고 소리지르기 시작한다. 아이들의 이런 반응에 어머니가 만약 물러서면 아동들의 반응은 강화를 받게 된다. 어머니가 물러서는 것은 일시적인 해결일 뿐이다. 다음에 아이들이 서로 싸우고 갈등상황에 빠지게 되면, 어머니는 그 싸움을 멈추기 위해 더욱 강압적인 방법을 사용할 가능성이 커진다. 아이들은 어머니를 뒤로 물러나게 하기 위해 더 울거나 소리지를 것이고, 가정환경은 가족 모두에게 점점 더 불쾌하게 되어 갈 것이다.

이러한 강압적 가정환경에서 문제 아동의 어머니들은 자녀의 행동을 통제할 때 설명이나 칭찬과 같은 긍정적인 방법을 거의 사용하지 않고, 대신 친사회적인 행동은 무시하고, 악의 없는 행동을 반사회적인 것으로 해석하고, 잘못된 행동이라고 지각되면 거의 대부분 강압적 방법을 사용한다. 이는 공격적인 아동들이 다른 사람을 신뢰하지 않고 적대적으로 해석하려는 경향과 벌에 대해 저항적으로 되는 현상을 이해하는 데 도움이 된다(Dishion, 1990; Weiss et al., 1992). 따라서 아동의 문제 행동을 효과적으로 치료하기 위해서는 단순히 아동에게 초점을 두기보다는 사회적 시스템으로서의 가족 전체를 대상으로 하는 것이 바람직하다.

한편, 현대 사회에서 미디어가 아동에게 미치는 영향을 간과할 수 없는데, 반두라(Bandura, 1965, 1973)는 폭력적이고 공격적인 프로그램이 공격을 유발한다는 점을 지적하였다. 그는 유치원 아동들에게 어른이 인형에게 공격적 행동을 하는 영화를 보여준 후, 영화에서 본 것과 같은 인형을 포함하여 여러 가지 장난감이 있는 방에 아동을 데리고 가서 놀게 하고 아동의 행동을 관찰하였다. 공격적 행동 영화를 본 아동은 같은 시간에 공격성이 없는 영화를 본 통제집단 아동에 비해 보다 많은 공격적 행동을 나타냈다. 또한 이들은 모델의 공격적 행동을 모방할 뿐 아니라 도구를 사용하는 것과 같은 새로운 공격적 행동도 창조해냈다. 더욱이 영화 속의 주인공이 공격적 행동을 한 후 그로 인해 처벌받는 모습을 보여준 경우에도 아동들은 평소에는 학습한 공격적 행동을 억제하고 있으나 공격성이 필요할 때는 언제나 영화 속의 주인공의 행동을 재현해냈다. 이러한 연구 결과는 아동이 타인에게 공격성을 행함으로써 자기가 원하는 것을 얻을 수 있다는 것을 학습함과 동시에 공격성이 허용된다는 생각을 성인으로부터 배우게 된다는 것을 시사한다.

공격성이 모델의 공격적 행동을 관찰함으로써 학습된다는 사실은 최근 TV 등 대중매체의 폭력적 내용이 아동의 공격성에 미치는 영향에 관한 많은 연구를 촉발시켰는데, 이들 연구에서 오늘날 아동들은 반두라의 연구처럼 대중매체의 폭력물 속에 등장하는 성인들의 폭력적 행동을 관찰 학습하고 있다는 것이 밝혀지고 있다(Eron & Husesmann, 1984, 1986). 또한 패터슨의 설명과 유사하게 공격 행동의 발생에는 상호 상승 작용이 관련된다는 것도 발견되었다. 즉, 폭력적인 프로그램은 아동의 공격 행동을 증가시키며 공격적인 아동은 폭력적 프로그램을 더 많이 본다는 것이다.

한편, 개인의 사회정보처리의 방식이 공격 행동을 이끈다는 설명이 있다. 닷쥐 등(Dodge et al., 1990)에 따르면 공격 행동은 다음과 같은 5단계를 거쳐 일어난다.

-1단계: 사회적 단서의 선택적 부호화 단계
-2단계: 해석 단계
-3단계: 가능한 행동 탐색 단계(기억으로부터의 반응 인출)
-4단계: 반응의 평가와 결정
-5단계: 행동 수행

이에 따르면 공격적 아동은 환경에서 사회적 단서를 선택적으로 부호화하는 1단계에서 모든 단서에 다 주목하지 않고 공격적 단서에 선택적으로 주의집중하고 애매한 자극 상황에 대해서도 적대적으로 해석하여 공격적 행동을 보인다. 결국 공격성이 높은 아동은 사회적 정보를 처리하는 방식에서 공격적이지 않은 아동과 차이를 보인다는 것이다.

공격적인 아동들은 자신의 적대적인 성향으로 인하여 다른 사람들로부터 비우호적인 반응을 유발하게 된다. 일반적으로 공격적인 아동들은 다른 사람들과 갈등을 일으키기 쉽고, 다른 사람들이 그들을 좋아하지 않을 가능성이 크다(Dodge et al., 1990). 또한 교사와도 부정적인 상호작용을 경험할 가능성이 크고 또래들의 공격 목표가 될 가능성도 높아, 다른 사람들이 자신에게 적대적이라고 지각하게 되고, 이러한 지각이 다시 아동의 공격성을 더욱 증가시키는 것으로 보인다.

4) 공격성의 통제

아동의 공격성을 줄이는 효과적인 개입방법에는 어떤 것이 있을까? 패터슨은 아동 개인의 치료보다는 가족 전체의 역동에 개입하는 것이 바람직하다고 제안했다. 그러나 사실상 부모나 교사가 아동의 문제행동을 수정하기 위해 가족체계 전체를 다루기란 사실상 쉽지 않다. 여기서는 부모나 교사가 아동의 공격적 행동을 억제하고, 아동이 반사회적인 해결방법을 사용하지 않도록 도와줄 수 있는 방법 몇 가지를 살펴보고자 한다.

(1) 심리정화기법

프로이트는 인간이 공격적 충동을 선천적으로 가지고 있는 것이라고 가정하면서 이 충동이 쌓여 공격성으로 폭발하지 않도록 적절한 수준으로 적절한 시기에 방출되어야 한다고 주장하였다. 그의 이론에 기초해 보면, 어린 아동들도 분노나 욕구불만을 해소하는 것이 필요하고, 장난감과 같은 무생물을 대상으로 공격적 충동을 방출하면 다른 사람에게 공격적 행동을 하게 되는 경향이 줄어들 수 있다. 이를 심리정화법(cathartic technique)이라고 부르는데, 이 방법의 실질적인 효과에 대해서는 의문을 제기하는 연구결과들이 많이 보고되고 있다(Mallick & McCandless, 1966).

(2) 환경조성

아동이 갈등 상황에 놓일 수 있는 가능성을 최소화시키는 놀이 공간을 만들어 주는 것은 가장 간단하면서도 쉽게 아동의 공격성을 줄일 수 있는 방법이 된다. 즉, 부모가 총이나 칼과 같은 '공격적인' 장난감을 없애고, 충분히 많은 양의 놀잇감과 넓은 공간을 확보하여 아동들 간의 경쟁을 가능한 줄여 줄 때, 아동들이 사이좋고 조화롭게 놀게 될 가능성이 증가하게 된다.

(3) 공격성에 대한 보상을 제거해 주기

부모와 교사가 아동의 공격성 행동을 잘 관찰하여 어떤 요인이 공격성 행동을 보상해 주고 있는지를 파악한다. 그리고 이를 제거해 주고 대안적인 방법을 고무하는 것은 공격성 행동을 줄이는 좋은 방법이 된다. 예를 들어, 만약 어떤 남아가 어머니의 관심을 끌기 위해 여동생을 때리는데, 어머니가 여동생을 때리는 즉시 그 행동에 반응을 하게 된다면 그 아동의 공격적 행동은 더욱 강화될 것이다. 이때 사용할 수 있는 한 가지 방법은 바람직하지 않은 행동은 무시하는 반면, 바람직하지 않은 행동과 양립할 수 없는 바람직한 행동이 나타나면 즉시 강화해 주는 방법이다. 위의 예에서 어머니는 남아의 모든 공격적인 행동은 무시하고 동생과 함께 나누는 행동과 같이 공격성과 양립하기 어려운 바람직한 행동을 강화하는 방법이다. 이 방법을 사용한 교사들은 아동의 친사회적 행동이 증가하고 적대적 행동이 빠르게 감소된다고 보고한다(Slaby & Crowley, 1977). 또 다른 방법은 일시격리법(time-out technique)이다. 이는 바람직하지 않은 행동을 할 때마다 강화를 받을 수 없는 상황으로 아동을 일시적으로 보내어 격리시키는 방법으로, 아동과 관계를 맺는 성인이 아동을 신체적으로 학대하지도 않고, 공격적인 모델이 되지도 않으며, 관심 끌기로 잘못된 행동을 하는 아동을 자신도 모르는 사이에 강화하게 될 가능성도 적다(Parke & Slaby, 1983).

(4) 모델링과 직접 지도하기

부모나 교사는 아동에게 공격성과 상반되는 반응을 모방하게 하거나 지도함으로써 가르칠 수 있다. 모델이 비공격적인 방법을 사용하여 갈등상황을 해결하는 것을 아동이 관찰하게 하거나, 아동에게 직접 비공격적인 방식으로 문제를 해결하도록 가르쳐 줄 때, 아동은 자신들의 문제를 해결하기 위해 학습한 것과 유사한 해결책을 더 많이 사용하는 것으로 나타났다(Shure, 1989).

(5) 공감훈련

공감(empathy)이란 다른 사람이 현재 느끼고 있는 정서를 함께 느끼고 경험하는 것을 의미하는데, 공격성이 높은 아동들의 경우 이러한 공감 능력이 떨어지는 것으로 알려져 있다. 따라서 공격적인 아동들에게 공감 능력을 발달시킬 수 있도록 도와주는 것은 아동의 공격성을 줄이는 데 기여할 수 있다. 실제 공감 점수가 낮은 아동은 높은 공격성을 나타내고, 공감 점수가 높은 아동은 낮은 공격성을 보이는 경향을 보이는 것으로 보고되었다(Miller & Eisenberg, 1988). 가정에서 부모들이 공감적 배려를 보이는 것과 아동에게 공격적 행동의 결과를 알려주고 피해자의 입장에 서 보도록 하며, 피해자가 어떻게 느낄지 상상하도록 하는 훈련 기법은 공감 능력을 발달시켜 아동의 공격성을 줄이는 한 가지 방법이 될 수 있다.

(6) 사회인지적 개입

공격성이 심한 아동의 경우 사회 인지적 개입 방법이 효과적일 수 있는데, 이는 이 방법이 자신의 분노를 스스로 조절하게 하고, 타인에게 공감하여 타인의 관점을 수용하는 기술을 향상시키고 적대적 귀인을 덜 하게 하기 때문이다. 비행청소년들을 대상으로 한 연구에서 이들에게 공격행동과 관련될 수 있는 적대적인 단서에 덜 주목하게 하고, 자신의 충동을 잘 통제하고, 갈등을 해결하기 위해 비공격적인 해결책을 이끌어내는 기술을 가르친 결과, 이들은 여러 가지 사회적 문제해결 기술에서 극적인 향상을 보였을 뿐 아니라 공격성을 지지하는 신념이 줄고, 권위적인 인물이나 동료들과 상호작용에서 공격성을 나타내는 정도도 훨씬 줄었다(Guerra & Slaby, 1990).

종합해 보면, 아동이 조화롭게 놀 수 있는 환경을 조성해 주면서, 공격적인 행동에 대한 보상을 최소화하고, 공격 행동을 친사회적인 행동으로 대체하며, 공감훈련과 사회인지 훈련을 통해 개인의 공격성을 조절할 수 있게 해 주는 것이 공격적인 아동에게 적절한 개입이 될 수 있을 것 같다. 그러나 앞서 지적한 바와 같이 공격적인 아동이 강압적인 가정환경이나 공격성의 가치를 인정하는 공격적인 또래집단 속에서 계속 생활하게 된다면, 이러한 접근은 한계가 있을 것이다.

6. 마음이론

1) 마음이론의 등장

자신과 타인을 인식하고 사회를 이해하는 것은 세상을 살아가는 데 필수적인 지식이다. 이것은 미적분을 이해하거나 물리적 사실을 이해하는 것과는 다른 종류의 이해를 요구한다. 환경에 적응해 가면서 살아가기 위해서 물리적, 기계적, 논리적 이해뿐 아니라 심리적이고 사회적 이해도 필요한데 피아제는 이를 일반 인지와 사회인지로 구별하였다. 사회인지는 자신과 타인을 포함한 사회적 관계에 대한 지식을 말하며 이를 위해서는 마음의 상태에 대한 이해가 전제되어야 한다.

플라벨과 밀러(Flavell & Miller, 1998)는 지난 십여 년간 사회인지 분야에서 있었던 가장 큰 변화로 마음이론의 등장을 들고 있다. 마음이론은 사회인지 분야의 대표적인 주제로 최근 많은 주목을 받고 있다. 이렇게 마음이론이 주목을 받고 많이 연구되는 이유는 인간관계에서 마음의 이해가 갖는 중요성 때문이기도 하지만 다학제적인 접근과 연구 방법론의 발전에도 힘입었다.

2) 마음이론 연구

현재의 마음이론은 침팬지 연구로부터 시작되었다. 침팬지가 마음을 이해하는지를 보기 위하여 침팬지에게 사람이 방에서 나오려고 애쓰는 장면을 보여준 후 온전한 열쇠와 부러진 열쇠를 선택하도록 했을 때, 침팬지는 온전한 열쇠를 선택하였다. 또한 전기 히터가 들어오지 않아 추워하는 장면에 대해서 침팬지는 콘센트에서 빠진 플러그 대신 콘센트에 연결된 플러그를 선택하였다. 이 같은 선택은 침팬지가 사람의 의도를 알아차렸기 때문에 가능하다고 보고 침팬지가 마음이론(theory of mind)을 갖고 있다고 해석하였다. 여기서 마음의 작용은 관찰이 불가능하다는 점에서 구성적 집합체인 이론의 특성을 지녔으며, 마음에 대한 이해를 바탕으로 행동을 예측할 수 있다는 점에서 마음에 대한 이해가 이론이 될 수 있다고 보았다. 침팬지의 마음이해 능력이 밝혀지면서 연구자들의 관심사는 자연스럽게 어린 아동의 마음이해 능력 여부로 돌려졌다.

(1) 틀린 믿음과제

마음의 이해는 전통적으로 피아제의 세 산 문제(three mountain task)를 통해 자아중심성의 차원에서 다루어졌다. 그러나 피아제 이후, 타인의 마음 상태를 가정하고 이를 확인할 수 있는 많은 과제들이 등장하면서 마음이론에 대한 연구는 급격히 증가하였다. 특히 진정한 의미의 심리 상태에 대한 인식은 직접 보지 않는 상황에서 벌어진 일에 대해서는 틀린 믿음을 가질 수 있다는 점을 이해하는 것이라고 보고, 침팬지 연구에서 사용된 맞는 믿음(true belief)에 대한 과제와는 다른 틀린 믿음(false belief)에 대한 과제를 개발하여 아동 연구에 사용하였다. Maxi 과제, Smarties 과제는 많이 사용되는 틀린 믿음 과제이다.

위머와 퍼너(Wimmer & Perner, 1983)는 Maxi 과제와 Smarties 과제를 이용하여 틀린 믿음에 대한 아동의 이해를 연구하였다. Maxi과제에서는, Maxi라는 아이가 초콜릿을 책상 위에 놓고 방을 나간 사이 엄마가 들어와 초콜릿을 서랍에 넣고 방을 나간다. 이 사실을 모르는 Maxi가 다시 방에 들어와 초콜릿을 찾을 때 어디에서 찾을 것인가를 아동에게 묻는다. Smarties 과제에서는 겉에 사탕이 그려진 Smarties 상자를 아동에게 보여주며 속에 무엇이 있을지를 묻는다. 대개의 아동들은 사탕이 있을 것이라고 답한다. 그 후 상자를 열어 사탕이 아니라 연필이 들어 있음을 보여주고 난 후 상자를 닫고 처음 아동이 Smarties 상자를 보았을 때 무엇이 들어 있다고 생각했는지 물어보고, 만약 그 상자를 친구에게 보여주면 그 친구는 무엇이 들어 있다고 답할 것 같은지를 묻는다. Maxi 과제는 예기치 않은 장소를 이용하여 틀린 믿음에 대한 이해를 재고 있고, Smarties 과제는 예기치 않은 내용을 이용하여 틀린 믿음에 대한 이해를 재고 있다. 그 결과, 3세 아동은 타인이 현실에서의 사실(즉, 초콜릿은 지금 서랍에 있고, Smarties 상자 안에는 사탕이 아닌 연필이 들어 있음)이 아닌 믿음, 즉 틀린 믿음을 가질 수 있다는 것을 이해하지 못하여 Maxi는 서랍에서 초콜릿을 찾을 것이며, Smarties 상자를 처음 보았을 때에도 상자 속에 연필이 들어 있다고 생각했으며 친구도 연필이 들어 있다고 생각할 것이라는 틀린 반응을 보였다. 반면 5세 아동은 타인이 사실과는 다른 틀린 믿음을 가질 수 있다는 사실을 이해하여 두 과제에서 모두 정반응을 보였다(Wimmer & Perner, 1983; Perner, Leekam, & Wimmer, 1987).

(2) 이론-이론(theory-theory)

웰만(Wellman, 1990)과 퍼너(Perner, 1991)는 3세와 5세 아동이 틀린 믿음에

대하여 상이한 반응을 보이는 것은 마음에 대한 이해의 수준이 다르기 때문이라고 해석하며 마음 이해의 단계를 설정하였다. 이들에 따르면 마음을 이해하기 위해서 바람, 믿음, 의도 등의 이해와 이들의 관련성, 그리고 작용법칙을 이해해야 한다. 또한 이들은 마음에 대한 이해는 구성적 특징을 갖고 있고 인과를 설명할 수 있다는 점에서 이론(theory)의 특성을 지니고 있다고 가정했다. 따라서 마음에 대한 이론이 변하면서 마음에 대한 이해의 정도가 달라진다고 보았다. 이와 같은 웰만과 퍼너의 이론을 이론–이론이라고 한다.

① Wellman의 이론

웰만은 2세에서 4, 5세 사이에 마음에 대한 이해는 두 번의 변화를 보인다고 주장한다. 그에 따르면 특정한 행위나 반응은 임의적으로 나오는 것이 아니라 행위자의 바람(desire)과 믿음(belief)을 반영한다. 이런 의미에서 그의 마음이론은 믿음–바람 추론(Belief-Desire reasoning)에 대한 이론이다.

웰만에 따르면, 우선 2세경의 아동은 특정 행동이나 반응이 행위자의 바람이나 욕구에 의해 일어난다고 생각한다(desire psychology). 즉, 아이스크림을 쳐다보는 아동의 행동은 아이스크림이 먹고 싶다는 욕구로부터 나온다고 이해한다. 여기서는 아이스크림이란 사물과 먹고 싶다는 마음을 연결해 주는 바람의 수준에서 쳐다본다는 행동을 이해하는 것이다. 아동이 3세경이 되어도 바람은 여전히 행동의 주요 원천이지만 이 시기부터는 믿음을 고려하기 시작한다고 보았다(desire–belief psychology). 3세경에 아동이 '생각한다', '믿는다' 등의 단어 사용이 많아지는 것도 이와 관련되는 것으로 해석하였다. 4세가 되면 아동은 성인과 같이 바람도 중요하지만 행동을 결정하는 것은 믿음이라고 생각한다(belief–desire psychology). 또한 마음의 표상적 특징을 이해하여 믿음이 사실과 다를 수 있다는 틀린 믿음을 이해할 수 있게 되고 이를 통해 타인의 행동을 설명하고 예측할 수 있다고 본다.

② Perner의 이론

퍼너(Perner, 1991)도 표상 이해의 수준에 따라 마음의 이해가 발달한다고 보았다. 그에 따르면, 마음 이해는 1세경의 1차 표상(primary representation)으로부터 2세경의 2차 표상(secondary representation), 4세경의 상위표상(meta representation)으로 발달한다. 1차 표상은 현재의 실제 상황만을 표상하는 것으로 한순간에 하나의 표상만 존재한다. 따라서 1차 표상만을 사용하는 1세 이하의 영아는 과거 상황과 현재 상황의 시간적 변화를 이해하지 못하여 자신의 사진을 보고도 자신을 나타낸 사진이라고 이해하지 못하고 사진을 하나의 사물로 이해한다. 2차 표상은 현재 상황과 다른 상황을 표상하는 것으로 작년에 찍은 자신의 사진을 지금 보면서 이해할 때 필요한 표상이다. 아동은 작년에 놀러갔던 자신과 현재 사진을 보고 있는 자신을 동시에 표상할 수 있다. 상위표상이란 표상에 대한 표상으로, 그림과 사진과 같은 것은 어떤 특정 상황을 나타내는 표상이므로 표상된 내용이 실재와 다를 수 있다는 것을 이해하는 것이다. 예를 들어 Maxi과제에서 Maxi의 초콜릿의 위치에 대한 표상은 실재 초콜릿 위치와 다를 수 있다는 것을 이해할 수 있게 된다. 따라서 틀린 믿음은 상위표상이 있어야만 가능한 마음 이해의 수준이다. 이론-이론은 레슬리(Leslie, 1988), 포더(Fodor, 1987)의 단원성(modularity) 이론 및 존슨(Johnson, 1988), 해리스(Harris, 1991)의 모사(simulation) 이론과 구별된다.

(3) 단원성 이론

포더(1987)에 따르면 언어능력, 마음이해 등과 같이 인간이 생존하기 위하여 꼭 필요한 능력들은 이들 정보만 처리할 수 있는 뇌의 신경기제인 단원(module)을 바탕으로 발달한다. 단원성(Modularity) 이론에 따르면 마음에 대한 이해도 출생 시부터 생득적으로 가지고 태어난 단원을 바탕으로 발달하므로 생의 초기에 빠르게 발달하고 이는 유기체의 적응에 이점으로 작용한다.

레슬리(1988)는 마음을 이해하게 하는 단기적 기제를 마음이론 기제(ToMM; theory of mind mechanism)라고 하였다. ToMM은 뇌의 신경기제를 바탕으로 한 단원적 기제이므로 마음이론이 제대로 발휘되기 위해서는 어느 정도의 생물학적 성숙이 이루어져야 하며 사회적 자극도 필요하다고 보았다. 최근 지각 발달 연구에서 생의 초기부터 시각 자극으로서 사람 얼굴과 청각 자극으로서 사람 목소리에 선택적으로 주의를 기울이고 이를 선호하며 어머니의 목소리를 타인의 목소리와 변별할 수 있다는 결과들은 이러한 단원적 기제가 기능하도록 유도하는 제약성(constraint) 발달의 한 현상이라고 볼 수 있다.

(4) 모사 이론

모사(Simulation)이론에 따르면 사람은 자신의 경험을 바탕으로 타인의 마음을 이해한다. 따라서 타인을 이해한다는 것을 같은 상황에 처한 자신의 생각, 바람, 지각, 믿음 등의 경험을 토대로 모사하여 타인의 생각, 바람, 지각, 믿음을 이해하는 것이라고 본다. 예를 들어 바둑을 둘 때, '내가 상대방이라면 다음 돌을 어디에 놓을까?' 와 같이 역할 바꾸기, 입장 바꾸기를 하면서 상대방의 목표와 믿음, 지식을 자신의 것으로 생각하면서 상대방의 선택을 모사해서 적절하게 대응하는 것과 같다.

모사이론이 자신의 마음을 통해 타인의 마음을 이해한다는 점은 피아제의 자기중심성 개념과 유사하다. 자신의 마음은 투명하여 잘 들여다볼 수 있으나 불투명한 타인의 마음은 자신의 마음에 비추어 이해해야 한다고 본다. 자아중심성에서 벗어난다는 것은 자신을 타인의 상황에 놓고 그 상황에서 자신이 어떤 마음 상태인지를 생각함으로써 타인을 이해하는 것이라고 보았다.

그러나 자신에 대한 이해를 우선적으로 가정하고 이를 바탕으로 타인에 대한 이해를 발달시킨다는 모사이론은 경험연구를 통해 비판을 받고 있다. 퍼너(1991)는 Smarties 과제에서 3세 아동은 자신의 생각과 타인(친구)의 생각에서 정반응의 차이를 보이지 않았음을 지적하며 자신에 대한 이해를 더 잘할 것이라는 모사이론을 비판하였다.

3) 마음이해의 전조 능력

초기 마음이론에 대한 연구는 주로 틀린 믿음을 중심으로 이루어졌으나 최근에는 마음이론에 대한 연구가 확대되고 다른 주제들과 통합되면서 좀더 총체적인 틀을 갖게 되었다. 이제 마음이론은 틀린 믿음 과제에 대한 의존에서 벗어나 정서의 문제, 자아(self)의 문제로 확대되었으며 최근에는 자폐아동의 사회적 능력을 이해하는 틀로도 이용되고 있다. 특히 영아가 보이는 마음 이해의 전조능력에 대한 연구가 많이 이루어지고 있다.

아동이 4~5세경이 되면 바람, 기대, 믿음, 사고 등 거의 모든 심리상태에 대해 이해할 수 있다는 연구 결과들은 마음이해 능력의 선천성 및 제약성(constraint) 이론을 구성하고 있다(Fodor, 1987; Leslie, 1988). 실제로 마음이론의 습득 속도는 언어의 습득 속도와 견줄 만큼 빠르다. 이렇게 빠르게 발달하는 마음의 이해 능력은, 이론으로 발달되기 전에 이와 관련된 전조 능력들이 발달할 것이라는 가정을 하게 만들며 최근에는 이에 관한 연구가 증가하고 있다.

영아의 모방에 관한 연구도 그중 하나이다. 멜조프와 고니크(Meltzoff & Gopnik, 1993)는 신생아 때부터 나타나는 모방 능력이 마음의 이해와 관련된 능력일 가능성에 주목한다. 이들에 따르면, 신생아가 성인의 얼굴 표정을 모방하는 능력은 타인의 세계에 대한 이해를 발달시키는 기본 기제이다.

영아와 양육자의 대면(face to face) 상호작용도 마음 이해의 기초가 된다. 영아는 양육자의 행동을 관찰하고 이에 반응을 보이며, 양육자는 영아의 행동에 다시 반응함으로써 순환적인 상호작용을 만들어간다. 옹알이를 시작한 영아와 어머니 사이에 일어나는 반응을 예를 들어보자. 영아는 자신이 낸 소리에 반응하는 어머니를 관찰하면서 어머니가 자신의 옹알이에 반응해 줄 것이라는 기대를 하게 되고 어머니를 볼 때 옹알이를 더 많이 하게 된다. 이때 영아는 어머니의 반응을 다시 모니터링하며 상호성에 대한 이해를 발달시킨다(Nadel et al., 1999).

상호 주의하기(joint attention)와 의도(intention)도 마음이해의 전조능력으로 많이 연구되는 주제들이며 특히 상호 주의하기는 자폐증과 관련해서 많은 연구가 이루어지고 있다. 영아가 상대방의 시선이 머무는 방향으로 고개를 돌려, 상대방이 주의를 기울이고 있는 것에 자신의 주의를 맞추는지의 여부는 상호 주의하기 능력을 알아볼 수 있는 간단한 방법이다. 일반적으로 상호 주의하기는 9개월경에 가능한 것으로 보고 있다. 그러나 자폐 아동은 이러한 상호 주의하기에서 결함을 보인다.

타인의 마음을 이해하기 위해서는 그 사람의 의도를 정확하게 파악해야 한다. 의도는 타인의 행동 속에 내재되어 있는 단서로서 이를 파악하기 위해서는 드러나지 않은 타인의 목표, 바람을 읽을 수 있어야 한다. 이는 우연적 행동과 의도적 행동에 대한 영아의 다른 반응을 통해 확인되고 있다. 멜조프(1995)는 두 가지 조건의 장면을 18개월 된 영아에게 보여주었다. 첫 번째 조건에서는 사람이 손으로 물체 두 개를 연결하려고 하지만 실패하는 일련의 동작을 보여준다. 두 번째 조건은 첫 번째 조건과 동일한 동작이지만 사람 손에 의해서가 아니라 로봇 팔과 같은 장치로 물체 두 개를 연결하려고 하지만 실패하는 장면이다. 장면 제시가 끝난 후 영아에게 물체를 제시하고 반응을 관찰한 결과, 첫 번째 조건의 영아는 의도했지만 실패했던 동작을 성공적으로 수행하여 두 물체를 연결하였다. 그러나 두 번째 조건의 영아는 의도 파악과 관련된 수행을 보이지 않았다. 이와 같은 결과는 영아가 의도를 파악할 뿐 아니라 무생물은 의도를 갖고 있지 않다는 점도 이해하고 있음을 나타낸다.

이와 같이 마음 이해의 전조가 되는 영아의 능력은 마음이론이 개념의 확대를 가져왔으며 모든 사회관계의 기초가 되는 마음이론의 적응적 가치를 나타내고 있다. 앞으로 이에 대한 연구가 더욱 확대될 전망이다.

/참/고/문/헌/

유경레 · 민경환(2000). 아동의 혼합정서 이해의 발달적 이해. 한국심리학회지: 발달, 13(3), 91-104.

조광수 · 최경숙(1996). 정서상태유도와 지시조건에 따른 4세 아동의 정서조절. 한국심리학회지: 발달, 9(2), 166-175.

Ainsworth, M. D. S., Blehar, M., Waters, E., & Wall, S. (1978). *Patterns of attachment.* Hillsdale, NJ: Erlbaum.

Bandura, A. (1965). Influence of models' reinforcemnet comtingencies on the acquisition of imitative responses. *Journal of Personality and Social Psychology, 1,* 580-595.

Bandura, A. (1973). *Aggression: A social learning analysis.* Englewood Cliffs, NJ: Prentice-Hall.

Bandura, A. (1986). *Social foundation of thought and action: A social cognitive theory.* Englewood Cliffs, NJ: Prentice-Hall.

Baron, R. A., & Byrne, D. (1994). *Social psychology: Understanding human interaction* (7th ed.). Newton, MA: Allyn & Bacon.

Benoit, D., & Parker, K. (1994). Stability and transmission of attachment across three generations. *Child Development, 65,* 1444-1456.

Campos, J. J., Campos, R. G., & barrett, K. C. (1989). Emergent themes in the study of emotional development and emotion regulation. *Developmental Psychology, 25,* 394-402.

Camras, L. A. (1992), Expressive development and basic emotions. *Cognition and Emotion. 6,* 267-283.

Caplan, M., Vespo. J., Pederson, J., & Hay, D. F. (1991). Conflict and its resolution in small groups of one-and two-year-olds. *Developmental Psychology, 62,* 1513-1524.

Caspi, A., & Silva, P. A. (1995). Temperamental qualities at age three predict personality traits in young and adolescent behavior problems: From age three to fifteen. *Child Development, 66,* 55-68.

Colby, A., & Kohlberg, L. (1987). *The measurement of moral judgement* (Vol. 1).

Theoretical foundations and research validation. Cambridge University Press.
Dishion, T. J. (1990). The family ecology of boys' peer relations in middle childhood. *Developmental Psychology, 27,* 172-180.
Dodge, K. A., Bates, J. E., & Pettit, G. S. (1990). Mechanisms in the cycle of violence. *Science, 250,* 1678-1683.
Eron, L. D., & Husesmann, L. R. (1984). Television violence and aggressive behavior. In B. B. Lahey & A. E. Kazdin (Eds.). *Advances in Clinical Child Psychology* (Vol. 7). New York: Plenum.
Eron, L. D., & Husesmann, L. R. (1986). The role of television in the development of prosocial and antisocial behavior. In D. Olweus. J. Block, & M. Radke-Yarrow (Eds.). *Development of antisocial and prosocial behavior.* Orlando. FL: Academic Press.
Flavell, J., & Miller, P. (1998). Social cognition. In W. Damon (Ed.), Handbook of child psychology Vol. 2: Cognition, perception, and Language (pp.851-898). New York: Wiley.
Fodor, J. A. (1987). *Psychomantics: the problem of meaning in the philosophy of mind.* Cambridge. MA : Bradford Books/MIT Press.
Fonagy, P., Steele, H., & Steele, M. (1991). Maternal representations of attachment during pregnancy predict the organization of infant-mother attachment at one year of age. *Child Development, 62,* 891-905.
Freud, S. (1960). *A general introduction to psychoanalysis.* New York: Washington Square Press (Original work published 1935).
Gilligan, C. (1982). *In a different voice: Psychological theory and women's development.* Cambridge, MA: Harvard Univ. Press.
Goldsmith, H. H., Buss, A. H., Plomin, R., Rothbart, M. K., Thomas, A., Chess, S., Hinde, R. A., & McCall, R. B. (1987). Roundtable: What is temperament? Four approaches. *Child Development, 58,* 505-529.
Grusec, J. E., Kuczynski, L., Rushton, J. P., & Simutis, Z. (1979). Learning resistence to temtation through observation. *Developmental Psychology, 15,* 233-240.
Guerra, N. G., & Slaby, R. G. (1990). Cognitive mediators of aggression in adolescent offenders: 2. Intervention. *Developmental Psychology, 26,* 269-277.
Harkness, S., Edwards, C. P., & Super, C. M. (1981). Social roles and moral reasoning: A case study in a rural African community. *Developmental Psychology, 17,* 595-603.
Harris, P. L. (1991). The work of the imagination. In A. Whithen (ED.). *Natural*

theories of mind (pp.283-304). Oxford: Blackwell.

Harris, P. L. (1993). Understanding emotion. In M. Lewis & J. M. Haviland (Eds.). *Handbook of emotions* (pp.237-246). New York: Guilford.

Hoffman, M. L. (1988). Moral development. In M. H. Bornstein & M. E. Lamb (Eds.). *Developmental Psychology: An advanced textbook* (pp.497-548). Hillsdale, NJ: Erlbaum.

Johnson, C. N. (1988) Theory of mind and the structure of conscious experience. In J. W. Astington, P. L. Harris, & D. R. Olson (Eds.), *Developing theories of mind.* New York: Cambridge University Press.

Jose, P. M. (1990). Just world reasoning in children's immanent justice arguments. *Child Development, 61,* 1024-1033.

Kagan, J., Reznick, J. S., & Gibbons, J. (1989). Inhibited and uninhibited types of children. *Child Development, 60,* 838-845.

Kohlberg, L. (1963). The development of children's orientations toward a moral order: I. Sequence in the development of moral thought. *Vita Humana, 6,* 11-33.

Kohlberg, L. (1984). *Essays on moral development* (Vol. 2). The psychology of moral development. San Francisco: Haper & Row.

Kupermist, J. B., & Coie, J. D. (1990). Preadolescent peer status, aggression, and school adjustment as predictors of externalizing problems in adolescence. *Child Development, 61,* 1350-1362.

Lapsley, D. K. (1996). *Moral psychology*. Boulder, CO: Westview

Leslie, A. M. (1988). Some implications for mechanisms underlying the child's theory of mind. In J. W. Astington, P. L. Harris, & D. Olson (Eds.). *Developing theories of mind* (pp.19-46). New York: Cambridge Univ. Press.

Main, M., Kaplan, N., & Cassidy, J. (1985). Security in infancy, childhood and adulthood: A move to the level of representation. In I Bretherton & E. Waters (Eds.). Growing points of attachment theory and research. *Monographs of the Society for Research in Child Development, 50,* 66-104.

Main, M., & Solomon, J. (1990). Procedures for identifying infants as disorganized/dissoriented during the Ainsworth Strange Situation. In M. Greenberg, D. Cicchetti, & E. M. Cummings (Eds.), *Attachment in the preschool years: Theory, research and intervention* (pp.121-160). Chicago: Univ. of Chicago Press.

Mallick, S. K., & McCandless, B. R. (1966). A study of the catharsis of aggression.

Journal of Personality and Social Psychology, 4, 591-596.

Meltzoff, A. (1995). Understanding the intentions of others: Re-enactment of intended acts by 18-month-old children, *Developmental Psychology, 31,* 838-850.

Meltzoff, A., & Gopnik, A. (1993). The role of imitation in understanding persons and developing a theory of mind. In S. Baron-Cohen, H. Tager-Flusberg, & D. Cohen (Eds.), *Understanding other minds: Perspective from autism* (pp.335-366). Oxford: Oxford Univ. Press.

Miller, P. A., & Eisenberg, N. (1988). The relation of empathy to aggressive and externalizings/antisocial behavior. *Psychological Bulletin, 103,* 324-344.

Mischel, W. (1970). Sex-typing and socialization. In P. H. Mussen (Ed.), *Carmichael s manual of child psychology* (Vol. 2). New York: Willey.

Nadel et al., Carchon, I., Kervella, C., Marcella, D., & Reserbat-Plantey, D. (1999). Expectancies for social contingency in 2-month-olds. *Developmental Science, 2,* 164-173.

Patterson, G. R., Reid, J. B., & Dishion. T. (1992). *Antisocial boys.* Eugene, OR: Castalia Publishing.

Parke, R. D., & Slaby, R. G. (1983). The development of aggression. In P. H. Mussen (Ed.), *Handbook of child psychology* (Vol. 4). *Socialization, personality, and social development* (pp.547-641). New York: Wiley.

Perner, J. (1991). *Understanding the representational mind.* Cambridge, MA: MIT Press.

Perner, J., Leekam, S., & Wimmer, H. (1987). Three-year-olds?difficulty understanding false belief: Representational limitation, lack of knowledge or pragmatic misunderstanding, *British Journal of Developmental Psychology, 5,* 125-137.

Perry, D. G., & Parke, R. D. (1975). Punishment and alternative response training as determinants of response inhibition in children. *Genetic Psychology Monographs, 91,* 257-279.

Piaget, J. (1965). *The moral judgment of the child.* New York: Free Press (Original work published 1932).

Quinn, R. A., Houts, A. C., & Graesser, A. C. (1994). Naturalistic conceptions of morality: A question-answering approach. *Journal of Personality, 62,* 260-267.

Rothbart, M. K., Derryberry, D., & Posner, M. I. (1994). A psychobiological approach to the development of temperament. In J. E. Bates & T. D. Wachs (Eds.), *Temperament: Individual differences at the interface of biology and behavior* (pp.83-116). Washington D. C.: APA.

Shaffer, D. (1999). *Developmental Psychology: Childhood & Adolescence* (5th ed.), Brooks/Cole Publishing Company.

Shantz, C. U. (1983). Social cognition, In P. H. Mussen (Ed.). *Handbook of child psychology* (Vol. 3). *Cognitive development*. New York: Wiley.

Shure, M. B. (1989). Interpersonal competence training. In W. Damon (Ed.), *Child development today and tommorrow*. San Francisco: Jossey-Bass.

Slaby, R. G., & Crowley, C. G. (1977). Modification of cooperation and aggression through teacher attention to children's speech. *Journal of Experimental Child Psychology, 23,* 442-458.

Stattin, H., & Magnusson, D. (1989). The role of early aggressive behavior in the frequency, seriousness, and types of later crime. *Journal of Consulting and Clinical Psychology, 57,* 710-718.

Thomas, A., & Chess, S. (1986). The New York longitudinal Study: From infancy to early adult life In R. Plomin & J. Dunn (Eds.). *The Study of temperament: Changes, continuities, and Challenges*. Hillsdale, NJ: Erlbaum.

Thomas, A., & Chess, S. (1977). *Temperament and development*. New York: Brunner/Mazel.

Thompson, R. A. (1991). Emotion regulation and emotional development. *Educational Psychology Review, 3*(4), 269-307.

Thompson, R. A. (1998). Early sociopersonality development. In W. Damon (Ed.), *Handbook of child psychology* (Vol. 3, pp.25-104). New York: Wiley.

Thompson, R. A. (1999). The individual child: temperament, emotion, self, and personality. In M. H. Bornstein & M. E. Lamb (Eds.). *Developmental Psychology: An advanced textbook* (4th ed., pp.377-410). Hillsdale, NJ: Erlbaum.

Walker, L. J. (1980). Cognitive and perspective-taking prerequisites for moral development. *Child Development, 51,* 131-139.

Weiss, B., Dodge, K. A., Bates, J. E., & Pettit, G. S. (1992). Some consequences of early harsh discipline: Child aggression and maladaptive social information processing style. *Child Development, 63,* 1321-1335.

Wellman, H. (1990). *The child s theory of mind*. Cambridge, MA: MIT Press.

Wimmer, H., & Perner, J. (1983). Beliefs about beliefs: Representation and constraining function of wrong beliefs in young children's understanding of deception, *Cognition, 13,* 103-128.

10 자아 및 자아 발달

'나는 왜 이 길에 서있나
이게 정말 나의 길인가?
이 길의 끝에서 내 꿈은 이뤄질까?
……
무엇이 내게 정말 기쁨을 주는지
돈인지 명예인지 아니면
아니면 내가 사랑하는 사람들인지
알고 싶지만 아직도 답을 내릴 수 없네.
……
지금 내가 어디로 어디고 가는 걸까?
나는 무엇을 위해 살아야 살아야만 하는가?
나는 무엇을 꿈꾸는가?
그건 누굴 위한 꿈일까?'

위는 god라는 그룹의 '길'이라는 노래의 가사이다. 나는 누구이며 어디로 가야하고 어떻게 가야 하는가 라는 질문들은 성숙한 인간으로 성장하고자 하는 사람이라면 끊임없이 자신에게 반문해야 하는 것들이다. 이러한 질문들은 우리들의 인생 목표, 가치, 그리고 우리의 장점과 단점과 관련이 되어 있으며 무엇보다도 '자아개념'과 관련이 있기 때문에 중요하다. 본 장에서는 자아가 무엇이며 어떻게 구성되어 있고 어떻게 발달해 가며 우리 삶의 영역에서 어떻게 전개되는지 알아보고자 한다.

1. 자아개념의 존재

1) 자아개념의 발전

자아에 대한 관심은 최근 대두된 것이 아니다. 동서양을 막론하고 자아에 대한 이해는 인간으로써 얻을 수 있는 가장 큰 깨달음으로 간주되어 왔다. 이론적인 개념으로써 자아는 Descartes가 의식에 있어서 자아의 중요성('cognito ergo sum')을 강조하면서 구체화되기 시작하였으며 심리학 내에서는 James를 시작으로 하여 Allport와 같은 사람들에 의해 그 맥락이 이어졌고 그 후 꾸준히 연구가 계속되고 있다.

(1) James(1890)

자아개념에 대한 심리학적 기초를 닦은 사람은 William James로 인식되고 있다(민경환, 2002). 심리학의 원리(1890)에서 James는 자아를 "인간이 자신의 것이라고 할 수 있는 모든 것"으로 정의하였다. 이러한 자아는 주관적 존재로서 자신에 대한 느낌과 생각, 그리고 반사적 과정을 포함하는 정신적 자아, 주위 사람들로부터 인정을 얻고자 하는 사회적 자아, 신체를 중심으로 하여 우리의 일부라고 생각되는 물질적 소유물과 의복을 나타내는 물질적 자아 그리고 추상적인 개념으로써 개인 정체성의 순수원리를 지칭하는 순수자아로 구성되어 있다고 하였다. 더 나아가 자아란 의식되는 대상인 동시에 의식하는 주체로 보았는데 의식되는 자아를 'Me'로, 의식하는 자아를 'I'로 구분하여 자아를 경험적 차원으로 객관화시켰다.

(2) Cooley(1902)와 Mead(1934)

Cooley와 Mead는 사회적 시각으로 자아를 해석하였다. 이들은 상징적 상호작용을 통해서만 자아가 존재한다고 주장하였다. Cooley는 거울상 자아(looking-glass self) 이론에서 타인의 반응이 자아개념의 중요한 부분이라고 제시하였다. 자아개념, 즉 자신에 대한 통합적인 개념적 표상은 개인과 개인을 둘러싸고 있는 친밀하고 영속성이 있는 일차적 집단 간의 상징적 상호작용에 의해 생겨난다고 하였다. Mead는 자아는 다른 사람과의 관계 속에서만 의미가 있다는 주장했다. Mead의 이론은 반성적 사고라고 하는데 이는 다른 사람의 관점으로부터 대상 그 자체를 취하는 능력을 말한다. 즉, 자아가 주체이면서 대상이 될 수 있는 것을 말한다. 우리는 다른 사람들이 우리에게 어떻게 반응하는가를 보고 우리 자신을 알게 된다는 것이다.

(3) Allport(1937)

Allport는 자아라는 용어 대신 '고유자아'라는 용어를 사용하였다. 고유자아란 개인에게 속해 있는 독특하고 중추적인 것을 말한다. 고유자아는 일곱 가지의 감각이 있는데 나 안의 어떤 것과 나 밖의 다른 것들에 대한 막연한 구분을 하게 되는 신체적 자아의 감각, 자기가 독립된 사람으로서 동일한 사람이라는 것을 알게 되는 자아 동일성 감각, 자율성의 요구를 통해 얻게 되는 자아존중의 감각, 도덕적인 책임의식과 목적이나 의도를 반영하는 자아상, 논리적인 과정에 의해 문제를 해결할 수 있는 합리적 적응자로서의 자기 감각, 그리고 고유자기를 말한다. 이러한 감각들이 잘 발달하고 통합됨으로써 고유자아가 완성되는 것으로 보았다.

(4) Rogers(1951, 1981)

주관적인 세계를 강조하는 현상학의 주창자인 Rogers는 자아를 행동의 결정과 인성의 형성에서 핵심적인 요인으로 보았다. Rogers는 자아개념은 현재 자신의 모습에 대한 인식, 즉 현실적 자아(real self)와 앞으로 자신이 어떤 존재가 되어야 하며 어떤 존재가 되기를 원하고 있는지에 대한 인식, 즉 이상적 자아(ideal self)로 구성되어 있다고 보았다. 이 두 개의 자아가 일치할 경우, 건강한 성격을 갖게 되지만 이들간 불일치가 심할 경우 부적응적인 성격을 갖게 된다. 이러한 자아의 가장 중요한 특징은 자아 실현성이다. 자아 실현성이란 인간에게 있어서 자아를 끊임없이 성장시키고 발달시키기 위해 노력하려는 성향을 말하는데 이러한 과정을 통해 모든 인간은 삶의 의미를 찾고 주관적인 자유를 실현해 감으로써 점진적으로 완성되어 간다고 보았다.

2) 자아개념의 구조

앞에서 많은 심리학자들이 자아개념을 인간행동과 인성의 핵심적 요소로 개념화하고 있는 것을 볼 수 있다. 그러나 자아개념이라는 용어는 여러 심리학자들에 의해서 비일관적이며 모호한 방법으로 정의되고 있다. 따라서 자아개념의 의미를 명확히 하기 위해서는 자아개념의 구조에 대해 살펴볼 필요가 있다.

(1) 자아 태도들의 조직으로서 자아개념

Burns(1984)는 자아개념을 자아 태도들의 위계적 조직으로 보고 있다. 조직의 상부에 총체적인 자아를 상정하고 있다. 총체적인 자아란 개인의 전체성으로서

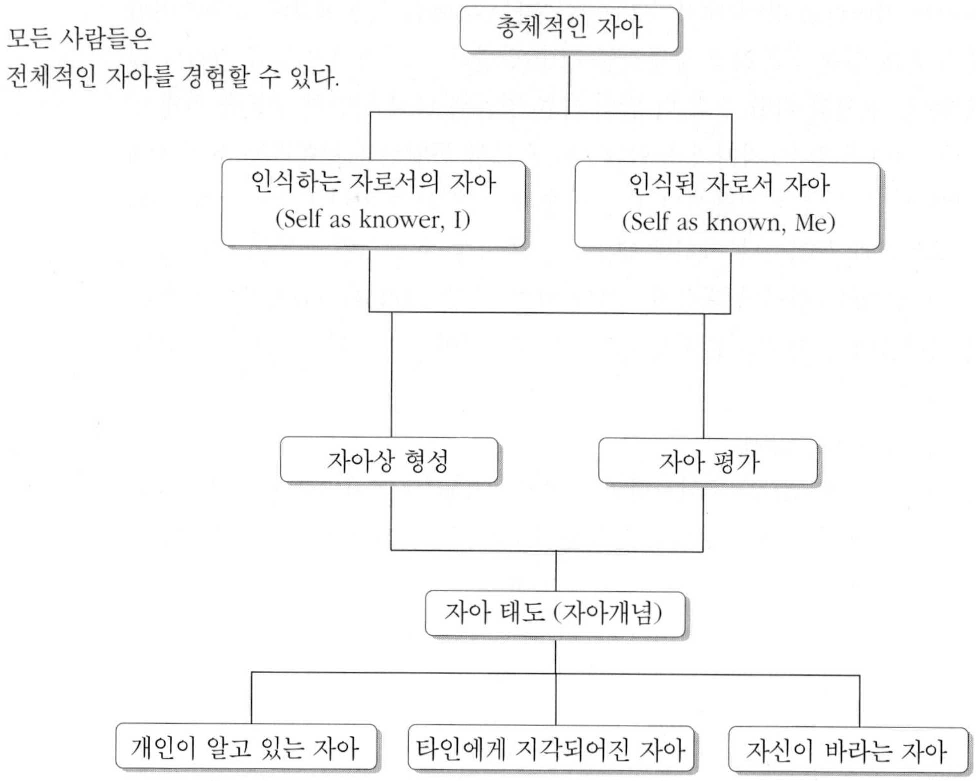

[그림 10-1] Burns의 자아의 구조

자신에 대한 연속감을 말한다. 이러한 총체적인 자아는 인식하는 자로서의 자아와 인식되는 자로서의 자아로 구분될 수 있는데 인식하는 자아(I)란 경험을 조직하고 해석하고 구성하고 창조하는 나를 말하며 인식되는 자아(Me)란 신체적 특징이나 외모, 사회적 행동, 평판, 신념, 성격을 포함한다. 인식하는 자아와 인식되는 자아는 개별적인 수준에서 자아상과 자아평가, 즉 자존감의 과정을 포함한다고 보았다. 이러한 자아개념은 자아에 대한 태도로써 개인이 알고 있는 자아, 타인에게 지각되어진 자아 그리고 자신이 바라는 자아로 구성되어 있다. 자아개념을 자아 태도로 보는 이유는 태도가 어떤 객체에 대한 지속적인 태도, 감정, 평가, 그리고 행동적 경향을 말하며 태도는 측정 가능하다고 보았기 때문이다.

(2) 다면적 위계적 구조로써의 자아개념

송인섭(1982)과 Shavelson(1976) 등은 자아개념을 위계적일 뿐만 아니라 다면적인 것으로 보았다. 먼저, Shavelson(1976)은 자아개념을 자기 자신에 대한 개인의 지각과 평가로 정의하고 이는 환경 내에서 경험을 통해 형성되고 특히 환경적 강화와 중요 타인에 의해서 영향을 받게 된다고 하였다. 자아개념의 위계적 구조에 대한 가설적 모형에서 그는 일반 자아개념을 학문적 자아개념과 비학문적 자아개념으로 구분하고 학문적 자아개념의 하위영역으로 영어, 역사, 수학, 과학 그리고 비학문적 영역으로서 사회자아개념, 정서 자아개념, 그리고 신체 자아개념을 제안하였다.

송인섭(1982)은 자아개념의 구조에 대한 연구에서 3차원적인 위계요인 모형이 자아개념의 구조를 설명하는 타당한 모형으로 간주하였다. 일반 자아개념을 학문자아개념, 중요타인 자아개념 그리고 정의 자아개념으로 구분하고 학문적 자아개념은 학급 자아개념, 능력 자아개념, 성취 자아개념으로 구성되어 있는 것으로 중요 타인 자아개념은 사회 자아개념과 가족 자아개념, 그리고 정의 자아개념은 정서 자아개념과 신체 자아개념으로 구성되어 있는 것으로 보았다(송인섭, 1998).

위와 같은 연구들을 통해 자아개념을 정리해 보면 자아개념이란 한 인간의 행동과 인성의 핵심적인 요소로서 자기 자신에 대한 지각과 평가로 이루어졌으며 개인의 역할의 수만큼 많은 자아가 고차원적 위계구조를 갖고 있다고 볼 수 있다.

2. 자아개념의 발달

자아개념은 한 시기에 갑자기 발달하는 것이 아니다. 자아개념은 개인이 연속적으로 자신에 대해 새로운 측면을 발견해 가면서 개인이 출생에서부터 죽음에 이르기까지 형성되어 가는 과정이라고 볼 수 있다. 이러한 자아개념에 대한 발달이론은 기본적으로 언제 아이들이 자신과 타인을 구분하게 되며 어떤 정보를 바탕으로 아동이 자신을 정의하게 되는가에 집중되어 있다. 아동기 자아 발달은 인지발달이론에 근거를 둔 학자들을 중심으로 일정한 연령수준의 경향성으로 연구되었으며(Denzin, 1972) 성인기 이후 자아 발달에 대한 연구는 그 개념의 모호성과 장기종단연구의 부족에도 불구하고 거의 Erikson의 이론을 토대로 진행되고 있다.

1) 아동기 자아: 자아의 형성

(1) 영아기 자아 발달

James와 같은 많은 심리학자들은 신생아의 의식을 "거대한 혼란의 도가니"로 표현을 하고 신생아들에게는 자아지각이 결여되어 있다고 보았다. Piaget(1954)도 유아들이 처음에 신체와 다른 물체 사이에 경계가 없고, 현실과 환상 사이에 구분이 없는 '미분화된 절대 상태'에 있다고 지적하였다. 점차적으로 유아들은 자신과 자신가 아닌 것을 구별할 수 있게 되어 외부세계로부터 유아 자신을 분리시킬 수 있게 된다고 하였다.

그렇다면 구체적으로 아이들이 자기 자신을 구별되는 대상으로 보는 단계에 이르게 되는 시점은 언제인가 하는 질문에 부딪치게 된다. Piaget(1954)는 감각운동기 동안 이러한 구분이 시작된다고 보았다. 출생 직후 영아들은 입에 닿는 것은 무엇이든 빨고, 손에 닿는 것은 잡으며 소리가 나는 쪽으로 고개를 돌리는 등 일련의 반사기능을 반복적으로 연습하면서 이러한 반사적인 행동들에 만족하게 된다. 실제로 2, 3개월 된 영아들을 대상으로 다리와 팔을 모빌과 끈으로 연결시켜 놓을 경우 영아들이 모빌의 움직임을 보고 기뻐하는 것을 볼 수 있으며 끈을 끊었을 경우 실망하는 것을 볼 수 있다(Lewis, 1990). 그럼으로 2개월 된 영아들도 어느 정도는 자신이 어떤 사건에 대한 책임이 있다는 것을 이해하는 것, 즉 자기분화가 가능한 것으로 보인다(Shaffer, 1999).

자아분화 이후 영아가 다른 대상과 구분되는 독립된 실체로서 자신을 인식하는 자아인식은 생후 6개월경에 시작하는 것으로 보며(Lamb & Easterbrooks, 1981) 구체적으로 눈으로 자기를 보고 자신을 인지하는 것은 15~24개월 사이로 보고 있다. Lewis와 Brooks-Gunn(1979)은 9개월에서 24개월 된 유아들의 코에 빨간 루주를 묻혀 거울 앞에 앉히고 그 반응을 관찰하였다. 그 결과, 15개월에서 17개월 사이의 아동들은 몇몇만 코에 관심을 보였으나 18개월에서 24개월 된 대부분의 유아들은 자신의 코를 만지면서 자신의 얼굴이 변화한 것을 인식하였다. 이는 18개월경 영아들이 자신의 사진을 알아보는 자아인식을 하는 것으로 보이며 이는 자아 발달이 인지 발달과정과 밀접하게 관련되어 있음을 이해할 수 있다(송명자, 1995).

그러나 인지 발달만이 자아 발달에 작용하는 유일한 요인은 아니다. 이와 아울러 사회적 경험도 매우 중요하다. Gallup(1979)은 침팬지들을 대상으로 하는 연구에서 침팬지들은 자기를 거울에 비춘 후 거울에 비친 모습이 자신을 나타낸다는 것을 아는 것처럼 행동하고 그것은 곧 다른 침팬지가 아니라는 것처럼 반응한다고 했다. 그러나 완전 고립 상태에서는 마치 다른 동물을 보듯이 거울에 비친

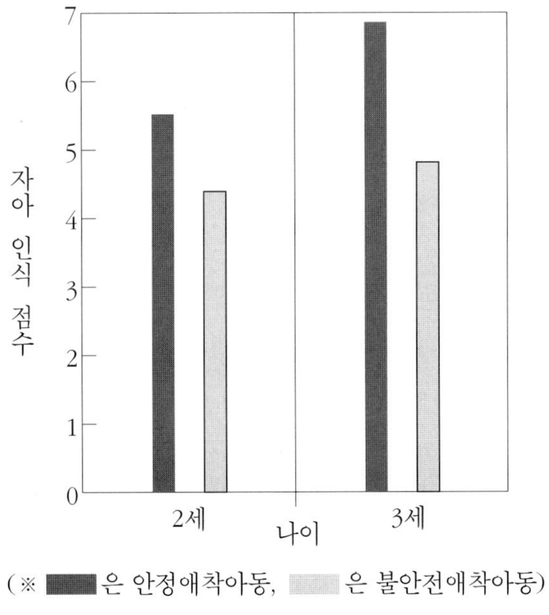

[그림 10-2] 자아인식 평균 점수

자신의 모습에 반응했다고 보고되고 있다. 또, 인간을 대상으로 한 연구에서 Pipp(1992)는 아동에게 자아인식을 평가하기 위해 자신의 이름과 성 그리고 다른 과제들을 2, 3세 유아에게 실시하였는데 그 결과 안정적으로 애착을 형성한 아이들의 자아인식 점수가 그렇지 못한 아이들보다 높았다. 이는 자아 발달에 있어서 가장 중요한 사회적 타인이 부모임을 감안할 때 부모의 태도, 표정, 목소리가 유아기 자아인식에 중요한 역할을 하는 것을 볼 수 있다(Pipp, 1992 인용).

(2) 아동기 자아 발달

자아에 대한 인식이 가능해지는 유아기에 이르면 자아인지는 급속하게 발달하게 된다. 이 시기에 이르면 사람들이 어떻게 다른지 또 같은지에 대한 범주적 자아(Harter, 1988)가 발달하면서 "나는 여자이다", "나는 남자다", 또 "나는 다섯 살이에요"와 같은 사회적 범주를 자신의 자아개념에 포함시키게 된다.

이 시기에 언어 능력의 발달은 자아개념의 발달을 도와준다. '나'와 '너'와 같은 대명사의 사용은 자아와 다른 것들을 개념화하도록 도와준다(Sherif, 1947). 유아들의 경우, 어머니가 자신에게 '너'라는 단어를 사용하는 소리를 듣고 자기 자신에게 '나'라는 단어 대신 '너'라는 단어를 사용하는 경우도 있다. 그러나 대명사에 대한 사용이 점점 더 정확해짐에 따라 자신과 타인들에 대한 분화가 형성되는 것을 볼 수 있다.

아동의 자기진술은 자아인지를 이해하는 좋은 척도이다. 유아기 아동의 자기진술의 특징을 보면 자신의 신체적 특징('나는 머리가 길어요'), 소유('나는 팽이가 있어요'), 생활습관('나 혼자 태권도장에 갔어요') 등에 관해 주로 말하는 것을 볼 수 있다. Selman(1980)은 이와 같은 유아들의 자아인지 능력은 외현적 특성에 국한되어 있으며 '나는 행복해', '나는 축구를 잘해'와 같은 심리적 상태를 기술하는 내재적 특성의 발달은 초등학교 1학년 이후에 이르러야 가능하다고 보았다. 이는 아동의 자아인지 발달이 외현적인 물리적 자아(physical self)에서부터 내재적인 심리적 자아(psychological self)로 발달해 가는 것을 보여주는 것이다(Torres, 1995).

그러나 Rebecca Eder(1990)는 '나는 누구인가?'와 같은 개방된 질문이 아니라 양자택일을 하는 강제선택 질문에 대해 답해야 할 때는 유아들도 심리적 차원에서 자신을 특징 지을 수 있다고 보고하고 있다. 유아들이 '외향성'이나 '성취지향적'과 같은 단어의 의미를 인식하지 못해도 '나는 혼자 노는 것을 좋아한다'

또는 '나는 친구들과 노는 것을 좋아한다', '나는 일등 하는 것이 좋아요' 또는 '나는 꼭 일등하지 않아도 돼요' 중에서 자신과 부합되는 진술을 선택할 수 있었다. 이는 유아도 자아에 대한 개략적인 심리적 인식을 하고 있는 것으로 보인다.

초등학교 학동기에 이르면 아동들의 자기 진술은 자신의 성격, 생각, 믿음 등 심리적 상태를 기술하는 데 집중되게 되며 구체적 조작사고의 발달과 함께 범주적 자아는 더욱 세분화되고 구체화되며 위계적인 유목범주에 따르게 된다. 이와 아울러 아동들은 자신이 가진 특징을 타인과 구분할 수 있는 능력이 생겨나며 (Damon & Hart, 1982) 학업적 자아개념이 중요한 측면을 차지하게 된다.

(3) 아동의 자존감의 발달

아동기에 이르면 자신에 대해 더 많은 것을 이해할 뿐만 아니라 자신이 가지고 있는 특징들에 대해 평가하기 시작한다. 일반적으로 초등학교 2학년에 이르면 아동들은 학업성적을 비롯한 교과와 관련된 모든 성취도를 다른 아이들과 비교하고 그 결과를 자신의 능력을 평가하는 준거로 삼기 시작한다(Smith, 1987). 자아에 대한 이러한 평가적인 측면을 자존감이라고 한다. 자존감은 아동의 행동뿐만 아니라 정서에 많은 영향을 주며 미래를 준비하는 데 지대한 영향을 미치게 된다. 낮은 자존감은 우울감, 불안, 조바심, 공격성, 충동성, 가치관의 혼란, 부적절한 자기 표현을 불러일으키는 반면 높은 자기 존중감은 자신에 대한 자신감, 적절한 모험심, 안전감, 적절한 자기 표현을 가능하게 한다(이규미, 1998).

자아에 대한 이러한 전반적인 평가는 어떻게 발달하는가? 일반적으로 아동의 자존감은 만 2세부터 나타나는 것으로 보고되고 있다. 이때 밥먹기, 옷입기, 세수하기, 대소변 가리기 등과 같은 자조기술을 성공적으로 수행하면서 아동은 자신의 능력에 대한 신뢰감을 갖게 되며 이는 자아존중감의 중요한 기초가 된다.

부모는 아동의 자존감 발달에 강력한 영향을 미치는데 Verschueren(1996)의 연구에서 4~5세 아동에게 자신의 가치를 인형을 통해 대해 물었다('너는 얘(자신)랑 놀고 싶니?', '얘가 착한 것 같니?'). 그 결과 어머니와 안정된 애착을 보인 아동은 불안정적인 애착을 보인 아이들에 비해 자신에 대해 긍정적으로 기술하였으며 담당 유치원 선생님으로부터도 더 유능하다고 평가되었다. 부모가 아이를 수용해 주고 아동의 문제에 관심을 가지며 한계 내에서 자녀의 의견을 자유롭게 표현하게 해 주고 아동이 필요로 할 때 도움을 주는 경향이 높은 부모일수록 아이들의 자존감이 높았다(Coopersmith, 1967; Shaffer, 1999).

자존감 발달에 영향을 미치는 또 하나의 중요한 요인은 또래집단, 즉 사회적 비교이다. 5~6세경 아동은 사회적 수용, 학업 유능, 운동 능력 등 다양한 영역에서뿐만 아니라 옷차림, 소유물, 가정 배경에 대해서도 다른 아동과 자신을 비교하기 시작한다. 이러한 사회적 비교가 긍정적일 때는 바람직한 자아상이 형성되지만 지적 능력이 낮거나 사회성이 부족하거나 저소득 계층의 아동들은 낮은 자존감은 형성해가기 시작한다(송명자, 1995). 8세에 이르면 타인의 평가를 정확하게 반영하는 자아에 대한 평가를 하기 시작하며 자존감이 비교적 안정되게 표출되기 시작한다(Harter, 1990).

2) 청년기 자아: 자아정체성의 확립

(1) 청년기 자아 발달의 특징

형식적 조작 사고가 발달하는 청소년기에 들어서면 아동기 때와는 다른 특징들이 나타나게 된다(Harter, 1990).

먼저, 자신을 탐색하고 기술하고 평가하는 영역이 아동기에 비해 더 다양화되고 세분화된다. 아동기에는 주로 학업능력, 운동능력, 품행, 사회적 수용, 신체, 외모라는 영역에 대해서만 자기를 기술하지만 청년기에는 직업 유능성, 교우 관계, 이성에 대한 매력 등으로 확대되게 된다. 또, 사회적 수용도에 대한 인지는 아동기에 비해 훨씬 넓은 범위의 인간관계 속에서 다양한 역할을 고려하여 자신을 평가하게 된다.

둘째, 청년기 자아인지는 시간적 가변성이 크다. 청년들은 한순간 자신감에 찬 긍정적인 자아개념을 가지다가도 다음 순간에는 자신에 대한 절망감에 빠져들기도 한다. 다양한 자기에 대해 깨닫고 가능한 자기를 형성하는 과정에서 변화하는 자신을 보면서 혼란스러워하는 것이다. 다양한 새로운 인지적 구조가 확립되지 않아 상황에 따라 자기의 속성을 인지적으로 조정하기 어렵기 때문이다. Harter와 Monsour(1992)는 13, 15, 17세 청년들에게 자신이 부모, 친구, 애인, 그리고 학교에 있을 때 자신을 기술하라고 하였다. 그리고 난 후 이 네 상황에서 나타나는 자기 기술 중에서 자신에 대해 일관되지 못한 것들을 지적하고 이것에 대해 자신이 얼마나 혼란스러워하는지 평가하도록 하였다. 그 결과, 13세에 비해 15세 청년들은 훨씬 많은 수의 비일관성을 지적하였고 더 혼란스러워하였다. 17세에 이르러서는 자기 기술에 대한 비일관성과 혼란성이 15세에 비해 다소 감소했는데 이는 청년기가 진행됨에 따라 인지적 능력을 활용하여 여러 가지 자기 모습을 통합시키기 때문이다.

셋째, 청년기에 이르면 이상적 자아와 실제적 자아를 구분하기 시작한다. 이상적 자아는 청년기에 형성된 특유의 자아양식으로서 미래에 자신이 도달하고 싶어 하는 자아의 모습 또는 현재 자신이 바라는 자아의 모습이다. 이시기 이러한 이상적 자아와 실제 자아의 적절한 차이를 인식하고 타협안으로서 가능한 자기 모습을 찾아가는 것이 중요한 과제이다. 이 두 자아간 적절한 차이는 실제적 자아 수준을 높여 주는 동기적 기능을 하지만 지나친 괴리는 실망감, 불만족, 우울감을 야기하기도 한다. 실제로 현재 자신이 원하는 이상적 자아에 과도하게 몰입하게 되면 거짓자아(false-self)를 형성하게 되어 이상적인 자아의 모습을 마치 자신인 것처럼 표출하게 되는데 거짓자아는 사회적 수용도가 낮거나 대인 관계가 원만하지 못한 청소년에게서 자주 볼 수 있다(Harter, 1990).

(2) 청년기 자아정체성 발달이론

Erikson(1968)의 자아정체성 발달이론이 청년기 자아 발달을 설명해 주는 대표적인 이론이며 정체성 형성에 대한 Erikson의 관점을 정교화시킨 이론이 Marcia(1980)의 정체성 지위 모형이다.

① Erikson(1968)

Erikson의 이론은 청년기가 어떻게 설명될 수 있는가에 상당한 영향을 미쳤다. 그는 성격 발달을 일련의 위기극복과정으로 생각하고 청년기 성격발달을 자아정체성의 위기에 직면하고 이를 극복해 가는 과정으로 설명하였다.

청년기에 이르면 '나는 누구인가?'에 대한 의문이 생기는데 이는 과거 자아에 대한 이해가 부적절해지고 생물학적 성숙과 인지적 변화에 불균형이 생기면서 자신에 대해 또 자신을 둘러싸고 있는 사람들과 사회에 대해서 재검토하고 재평가하기 때문이다. 이러한 자아 검토 시기를 Erikson은 심리적 유예기(moratorium)라 하였으며 이 시기에 나타나는 특성을 다음과 같이 기술하고 있다.

> 성적 성숙으로 인한 생리학적 혁명과 미래에 대한 불확신으로 인해 청년들은 자기들만의 문화를 형성하는 데만 관심을 가진다. 그들은 자신의 느낌보다는 타인의 눈에 비쳐지는 모습 그리고 과거에 형성된 역할과 현재 가지고 있는 이상적 모습을 연결시키는 데 몰입한다(p. 25).

정체성 탐색 과정에는 자신의 가능성의 발견과 함께 가능의 포기와 체념의 과정도 포함된다. 청년 초기의 이상적 자아상에 담았던 많은 자아기대를 포기해 가는 과정에서 청년들은 자신의 한계를 인정하고 수용함으로써 객관적인 자아정체감을 확립하게 된다. 구체적으로 정체성 위기는 다음 특징들이 획득됨으로써 극복되는 것으로 보고 있다(송명자, 1995).

첫째, 자신에 대한 연속성과 동질성의 확립이다. 자아상은 단지 내가 누구인가에 대한 것뿐만 아니라 어떤 사람이 되고 싶은지, 또, 어떤 사람이 되어야 하는지에 대한 것을 포함하고 있다. 따라서 정체성 탐색과정은 과거 자신의 경험과, 현재의 자신에 대한 이해 그리고 이를 바탕으로 한 미래의 자신의 모습을 형성해 나아가는 시간적 연속성 상의 탐색과정을 말한다.

둘째, 서로 다른 여러 자아의 측면들을 일관성 있는 하나의 자아체계로 통합하는 것이다. 청년기에 타인의 견해, 자신의 견해, 또 삶의 여러 영역에서의 자아에 대한 견해들에 대해 일관성 있게 통합해야 복잡한 사회적 맥락 속에 얽히게 되는 성인기를 준비할 수가 있다.

그리고 마지막으로 독특성의 확립이다. 청년기 자아 탐색은 자신의 독특성을 개발하고 표현하기 위한 것이다. 새로 획득한 인지 능력과 부모로부터의 독립은 자신의 다양한 측면들을 발견하는 계기가 된다. 그리고 타인들로부터 인정받기 위한 동조의 필요성도 대두되는데 이 두 필요성을 통합해가면서 정체성을 확립하게 된다.

위와 같은 특징들이 획득되면 긍정적 정체성을 확립하게 되나 실패할 경우는 부정적 정체성에 빠져들게 된다.

② Marcia(1960)

정체성 지위 모형은 Erikson(1959)의 청년기 후반에 생기는 변화에 대한 구성타당도를 확립하기 처음 고안되었다(Marcia, 1987). 따라서 정체성 형성과정뿐만 아니라 정체성 형성수준의 개인차를 함께 측정하고자 하는 개념이다. 정체성 지위모형은 Erikson의 연구에서 '위기(crisis, exploration)'와 '관여(commitment)'라는 두 가지 차원의 조합으로 이루어진 것이다. 여기서 위기란 여러 가지 대안적인 역할들과 멋진 삶에 대한 이상들을 실험하는 탐색의 시기를 의미하며 관여란 자기에 대한 정의를 확고히 하고 자신이 속한 사회에서 자기의 위치를 제공해주는 데 기여하는 비교적 지속적인 투여의 정도를 말한다.

정체성 위기의 경험과 관여의 여부에 따라 정체성 성취, 정체성 유예, 정체성 유실, 정체성 혼미의 네 가지 정체성 지위가 도출된다. 정체성 성취란 발달적으로 가장 진보된 지위로써 적극적인 탐색의 시기를 거친 후, 특정한 정체성 요소들에 관여를 하고 있는 상태를 말한다. 정체성 성취에 도달한 사람들은 인지적으로 발달했으면서도 유연하며 동조 압력에 가장 잘 저항하는 것으로 보인다. 따라서 다른 사람들이 보았을 때 대개 강하고, 자기-지향적이고 또 매우 적응을 잘하는 사람으로 보여진다.

정체성 유예는 정체성 위기의 중심에서 적극적으로 자아를 탐색하고 있는 상태를 말하며 관여를 하지 못하고 있거나 애매한 관여를 하고 있는 상태를 말한다. 정체성 유예 상태에 있는 사람들은 긍정적인 측면에서 보면 예민하고 윤리적이고 융통성이 있어 보일 수 있지만 한편으로는 불안하게 보일 수 있다. 대개 가족과의 관계에서 양가감정을 가지고 있으며 반항과 순종의 극단적 특징을 보일 때도 있다.

정체성 폐쇄는 정체성 탐색의 과정을 거치지 않았지만 관여를 하고 있는 상태를 말하는데 정체성 폐쇄 지위의 사람들은 스스로의 선택에 의해서가 아니라 부모가 선택해 준 목표나 신념의 관여를 하고 있는 것이다. 이들은 신념이 확실하고 협동적인 사람으로 평가될 수도 있지만 다른 한편으로는 독단적이며 인지적으로 경직되어 보일 경우도 있다. 가족과 매우 밀착되어 있어 자신과 가족을 구분하여 생각하지 않은 경향이 있고 인간관계는 표면적이고 정형화되어 있는 경우가 많다.

그리고 마지막으로 정체성 혼미는 정체성 위기 경험의 여부와 상관없이 삶에 대한 어떠한 방향도 잡지 못하고 있는 사람을 말한다. 정체성 혼미 지위에 있는 사람들은 한편으로 무사태평하고 매력적이며 독립적인 사람으로 여겨질 수도 있지만 다른 측면에서는 무감동하고 무관심한 사람으로 평가될 수도 있으며 일반적으로 자신의 가족으로부터 거부당했다고 느끼며 대인관계에서는 매우 고립되었다고 느끼는 경향이 있다(Marcia, 1987).

Marcia(1980)는 정체성 지위개념을 사용함으로써 정체성 지위가 가지는 건강한 측면과 병리적인 측면 모두를 파악할 수 있다고 보았으며 이러한 정체성 지위개념은 정체성 문제를 다룰 때 Erikson의 이분법적 분류보다도 더 다양한 양식을 제공해 주며 관찰자간 신뢰도가 높아 비교적 객관적이라는 이점이 있다(Marcia, 1980; 신행우, 2001).

(3) 청년기 자아정체성의 실체

자아정체성 획득 과정을 설명하는 데 Erikson(1968)은 '위기'라는 단어를 사용하였다. 그는 청년기 자아정체성을 찾는 과정에서 정서적인 혼란을 경험하는 것은 정상적인 것이며 이를 '일상적 청년의 정신병리'라고 표현하였다. 실제로 Marcia(1993)는 적극적으로 정체성을 형성하려고 하는 청년들은 정체성 혼미나 유실상태에 있는 청년들보다 자신과 자신의 미래에 대해 더 만족해하고 있었다고 보고하고 있다. 그러나 자아 정체성을 형성하는데 있어서 그 과정이 너무 길어지거나 자아혼미에 빠지는 경우, 우울감을 경험하게 되고 자신감도 저하되며 미래에 대해 절망적인 생각을 표현하거나 무관심한 태도를 보이게 된다 (Waterman, 1990).

Erikson은 자아정체성의 위기가 청년기 초기에 시작하여 15에서 18세에는 해결된다고 보았다. 그러나 대부분의 청년들은 12에서 18세 사이에는 자아정체성이 혼미하거나 유실상태에 있는 것으로 보고되고 있으며 21세가 이르러서야 정체성 유예 또는 성취상태에 이르게 된다고 보고하고 있다(Meilman, 1979). 우리나라 청소년의 경우 중 · 고 · 대학생을 대상으로 한 연구에서 중학생의 54%가 정체성 혼미에 23%가 폐쇄 상태에 있으며 고등학생은 28%가 정체성 혼미에 27%가 유실상태에 있었고 대학생의 경우 39%가 정체성 성취, 25%가 정체성 유예 지위에 있는 것으로 나타났다(김형태, 1989).

자아정체성의 지위는 청년 초기에서 후기까지 발달적 변화를 보이며 자아 정체성을 성취한 사람도 유예나 혼미로 회귀하는 것으로 보고되고 있다(Waterman, 1990). 따라서 자아 정체성이란 일회적으로 획득되는 것이 아니라 하나의 지속적인 과정으로 보고 있다.

3) 성인기 자아: 자아개념의 변화와 재해석

청년기에서 성인기로의 이행은 자아개념에 큰 변화를 가지고 온다. 개인적으로 삶의 중심이 가족과 또래 집단에서 친밀한 이성과의 관계로 전이되고 그 결과 부모가 되며 사회적으로는 학교에서 직장이라는 기관으로 변화하게 된다. 이는 새로운 정체감이 형성되는 동시에 다른 정체감이 약화되는 것을 의미한다. 그 후, 퇴직과 함께 노년기에 이르면 자신의 사회적 역할과 무관하게 자아에 대한 재해석을 해야 하며 인생 전반에 걸친 재평가가 이루어지게 된다.

(1) 성인기 자아 발달의 이론

① Erikson(1986, 1997)

Erikson은 출생에서 죽음에 이르기까지의 전 생애에 걸친 발달과정을 이론적으로 체계화한 학자인데 그는 인간의 자아 발달 단계를 신뢰성 대 불신감, 자율성 대 수치감, 주도성 대 죄의식, 근면성 대 열등감, 자아정체성 대 정체감 혼미, 친밀감 대 고립감, 생성감 대 침체감, 자아통합감 대 절망감의 여덟 단계로 구분하였다. 성인과 관련된 자아 발달 단계는 친밀감, 생성감, 자아 통합감의 단계이다.

먼저 성인 초기의 자아 발달과업은 청년기에 형성된 자아정체성을 기초로 자신의 정체성과 타인의 정체성을 융합시켜 친밀감을 형성하는 것이다. 이때 융합이란 타인의 한계와 단점을 인정하고 수용하며 타인에 대한 깊은 이해와 공감을 통해 자신과의 차이점을 극복하는 과정을 통해 획득되는 것이다. 대부분 친밀감은 이성과의 결혼을 통해 충족되지만 반드시 성적 관계에서만 친밀감이 형성되는 것은 아니다. 이러한 공감 및 상호조정 능력은 친구관계의 형성과정에도 생겨날 수 있으며 삶의 활력과 만족을 준다.

그러나 자아정체성을 확립하지 못해 자아개념이 충분하게 형성되지 못한 사람은 타인에게 자연스러운 관심과 배려를 보일 수 없게 되어 대인관계에서 위축되게 된다. 이러한 상태에서 두 사람이 결합할 경우 결혼 생활은 성공하기 힘들다고 Erikson은 말하고 있다. 자신에 대한 이해가 없는 상태에서 상대방이 자신을 이해해 주고, 정체감을 형성해 주기 바라는 불가능한 기대를 가지고 결혼하게 되면 더 외롭고 고립감을 느끼게 된다(Erikson, 1963).

성인 중기에 이르면 생성감 대 침체감이라는 위기를 경험하게 된다. 생성감이란 성숙한 성인이 다음 세대에 대한 책임감을 가지고 이들을 돌보고 지도하고자 하는 데 관심을 기울임으로써 자신의 존재 가치를 확장하고자 하는 것을 말한다. 이러한 생성감은 자녀를 양육하는 것으로 나타날 수 있으나 모든 부모들이 다음 세대를 키우는 데 관심이 있는 것은 아니며 자녀양육에만 국한된 것은 아니라고 보았다. Kotre(1984)는 생물학적으로 자녀를 낳아 기르고 교육하는 부모적 생성감, 다음 세대에게 기술을 전수하는 과업 생성감, 그리고 문화의 어떤 측면을 창조하고 혁신하고 보존하는 문화적 생성감이 있으며 자원봉사 활동, 종교 활동, 정치적 활동 등을 통해서도 생성감이 표출될 수 있다고 하였다. 그러나 단순히 표출하는 것만이 생성감의 전부는 아니며 이러한 과정 속에서 자신이 쏟는 열정과 희생이 타인 속에서 결실 맺는 것을 보는 기쁨이 수반되어야 한다고 보았다.

만약 이러한 욕구가 충족되지 않으면 침체감에 빠지게 되는데 이는 다음 세대를 위해서 자신이 한 일이 아무것도 없다는 것을 깨닫는 것이다. 침체감에 빠진 성인들은 부모역할을 제대로 수행하지 못하며, 자신의 지식을 다른 사람과 나누기를 바라지 않으며 자신이 속한 집단의 지도자 역할이나 지역사회에서 전반적인 어른의 역할수행이 원만하지 못하다. 침체감은 자신의 필요성과 요구에서 헤어나지 못하여 다음 세대나 사회전반의 요구에 응할 수 있는 여유를 찾지 못할 때 나타나는 특성이며 이러한 사람들은 인생을 지루하고 따분하다고 생각하고, 불평불만을 일삼고, 매사에 비판적인 특징을 가지고 있다(McAdams, 1989).

노년기에 이르면 자신의 인생을 되돌아보면서 자아통합과 절망감의 위기를 경험하게 된다. 인생을 마무리하는 단계에서 지나간 인생 경험에 잘못이 있다 하더라도 이를 받아들이고 달성하지 못한 일보다 그동안 이룩한 일과 행운에 대한 감사하며, 자신이 최선을 다해 인생을 살아왔다는 느낌을 가지고, 모든 삶의 역경과 어려움에도 불구하고 삶의 존엄성과 가치를 믿는 자아통합감은 자신과 과거와 현재, 그리고 미래를 바로 보고 수용하며 인생의 중심부에서 활동하고 있는 사람들에 대한 깊은 배려를 통해 세상을 사는 '지혜' 를 얻는 것이다. 이러한 자아통합감은 노년기 적응에 중요한 의미를 가진다. 노년기에 이러한 발달과제를 성공적으로 해결한다면 인생 후반기를 동요 없이 지낼 수 있으며 죽음에 대해서도 두려움 없이 대처할 수 있다(Erikson, 1997).

그러나 청소년기에 부정적인 정체성을 형성하여 친밀감을 형성하는 데 실패하고 중년기에 침체감을 경험한 사람은 노년기 자신의 삶을 긍정적으로 평가하고 통합감을 갖기 힘들며 절망감에 빠지게 된다. 절망감이란 혼란스럽고 무기력한 상태로 자기의 인생이 무의미하게 흘러갔으며 현재 자신의 삶을 인정하는 데 힘들어하는 사람을 말한다. 다시 한 번 기회가 주어진다면 지금과는 다르게 살겠다는 생각이지만 인생 말기에 접어들어 다시 시작하기에는 때가 너무 늦었다고 탄식하게 되며 과거에 대해 원통해한다. 그렇기 때문에 일반적으로 자신이 불행하다고 느끼며 매사에 부정적이고 타인을 항상 탓하며 죽음에 대해 공포를 처리하지 못한 채 불안한 종말을 맞게 되는 자아상태이다(Hamachek, 1990).

(2) Loevinger(1976)

Loevinger는 Erikson의 이론을 경험적으로 확장시켰다. 그는 자아가 개인과 환경 간 역동적 상호작용의 결과에 의해 발달한다고 하였으며 우리의 도덕, 가치, 목표, 사고과정의 주된 조직자로 작용한다고 하였다. 이러한 자아개념에 근거하여 그는 자아발달 대한 10단계를 제안하였으며 각 단계마다 성격발달, 인지유형, 의식적 관심, 대인관계 유형의 네 가지 주요 영역을 포함하고 있다(Cavanaugh, 1993).

Loevinger의 자아 발달 단계는 전사회적 단계, 공생적 단계, 충동적 단계, 자기보호적 단계, 순응적 단계, 양심적 순응 수준, 양심적 단계, 개인적 수준, 자율적 단계, 그리고 통합적 단계로 구성이 되어있다. 이중에서 성인과 관련된 단계는 자기 순응적 단계 이후이다. 모든 성인들이 처음 세 단계는 순조롭게 통과하여 자기 순응적 단계에 머물다가 양심적 순응 단계와 양심적 단계까지 발달하게 된다. 그러나 그 이후의 단계들은 소수만 도달한다고 하였다.

자기 순응적 단계에 있는 성인의 성격 발달은 사회적 규칙에 대한 절대적인 복종이다. 만약 규율을 위반할 경우, 죄책감에 사로잡히게 되며 대인관계에 있어서는 표면적으로 잘해 주며 집단에 소속하고 싶은 욕구가 있다. 특히 이 단계에 있는 순응주의자들은 외모와 사회적 수용을 중요하게 생각하기 때문에 사고가 비교적 단순하고 고정관념에 사로잡혀 있다.

대부분의 사람들은 양심적 순응 단계에 있다고 보는데 이 단계 사람들의 성격 특징은 자신의 욕구와 사회적 규준을 구분할 줄 안다는 것이다. 타인과의 관계에서는 자신이 집단에 영향을 미칠 수 있다는 것을 인식하고 있으며 개인적 적응의 문제에 관심이 있다. 그러나 이 단계의 사람들은 집단의 기준을 중시하여 자신의 욕구와 집단 욕구가 경쟁할 경우 자신의 욕구를 억압한다.

다음 수준은 양심적 단계로 세상이 단순하지 않다는 것을 이해하기 시작하는 인지 유형을 보인다. 성격 발달은 자기-평가적 기준, 자기-비판적 사고, 자기가 설정한 목표와 관련되어 있다. 대인관계는 서로 신뢰하고 상호 개방적이면서 책임감 있는 관계로 특징지울 수 있으며 자신의 행동은 내적 기준에 의해 평가한다. 아직 양극적인 사고를 가지고 있기는 하지만 권리뿐만 아니라 책임감에 대해서도 인식하고 있다.

개인적 수준은 양심적 단계 위에 형성되는 것으로 이 단계의 가장 큰 특징은 개성에 대한 존중이다. 의존성은 당연한 것이 아니라 정서적 문제로 지각되며 자신의 외적 삶과 내적 삶을 구분하는 것이 주된 관심사가 된다. 또, 결과와 과정을 구분하게 되고 자신과 타인에 대해 보다 관대해 지게 된다.

자율적 단계에서는 자신과 타인의 모호성을 인내할 수 있고 내적 갈등을 다룰 수 있는 능력이 있는 사람을 말한다. 대인 관계에 대해서는 각 개인의 독립성을 존중하지만 사람이 서로 상호의존적이라는 것도 이해한다. 이 시기 관심은 자기 만족감, 사회적 맥락 속에서 자신을 이해하는 것에 집중되어 있다. 자율적인 사람들은 갈등이 생기는 경우 환경에 투사하기보다는 이를 대면하고 인정할 수 있는 용기가 있다. 현실을 복잡하고 다면적인 것으로 보고 양심적 단계의 사람들처럼 양극적으로 보지 않는다.

마지막 자아 발달 단계는 통합적 단계라고 하는데 이 단계에 이른 사람들은 내적 갈등을 대면할 수 있을 뿐 아니라 갈등을 해결하고 정리할 수 있게 된다. 통합적 단계의 사람들은 확고한 정체감에서 나오는 개성을 중요하게 생각한다. 또, Maslow의 자아실현한 사람처럼 자신에 대해 평온감을 느끼고 자신의 능력을 최대한 발휘하며 자신이 선택하지 않은 것에 대해서 인식하지만 자신의 선택에 대해 만족해하고 최선을 다하는 특징을 가지고 있다. 이 마지막 단계에 도달하는 사람들은 매우 드물기 때문에 Loevinger는 발달 단계는 자율적 단계에서 끝나며, 통합단계는 단지 보다 높은 수준의 발달에 대한 가능성을 제시하는 것이라고 하였다.

Loevinger의 이론이 성인 발달 연구에서 점진적으로 많은 관심을 받고 있다. 이는 그가 개발한 '자아발달문장완성검사(Sentence completion Test of Ego Development)로 자아 발달을 경험적으로 측정할 수 있다는 것이며 Loevinger의 자아 발달 단계가 연령과 별 상관이 없다는 점이다. 실제로 성인 발달에서 연령과 관련된 단계 개념은 정리가 잘되고 매력은 있지만 현실과 잘 맞지 않기 때문에 같은 연령의 성인에 대한 개인차를 설명하는 데는 Loevinger의 이론이 더 도움이 된다고 보고 있다(정옥분, 2000).

(3) Marcia(2002)

Marcia가 정체성 형성 수준의 개인차를 측정한 것처럼 성인기 나타나는 자아 발달 수준의 개인차를 측정하였다. 이에 대한 〈표 10-1〉은 Erikson의 심리사회적 단계와 자아정체감 지위에 대한 발달적 관계를 나타내 준다.

친밀감 단계는 관계의 깊이와 관여의 정도에 따라 다섯 지위로 구분될 수 있다. 친밀감을 형성한 사람들은 인간관계에 있어서 표면적인 관계보다는 깊이 있는 관계를 가치 있게 생각하며 이러한 깊은 관계에 오랫동안 관여하는 특징을

〈표 10-1〉 심리사회적 단계와 자아정체감 지위에 대한 발달적 관계

정체감/ 정체감 혼미	친말감/ 고립감	생성감/ 침체감	통합감/ 절망감
탐색/관여	관계에 대한 깊이와 관여	타인과 자신의 안녕에 대한 관여	타인과 자신의 과거에 대한 연속성/ 자아 초월적 태도
정체감 성취 (identity)	친밀감 형성 (intimacy)	생성감 형성 (generative)	통합감 성취 (integrity)
정체감 유예 (moratorium)	전친밀감 (preintimate)	가생성감: 도구적/관계적 (Pseudogenerative)	비탐색적 (nonexploratory)
정체감 유실 (foreclosure)	가친밀감 (pseudointimate)	관습적 (conventional)	가통합 (pseudointegrated)
정체감 혼미 (diffusion)	고정화된 (stereotyped) 고립(isolated)	침체 (stagnant)	절망 (despairing)

* Marcia (2002)에서 인용

가지고 있다. 전친밀감 단계에 있는 사람들은 친밀감을 형성한 사람들의 특징과 유사하기는 하지만 자신의 가치와 능력을 나눌 수 있는 사람과의 관계를 찾지 못한 상태에 있으며 가친밀감의 지위에 있는 사람들은 외견상 친밀해 보이지만 실제 친밀감의 요소를 갖추지 못한 사람들을 말한다. 결혼은 했지만 관계의 깊이가 얕은 부부관계가 그 예이다. 고정화된 사람들은 표면적 이성관계를 유지하지만 지속적으로 만나거나 깊은 관계를 유지하는 데 관심이 없는 사람들을 말하며 고립된 사람들은 본인의 선택에 의해, 또는 타인에 의해 관계를 피하는 경우를 말한다.

생성감 단계는 타인과 자기 자신과 자신의 일에 대한 적극적인 관여와 자신의 배려와 관심의 대상을 기준으로 하여 다섯 개의 지위로 구분했는데 생성감을 형성한 사람들은 자신이 관여하고 배려하는 사람과 일의 수가 많았으며 그들을 보살피는 데 적극적이었다. 가생성감의 지위에 있는 사람들은 도구적인 사람들(agentic)과 관계적 사람들로(communal) 구분된다. 도구적 사람들은 자신이 관여하고 있는 일에 도움이 되는 경우 타인에게 생성감을 보이는 반면 관계적 사람들은 자신의 양육적인 배려에 대해 충분한 감사의 표시를 하는 사람들에게만 생성감을 표현하는 사람들을 말한다. 관습적 단계에 있는 사람들은 자신의 관습적인 가치와 일치하는 행동을 보이는 사람에만 배려를 보이며 자신의 가치에서 벗어날 경우 배려의 즉각적인 철회를 보인다. 마지막으로 침체된 개인들은 타인의 일에 대해 무관심하고 자기중심적인 사람들을 말한다.

통합된 사람들의 경우 믿음과 이상에 대한 관여와 과거와 현재 그리고 타인에 대한 연속성, 그리고 자아초월적 태도에 의해 네 개의 지위로 나뉜다고 보고 있다. 통합감을 형성한 사람들은 일련의 신념에 대한 믿음을 보였고 사람들과 오랜 관계를 유지했으며 삶에 대해 지혜로운 인생관을 가지고 있었다. 비탐색적인 사람들은 제한된 시각이지만 확고한 생각을 가지고 자기에 대해 만족하면서 산다. 가통합된 사람들은 자신의 삶을 철학적 문구로 장식하면서 살지만 그 밑에는 가식과 혐오로 가득 찬 사람들을 말한다. 절망감의 지위에 있는 사람들은 일관된 믿음도 없고 타인과 관계도 없고 심지어 자신의 생존에도 관심이 없는 사람들을 말한다.

3. 자아개념과 환경

1) 자아개념과 학업 수행

학업 수행이 인지적 영역에 국한된 것으로 보일 수도 있으나 실제로는 동기와 같은 성격적인 요인과의 관련이 높은 것으로 연구되고 있다. Roth(1959)는 다른 조건이 동일할 경우, 낮은 성취 수준을 보이는 사람은 본인이 선택한 결과라고 하였다. 이때 선택은 의식적인 것이 아니라 현재 자신에 대한 지각과 일치하는 성취 수준에 무의식적으로 맞추어진 결과라고 했다. 실제로 성취동기가 높은 아동들의 학교 성적이 더 좋은 것으로 나타났다(McClelland, 1953). 그렇다면 이러한 성취동기의 차이는 어디서 생겨나는가?

먼저, 가정의 영향이다. 특히 주된 양육자와 안정된 애착을 형성했을 경우, 지적으로 더 유능한 것은 아니나 새로운 문제에 자신의 능력을 실험한다는 것이며 지적으로 자극적인 환경에서 자란 아이들이 그렇지 않은 환경에서 자란 아이들보다 더 높은 학업 수행을 보였다. 이는 문제를 해결하고 새로운 것을 발견할 수 있는 가정환경에서 성취동기가 더 강해진다는 것을 볼 수 있다. 또, 양육 방법도 중요한데 푸근하고 수용적이고 아이의 성공에 대해 칭찬을 잘해 주면서 한계 내에서 기준을 세우고 이를 지도하면서 아이에게 어느 정도의 독립성과 자율성을 제공하는 민주적 양육방식이 학업성취에 중요하다고 보고 있다(Shaffer, 1999).

다음은 타인의 영향이다. 학업성취에서 또래의 영향이 중요한데 부모가 교육의 가치를 높게 생각하고 아이가 성취를 할 수 있도록 열심히 뒷받침해 주는 부모를 가진 아이들의 경우, 동일한 가치를 공유하는 아이들과 어울리면 높은 학업 성취를 이루게 되지만 또래의 압력이 부모와 상충될 경우, 학업성취 수준이 떨어진다. 또 아동에게 자신의 가치를 느낄 수 있게 해 주는 유일한 사람이 교사일 경우, 교사가 학생의 삶에서 중요한 타인으로 자리잡게 되며 이러한 영향은 초등학교 시기뿐만 아니라 대학 때까지 지속되는 것으로 보고 있다(Burns, 1984). 그러나 자아개념과 학업성취의 관계에 있어서 자아개념은 학업성취의 필요조건이지만 충분조건은 아니라는 점도 인식해야 한다(Brookover, 1965).

2) 자아개념의 증진

건강한 사람들은 자신이 가치 있다고 생각하며 다른 타인들도 자신을 좋아하고, 능력이 있는 사람으로 본다고 생각한다. 이러한 자신에 대한 생각을 자아상이라고 하는데 이는 자아에 대한 지각에서 생기는 것이다. 자아에 대해 지각은 자신의 진정한 모습을 보는 것, 즉 자아개념을 형성하는 것을 말하는데 이는 타고난 것이 아니라 만들어지는 것이기 때문에 충분히 변화할 수 있음을 시사한다(Hamachek, 1978).

자아개념 향상 프로그램은 크게 인지적, 행동적, 그리고 정의적 접근으로 나누어 볼 수 있다. 먼저 인지적 접근은 내담자의 부정응적인 사고를 현실적인 사고로 바꾸도록 도와주는 것을 말한다. 인지치료의 주창자인 Beck는 부정적 자아개념, 생활경험에 대한 부정적인 해석, 그리고 미래에 대한 허무적인 관점에 이해 우울증이 생기기 때문에 자신과 생활경험에 대해 보다 현실적으로 해석하는 것을 배울 수 있다면 우울증을 완화시키고 자아개념을 향상시킬 수 있을 것이라고 하였다.

행동적 접근에서 자아개념을 학습경험의 산물로 본다. 따라서 문제행동들, 즉 부정적인 자아개념은 그 자아개념이 학습된 맥락을 변화시킴으로써 원치 않은 자아개념을 소거, 즉 탈학습시킬 수 있고 원하는 긍정적 자아개념을 다시 학습시킬 수 있다고 보았다.

자아개념을 변화시키는 데 있어 일련의 정의적 방법들이 있는데 그 대표적인 방법이 내담자 중심치료이다. 이 접근은 인간을 기본적으로 신뢰롭고, 긍정적이며, 자기 지시가 가능하고 효율적으로 삶을 살아갈 수 있는 존재라고 믿고 무조건적 관심과 정확한 공감적 이해를 통해 덜 방어적이고 더 개방적이 되어 긍정적인 자아개념을 형성할 수 있다고 보았다.

이러한 여러 가지 자아개념 증진 방안들은 자신이 가지고 있는 다양한 자아개념들을 통합시켜 자아에 대해 보다 정확하게 지각할 수 있도록 하여 궁극적으로 자신을 수용할 수 있도록 도와주는 것을 목적으로 한다.

/참/고/문/헌/

김형태(1989). 청소년기 자아정체감의 발달 및 측정에 관한 연구. 충남대학교 대학원 석사학위논문.

민경환(2002). **성격심리학**. 서울: 법문사.

송인섭(1998). **인간의 자아개념 탐구**. 서울: 학지사.

송명자(1995). **발달심리학**. 서울: 학지사.

신행우(2001). 자아정체성 지위 척도의 타당도 연구. **한국심리학회지: 발달 14**(2), 137-152.

정옥분(2000). **성인발달의 이해**. 서울: 학지사.

Allport, G. (1955). *Becoming*. New Haven: Yale University Press.

Brookover, W., Erickson, E., & Joiner, L. (1965). *Self-concept of ability and school achievement*. U.S. Office of Education Final Report of Cooperative Research Project 2831. Human Learning Research Institute, Michigan State University.

Brown, J. D. (1998). *The Self*. New York: McGraw-Hill.

Burns, R. B. (1984). *The Self Concept: Theory, Measurement, and Behavior*. London: Longman.

Cavanaugh, J. (1993). *Adult Development and Aging*. Pacific Grove: Brooks/Cole Publishing Co.

Cooley, C. H. (1912). *Human Nature and the Social Order*, New York: Scribners.

Denzin, N. K. (1972). The genesis of self in early childhood. *Sociological Quarterly*,

13, 291-314.

Eder, R. (1989). The emergent personalogist : the structure and content of $3\frac{1}{2}$, $5\frac{1}{2}$, and $7\frac{1}{2}$ year olds' concepts of themselves and other persons. Chi*ld Development, 60, 21*8-1228.

Erikson, E. H. (1968). *Identity, Youth and Crisis,* New York : Norton.

Erikson, E. H. (1997). *Life Cycle Completed,* New York : Norton.

Gallup, G. G., Jr. (1979). Self-recognition in chimpanzees and man : A developmental and comparative perspective. In M. Lewis & L. A. Rosenblaum (Eds.), *Genesis of Behavior, 2.* the Child and its Family, New York : Plenum.

Harter, S. (1988). Developmental processes in the construction of the self. In T. D. Yawkey & J. D. Johnson (Eds.) *Integrative Processes and Socialization: Early to Middle Childhood.* Hillsdale, NJ : Earlbaum.

Hamachek, D. E. (1978). *Encounters with the Self,* Holt, Rinehart & Winston : New York.

Damon, W., & Hart, D. (1982). The development of self-understanding from infancy through adolescence, *Child Development, 53,* 841-864.

Harter, S. (1990). Issues in the assessment of the self-concept of children and adolescent. In A. M. laGreca (Ed.) *Through the Eyes of the Child: Obtaining Self-Reports from Children and Adolescents.* Boston : Allyn & Bacon.

Hamachek, D. (1990). Evaluating self-concept and ego status in Erikson's last three psychosocial stages. *Journal of Counseling & Development, July/August, 68,* 677-683.

Hamachek, D. (1978). *Encounters with the self.* New York : Holt, Rinehart, & Winston.

Harter, S., & Monsour, A. (1992). Developmental analysis of conflict caused by opposing attributes in the adolescent self-portrait. *Developmental Psychology, 28,* 5-260.

Kotre, J. (1984). *Outliving the Self: Generativity and the Interpretation of Lives.* Baltimore : The Johns Hopkins University Press.

Lamb, M. E., & Easterbrooks, M. A. (1981). Individual differences in parental sensitivity : Origins, components, and consequences. In M.D. Lamb (Eds) *Infant social cognition: empirical and theoretical considerations,* Hillsdale, NJ : Erlbaum.

Lewis, M., Alessandri, S. M., & Sullivan, M. W. (1990). violation of expenctancy, loss of control and anger expressions in young infants, *Developmental Psychology, 26,* 745-751.

Lewis, M., & Brooks-Gunn, J. (1979) *Social Cognition and the acquisition of self.* New York: Wiley.

Marcia, J. E. (2002). Identity and psychosocial development in adulthood. *Identity, 2*(1), 2-28.

Marcia, J. E. (1987). The identity status approach to the study of ego identity development. In T. Honess (Ed.), *Self and Identity*. Perspectives Across the Lifespan.

Marcia, J. E. (1980). Identity in adolescence. In J. Adelson (Ed.), *Handbook of Adolescent Psychology*. New York: Wiley

McClleland, D., Atkinson, J., Clark, R., & Lowell, E. (1953). *The achievement motive.* East Norwalk, CT: Appleton-Century-Crofts.

James, W. (1890). *Principles of Psychology,* New York: Holt.

Pipp, S., Easterbrooks, M. A., & Harmon, R. J. (1992). The relation between attachment and knowledge of self and mother in one-year-old infants to three-year-old infants, *Child Development, 63,* 738-750.

Rogers, C. (1951). Client-centered therapy: It's current Practice, *Implications and Theory.* Boston: Houghton Mifflin.

Roth, R. M. (1959). Role of self-concept in achievement, *Journal of Experimental education, 27,* 265-281.

Selman, R. L. (1980). *The growth of interpersonal understanding.* New York: Academic Press.

Sherif, M., & Cantrill, C. W. (1947). *The Psychology of Ego Involvements,* New York: Wiley.

Shaffer, D. R. (1993). *Developmental Psychology: Childhood/Adolescence* (3rd ed.). California: Brooks/Cole.

Shaffer, D. R. (1998). *Developmental Psychology: Childhood/Adolescence* (5th ed.). California: Brooks/Cole.

Smith, W. P., Davidson, E. S., & France, A. (1987). Social comparison and achievement evaluation in children. In J. D. Masters & W. P. Smith (Eds.). *Social comparison, social justice, and relative deprivations.* Hillsdale, NJ: Erlbaum.

Torres, B. G. (1995). The Development of the ability to represent oneself, In Ooster, A & Wicklund, R. (Eds), *The Self in European and North American Culture,* Netherlands. Kluwer Academic Publishers.

Verschueren, K., Marcoen, A., & Schoef, V. (1996). The internal working model of self, attachment, andcompetence in five year olds. *Child Development, 67,* 2493-2511.

Waterman, A. S., & Archer, S. L. (1990). A life-span perspective on identity formation : Developments in form, function and process. In P. B. Baltes, D. & Featterman (Eds.) *Life-span development and behavior, 10.* Hillsdale, NJ: Erlbaum.

11 성차와 성 역할 발달

남성과 여성은 많은 면에서 다르다. 신체적인 생김새나 머리모양, 옷차림이 다를 뿐 아니라 행동이나 정서표현의 양식도 다르고, 담당하는 사회적인 역할이나 직업의 선호도에서도 차이가 난다. 이러한 남녀의 차이는 어떤 원인들에 의해 나타나게 되는 것인가? 남성과 여성은 태어날 때부터 각기 본질적으로 다른 특성을 가지고 태어나는 것인가? 아니면 사회적인 기대 때문에 남성과 여성을 다르게 키우므로 차이가 나는 것인가? 사회화 과정을 통해서 여성과 남성으로 길러지는 것이라면, 그러한 과정은 어떻게 이루어지는 것인가?

이러한 물음은 성별(gender)의 문제를 다루는 많은 학자들이 끊임없이 물으면서 답하려고 노력해 온 문제들이다. 초기 심리학자들은 남녀 아기는 본질적으로 다르게 태어나, 자신의 발달과정을 따라가기만 하면 성 역할을 습득하는 것으로 생각했었다. 즉, 환경은 작은 역할만을 담당할 뿐, 남녀 차이의 뿌리에는 생득적인 요인이 있다고 생각했다. 그러나 1960년대 여성운동의 시작과 더불어 여성이 놓여 있는 사회적 · 문화적 장벽들이 여성의 능력을 제한한다는 인식이 생기면서, 남녀의 차이는 사회적 환경에 의해 만들어지는 것이라고 보기 시작하였다.

남녀 차이가 생물학적인 원인에서만 비롯되는 것이 아니라 사회문화적으로 규정된 역할이나 기대 때문에 비롯될 수 있다는 점에 주목하게 되면서, 여성 문제를 다루는 학자들은 생물학적인 성(sex)과 사회적인 성별(gender)을 구별하게 되었다. 생물학적인 성은 개인 내부에 원초적으로 내재하는 생리적이고 신체적인 남녀의 차이를 지칭하는 것으로, '여자에게는 난소가 있고 남자에게는 고환이 있다' 는 식의 차이를 말한다. 한편 사회적 성별은 문화적으로 남녀에게 적합하다고 간주되기 때문에 남녀에게 길러진 비신체적인 특성들을 지칭하는 것으로, '여자는 더 부드럽고, 남자는 더 공격적이다' 라는 식의 평가적이고 가치 지향적인 의미가 포함되어 있다.

아기들은 자신의 성이 의미하는 바를 알지 못하고 생물학적인 성을 가지고 세상에 태어나지만, 태어나는 순간부터 남성 또는 여성으로 키워지면서 사회가 요구하는 성별행동을 습득하고 행하게 된다(gendering, doing gender). 따라서 남녀의 차이는 생물학적인 성을 가진 아동이 사회가 부여하는 성 역할을 습득하는 성 유형화 과정을 거쳐 발달하게 된다. 성 역할(gender role)은 특정 문화에서 남성이나 여성에게 적절한 것이라고 고려되는 행동집합으로서(Deaux, 1993), 대부분의 문화에서 남성의 성 역할은 지도력, 독립, 공격성으로 특징지어지고, 여성의 성 역할은 양육, 의존성, 민감성으로 특징지어진다(Williams & Best, 1990). 한편 성 유형화(sex typing)는 아동이 자신의 성별에 적합하다고 생각되는 행동과 태도들을 발달시키는 과정을 말한다. 이 과정은 생물학적, 인지적, 사회적 기제의 조합에 의해 일어난다고 볼 수 있다.

본 장에서는 남녀의 차이는 어떤 분야에서 어떻게 나타나는지를 먼저 살핀 다음, 성 유형화에 대한 이론들을 살펴보고, 성 유형화에 영향을 미치는 요인들을 살펴본 후, 구체적인 성 유형화의 발달 과정을 논의하고자 한다.

1. 성 차

1) 초기의 성차

출생당시 남아와 여아는 성기의 차이 외에는 거의 차이가 없다. 그렇지만 약간의 성차가 나타나는 것으로 보고된 몇 가지는 다음과 같다. 여아는 일반적으로 남아보다 더 작고 가볍기는 하지만, 더 건강하고 발달이 빠르다. 여아는 근육은 덜 발달되어 있지만 통증에 더 민감하며, 신경학적, 신체적인 통합이 더 잘 이루어져 있다. 여아들은 몇 주 만에 눈을 잘 맞출 수 있고, 앉고 기고 걷는 발달도 남아보다 빠르다. 반면, 남아들은 태아기 때부터 자궁 안에서 더 활동적이며(DiPietro, Hodgson, Costigan, Hilton, & Johnson, 1996), 태어나서는 더 오래 깨어 있고, 강하고, 전체적이며, 많은 운동활동을 보인다. 또한 반사행동이나 손 사용의 선호도에 남녀 차이가 보고되고 있다. 즉, 발가락 반사나 바빈스키 반사에서, 여아는 오른쪽 반사가 강하지만 남아는 왼쪽 반사가 강하며(Gratta, De Vos, Levy, & McClintock, 1992), 5개월 된 여아는 오른 손을 뻗어 물건에 닿으려는 오른손 선호를 보이는 데 비해 남아는 그런 선호가 보이지 않는다. 이러한 차이는 뇌의 기능분화와 관련되는 것으로 해석되고 있다(Vasta, Haith, & Miller, 1999). 한편, 건강과 관련하여, 남아는 근육과 폐, 심장이 더 잘 발달되어 있지만, 더 많은 유전질병을 갖고 있고, 사산, 영아 사망률이 높고, 질병에 더 취약한 것으로 알려져 있다. 이런 현상은 성염색체 X가 많은 질병관련 유전자와 관련되는데, 남자들은 X를 하나만 가지고 있기 때문에 X염색체가 질병소인을 가진 경우 다른 성염색체가 상쇄해 주지 못하므로 출현하기 때문이라고 설명된다.

2) 인지능력의 성차

남성과 여성은 다르게 생각하고 다른 능력을 가지고 있다고 믿는다. 그러나 일반적으로 기억이나 추리, 문제해결과 같은 중요한 인지영역에서 남녀의 차이는 나타나지 않는다. 그렇지만, 몇 가지 인지영역에서는 성차가 나타나고 있다. 인지능력의 성차가 나타나는 언어와 수학, 공간영역에서의 성차에 대해 살펴보자.

(1) 언어능력

성차가 입증되는 영역 중 하나가 언어영역이다. 일반적으로 사람들은 여성들은 말을 잘하고, 수다스러우며, 표현도 정확하며, 말귀도 잘 알아듣는다고 생각한다. 이러한 고정관념은 여러 연구들에서 입증되었고, Maccoby와 Jacklin(1974)의 메타분석 연구를 통해 확인되었으며, 이후 Hyde(1981)의 개관연구 역시 남녀의 차이의 크기가 작기는 하지만 일관됨을 밝히고 있다.

언어수행의 성차는 다른 인지적 차이보다 일찍 나타난다. 여아들은 일찍부터 언어에 대한 민감성을 나타내, 영아기부터 소리에 민감하고 목소리의 적은 변화에도 민감한 반응을 보인다. 첫 음소의 획득도 여아에게서 빨리 나타나며, 여아들이 남아보다 말을 더 빨리 시작하고 어휘 수가 많으며 어린 나이에 더 긴 말을 할 수 있고 복잡한 말을 할 수 있다(Lips, 1999). 여아는 대명사나 접속사와 같은 문법사용도 우수하고, 이러한 우수성은 청년기까지 유지된다. Feingold(1988)의 연구에 의하면, 철자법과 언어 사용에서는 중학교 2학년부터 고등학교 3학년까지 모든 학년에서 여학생들의 점수가 남학생들의 점수보다 높았다. 그러나 언어이해나 언어추리에서는 유의한 성차가 나타나지 않고, 청년후기에 가면 여성의 언어능력의 우수성은 더 이상 보이지 않는다(Vasta et al., 1999).

우리나라 학생들의 경우에도 여학생들의 언어 우수성이 일관성 있게 나오고 있다. 1995년도의 학업성취도를 연령별로 보면, 초등학교 4학년 국어점수의 평균은 남자 76.45, 여자 79.68이고, 초등학교 6학년은 남자 79.95, 여자 83.30이다. 중학교 2학년은 남자 75.65, 여자 78.95이고, 고등학교 2학년에는 남자 71.67, 여자 74.19이다(권오남 등, 1997). 즉, 여학생들의 국어성적이 초등학교 시절부터 고등학교 때까지 남학생들보다 평균적으로 우수하다. 이러한 결과는 대학수학능력시험에서도 반영되어, 2001년도 대학수학능력시험의 언어영역 점수를 보면 남자 평균은 66.4, 여자는 69.2로 여학생 평균이 높다(국립교육평가원, 2001).

(2) 수학능력

일반적으로 여성은 남성에 비해 수학능력이 뒤떨어진다고 생각되어 왔다. 그러나 숫자와 수학개념을 다루는 능력의 성차는 단순하지 않다. Hyde 등(1990)은 100개의 수학 연구들을 메타분석한 결과 남성들이 여성들보다 우수하지만 그 정도는 일상에서 탐지될 수 없는 적은 차이이고, 영역에 따라 남녀 차이가 다름을 발견했다. 여아는 일반적으로 일찍부터 숫자를 세고 계산을 잘 한다. 계산 영역에서의 이러한 여성 우수성은 초등학교부터 중학교 시기까지 지속된다. 그러나 수리문제해결 영역에서는 초등학교 때에는(5~10세) 성차가 나타나지 않다가, 중학교(11~14세) 이후부터 남학생이 우수해지기 시작하여 점차 그 차이가 점점 커지는 것으로 밝혀지고 있다(Vasta, et al., 1999).

이러한 현상은 우리나라 학생들에게서도 나타난다. 1995년도 수학성취도를 분석한 결과에 따르면 초등학교에서는 성차가 일관성 있게 나타나지 않고, 중학교 2학년에는 오히려 여학생의 점수(78.06)가 남학생(77.10)보다 약간 높지만, 고등학교 2학년에 가면 성차가 크게 벌어져 인문계에서는 남학생이 53.18점, 여학생이 46.17점, 자연계에서는 남학생이 62.47점, 여학생이 57.54점을 보이고 있다(권오남 등, 1997).

그러나 수학영역의 남녀 점수차는 시기마다 달라지고 있다. 미국의 경우에는 SAT의 수학영역의 성차는 점점 줄어드는 것으로 나타나고 있으며, 우리나라의 경우에는 대학수학능력검사의 수리영역의 점수는 1994년도에는 남녀의 평균이 같았지만, 1995년도에는 남학생의 평균점수가 여학생보다 높고 변산도 커졌다가(조숙자, 1996), 2001년도에는 자연계와 예체능계에서는 여학생의 점수평균이 남학생보다 높았고, 인문계에서만 약간 낮았다(국립교육평가원, 2001).

(3) 공간능력

남녀의 능력 차이가 가장 두드러지고 일관성 있게 나타나는 분야는 공간능력이다. 연구자들은 수학 성취도의 성차는 상당부분 공간능력의 성차에서 기인한다고 지적된다(권오남 등, 1997). 공간능력이란 공간 속에 있는 사물을 내적 표상으로 기호화하거나 기억하여 이것을 다른 사물 또는 공간위치에 관련시키는 능력으로서, 공간지각능력과 정신회전, 공간적 시각화로 구성된다(Linn & Petersen, 1985). 공간지각능력은 자신의 신체 방향과 중력, 운동감각 단서를 이용하여 공간관계를 정확하게 인지하는 능력이고, 정신회전은 이차원, 삼차원의 모양을 빨리 정확하게 회전시켜 파악할 수 있는 능력이며, 공간적 시각화란 공간적으로 제시된 정보를 머릿속에서 가시화하여 그려보고, 복잡하고 다차원적인 단계로 조작하는 것이다. 정신회전능력은 연령에 상관없이 남성이 우수하고, 문화적인 차이도 없다는 것이 밝혀졌다(Geary & DeSoto, 2000). 공간지각은 아동기에는 남녀 차이가 적지만 18세 이상의 성인기에는 남성이 우수해지는 반면 공간적 시각화 과제에서는 성차가 나타나지 않았다(Yoder, 1999). 한편 이러한 공간능력 과제와는 달리 거울추적과 같은 과제에서는 여성들이 남성보다 우수하다는 지적도 있다(Halpern, 1997).

3) 사회성과 성격의 성차

(1) 탐색행동

아기들은 새로운 것에 대해 관심을 가지고 주의를 기울인다. 따라서 탐색행동에서는 남아건 여아건 차이 없이 모두 새로운 대상을 탐색하는 경향성을 보인다.

그렇지만 남아들은 여아들보다 더 적극적이며, 조작을 많이 하고, 여아들은 더 조심스럽다. 또한 남아들은 바깥놀이를 더 많이 하며, 물리적 공간을 사용하고 거친 놀이를 하며 논다(Lindsey, Mize, & Pettit, 1997). 탐색행위 방식에도 성차가 있어 남아들은 새로운 대상을 만져 보는 반응을 보이지만, 여아들은 눈으로 탐색하는 경향성을 보인다. 또한 탐색을 격려하는 부모의 행동에 대해서도 남녀 아동은 다르게 반응한다. 남아들은 어머니가 자기 놀이를 방해하지 않고 스스로 놀도록 놓아둘 때 더 독립적으로 탐색을 하지만, 여아들은 어머니가 가까이 있고 때때로 개입할 때에 더 탐색적이고, 탐색 중에도 어머니의 존재를 확인하곤 한다(Vasta et al., 1999). 한 연구에서는 여아의 경우 친숙치 않은 대상에게 접근할 때 보호자의 얼굴표정을 살피면서 표정의 변화에 영향을 받지만, 남아의 경우 영향을 받지 않음을 밝히고 있다(Rosen, Adamson, & Bakeman, 1992).

(2) 정서표현과 민감성

일반적으로 정서의 성차를 다룬 연구들은 아동기 때에는 남녀 아동의 울음의 빈도나 공포반응 등의 차이는 나타나지 않지만, 여아가 더 민감함을 밝히고 있다. 여아들은 생리적으로 쉽게 활성화되며 어린 시절부터 정서의 표현을 더 많이 한다. 여아들은 2세부터 정서관련 단어들을 남아보다 더 많이 사용하고, 더 자유롭게 표현한다. 자신의 감정을 통제할 수 있는 능력도 여아들이 더 발달되어 있다. 실망스런 선물(disappointing gift)을 주고 아동의 정서반응을 보았을 때, 여아는 부정적인 감정을 더 잘 숨기고, 선물을 준 사람을 기쁘게 하려는 반응을 보이지만, 남아는 실망을 더 드러낼 뿐 아니라 실망을 숨기는 것이 더 유리한 경우에도 그렇게 하지 못했다(Davis, 1995).

또한 타인의 감정을 읽고 이해하는 능력도 여성이 우수한 것으로 지적된다. 사진을 보고 타인의 감정을 파악하게 했을 때 여성들은 감정을 정확히 파악했지만, 남성들은 정확하게 지각하지 못했다. 또한 남녀의 표정이 행복인지 슬픔인지를 판단하게 했을 때, 행복감 읽기에서는 남녀 차이가 없지만 슬픔을 파악하는 데는 성차가 나타나 여성들은 남녀 모두의 슬픔을 90% 정확하게 지각하나 남성들은 여자의 슬픔을 70%만 감지했다는 보고도 있다. 특히 슬픔의 경우에 여성들은 타인의 슬픔을 잘 이해하고 감정이입을 잘하며, 슬픈 추억을 하게 했을 때 더 많은 기억을 했다.

(3) 공격성

공격성은 타인에게 해를 입히려고 하는 모든 행위를 말한다. 행동의 성차가 가장 분명하고 큰 영역이 공격성의 영역이다. Maccoby와 Jacklin(1974)은 개관연구를 통해 남자들이 모든 문화권에서 여자보다 더 공격적이며, 사회화가 이루어지기 전부터 남아가 여아보다 더 공격적이라는 것을 밝혔다. 이러한 현상은 유인원에게서도 나타나며, 성 호르몬의 영향을 받는다는 것이다. 범죄율을 보더라도 어느 나라에서건 남성의 범죄가 전체 범죄의 80% 이상을 차지한다. Hyde(1984) 역시 75개의 연구를 개관한 결과 공격성의 많은 부분을 성별요인이 설명한다는 것을 발견했다. 특히 공격성 중에도 신체적 공격성에서 성차가 가장 크고 일관된 것으로 보고 있다.

그러나 신체적 공격성은 남성이 여성보다 강할지 모르지만, 그것을 매개하는 인지-정서적 과정은 여성과 남성의 차이가 없다는 것이 지적되고 있다. 사회화 과정에서 다소곳하고 부드러운 특성을 여성적 특성이라고 학습한 여성들은 자신들의 공격적 욕구를 사회적으로 용납되는 방식으로 표현하거나, 억압할 가능성이 있다고 보는 것이다. 따라서 한 개관연구에서는 남성이 여성보다 공격적이라는 결론에 도전한다(Bjorkquist, 1994). 사실상 공격성의 유형은 다양할 가능성이 있으므로 남성이 더 공격적이라고 결론 내리는 것은 성급하며, 연구들이 무엇을 공격성으로 보느냐가 문제가 될 수 있다는 것이다. 따라서 연구는 공격성의 수준보다는 공격성의 유형을 다루어야 한다고 지적한다.

유치원과 초등학교 연령의 남아들은 차기, 찌르기, 때리기 등의 신체적 공격이 많지만, 여아들 역시 관계적이고 사회적인 공격성을 사용한다(Vasta, et al., 1999). Lagerspetz와 동료들(1994)은 공격성 자체에는 성차가 없지만 공격 방식에 성차가 있음을 밝히고 있다. 이들은 각 연령별로 언제 화가 나는지를 보고하게 하고 여러 행동들을 요인분석하여, 공격성을 직접공격, 간접공격, 퇴각행동으로 분류하였다. 직접공격에는 대상을 향해 수행되는 신체적 공격과 언어적 공격이 포함되고, 간접공격에는 다른 사람으로 하여금 자신의 공격의도를 대신 시도하도록 하거나, 공격하고자 하는 대상을 제외시키거나 고립시키는 방식으로 사회망을 조작하는 것이 포함되었다. 연구 결과, 일반적으로 남아들은 여아보다 직접공격을 사용하고, 여아는 간접공격이나 분노유발 상황에서 조용히 물러나는 퇴각행동을 보였다. 이러한 성차의 추세는 8세에는 약하지만, 나이가 들어가면서 여아는 밀착된 우정집단을 형성하여 사회 환경을 조작하는 방식의 간접공격을 더 많이 사용하게 되었다. 15세에 이르면 남아는 신체적 공격이 많고 여아는 간접공격이나 퇴각이 많지만, 언어적 공격에서는 성차가 없어졌다. 그러나 청년기에 들어서게 되면 남성집단도 신체적 공격의 사용률은 매우 낮아져 여성집단과 비슷해졌으며, 간접공격이 증가했다. 이러한 결과는 공격성의 성차는 표현양식의 차이에서 비롯될 수도 있음을 지적한다.

(4) 사회적 영향

남녀는 사회적 영향력을 행사하는 방식에서 다르다는 것이 밝혀져 왔다(Maccoby, 1995). 타인에게 어떤 일을 하도록 영향을 미치거나, 갈등을 풀려는 시도에서 남아들은 일반적으로 신체적인 힘을 사용하는 경향이 높은 반면, 여아들은 언어적으로 설득하려 하거나, 때로는 갈등상황을 피하거나 자신이 포기해 버리는 경향성이 있었다(Sheldon, 1992). 또한 갈등을 풀기 위해 무엇을 시도하는지를 문장완성 검사로 알아보았을 때, 남아들은 폭력을 통해 갈등을 풀려고 하지만, 여아들은 타협과 합리성으로 갈등을 풀려는 경향성이 높았다(Pierce & Edwards, 1988).

2. 성 역할 발달이론

이상에서 성차가 어떤 식으로 나타나는지를 알아보았다. 그렇다면 성차는 어디에서 비롯되는 것이며, 성 역할은 어떻게 발달하는 것인가? 이와 관련된 이론들을 대략적으로 살펴보기로 한다.

1) 생물학적 이론

이 이론은 가장 전통적인 접근으로, 진화와 생물학적 과정이 성차와 성 역할 발달의 원인이라고 본다(Buss, 1995). 이중 태내 호르몬 이론은 남성과 여성의 차이는 태아기 때 어떤 호르몬의 영향을 받았느냐에 의해 결정된다고 본다. 태내에서 태아가 자라나는 동안 테스토스테론에 노출되었느냐의 여부가 성기 발달뿐 아니라 뇌의 발달, 공격성이나 공간지각 능력에 영향을 미쳐, 일생동안 지속된다는 주장이다. 이 입장에서는 남녀의 호르몬의 차이와 뇌의 기능적인 차이가 남성과 여성의 차이의 원인이라고 본다. 한편 진화론이나 사회생물학 이론에서는 남성과 여성은 다른 동물들과 마찬가지로 성적인 생식에서 각기 매우 다른 역할을 담당하기 때문에 성차가 발생했다고 본다. 남녀는 자신의 유전자를 세대에 걸쳐 전이시키기 위해 성적 선택과 생식의 방략을 다르게 발전시키게 되었다는 것이다. 즉, 남성들은 생식투자에 많은 부담이 없기 때문에, 자신의 유전자를 더 많은 여성들과의 관계를 통해 퍼뜨리기 위해 공격적이고 주장적인 행동을 하게 되었고, 반면 생식투자에 부담이 있는 여성들은 가장 좋은 유전자를 가진 남성을 만나 좋은 자녀를 낳고 양육하기 위해, 조심스럽고 수동적이며 양육적인 특성을 갖게 되었다고 주장한다. 이 이론들은 남녀는 진화과정과 생물학적 과정을 통해 본질적인 차이를 가지고 태어나게 되었다고 본다.

2) 정신분석이론

프로이트의 정신분석이론에서는 남성과 여성의 성격차이는 발달과정을 거치면서 동일시 과정을 통해 나타난다고 보았다. 특히 프로이트는 발달 단계 중 세 번째 시기인 남근기에 성적인 욕망과 관련하여 오이디푸스 갈등을 겪으면서 남성과 여성의 차이가 발생한다고 보았다. 남아는 남근 자위를 하게 되면서 어머니에 대해 가졌던 초기의 사랑이 변질되어 어머니를 성적인 대상으로 생각하게 되고, 아버지를 질투하고 경쟁하게 된다. 그러나 아버지가 쉽게 어머니를 포기하지 않을 것이라는 것을 깨닫고, 아버지를 향한 미움은 아버지에게로 투사되어 아버지가 자기를 미워하여 보복할 것이라고 생각하면서, 거세불안을 가지게 된다. 이러한 거세공포를 줄이기 위해 남아들은 어머니에 대한 성적인 욕구를 억제하고, 아버지를 동일시한다. 아버지 동일시를 통해 남아는 남성적 특성과 행동, 가치관을 배우게 되며 초자아를 발달시킨다. 이와 같이 초자아란 아버지의 가치체계를 내면화하는 것이므로 가부장적인 사회적 양심이라고 볼 수 있다.

반면 여아는 남근에 해당하는 음핵을 가지고 자위를 하다가 자신의 음핵이 남성의 음경과 다르다는 사실을 발견하면서 처음에는 자신에게 음경이 없다는 사실을 부인하지만, 결국 자기뿐 아니라 어머니를 포함한 다른 여성들도 음경을 갖지 않았다는 것을 받아들이면서, 남근성욕의 기쁨은 사라지고, 음핵 자위를 포기하고 음경을 선망하게 된다. 프로이트는 여아가 사랑의 대상을 어머니에서 아버지로 전환하는 것은 자신의 거세를 인식하고, 자신의 결핍을 보충하기 위해서라고 보았다. 여아는 아버지를 기쁘게 해 드리고 싶은데, 아버지 역시 여성적 행동을 격려하기 때문에, 어머니를 동일시하고, 여성적 특성을 통합하면서, 성 유형화가 간다는 것이다.

이와 같이 프로이트는 초기 가족관계와 아동기의 중요성을 강조하고, 해부학적인 측면이 성격에 영향을 미친다고 강조하면서, 성격의 성차가 성기의 차이에서 비롯된다고 보았다. 그러나 많은 연구자들은 프로이트의 이러한 주장에 의문을 제기한다. 남아의 아버지 동일시가 거세공포에서 비롯되는 것으로 가정하였지만, 남아들은 위협적이고 처벌적인 아버지보다는 따뜻하고 양육적인 아버지를 더 동일시한다는 것이다(Bem, 1989). 또한 4~6세 아동들은 남녀의 생식기의 차이를 모르기 때문에 거세공포나 음경선망을 정말 갖고 있는지에 대한 의문도 제기된다. 그리고 여성들이 남성을 선망하는 것은 음경을 선망하는 것이 아니라 사회에서 상징화된 남성세력을 선망한다는 사실이 밝혀지고 있다.

3) 사회학습이론

사회학습이론에서는 문화가 남녀에게 허용하는 행동이 무엇인지에 대한 메시지를 경험하고 내면화하면서, 성 정체감이나 성 역할이 획득된다고 생각한다. 사회학습이론에서는 성 유형화된 행동은 강화의 원리나 관찰학습의 원리를 통해 학습되는 것이라고 본다.

Mischel(1966)은 남녀의 행동에 대해 차별적인 보상이 주어지기 때문에 성 유형화된 행동을 학습하는 것으로 보았다. 즉, 성별의 발달에는 행동에 따르는 결과가 중요하고, 따라서 자극 간의 연합, 보상과 비보상, 처벌, 변별, 일반화, 대리 강화와 같은 학습원리가 중요하다고 보았다. 어른들은 아이들이 성에 적절한 놀이를 할 때에는 격려하지만, 성에 부적절한 놀이를 할 때에는 아무 말도 하지 않거나 통제를 하는 듯한 몸짓을 보인다(Leaper, Leve, Strasser, & Schwartz, 1995). 이러한 현상은 어머니들보다는 아버지들에게서 더 강하게 나타나며, 아이가 어릴 때 더 강하다고 지적된다. 즉, 아이들이 부모에게 가장 의존적인 유아기에 부모는 가장 성 고정관념적인 강화를 제공하는 것이다. 이러한 강화조건 속에 자라면서, 아이들은 자기 성에 적절한 옷차림과 행동이 무엇인지를 익혀가게 된다. 아이들이 동성끼리 어울려 노는 현상은, 사회가 남녀에게 다른 보상체계를 가지고 있기 때문에, 같은 보상체계 속에 들어 있는 아이들이 놀이를 하는 것이라고 본다.

사회학습이론의 다른 중요한 학습기제는 관찰이다. 관찰학습의 입장에서는 성 유형화는 직접 강화뿐 아니라 다양한 동성 모델의 태도와 행동을 관찰하면서 이루어진다. Bandura(1989)에 따르면, 아동은 수동적인 모방자가 아니라, 언제 행동을 모방하고, 누구의 행동을 모방할 것인지를 선택하는 참여자이다. 아동은 자신의 성별을 명명하면서부터 자신과 같은 명칭을 갖는 사람들을 더 주의 깊게 관찰하고, 동성의 정보에 비중을 두고 기억하며, 자신에게 맞는 행동들을 실행한다. 텔레비전의 폭력장면의 노출효과에 대한 연구들에서는 폭력에의 노출이 남아의 공격행동은 증가시키지만 여아의 공격행동을 증가시키지는 않았다는 결과들을 발표하고 있다. 그 이유는 폭력장면에 남성모델은 많지만, 모방할 만한 공격적인 여성모델이 거의 없을 뿐 아니라, 여성모델이 나오더라도 희생자나 수동적인 관찰자로 제시되는 경우가 많으므로, 여아는 공격행동에 대해 혐오적인 결과를 연합시키고 그런 행동을 할 가능성은 줄어든다는 것이다. 즉, 아동들은 남녀의 다양한 행동들을 보면서 기억하지만, 동성의 행동을 더 잘 기억하며, 또한 자신이 그러한 행동을 했을 때 사회적인 반응이 어떨지를 예측하면서 자신에게 맞는 행동이 무엇인지를 따져서 행동한다고 본다.

4) 인지발달이론

Piaget, J. Kohlberg(1966)는 피아제의 인지발달이론을 성 유형화 과정에 적용하여 설명하였다. 그는 성 유형화의 기초가 되는 사회적 세계에 대한 인지구조는 물리적 세계의 인지구조와 마찬가지 원리로 발달해 간다고 보았다. 즉, 아동이 자신의 물리적 세계를 적극적으로 구조화하듯이 사회적인 세계에 대한 인지구조도 적극적으로 구조화하며, 성 정체감이나 성 유형화의 발달은 그 결과라고 본다.

인지발달이론에 의하면, 성 개념 중 가장 처음 획득하는 개념은 성 정체감이다. 성 정체감은 자신과 타인이 여자인지 남자인지를 아는 것으로, 성 정체감 형성에는 사람들을 남자, 여자로 분류하는 안정적인 성별 범주 획득이 필요하다. 아동은 초기에는 자신에 대해서만 남자, 여자라고 구분한다. 두세 살 된 아기는 자기가 여자인지 남자인지를 분명하게 말하게 되다가 점차 타인에게로 확대된다. 타인에 대한 성별 범주의 판단은 남녀의 물리적인 차이의 판단에서 비롯되고, 따라서 성인의 경우가 더 분명한 단서들을 제공하므로 초기의 성 개념은 성인분류에서 비롯되다가 아동에게로 이어진다. 성 정체감의 형성은 남녀에 대한 정보를 조직하고, 태도를 형성케 하는 기초가 된다. 아동은 자신을 남자나 여자로 분류하는 것을 배우면서 자신의 성 정체감과 일치하는 것을 좋아하게 된다.

성 정체감이 약 3세에 획득되지만, 아동은 남자와 여자를 옷이나 머리, 놀이형태와 같은 지각적이고 표면적인 특징들에 의해 구분하지, 남녀가 성기에 의해 구분된다는 것은 알지 못한다. 따라서 3~4세 아동은 자기가 원하면 옷을 바꿔 입거나 머리모양을 바꿈으로써 다른 성이 될 수 있다고 생각한다. 그러나 아동이 구체적 조작기로 들어서면서 사고가 발달하여 보존개념이 생기게 되면, 성에 대한 이해도 달라져 성 안정성이 발달하게 된다. 즉, 자신은 어른이 되어서도 계속해서 여성이나 남성일 것이라는 사실을 알게 된다. 이후 성 항상성을 이해하게 되면서, 아동은 옷이나 활동, 머리모양이 바뀌어도 성별은 바뀌지 않는다는 것을 알게 된다. 즉, 아동은 6~7세가 되면 남자와 여자가 성기의 차이에 의해 구분되는 것을 알면서, 외적인 모양이 달라져도 남녀의 성은 항상적이라는 것을 알게 되는 것이다.

성별은 사회정보를 안정적이고 유의미하게 조직케 하는 인지구조이므로 아동은 주변의 남성, 여성의 활동과 사회적 역할을 관찰하면서 사회의 성 고정관념을 배운다. 아동은 여러 군데서 정보를 수집하여, 특정 개인의 표현형태보다는 남녀의 우세하고 대표적인 형태를 중심으로 개념을 형성한다. 콜버그는 인지발달에 따라 고정관념적 사고가 달라져 곡선적 형태의 발달을 띤다고 예언한다. 성 고정관념은 초기에는 나타나지 않지만, 전조작기 동안에는 성 정체감 발달과 더불어 성 고정관념이 엄격해지다가 구체적 조작사고가 형성되어 성 항상성을 알게 되면 성 고정관념 경향은 감소된다는 것이다. 즉, 성 항상성이 발달되지 않은 전조작기에는 남자아이가 여자 옷을 입는 것과 같은 성 고정관념을 벗어난 행동은 잘못된 것이라고 생각하지만, 성 항상성이 발달되어 아동이 옷, 행동 같은 표면특성이 성별에 중요하지 않음을 깨달으면 성별 변화 없이도 표면적 변화가 있을 수 있다는 것을 인지적으로 이해한다. 또한 구체적 조작사고는 남녀가 같이 소유하는 특성들이 있을 수 있음을 이해하게 하면서 융통성 있는 사고를 가능케 한다. 따라서 성 고정관념은 2~7세에 증가하나 7세 이후에는 유연해진다는 것이다.

그러면 왜 아동은 성 유형화된 특성들을 채택하는가? 콜버그는 그 기본 동기로 정서적 동기를 들고, 자아 일관성과 자존심 때문이라고 본다. 아동은 자신이 남자나 여자라는 것을 알게 되면서 자신의 성 정체감과 연결되는 것에 흥미를 보이게 되고 좋아하게 된다. 특히 유목화 능력이 발달하면서 범주개념이 확고해져, 자신이 남자나 여자라는 범주에 속하고, 그것이 변화할 수 없는 속성이라는 것을 깨닫게 되면, 자신과 같은 성 범주에 속하는 사람들과 그들의 행동에 더 가치를 두면서 자아존중감을 가지게 되고, 그들과 비슷한 행동을 하면서 자아 일관성을 유지하게 된다. 아동들은 자아정체감을 유지하기 위해서 성에 적합한 행동을 배우게 되고, 성에 적합한 물건들에 가치를 두게 되는 것이다.

5) 성 도식이론

성 도식이론에서는 인생 초기에 아이들은 "남자"와 "여자"에 대한 도식(schema)을 발달시키고, 이것이 성 유형화에 영향을 미친다고 보았다. 도식이란 피아제가 인지구조에 대해 사용했던 명칭으로서, 대상이나 사건, 사회적 상황들을 표상하는 지식 덩어리이다. 성 도식은 우리가 환경으로부터 얻은 정보를 조직하고 분류하려는 생득적인 경향성과 더불어 우리 문화가 성별을 이분화하고 상호 배타적인 것으로 강하게 강조하기 때문에 발전시키게 된다.

Bem(1993)은 성 도식의 학습은 아주 초기부터 일어나며, 이 도식이 개인의 성 유형화에 영향을 미친다고 본다. 아동은 사회의 성 도식을 학습하게 되면서 어떤 특성이 자신의 성과 관련되는지를 배우게 되고, 여러 차원의 특성들 중에서 자신의 성에 적절하다고 정의된 것만을 선택해서 자신에게 적용한다. Martin과 Halverson(1987)은 아동이 2~3세에 기본적인 성 정체성을 획득하자마자 성 관련 정보를 성별 도식에 통합하게 된다고 보았다. 아동은 자기 성에 적합한 것은 무엇인지를 배우면서 내집단/외집단 도식을 습득하고, 자기 성에 해당하는 물건들이나 행동들, 동성의 사람들을 더 좋아하게 되는 자기 성 도식(own sex schema)을 구성한다. 일단 성 도식이 발달하게 되면, 이것을 자신의 선호도, 태도, 성격을 비교하고 평가하는 기준으로 삼아 태도와 행동을 수정해 나가면서, 성 유형화되어 간다. 또한 성 도식은 아동이 정보처리를 하면서 추론을 할 때 영향을 미치게 된다. 간호사가 주사를 놓았다는 말을 들으면, 아동들은 여자 간호사가 주사를 놓았다고 추론을 하게 된다.

최근에 Hannover(1999)는 Ruble(1994)의 전환단계모형을 적용하여, 성 도식이론을 세련화시켜 자아 발달을 설명한다. 성별과 관련된 자아구성의 첫 단계는 구성 단계(construction phase)로, 성과 관련된 지식을 형성하는 단계이다. 아동들은 자기를 성별로 정의 내리기 전에, 성 고정관념과 같은 지식을 먼저 획득하여 도식을 형성한다. 두 번째 단계는 응고화 단계(consolidation phase)로서, 성 정체성과 성 항상성이 획득되고 나면, 아동들은 자기 성에 국한된 정보에 주목하고, 그런 정보들을 중요하게 다루게 된다. 세 번째 단계는 통합 단계(integration phase)로서, 아동이 좀더 융통성 있는 사고를 하게 되면서, 성 불일치 정보도 자아에 통합시키게 된다.

성 도식이론가들은 성 유형화된 행동의 출현은 개인이 사회적 환경에서 전달되는 성 고정관념을 자신의 자아도식에 통합하는 것과 관련시킨다. 특히 부모나 사회가 고정형적으로 아동에게 기대하는 바는 자신의 능력에 대한 신념에 영향을 미치고, 그와 관련된 행동을 하도록 유도한다.

3. 성차와 성 유형화에 영향을 미치는 요인

이상에서 우리는 성차는 무엇이며, 성 유형화 과정을 설명하는 이론들은 어떠한 것들이 있는지를 살펴보았다. 그렇다면 어린 아동들은 왜 자신의 성별과 관련된 행동을 좋아하고 선택하며, 성차를 보이게 되는 것인가? 대부분의 발달심리학자들은 성 유형화에 생물학적, 인지적, 사회적 과정 모두가 함께 작용한다고 본다(Vasta, Haith, & Miller, 1999). 그렇다면 어떻게 이러한 것들이 성 유형화에 영향을 미치게 되는 것인가? 본 절에서는 성차와 성 유형화에 영향을 미치는 요인들에 대해 살펴보고자 한다.

1) 생물학적 요인

(1) 성 염색체

인간의 발생은 정자와 난자가 만나서 합쳐진 수정란이 분할되는 것에서부터 시작된다. 생식세포인 난자와 정자는 감수분열을 통해 만들어진 23개의 염색체를 가진 세포이다. 이 중 23번째 염색체는 성염색체로서, 난자는 X염색체만을 갖지만, 정자는 X를 가진 것이나 Y를 가진 것 두 종류로 구성되어 있다. 인간의 성은 배란된 난자가 정자를 만나 난자핵과 정자핵이 합쳐지는 순간 성 염색체의 배합에 의해서 결정되는 것으로 생각되어 왔지만, 그렇게 간단하지는 않다.

Y염색체 안에는 고환결정요소(TDF; Testis Determining Factor), 또는 성 결정부위(SRY)가 존재한다. 그 부위는 임신 6주에 남자로 자라라는 신호를 보내게 되

고, 그 신호는 원시생식선을 변화시켜 고환으로 만든다. 고환이 만들어지면 Y염색체는 더 이상의 역할이 없다. 원시생식선(gonad)은 모든 배아가 가지고 있는 양성의 잠재력을 가진 조직으로서, Y염색체의 신호가 없는 경우 X염색체는 10~12주에 원시생식선이 난소로 발달하도록 만든다. 이 시점부터 성차는 주로 고환과 난소가 분비하는 호르몬에 의해 주도된다.

X염색체는 비교적 크고, 성장과 기능을 주도하는 많은 유전자를 가지고 있는데 비해, Y염색체는 작고 유전물질도 더 적다. 성 염색체, 특히 X염색체에서만 발견되는 유전자들이 있는데, 이를 X-유전자라고 한다. 유전 원리에 의하면, 열성 유전자를 한 부모에게서 받았으면 동일한 열성 유전자를 다른 부모에게서도 물려받아야 발현하게 된다. 그러나 X-유전자의 경우, 여성은 부모 모두에게서 열성유전자를 받았을 때 발현하지만, 남성들은 X염색체를 하나만 갖고 등가의 염색체가 없기 때문에 한 부모에게서 열성 유전자를 받은 경우에도 발현하게 된다. X염색체에는 2,500개에서 5,000개 정도의 유전자가 들어 있다고 알려졌고, 그중 200개 이상이 질병요인(색맹, 혈우병, 근육위축병 등)과 관련된다고 알려지고 있다. 따라서 이런 질병들에 남자들이 취약하다.

또한 X염색체는 뇌구성과 관련되는 것으로 알려지고 있다. X염색체 내의 DNA 중에 L1이라는 유전인자가 뇌합성을 돕는데, 이것이 손상된 경우 뇌수종, 뇌실거대증, 거대뇌증, 뇌량축소증, 정신지체 등을 야기시킨다는 것이 밝혀졌다. 또한 최근의 유전연구들은 원인 모를 정신지체 중 40~50% 정도가 L1 결함이라는 것을 발견해 냈다. 한편 X염색체의 끝이 취약한 상태인 경우(fragile X) 에도 정신지체를 보인다. 이와 같이 X염색체가 뇌구성과 관련되므로, 아들의 지능은 어머니의 영향이 크다고 주장을 하는 학자들도 있다. 아들의 경우에는 어머니로부터 물려받은 X염색체 내의 뇌 구성과 관련된 유전인자가 상쇄할 등가의 염색체가 없으므로 모두 출현하게 된다는 의미이다.

(2) 호르몬

일단 고환과 난소가 만들어지면, 호르몬들이 분비되기 시작한다. 남성과 여성의 차이는 태아기 때의 호르몬 분비에 많은 영향을 받는다. 태내에서 배아가 자라나는 동안 호르몬의 분비는 성기 발달뿐 아니라 뇌의 발달, 공격성이나 공간지각 능력에 영향을 미쳐, 일생동안 지속된다고 주장되기도 한다.

남아의 경우 임신 3~4개월이 되면, 고환에서 테스토스테론이 분비되고 그 영향으로 음경과 음낭이 성장하게 된다. 테스토스테론이 안 나오거나 테스토스테론에 둔감한 신체적 특성을 띤 경우 태아는 여성 외부 생식기인 음순과 음핵을 발달시키게 된다. 여성의 난소에서 분비되는 에스트로겐과 프로제스테론은 사춘기까지는 성차에 주요 역할을 하지 않는다. 이러한 법칙을 아담의 법칙이라고 한다.

태아기 동안 안드로겐이나 테스토스테론은 생식기 발달뿐 아니라 인지능력이나 행동에 영향을 미친다고 지적된다. 선천성 아드레날린 과다생성(congenital adrenal hyperalsia; CAH) 아동은 어머니가 유산을 방지하기 위해 복용한 약이 인체 내에서 테스토스테론으로 전환되어, 태아기 때에 테스토스테론에 과다노출된 경우인데, 이런 경우 여아는 남성화된 생식기를 가지고 태어나게 된다. 이들은 생식기 수술을 받고 여성으로 자라나면서 성 정체성에는 아무 문제가 없지만, 남자아이들과 더 잘 놀고, 남성 장난감을 선호하며, 말괄량이 짓을 더 많이 하며, 일반 여성보다 공간능력이 더 우수하다는 것이다(Money & Ehrhardt, 1972; Kimura, 1992). 즉, 공격성과 공간지각 능력은 테스토스테론의 영향이 크다는 것이다. 그러나 이런 여아들은 신체의 남성화를 막기 위해 코티손 치료를 받고 있었기 때문에, 이러한 행동의 경향성이 태내 호르몬 효과 때문인지, 코티손 효과인지는 알 수 없다.

또한 태내 호르몬은 뇌의 구조화에 영향을 미친다고 주장되고 있다. 뇌의 시상하부는 성 패턴과 남녀의 주기적인 호르몬 분비와 관련되는데, 태내 호르몬이 뇌의 시상하부 조직에 영향을 미쳐 성행동 패턴과 호르몬 분비의 주기성의 성차를 야기하는 것으로 알려져 있다. 또 한편 남성들의 경우, 태아기 동안의 테스토스테론의 분비는 좌반구의 발달을 지연시켜 양반구의 기능분화를 일으킨다고 주장된다. 따라서 영아기에 나타나는 오른쪽 선호현상이 여아에게서는 나타나지만 남아에게서는 나타나지 않는다는 것이다. 이런 이유로 남성의 경우 뇌의 양반구의 기능분화가 분명하여, 좌반구에서는 언어처리를 우반구에서는 공간적 처리를 하지만, 여성들의 경우는 기능분화가 이루어지지 않아 언어를 처리할 때 양반구가 모두 활성화되며, 좌반구와 우반구를 이어 주는 뇌량이 발달되어 있다고 밝히고 있다. 그러나 인간의 뇌는 가소성(plasticity)이 있기 때문에, 이러한 성차는 태내 호르몬의 영향만으로 설명하기는 어려워 보인다. 남녀에게 요구되는 역할과 정보처리 양상이 뇌의 발달에 영향을 미쳤을 가능성이 있기 때문이다.

2) 부모의 영향

일반적으로 부모들이 임신 때부터 아기를 출산할 때까지 가장 관심을 갖는 부분은 아기의 성별이다. 이런 관심은 아기가 태어난 순간부터 작동하여 여러 가지 방식으로 다르게 아기를 대하게 만든다. 부모들은 자기들이 딸과 아들을 다르게 다룬다고 생각하지 않는다. 그렇지만 부모들은 신생아를 보는 순간 아들은 강하고 심각하다고 지각하지만 딸은 부드럽고 섬세하다고 지각하며, 아기의 성별이 대화의 중심에 놓게 된다. 일단 아기가 집에 오면 아기의 환경은 성별을 기초로 제공된다. 이불이나 옷, 장식 등의 색깔이나 장난감, 등이 남아와 여아 간에 차이가 난다. 아들과 딸에게 각기 다른 색깔의 옷을 입히므로 나타난 외적 조건은 각기 다른 반응을 끌어내게 만든다. 한 연구에서는 쇼핑센터에 데리고 나온 1~3개월 된 아기들을 관찰한 결과 여아의 75%는 분홍색 옷을 입거나 분홍색 장난감을 가지고 있었으며, 남아의 70%가 파란색 옷이나 장난감을 가지고 있었다. 아동이 어떤 옷을 입고 있는가는 아동에 대한 지각을 바꾸고, 그에 따른 기대와 반응을 변하게 한다. 11개월 된 여아들에게 한 명은 레이스 달린 드레스를 입히고, 다른 한 명에게는 노란색이나 파란색 바지를 입혔을 때, 사람들은 드레스 입힌 아이에게는 예쁘고 행복하다는 반응을 보이는 반면, 바지를 입은 아이에게는 무겁다, 강하다는 반응을 하였다.

2세 이전에는 남아와 여아 간에 행동의 성차가 거의 없지만, 인생 초기에 부모나 성인들은 남녀 아기들에게 성 차별적인 반응을 보인다. 부모들이 아기와 갖는 상호작용은 인생 초기부터 아들과 딸에게 다르다. 부모들은 초기에는 아들에게는 더 많이 안아 주고 만져 주는 근접자극을 주지만 딸에게는 말하고 멀리서 쳐다보는 원거리 자극을 준다(Caplan & Sedney, 1988). 그러나 이러한 부모의 반응은 1세경에 변화가 생겨 딸은 점점 더 많이 안아 주는 근접자극을 주게 되고 아들은 덜 안아 주게 된다. 이런 현상은 몇 가지로 설명된다. 초기에 남아들은 기질적으로 더 많이 울고 쉽게 그치지 않으므로 더 많이 안아 주게 되고, 안아주어도 쉽게 달래지지 않는 아들에게 강화를 받지 못한 어머니들은 점차 더 이상 안아 주지 않게 된다는 것이다. 또한 어머니들은 딸보다는 아들에게 일찍부터 자율성과 독립성을 키워 주기를 원하기 때문에 더 이상 근접자극을 주지 않게 된다. 반면 여아의 경우 초기에 가장 신체접촉이 필요한 시기에 충분한 접촉을 받지 못하므로 안정애착을 형성하지 못하고 점점 더 어머니에게서 떨어지지 않으려 하고 의존적이 된다는 것이다. 앞에서 보았던 탐색행동의 성차는 초기의 어머니와의 접촉과 관련된 애착의 문제에서 비롯될 수 있다. 즉, 남아는 어린 시기부터 자율성을 훈련받으면서 간섭 없는 탐색행동을 선호하는 데 비해, 여아는 어머니와 떨어지는 데 대한 불안이 탐색행동을 하면서도 나타나는 것이다. 또한 부모의 남아와 여아에 대한 성차별적인 반응, 즉 원거리 자극과 근접 자극의 차이는 여아와 남아에게 제공되는 청각자극과 시각자극에 차이를 야기한다고 지적된다. 즉, 인생 초기부터 여아는 청각자극, 언어자극에 노출되는 데 비해, 남아는 어머니와의 접촉에서 비롯되는 시각자극에 더 많이 노출된다는 것이다. 게다가 부모들은 아들에게는 기고 걷는 몸 움직임을 강조하고, 신체적 자극을 더 많이 주는 반면, 딸에게는 더 많이 말을 걸고 아기의 말소리를 흉내내며, 소리교환을 많이 한다(Leaper, Anderson, & Sanders, 1998). 그렇다면 공간지각능력과 언어능력의 성차 역시 이러한 초기 자극의 차이에서도 영향을 받았을 가능성이 있다.

또한 어머니가 아기에게 젖먹이는 시간을 관찰한 한 연구에서는 남아와 여아의 수유시간에 큰 차이가 남을 발견하였다. 2개월 된 남아가 젖을 먹는 데 45분이 걸리는 반면 여아는 25분에 불과하다는 것이다. 여아는 수유횟수도 적었고, 수유 시간도 짧았다. 6개월이 되었을 때 여아는 우유병으로 우유를 먹는 데 8분 걸렸지만 남아는 15분이 걸렸다(쇼이, 1990). 이러한 현상은 아기가 젖을 먹으면서 쉬는 시간과 빈도, 빨고 삼키는 역학과 관련되는데, 어머니들이 젖을 먹는 도중에 쉬도록 자유를 허용하는 데서 차이가 있기 때문이라고 지적된다. 즉, 어머니들은 아들에게는 아기의 리듬과 욕구에 의해 젖을 먹도록 허용하는 데 비해, 딸에게는 아기들이 쉴 때 몸을 자극하거나 뺨을 자극해서 젖을 빠는 시간을 어머니의 리듬에 맞추도록 만든다는 것이다. 즉, 어머니는 자신도 모르는 사이에 남아의 자율성을 존중하고 장려하지만, 여아에게는 다른 사람에게 순종하고 종속될 것을 강요한다.

2세 이후가 되면, 부모의 성 차별적 반응은 더욱 심화되어, 부모들은 자기 아기가 성 적절한 놀이와 활동을 하면 격려하지만 반대 성의 행동을 하면 부정적으로 반응하게 된다. 어머니들의 언어반응 연구에 의하면, 어머니들은 여아가 여성적인 장난감을 가지고 놀 때 암묵적인 방식으로 빈번히 지지발언을 하였다(Yoder, 1999). 또한 부모가 남녀아기에게 제공하는 장난감은 아주 차이가 나서, 성 고정관념적인 게임이나 활동을 할 수 있는 장난감을 제공한다. 특히 크리스마스 선물을 줄 때 여아들에게는 종종 남성적 장난감을 주기도 하지만, 남아들에게 여성적인 장난감을 주지는 않는다. 또한 부모나 성인들은 남아들이 여자같이 굴 때 더 부정적인 반응을 하고 인정하지 않지만, 여아들이 남자같이 행동하는 것은 비교적 허용적이다. 따라서 여아들은 남성적인 활동에도 거의 방해를 받지 않기 때문에 행동의 범위가 넓은 반면, 남아들은 성에 적합한 행동을 더 강요당하고, 따라서 더 남성적인 행동을 하게 된다. 이러한 현상은 아주 어린 아동들에게서부터 시작된다. 그리고 부모들은 남아의 경우 더 혼자 놓아 두는 경향이 있고, 아이들이 도움을 요청할 때, 딸은 잘 도와주고 긍정적으로 반응하지만 아들에게는 스스로 문제를 해결하도록 만들었다. 즉, 인지능력이 발달하기 전에 외부자극을 통해 세상을 배워 가는 아주 어린 시기에, 아동이 부모로부터 받는 남녀에 대한 차별적인 대우는 아동의 성 역할 학습에 매우 중요한 영향을 미친다. 이러한 차별적인 반응은 아버지들이 어머니보다 더 강하게 드러내며, 따라서 아버지들이 더 성 역할을 강조하는 젠더의 전달자라고 지적되어 왔다.

앞서 보았던 여러 성유형화 이론들은 동성의 부모를 동일시하는 과정을 통해 성 역할을 길러간다고 보았다. 이를 지지하는 연구들은 아버지가 직장에 나가고, 어머니가 집에서 가사를 담당하게 될 때 아동들은 부모의 역할을 관찰하고 흉내내면서 성 고정형적인 역할을 습득하게 되지만, 어머니가 직장에 나가고 아버지가 가사에 참여하는 평등적인 가정의 경우 아동의 성 유형화 현상은 줄어든다는 것을 밝혀 왔다. 그러나 최근의 연구는 어머니의 취업 여부 자체가 중요한 것이 아니라 어머니의 직업 특성이 중요하다고 밝힌다. 어머니가 높은 지위의 직업이나 남성적 직업을 가진 경우 아동의 성 역할 태도는 보다 융통성이 있지만, 어머니가 여성적 직업을 가진 경우에는 다른 여아들보다 더 고정형적인 태도를 가진다는 것이다(Powlishta, Sen, Serbin, Poulin-Dubois, & Eichstedt, 2001). 또한 최근의 연구들은 부모의 성 고정관념적인 태도가 아동의 행동과 수행에 영향을 미침을 밝히고 있다. 전통적인 성 역할 태도를 가진 부모 아래 자라난 여아들은 남아들보다 아기들에게 더 많은 관심을 보이고 양육적인 태도를 더 많이 나타내고(Blakemore, 1998), 평등주의 가정에서 자라난 여아들보다 점점 수학과 과학의 성적이 떨어진다는 것이다(Updegraff, McHale, & Crouter, 1996).

3) 학 교

학교에서 성 역할 사회화에 중요한 영향력을 미치는 사람은 선생님이다. 아동이 유아원이나 유치원, 학교에 입학하게 되면, 부모 못지않게 선생님들은 아동들의 성 역할에 영향을 미치게 된다. 선생님들이 아동에게 보이는 상호작용은 남녀에게 매우 다르다. 이는 놀이방에서부터 시작된다. 1세부터 2세까지 영아의 주장적 행동을 종단적으로 관찰한 연구에서는, 1세에는 사물을 쥐고, 차고, 밀치는 등의 주장적 행동에서 성차가 나타나지 않음을 발견했다. 그러나 놀이방 선생의 반응은 남녀에게 차이가 나, 남아의 주장적 행동에는 선생이 긍정적으로 반응하지만, 여아의 주장적 행동은 무시하는 반응을 보였다. 그 후 1년 뒤 동일한 장면에서 다시 동일한 아동들을 관찰한 결과 남아는 더 주장적이 되었고, 여아의 주장적 행동은 줄어들어 있었다(Fagot, 1985).

이러한 현상은 유치원, 초등학교로 이어져, 교사는 남학생들이 도구적이고 독립적일 때 칭찬하고 격려하지만, 여학생들은 친근하고 순응적일 때 좋아했다. 교사들이 가지고 있는 성 고정관념은 아동들을 칭찬하고 주의를 기울이고 격려하는 반응으로 나타나고, 이러한 반응은 아동을 성 유형화시키는 데 영향을 미친다. 연구들은 선생님들이 일반적으로 남학생들에게 더 주의를 기울이고, 여학생에게는 낮은 기대를 보인다고 지적한다(Yoder, 1999). 남학생들이 실수를 할 때 선생님들은 건설적인 피드백을 주고 다시 노력하도록 격려하지만, 여학생들의 실수에는 걱정하지 말라고 말한다. 또한 여학생들이 키가 크거나 몸집이 좋아 성 고정관념을 위배하는 모습을 가진 경우 선생님들은 그 여학생들을 능력이 떨어지는 것으로 평가하고 있었다. 여학생과 남학생은 처음에는 교실에서 의사소통 양식이 비슷하지만, 여학생들은 공손하게 말하는 것이 선생님으로부터 강화를 받고 남학생들은 주장적인 것이 강화를 받으면서 시간이 지날수록 극적인 변화를 보이게 된다(Maccoby, 1990).

학교의 구조와 제도, 교과서의 내용과 교과과정 등의 교육적 맥락 역시 큰 영향을 미친다고 지적되어 왔다. 교과서의 내용과 삽화는 많이 수정되기는 했지만, 암묵적으로 남녀의 역할을 강조하고 있고, 체육시간에 여학생과 남학생에게 다른 운동을 강조하며, 남학생과 여학생이 사용하는 학교의 공간에 차이가 있다. 또한 교사의 성비도 성 유형화에 영향을 미친다고 지적된다. 일반적으로 저학년일수록 여자 선생님들의 비율이 높고 학년이 높아질수록 남자 선생님의 수가 증가하며, 교장이나 교감 선생님들은 남자 선생님이 많다. 또한 고등학교, 대학교로 갈수록 남자 선생님의 수는 증가하고, 보다 중요한 과목들을 맡고 있다.

일반적으로 학교에 들어갈 때에는 여아들이 신체, 정서, 인지적인 면에서 모두 우수하고 학업에 잘 적응하고 공부를 잘한다. 그러나 여학생들은 학년이 올라갈수록 학업성적이 떨어지고, 자존감, 직업이나 미래에 대한 희망 등을 잃어간다. 그 이유는 단순하지 않지만 부분적으로는 교사의 성비와 태도에서 영향을 받을 수 있다. 유치원이나 초등학교 저학년 시기에, 일반적으로 여자 선생님들은 학교에서 공손하고 단정하고 깨끗한 것을 가치 있게 여기고, 그러한 특성들은 여아들에게 기대되는 특성이기 때문에 여아들에게 유리하다. 또한 여자 선생님들은 신체적인 활동이나 능동적인 학습방법보다는 언어로 표현하고 이야기를 듣는 교육방법을 선호하기 때문에, 여아들의 특성과 맞는다. 그렇지만 교사들은 남학생들에게 더 야단치기는 하지만 그들이 독립적일 때 더 관심을 기울이고, 긍정적으로 격려를 보인다. 그리고 고학년으로 갈수록, 여자 선생님은 줄어들고 남자 선생님의 비율이 늘면서, 선생님들의 교육태도도 달라져, 남학생들을 대상으로 과학이나 수학 과목을 가르칠 때에는 원리 중심으로 이해를 시키지만, 여학생들에게는 단순히 계산공식을 가르치고 적용하도록 가르친다. 이러한 현상은 고학년으로 갈수록 성취의 목표를 정할 때 반영되고, 보다 적극적인 학습이 필요할 때에는 남학생들의 수행이 여학생을 앞지르게 된다(Caplan & Sedney, 1988).

4) 또래친구들의 영향

친구들을 사귀기 시작하면서, 친구들은 중요한 영향을 미치게 된다. 그런데 아동들은 유치원 시기부터 성 고정관념을 위반한 친구들을 비난한다(Fagot, 1985). 한 연구에서는 3~6학년의 다양한 인종의 아동들 중에 누구와 친구를 하고 싶은지를 물었을 때, 아동들은 성 역할 행동을 위반한 아동보다 전통적인 성 역할을 수행하는 아동과 놀기를 더 원했다. 또한 McAninch 등(1996)은 7~12세 아동들에게 5학년 여학생이 남성적인 행동을 하는 비디오를 보여주고 행동평가를 하게 했을 때, 아동들은 그 여학생의 남성적 행동에 대해서는 긍정적으로 평가했지만, 그 여학생의 성격은 나쁠 것이라고 평가하고 있었다.

최근의 집단 사회화 이론에 따르면, 아동들에게 부모보다는 또래가 더 중요한 성 유형화의 전달자가 된다(Harris, 1995). 아동들은 또래집단을 더 중요하게 생각하고, 따라서 부모를 모방하기보다는 또래들을 일차적으로 모방하며, 또래집단의 규율을 수용하게 된다. 즉, 문화적 지식과 행동은 부모에서 아동으로 직접 전달되는 것이 아니라, 또래집단이 여과기의 역할을 하여, 친구들에게 수용되고 인정받는 행동들이 전달된다는 것이다. 따라서 인구밀도가 조밀하지 않아, 남녀아동이 함께 어울려 또래집단을 이루고 노는 사회에서는 성차가 줄어든다고 지적된다.

5) 대중매체의 영향

아동들은 TV나 동화책을 보면서 성 역할을 학습한다. 아동용 책에서 남성 등장인물은 여전히 도구적인 활동을 하는 반면, 여성들은 집안에서 활동하는 것으로 표현된다. 남성들은 주로 전문적 영역에서 일하고 중요한 결정을 내리고 지도자의 역할을 수행한다. 그러나 여성 주인공들은 젊고, 몸을 아름답게 꾸미고, 사랑스러우며, 집안일을 하거나 간호사나 여성적 직업에 종사하는 것으로 그려진다. 점차 변하고는 있지만, TV의 드라마나 토크쇼에서는 여전히 성 역할이 강조되고 있고, 아동용 프로그램에서도 성 역할이 강조되고 있다. 따라서 TV를 많이 보는 아동은 TV를 적게 보는 아동보다 성 유형화된 활동을 선호하고 성 고정관념이 더 많이 발달되어 있다. 메타분석 연구에서는 TV를 덜 보는 아동들이 성 역할에 대해 보다 융통성 있는 태도를 가진다고 지적한다(Signorella et al., 1993). 또한 캐나다의 소도시에서 시행된 자연관찰 연구에서는 텔레비전이 등장한 후 2년 만에 성 역할 태도가 더욱더 전통적으로 바뀌었음을 보여주었다(Kimball, 1986).

TV의 상업광고는 동일한 내용이 반복해서 제공되기 때문에, 더 잘 기억되고 아동들에게 영향을 미치는 강력한 힘을 갖는다. 반복노출 실험들에 따르면, 사람들은 무엇을 보았는지 의식하지 못하더라도 반복해서 노출당했던 자극들에 대해 선호도를 보인다. 최근의 연구들은 많은 나라들의 TV 광고에서 묘사되는 내용들이 거의 성 역할 고정관념을 적용하고 있다고 지적한다. 즉 남성들은 중심적인 권위적 인물로 그려지고, 중년기의 남성으로 등장하며, 외부에서 일하는 사람, 또는 자동차나 스포츠용품을 파는 인물로 그려지는 데 비해, 여성들은 상품의 사용자로, 집에서 일하는 사람으로, 젊은 여성으로, 목욕 용품을 파는 사람으로 그려진다.

아동들이 즐기는 비디오 게임이나 컴퓨터 게임에서 묘사되는 남녀의 모습 역시 전통적인 성 역할로 그려지고 있다. Dietz(1998)는 게임의 40% 이상에서 여성이 나오지 않으며, 여성들이 나오는 경우에도 피해자로 등장함을 밝히고 있다. 게임 중 15%에서만 여성이 주인공이나 적극적인 역할을 담당하는 것으로 그려지고 있는데, 이 경우에도 옷차림은 전통적으로 여성적인 모양과 색깔로 그려지고 있었다. 게임의 30%에서는 여성들이 성 대상으로 그려지고 있었고, 일반적으로 공격적인 게임일수록 여성에 대한 폭력이 많았다.

4. 성 유형화의 발달적 경향

성 유형화가 되어 가는 경향성은 세 가지 영역에서 살펴볼 수 있다. 첫째는 성 개념의 발달로, 남성과 여성을 범주화하고 자신의 성이 무엇인지를 알게 되는 과정이다. 두 번째는 성 역할 고정관념의 발달로서, 사회가 가지고 있는 고정관념을 여러 가지 과정들을 통해 습득하면서 성별지식이 공고해지는 과정이다. 셋째는 성 유형화된 행동의 발달로서, 자신의 성별과 관련된 행동과 수행을 선호하는 과정이다.

1) 성 개념의 발달

성별은 여러 가지 인간범주들 가운데, 가장 눈에 띄는 범주이고 많은 사회적 의미를 담고 있는 중요한 범주이다. 아기들조차 범주를 사용하여 세상에 대한 추론을 할 수 있다는 것이 알려지고 있으며, 그중 성별 범주는 인간에 대한 정보처리에 중요한 분류체계를 제공해 준다. 아기들이 가장 초기부터 분류하는 범주체계는 성별이다. 아기들이 인지적으로 성별범주를 빨리 획득하는 이유는 성별이 시각적으로 현저할 뿐 아니라, 이분법적이며, 상호 배타적인 범주이기 때문이다.

영아기부터 아기들은 남성과 여성에게 다르게 반응한다. 예를 들어 아기들은 낯선 여자보다 낯선 남자들에게 더 불안한 반응을 보인다. 6개월 된 아기들도 성을 구별함을 밝히는 연구가 있다. 아기들에게 얼굴이나 소리에 습관화를 시키고 난 후 동성의 새로운 얼굴이나 소리를 제시하면 여전히 습관화된 반응을 보이지만, 대상얼굴이나 소리가 이성으로 바뀔 때에는 습관화된 반응에서 벗어나 관심을 보였다(Katz, 1996). 1년경에는 아기들은 여성과 남성의 사진을 지각적인 특성에 의해 구별할 수 있으며, 남녀의 목소리와 얼굴을 짝지을 수 있게 된다(Powlishta et al., 2001).

18개월이 되면 아동은 얼굴과 성별 명칭을 연합할 수 있다. 아기들은 18~22개월 사이에 남성인형과 여성인형을 성별로 범주화하는 경향성이 가파르게 증가한다. 2~3세에는 남녀와 관련된 명칭들(엄마, 아빠, 언니, 오빠, 아저씨, 아줌마)을 습득하고 정확하게 사용하고, 자신이 남자인지 여자인지 정확하게 명칭을 붙인다. 즉, 성 정체성을 습득하게 된다.

이렇게 성 정체성을 획득하여 자신이 남자인지 여자인지를 말할 수 있기는 해도, 3~5세 아동들은 자신이 원하면 엄마도 될 수 있고, 아빠도 될 수 있다고 생각하며, 머리 모양이나 옷이 달라지면 성이 바뀔 수도 있다고 생각한다. 성이 영속적이어서 원한다고 여자가 남자로 되는 것은 아니라는 성 항상성과 옷이나 머리 모양이 달라져도 성은 변하지 않는다는 것을 아는 성의 안정성은 인지적인 발달이 이루어진 후에야 획득된다.

2) 성 고정관념의 발달

성 고정관념을 다루는 연구자들은 어릴 때부터 성별을 범주화하고 성 고정관념을 많이 사용해 왔기 때문에 성 고정관념은 노력 없이 의식 이전 수준부터 자동적으로 떠오른다고 지적한다. 그렇다면 성 고정관념은 어떻게 발달하는 것인가?

인지이론가들은 성 고정관념은 인생초기에는 나타나지 않고, 전조작기에 나타나는 것이라고 생각했지만, 최근의 연구들은 아주 어린 나이부터 성 고정관념이 형성되어 감을 밝히고 있다. 아기들은 성에 대한 범주를 알게 되면서 성에 부착된 특성들을 연합시키게 된다. 아기들은 영아기부터 초보적인 고정관념을 형성하기 시작한다. 10개월 된 아기들은 남녀 얼굴과 사물을 짝지어 제시할 때, 새로운 얼굴이나 대상이 나오면 더 주의를 기울인다. 그런데 어떤 얼굴에 전에 다른 성의 얼굴과 짝지어졌던 사물을 짝지어 제시하게 되면 주의가 증가한다. 이는 아기들이 성별과 특성 간의 관계를 탐지하고 고정관념을 형성해 감을 시사한다(Levy & Heaf, 1994). 18개월이 되면 아기들은 어떤 장난감이 어떤 성과 연결되는지를 알기 시작한다. 여아들은 성 고정관념과 일치하는 장난감과 짝지어진 얼굴을 더 오래 쳐다보았다. 또한 20~28개월 된 아기들은 자신의 성과 고정관념적으로 관련된 장난감을 더 가지고 놀려고 하는 경향성이 있었다(Levy, 1999). 이런 장난감 고정관념의 지각과 함께 18개월경부터 아기들은 추상적인 개념을 성별과 연결시킬 수 있게 된다. 즉, 나무, 곰, 푸른색을 남성과 연결시키기 시작한다. 이는 아기들이 남성과 여성의 전형적인 활동을 인지하고 있음을 시사한다. 이런 자각은 어린 아동에게 남성, 여성 활동을 모방하도록 요구했을 때에도 나타난다. 아기들은 성 고정관념적인 행동을 모방하면서 성에 적합한 장난감을 선택하는 경향을 보인다. 이런 성 일치 모방행동은 여아에게서는 24개월, 남아에게서는 31개월에 나타난다(Powlishta et al., 2001).

성별과 관련된 지식은 아동기에서 청년기까지 누적적으로 증가하는 것으로 밝혀졌다. 26개월에 아동은 소유물과 역할, 신체특성과 관련된 성차를 더 잘 알게 되며, 5세에는 성 명칭 사용이 능숙해지고, 더 많은 성별지식을 가지게 된다. 성격특성과 같이 눈에 보이지 않는 특성에 대한 성 고정관념은 느리게 발달한다.

성격에 대한 성 고정관념은 점진적으로 느리게 발달하기는 하지만, 성 고정관념의 주요 내용인 주도성과 친교성의 구별은 아주 어린 나이에도 나타난다. 2, 3세에 남녀아동은 주도성 차원을 강함과 연결시키고, 친교성 차원은 착함으로 분류한다. 아기들도 남아는 빠르고 힘세고, 화 잘 내고, 잘 때리며, 여아는 말 많고, 소꿉장난을 좋아하고, 도움 요청이 더 많다는 것을 안다. 즉, 2세 정도의 아동도 남녀에 대한 양극적인 태도를 가지고, 남자는 주도성, 여자는 친교성과 연결됨을 알고 있음을 시사한다. 이후 아동은 성 고정관념의 처방적 특성을 수용하는 것으로 보인다. 4세경에 아동은 말괄량이 여자애나, 계집애 같은 남자애를 싫어한다고 말하고, 성 유형화된 아이들에 대한 선호를 나타낸다(Zemore, Fiske, & Kim, 2000).

3~7세 아동들에게 성별은 매우 중요한 의미를 띠게 된다. 자신의 성이 바뀔 수 있는 것인지, 안정되고 항상적인 것인지 의문을 가지기 시작하면서, 이를 분명하게 하기 위해 성 고정관념은 더 과장될 수 있다. 따라서 이 시기에 성 역할에 대한 고정관념은 더 엄격해지게 되고, 고정관념을 위반하는 것이 잘못되었다고 생각한다. 즉, 성 고정관념은 어길 수 없는 규칙이라고 생각하는 맹목적인 고정관념 현상이 나타난다. 그러나 아동의 인지능력이 발달하게 되면, 성 고정관념은 좀더 융통성을 띠게 된다. 즉, 여자가 남성복장을 할 수도 있고, 남성적인 역할을 담당하며, 남성적인 직업을 가질 수 있다는 것을 수용하게 된다.

청년 초기에 들어서면서 남녀에 대한 생각과 태도는 더욱 유연해지다가 다시 성 역할에 대한 맹목적인 고정관념이 나타난다. 이는 이차성징이 나타나면서, 여아들은 자신이 여성이라는 사실을 확인하고, 더욱 여성답게 되기를 시도하며, 남아들은 자신을 남성으로 보기 때문에 비롯된다. 신체적인 변화는 성적인 호기심을 일으키고, 이성애에 대한 관심을 갖게 되면서, 사회나 이성이 선호하는 자신의 성적 특성을 기르려고 하고, 이러한 관심은 옷을 입고, 행동하며, 생각하는 방식에 영향을 미치게 된다.

성 고정관념은 아주 이른 시기부터 학습하고, 반복적으로 자극들에 노출되어 빈번히 연습되기 때문에 아주 강력한 영향력을 가진다. 특히 성별은 다른 범주들보다 더 일찍 획득하는 범주이므로 어떤 개인을 만날 때 다른 범주보다 우선되는 범주가 된다. 또한 일찍부터 획득된 개념이므로 연습의 기회는 많고, 따라서 자동화된 반응을 일으킨다. 최근의 연구들은 사람들이 의식적인 노력 없이도 전의식 수준에서부터 성 고정관념이 활성화되며, 이후의 지각과 판단에 자기도 모르게 영향을 미친다는 것을 밝히고 있다. 성 고정관념이 개인의 능력을 제한하고, 사회에 역기능적인 작용을 한다면, 어린 시절 이러한 성 고정관념의 발달과정에 어떻게 개입하여 수정할 수 있을지에 대한 연구가 필요하다.

3) 성 유형화된 행동의 발달

아동이 성별과 관련된 인지적인 지식을 갖는데 그치지 않고, 사회가 요구하는 남성적 여성적 행동을 수행하는 행동확인은 아동의 능력을 제한하고 사회적 고정관념을 유지시키는 가장 강력한 과정이 될 수 있다. 남녀 아동들이 자신들의 성별에 기대하는 요구에 맞추어 성 유형화된 행동을 수행하는 것은 자기충족적 예언효과(self-fulfilling prophecy)를 낳게 된다. 즉, 아동이 자신이 여자인지 남자인지를 알면서 보이는 성 유형화된 행동은 성 고정관념을 확인해 주게 되고, 그들의 능력과 선호도에 맞추어 기회를 제공하려는 시도가 고정관념과 관련된 기회의 제공으로 이어져 점점 편향된 능력을 기르게 만드는 순환성을 갖는 것이다.

성 정체성과 성 고정관념은 다양한 방식으로 아동의 행동에 영향을 미칠 수 있다. 아동들은 일단 자신과 타인을 여성이나 남성으로 범주화하게 되면 자기가 속한 성별을 선호하고 동성과 유사하게 되기를 원하면서 성 고정관념과 일치하는 행동을 할 수 있다. 자신이 남자인지 여자인지를 말할 수 있는 아동이 그렇지 않은 아동들보다 더 성 고정관념적인 장난감을 선호하고, 성에 적합한 과제를 더 잘 수행한다는 연구결과들도 있다(Paulishta et al., 2001).

그러나 인지적인 성별 지식의 표현이 성 유형화된 행동에 선행 조건은 아니라는 연구들도 누적되고 있다. 성 정체성이 분명히 발달된 것처럼 보이지 않고, 성 고정관념이 확실하지 않은 이른 시기부터 장난감 선호나 동성 선호 현상이 나타난다는 것이다. 이는 성 역할이나 성별이 단일한 구성물이 아니고 성 유형화가 다차원적으로 발달해 감을 의미한다. 또한 아동이 성별지식을 표현하지는 못하지만 이미 그러한 지식을 암묵적으로 소유하고 있거나 조건화 되어있을 가능성을 지적해 주는 것이다.

연구들에 따르면 14~22개월의 남아들은 트럭과 자동차를 더 좋아하지만, 여아들은 인형이나 여성적 장난감을 더 선호한다. 2세경에는 행동과 선호되는 활동에서 분명한 성차가 나타나기 시작하고, 이러한 차이는 성별 고정관념과 매우 유사하다. 남아들은 블록과 자동차나 비행기와 같은 장난감을 선호하며, 조작하고 만들 수 있는 것들을 좋아한다. 남아는 신체적으로 거친 놀이를 즐기고 더 활동적이며, 친구들과 더 많이 논다. 반면 여아는 인형놀이나 옷 입히기, 색칠공부, 소꿉놀이 등을 하며 논다. 여아는 책을 보거나 그림을 그리거나 하는 정적인 활동을 더 즐긴다. 그렇지만 남아는 몇 개의 장난감이나 게임에 열중하는 데 비해, 여아들은 관심의 폭이 더 넓고 남성의 활동에도 관심을 보인다.

동성과 함께 놀고, 이성과 접촉하는 것을 피하는 성 분리(gender segregation) 현상도 매우 일찍 나타난다(Leaper, 1994). 이러한 현상은 여아들에게 더 일찍 나타나 2세경에 발견되며, 남아의 경우에는 3세경에 나타난다. 일단 이러한 현상이 나타나면 대부분의 아동기 동안 유지되고, 시간이 갈수록 더 강해진다. 4~5세 아동은 이성 놀이친구를 거부하기 시작하고, 6세경이 되면 동성과 노는 시간이 이성과 노는 시간보다 10배 정도 더 많아진다. 이러한 성 분리 현상이 일어나는 이유에 대해서는 몇 가지 설명이 있다. 그중 하나는 남녀의 생리적인 차이와 활동성의 차이로 설명하는 것이다. 성 분리는 비슷한 활동수준을 가진 아이들끼리 노는 현상으로, 남아는 활동적이고 여아는 덜 활동적이기 때문에 다른 놀이를 하면서 발생한다는 것이다. 한편 행동주의 입장에서는 활동성의 차이보다는 남아와 여아에게 제공되는 보상체계가 다르기 때문이라고 본다. 즉, 성 분리는 동일한 보상체계를 가진 아동들끼리 모여 노는 현상이라는 것이다. 예를 들어 여아가 소꿉놀이를 할 때 성인들은 긍정적인 반응을 보이지만, 남아에게는 눈살을 찌푸리는 반응을 하기 때문에 남아와 여아는 다른 놀이를 하게 된다는 것이다. 다른 한편 사회정체성 이론에서는 내집단 선호 현상이 어릴 때부터 형성되어 동성선호와 이성거부가 나타나게 되는 것이라고 본다. 일단 인간을 범주화하면서 자신이 속한 범주집단에 대해 긍정적인 반응을 보이고 좋아하기 때문이라는 것이다.

남아와 여아들이 성 분리를 하여 각기 다른 집단을 만들어 놀 때, 집단크기와 놀이양식에 차이가 난다. 남아들은 큰 집단을 이루고 성인의 눈에 띄지 않는 공공장소에서 노는 데 비해, 여아들은 2~3명의 작은 집단을 이루고 성인들 곁에서 노는 경향이 있다. 집단 놀이 양식에서도 차이가 나, 남아들은 규칙을 지키고, 지배와 지도력 등의 문제가 포함되는 게임을 주로 하나, 여아는 차례 지키기 등 집단구성원의 동등한 참여를 강조하고, 규칙을 위반하는 것이 보다 허용적인 반복적인 놀이가 많다(Maccoby, 1995). 이러한 놀이를 통해서 남아들은 세상의 규칙과 질서를 배워가는 데 비해, 여아들은 유의미한 타인과의 관계를 배워 간다.

5. 양성성

성 역할을 배우고, 성 유형화되어 가는 것은 바람직한 일인가? 많은 연구들은 성 역할 발달이나 성 유형화 현상은 자신에게 있는 모든 잠재력을 개발할 수 없도록 만들고, 자신의 성에 적합한 특성만을 길러가게 만드는 불완전한 발달과정임을 밝히고 있다. 지난 20년 동안 성 역할 발달을 주도해 온 연구들은 성차는 필연적인 것은 아니라는 점과 많은 성차는 없어져야 한다는 점을 지적한다.

남성과 여성에 대해 전통적으로 바람직하다고 여겨지는 성격 특성들은 두 개의 분리된 군집으로 묶여 다루어졌다. 남성적 성 역할에는 독립과 용기, 자기확신 등 주로 도구적인 특성들이 속하고, 여성적 성 역할에는 동정, 민감성, 따뜻함 등의 표현적 특성들이 속한다. 전통적인 이론들에서는 남성적 특성과 여성적 특성을 동일 연속선 상의 양극에 놓인 반대개념으로 보았다. 즉, 남성적인 특성을 가진 사람들은 여성적인 특성이 약하다는 것이다. 이런 관점에서는 남녀가 심리적으로 행복하기 위해서는 자신의 성별에 맞는 특성들과 성 역할을 길러야 한다고 지적한다.

그러나 이러한 관점에 도전하는 관점으로 양성성(androgyny) 개념이 도입되었다. 이 개념은 남성적 특성과 여성적 특성은 동일 차원의 양극에 있는 특성들이 아니라, 두 개의 각기 다른 차원에 속하는 특성이다. 따라서 개인은 여성적 특성과 남성적 특성을 모두 가지고 있을 수 있다는 것이다. 양성적인 사람은 바람직한 남성적 특성들과 바람직한 여성적 특성들을 모두 가지고 있는 사람으로, 예를 들자면 용감하지만 친절하며, 독립적이지만 겸손하고, 주장적이지만 보살핌의 특성을 가진 사람이다. 이런 사람들은 융통성이 있고, 다양한 상황에서 견딜 수 있으며, 넓은 범위의 책임감을 갖는다.

양성성을 측정하기 위해서 여러 도구들이 고안되었다. 그중 가장 많이 사용되는 검사가 벰 성 역할 척도(BSRI; Bem Sex Role Inventory)로서 우리나라에도 번안되어 사용되고 있다. 이 검사는 도구적인 특성들과 표현적인 특성들을 묘사하고 자신이 어떠한지를 평정하게 한 다음, 전체적인 성 역할 평정 결과를 통해 자신이 남성적인지, 여성적인지, 양성적인지를 알려준다.

많은 연구들은 양성적인 사람들이 성 유형화된 사람들보다 더 잘 적응하며, 상황의 즉각적인 요구에도 빨리 대처할 수 있음을 지적한다. 청소년기에도 양성적인 아동들이 성 유형화된 또래보다 높은 자존감을 보이고 더 적응적인 것으로 나타났다. 그러나 사회가 여성적 특성보다는 남성적 특성을 가치 있게 여기기 때문에 양성성보다는 남성적 특성을 소유한 사람들이 더 자존감이 높게 나타난다는 지적도 있다(Spence & Hall, 1996). 그러나 사회는 변화하고 있다. 21세기는 여성적인 세기가 될 것이라고 예측되어 왔고, 여성적인 특성들이 가치 있는 특성으로 수용되고 있으므로, 앞으로의 사회에서는 양성적인 특성을 기른 사람들이 더 적응적이고 행복한 삶을 누릴 것이다.

6. 맺음말

성 역할 발달은 단순하고 직선적인 과정이 아니라 복잡하게 여러 가지 요인들이 상호작용하면서 미묘하게 영향을 미치는 과정이다. 성 역할 발달에는 생물학적, 인지적, 환경적 요인들이 모두 중요한 부분을 담당한다. 성 역할 발달과 관련하여 과거에 주장되던 믿음과 신화의 내용들이 잘못된 것이었음을 과학적 연구들은 밝혀 왔다. 그러나 아직도 사회적인 성 고정관념은 여전히 만연하여, 여러 가지 방식으로 남녀의 발달과정에 영향을 미치고 있다. 따라서 이러한 사회 속에서 자라나는 아동들의 성 역할 발달을 중재할 수 있는 방법은 무엇인지 확실하게 말하기가 어렵다. 그러나 분명한 것은 성 역할 발달이 자동적으로, 생물학적인 원인에 의해서만 일어나는 것이 아니라, 부모와 교사, 친구, 사회가 아동에게 어떻게 반응하고 어떤 태도를 보이며, 무엇을 보여주는가에 따라 영향을 받는다는 점이다.

Chodorow는 아동들이 아빠와 엄마가 모두 양육행동에 참여하고, 엄마와 아빠 모두가 직업에 관여하는 것을 보면서 자란다면 역기능적인 성 역할 발달의 순환 고리를 끊을 수 있다고 지적한다. 또한 부모나 교사, 성인들이 아기를 좀더 성 중립적으로 대하고 성 중립적으로 강화를 제공하는 것이 필요하다는 지적도 있다. 그러나 개인적인 반응보다 더 중요한 해결책은 사회가 좀더 성 평등적인 사회가 되고, 그 속에 살고 있는 남녀가 성 역할에 매달리지 않고, 각자가 자신의 능력에 맞는 일을 하는 사회가 되는 것이다.

/참/고/문/헌/

권오남(1997). 수학적 능력에서의 성별 차이: 여성은 수학을 못한다? **현대 한국 사회의 변화와 여성**. 한국 여성연구원 창립 20주년 기념 학술대회보, 83-119.

손덕수 역(1990). **여자로 태어난 것이 아니라 여자로 만들어진다**. 서울: 정우사.

조숙자(1996). **인지능력의 발달과 성차 · 여성심리**. 서울: 이화여대 출판부.

Bandura, A. (1989). Social cognitive theory. In R. Vasta (Ed.) *Annals of child development, 6,* Greenwich, CT: JAI Press.

Bem, S. L. (1989). Masculinity and femininity exit only in the mind of the perceiver. In J Reinisch, L. Rosenblum, & S. Sanders (Eds.). *Masculinity/femininity: Basic perspectives*. NY: Oxford University Press.

Bem, S. L. (1993). *The lenses of gender: Transforming the debate on sexual inequality.* New Haven, CT: Yale University Press.

Bjorkqvist, K. (1994). Sex differences in physical, verbal, and indirect aggression: A review of recent research. *Sex Roles, 30,* 177-188.

Blakemore, J. (1998). The influence of gender and parental attitudes on preschool children's interest in babies: Observations in natural settings. *Sex Roles, 38,* 73-94.

Buss, D. (1995). Psychological sex differences: Origins through sexual selection. *American Psychologist, 50,* 164-168.

Caplan, A., & Sedney, M. (1988). **성의 심리학**(김태련 · 이선자 · 조혜자 역). 서울: 이화여대 출판부.

Davis, T. L. (1995). Gender differences in making negative emotions: Ability or motivation? *Developmental Psychology, 31*, 660-667.

Deaux, K. (1993). Sorry, wrong number- A reply to Gentile's call. Sex or gender? *Psychological Science, 4*, 125-126.

Dietz, T. (1998). An examination of violence and gender role portrayals in video games: Implications for gender socialization and aggressive behavior. *Sex Roles, 38*, 425-442.

DiPietro, J., Hodgson, D., Costigan, K., Hilton, S., & Johnson, T. (1996). Fetal neurobehavioral development. *Child Development, 67*, 2553-2567.

Fagot, B. (1985). Stages in thinking about early sex role development. *Developmental Reviews, 5*, 83-98.

Feingold, A. (1988). Cognitive gender differences are disappearing. *American Psychologist, 43*, 95-103.

Geary, D. C., & DeSoto, M., C. (2001). Sex differences in spatial abilities among adults from the United States and China: Implications for evolutionary theory. *Evolution and Cognition, 7*, 172-177.

Gratta, M., De Vos, E., Levy, J., & McClintock, M. (1992). Asymmetric action in the human newborn: Sex differences in patterns of organization. *Child Development, 62*, 273-289.

Halpern, D. (1997). Sterotypes, science, censorship and the study of sex differences. *Feminism & Psychology, 4*, 523-530.

Hannover (1999). Development of the self in gendered context. In Eckes & Trautner (Eds.), *The developmental social psychology of gender*. LEA.

Harris, M. (1995). Ethnicity, gender, and evaluators of aggression. *Aggressive Behavior, 21*, 343-357.

Hyde, J. (1981). How large are cognitive gender differences? A meta-analysis using ω^2 and *d*. *American Psychologist, 36*, 892-901.

Hyde, J. (1984). How large are gender differences in aggression? A developmental meta-analysis. *Developmental Psychology, 20*, 722-736.

Hyde, J. (1990). Meta-analysis and the psychology of gender differences. *Signs, 16*, 55-73.

Katz, P. (1996). Raising feminists. *Psychology of Women Quarterly, 20*, 323-340.

Kimball, M. (1986). Television and sex-role attitudes. In T. Williams (Ed.), *The impact of television: A natural experiment in three communities*. Orlando, FL: Academic Press.

Kimura, D. (1992). Sex differences in the brain. *Scientific American, 267*(3), 118-125.

Kohlberg, L. (1966). A cognitive-developmental analysis of children's sex-role concepts and attitudes. In E. Maccoby (Ed.), *The development of sex differences.* Stanford, CA: Stanford University Press.

Lagerspetz, K., & Bjorkqvist, K. (1994). Indirect aggression in boys and girls. In L. R. Huesmann (Ed.), *Aggressive behavior: Current perspectives.* NY: Plenum.

Leaper, C. (1994). *Childhood gender segregation: Causes and consequences.* San Francisco: Jossey-Bass.

Leaper, C., Anderson, K., & Sanders, P. (1998). Moderators of gender effects on parents' talk to their children: A meta-analysis. *Developmental Psychology, 34,* 3-27.

Leaper, C., Carson, M., Baker, C., Holliday, H., & Myers, S. (1995). Self-disclosure and listener verbal support in same-gender and cross-gender friends' conversations. *Sex Roles, 33*(5-6), 387-404.

Levy, G. (1999). Gender-typed and non-gender-typed category awareness in toddlers. *Sex Roles, 41,* 851-873.

Levy, G., & Haaf, R. (1994). Detection of gender-related categories by 10-month-old infants. *Infant Behavior and Development, 17,* 457-459.

Lindsey, E., Mize, J., & Pettit, G. (1997). Differential play patterns of mothers and fathers of sons and daughters: Implications for children's gender role development. *Sex Roles, 17,* 643-661.

Linn, M., & Peterson, A. (1985). Emergence and characterization of sex differences in spatial ability: A meta-analysis. *Child Development, 56,* 1479-1498.

Lips, H.(1999). *A new psychology of women: Gender, culture, and ethnicity.* London: Mayfield.

Maccoby, E., & Jacklin, C. (1974). *The psychology of sex differences.* Stanford, CA: Stanford University Press.

Maccoby, E., & Jacklin, C. (1990). Gender and relationships: A developmental account. *American Pshchologist, 45,* 513-521.

Maccoby, E., & Jacklin, C. (1995). The two sexes and their social systems. In P. Moen, G. Elder, Jr., & K. Luscher (Eds.), *Examining lives in context: Perspectives on the ecology of human development.* Washington, D.C.: APA.

Mischel, W. (1966). A social-learning view of sex diffences in behavior. In E. Maccoby (Ed.), *The development of sex differences.* Stanford, CA: Stanford University Press.

Money, J., & Ehrhardt, A. (1972). *Man and woman, boy and girl.* Baltimore: Johns Hopkins University Press.

Pierce, K., & Edwards, E. (1988). Children's construction of fantasy stories: Gender differences in conflict resolution strategies. *Sex Roles, 18,* 393-404.

Powlishta, K., Sen, G., Serbin, L., Poulin-Dubois, D., & Eichsteat, J. (2001). From infancy through middle childhood: The role of cognitive and social factors in becoming gendered. In R. Unger (Ed.), *Handbook of the psychology of women and gender.* NY: John Wiley & Sons, Inc.

Rosen, W., Adamson, L., & Bakeman, R. (1992). An experimental investigation of infant social referencing: Mothers' messages and gender differences. *Developmental Psychology, 28,* 1172-1178.

Ruble, D. (1994). A phase model of transitions: Cognitive and motivational consequences. In M. Zanna (Ed.). *Advances in experimental social psychology.* NY: Academic Press.

Sheldon, A. (1992). Conflict talk: Sociolinguist challenges to self-assertion and how young girls meet them. *Merril Palmer Quarterly, 38,* 95-117.

Signorella, N. (1993). Television, the portrayal of women, and children's attitudes. In G. Berry & J. Asamen (Eds.), *Children and television: Images in a changing sociocultural world.* Newburry Park, CA: Sage.

Spence, J., & Hall, S. (1996). Children's gender-related self perceptions, activity preferences, and occupational stereotypes: A test of three models of gender constructs. *Sex Roles, 35,* 659-692.

Updegraff, K., McHale, S., & Crouter, A. (1996). Gender roles in marriage: What do they mean for girls' and boys' school achievement? *Journal of Youth and Adolescence, 25,* 73-88.

Vasta, R., Haith, M., & Miller, S. (1999). *Child psychology: The modern science* (3rd ed.). NY: John Wiley & Sons, Inc.

Willliams, J., & Best, D. (1990). *Measuring sex stereotypes: A multinational study.* Newburry Park, CA: Sage.

Yoder, J. (1999). *Women and gender: Transforming psychology.* Upper Saddle River, NJ: Prentice-Hall..

Zemore, S., Fiske, S., & Kim, H. (2000). Gender streotypes and the dynamics of social interation. In Eckes & Trautner (Eds.), *The Developmental social psychology of* gender. LEA.

12 가족과 발달

사람은 가족의 품속에서 삶을 시작하여 그 영향 속에서 성장하고 발달해 가게 된다. 가족은 개인에게 기쁨과 위안, 안정감 같은 정서적 지지를 주는 원천이며, 사회구성원으로 살아가기 위한 배움의 장소이기도 하다. 따라서 한 개인의 발달을 이해하는 데, 개인이 가족 내에서 어떻게 상호작용하면서 발달해 가는지를 알아보는 것은 도움이 된다. 본 장에서는 개인이 가족과의 관계 속에서 어떻게 발달해 가는지를 이해하기 위해, 체계적인 접근을 분석의 틀로서 제시하고, 발달 단계별로 개인이 가족의 맥락 속에서 어떻게 역동적으로 발달해 가는가를 살펴볼 것이다. 특히 부모-자녀관계에 초점을 두고, 이 관계에 영향을 주는 가족 체계 내외의 여러 요인들에 대해 알아볼 것이다.

그동안 대부분의 발달심리학 연구에서는 아동을 찰흙에 비유하면서, 부모가 빚는 방식에 따라 '만들어질 수' 있는 존재라고 묘사해 왔다. 이 관점에서는 부모의 형성적 역할이 강조되어, 부모는 아동의 행동을 조절하고 통제하며, 사회에서 적절하다고 인정하는 신념이나 가치, 행동을 아동이 습득하도록 도와주는 역할을 담당하는 자, 다시 말해 사회화의 대행자로 간주된다. 따라서 부모-자녀관계는 부모가 자녀에게 영향을 미치는 일방향적인 것으로 이해되었다.

현대의 발달심리 연구자들은 일방향적인 모델을 비판하면서 양방향적이고 보다 복합적인 접근 방식을 제안하는데 이를 흔히 체계 이론(system theory) 또는 체계적인 접근이라 부른다. 체계이론에서는 가족을 사회체계(social system)로 이해한다. 체계는 서로 영향을 주고받는 관계망들로 구성되는데, 가족도 직장이나 지역사회, 또는 문화공동체 등과 같이 보다 크고 다양한 체계들의 일부를 이루면서 서로 영향을 주고받는 복잡한 사회체계로 간주된다(Belsky, 1981). 이 입장에 따르면, 부모와 자녀 관계는 상호적인 것이기 때문에 가족을 제대로 이해하기 위해서는 부모가 자녀에게 끼치는 영향뿐만 아니라 자녀가 부모의 행동에 끼치는 영향도 관찰해야 하고, 나아가 부모-자녀관계가 다른 하위 체계들과 맺고 있는 상호적인 관계망에 대해서도 알아야 한다.

1. 체계적인 접근

가족은 대체로 배우자, 형제, 부모-자녀관계와 같은 하위체계들로 구성되고, 가족구성원은 저마다 하나 이상의 하위 체계 구성원이 된다. 예를 들면 아동은 부모와 관계를 맺을 뿐만 아니라 다른 형제와도 관계를 맺는다. 마찬가지로 어머니와 아버지는 부모의 역할뿐만 아니라 배우자의 역할도 수행한다. [그림 12-1]에서 보는 바와 같이, 가족구성원들이 맺고 있는 각각의 독립적인 관계의 질은 다른 관계에 영향을 줄 수 있다. 예를 들면 결혼만족도가 높은 부모는 자녀에게 보다 따뜻하고 민감하게 반응하며 부모 역할에 대해 보다 긍정적이다. 이때 자녀는 심리적으로 바람직하게 적응하며 형제들 또한 훨씬 긍정적으로 상호작용을 한다.

체계 이론가들에 따르면 가족구성원들 간의 상호작용은 세 가지 수준에서 이루어진다. 부모-자녀의 상호작용을 예로 들어보면 부모와 자녀는 미시수준에서 서로에게 직접적으로 영향을 주고받으며 부부관계와 같은 가족 환경 요인의 영향을 받기도 한다. 또한 경제적 어려움과 같은 사회 맥락 수준의 요인도 부모-자녀관계에 영향을 줄 수 있다. 이와 같은 다방향적인 상호작용의 망 속에서 개별 아동은 역동적으로 발달하게 된다.

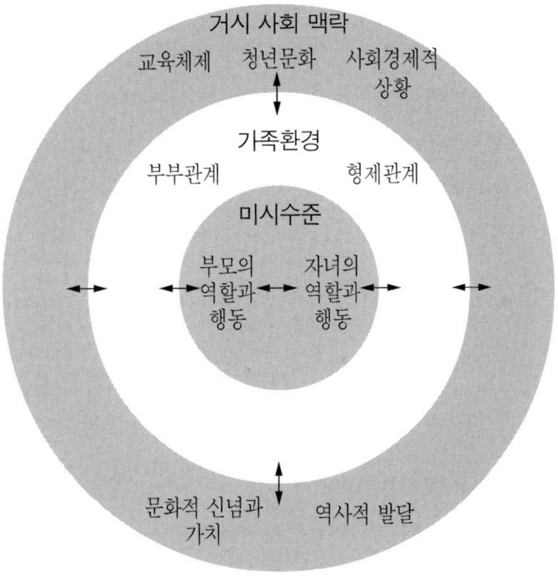

[그림 12-1] 가족에 대한 체계 모형

출처: Adapted from Peterson & Rollins (1987).

체계로서 가족은 다음과 같은 몇 가지 특징을 가진다. 첫째, 가족구성원들이 서로에게 행사하는 상호작용의 결과로 가족은 전체성과 질서를 갖게 된다. 이는 전체가 부분의 합일뿐만 아니라 부분들의 관계에 따라 그 성격이 달라질 수 있음을 의미하는데, 흔히 각각의 개별 음이 조합되어 다양한 멜로디가 만들어지는 것에 비유되기도 한다.

둘째, 체계이론에서 모든 구성원들이 가지는 상호작용은 순환적이다. 예를 들어, 실직한 아버지가 가정에서 아내에게 짜증을 내면 이로 인해 부부관계가 나빠질 수 있으며 부모의 관계가 악화됨에 따라 자녀는 반항적이거나 위축되는 등의 반응을 나타낼 수 있다. 자녀의 행동이 부정적일수록 부모는 자녀에게 더 엄격해지고 요구가 많아지기 때문에 이는 다시 자녀를 부정적으로 행동하도록 이끌어 부부관계에도 부정적으로 작용하게 된다.

셋째, 체계로서의 가족은 적응적(adaptational)이다. '적응적' 이라는 용어는 피아제가 인지체계를 설명할 때 사용한 용어로서, 체계의 어떤 부분이 변화되거나 새로운 요소가 추가될 때 체계는 먼저 새로운 요소들을 기존의 구조로 흡수함으로써 변화에 저항하다가 이것이 더 이상 효과가 없을 때 체계 자체를 변화시킨다는 것을 의미한다. 따라서 가족은 안정성과 변화의 기간을 경험하고, 항상성과 평형의 상태를 유지하기 위해 자기 규율적으로 적응하는 경향을 갖게 된다. 예를 들어, 아동이 학교에 들어가거나 청소년기에 들어서는 것과 같은 변화의 시기가 되면 가족은 기존 생활습관이나 태도로는 아동의 새로운 일정이나 독립에 대한 요구를 효과적으로 수용하지 못하기 때문에 이러한 요구들을 흡수하기 위해 재적응하게 된다.

2. 가족 맥락 속에서의 발달

1) 가족 내에서의 아동 발달

가족 속에서 삶을 시작하는 아동은 한 체계의 일원으로서, 가족구성원들 간의 다중방향적인 상호작용의 그물망 속에 깊숙이 뿌리내리고 발달해가게 된다. 여기서는 부모-자녀관계에 초점을 맞추어 아동이 체계로서의 가족 내에서 어떻게 역동적으로 발달해 가는지를 아동의 발달 단계에 따라 살펴보고자 한다.

(1) 영아기: 애착 형성을 중심으로

영아는 출생시 매우 제한된 행동 능력을 가지고 있기 때문에 주양육자와의 사회적 관계가 생존에 매우 중요하다. 부모-자녀관계는 영유아기의 가족관계에서 핵심적인 부분으로서, 발달심리학자들은 그동안 애착이론을 중심으로 이 주제에 대해 많은 연구를 내놓았다. 보울비(Bowlby, 1969)에 따르면, 진화론적으로 영아는 생존하기 위해서 자신을 보호해 주는 성인과 근접성을 유지하려는 능력을 가지고 있고 이를 위하여 성인의 접근을 유발할 수 있는 신호로 울음이나 미소를 사용한다. 성인은 이러한 신호에 반응하도록 생물학적으로 준비되어 있는 것처럼 보이는데, 이를 바탕으로 유아와 소수의 친숙한 성인 사이에 애착이 형성된다(Lamb, Hwang, Ketterlinus, & Fracasso, 1999).

인생 초기에 주양육자와 맺게 되는 이러한 애착 관계는 이후에 맺게 되는 사회관계의 토대가 된다. 첫 두 달 동안 먹고 자는 것과 같은 아동의 기본 욕구에 부모가 얼마나 빨리 그리고 민감하게 반응해 주는가는 자녀 양육에 있어서 매우 중요한 요인이다. 뿐만 아니라, 부모와 얼굴을 마주하면서 이루어지는 대면 놀이

(face to face play)는 수유를 시작할 때부터 다양한 형태로 일어나게 되는데 아동이 부모를 인식하게 되면서 좀더 발달된 형태를 띠게 된다(Lamb, Hwang, Ketterlinus, & Fracasso, 1999). 아동은 대면 놀이와 부모가 자신의 욕구에 적절하게 반응해 주는 것을 반복해서 경험함으로써 다음 세 가지 원리를 학습하게 된다. 첫째, 사회적 상호작용을 통해 파트너와 자신이 번갈아가며 행동한다는 상호성의 법칙을 학습하고, 둘째, 자신이 타인의 행동에 일관되고 예측 가능한 양식으로 영향을 줄 수 있다는 것을 배움으로써 효능감을 갖게 되며, 셋째, 자신이 신호를 보낼 때 부모가 그것에 반응해 준다는 것을 알고 있기 때문에 신뢰가 발달된다(Lamb, Hwang, Ketterlinus, & Fracasso, 1999).

이 시기에 이루어지는 부모와 영아의 상호작용은 부모의 성에 따라 다소 차이가 있다. 어머니는 주로 아기를 돌보기 위해 안고 있는 반면, 아버지는 놀아 주기 위해 안고 있어서 아기는 아버지와 즐겁고 흥분되는 놀이를 함께 할 것을 기대하고, 아버지와 노는 것을 좀더 선호하게 된다. 어머니는 아기 돌보기에 보내는 몰입의 정도에 관계없이 아버지보다 훨씬 더 많이 미소지어 주고, 말을 걸어 주고, 아기를 달래주고 안아 주는 방식으로 반응하는 것으로 보고된다(Lamb, 1997).

[그림 12-2] 부모와 영아의 상호작용은 부모의 성에 따라 달라지는데, 아기는 아버지와 즐겁고 흥분되는 놀이를 함께 할 것을 기대하고 아버지와 노는 것을 선호하게 된다.

(2) 유아기: 학령전기 아동

유아를 둔 부모는 주로 지시적 역할을 맡아 아동의 행동 중 적절한 것은 격려하고 부적절한 행동은 금지하는 사회적 행동의 조성자 역할을 한다. 그러나 유아가 2~3세에 접어들면 자기 결정에 대한 욕구가 증가하고 개별성을 이루는 경험을 많이 하게 되므로(Mahler, Pine, & Bergman, 1975) 부모는 아동의 이러한 발달적 변화에 맞추어 자녀의 증가되는 독립성과 자율성을 수용하면서 행동의 한계를 적절히 설정해 주는 것이 필요하다. 또한 아동의 사회적 조망 능력이 발달함에 따라 아동은 점차 자기중심적인 성향에서 벗어나게 되고 부모의 감정과 기분, 계획을 고려할 수 있게 된다. 따라서 부모는 자녀와 함께 계획을 세우는(joint planning) 것과 같은 방식으로 상호작용의 유형을 바꾸어 갈 수 있다(Lamb, Hwang, Ketterlinus, & Fracasso, 1999). 부모와 자녀 사이에 이러한 평등한 동반자 관계가 형성되면 이는 이후 아동이 성장하면서 새롭게 맺게 되는 다양한 관계에 좋은 기초가 되어 아동이 타인과 갈등 상황에 놓일 때 이해와 상호 협동의 태도를 가지고 갈등을 해소하도록 노력할 수 있게 된다(Thompson, 1999).

(3) 학령기

학령기 동안 아동은 또래, 교사, 학교 등과 같은 가족 외적인 사회체계로까지 관계의 영역을 확장하지만, 부모는 학령기와 청소년기 전체에 걸쳐 여전히 가장 영향력 있는 존재이다. 부모는 아동의 성취나 성취동기에 영향을 줄 뿐만 아니라 아동에게 정서적 안정감을 줄 수 있는 존재로서, 부모와의 상호작용을 통해 아동은 이후 또래와의 상호작용을 촉진시키는 기술을 연습하고 재정의하게 된다(Lamb, Hwang, Ketterlinus, & Fracasso, 1999).

학령기가 되면 아동은 부모 권위의 정당성 여부를 생각할 수 있을 만큼 인지적으로 발달하고 자기 통제력도 상당히 갖추게 되므로, 부모가 일방적으로 지시하는 것보다는 지지적인 분위기 속에서 자녀를 모니터링하면서 지도하는 새로운 방식이 요구된다. 연구에 따르면, 부모의 모니터링을 덜 받은 소년은 일반적으로 학교 성적이 낮고 비행행동의 위험성도 높은 것으로 나타났다(Crouter, MacDermid, McHale, & Perry-Jenkins, 1990). 또한 이 시기에는 부모가 자녀를 언어적으로 중재하여 통제할 수 있기 때문에, 자녀에 대한 직접적인 신체적 통제는 줄이는 대신 자존감이나 유머에 호소하거나 죄책감을 각성시키는 방법을 많이 사용하게 된다(Maccoby, 1992). 자녀의 행동을 통제하는 방식에서의 이러한 변화는 아동의 행동에도 영향을 미쳐, 어머니가 추론과 제안을 많이 사용할 때 아동은 협상하는 경향이 있는 반면, 어머니가 지시적인 전략을 사용하는 경우 아동은 반항하는 경향이 있다(Kuczynski, Kochanska, Radke-Yarrow, & Girnius-Brown, 1987).

(4) 청년기

초기 청년기는 사춘기와 관련된 생물학적인 변화가 시작되고 이와 동시에 부모-자녀관계의 질과 의미가 변화되는 시기이다. 기존의 연구에서는 청년기에 발생하게 되는 부모와 자녀 관계의 변화가 사춘기의 효과 때문인지, 아니면 연령 변화에 따른 역할 변화의 효과 때문인지를 구분하지 못하는 문제가 있으나, 일반적으로 청년기에 나타나는 자아의 분화와 개별화는 아동의 성적 발달과 연결되어 부모-자녀 사이에 갈등을 야기하고 거리감을 느끼게 한다고 설명한다(Collins & Russel, 1991). 프로이트와 같은 정신분석학자들은 제2의 오이디푸스 사건과 관련해 심리적인 힘이 사춘기에 겪게 되는 생물학적 변화와 상호작용하여 정서적인 기능을 붕괴시키고 청년기 반항과 가족 내 투쟁을 낳게 한다고 설명한다.

그러나 최근에 시행된 많은 경험적 연구들은 이러한 정신분석학적 관점을 반박하고 있다. 이들 연구에 따르면 대부분의 가정에서 청소년 자녀는 정신병리를 나타내지 않으며 단지 5~10%의 가족에서만 부모-자녀관계의 질이 청소년기에 극도로 악화된다(Steinberg, 1990). 이 입장에 따르면 청년기는 부모로부터 분리를 시작하는 시기가 아니라 부모-자녀관계의 질과 기능이 전환되는 시기이다. 즉 청년기는 그동안 일방향적인 권위로 특징지어졌던 부모-자녀관계가 협동적으로 변화되는 시기로서 이때 부모의 지지와 영향력은 계속 유지된다(Lamb, Hwang, Ketterlinus, & Fracasso, 1999).

이상에서 부모-자녀관계에 초점을 두어 가족이 개인의 발달에 영향을 미치는 양상을 발달 단계별로 살펴보았는데, 다음에는 여러 발달 단계에 걸쳐 지속적으로 발견되는 부모-자녀 상호작용의 차원과 유형을 고찰해 보기로 한다.

2) 부모 - 자녀 상호작용의 차원

이 절에서는 부모-자녀관계에 영향을 주는 요인으로 가정의 정서적인 분위기,

자녀에 대한 부모의 반응성, 통제 방식, 그리고 의사소통 유형을 살펴보겠다.

(1) 정서적인 분위기

가정의 분위기가 따뜻한가 적대적인가 하는 요인은 가족구성원의 발달에 핵심적이다. 이때 가장 중요한 역할을 하는 사람은 부모이다. 따뜻한 부모는 아동을 돌보고, 애정을 표현하고 자녀의 욕구를 우선시하며, 자녀의 활동에 열정을 보여주고, 자녀의 감정에 민감하고 공감적으로 반응한다. 반면 적대적인 부모는 자녀를 노골적으로 거부하여 자녀에게 사랑하지 않는다는 것을 말하고 표현한다. 이러한 차이는 아동의 발달에 커다란 차이를 가져온다. 따뜻한 가정의 아동은 생후 첫 2개월 동안 보다 안전하게 애착되고, 높은 자존감을 가지고 있고, 보다 공감적이고 이타적이며 다른 사람에 대해 반응적이고, 초등학교 때 높은 IQ를 나타낸다(Maccoby, 1980). 이들이 청소년이 되었을 때 공격성이나 비행 행동을 나타낼 확률은 현저히 낮은 것으로 보고된다(Maughan, Pickles, & Quinton, 1995).

(2) 반응성

영아기의 애착 형성과정에서 부모의 반응성의 중요성을 설명한 바와 같이 자녀에 대한 부모의 반응성은 자녀 양육에서 매우 중요한 요인이다. 반응적인 부모는 자녀가 보내는 신호를 잘 찾아내어 적절하게 반응하고 아동의 욕구에 민감하게 반응한다. 이러한 부모의 자녀는 언어와 인지 발달 측면에서 다소 빠르고, IQ 수준은 높고 안정 애착을 보이며, 성인의 요구에 순응적이며 사회적으로 유능하다(Bornstein, 1989).

(3) 통제방법

부모는 일상생활 속에서 자녀의 행동을 통제해야 하는 경우가 많이 있는데, 그 과정을 훈육(discipline)이라고 부른다. 훈육에는 몇 가지 고려해야 할 측면이 있다.

첫째, 규칙의 일관성이다. 이는 자녀에게 지켜야 할 규칙의 내용과 규칙을 지키지 않았을 때 초래하게 될 결과를 명확히 해 주는 것 그리고 그 규칙을 일관되게 부과하는 것이 중요함을 의미한다. 연구에 따르면, 규칙이 명확하고 일관된 가정의 자녀가 비행이나 반항적이 될 확률이 훨씬 적고(Patterson, DeBaryshe, & Ramsey, 1989), 자기효능감과 자존감 면에서 훨씬 유능한 것으로 나타났다

(Kurdek & Fine, 1994).

두 번째로 중요한 요인은 부모가 자녀의 행동에 대해 가지는 기대 수준이다. 부모가 자녀에게 연령에 비해 다소 성숙한 행동을 기대할 때, 아동은 보다 나은 발달적 결과를 나타낸다. 예를 들어 4세인 딸에게 어머니가 집안 청소할 때 도와주기를 기대하는 것이 딸에게 유능감을 일깨우게 할 수 있고 이것이 다른 상황으로 확대되어 작용할 수 있다.

세 번째는 제한성(restrictiveness)의 정도이다. 여기서 규칙의 제한은 규칙의 일관성과는 다른 개념인데, 부모가 명확한 규칙을 가지고 있더라도 행동의 한계를 설정하는 데 있어서 비교적 제한을 덜 할 수 있다. 예를 들어, 열 살짜리 자녀가 사전 허락 없이 방과후에 친구집에 들리는 것을 허용하면서도 집에 전화하여 어디에 있는지 반드시 알리게 할 때, 이것은 규칙은 명확하지만 제한 수준은 비교적 낮은 경우로 볼 수 있다. 반대로 자녀가 위험한 싱크대 서랍을 열지 못하게 하기 위해 아예 부엌에 칸막이를 치고 거실에 있는 아기 놀이판 안에서만 놀도록 한다면, 이는 제한적인 것으로 볼 수 있다. 제한적인 부모들은 '하지마, 여기와, 내가 시키는 대로 해야지' 등과 같은 명령문을 자주 사용하고 자녀에게 규칙을 거의 설명하지 않는 대신 아동을 통제하기 위해 자신의 파워를 사용한다. 이와는 반대로 일부 부모는 허용적인 양육의 특징을 가지는데, 이들은 규칙과 명령어를 비교적 적게 사용한다. 이런 양육 방식은 종종 부모가 자녀를 전혀 통제하지 못하겠다고 느끼는 것과 관련되기도 한다. 이와 같은 부모의 비효율적인 훈육을 과잉반응(overreactiveness)과 방임(laxness) 등으로 개념화하기도 하는데, 과잉반응은 분노, 인색함, 성급함 등을 그대로 드러내는 것을 의미하고, 방임은 부모가 자녀에게 굴복하고, 규칙을 강제적으로 부여하지 않거나, 혹은 잘못된 행동에 대해 강화를 제공하는 경향을 말한다(Arnold, O' Leary, Wolff, & Acker, 1993). 과잉반응과 방임, 즉 지나치게 높은 제한성과 지나치게 낮은 제한성 모두 발달적인 면에서 좋은 통제 방식이 아니다. 지나치게 제한적인 부모 밑에서 자란 아이는 순종적이고 비공격적일 가능성이 높지만 이런 아동은 다소 소심하고 또래와 친밀한 관계를 맺는 데 어려움을 겪을 수 있다. 반면 매우 허용적인 부모, 즉 통제를 거의 하지 않는 부모의 자녀는 타인에 대한 배려가 비교적 적고 단지 보통 수준의 독립성을 나타내는 경향이 있다.

마지막으로 통제 과정을 이해하기 위해서는 처벌의 역할을 이해해야 한다. 아동이 동생을 때리거나 벽이나 방바닥에 낙서를 하는 등 부모가 금지하는 행동을 할 때, 또는 숙제를 안 하고 계속 놀려고 하는 것과 같이 부모가 원하는 것을 하지 않을 때 부모는 아동에게 일정한 처벌을 한다. 부모는 처벌로서 아동에게 하고 싶은 일을 못하게 하거나 과외일을 부여하기도 하고 때로는 혼자 방에 있게 하기도 하며 꾸짖고 때리기 등도 한다. 체벌은 우리나라의 훈육 상황에서 많이 행해지고 있는 처벌 중의 하나이지만, 사실상 체벌은 잘못된 행동을 일시적으로 감소시키는 효과를 가질 뿐, 장기적으로는 대체로 다음과 같은 면에서 부정적인 결과를 낳게 된다(Bee, 1997). 첫째, 부모는 체벌이 잘못된 행동을 멈추게 하는데 효과적이라는 것을 학습함으로써 아동이 또다시 잘못을 저질렀을 때 체벌 방법을 사용할 가능성이 커진다. 부모가 문제 해결의 방법으로 체벌을 사용할 경우 아동은 부모의 행동을 관찰함으로써 문제를 폭력적으로 해결하는 방법을 학습하게 된다. 둘째, 맞을 때의 불쾌하고 고통스러운 기억 때문에 부모-자녀관계의 질이 떨어지고, 부모는 나중에 어떠한 강화도 효과적으로 사용할 수 없게 된다. 세째, 부모는 종종 몹시 화가 난 상태에서 자녀에게 체벌하게 되는데 이때 체벌에는 강한 정서적인 메시지가 담기게 되어 아동은 체벌을 통해 거부적인 가족 분위기를 확인하게 된다. 마지막으로, 매맞은 경험이 있는 아동은 학대받은 아동과 유사하게 이후에 높은 수준의 공격성을 나타내고 또래관계에서 인기가 없고, 자존감이 낮으며, 정서적으로 불안정하고, 비행과 범죄에 많이 관여되는 것으로 보고되었다(Laub & Sampson, 1995).

처벌은 잘못된 행동이 일어나는 초기에 자녀에게 거부적이거나 화난 감정을 최소한으로 하고 가능한 한 약한 수준의 처벌을 하되 부모가 따뜻하고 명확하고 일관된 규칙을 제공할 때 가장 효과적이다. 그러나 아동이 점차 발달해 감에 따라, 부모가 자녀에게 가하는 외적 통제는 아동이 그 통제를 내면화하여 자기통제(self regulation)를 하는 방향으로 전환되어야 한다. 이를 위해 부모는 아동기 동안에 가하던 외적 통제에서 벗어나 아동이 스스로 자기통제를 실행할 수 있도록 격려해 주어야 한다(Bee, 1997).

(4) 의사소통 유형

가족 내의 의사소통은 말하기와 듣기 두 가지 측면에서 아동에게 영향을 줄 수 있다. 말하기는 부모가 자녀에게 말하는 언어의 양과 풍부함 차원과 자녀가 부모의 격려를 받고 대화하는 양의 차원을 포함한다. 듣기는 단순한 맞장구나 기계적인 대답을 의미하는 것이 아니라, 아동이 말하는 것이 정말 경청할 만한 내용이고 그의 생각이 가족의 의사결정에서 고려되어야 할 만큼 중요하다는 것을 자녀에게 충분히 전달해야 하는 것을 의미한다. 개방적으로 의사소통을 하는 가족의 자녀들은 정서적으로나 사회적으로 보다 성숙하고(Baumrind, 1971), 스트레스나 변화에 적응적이며 자신에게 만족한다고 보고되고 있다(Barnes & Olson, 1985).

이상에서 부모와 자녀의 상호작용에서 중요한 차원을 알아보고 각 차원이 아동의 발달에 미치는 효과를 검토해 보았는데, 체계적인 관점에서 볼 때 이들 각 차원을 개별적으로 고려하는 것은 부모-자녀관계의 역동성을 알아보기에 충분하지 못하다. 따라서 다음에서는 이들 차원이 서로 어떻게 상호작용하여 자녀 양육의 유형을 만들어 내는지 알아보겠다.

3) 자녀양육의 유형

자녀양육의 유형을 설명함에 있어서 가장 고전적인 것은 바움린드(Baumrind, 1972)가 제안한 모델이다. 그는 위에서 소개한 네 가지 차원, 즉 따뜻함(혹은 양육성), 기대 수준(혹은 성숙에 대한 요구), 규칙의 명확함과 일관성, 부모-자녀의 의사소통을 조합하여 세 가지 자녀양육 유형을 분류하였다. 첫째, 허용적인 양육 스타일(permissive parental style)은 양육성은 높지만, 성숙에 대한 요구와 통제, 그리고 의사소통은 낮은 경우, 둘째, 권위주의적인 양육 스타일(authoritarian parental style)은 통제와 성숙 요구에서는 높지만, 양육성과 의사소통에서는 낮은 경우, 셋째, 권위적인 양육 스타일(authoritative parental style)은 네 가지 차원 모두에서 높은 경우이다.

매코비와 마틴(Maccoby & Martin, 1983)은 바움린드의 분류체계를 변형시켜 새로운 모델을 만들었는데, 이들은 애정과 통제의 두 가지 차원을 교차하여 다음과 같은 네 가지 부모양육 형태를 제안하였다.

		애 정	
		수용	거부
통제	엄격	권위적	권위주의적
	허용	허용적	방임적

[그림 12-3] 부모-자녀 상호작용 차원에 따른 양육 형태
부모가 자녀의 행동에 제한을 설정하는 정도와 자녀에게 제공하는 애정과 반응성의 수준에 따라 부모의 양육 형태를 네 가지로 나눌 수 있다.

출처: Adapted from Maccoby & Martin (1983).

첫 번째는 권위주의형(authoritarian type)이다. 이 유형의 부모는 요구나 통제는 많지만 따뜻함이나 반응성의 수준은 낮은 점에서 특징적인데, 이런 가정에서 자란 아동은 학교 수행이 그리 좋지 않고, 또래와의 상호작용 기술도 부족하며 낮은 자존감을 나타낸다. 이들 중 일부는 위축된 성향을, 일부는 높은 공격성을 나타내기도 한다.

두 번째, 허용형(permissive type)이다. 이런 유형의 부모는 권위는 없이 아동의 주장이나 요구를 무조건 수용해 주는 경향이 있는데, 이 경우도 부정적인 발달적 결과를 나타낸다. 이런 유형의 부모 밑에서 자란 아동은 청소년기가 되었을 때 책임감이나 독립심이 부족하고, 학교 수행이 저조하고 미성숙하며 보다 공격적이 되는데, 부모가 자녀의 공격성에 대해 허용적일 때 더욱 그러하다. 권위주의적인 부모와 허용적인 부모는 자녀들의 사회화에서 효과적이지 못하다는 점에서 유사성을 지닌다. 예를 들어, 권위주의적인 부모는 자녀가 자신들의 기대에 순응할 것을 엄격하게 요구하는 반면, 허용적인 부모는 자녀 행동을 너무 제한하지 않는다.

세 번째, 권위형(authoritative type)이다. 권위적인 부모는 권위주의적인 것과 허용적인 부모 양극단 사이에 있으면서 적절한 권위를 가지고 자녀와 양방향적인 의사소통을 하며, 통제와 따뜻함을 모두 갖추고, 제한을 분명히 하지만 동시에 자녀의 욕구에도 민감하게 반응한다. 더구나 자신들이 자녀로부터 배우는 것을 인정함으로써 권위적인 부모는 보다 효과적으로 사회화의 대행자가 되고, 자녀들에게 사회적 유능감이란 대인관계에서 이루어지는 주고받는 관계의 맥락에서 나타난다는 것을 가르칠 수 있다. 이런 가정에서 자란 아동은 자존감이 높고, 보다 독립적이지만 부모의 요구에 순응하는 경향도 있고, 이타적이다. 이들은 자기 신뢰가 있고 학교에서 성취 지향적이며 성적도 높은 경향이 있다.

이상과 같은 세 차원은 바움린드(Baumrind)가 제안한 차원과 상당히 가깝다. 그러나 네 번째, 방임형(neglecting type)은 바움린드의 초기 연구에서 밝혀지지 않았던 내용으로, 이 유형이 가장 부정적인 발달적 결과와 관련된다. 이러한 양육 형태는 부모가 우울증을 가지고 있거나 다른 문제에 압도되어 자녀와 깊은 정서적인 관계를 맺을 수 없을 때 흔히 일어난다. 이런 유형의 부모는 자신의 문제 때문에 자녀를 보살필 심리적 여유가 없고, 따라서 부모가 자녀에게 무관심하고 방임적일 때, 자녀는 충동적이고 반사회적이며 자아존중감이 낮고, 학교에서 성취 지향적이지 못할 뿐만 아니라 또래나 성인과 관계를 맺는 데 어려움을 나타낸다(Pulkkinen, 1982).

3. 부모-자녀관계에 영향을 주는 가족 내 다른 요인들

1) 아동 요인

체계적인 접근에서는 부모와 자녀의 영향력이 양방향으로 작용한다는 점을 중시하기 때문에, 부모가 아동에게 미치는 영향뿐 아니라 아동이 부모에게 미치는 영향도 중요한 연구 대상이 된다. 아동 요인으로 먼저 고려되어야 할 부분은 자녀의 기질이다. 토마스와 체스(Thomas & Chess, 1977)는 아동의 부적응문제를 부모의 잘못된 양육에 귀인시키는 입장에 반대하면서 뉴욕 종단 연구(NYLS)를 실시하고, 기질에 있어서 생물학에 기초한 차이가 있고 이것이 아동의 적응에 중요한 역할을 한다는 점을 지적하였다. 이들은 부모와의 폭넓은 인터뷰를 통해 쉬운 기질, 더딘 기질, 까다로운 기질, 평균 기질의 아동으로 기질 유형을 네 가지로 기술하였다(자세한 사항은 제9장 참고). 아동의 기질은 부모-자녀관계의 질과 아동의 발달 과정에 영향을 미친다. 예를 들어, 까다로운 기질의 아동은 부모에게 양육 스트레스를 증가시키고 부모의 기분에 영향을 줌으로써 부모가 아동에게 쉽게 처벌을 내리거나 신경질적인 반응을 보일 수 있게 된다. 이런 아동은 가족이 스트레스 상황에 있을 때나 이혼과 같이 가족 체계에 변화가 생길 때 적응에 보다 많은 어려움을 겪게 될 수 있다. 스루페(Sroufe, 1985)는 자극 감수성, 사회성, 밀접한 신체 접촉에 대한 기쁨 반응과 같은 아동 특성에서 기인하는 차이가 부모와 자녀 간의 상호작용의 성격을 바꾸고 이들 관계의 질에 간접적으로 영향을 주게 됨으로써 아동의 행동에 영향을 줄 수 있다고 주장했다.

아동의 연령 또한 부모-자녀 관계에 영향을 주는 주요 요인인데, 아동이 발달해 감에 따라 지능과 언어 능력이 변화하고, 이와 동시에 이들의 행동통제가 필요한 영역과 독립에 대한 압력이 함께 변화한다. 부모는 일반적으로 아동의 변화에 적응하여 자신의 양육 스타일을 자연스럽게 바꾸어 가게 되는데, 자녀의 변화에 따라 부모가 변화되는 것은 가족 체계가 시간에 걸쳐 변화되는 효과를 가진다.

2) 부모 요인

부모는 단순히 자녀의 특성에 반응하는 방식으로 영향을 주는 존재가 아니라, 부모 자신이 살아온 삶의 역사와 성격을 가지고 가족 역동 속으로 들어옴으로써 가족 체계에 영향을 미친다.

부모의 기질은 부모-자녀관계에 영향을 주는 주요 요인으로, 토마스와 체스는 아동 적응의 주요 결정 요인이 영아의 기질과 양육 환경간의 적합성(goodness of fit)이라고 제안하였다. 예를 들어, 더딘 아동은 부모가 아동의 기질을 이해하지 못하고 빠른 적응을 요구할 때 발달적인 문제를 나타낼 수 있다. 역으로 어려운 기질의 아동도 부모가 아동의 기질과 행동을 수용하는 방향으로 자신의 행동과 기대치를 수정한다면 부적응을 피할 수 있다.

부모의 내적 작동 모델(internal working model) 또한 가족 체계의 역동에 강력한 영향력을 가지는데, 메인, 카플란, 그리고 케스디(Main, Kaplan, & Cassidy, 1990)는 안정 애착된 부모가 안정 애착된 자녀를 가지는 확률이 훨씬 더 높다는 사실을 발견하였다. 부모의 우울증도 가족 역동에 영향을 주는 주요한 변수로 많은 연구가 진행되어 왔다. 어머니가 우울증을 가지고 있을 때 자녀는 불안정 애착이 될 가능성이 높을 뿐 아니라, 어머니는 자녀의 행동을 부정적으로 지각하고 비판적인 경향이 있어서 부모-자녀 관계의 질을 손상시키고 아동의 행동에 부정적인 영향을 준다(Richters & Pellegrini, 1989). 이와 같이 부모의 특성은 양육 행동에 영향을 주어 가족 체계에 직접적인 방식으로 영향을 주기도 하지만, 아동에 대한 부모의 지각이나 부모의 가치관, 행동 등으로 인하여 간접적으로 가족 체계에 영향을 미치기도 한다.

또한 부모에게 자녀 양육이라는 과업은 자신을 되돌아보고 성장할 수 있는 하나의 기회가 된다. 자녀를 성공적으로 키우는 일은 부모에게 중년기 이후의 생에 대한 안녕감과 성취감에 큰 영향을 주게 되므로, 부모 자신이 한 인간으로서 성장하고 발달해 가는 과정은 가족 체계에 영향을 주는 또 다른 방식이다.

3) 형제관계

형제는 함께 많은 시간을 보내며 정서적으로 힘들 때 의지가 될 수 있는 좋은 친구와도 같은 존재이다. 종종 형은 부모를 대신해서 양육자 역할을 담당하는데, 스튜어트(Stewart, 1983)의 연구에 따르면, 낯선 사람이 나타났을 때 4세 된 형은 10~20개월 사이의 영아 동생을 감싸거나 돌보는 반응을 보이고, 이 월령의 영아는 4세 된 형에게 접근하는 등 어머니에게 나타내는 것과 유사한 애착반응을 보였다. 또한 형은 동생에게 발판(scaffold)이 되어 사회적 기술이나 인지적 기술을 학습하는 데 도움을 주는 교사와 같은 역할도 하는데, 형제간의 상호작용은 여러 가지 측면에서 발달을 촉진시키기도 한다.

형제 사이에는 경쟁하고 질투하고, 때로는 분노하는 감정도 있다. 이를 형제간 경쟁(sibling rivalry)이라 부른다. 대부분의 경우 형제간 경쟁은 크게 문제가 되지 않지만, 간혹 긍정적인 상호작용을 침해하는 경우도 있다. 형제간 경쟁 행동은 동생이 태어난 직후부터 나타나기 시작해, 동생이 태어나기 전에 부모의 애정을 많이 받은 아이일수록, 형제간 연령차가 작을수록, 그리고 동성보다는 이성의 형제에게서 더욱 높게 나타난다(Dunn & Kendrick, 1982).

형제관계는 형제간 상호작용의 측면에서뿐 아니라, 출생 순위에 따라 부모와의 상호작용이 달라짐으로써 아동의 발달에 영향을 주기도 한다. 부모들은 일반적으로 첫 아이에게 많은 기대를 하고 책임감을 느끼며 보다 아동 중심으로 행동하는 경향이 있어서, 첫째 아이는 성취지향적이고 유능하고 사회적 책임감이 강하며 자기 통제력이 크다. 그러나 동생을 돌보는 양육자로서의 역할이 과중할 때 첫아이는 지배적이고 경쟁적이며 감추어진 적개심을 갖는 경우도 있고, 다른 사람과 함께 있으려는 사회적 의존성이 높게 나타나기도 한다. 또한 첫째 아이는 야단도 많이 맞는 경향이 있는데 이는 부분적으로 부모가 자녀를 강압적이지 않은 방식으로 통제하는 기술이 미숙한 것과 관련될 수 있다(Bee, 1997). 반면 부모는 막내 아이에게 많은 관심을 기울이고 사랑을 베풀며 특히 허용적인 양육 태도를 가지는 경향이 있어서, 막내 아이는 책임감이 낮고 독립적이지 못하지만 유능하고 또래집단에서 인기가 높다. 한편 외동 아이(the only child)의 경우 일반적으로 자기중심적이고 의존적이며 자기 통제력이 약하다는 심리적 문제를 가지는 것으로 알려져 왔지만, 최근 연구 결과에 따르면 외동 아이가 또래 관계를 적극적으로 가질 때 이러한 특성들이 나타나지 않는 것으로 보고된다(Baskett, 1985). 그리고 이들은 부모의 높은 기대와 여러 가지 풍부한 지원으로 인하여 성취수준이 높고 형제간 경쟁으로 인한 갈등을 겪지 않기 때문에 사회적인 능력에서도 큰 문제가 없는 것으로 보인다.

4) 부부관계

부부관계는 종종 가족 기능의 지표로 간주되는데, 긍정적인 부부관계는 권위적인 자녀양육과 관련될 뿐만 아니라 긍정적인 부모-자녀관계, 형제 관계와 관련되어 가족 체계 전체에 영향을 주게 된다. 결혼 만족도가 높은 어머니는 자녀에게도 보다 따뜻하고 민감한 경향이 있고, 결혼 만족도가 높은 아버지는 자신의 아버지 역할에 대해 보다 긍정적으로 지각하는 것으로 보고된다(Cox et al., 1989). 마찬가지로 부부관계가 좋은 부모는 청년기 자녀와도 보다 따뜻한 관계를 맺고, 그들의 자녀도 바람직한 심리적 특성을 나타내는 것으로 나타났다(Harold et al., 1997).

반면, 부부가 서로에게 화내고, 신랄하게 비판하는 등 해결되지 않는 결혼 갈등에 자녀가 반복해서 노출되는 것은 자녀들로 하여금 정서적으로 안정되지 못하고, 부정적 정서를 드러내고 행동을 잘 통제하지 못하며, 갈등에 민감하게 하는 강력한 위험요인이다. 물론 모든 아동이 부모의 결혼 갈등에 똑같이 취약한 것은 아니고, 모든 유형의 결혼 갈등이 똑같이 아동의 적응에 해로운 것은 아니다. 아동 개인의 기질이나 지능, 연령이나 성 등에 따라 차이가 있는데, 좀더 나이든 자녀는 어린 자녀에 비해 부모의 결혼 갈등에 대해 보다 부정적으로 반응하고, 신체적 공격성을 포함한 부모의 부부 갈등을 중재하려는 시도도 하게 된다. 또한 성차도 발견할 수 있어서, 딸은 부모의 갈등에 대해 자신을 비난하는 경향이 더 많고, 아들은 갈등을 외면하고 회피하는 경향이 많지만, 청년기 남아는 신체적 위협이 관련될 때 보다 많이 관여하는 경향이 있다. 반대로, 자녀는 부모가 결혼 갈등과 문제를 성공적으로 타협하고 해결하는 것을 관찰함으로써 정서를 통제하고 대인관계 문제를 해결하는 것을 배울 수도 있다. 부정적인 정서가 있지만 동시에 협상과 타협을 통해 문제를 해결할 수 있는 중간 정도의 부부 불일치는, 결혼 갈등이 없거나 적대적 결혼 갈등이 높은 경우에 비해, 자녀가 초기 성인기에 접어들었을 때 어떤 문제를 해결할 수 있는 기술을 습득하는 데 도움이 될 수도 있다(Hetherington, 1999). 이와 같이, 부모가 갈등을 성공적으로 해결하는 것을 관찰함으로써 아동은 불일치를 다루고 사회적 문제를 해결하는 방법을 배우게 되는데 이를 강철 효과(steeling effect)라고 한다. 이러한 강철 효과는 중간 정도의 갈등이 성공적으로 해결되는 경우에 일어나게 되는 것이다.

부부 갈등이 있는 경우 부모는 자녀에게 따뜻하지 않고, 자녀에 대한 감독을 소홀히 하고, 행동 통제에 일관성이 없으며, 부정적이고 강압적 태도를 나타내는 경향이 있어, 부모-자녀 관계에 영향을 주게 된다. 따라서 부부 갈등과 자녀 적응의 문제를 연결시킬 수 있는 열쇠는 자녀 양육(parenting)이라 볼 수 있다. 사실 부부 갈등이 자녀 적응에 미치는 직접 효과는 적거나 거의 없는 것으로 알려져 있고, 대부분의 경우 자녀 적응의 문제는 부모 양육의 질에 의해 매개되거나 조절된다. 단, 어린 아동의 경우, 부모의 양육이 적응에 미치는 효과는 직접적이고 강력하지만, 청소년기에는 양육의 효과가 상당부분 또래 집단에 의해 매개되어진다. 이와 같은 사실은 부모가 높은 수준의 따뜻함과 반응성, 의사소통과 감독을 포함하는 권위적인 양육을 한다면 결혼 갈등의 효과는 상당히 감소될 수 있음을 의미한다(Hetherington, 1999).

4. 부모-자녀관계에 영향을 미치는 가족 외 요인들

1) 가족 구조

우리 사회에서 가장 흔한 가족 구조 형태는 부부와 미혼 자녀로 구성된 경우이고 대부분의 자녀들이 이 구조 속에서 청년기까지 생물학적인 부모와 함께 사는 것으로 가정된다. 그러나 실제로 얼마나 많은 아동들이 이러한 가족 구조 속에서 성장해 가는 것일까? 통계청 자료(2000)에 따르면, 부부와 미혼 자녀로 구성된 가정은 57.8%로 가장 높은 구성비를 보이고 있으나, 편부모와 미혼 자녀 가정이

9.4%, 부부로만 구성된 가정 14.8%, 기타 여성가구주 가족, 20대 독신가구, 노인 단독가구, 비혈연가구 등 다양한 형태의 가족도 10.1%에 이른다. 또한 부부와 양(편)친이 함께 사는 가정 1.1%, 부부와 자녀, 그리고 양(편)친이 함께 하는 가정은 6.8%를 나타내고 있어 직계, 확대가족 형태가 우리 사회에 여전히 남아 있음을 보여주고 있다. 이는 1970년대 직계, 확대가족 형태가 18.8%를 차지했던 것에 비하면 감소된 수치로서 가족 구성형태가 직계가족에서 핵가족 형태로 바뀌어 왔음을 보여주고 있다.

가족 구조의 변화는 가족구성원들의 가치관의 변화라는 측면에서 주목할 만하다. 조선 중기 이후 확립된 부계 가족 중심의 가부장적이고 수직적 가치관은 오늘날 서구의 자유와 평등에 기초한 민주적이고 수평적인 가치관으로 대치되는 경향이 있다. 이는 다시 부부관계, 부모-자녀관계, 형제 관계 등 가족 관계에서의 변화뿐 아니라 가족과 여성에 대한 태도에 있어서도 변화를 가져왔다. 그런데 우리나라와 같이 이러한 변화를 30~40년 내에 급속하게 경험하는 사회에서는 한 가족 내의 구성원들이 출생동시집단효과(cohort effect)로 인한 세대차를 심각하게 겪을 수 있다는 점에서 갈등 요인이 된다. 예를 들어, 20대 아들이 생각하는 가족의 개념은 부부와 자녀로 구성된 핵가족인 반면, 60대 부모는 시부모까지를 포함한 가족을 생각할 수 있다. 또한 가족 내에서 남성은 가부장적인 질서를 그대로 유지하려는 반면, 여성은 민주적인 가치관에 기초하여 평등한 가족 관계를 원할 수 있다. 가족 구조 자체의 성격이 아버지 중심의 가부장적 구조를 가지고 있으나 사실상 전통적 가부장 질서가 무너지고 있는 현실 속에서 실제 우리 가족의 중심은 누구이며 어떠한 역동 관계를 가지고 있는가를 인식하는 것도 중요하다.

핵가족화는 가족 역동의 중심을 아버지로부터 자녀에게 옮겨 놓았고, 우리 사회의 현행 교육제도는 이런 현상을 심화시키고 있다. 실제 학령기 자녀를 둔 가족에서 자녀의 학업은 가족 전체의 주요 관심사로 대두하고 입시생 자녀의 어머니는 자녀의 학업 성취에 주책임을 맡게 된다. 이러한 가족 풍토는 자녀 개인의 인지적 성취뿐 아니라 심리 사회적 성숙에도 영향을 미치게 된다. 어머니가 지나치게 자녀의 삶의 조정자 역할을 해 줄 때 자녀는 심리적 독립이 기대되는 청년 후기에 들어가서도 부모에게 의존적인 행동 특성을 나타낼 수 있다. 이와 같이 우리 사회의 경쟁적인 가치관과 교육제도, 가족 구조와 같은 상위 체계는 개별 가족 체계에 영향을 주고, 가족의 역동은 다시 개인의 발달에 영향을 주게 된다.

2) 여성의 취업

지난 20년 동안 직장에 다니는 기혼 여성의 수가 급격하게 증가되었다. 어머니가 직장에 다닐 때 부모-자녀 관계의 양과 질은 어머니가 전업주부인 경우와 차이가 있을 것이라고 일반적으로 생각되어져 왔다. 그러나, 연구 결과에 따르면, 종일제 직업을 가진 여성의 경우 자녀 양육에 보내는 시간이 전업 주부에 비해 적은 것이 사실이지만, 어머니와 자녀의 직접적인 상호작용 측면에서는 의미 있는 차이가 없는 것으로 보고되고 있다 (Richards & Duckett, 1994). 직장에 다니는 어머니는 자녀와 함께 보내지 못하는 시간을 보상하기 위해 주말과 저녁 시간에 자녀와 보다 많은 시간을 함께 하면서 '질적으로 우수한 시간' 을 확보하기 위해 노력한다. 발달심리학자들에 따르면, 아동의 인지적 성취나 사회 정서적 발달은 어머니가 직장에 다니는 변인과 별로 관계가 없다(Gottfried, Bathurst, & Gottfried, 1994). 단 딸의 경우는 어머니가 직장에 다닐 때, 독립성, 성취, 자존감 측면에서 전업주부 어머니를 가진 경우보다 더 이득을 가지는 것으로 나타났다. 이는 전통적인 여성의 역할보다는 진취적이고 현대적인 여성상에 보다 큰 가치를 부여하는 우리 사회의 인식과 관련하여, 어머니가 직장에 다니는 여아는 성공적이고 유능한 역할 모델을 가질 수 있기 때문인 것으로 보인다.

자녀의 발달에 영향을 주는 요인 중의 하나로 직장에 다니던 어머니가 출산 후 언제 직장에 복귀하느냐 하는 변수를 고려할 필요가 있다. 3, 4세 아동 1,000명 이상을 대상으로 한 연구에서 자녀가 1세가 되기 전에 직장에 복귀한 경우, 자녀가 2세가 될 때까지 기다린 어머니의 자녀보다 인지적 성취가 낮고 행동 문제가 더 많은 경향이 있었다(Baydar & Brooks-Gunn, 1991). 또 다른 주요 변수는 어머니가 직장에서 얼마나 오랫동안 일하는가의 문제이다. 오웬과 콕스(Owen & Cox, 1988)의 연구에 따르면 어머니가 일주일에 40시간 이상 일을 하는 경우, 그 이하로 일하는 어머니에 비해 더 불안하고 불행하며 덜 민감하여 자녀와 활기찬 상호작용을 덜 하는 것으로 나타났다. 또한 미국 중산층 직장여성을 대상으로 한 연구에 따르면 여성이 직장에서 일하는 시간이 많을수록 유치원과 1학년 자녀들의 학업 성취가 낮은 것으로 나타났다(Goldberg, Greenberger, & Nagel, 1996). 한편 유치원에서 12세까지에 이르는 종단 연구에 따르면 어머니가 직장에서 일하는 시간과 자녀의 학업 성취 간에 부정적인 상관관계가 존재하지만, 5~6세 이후 자녀가 성장해 갈수록 이 관계는 분명하지 않음이 발견되었다(Gottfried,

Bathurst, & Gottfried, 1994). 반면 저소득 가정에서 어머니의 취업은 자녀들의 긍정적인 발달과 관련 있는 것으로 나타났다. 이는 어머니가 취업함으로써 보다 높은 가계 소득을 얻을 수 있고, 이에 따라 보다 질이 높은 가정환경에서 성장할 수 있음을 의미한다.

한편 어머니의 취업은 가족구성원의 성역할 태도에 영향을 미친다. 우리나라 통계청 자료(1998)에 따르면, 〈표 12-1〉에서 보는 바와 같이 육아를 담당함에 있어 부부가 공평하게 맡아야 된다는 입장은 맞벌이 부부의 경우는 60%, 남편만 취업한 경우에는 3.4%로 나타나서 성역할 태도에 있어서 현격한 차이를 보여주고 있다. 부인이 주 양육을 맡고 남편이 분담해야 한다고 믿는 비율에 있어서도 맞벌이 부부는 37.9%가, 남편만 취업한 경우에 71.4%로 나타났다.

〈표 12-1〉 여성의 취업 여부에 따른 육아에 대한 태도

	부인이 전적으로	부인이 주, 남편이 분담	공평하게 분담	남편이 주, 부인이 분담	남편이 전적으로
남편만 취업한 경우	24.2%	71.4%	3.4%	0.5%	0.5%
맞벌이 부부의 경우	1.2%	37.9%	60.0%	0.7%	0.2%

* 통계청(1998).

자녀양육에 대한 부부의 입장이 여성의 취업 여부에 따라 달라지는 것은 다시 자녀의 성 역할 태도와도 관련된다. 어머니가 직장에 나갈 경우, 자녀들은 가정주부인 어머니를 둔 경우보다 남녀의 역할에 대해 고정관념이 적으며 양성 모두를 보다 유능한 것으로 지각하는 경향이 있었다(Hoffman, 1989). 부모가 모두 직장에 다닐 경우, 자녀들은 부모 모두가 복합적인 역할을 담당하는 것을 볼 기회가 많은데, 이런 요소가 자녀들에게 남녀의 역할에 대해 보다 평등한 생각을 갖도록 하는 것으로 보인다.

전반적으로 어머니의 취업이 아동의 발달에 미치는 효과는 단순하지 않다. 어머니 취업의 효과는 어머니가 일하는 시간과 가족 역동, 부모의 태도 등에 따라 차이가 나타나지만, 아동이 양육되는 대안적인 보호 시설이 어떠한 곳인가에 따라 달라질 수 있다. 다음에서는 보육에 대해 살펴보겠다.

3) 보 육

아동의 육아는 전통적으로 주 양육자인 어머니가 담당하는 것으로 생각되지만, 어머니가 직장에 다니는 비율이 증가되면서 많은 아동들이 상당히 어린 연령부터 대안적인 육아 시설에서 양육되고 있다. 우리나라 통계청 자료(1998)에 따르면 여성이 취업한 경우 24%만이 자녀를 직접 양육하고 있다고 응답하였고, 나머지는 다양한 형태로 보육을 하고 있는 실정이다. 부모들은 자신을 대신해서 자녀를 돌보아 줄 사람을 찾게 될 때 어떤 형태의 보육이 자녀에게 가장 바람직할지에 대해 고민하게 된다. 최근 잠비아의 한 지방에서 1950~1974년 자료를 조사한 결과 외할머니와 사는 아이들의 영아사망률이 그렇지 않은 아이의 절반 수준이었다는 인류학적 연구 결과가 보도된 적이 있지만(동아일보, 2002. 11. 6), 이러한 결과에 어떤 발달적 요인이 작용하고 있는지는 연구되지 않았다. 사실 지금까지 특정 형태의 보육이 아동의 발달에 어떤 영향을 미치는지에 대한 발달심리학적 연구는 그리 많지 않다. 이는 보육이 매우 다양한 형태로 이루어지고 있고, 보육에 관한 발달적 연구에 너무 많은 변인들이 작용하고 있어 이 변인들의 효과를 분리시켜 밝힌다는 것이 어렵다는 사실과 관련된다. 앞으로 외할머니나 다른 친척에 의해 양육되는 경우를 포함하여 다양한 형태의 시설에서 보육되는 아동의 심리적인 특성에 관한 발달심리학적 연구가 더 진행되어야 할 것이다. 다음에서는 자녀를 보육시설에 보낼 경우 어머니와의 애착에 어떠한 문제가 있을 수 있는지를 살펴본 후, 보육이 아동의 전반적인 발달에 미치는 영향을 고찰해 보겠다.

(1) 보육과 애착

클락-스튜어트와 페인(Clarke-Stewart & Fein, 1983)은 보육(day-care)과 애착에 대한 많은 연구들을 개관하면서, 보육시설에서 자란 아동이 가정에서 양육된 아동과 다르게 행동하는 것은 낯선 상황(Strange Situation)의 일부 요소에 국한된다는 것을 밝혔다. 즉, 어머니와의 분리시에 보육시설에서 양육된 아동은 가정에서 자란 아동과 비슷한 정도로 어머니에게 저항하거나 무시하는 반응을 보이지만, 낯선 사람이 있는 상황과 낯선 사람이 없는 장면 모두에서 어머니와 밀접한 근접성을 유지하는 데 시간을 덜 보내는 경향이 있었다. 또한 일부 연구에 따르면 어머니와 재결합 상황에서 보육시설에서 양육된 아동이 회피 반응을 보이는 비율이 더 많은 것으로 보고되었다. 예를 들어, 벨스키와 루빈(Belsky &

Rovine, 1988)은 만 1세 이전에 어머니가 아닌 다른 사람에 의한 보살핌을 일주일에 20시간 이상을 받는 영아는 불안정 애착으로 분류될 가능성이 많고 어머니와 재결합시 회피 반응을 더 많이 보인다고 보고하였다. 또한 아들은 딸에 비해 이런 면에서 더 취약한 것으로 나타났다. 그러나 종일 탁아시설에서 양육되는 영아의 50%가 안정 애착을 나타내는 점에 주목할 필요가 있다. 안정 애착을 나타내는 경우, 아동은 '쉬운' 기질의 아기이고, 어머니는 민감하고 공감적이며 결혼에 보다 만족하는 경향이 있었다. 그리고 어머니 대신 아버지가 양육을 맡을 경우 어머니와의 안정 애착이 훨씬 많았다.

그렇다면 보육시설에서 양육되는 것이 애착에 있어서 문제를 낳는다는 것을 의미하는가? 이에 대한 연구자들의 입장은 상반된다. 클락-스튜어트와 페인(1983)은 자신들의 연구에서 관찰된 보육시설 아동들의 행동을 불안정 애착행동으로 보지 않고 이러한 아동이 독립성을 조기에 나타내는 것으로 해석할 수 있다는 입장을 밝혔다. 즉, 낮 동안 보육시설에 맡겨지는 아동들은 어머니가 오고 가고 하는 것과 가족이 아닌 사람들과 상호작용하는 데 익숙해지도록 사회화되어 불안정 애착된 것과 같은 행동을 나타낼 수 있다는 것이다. 그러나 벨스키와 브론가르트(Belsky & Braungart, 1991)는 벨스키와 루빈(1988) 연구에 대한 추후 연구에서 클락-스튜어트와 페인(1983)과 다른 입장을 나타냈다. 즉, 일주일에 20시간 이상의 탁아를 받은 아동들은 독립적이고 어머니와의 재결합시 스트레스를 많이 받지 않는 것이 아니라, 잘 울고 더 소란스러울 뿐 아니라 사물을 가지고 많이 놀지 않는다는 사실을 보고하였다.

이와 같이 보육이 어머니와의 애착관계 발달에 미치는 영향에 대한 연구 결과들은 서로 상반된 부분이 있으나, 적어도 첫 1년 동안 아동이 오랜 시간 동안 보육시설이나 다른 사람에 의해 양육되는 것은 불안정 애착관계로 발달되는 데 위험요인으로 작용할 수 있는 것으로 보인다.

(2) 보육과 아동의 발달

아동이 생의 초기부터 부모가 아닌 사람이나 보육시설에서 양육되는 것은 여러 가지 측면에서 아동 발달에 영향을 미친다. 첫째, 사회성 발달과 관련하여, 보육시설에서 자란 경험이 있는 아동들은 사회적으로 보다 유능한 것으로 보고된다. 이들은 주장성, 독립성, 자신감 면에서 높은 점수를 나타내고 또래에 대한 친사회적인 행동도 더 많이 나타낸다. 이는 보육환경이 보다 이른 시기에 또래와 많은 경험을 제공하고 많은 양육자가 친사회적인 지시를 명백하게 제공하기 때문인 것으로 설명된다(Hamilton & Gordon, 1978; Rubenstein & Howes, 1979). 그러나 보육 경험이 있는 아동들이 또래에게 공격성을 자주 나타내고, 어른에게 불복종하기도 한다(Clarke-Stewart & Fein, 1983). 이에 대해 클락-스튜어트(1989)는 보육시설에서 아동은 부모와 있는 아동보다 더 독립적으로 생각하는 경향이 있지만 다른 사람과 목표가 다를 때 그것을 얻기 위해 어떻게 협상해야 하는지 등의 사회적 기술을 충분히 배우지 못한 연령이기 때문에 공격성이나 불복종 행동을 많이 나타내게 된다고 설명하였다.

둘째, 인지 발달과 관련하여, 보육시설에서 자란 아동이 집에서 부모가 양육한 아동보다 표준화된 지능검사뿐 아니라 문제해결능력, 창의력, 언어와 수리 능력의 모든 측정치에서 우수한 수행을 나타냈다. 이러한 보육 효과는 단순히 아이를 보살펴주는 활동에 초점을 둔 시설보다 인지 활동을 강조하는 프로그램을 가진 보육시설에서 양육된 아동에게서 더 강력하게 나타났고(McCartney et al., 1985), 아동이 초등학교에 들어갔을 때까지 그 효과가 나타났다. 한 연구에 따르면 유아기에 좋은 보육시설에서 보낸 시간의 양과 초등학교 6학년 때의 수학 점수는 긍정적인 상관관계가 있었고, 영재교육 프로그램에 등록하는 비율과도 관련이 있었다(Field, 1991).

요약해 보면, 보육이 아동에게 미치는 부정적인 효과는 거의 없고 오히려 사회성 발달이나 인지 발달을 촉진시키는 것으로 보인다. 그러나 이러한 연구가 대부분 대학 부설 기관이나 중산층 이상의 가족 배경을 가진 아동들이 다니는 양질의 보육시설을 대상으로 이루어졌다는 점에 주목해야 한다. 호웨스(Howes, 1990)에 따르면 1세 이전에 질이 낮은 보육시설에서 길러지는 아동은 1세 이후에 등록한 아동이나 질이 좋은 시설에서 양육된 아동에 비해 이후 또래관계와 학업에서 보다 많은 어려움을 경험한다고 보고하였다. 따라서 좋은 보육시설이 어떤 곳인지를 알아보는 일은 아동의 긍정적인 발달 촉진을 위해 핵심적인 문제이다. 다음에서는 양질의 보육시설의 특징에 대해 간단히 살펴보겠다.

(3) 보육시설의 선택

좋은 보육시설을 고려하기 위해서는 우선 좋은 부모되기의 속성이 무엇인지를 생각해 보는 것이 도움이 될 수 있다. 즉, 보육시설이 부모가 자녀에게 할 수 있는 것처럼 따뜻하고 반응적인 환경을 아동에게 제공해 주는가 하는 점과 적어도 얼마만큼의 시간 동안 구조화된 놀이와 친사회적인 행동을 할 수 있는 배움의 기회를 제공하는가 하는 것이 기준이 될 수 있다. 클락-스튜어트(1993)는 보육에 대한 일련의 연구들을 검토하면서, 보육시설 선택에 도움이 될 만한 다음과 같은 사항들을 제안하였다.

① 시설 보육은 가정 보육보다 교육적 기회를 더 많이 포함하는 경향이 있는 반면, 가정 보육은 아동에게 일대일 개인지도와 권위적인 훈육을 더 많이 하는 경향이 있다.
② 구조화된 교육활동과 개방적이고 자유로운 환경 사이에 균형이 있는 프로그램을 가진 곳이 아동의 인지, 정서 발달에 도움이 된다.
③ 보육환경은 아동의 감각운동, 사회, 인지 발달을 촉진시킬 수 있도록 물리적으로 넓고 다양한 재료와 활동을 제공하여야 한다.
④ 학급 크기는 10명 이하의 아동으로 작아야 하며 같은 학급 아동들의 연령차는 2세 이내이어야 한다.
⑤ 양육자와의 상호작용 유형이 보육의 질 측면에서 핵심적이다. 양육자는 아동에게 적극적으로 관여하되 제한적이어서는 안 된다. 또한 양육자는 반응적이고 아동에게 따뜻한 격려를 많이 해야 한다.
⑥ 양육자가 아동 발달에 대해 전문지식을 쌓고 계속해서 교육의 기회를 가지는 사람일수록 좋은 질의 보육을 제공할 가능성이 높다.
⑦ 아동의 개별적인 특성을 고려해야 한다. 구조화와 개방성이 조화를 이룬 프로그램에서 더 잘 하는 아동이 있는가 하면, 어떤 아동에게는 구조화된 프로그램이, 다른 아동에게는 융통성 있고 개방적인 프로그램이 더 도움이 될 수 있다.

그 외 아동과 교사의 비율과 교사의 낮은 이직률도 보육시설의 질을 평가할 때 고려해야 할 또 다른 주요 요인이다. 연구에 따르면, 교사와 아동의 비율이 영아일 경우 1 : 3, 걸음마기 아동일 경우 1 : 4, 학령전기 아동일 경우 1 : 9일 때, 보육의 질과 시설 내에서 아동의 활동이 양호한 것으로 나타났다. 또한 전체 학급 크기도 영아는 6명 이하, 걸음마기 아동은 12명 이하, 학령전기 아동의 경우 18명 이하일 경우, 아동이 보다 나은 양질의 경험을 할 수 있는 것으로 보고된다(Howes, Phillips, & Whitebook, 1992).

5. 가족 문제: 이혼

최근 우리나라의 통계청 보고에 따르면(2000), 이혼한 부부의 31.4 %가 함께 산 기간이 5년 미만이고, 5년에서 15년 사이가 42.7%, 그리고 15년 이상 동거해 온 부부가 이혼한 비율이 25.9%로 대폭 상승했다. 게다가 우리나라에서 이혼한 부부 가운데 71.2%가 미성년 자녀를 두고 있는 것으로 밝혀졌다. 이러한 통계 자료에 기초해 볼 때, 이혼한 가정의 상당수가 아동기와 청년기의 자녀가 있기 때문에 이제는 이혼에 따른 자녀의 적응과 발달상의 문제를 부모들이 보다 구체적으로 고려해야 하는 시점에 와 있음을 알 수 있다.

자녀를 둔 부모가 이혼을 고려할 때 가장 깊이 고뇌하게 되는 것 중의 하나는 '자녀 문제' 이다. 문제가 있는 결혼이라도 참고 계속 사는 게 자녀를 위해 바람직한지 아니면 항상 싸우는 가정 환경보다는 이혼을 하는 쪽이 자녀에게 나은 선택일지에 대한 답은 그리 간단하지 않다. 부모가 이혼한 후 자녀들이 사회적, 행동적, 심리적으로 어떠한 변화를 나타내고 적응하는가에 대한 연구 결과들은 일관되지 않은데, 이는 이혼이라는 공통된 경험 뒤에, 각 개인의 성격, 정서적 독립성, 성숙도와 같은 개인 내 특성뿐 아니라 배우자 관계, 혹은 부모-자녀관계와 같은 개인간 특성, 그리고 정서적 지지자나 경제적 안정성과 같은 개인을 둘러싼 환경 요인에서 개인차가 있고, 이혼에 이르는 원인이나 과정 또한 상당한 차이가 있기 때문이다. 다음에서는 이혼이 아동의 발달에 미치는 영향을 체계적인 접근법에 기초하여, 아동 요인, 가족 요인, 사회 문화적 요인으로 나누어 살펴보겠다.

1) 아동 요인

이혼 후 아동의 적응에는 자녀 개인의 특성과 관련된 몇 가지 요인이 있다. 내적인 통제소재(Internal locus of control)와 우수한 지능은 이혼에 따른 적응 과정에 있어서 보호 요인으로 작용하는 것으로 알려져 있고, 기질 면에서 까다로운 아동은 이혼을 경험할 때 부모에게 더 자주 화내고 비판적이며 적개심을 나타내기 쉬워 이혼에 취약한 것으로 볼 수 있다. 또한 아동의 성(gender)과 연령은 이혼에 따른 적응과 관련해 특히 주요한 취약요인으로 간주되는데, 여기에서는 성과 연령에 따른 적응상의 차이를 좀더 자세히 살펴보겠다.

(1) 연 령

일반적으로 연령이 어릴수록 부모의 이혼에 적응하는 것이 더 어렵다고 보고되고 있다. 유아기의 아동은 아직 사회 인지적 발달과 애착 형성이 미숙하여 이혼으로 인한 부모의 상실을 자기가 버려진 것으로 받아들이고, 그 결과 퇴행과 과잉 의존적 행위, 지속적인 수면장애, 억제, 놀이에서의 위축, 성인의 주의를 끌려는 행동, 대인적 위축 등을 보인다.

학령기 아동의 경우에는 사회인지적 발달이 자기 중심적 영역에 한해서 이루어지기 때문에, 타인의 행동이나 감정을 충분히 이해하지 못한다. 이러한 특성은 아동이 정상적인 가정이 박탈된 데 대해 부모를 비난하고 분노를 표출하는 행동과 관련된다. 분노는 전위된 공격으로 나타나 또래나 교사에게 향함으로써 학교 부적응과 연결되기도 하지만, 일부 아동은 분노를 내면화하여 과도한 불안을 나타내기도 한다. 이들은 유아기의 과잉 의존 반응 대신 한쪽 부모와 동맹 관계를 맺고, 다른 부모에게 적개심과 분노를 표출하기도 하며, 따라서 다른 부모로부터 소외를 경험하게 된다. 소외된 아동의 경우, 자아존중감의 상실, 우울 등과 같은 정서 문제, 학업 성취 부진, 행동 문제 등을 경험한다고 보고된다. 여기서 학령기 아동에게 한쪽 부모와의 동맹 혹은 충성의 요구가 그들의 적응에 있어서 취약요인으로 작용할 수 있음을 알 수 있다. 스튜어트 등(Stewart et al., 1997)의 연구에 따르면, 6~12세 아동들의 경우 양육 부모와의 관계, 주로 모-자녀가 원만할수록 비양육 부모간, 주로 부-자녀 간의 갈등이 적은 것으로 나타났다. 이는 함께 사는 부모의 입장을 우호적으로 이해하고, 이들로부터 더 많은 지지를 받으며, 안정감을 되찾게 해 주는 것이 적어도 단기적으로는 보호 요인이 될 수 있음을 시사해 준다.

반면, 청년기 자녀는 스스로를 가족으로부터 독립시키고, 외부, 주로 또래관계에서 지지를 얻음으로써 부모와의 갈등을 해소할 수 있기 때문에 청년기 자녀가 겪는 이혼에 대한 부적응은 최소화될 수 있다. 그러나 이혼 가정의 자녀들은 청년기의 발달 과업 가운데 하나인 독립과 자율을 성취하기가 쉽지 않다. 자연스럽고 건강한 독립은 안정적이고 신뢰에 찬 관계를 바탕으로 이루어지기 때문에, 양쪽 부모로부터 지지를 받지 못하던가, 어린 시기에 분리를 경험했다던가 하는 경험은 결국 청년기 자녀의 적응에 취약 요인으로 작용할 수 있다. 청년기 자녀는 연령이 증가할수록 부모의 갈등 사이에 낀 기분이라고 보고하고 있고 부모 사이에 끼인 것 같은 느낌을 많이 받을수록 더 부적응적인 것으로 나타났다(Buchana,

Maccoby, & Dornbusch, 1996).

(2) 성

일반적으로 남아는 여아보다 이혼에 따른 부적응적 행동을 더 많이 보이고, 부적응 행동의 양상에 있어서도 남아는 외현화 행동으로, 여아는 내재화 행동으로 나타난다는 점에서 차이가 있다. 이혼을 경험한 영유아기의 남아는 공격성과 과잉의존성을 보이고 청년기 이후까지 더 불복종적이고 공격적이며 비행에 더 많이 관련된다. 반면 여아의 경우는 이후 청년기에 와서 성적으로 조숙하거나, 성행동에 관심을 가지는 현상으로 나타나기도 한다. 이혼한 홀부모 가정의 아동이 빨리 조숙하는 것에 대해서는, 이들이 비교적 부모의 감독으로부터 멀어져 활동할 가능성이 높고, 가족 의사 결정에 있어서 커다란 힘을 가지기 때문이라는 설명이 있다. 최근 연구에서 제안되고 있는 '부모화(parentification)' 라는 개념은 이혼 가정의 자녀들의 적응에서 나타나는 성차 문제와 관련해 보다 재미있는 설명을 제공한다. 부모화란 아동이 부모 역할로 고려되어지는 역할을 하는 일종의 역할 전도를 말하는 것으로 집안일이나 형제를 돌보는 것 등과 같은 도구적 부모화가 있고, 부모에게 조언이나 정서적 지지자 역할을 하는 정서적 부모화가 있다 (Hetherington, 1999). 전반적으로 높은 수준의 정서적, 도구적 부모화는 딸의 경우 우울하고 근심이 많은 것과 같은 내재화 행동과 관련되었으나, 아들의 경우는 그렇지 않았다. 더욱이 이러한 경향은 부모의 성과 상호작용하여 아버지의 정서적 부모화는 아들의 내재적 행동과 높은 관련을 보였는데, 이는 자기 개방이나 도움 요청의 행위가 남성의 고정관념적 규준에 비추어 볼 때, 보다 덜 전형적이고, 더 일탈되어 있기 때문에 적응적인 효과를 덜 가지는 것으로 해석될 수 있다. 반면 어머니의 딸에 대한 부모화는 훨씬 적응적이어서, 이혼 가정의 여아들의 경우 보다 높은 사회적 책임감과 낮은 외현화 행동과 유의미하게 관련되었다. 따라서 동일한 부모의 행동도 맥락에 따라 차별적인 결과를 초래함을 볼 수 있다. 단, 앞서 언급한 딸의 성적 조숙 현상은 어머니가 자신의 애인이나 성적 관계에 대해 딸에게 개방할 때 나타날 수 있는 것으로, 어머니의 자기 개방 내용은 딸의 발달에 주요한 의미를 가진다. 여기서 어머니에 대한 딸의 부모화가 딸의 사회적 성숙과 유의미한 상관이 있긴 했지만, 동시에 딸의 내재화 문제와도 관련된다는 점은 주목할 만하다. 이는 탄력성의 개념이 취약성이 없는 상태와는 다르다는 것을 보여주는 적절한 증거로, 부모 이혼의 경험을 통해 사회적으로 성숙한 사람으로 발달할 수 있지만, 동시에 그 흔적이 어떤 형태로든 남아 있음을 시사한다.

2) 가족 내 요인

이혼이 흔히 자녀들의 정서, 행동 문제, 학교, 혹은 또래 관계 문제 등과 관련된 적응상의 위험 요인으로 간주되기도 하지만, 이런 전환이 반드시 부적응적인 결과로 연결되는 것은 아니라는 연구결과도 상당히 있다. 이러한 차이를 유발하는 요인으로는 부부간의 갈등 수준(극단적인 경우는 폭력), 자녀양육 태도, 형제관계, 우울증 같은 부모의 정신병리 등이 관련된다. 이러한 요인들이 아동의 적응에 미치는 효과는 종종 부모 양육의 질에 따라 달라질 수 있기 때문에, 효율적인 양육을 실행하는 것은 변화된 가족 구조 속에서도 자녀를 적응적인 방향으로 발달시킬 수 있는 주요한 매개 변인으로 볼 수 있다(Degarmo & Forgatch, 1999).

헤더링턴(Hetherington, 1999)은 이혼 후 부모가 자녀들의 성공적인 적응을 위해 고려해야 하는 요인으로 부부 갈등과 양육태도를 제안하였다. 첫째, 갈등 요인부터 살펴보면, 부모는 자녀에게 노출되는 갈등의 양을 최소화하는 것이 필요하다. 부부가 갈등을 해결하지 못할 경우, 이혼을 하여 갈등을 해소하고 조화로운 가정을 만드는 것이 남녀 아동 모두에게 낫지만, 이혼 후에도 갈등 해결이 안 될 때 비이혼 상태가 이혼상태보다는 문제가 덜한 것으로 나타났다. 따라서 갈등을 어떻게 해소하여 갈등이 적은 조화로운 상태로 만드는가의 문제가 이혼을 하느냐 마느냐의 문제보다 더 중요한 것임을 알 수 있다. 단 여기서 한 가지 주목할 점은 이혼한 부부 중 갈등을 잘 해소한 경우에도, 이혼한 가정의 남아들은 비이혼 가정의 남아에 비해 높은 문제 행동을 보였다는 것이다. 이러한 성차는 남아가 아버지의 부재에 보다 민감하고, 이혼한 어머니가 자녀양육을 맡게 될 때 강압적인 부모-자녀 관계를 나타낼 수 있다는 점과 관련되는 듯 하다. 둘째, 이혼 이후에도 권위적인 양육 태도를 유지하는 것이 자녀의 성공적인 적응에 중요하다. 비이혼 가정과 이혼한 가정의 자녀들이 다른 방식의 양육을 경험하는가에 대해서는 연구 결과들이 일치되고 있지 않지만, 일반적으로 양부모 가정와 홀부모 가정에서 양육 스타일의 차이는 적다. 단 홀부모는 행동 통제나 제한 설정과 관련된 양육 행동이 감소된다는 정도에서 차이가 있었다. 실제로 일하면서 자녀를 돌보아야 하는 등 여러 가지 과제가 부모에게 동시에 요구될 때 홀부모는 모니터링과 아동을 위한 적절한 양육 구조를 충분히 제공하기가 힘들어진다. 따라서 이혼한 부모가 경제적으로나 정서적인 측면에서 새로운 생활에 적응할 수 있도록 도와줄 만한 지지 요인이 얼마나 많이 있는가 하는 점은 부모 개인의 적응뿐 아니라 가족 체계 전체의 기능 수준에도 영향을 주게 된다.

3) 사회문화적 요인

이혼은 부모와 아동의 사회 문화적 상위 맥락에서도 심오한 변화를 낳는다. 예를 들어, 이혼은 경제적 어려움과 관련될 수 있는데, 특히 어머니가 가장이고 아버지의 보조금에 의존해야 할 때 가정의 수입이 감소될 수 있다. 또한 이혼 후 주거 지역과 이웃이 변화되는 것은, 특히 가난하고 위험한 지역으로 이사할 경우, 이혼 가정 자녀의 문제 행동에 직접적으로 영향을 주기도 한다. 그리고 아동이 스트레스를 경험하게 되는 삶의 사건이 증가하고, 부모가 사회적으로 고립되는 결과를 낳게 되기도 한다(Deater-Deckard & Dunn, 1999). 이와 같이 이혼이 부정적인 생태학적 환경과 관련될 때, 이러한 요소들이 다시 가족 역동을 붕괴하여 자녀 양육과 아동의 적응을 손상시킬 수 있다. 사회적 환경의 변화는 어머니의 양육의 질과 대인관계 문제 해결에 영향을 줄 수 있고, 이러한 갈등 해결 정도와 양육은 매개 변인으로 작용하여 자녀들의 적응문제에서 차이를 가져오게 된다.

또한 인종이나 가치 체계 등이 이혼을 수용하는 정도와 양육 태도 등에서 의미 있는 차이를 가져옴으로써 자녀의 적응에 영향을 주는데(Avenevoli, Sessa, & Steinberg, 1999), 개인이 속한 사회가 이혼에 대해 보수적이고 부정적인 태도를 가질수록, 이혼한 개인은 낙인(stigma) 효과를 경험하게 되고, 주위 환경의 이러한 부정적인 태도로 인해 이혼 후 부모뿐 아니라 자녀도 더 많은 심리적 어려움을 겪을 수 있다.

따라서 부모가 이혼을 결정할 때 자녀의 적응을 염려한다면, 자녀의 성, 연령 등과 같은 개인적인 요인뿐 아니라 자신이 처한 생태적 환경에서, 위험 요인, 취약 요인, 그리고 보호 요인들이 어떻게 작용할지에 대해 검토해야 한다. 만약 가족 관계에서 갈등적인 결혼과 같은 위험 요인이 파괴적이어서 보호 요인을 능가하고, 그 결과 아동의 심리적 행복감을 위협한다면, 부모는 이혼이라는 결정을 내리고 한부모 가족으로 옮아감으로써 부부 관계가 가족 전체 체계에 미치는 파괴적인 영향력을 감소시키는 시도를 해 볼 수 있다. 이 경우 이혼은 자녀에게 보호 요인으로 작용할 수 있다. 그러나 만약 이혼을 통해 여러 가지 정서적, 경제적 자원이 감소되고 부적절한 양육이 행해지며, 이혼한 부부뿐 아니라 부모-자녀관계, 형제들 간의 갈등이 계속되거나 증가된다면, 부모는 자녀를 위해 행복하지 않은 결혼상태를 선택할 수도 있을 것이다.

/참/고/문/헌/

동아일보(2002. 11. 6) 기사

이종숙(1997). 이혼 가정 자녀의 적응에 대한 사회심리적, 발달적 이해, 이혼과 적응: 심리, 사회, 법률적 조명, 한국인간발달학회 학술 심포지엄, 26-40.

통계청 인구조사 자료 1998, 2000.

Arnold, D. S., O' Leary, S. G., Wolff, L. S., & Acker, M. M. (1993). The parenting scale: A measure of dysfunctional parenting in discipline situations. *Psychological Assessment, 5*, 137-144.

Avenevoli, S., Sessa, F. M., & Steinberg, L. (1999). Family structure, parenting practices, and adolescent adjustment: An ecological examination. In E. M. Hetherington (Ed.), *Coping with divorce, single parenting and remarriage* (pp. 65-90). Hillsdale, NJ: Lawrence Erlbaum Associates.

Baskett, L. M. (1985). Sibling status effects: Adult expectations. *Developmental Psychology, 21,* 441-445.

Barnes, H. L., & Olson, D. H. (1985). Parent-adolescent communication and the circumplex model. *Child Development, 56,* 438-447.

Baumrind, D. (1971). Current patterns of parental authority, *Developmental Psychology Monograph, 4* (1, Part 2).

Baumrind, D. (1972). Socialization and instrumental competence in young children. In W. W. Hartup (Ed.), *The young child: Reviews of research* (Vol. 2, pp.202-224). Washington, DC: National Association for the Education of Young Children.

Baydar, N., & Brooks-Gunn, J. (1991). Effects of maternal employment and child-care arrangements on preschoolers' cognitive and behavioral outcomes: Evidence from the Children of the National Longitudinal Survey of Youth. *Developmental Psychology, 27,* 932-945.

Bee, H. (1997). *The developing child* (8th ed.), Addison-Wesley Educational Publishers Inc.

Belsky, J. (1981). Early human experience: A family perspective. *Developmental Psychology, 17,* 3-23.

Belsky, J. & Braungart, J. M. (1991). Are insecure-avoidant infants with extensive day-care experience less stressed by and more independent in the Strange Situation? *Child Development, 62,* 567-571.

Belsky, J., & Rovine, M. J. (1988). Nonmaternal care in the first year of life and the security of infant-parent attachment. *Child Development, 59,* 157-167.

Bornstein, M. H. (1989). *Maternal responsiveness: Characteristics and consequences.* San Francisco: Jossey-Bass.

Bowlby, J. (1969). A*ttachment and loss:* Vol. 1. *Attachment.* New York: Basic Books.

Buchana, C. M., Maccoby, E. E., & Dornbusch, S. M. (1996). Caught between parents: Adolescents' experience in divorced homes. *Child Development, 62,* 1008-1029.

Clarke-Stewart, K. A. (1989). Infant day care: Maligned or malignant? *American Psychologist, 44,* 266-273.

Clarke-Stewart, K. A. (1993). *Daycare* (Rev. Ed.). Cambridge, MA: Harvard University Press.

Clarke-Stewart, K. A., & Fein, G. G. (1983). Early childhood programs. In M. M. Haith & J. J. Campos (Eds.), *Handbook of child psychology:* Vol. II. *Infancy and developmental psychobiology.* New York: Wiley.

Collins, W. A., & Russel, G. (1991). Mother-child and father-child relationships in middle childhood adolescence: A developmental analysis. *Developmental Review, 11,* 99-136.

Cox, M. J., Owen, M. T., Lewis, J. M., & Henderson, V. K. (1989). Marriage, adult adjustment, and early parenting. *Child Development, 60,* 1015-1024.

Crouter, A. C., MacDermid, S. M., McHale, S. M., & Perry-Jenkins, M. (1990). Parental monitoring and perceptions of children's school performance and conduct in dual-and single-earner families. *Developmental Psychology, 26,* 649-657.

Deater-Deckard, K., & Dunn, J. (1999). Multiple risks and adjustment in young children growing up in different family settings: A British community study of stepparent, single mother, and nondivorced families. In E. M. Hetherington (Ed.), *Coping with divorce, single parenting and remarriage* (pp.47-64). Hillsdale, NJ: Lawrence Erlbaum Associates.

Degarmo, D. S., & Forgatch, M. S. (1999). Contexts as Predictors of Changing Maternal Parenting Practices in Diverse Family Structures: A Social Interactinal Perspective of Risk and Resilience. In E. M. Hetherington (Ed.), *Coping with divorce, single parenting and remarriage* (pp.227-252). Hillsdale, NJ: Lawrence Erlbaum Associates.

Dunn, J., & Kendrick, C. (1982). *Siblings: Love, envy, and understanding*. Cambridge, England: Cambridge University Press.

Field, T. (1991). Quality infant day care and grade school behavior and performance. *Child Development, 6,* 863-870.

Goldberg, R. L., Greenberger, E., & Nagel, S. K. (1996). Employment and achievement: Mother' s work involvement in relation to children' s achievement behaviors and mothers' parenting behaviors. *Child Development, 67,* 1512-1527.

Gottfried, A. E., Bathurst, K., & Gottfried, A. W. (1994). Role of maternal and dual-earner employment status in children' s development. In A. E. Gottfried, & A. E. Gottfried (Eds.), *Redefining families: Implications for children' s development.* New York: Plenum.

Hamilton, V. J., & Gordon, D. A. (1978). Teacher-child interactions in preschool and task persistence. *American Educational Research Journal, 15,* 459-466.

Harold, G. T., Fincham, F. D., Osborne, L. N., & Conger, R. D. (1997). Mom and Dad are at it again: Adolescent perceptions of marital conflict and adolescent psychological distress. *Developmental Psychology, 33,* 333-350.

Hetherington, E. M. (1999). Should we stay together for the sake of the children?, In E. M. Hetherington (Ed.), *Coping with divorce, single parenting and remarriage* (pp.93-116). Hillsdale, NJ: Lawrence Erlbaum Associates.

Hoffman, L. W. (1989). Effects of maternal employment in the two-parent family. *American Psychologist, 44,* 283-292.

Howes, C. (1990). Can age of entry and the quality of childcare predict adjustment in kindergarten? *Developmental Psychology, 26,* 252-272.

Howes, C., Phillips, D. A., & Whitebook, M. (1992). Thresholds of quality: Implications for the social development of children in center-based child care. *Child Development, 63,* 449-460.

Kurdek, L. A., & Fine, M. A. (1994). Family acceptance and family control as predictors of adjustment in young adolescents: Linear, curvilinear, or interactive effects? *Child Development, 53,* 1137-1146.

Lamb, M. E. (1997). *The role of the father in child development* (3rd ed.), New York: Wiley.

Lamb, M. E., Hwang, C. P., Ketterlinus, R. D., & Fracasso, M. P. (1999). Parent-child relationships: Development in the context of the family, In M. H. Bornstein & M. E. Lamb (Ed.), *Developmental Psychology* (4th ed., pp.411–450). Mahwah, NJ: Lawrence Erlbaum Associates.

Laub, J. H., & Sampson, R. J. (1995). The long-term effect of punitive discipline. In J. McCord (Ed.), *Coercion and punishment in long-term perspectives* (pp.247–258). Cambridge, England: Cambridge University Press.

Kuczynski, L., Kochanska, G., Radke-Yarrow, M., & Girnius-Brown, O. (1987). A developmental interpretation of young children' s noncompliance. *Developmental Psychology, 23,* 799–806.

Maccoby, E. E. (1980). *Social development: Psychological growth and the parent-child relationship.* New York: Harcourt Brace Jovanovich.

Maccoby, E. E. (1992). The role of parents in the socialization: A historical overview. *Developmental Psychology, 28,* 1006–1017.

Maccoby. E. E., & Martin, J. A. (1983). Socialization in the context of the family: Parent-child interaction. In E. M. Hetherington (Ed.), *Handbook of child psychology: Socialization, personality, and social development* (Vol. 4, pp.1–102). New York: Wiley.

Mahler, M. S., Pine, F., & Bergman, A. (1975). *The Psychological birth of the human infant.* New York: Basic Books.

Main, M., Kaplan, N., & Cassidy, J. (1985). Security in infancy, childhood, and adulthod: A move to the level of representation. *Monographs of the Society for Research in Child Development, 50* (Serial No. 209), 66–104.

McCartney, K., Scarr, S., Phillips, D., & Grajek., S. (1985). Day care as intervention: Comparisons of varying quality programs. *Journal of Applied Developmental Psychology, 6,* 247–260.

Maughan, B., Pickles, A., & Quinton, D. (1995). Parental hostility, childhood behavior, and adult social functioning, In J. McCord (Ed.), *Coercion and punishment in long-term perspectives* (pp.34–58). Cambridge, England: Cambridge University Press.

Patterson, G. R., DeBaryshe, B. D., & Ramsey, E. (1989). A developmental perspective on antisocial behavior. *American Psychologist, 44,* 329–335.

Pulkkinen, L. (1982). Self-control and continuity from childhood to late adolescence.

In P. Baltes & O. G. Brim, Jr. (Eds.), *Life span development and behavior* (Vol. 4, pp.64-107). New York: Academic Press.

Stewart, A. J., Copeland, A. P. Chester, N. L., Maley, J. E., & Barenbaum, N. B. (1997), *Separating together*. New York: Guilford.

Owen, M. T., & Cox, M. J. (1988). Maternal employment and the transition to parenthood. In A. E. Gottfried, & A. E. Gottfried (Eds.), *Maternal employment and children' s development: Longitudinal research*. New York: Plenum.

Richards, M. H., & Duckett, E. (1994). The relationship of maternal employment to early adolescent daily experience with and without parents. *Child Development, 65,* 225-235.

Richters, J., & Pellegrini, D. (1989). Depressed mothers' judgments about their children: An examination of the depression-distortion hypothesis. *Child Development, 60,* 614-621.

Rubenstein, J., & Howes, C. (1979). Caregiving and infant behavior in day care and in homes. *Developmental Psychology, 15,* 1-14.

Sroufe, L. A. (1985). Attachment classification from the perspective of infant-caregiver relationships and infant temperament, *Child Development, 56,* 1-14.

Steinberg, L. (1990). Interdependence in the family: Autonomy, conflict, and harmony in the parent-adolescent relationships. In S. S. Feldman & G. Elliot (Eds.), A*t the threshold: The developing adolescent* (pp.255-276). Cambridge, MA: Harvard University Press.

Stewart, R. B. (1983). Sibling attachment relationships: child-infant interactions in the strange situations. *Developmental Psychology, 19,* 192-199.

Thomas, A., & Chess, S. (1977). *Temperament and development*. New York: Brunner/Mazel.

Thompson, R. A. (1999), The Individual Child: Temperament, Emotion, Self, and Personality, In M. H. Bornstein & M. E. Lamb (Ed.), *Developmental Psychology* (4th ed., pp.377-409). Mahwah, NJ: Lawrence Erlbaum Associates.

13 문화환경과 발달

우리는 제12장에서 가족이 인간 발달에 미치는 영향에 대해 살펴보았다. 어린 자녀에게 미치는 가족의 영향은 매우 크지만, 자녀들이 좀더 성장하게 되면 다른 사회의 단체들이나 기관들이 보다 큰 영향력을 발휘하게 된다. 예를 들면, 아동들이 부모의 품을 떠나 어린이집이나 유치원 등의 보육시설에 들어가게 되면서, 대리 양육자와 새로운 놀이친구들을 많이 만나게 된다. 또한 보육기관에 맡겨지지 않았다 하더라도, TV를 통해 외부의 세계에 대한 다양한 것들을 배우기 마련이다. 6~7세가 되어 사실상 거의 모두 초등학교에 다니게 되면, 자신들과 비슷한 어린이들과 상호작용을 하고 이전까지 가정에서 따르던 것과는 많이 다른 여러 가지 규칙과 행동들에 적응하도록 요구받는다.

아동들은 성숙해감에 따라 점차 외부세계에 친숙해지게 되며, 경험이 다양하고 상호작용의 폭이 넓어지면서 그들의 부모와 함께 보내는 시간은 더욱 줄어들게 된다. 이러한 경험들은 아동들에게 어떤 영향을 미치는가? 이를 위해 우리는 가족 외부의 네 가지 요소들(TV, 컴퓨터, 학교 그리고 또래집단)이 발달에 미치는 영향에 대하여 살펴볼 것이다.

1. 텔레비전과 대중문화

텔레비전이 가장 영향력 있는 공공매체로서 공익적인 측면에서 서비스를 해야 한다는 점이 강조됨에 따라 전문가들은 텔레비전의 교육적 활용에 관심을 가지게 되었다.

직접 경험하지 않더라도 관찰을 통해 학습이 가능하다는 Bandura의 사회학습이론은 텔레비전을 통한 학습의 효과에도 적용할 수 있는데, 반드시 교육용 프로그램이 아니라도 아동들은 TV를 통해 새로운 사물을 경험하고 다른 사람의 음성과 행동을 관찰하며 일상에서 경험하지 않았던 다양한 정서를 유발하는 환경에 노출되면서 사회화된다. 인지 발달과 TV시청 경험과정을 통해 아동기 중기 및 청년기 동안의 TV 이해도는 점차 증가한다고 알려져 왔다.

1) 심리학 분야에서의 텔레비전 시청 연구

심리학에서 텔레비전 시청에 관한 연구는 1960~1970년대 초까지는 주로 텔레비전이 아동의 사회화에 미치는 영향에 대한 것이었다. 연구내용은 프로그램 내용에 따른 아동의 공격성, 친사회적 행동, 기타 고정관념에 미치는 영향 등에 대한 분석이 주종을 이루었으며, 주로 텔레비전의 부정적 영향을 강조하고 시청자를 수동적이고 수용적인 정보처리자로 인식하는 경향이 있었다.

그러나 1960년대 말 미국에서 텔레비전의 폭력적 프로그램이 아동의 공격성에 미치는 영향에 대한 연구를 실시한 결과, 아동의 사회화에 미치는 텔레비전의 영향은 프로그램 내용 이외에도 시청환경이나 아동의 특성에 따라 달라진다는 인과론적 영향설을 주장하면서 텔레비전의 잠정적이고 제한적인 효과를 지지하였다(김규, 1987; 박혜원, 1991). 1970년대 이후는 아동의 이해에 영향을 미치는 텔레비전 프로그램의 여러 가지 특성에 관한 연구가 활발히 진행되면서 텔레비전이 갖는 특수한 속성들을 아동들이 어떻게 처리하는지에 대한 인지적 접근이 시도되었다(박혜원, 1991).

(1) 반응적 시청이론

텔레비전의 특성에 관한 초기의 연구는 텔레비전에 대한 반응적 시청이론

(reactive theory of television viewing)에 의해 주도되었다. Jerome Singer에 의해 주창된 반응적 시청이론은 텔레비전 시청활동을 과업요구(task demend)가 낮은 활동, 즉 정신적 노력이 별로 필요하지 않은 수동적인 활동으로 간주하였다.

반응적 시청이론은 텔레비전에 대한 주의(attetion)는 텔레비전의 표면적이고 내용 독립적인 특성, 즉 형식적 특징에 의해 반사적 수동적으로 통제된다는 이론이다. 이 논리는 Bandura의 사회학습이론에 기초한 것으로, 텔레비전의 제작기법이나 형식적 특징에 의해 주의가 유도되고 지속되며, 일단 주의가 일어나면 자동적으로 이해되고 기억된다고 주장한다.

그러나 이러한 주장을 펼쳤던 Lesser, Singer, Salomon 등도 Bandura와 마찬가지로 아동은 능동적이고 인지적이며 사회적인 존재라는 명제에는 모두 동의하고 있다. 다만 아동을 반응적으로 만드는 예외적이고 강력한 영향력을 텔레비전이 제공한다는 점을 강조하였다(Anderson & Lorch, 1983).

(2) 능동적 시청이론

Anderson과 Lorch(1983)는 텔레비전 시청을 시청자, 텔레비전, 시청환경의 세 요인 간에 이루어지는 능동적이며 인지적인 상호작용으로 간주하는 '능동적 시청이론(active theory of television viewing)'을 주장하였다. 이 이론의 기본개념은 텔레비전에 대한 인지적 처리는 쉐마(schema)로부터 상당량 유도된다는 것이다. 쉐마란 개인의 경험을 반영하는 추상적인 지식으로 구성된 정신구조를 말하는데, 이전의 그리고 현재의 경험으로부터 유발되어 획득되고 수정된다. 그들은 시청자는 일반적인 세상 경험으로부터뿐만 아니라 텔레비전과의 경험으로부터 정상적인 텔레비전 프로그램의 시간적 개념적 프로그램에 관한 기대를 발달시킨다고 가정하고, 텔레비전에 대한 시각적 주의는 이러한 기대적인 쉐마들로부터 상당량 촉발된다고 가정하였다.

따라서 능동적 시청이론은 시청의 통제 주체가 텔레비전에 있는 것이 아니라 오히려 시청자에게 직접적으로 있다는 것을 주장한다. 따라서 매체의 의미 없는 현저한 특징들에 단지 반사적으로 반응하기보다는 오히려 매체에 대한 자신의 경험, 특정 프로그램에 대한 친숙성, 인지 발달 수준 그리고 일반세상지식에 기초하여 시청자가 프로그램과 시청환경에 적절한 시청전략을 적용한다고 보았다.

반응적 시청이론과 능동적 시청이론은 텔레비전 매체를 받아들이는 시청자의 역할이 프로그램의 피상적 자극에 반사적으로 반응하여 수동적이고 자동적인 시청행동을 인출하는 데 그치는가 아니면 시청자의 텔레비전 시청경험과 인지발달이나 지식체계에 의해서 특정 프로그램과 시청 환경에 적절한 시청 전략을 세워 인지적이고 능동적인 시청을 하는가의 관점의 차이를 보이고 있으며, 연구결과들을 종합해 보면 텔레비전 시청이론은 반응적 능동적 이론을 통합한 이론으로 정립되어야 할 것을 명시하고 있다(Calvert 등, 1982; Anderson & Lorch, 1983).

2) TV와 인지 정서 발달

(1) 교육적 도구로서의 TV

TV를 시청하는 지역아동보다 비교적 높은 독서능력 및 창의성 수준을 보였던 TV시청 불가지역에 거주하는 아동들이 TV가 보급된 지 2~4년이 경과한 후, 다른 지역아동의 수준으로 낮아지고, 지역사회에 대한 관심이나 활동이 감소하였으며 공격성 및 성 고정관념이 증가하였다는 연구결과(Corteen & Williams, 1986; Harrison & Williams, 1986)에도 불구하고, 이는 TV를 시청이 다른 여가활동을 대체한 결과로 나타난 것일 뿐, 사실 아동은 많은 양의 유용한 정보들을 TV를 통해서 학습하며(Anderson & Collins, 1988), TV는 인지 발달을 위한 도구로 사용될 수 있다.

[그림 13-1] 새서미 스트리트

아동을 대상으로 하는 프로그램들은 대체로 셈하기, 숫자와 글자 배우기, 순서대로 배열하기, 간단한 문제풀기와 같은 인지적 능력을 향상시키고 협동, 나눠 주기, 위로하기 등의 친사회적 활동을 강화하도록 구성되어 있다. 친사회적인 프로그램을 시청하는 아동은 그렇지 않은 아동보다 더욱 친사회적인 경향을 보이며(Hearold, 1986). Sesame Street와 같은 시리즈 프로그램을 불리한 배경출신의 3 ~5세 아동들이 기본적인 규칙에 따라 시청함으로써 알파벳검사, 이름쓰기능력과 어휘력 같은 읽기 전 단계의 능력을 크게 향상시켰다(Bell & Bogatz, 1970; 1972; Rice et al., 1990). 이러한 연구들은 효과적인 TV프로그램 시청이 적은 비용으로 상당히 교육적인 성과를 거두는 데 도움이 된다는 것을 보여준다(Palmer, 1984).

(2) 효과적인 TV활용을 위한 부모의 역할

아동들이 친사회적인 행동을 반복연습하고 실행하도록 성인이 격려해 줄 때 더 지속적으로 나타난다는 연구결과를(Friedrich & Stein, 1975; Friedrich-Cofer et al., 1979) 감안할 때, TV의 일방향적 매체성격을 초월하기 위해서는 학습자인 시청자의 능동적인 참여를 유발하는 성인들의 지도가 필요하다고 본다(Singer & Singer, 1990). 부모들은 자녀들과 좋은 프로그램을 시청한 후, 자녀들이 관찰한 친사회적인 교훈을 말하도록 하거나 역할놀이 등을 하도록 격려하는 것이 좋고, 인지적 프로그램 시청 후에도 배운 내용을 적용할 수 있도록 도와주어야 한다.

3) 바람직하지 못한 TV의 영향들

TV의 순기능에 대해 먼저 설명하기는 했지만, 일상생활에서 TV가 차지하는 비중에 비하면 TV에 대한 평가는 대체로 부정적인 것이 많다. TV의 부정적 영향을 말할 때 TV폭력과 공격성, 사회적 고정관념의 강화, 무분별한 상업적 메시지의 전달 등이 주로 언급된다.

(1) 공격성

첫째는 TV폭력과 공격성 간의 관계에 대한 것으로, TV의 폭력성에 대한 우려는 1950년대부터 제기되었다. 최근 국가TV폭력연구(the National Television Violence Study)는 미국의 TV프로그램이 사실 매우 폭력적임을 보여주고 있는데(Mediascope, 1996; Seppa, 1997), 명백히 공격적인 행위를 반복해서 보여주거나, 가해자가 어떤 후회도 보이지 않고 벌이나 비난 역시 받지 않는 폭력을 담고 있는 프로그램들이 방영되고 있으며, 특히 어린이들이 선호하는 만화 프로그램에서는 폭력이 유머스럽게까지 표현되고 있다는 점이 지적되었다.

폭력장면을 많이 시청하는 아동과 청소년은 폭력장면을 적게 보는 동급생들보다 더 적대적이고 공격적으로 되는 경향이 있으며, 이는 연령과 지역에 무관한 보편적인 현상이다(Lievert & Sprafkin, 1988; Parke & Slaby, 1983). 더욱이 종단적인 연구들을 보면 TV폭력을 시청하는 것은 아동의 공격적인 경향을 증가시키고, 이러한 공격적인 경향성은 TV 프로그램에 대한 흥미를 자극시켜 더 많은 공격성을 증가시키는 것으로 나타났다(Eron, 1982; Huesmann et al., 1984). 이러한 상관관계들은 이른 시기에 TV폭력에 과도하게 노출되는 것이 적대적인 습관들과 반사회적인 습관들의 발달을 초래하며 성인기의 공격성과 심각한 범죄행위와 관련되어 있다는 추적연구의 결과와 상통한다(Huesmann, 1986).

둘째는 TV폭력과 폭력에의 둔감화 문제이다. 폭력을 통해 문제를 해결하는 방식을 TV를 통해 지속적으로 주입받은 아동들은 비록 그들 스스로 공격적인 행동을 보이지 않는다 할지라도, 세상이 적대적이고 공격적인 사람들이 주로 살아가는 공간이며 폭력적인 방법으로 갈등을 해결하는 것이 전형적인 방식이라고 믿게 될 가능성이 있다(Comstock, 1993; Slaby et al., 1995). 뿐만 아니라 아동들이 지속적으로 폭력에 노출되는 과정을 통해 그로 인한 정서적 혼란을 점점 덜 받게 되고 실생활에서도 그러한 행위들을 감내하고 수긍할 가능성이 많다. 8~10세의 아동을 대상으로 같은 수준의 흥분을 유발시키지만 내용은 다른 2종의 프로그램(예: 폭력적 장면 vs 운동과 같은 비폭력적 장면)을 시청하도록 한 후 싸움장면을 보여주었을 때의 생리적 반응을 측정한 결과, 폭력장면을 본 아동들은 눈앞에서 벌어지는 싸움 장면에서 생리적으로 덜 각성되었다. 이는 TV폭력이 시청자들로 하여금 현실에서의 공격성에 대하여 둔감하게 할 수 있다는 것을 지지한다(Drabman & Thomas, 1974).

(2) 사회적 고정관념의 강화

셋째로 TV의 부정적 영향 중의 하나는 잠재적으로 유해한 사회적 고정관념을 강화한다는 점인데(Huston et al., 1992) 종종 TV를 많이 시청하는 아동들은 그렇지 않은 아동들에 비해 전통적인 성 고정관념을 갖게 된다(Huston et al., 1992).

성 고정관념뿐 아니라 소수집단에 대한 고정관념적인 장면들도 매체에서 자주 접할 수 있다. 민족과 인종에 대한 시청자의 신념에 영향을 주는 고정관념을 담고 있는 TV에서, 소수민족 집단들은 등장할 기회도 상대적으로 적을 뿐 아니라 등장한다 하더라도 악역이나 희생자 등 호감이 가지 않는 모습으로 묘사되는 경우가 많아(Associated Press, 1994; Lievert & Sprafkin, 1988) 제한된 역할 속에서 기존의 고정관념을 강화하는 역할을 한다.

(3) 무분별한 상업적 메시지의 전달

넷째로 지적되는 것은 무분별한 상업적 메시지를 전달하고 있다는 점이다. 아동을 대상으로 하는 장난감과 간식들에 대한 막대한 양의 상업방송들은 상품의 안전성이나 유익성의 검증과는 무관하지만, 아동들은 쉽게 조종당하고 구입을 꺼리는 부모들과 갈등을 경험한다(Kunkel & Roberts, 1991). 어린 아동들은 광고방송의 상업적 의도를 거의 이해하지 못하고, 광고방송이 시청자들을 설득하여 판매하려고 설계되었다는 것을 깨닫는 것은 대체로 9~11세경이며, 13~14세가 되었을 때 광고의 설득과 주장에 대해 회의적인 태도를 가질 수 있지만(Linn, De Benedictis & Delucchi, 1982) 유명인을 광고모델로 출연시키거나 현혹적인 메시지를 보낼 경우 설득에 넘어가지 않기는 매우 힘들기 때문에(Houston et al., 1992) 어린 아동기부터 무차별적인 광고에 과다노출되는 것은 바람직하지 않다. 더욱 위험한 것은 종종 약품이나 알코올의 사용, 흡연과 관련된 광고들이 매우 멋지게 묘사되지만 해악에 대해서는 극히 제한적인 정보만을 제공한다는 것인데, 이러한 광고는 청소년들로 하여금 음주, 약물의 자기처방, 약물사용과 같은 위험행동의 결과를 과소평가하도록 만들 수 있다(Tinsley, 1992).

4) 대중문화

> 서울시내 중 · 고등학교 학생 1,200명을 대상으로 한 한국청소년개발원(2002)의 연구에서 대부분의 청소년들은 대중문화에 많은 관심을 가지고 있으며, 대중문화가 청소년들의 문제행동과 학업에 영향을 주고 있다고 생각하면서도 수용과정에서 대중문화의 선별력은 부족한 것으로 나타났다.
>
> 청소년들의 대다수는 대중문화의 내용에 대해 언론매체 등에 항의하거나 대중문화와 관련된 모니터활동에 참여한 경험이 거의 없었으며, 외국의 대중문화 수준이 더 높다고 답하는 등 우리문화에 대한 자긍심과 정체성에 위기를 경험하고 있었다.

청소년들의 2/3 이상은 청소년들 간에도 대중문화를 이용하는 정도에 차이가 심하다고 생각하고 있는 것으로 나타났으며 학교급 및 성별, 동아리활동 및 팬클럽 가입 청소년 하위집단별로도 대중문화 수용에 차이를 보이고 있는 것으로 나타나 청소년들의 대중문화수용 및 소비가 하위집단별로 차별화되고 있음을 보여준다.

청소년들의 1/3 정도가 대중스타를 우상시하고 있고, 2/3 정도는 기회가 된다면 스타가 되길 희망하고 있으며, 1/3 정도는 자신이 좋아하는 대중스타의 행동이나 언어, 패션 등을 따라하는 것으로 나타나 스타 모방을 통한 대리만족적 대중문화 향유실태를 보여준다. 그리고 청소년 5명 중 1명 정도는 대중스타와 관련된 상품을 구입하기 위하여 많은 돈을 지출하고, 드라마에서 스타들이 입고 나온 의상이나 액세서리, 캐릭터 상품 등의 스타관련 대중문화상품을 구입하는 비율이 대중문화상품 지출의 1/3 정도를 차지하고 있는 것으로 나타나 대중문화상품이 청소년 소비문화에 지대한 영향을 미치고 있어 대중문화 소비자로서의 신소비성향을 창출해 낼 수 있는 능력을 필요로 하는 것으로 나타났다.

출처: 한국청소년개발원(2000). 청소년들의 대중문화 인식과 수용실태.

[그림 13-2] 청소년이 선호하는 대중문화스타

(1) 발달심리학의 입장에서 바라본 청소년의 대중문화 수용

발달심리학에서는 청소년기의 대중문화 수용현상을 다음과 같은 측면에서 논의해 왔다.

첫째, 청소년기의 대중스타 수용은 이 시기의 심리적 긴장과 갈등 그리고 이들이 처한 현실세계의 억압된 불만과 욕구를 효과적으로 해소하거나 도피하는 방식이라는 것이다. Hall이 '질풍노도의 시기'라 하여 청소년기를 심리적 긴장과 갈등으로 가득 찬 시기로 파악한 이래, 청소년은 불안정한 정서를 대신 표출할 통로와 도피의 기회를 원하는 존재로 여겨졌는데, 이들이 불만과 욕구를 해소하는 효과적인 방법의 하나로 대중문화, 특히 대중스타를 깊게 수용하거나 심취하게 된다는 것이다. 이러한 연구들은 청소년의 정서적 긴장감이 높을수록, 현실적인 불만과 욕구가 많을수록 대중문화 혹은 대중스타에 대한 일방적 의존성이 높다는 결과를 보여주며, 이를 '나만의 상상적 공간으로의 도피'하는 것으로 파악하기도 한다(김창남, 1995).

둘째, 발달심리학적 견해에서 청소년기는 부모 이외에 다양한 역할모델의 대상을 추구하는 시기인데 청소년의 추상적 논리적 사고가 가능해짐에 따라 이전까지 전지전능하게 보였던 부모의 한계를 인식하게 되면서 새로운 인간상을 추구하게 되고, 이 과정에서 대중매체를 통해 접하는 대중스타를 모델로 삼는다는 것이다(조아미, 1988). 즉, 청소년기에는 동성의 부모에게 국한되었던 동일시의 범위가 넓어지면서 다양한 범주에서 역할모델의 대상을 찾게 되는데 이때 대중매체에 의해 이미지화된 대중스타가 역할모델이 된다고 본다. 따라서 청소년들의 대중스타에 대한 모방과 숭배의 현상은 의식적이고 무의식적인 동일시과정, 역할모델을 추구하는 과정으로 파악되며, 청소년기의 자연스런 표현의 양식으로 간주되기도 한다(최우신 · 김영희, 1999).

셋째, 청소년기에 수용되는 대중스타는 수용자 자신의 자아정체성 형성과 수립에도 영향을 미치지만 동시에 대중스타가 이성일 경우, 이 시기의 이상적인 이상형으로 간주되면서 청소년기의 성 정체감 정립에도 영향을 미친다. 흔히 청소년들은 이성친구 선택에 있어 잘생긴 사람이 성격이나 능력, 성취 등의 심리적 특성에서도 우세할 것으로 믿는 경향이 있는데(한상철 외, 1997). 이러한 경향은 특히 저연령층의 청소년들과 여성청소년들에게 강한 것으로 나타났다. 이러한 청소년기의 발달적 특성은 대중스타의 외모에 쉽게 집착하는 청소년의 스타수용실태와 매우 밀접한 관련이 있으며, 대중스타 추종에 있어 고등학생보다 중학생이 가수의 외모를 더 중시하고 이 같은 경향이 남성보다 여성청소년에게 더욱 높다는 공통된 선행연구(Raviv, 1996; 조아미, 1998; 최우신 · 김영희, 1999)들의 결과가 이를 지지한다.

[그림 13-3] 운동장을 가득 메운 팬클럽 회원들

넷째, 청소년기에는 대중스타에 대한 집단적 추구를 통해 또래집단과의 동질성을 확보하고 대인관계를 확장하게 된다는 것이다. 청소년기는 또래들과의 동조적 행위에 민감한 시기이며 이러한 사회적 교류와 관계의 강화는 이 시기의 자아정체성 형성과 또래문화의 정립에 지대한 영향을 미친다. 특히 동조성을 청소년기의 발달적 특징이라 할 때 이는 곧 대중스타를 중심으로 이들이 보여주는 다양한 집단적 동조행위들, 즉 동일한 가치관이나 태도, 행동패턴, 문화양식을 쉽게 이해할 수 있는 단서라 할 수 있다.

이처럼 발달심리적 측면에서의 대중스타 수용방식의 이해는 긴장과 갈등심리의 해소를 위해, 현실의 도피적 기제로, 대리만족과 대리체험의 대상으로, 역할모델의 대상이자 이상적인 이성형의 모형으로 추구되고 있으며 나아가 자신과 동질의 사고와 행동을 구현하는 집단적 체험의 장으로 정리된다. 특히 집단적 동질성의 확보와 추구를 중심으로 보여지는 대중스타에 대한 일방적이고 의존적인 수용은 흔히 모방과 숭배의 형식으로 전환되어(Raviv, 1996) 흔히 '오빠부대'라는 추종현상으로 보여지기도 한다.

팬클럽은 대중문화산업을 뒷받침할 소비층을 활성화하는 데 크게 기여했으나, 팬클럽 간의 극심한 반목, 극히 일부이기는 하지만 스타의 선물을 사기 위해 성매매까지 하는 광신적 청소년들의 일탈행위로 우려를 사기도 한다.

청소년의 대중스타 수용방식이 추종적 경향을 띠는 데에는 청소년 대중문화형성이 최근 들어 더욱 대중매체에 의존하는 경향이 높다는 점도 고려할 필요가 있다(이민희 외, 1999). 즉, 청소년의 문화형성에 있어 대중매체에 대한 심각한 의존이 대중스타의 의존성을 낳는다는 지적은 해방구가 없는 청소년들이 문화적 상품주의가 강한 대중매체에 의존케 함으로써 결국 대중스타를 중심으로 형성되는 스타산업시스템에 종속케 한다는 논의로도 이해될 수 있기 때문이다.

(2) 일방적 추종자에서 능동적, 창조적인 문화활동자로

최근 청소년문화와 관련된 연구들은 청소년이 일방적으로 대중문화를 추종하기만 하는 것이 아니라 차츰 창조적인 문화소비경향을 보이고 있음에 주목한다. 이를 팬덤(fandom)이라고 하는데(Fiske, 1992; Thornton, 1996), 열광적으로 추종한다는 뜻의 'fanatic'과 집단적 증후군이라는 뜻의 '-dom'이 결합된 단어로서, 원래는 특정대상에게 지나치게 몰두하는 사회적 병리현상을 지칭하던 말로 John Fiske가 적극적인 대중문화 수용자들을 좀더 '평범한' 수용자들과 구분하기 위해 사용하였다(Fiske, 1992).

팬덤은 팬집단의 강한 영향력, 즉 일방적인 스타숭배문화가 아니라 수용자측의 독자적인 대중문화 실천활동을 뜻하고 대상스타에 대한 열렬한 관심과 애정, 열광과 환호를 억압된 탈출구로 삼는 행동양태를 보인다. 팬덤이 대중스타나 그들이 산출하는 문화상품에 적극적으로 동조하며 조직적으로 움직이는 모습을 보이는 데 그치지 않고 최근 들어 스타나 사회에 놀라울 정도로 거대한 압력을 행사하는 이익집단화가 되는 사례가 관찰되고 있으나, 팬들이 대중문화 생산물에 '적극적 수용' 차원을 넘어 다양한 방법으로 문화의 생산과정에 개입하려는 의지를 갖고 있다는 것은 주목할 점이다.

종종 팬덤의 한 가지 현상으로 파악되는 팬픽(fanfic)은 팬과 픽션(fiction)이란 용어가 합성된 것으로 팬들이 만들어가는 소설을 말한다. 즉, 소설, 영화, 애니, 기타 장르에서 대중적으로 인기를 끌고 널리 알려진 작품들의 팬들이 기존의 설정과 캐릭터를 빌려와 자신의 뜻대로 전개시킨 소설, 읽을거리를 말한다고 할 수 있겠다. 영화, 애니메이션의 결말을 바꿔 보고 싶을 때, 팬들은 오리지널의 설정과 캐릭터를 차용하여 보다 적극적인 감상행위, 즉 팬소설이나 팬아트를 만들게 되고 팬클럽회원들은 종종 스타를 주인공으로 재미있는 이야기를 지어내 서로 돌려가며 짓고 읽으며 팬클럽활동을 활성화하고 연장한다. 이들에게 팬픽은 애정을 기울이는 대상에 자신의 사랑을 확인하고, 상상력을 키우며 보다 적극적으로

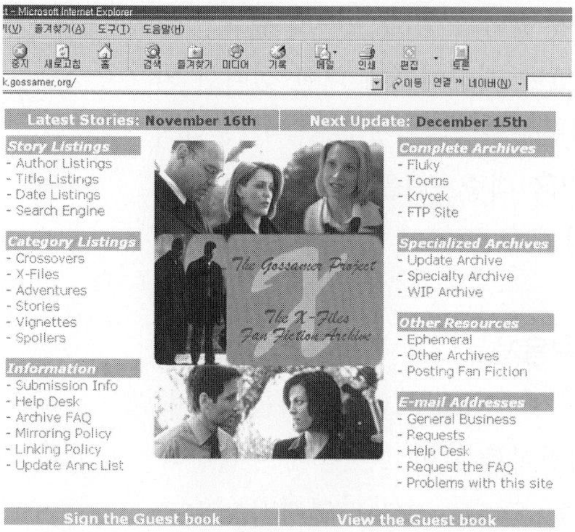

[그림 13-4] X-file에 대한 다양한 팬픽을 체계적으로 확보하고 있는 인기 사이트

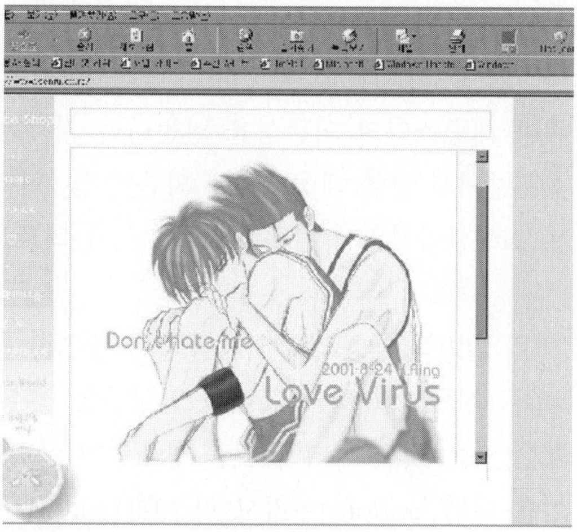

동성애와 관련되었다고 보이는 팬픽 사이트의 예

대상에 개입하게 해 준다. 비슷한 글을 쓰는 같은 팬들의 모임 속에서 안정을 느끼고 팬픽사이트에 자신의 글을 응모해서 채택되는 기쁨을 맛본 일부는 지속적인 글쓰기수련을 통해 작가로 성장하기도 한다.

현실세계에서의 금기와 터부를 적용하기 쉬운 사이버에서의 글쓰기 특성과 무관하지 않게 팬픽의 내용이 동성애적 경향을 띠고 있고 성적 표현과 묘사가 많으며, 스타에 대한 또 하나의 신비화를 목적으로 자기만족적인 글을 쓰고 있다는 것이 문제점으로 지적되지만, 문화적 생산자로써 적극 참여하는 기회를 제공하고, 팬과 스타 사이에 팬이 고정적으로 참여하는 공간과 기능을 부여하였으며 스타의 맹목적인 신격화에서 벗어나려는 시도라는 점은 긍정적으로 평가되고 있다.

(3) 대중문화스타 수용의 영향

① 긍정적 영향

청소년기에 대중스타를 수용하는 경험이 갖는 긍정성은 다음과 같이 정리할 수 있다.

첫째, 사회학습이론의 모델링효과와 마찬가지로, 스타 수용의 경험은 자기인식을 촉진시키는 계기가 되어 청소년자신이 자아정체성의 형성과 수립에 긍정적인 영향을 미칠 수 있다는 점(Raviv et al., 1996)이다. 둘째, 청소년들로 하여금 다양한 경험을 체득하는 기회가 된다. 개인적으로 스타와의 다양한 접촉시도와 접촉

경험을 통해, 팬클럽활동을 통한 집단적 체험을 통해 청소년들은 스타와의 상호작용, 친구들과의 상호작용 경험을 얻을 수 있다. 최근의 팬클럽활동은 온라인상에서도 매우 활발한데, 스타의 프로필, 일정, 음악 등의 정보는 물론 게시판의 기능도 수행하면서, 회원들로 하여금 그 집단의 회원이라는 정체성을 형성하고 서로간의 동질감을 공유하는 역할을 하고 있다(양재영, 1994). 이렇게 적극적인 활동은 스타로 하여금 팬을 의식하게 하는 옴부즈맨의 역할도 갖는다. 셋째, 이러한 경험은 청소년의 긴장과 갈등, 불만과 욕구들을 분출하는 스트레스 해소의 기능을 수행하며(김창남, 1995), 넷째, 대부분의 청소년이 소극적인 개인적 수용단계에 머물러있긴 하지만, 일부의 경우 사이버커뮤니티를 통해 적극적인 사회참여기회를 갖기도 한다. 다섯째, 청소년들은 대중문화의 소비를 통해 창조적 소비의 경험을 누리고 이를 통한 창조적 소비자, 문화생비자(prosumer)로서의 경험과 지위까지 얻을 수 있다.

② 부정적 영향

대중스타의 수용현상이 청소년에게 미치는 부정적 영향은 스타에 대한 지나친 의존성에 주로 근거하는데, 첫째, 지나친 수용과 의존적 경향으로 인해 건강이나 학업, 대인관계 등과 같은 다른 발달과업의 수행에 부정적 영향을 미칠 수 있다는 것이다. 둘째, 지나친 집단적 동질성은 팬클럽을 새로운 이익단체로 변모시켜 자신이 지지하는 스타에 대한 보호와 위상 확립을 위해 안티사이트나 사이버테러, 폭력 등을 서슴지 않는 과격함과 미성숙을 우려한다. 셋째, 대중스타 수용현상이 자연스러우며 10대들이 가장 적극적이기 때문에 철저히 계산된 소비산업사회의 상업성의 희생자가 되기 쉽다는 것이다.

2. 컴퓨터와 사이버문화

1) 정보화시대의 도래

산업혁명 이상으로 비견되는 정보통신기술혁명은 커다란 사회적 변화를 초래하고 있다. 정보화사회에서 컴퓨터는 아동들의 학습 및 생활방식에 영향을 미칠 수 있는 잠재력을 가진다. 1996년에 미국 공립학교의 약 98%에서 컴퓨터를 교육기구로 이용하고 있고 또한 미국가정에서 사용되는 컴퓨터의 수가 3,500만 대가 넘는 것으로 집계되었다(U. S. Bureau of the Census, 1997). 우리나라 역시 정책적으로 추진해 온 정보화의 결과, 전국적인 초고속통신망이 완비되었고 초기도입기 6년간 인터넷 인구가 100배 이상 폭발적으로 증가하였다.

2) 교실에서의 컴퓨터

오늘날 대부분의 교육자들과 학부모들은 컴퓨터가 아동의 학습을 도와주고 더 재미있게 해 주는 효과적인 보조기구라고 믿고 있다. 광범위하게 사용되는 컴퓨터는 과연 아동의 학습, 사고 및 창의성 발달에 도움이 되는 것일까?

(1) 컴퓨터와 인지적 발달

교실에서의 컴퓨터 이용은 아주 많은 이점을 가져오는 것으로 나타나고 있다. 예를 들어 초등학교 학생들이 컴퓨터지원수업(computer assisted instruction; CAI)을 조금이라도 받게 되는 경우 보다 더 많은 내용을 배우게 되고, 또한 학교생활을 보다 더 즐겁게 보내는 것으로 보고 있다(Nastasi & Clements, 1992; Collis, 1996; Lepper & Gurtner, 1989). 컴퓨터지원수업은 기초적 읽기 및 수학능력 등의 학업성취도나 학습에 대한 긍정적 태도를 높여 주며, 이러한 효과는 특히 저소득 계층이나 학업성취도가 낮은 아동에게서 보다 현저히 나타난다(Clements & Nastasi, 1995; Fletcher-Flinn & Gravatt, 1995; Lepper & Gurtner, 1989). 그러나 CAI의 이점이 최대로 커지는 것은 아동들이 간단한 훈련과 함께 어느 정도의 개별지도를 받게 되는 경우이다.

컴퓨터를 학습보조도구로 사용하는 것 이외에도 학생들에게 컴퓨터 프로그램을 만들어 보도록 가르치는 것은 단지 컴퓨터 지원을 받는 학업훈련을 받는 것만으로는 나타날 가능성이 적은 새로운 사고의 방식을 향상시킬 뿐만 아니라, 숙달동기(mastery motivation) 및 자기효능감(self-efficacy)을 촉진하는 것과 같은 중요한 이점을 가져올 수 있다. 즉, 컴퓨터는 아동들에게 학업내용을 가르치는 데 유용할 뿐만 아니라(인지적 발달) 새로운 방식으로 사고할 수 있도록(초인지적 발달) 촉진시키는 역할을 한다(Clements, 1990, 1991, 1995).

(2) 컴퓨터와 사회성 발달

컴퓨터는 일부의 사람들이 우려하는 것처럼 또래들과의 사회적 상호작용을 억제하기보다는 오히려 향상시키는 도구로 사용되는 경우가 많다. 아동들은 종종 놀이친구들이 마음을 끌기 위해 장난감처럼 가정의 컴퓨터를 이용하며(Crook, 1992; Kee, 1986), 또한 교실에서 진행된 연구에서, 컴퓨터 프로그램을 만들고 컴퓨터를 이용하여 문제를 해결하는 법을 배우고 있는 학생들은 ① 그들이 직면하는 문제들에 대하여 협동적인 해결책을 찾는 경향이 많으며, 또한 ② 그들이 또래와 협력해 가는 과정에서 문제들을 경험한 이후에도 보다 더 지속하는 경향이 있다고 나타났다(Nastasi & Clements, 1994; Weinstein, 1991). 또한 프로그램을 만드는 과제를 해결해갈 때, 의견차로 인한 갈등상황을 만들기보다는 그들의 차이를 바꾸고 친절한 방식을 격려해 주는 행동이 많았다(Nastasi & Clements, 1993). 따라서 컴퓨터는 또래 간의 상호작용-종종 활발하고 도전적이며 또한 사회적으로 숙련된 행동들의 성장을 촉진하는 것으로 보이는 접촉-을 향상시킨다.

3) 컴퓨터 사용과 관련된 걱정거리들

컴퓨터의 활용이 아동의 인지적, 사회적 발달에 기여한다는 위와 같은 연구결과에도 불구하고, 최근 본격적인 정보화사회로 접어들면서 자녀들의 컴퓨터 사용과 관련한 부모들의 걱정은 계속 증가하고 있다.

(1) 비디오게임

최근 이루어진 한 조사의 결과를 보면, 미국 청소년들의 약 80% 이상이 일주일에 두 시간 이상 컴퓨터게임을 하며 보내며(Williams, 1998), 우리나라에서도 컴퓨터게임은 청소년들이 여가시간에 가장 많이 하는 활동이다. 부모들이 걱정하는 것처럼 이러한 활동으로 인해 반드시 아동들이 학업 및 또래활동으로부터 주의를 빼앗기게 되는 것은 아니며, 이전에 TV시청이 독서나 운동, 대화시간을 대체했듯이 컴퓨터를 하면서 보내는 시간이 일반적으로 다른 여가활동을 대신하는 것으로 볼 수 있다. 그럼에도 불구하고, 비판론자들은 그러한 대중적이고 자극적인 폭력비디오게임들에 너무 많이 접하게 되면 공격성을 유발할 수 있고, 또한 TV에서 방송된 폭력과 같은 방식으로 공격적인 습관들을 축적시킬 수 있다고 본다(Flingetal, 1992; Williams, 1998).

(2) 컴퓨터로 인해 야기될 수 있는 사회적 불평등

다른 비판론자들은 컴퓨터혁명이 우리들의 컴퓨터 의존사회에서 점증적으로 요구되고 있는 기술들에서의 부족을 초래함으로써 일부집단의 아동들을 뒤쳐지게 하기 쉽다고 믿고 있다. 예를 들면 경제적으로 불리한 가족출신의 아동들은 학교에서 컴퓨터를 접하게 되기 쉽지만, 가정에 컴퓨터를 갖게 될 가능성은 낮다(Rocheleau, 1995). 또한 소년들은 컴퓨터에 관심을 갖게 되고, 또한 컴퓨터캠프에 참가하게 될 가능성이 소녀보다 훨씬 더 많다. 이는 아마도 컴퓨터는 종종 전통적으로 남성들에게 유리한 과목으로 인식되고 있는 수학과 기술과 관련된 것으로 생각되기 쉬우며, 또한 실제로 많은 컴퓨터게임들이 소년들의 마음을 끄는 주제와 경기방식을 중심으로 설계되었기 때문이다(Lepper, 1985; Oglrtree & Williams, 1990). 그러나 소녀들이 선호하는 방식의 학습활동을 통해 이와 같은 성차는 줄어드는 경향이 있다(Collis, 1996; Rocheleau, 1996).

(3) 인터넷

분명히, Web상에서 이용할 수 있는 풍부한 정보들은 학교 숙제에 맞는 주제들을 탐색하는 데 매우 큰 도움이 되며, 대부분의 부모들은 학습의 도구로 컴퓨터를 구입한다. 그럼에도 불구하고, 많은 부모들 및 교사들은 잠재력으로 바람직하지 못한 Web의 영향, 예를 들면, 폭력적인 컴퓨터게임이 공격성을 부추길 가능성이 많으며 온라인 사용을 적정수준으로 통제할 수 없을 경우 해로운 결과를 초래할 수 있다는 점에 관하여 우려하는데, 온라인채팅을 하는 아동들 및 청소년들의 상당수가 사이버섹스 관계에 빠지고 있으며, 또한 일부이긴 하지만 성인채팅 상대자와 접촉하거나 이용당하기까지 하므로(Williams, 1998), 정보화수준에서 자녀에게 뒤지는 부모들이 이를 걱정하는 것은 무리가 아니다.

인터넷에 과다한 시간과 에너지를 투자하게 되면, 다른 일상의 과제에 자연히 소홀할 수밖에 없어 학교나 직장, 가정에서 심각한 적응문제가 생기게 된다. 무분별한 인터넷 사용으로 인한 늦잠 때문에 지각 결석한 경험이 있는 청소년이 29%에 달하며(한겨레, 2001.5.11), 불면과 악몽, 불규칙한 식사습관으로 건강을 해치며 성격이 폭력적으로 변하거나 게임 속에 사는 듯한 착각을 하기도 한다(전자신문, 2001.3.10). 이렇게 몰두하는 활동의 대부분이 건설적인 정보탐색보다 폭력게임 혹은 음란물검색 위주일 때 주위 사람과의 갈등의 소지는 더 크다. 인터넷 중독 증상으로 인해 상담실에 온 청소년들은 밤늦게까지 인터넷을 하다 체력 저하와 집중력 저하로 성적이 떨어지고, 때로 통신비를 마련하기 위해 거짓말을 하거나 돈을 훔치기도 하며, 많은 시간을 사이버에서 보내게 되는 과정에서 현실세계의 친구들과 멀어지고 부모와 불화를 경험하고 있음을 토로하고 있다. 심지어 일부는 게임을 하고 싶어 무단조퇴나 결석을 하고, 밤늦게 귀가하거나 외박 등을 하기도 한다(김진숙 · 최수미 · 강진구, 2000). Young(1996)은 인터넷 중독을 호소하는 사람들의 생활분석을 통해 인터넷 중독이 병리적 도박이나 알코올 중독 등 다른 중독과 마찬가지로 학문적, 사회적, 재정적, 직업적 생활을 명백히 방해할 수 있다고 하였다.

인터넷이 보편화되기 이전, PC통신 이용에 관한 국내의 선행연구에서는 PC통신의 과도한 사용으로 인한 문제점으로 두통, 수면부족, 집중력 저하, 업무에의 지장, 어깨의 통증, 생활주기의 변화 등을 지적하고 있다(구정화 · 전명기, 1995). 이러한 신체적인 문제뿐만 아니라 본명보다 대화명을 쓸 때, 통신속도가 빠를수록 욕을 많이 하고, 성인보다 청소년이 언어폭력을 많이 쓴다는 연구(김봉섭, 1998)는 익명성이 보장되는 공간에서 다음 반응을 해야 할 때까지 걸리는 시간이 짧아 즉각적이고 충동적인 반응을 보이기 쉬운 여건이 조성될 경우 청소년의 언어폭력 경향이 높아짐을 보이면서 청소년의 정서에 미치는 부정적 영향을 염려하기도 하였다. 또한, 바르지 못한 자세로 게임에 몰두하고 식사와 수면을 소홀히 하는 등 신체 발달에 해롭고, 주변사람들과 접촉할 기회가 줄어들어 외톨이가 되고 외톨이인 것을 즐기다 보면 사람들과 어울리는 경험이 부족해 언어 발달, 사회적응력, 대인관계 등에 문제가 생기게 되며, 다방면의 경험과 지식이 필요한 성장기 청소년들이 게임에 집착, 몰입함으로써 경험 획득의 기회를 잃게 된다는 점도 연구되었다(김진숙 · 최수미 · 강진구, 2000).

4) 사이버공간의 특징

컴퓨터의 보급과 정보기술의 비약적인 발전으로 인터넷이 일상생활의 중요한 도구가 되면서 자연스럽게 '사이버공간'이 새로운 생활의 공간으로 자리잡았다. 사이버공간은 의식과 생활전반을 변혁시키면서 정치, 경제, 사회, 문화적 삶을 보다 윤택하게 하고 있으며 앞으로도 그럴 것이다. 그러나 사이버공간이 가지는 무한한 정보와 자극, 시공을 초월한 연결망은 높은 중독적 특성을 안고 있으며, 사이버공간의 방종과 일탈에 따른 사회문제와 정보화역기능으로 인한 우려가 더욱 심각해지고 있어 이를 위한 교육의 중요성이 강조되고 있다.

사이버공간은 특히 청소년들에게 더욱 큰 의미를 갖는데, 이것은 청소년들이 충분한 여가활동을 누릴 수 있는 여유는 시간, 공간, 비용 등 모든 면에서 매우 제한적인 데 반해 인터넷은 상대적으로 적은 비용과 노력으로 흥미롭고 다양한 세계를 제공해 줄 수 있다는 데 기인한다. 여가시간에 인터넷을 이용하는 청소년들이 인터넷이외의 활동을 하는 청소년보다 용돈이 더 적다는(김세영, 1999) 연구결과는 가장 경제적이고 편리하게 여가를 이용할 수 있는 가장 쉬운 방법이 인터넷임을 간접적으로 보여준다.

Griffiths(1997)에 의하면 인터넷은 정보추구, 자기확인, 오락 등 기존매체의 특성을 모두 가지고 있으면서 이용자의 구미에 맞는 흥미로운 게임자극들과 풍부한 지식, 정보들을 제공하며, '상호작용'까지 가능하기 때문에 사용자에게 이전보다 훨씬 강력한 동기를 부여하며, 원하는 자극을 찾아 만족을 느끼는 과정은 마치 '강화'의 과정과 같아 사용자들은 계속 인터넷에 몰입하게 된다(King, 1996).

머드게임의 예에서 보듯 이전의 전자오락처럼 기계를 대상으로 하는 단순한 손놀림이 아니라 불특정 다수와의 대전이 가능한, 스스로 전략을 수립하고 수행할 수 있는 수준으로 게임에서 제시하는 자극의 수준이 높아졌고, 실시간 의사소통이 가능해지고 지식정보기능이 추가되면서 인터넷은 더욱 매력적인 자극이 되고 있다.

또한 인터넷이 보장하는 익명의 상황 속에서 성별과 연령조차 초월하면서 현실에서는 시도해 볼 수 없는 또 다른 자기의 모습을 표현해 볼 수 있는 기회를 가질 수 있고(이윤복, 1998), 아무런 위험 없이 타인들의 활발한 상호작용과 생각들을 훔쳐볼 수 있으며(King, 1996), 현실보다 훨씬 강한 친밀감을 경험하고(Greenfield, 1999) 많은 지지를 받을 수 있다. 이와 관련, 인터넷이 현실세계에서 억압되고, 신경증적인 방어를 하게 되는 부분들을 표출할 수 있는 통로를 제공함으로써 적응적인 기제로서 자아가 기능하도록 돕는 역할을 한다고 보는 입장도 있다(임효정, 2000).

5) 사이버중독

최근 들어 컴퓨터와 인터넷의 급격한 보급에 따라 컴퓨터의 사용에 대한 통제력을 잃게 되는 중독성에 대한 경고가 증가하고 있으며(Young, 1996; King, 1996; Young, 1997), 국내에서도 전자오락, PC통신, CD-ROM과 같은 매체가 청소년들에게 미치는 영향에 대한 연구가 이루어졌다(박정아, 1997; 신현종, 1998; 이선희, 1996; 이화옥, 1995; 전진오, 1995; 정윤실, 1988).

사이버중독(Cyber addiction)이란 정보이용자가 지나치게 컴퓨터에 접속하여 일상생활에 심각한 사회적, 정신적, 육체적, 금전적 지장을 받고 있는 상태를 말한다. 인터넷 중독에 대해 합의된 분명한 의학적 진단기준은 없지만, 사이버중독은 기본적으로 컴퓨터 접속을 통해 마음의 위안을 얻는 의존성과 빨리 끝내고 나오기 점점 어려워지며 작업효율은 떨어지는 내성현상, 인터넷을 떠나면 왠지 불안해지고 그동안 컴퓨터에 무슨 일이 있었는지 몹시 궁금해하는 금단증상의 특성을 나타내어 약물중독과 대단히 유사한 양상을 보인다.

사이버중독의 유형은 학자들마다 달리 분류되지만 일반적으로 문제되는 것은 통신중독, 게임중독 및 음란물중독이다. 각 중독에 대해 간단히 정리해 보면, 첫째 통신중독은 자기통제력을 상실할 정도로 채팅, 머드게임, 정보서핑, 사이버트레이딩, 도박, 쇼핑 등에 빠져드는 것을 말한다. 익명성을 보장받을 수 있는 사이버공간에서 자신의 고민이나 욕망을 솔직히 드러내고 매번 새로운 상대를 만난다는 기대감으로 채팅에 빠져들고 통신을 통해 행복감을 추구하면서 사용량이 점차 늘어나게 되면서 일상생활에서의 부적응, 감정조절능력의 감소, 대인관계의 장애 등을 경험하게 된다. 이는 또한 단어의 압축화, 은어 사용으로 인한 언어파괴, 채팅으로 인한 인신매매 및 성비행 등의 위험을 동반한다.

둘째, 게임중독은 아케이드, 액션, 어드벤처, 롤플레잉, 시뮬레이션 및 머드게임 등에 지나치게 몰두하는 것을 말한다. 기계를 상대로 하는 이전의 컴퓨터게임과는 달리 인터넷게임은 매번 다른 상대와 새로운 게임을 할 수 있게 개발되었으므로 단순반복이 아닌 매번 다른 자극을 받을 수 있으며, 가상공간의 캐릭터를 통해 현실에서보다 훨씬 강력하고 우수한 자신의 모습을 발견하면서 성취욕구와 공격욕구를 충족시키는 데 과도한 에너지를 투입한다. 밤새워 게임을 하고 식사나 건강관리에도 소홀해지면서 체력이 저하되어 본연의 학업이나 업무에 집중하지 못하고, 게임의 폭력성에 지속적으로 노출된 결과 지나친 승부욕으로 건전한 사회생활에 지장을 받으며 현실과 가상을 혼동하게 되어 현실에서 폭력적인 행동을 하거나, 심할 경우 대인기피증, 강박감, 편집증이 발생하기도 한다.

셋째, 음란물중독은 지속적으로 야한 소설, 사진, 동영상, 음란성 채팅음란물에

탐닉하게 되는 것을 의미한다. 성에 대한 호기심이 왕성한 청소년기에 여과되지 않은 방대한 양의 음란물에 접하게 되었을 경우 연상작용으로 인해 일상생활에 지장을 받고 성충동이 증가하며 성에 대한 왜곡된 인식, 모방성범죄를 저지를 가능성 등이 있어 문제점으로 지적된다(한국청소년문화연구소, 2002).

(1) 사이버공간에서의 자아: 청소년들은 왜 사이버에 열광하는가?

청소년들이 사이버에 열광하는 이유는 단지 그들이 특정 정신병리에 취약하다거나 사이버공간에서 흥미로운 많은 자극을 쉽게 접할 수 있기 때문만은 아니다. 청소년기의 대표적 발달과업을 자아정체감의 획득이라고 할 때, 인터넷은 추상적 사고와 상상만으로 자아를 탐색하는 것보다 훨씬 현실감 있게 다양한 역할을 시험할 수 있으며, 즉각적이고 생생한 피드백을 받음으로써 또 다른 자신을 발견, 통합하는 것을 가능하게 한다. 인터넷은 실감나는 화면으로 구체적 조작기에서 형식적 조작기로 넘어가는 과도기에 있는 청소년의 불완전한 인지능력을 보완해 주며, 즉각적인 피드백 등을 통해 그들의 과장된 자의식을 만족시키고, 익명성으로 안전감을 부여해 준다.

즉, 청소년들은 사이버공간에서 현실에서보다 더 안전하고 구체적으로 자신이 원하는 모습으로 변신할 수 있다. 그 안에서 청소년들은 원하는 만큼 강하고 인정받는, 새로운 자신이 될 수 있으며, 바로 그 이유 때문에 '역할놀이'의 성격이 강한 채팅과 머드게임이 청소년의 폭발적인 인기를 얻고 있다. 결국 청소년의 인터넷 몰입과 관련되는 가장 주요한 요인은 '자아'(Self)로 볼 수 있다.

인터넷 중독 여부를 결정하는 것은 병리적 요인이라기보다 '자아'라는 것을 설명하는 이유는 다음과 같다. 첫째, 많은 청소년이 인터넷을 사용하지만 누구나 중독이 되는 것은 아니며, 둘째, 인터넷 중독이 문제되는 이유가 자극 자체의 부정적 의미에 있다기보다 충동조절의 어려움에서 비롯된다는 점이다. 셋째, 이용자들은 게임을 비롯, 인터넷을 능숙하게 사용하게 되어 스스로 유능감을 느낄 때까지 자기를 잊고 몰입하고, 넷째, 인터넷을 통해 스스로와 타인들에게 보다 나은 자신의 모습으로 보여지고자 하며, 다섯째, Maslow의 욕구체계와 관련, 인터넷 중독을 설명한 Suler(1996)의 연구 등을 볼 때, 자아개념이라는 내적 통제과정을 거치면서 중독이 되기도 하고 되지 않기도 하는 것이다.

청소년들은 보이지 않는 자신의 모습을 탐색하고 고민하기보다는 사이버공간에서 보여지고 경험할 수 있는 구체적인 자신의 모습을 통해 정체성을 탐색한다

(황상민, 2000). 그들은 익명이 주는 자유로움 속에서 현실의 고정적인 실체에서 벗어나 전혀 다른, 다양한 형태의 모습으로 변화할 수 있는 기회를 가지며, 이러한 변화의 경험을 통해 통제감과 우월감을 경험하게 된다(김옥순 · 홍혜영, 1998). 더구나 온라인상에서의 의사소통은 현실세계에서보다 적은 단서 속에서 이뤄지기 마련이므로, 모호한 자극에 고정관념이나 편견을 투사하는 수신자에 의해 온라인상의 정보는 종종 왜곡되며 오히려 현실보다 더 절실하게 경험되기도 한다. 이에 따라 다양한 변화가능성과 실감나는 변신, 즉각적인 피드백이 가능한 사이버공간은 자아의 탐색을 위한 매우 안전하고 가능성 넘치는 곳으로 인식될 수 있으며(김옥순, 2000), 가상의 인간관계라는 가정하에 일어나는 사이버공간에서의 한계를 초월할 수 있는 현실공간에서의 자아탐색과 같이 이루어질 때 청소년의 정체감 획득은 더욱 효과적으로 달성된다.

6) 사이버일탈

사이버공간에서 행해지는 일탈적 행위와 현상을 사이버일탈이라고 한다. 사이버범죄는 정보통신매체가 가지고 있는 특성이 그대로 반영하는데, 원격지에서 범죄를 저지를 수 있고 범죄행위가 용이하며, 피해가 발생할 경우 짧은 시간에 광범위하게 퍼져 피해규모가 크며, 신원확인수단이 미비하여 익명성을 악용할 수 있고, 불특정다수인을 대상으로 범죄행위가 가능하며, 물리적 공간에서 행하는 범죄에 비해 사이버공간에서 행하는 범죄에 대한 죄의식이 부족하다는 것이다.

전통적인 범죄가 사이버공간에서 행해지는 예로는 사이버도박, 사이버명예훼손, 사이버성추행, 사이버테러, 인터넷사기, 사이버포주, 인터넷음란물 유포 등을 들 수 있다. 사이버공간의 등장으로 새롭게 나타난 불법유형으로는 바이러스의 제작과 유포, 해킹, 아이디도용 등이 있다. 이외에도 반말과 욕설, 비속어 등 사이버공간의 언어폭력은 매우 심각한 수준이며 음란폭력물을 게재, 배포함으로써 일탈의 잠재성이 있는 청소년들이 범죄를 직접 유발하도록 하는 요인을 제공한다는 점에서 청소년의 일탈에 영향을 끼친다고 본다(류승호, 1999). 특히 사이버범죄에 대한 통계에서 10대와 20대가 각각 30%씩의 비율을 차지하게 되면서 청소년을 대상으로 한 정보문화교육의 중요성이 더욱 강조되고 있다.

〈표 13-1〉 인터넷 중독 척도

해당하는 곳에 표시해 주십시오.	항상 그렇다	항상 그렇다	항상 그렇다	항상 그렇다	항상 그렇다
1. 원래 마음먹은 생각보다 더 오랫동안 인터넷에 접속해 있었던 적이 있습니까?	①	②	③	④	⑤
2. 인터넷 때문에 공부(일)를 소홀히 한 적이 있습니까?	①	②	③	④	⑤
3. 이성친구와의 친밀한 관계보다 인터넷에서 더 흥미를 느낀 적이 있습니까?	①	②	③	④	⑤
4. 온라인상의 친구를 만들어 본 적이 있습니까?	①	②	③	④	⑤
5. 온라인 접속시간 때문에 다른 사람에게 불평들은 적이 있습니까?	①	②	③	④	⑤
6. 온라인 접속을 오래해서 성적이나 학교생활에 문제가 있습니까?	①	②	③	④	⑤
7. 해야 할 다른 일을 하기 전에 먼저 전자우편을 점검한 적이 있습니까?	①	②	③	④	⑤
8. 인터넷 때문에 업무능률(학교)이나 생산성에 문제가 되었던 적이 있습니까?	①	②	③	④	⑤
9. 누군가 인터넷에서 무엇을 했느냐고 물었을 때 숨기거나 변명으로 얼버무린 적이 있습니까?	①	②	③	④	⑤
10. 인터넷에 대한 생각으로 인해 현재 생활상의 어려운 문제를 생각지 못했던 적이 있습니까?	①	②	③	④	⑤
11. 인터넷 사용 후 다시 온라인에 접속할 때가 기다려진 적이 있습니까?	①	②	③	④	⑤
12. 인터넷이 없는 생활이 따분하고 공허하며 재미없을까봐 염려한 적이 있습니까?	①	②	③	④	⑤
13. 온라인에 접속하는 중 방해받았을 때 소리를 지르거나 화를 낸 적이 있습니까?	①	②	③	④	⑤
14. 밤늦게까지 접속해 있느라 잠을 못 잔 적이 있습니까?	①	②	③	④	⑤
15. 오프라인 상태에서 인터넷에 정신이 팔려 있거나 온라인에 접속해 있는 듯한 환상을 느낀 적이 있습니까?	①	②	③	④	⑤
16. 온라인에 접속해 있을 때 "몇 분만 더" 하면서 시간을 허비한 적이 있습니까?	①	②	③	④	⑤
17. 온라인 접속시간을 줄이려고 노력했지만 실패한 적이 있습니까?	①	②	③	④	⑤
18. 온라인 접속시간을 숨기려 한 적이 있습니까?	①	②	③	④	⑤
19. 다른 사람과 밖으로 외출하기보다 온라인에 더 머무르려고 접속한 적이 있습니까?	①	②	③	④	⑤
20. 오프라인 상태일 때는 기분이 우울하고 신경이 날카로워졌다가 다시 온라인 상태로 오면 이런 감정이 모두 사라졌던 적이 있습니까?	①	②	③	④	⑤

* Young (1996). 인터넷 중독 척도.

〈결과평가〉
20~49점: 자신이 통제할 수 있는 평균적인 사이버 이용자
50~79점: 중독은 아니지만 일상생활에서의 문제를 경험
80~100점: 사이버중독
※ 그러나 인터넷이 빠르게 증가하고 업무수행이나 정보검색, 각종 자료 교류, 의사교환과 결정 같은 우리 삶의 중요한 부분에 대한 인터넷 의존도가 높아져 감에 따라 업무 이외의 목적으로 인터넷을 사용하는 경우를 충분히 구별하지 못하는 Young의 척도에 대한 비판이 늘고 있다. 단순히 이용시간이 많다는 것 이외에 인터넷을 업무 이외의 목적으로 얼마나 오래 사용하는지 그리고 인터넷 사용으로 인해 실제 얼마나 일상생활에 지장을 주었는지 등을 고려한 접근이 필요하다.

3. 학교

학교는 발달의 여러 측면에 영향을 미치는 대표적인 사회화 기관이다. 공식적인 학교 교과과정을 통해 학생들은 지식을 전달받고 다양한 유형의 정보에 적용될 수 있는 규칙들 및 문제해결 책략들을 배우면서 인지능력과 초인지적 능력이 발달한다. 학교는 인지 발달뿐 아니라 살아가는 데 필요한 다양한 사회적 기술을 교육하는 역할을 한다. 특히 현대사회에서 과거에 가정이 담당하였던 사회화의 기능이 축소되는 현실에서 사회화의 장으로서 학교의 역할은 더욱 중요한 위치를 차지하게 되었다.

1) 사회화의 대행자로서의 학교

아동들이 가정 밖에서 접하게 되는 모든 공식적인 기관들 가운데, 학교만큼 아동이 발달에 많은 영향을 미칠 수 있는 가능성을 가지고 있는 경우는 거의 없다. 분명히 학생들은 학교에서 많은 양의 지식과 학업상의 능력들을 획득하게 된다.

학교교육은 또한 아동들에게 많은 다양한 유형의 정보들에 응용할 수 있는 다양한 규칙들, 방략들 그리고 문제해결기술들을 가르쳐줌으로써 인지적 및 초인지적 성장을 증진시킨다(Ceci, 1991), Frederick Morrison과 그의 동료들(1995, 1997)이 초등학교 1학년에 입학한 아동들과 그 한해를 유치원에서 보낸 아동들

의 인지적 수행을 연구한 결과, 학교에 다녔던 아동들이 읽기, 기억, 언어 및 산수 능력 등에서 분명하고 일관되게 동년배의 유치원 아동들을 능가하는 것으로 나타났다. 이스라엘에서 4~6학년 학생들을 대상으로 하여 진행된 또 다른 연구(Cahan & Cohen, 1989)에서도, 어떤 학년의 아동들은 바로 아래 학년에 있는 동일한 연령의 아동들에 비하여, 다양한 지적 검사들에서 더 높은 수준의 수행을 보였는데, 이러한 결과들은 아동의 지적 수행은 생리적 연령이 아닌 그 아이가 경험하는 학교교육의 양에 의해 영향받는다는 것을 나타낸다.

학교는 아동들에게 인지적 및 학업상의 과제들을 제공해 줄 뿐만 아니라, 또한 아동들에게 자신들이 속해 있는 문화에 적응해 가는 방법을 가르쳐주는 비공식적인 교육과정에 접하도록 만들어 준다. 학생들은 규칙들에 따르고, 급우들과 협조하며, 권위를 존중하고, 나아가 좋은 시민이 되도록 기대받는다. 또한 아동들의 발달에 미치는 또래의 영향 가운데 많은 부분은 학교와 관련된 활동의 맥락에서 발생하며, 또한 아동이 다니는 학교의 유형 및 아동의 학교경험이 질에 따라 결정적으로 좌우될 수 있다. 따라서 학교는 아동들에게 지식을 전달해 주고 직업 및 경제적으로 자급자족할 수 있는 능력을 준비하도록 도와줄 뿐만 아니라, 사회적 및 정서적 발달에 영향을 미치게 될 가능성이 많은 사회화의 대행자로 이해하는 것이 매우 적절하다.

2) 학교교육의 효과를 결정하는 요인

일부의 학교는 낮은 결석률, 학습에 대한 열의 있는 태도, 학업성취, 직업능력 그리고 사회적으로 바람직한 행동 등과 같은 긍정적인 결과를 가져오는 면에서 다른 학교들보다 더 효과적이다.

학교를 효과적으로 만드는 것은 일반적으로 생각되는 요인들, 즉 충분한 학교의 재정, 작은 규모의 학급, 능력별 학급편성, 개방된 교실구조 등과는 다소 거리가 있는데, 능력별 학급편성은 낮은 능력을 가진 학생들의 자아존중감을 저하시키고 중퇴율을 높이는 데 기여하며, 높은 성취집단과 낮은 성취집단 간의 격차를 확대하는 경향이 있다(Dornbusch, Glasgow, & Lin, 1996; Slavin, 1987).

그렇다면 효과적인 학교교육에 기여하는 요인에는 어떤 것들이 있을까?

대부분의 효과적인 학교에서는 학습에 대한 동기를 갖고 있는 학생들이 편안하면서 학업성취를 기대하는 학교에서 지적으로 뛰어난 동년배들과 공부하며 교사들은 편안하고, 참여적이고, 또한 과업에 초점을 맞춘 교실환경을 만들며, 학생들의 개인적, 문화적 특징들과 부합하는 수업유형을 제공한다.

교육에 적극적인 부모나 학업에 동기화된 또래의 영향 여부뿐 아니라 아동에 대한 교사의 생각, 판단, 태도, 기대, 행동 등도 학업성취와 관련이 있다. Rosenthal과 Jacobson(1968)의 기념비적인 연구를 통해 이를 실증하였으며, '피그말리온 효과' 라고 이름 붙였다. 피그말리온 효과란 학생에 대한 교사의 기대가 아동의 적응과 발달에 큰 영향을 미친다는 개념인데, 학생들은 저조할 것으로 기대될 때보다 잘할 것으로 기대받을 때, 실제로 더 나은 수행을 보이게 된다는 것이다.

실험에서 연구자들은 초등학교 1~6학년 아동을 대상으로 한 학급에서 무작위로 몇 명을 선발한 후 해당 학급의 지도교사들에게 그 아동의 검사결과 발달잠재력이 크므로 성취가 기대된다는 정보를 주었다. 선발된 아이들은 사실 무작위로 선정되었기 때문에 교사에게 제공한 정보는 근거가 없는 것이었지만 1년이 경과한 후 해당 아이들의 지능과 성적은 크게 향상되었다. 이러한 결과에 대해 연구자들은 교사가 아동에게 거는 기대가 아동이 스스로 노력하면 할 수 있을 것이라는 자기충족적 예언(self-fulfilling prophecy)을 형성하게 하였으며, 아동이 자신의 예언을 현실화시키기 위해 노력하는 과정에서 실제로 성취수준이 높아지는 것으로 설명하였다.

이처럼 자기충족적 예언은 아동기 발달 촉진에 있어 교사의 역할이 중요함을 보여주며, 교사와 아동간 바람직한 상호작용이 아동기 발달을 크게 촉진할 수 있음을 나타낸다.

3) 정규학교에서 멀어지는 청소년들

학교는 꼭 다녀야 하는 것일까?

한국의 뜨거운 교육열을 반영하듯, 얼마 전까지만 해도 특별히 아프거나 집안에 큰 일이 있지 않는 한 학교는 당연히 가야 하는 곳이었으며 중간에 학교를 그만두는 경우도 극히 드물었다. 정규교육은 형편이 허락하는 한 충실히 이수해야 하며 연령에 맞는 학교에 다니지 않는 것은 극히 부끄러운 일로 간주되었다. 하지만 최근 들어 학교에 가고 싶지 않을 때 쉽게 결석하는 학생들이 늘어났고 이들은 학교를 중퇴하는 것에 대해서도 예전처럼 금기시하지 않는다. 일방적으로

당하는 '퇴학' 보다 스스로 선택하는 '자퇴' 로 받아들이는 것이다. 이들은 학교가 싫을 뿐 배움에 대한 거부감이 있는 것은 아니며, 오히려 자율성과 창의성을 억압하는 획일적인 학교교육에서 벗어나 대안학교에 다니거나 독학으로 검정고시를 준비하며 원하는 것을 배우며 자유롭게 살아가는 것도 학교에 다니는 것과 다를 바 없는 한 가지 방법일 뿐이라고 말한다.

그렇다면 청소년들은 정규학교에서 멀어지는 원인에는 어떤 것이 있을까?

우선 입시 위주의 학교교육을 들 수 있다. 학벌이 아닌 실력이 중요하다고 하면서도 현대는 점점 고학력시대로 이어진다. 상급학교를 위한 진학준비만이 강요되는 현실에 불만과 열등감을 갖는 청소년들이 늘어났다. 학업성적에 대한 만족도가 낮은 청소년은 그렇지 않은 청소년보다 우울증에 걸릴 위험이 최고 8배 이상으로 나타났으며 특히 우리나라의 경우 외국의 예와는 달리 남학생이 여학생보다 성적과 진학문제로 스트레스를 더 많이 받는 경향이 있다(임형백 외, 2002). 공부에 많은 가치를 부여하는 한국교육의 특성상 학업성취는 개인의 자아존중감과 밀접한 관계를 가지고 있다. 성적이 나쁜 학생은 가정과 학교에서 소외될 개연성이 높아지며 처지가 비슷한 학생들과 더불어 비행집단을 이루게 되며, 일단 비행집단화된 후의 이들의 비행은 더욱 심화될 가능성이 높다(김준호 · 김선애, 1999). 청소년비행에 관련된 연구들은 Merton의 아노미 이론으로 성적이 나쁜 학생이 그로 인한 긴장을 느끼게 되어 일탈의 유혹에 빠질 가능성이 높다고 설명하며, Hirsch의 통제이론으로 성적이 좋은 학생은 일탈의 유혹을 억제할 수 있다고 보면서, 공부에 대한 포기가 비행에 상당한 영향을 미친다고 본다.

둘째로 학교교육의 부실화를 들 수 있다. 대부분의 청소년들은 학교가 아닌 학원선생님에게 교과를 배운다. 학습에 대한 기대와 이해도가 제각각인 학생들을 한 교실에 모아놓고 진행하는 수업은 결국 아무도 만족시키지 못하는 형식적인 것이 되어버린다. 교사들도 이러한 한계를 인식하고 있으며 모든 학생들을 적극적으로 수업에 참여시키기보다는, 수업을 이해할 수 있는 상위 2~30%의 학생들을 위해 방해하지 않을 것을 기대하는 경우가 많다. 학생들 역시 다만 나름대로 정한 최소한의 기준인 중학교 졸업장, 고등학교 졸업장을 위해 학교에 나오는 것뿐이며, '학원에서 공부하느라 못 만났던 친구들을 만나 쉬면서 시간을 보낼 수 있다' 는 데서 학교의 가치를 찾는다. 따라서 이들은 거의 관심이 없는 수업과 불필요한 교사의 간섭과 꾸중 사이에서 타협하는 방법으로 아예 수업 중에 다른 책을 보거나 엎드려 자는 생활을 선택하게 되고, 여기에 점점 익숙해지면서 조금만 상황이 힘들어진다고 생각되면 곧 학교에서 벗어나려는 심리상태가 된다.

셋째, 공통적으로 공유할 만한 문화와 인간적 교류기회의 부재를 들 수 있다. 다양한 사회경제적 배경과 개인적 취향의 상이성으로 인해 청소년들은 제한적으로 서로 선택한 몇몇의 또래와의 상호작용에 몰두하는 것이 보통이며, 관계망을 넓히기 위한 시도에도 소극적이다. 교사와 학생, 학생과 학생간 인간적 접촉의 기회는 거의 없으며, 이에 따라 지속적으로 누적된 불만과 실패감에 대한 반항은 잔인한 폭력으로 악순환된다.

넷째, 증가하는 학교폭력으로 인해 청소년들은 학교를 그만두고 싶어 한다. 교사와 선후배, 동료간 등 무시로 일어나는 과도한 폭력은 학교에 대한 공포를 유발시킨다. 초 · 중 · 고 청소년의 84.4%가 학교폭력이 심각한 수준에 이르렀다고 생각하고 있으며(김진화 · 임형백 등, 2000) 지속적으로 시달리면서 금품을 빼앗기거나 감금상태로 몇 시간씩 집단폭행을 당하는 형태로 나타나는 학교폭력은 피해자들이 전학이나 이민, 자살을 고려할 만큼 심각하다. 적극적이고 지속적인 치료예방교육에 힘입어, 지난 1년간 학교 안이나 밖에서 누군가로부터 폭력(괴롭힘, 금품갈취, 신체적 폭행, 위협 등)을 당한 경험이 있는 학생들의 비율이 이전의 60% 수준에서(청소년대화의 광장, 1996; 형사정책연구원, 1997) 일부 연구에서나마 40%선으로 조사되고는 있으나 심각한 폭력이 교내와 학교주변, 주택가와 놀이터, 학원과 독서실 등 학교 안팎에서 자행되고 있다는 것은 여전히 우려할 만한 일이다.

피해학생들이 폭력피해를 알리지 않은 경우가 1/3에 달했는데 그 이유는 알려도 소용이 없거나 보복을 받을까 두렵고 피해가 대단치 않고 수치스러웠기 때문이었다. 이러한 소극적 대처가 자연스러운 것은 가족이나 경찰에게 알린 뒤에도 문제가 해결된 경우는 1/3 수준이었고 해결되지 않거나 오히려 보복을 당하는 등 악화되는 경우가 오히려 2/3에 달했기 때문이다. 이러한 폭력의 결과 피해자들은 생명의 위협을 느끼며 심한 경우 사망에 이르는 경우도 있고, 인격적 모독으로 인한 스트레스로 장기간 정신과 치료를 받기도 한다.

학교폭력의 원인에 대한 분석을 종합해 보면 다음과 같다.

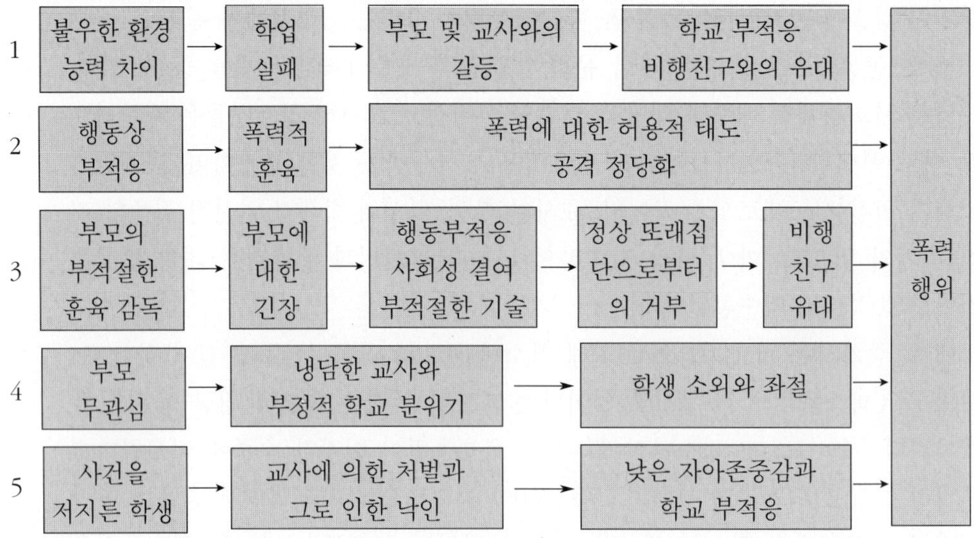

[그림 13-5] 학교폭력의 원인

출처: 김준호(1997)에서 인용

부모가 발견할 수 있는 피해징후들

- 비싼 옷이나 운동화, 안경 등을 자주 잃어버리거나 망가뜨린다.
- 몸에 다친 상처나 멍 자국을 자주 발견하게 된다. 물어보면 그냥 넘어졌다거나 운동하다 다쳤다고 대답하는 경우가 많다.
- 교과서나 가방 등에 '죽어라', '죽고 싶다'와 같은 낙서가 쓰여 있다.
- 용돈이 모자란다고 하거나 말도 없이 집에서 돈을 집어가는 경우가 있다.
- 풀이 죽어서 돌아와 맥없이 주저앉거나 자기 방에 들어가서 나오려고 하지 않는다.

교사가 발견할 수 있는 피해징후들

- 수업시간에 특정학생에게 야유나 험담이 많이 나돈다.
- 주변 학생들에게 험담을 들어도 반발하지 않는다.
- 잘못했을 때 놀리거나 비웃거나 한다.
- 학급집단 속에 몇 개의 폐쇄적인 소집단이 생겼다.
- 체육시간이나 점심시간, 야외활동 시간에 집단에서 떨어져 따로 행동하는 학생이 있다.
- 학급에 무력감이 느껴진다.
- 옷이 지저분하거나 단추가 떨어지고 구겨져 있다.

• 입맛이 없다고 평소에 잘 먹던 음식에 손을 대지 않는다. • 두통이나 복통 등 몸이 좋지 않다고 호소하며 학교 가기를 싫어한다. 따라서 지각이 잦아지고 등교거부로 발전한다. • 친구에게서 전화오는 것조차 싫어한다. • 갑자기 전학을 보내달라고 한다. • 도시락을 안 가져가려고 한다. • 갑자기 성적이 떨어진다. • 잘 때 식은땀을 흘리면서 잠꼬대나 앓는 소리를 한다.	• 안색이 안 좋고 평소보다 기운이 없다. • 흠칫거린다. • 친구가 시키는 대로 그대로 따른다. • 항상 완력 겨루기의 상대가 된다. • 친구의 심부름을 자주 한다. • 혼자서만 하는 행동이 두드러진다. • 성적이 갑자기 떨어진다. • 청소 당번을 돌아가면서 하지 않고 항상 동일한 학생이 한다. • 특정 학생을 향해 다수가 눈치를 보는 것 같은 낌새가 있다. • 자주 지각을 하거나 몸이 아프다는 이유로 결석하는 학생이 있다. • 평소보다 어두운 표정으로 수심이 있고 수업에 열중하지 못한다. • 상담실을 서성거리거나 양호실을 찾아오는 횟수가 잦아진다. • 야단을 맞으면서도 준비물을 해 오지 않거나 숙제를 해 오지 않는다.

[그림 13-6] 부모 혹은 교사가 학교폭력 피해징후를 알 수 있는 사인들

이러한 학교폭력과 관련, 많은 관심을 받고 있는 주제는 집단따돌림인데, 집단따돌림은 일반적인 학교폭력의 한 부분으로 설명되기도 하고, 비교적 소수의 가해자에 의해 저질러지는 범죄적인 폭력행위와 구별되는 별도의 문제로 파악되기도 한다. 집단따돌림에 대해서는 또래관계에 대한 다음 장에서 좀더 다루어 보기로 하겠다.

4. 또래관계

아동은 또래들 간의 접촉을 통해 기존에 경험해 왔던 성인과의 수직적 상호작용과는 다른 수평적이고 평등한 상호작용을 경험하게 된다. 또래들과의 접촉은 연령에 따라 급격히 증가하며, 학령 전의 시기 혹은 초등학교 초반, 아동들은 자신의 여가시간 중 많은 부분을 또래들과의 상호작용으로 채운다.

1) 또래관계의 발달양상

연구자들은 영아들이 또래를 쳐다보고, 만져보고, 미는 등 의도적인 사회적 행동을 보이는 것으로 보아 또래간 사교성(sociability)은 생후 첫해의 중반 무렵에 나타나기 시작한다고 본다(Brownell, 1990; Howes, 1987).

2세 전후의 영아는 점점 더 혼자놀기보다는 다른 사람과 함께 놀기를 좋아하며, 어머니보다 또래와 놀기를 좋아하게 되는데, 부모와의 애착이 안정된 아기는 친구들과 즐겁고 사이좋게 노는 모습을 보인다. 2세 이후 유아기 동안 아동의 또래간 상호작용은 급격히 증가하며([그림 13-7] 참조) 연령이 증가할수록 또래와 함께하는 시간은 점점 증가한다.

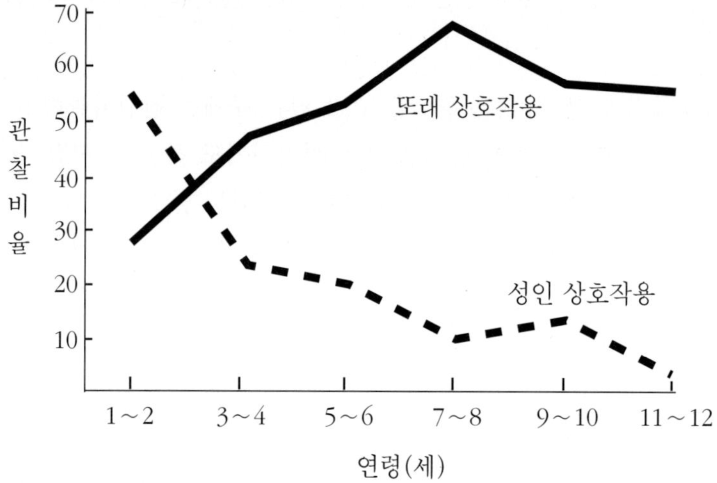

[그림 13-7] 또래 및 성인 상호작용의 발달적 변화

출처: Ellis, S., Rogoff, B., & Cromer, C. D. (1981). Age Segregation in children's social interaction. *Developmental Psychologist, 37.*

아동의 사회적 수준에 따라 놀이형태도 달라지는데, 2~3세경의 아동은 자신은 참여하지 않고 다른 아이들이 노는 것을 구경하기만 하는 방관자적 행동(onlooker)이나 다른 아이에게 다가가려는 시도를 하지 않고 혼자 노는(=혼자놀이; solitary play) 경향이 많다. 또래와 함께 놀지만 상호작용이나 협동 등 활동을 공유하지는 않는 병행놀이(perallel play) 단계인 3~4세를 지나면 5~6세 아동에게서는 역할분담이나 집단목표에 대한 구속 없이 같이 노는 연합놀이(associative play)나 단일놀이에 공동목표나 독자적인 역할이 등장하는 협동놀이(cooperative play) 비율이 증가하며, 초등학교 시기에는 복잡한 기능이나 규칙이 있는 게임과 협동놀이가 등장한다(Parten, 1932; Vasta et al., 1992). 청소년초기에 경험하는 또래와의 밀접한 관계는 가족으로부터 벗어나 정체감을 키우는 것을 서로 도와주며 데이트관계로 발전하기도 한다.

(1) 또래관계와 부모

그렇다면 자녀의 건전한 사회성 발달을 위해 부모는 어떤 도움을 주어야 할까?

부모들은 거주지역의 선택, 안정된 부모-자녀간 애착경험과 또래와의 접촉기회 제공, 또래와의 상호작용에 대한 모니터링 등을 통해 또래들과 관계를 맺어가는 자녀들의 사교성에 영향을 줄 수 있다. 따뜻하면서도 권위를 갖춘 부모의 자녀들은 대체로 또래와 좋은 관계를 맺을 수 있고 적절히 사교적이지만, 자녀에게 무관심하거나 지나치게 엄격한 부모의 자녀들은 또래에게 환영받기 힘든 파괴적이고 공격적 경향을 보이거나 혹은 지나치게 위축되고 수줍어하는 경우가 많다.

단지 어떤 집단에 같이 소속되어 있다는 사실만으로도 아동은 집단에 대한 충성심과 강력한 또래간 응집성을 나타내기 때문에(Sherif et al., 1961) 부모들은 아동기 집단이 형성이 형성되는 시기에 지나친 경쟁과 적개심을 통제하고 감소시킬 수 있도록 가르쳐야 한다. 또래에 대한 동조압력은 청소년기 중기에 최고수준에 이르는데, 10대 청소년들은 또래가 제안하는 비행을 수용하게 될 가능성이 가장 높으며 청소년 일탈행위의 관한 많은 연구들은 또래압력과 관련되어 있다.

그렇다면 또래집단에 몰입하는 것은 청소년기 부모-자녀간 갈등이 증가하는 것과 관계있는가? 많은 청소년들이 부모의 영향력과 또래의 영향력 사이에서 갈등을 경험하는 것처럼 보이기는 하지만, 대부분의 청소년들은 그들의 부모와 온정적인 관계를 맺고 부모들의 가치들 가운데 많은 부분을 내면화한다. 또한 또래

집단의 가치 역시 부모세대의 가치와 비슷한 경우가 많으며, 또래의 반사회적인 행동을 용인하기보다 제지할 가능성이 더 많다. 따라서 대부분의 부모와의 갈등은 표면적인 것으로 인한 것이지, 살아가는 방식에 대한 기본적인 차이라고 보기는 힘들다.

2) 또래가 미치는 영향

(1) 또래의 기능

또래와의 관계는 단지 인간관계의 기술을 비롯한 사회성 발달은 물론이거니와 성격 정서 및 인지적 발달에 큰 영향을 미친다. 첫째 또래는 서로에게 중요한 역할 모델이 된다. 상대의 행동을 관찰하고 모방하며 내면화하고, 또래가 받는 상과 벌을 관찰하면서 자신이 해도 되는 행동과 안 되는 행동을 구분할 수 있다(Eckerman, 1989). 둘째, 또래는 서로에게 중요한 강화자(reinforcer)가 된다. 아동은 부모나 교사뿐만 아니라 또래들이 보여주는 칭찬과 비난에 민감하며, 유치원시기에 이미 또래의 칭찬에 칭찬으로 답하는 강화의 상호성을 보이기도 한다(Hartup, 1983). 셋째, 또래는 스스로를 평가할 수 있는 기준을 제공하는 사회적 비교의 기능을 갖는다. 아동은 또래와 자신을 비교평가하며, 이러한 평가결과는 자아상과 자아존중감을 형성에 기초가 된다. 넷째, 또래는 사회적 지지의 기능을 한다. 사회적 지지에는 어렵고 힘든 상황에서 타인이 주는 실제적인 도움인 도구적 지지, 감정적 위안을 받는 정서적 지지, 충고나 도움을 받는 정보적 지지, 함께 있어 주거나 공유해 주는 동반적 지지가 포함된다. 또래들과 적절한 관계를 형성하고 유지하는 데 실패하는 아동들은, 이후의 인생에서 심각한 적응의 문제를 많이 경험할 수 있는 위험에 처한다.

(2) 또래에 의한 사회적 관계의 긍정적 측면

또래관계는 어린 아동에게도 중요하지만 사회적 관계가 확대되는 청소년들에게 더 중요하다. 친구는 동료의식과 레크리에이션의 중요한 원천이며 충고를 주고받으며 가치 있는 소유물을 공유하고, 믿을 수 있는 단짝이자 비평가이며 충성심 있는 동지로서, 스트레스나 과도적 시기에 안정감을 제공하는 존재이다(Asher, 1990). 성인과의 일방적인 관계에서 기존사회의 질서를 내면화한다면, 또래관계를 통해 동등한 입장에서 상대를 대하는 과정에서 욕구를 조절하고 협력하며 새로운 규칙과 질서를 창조해내는 기술을 학습하게 되는 것이다. 즉, 또래관계는 인지사회적 능력 발달에 기초가 되며(Pellegrini, 1985), 스트레스에 대처하는 능력에도 영향을 준다(Kramer & Gottman, 1992).

또래와의 사회적 관계에서 긍정적인 상호작용의 경험은 사회인지 발달을 촉진시키고, 주위로부터 사회정서적인 인정을 받고 있다는 느낌을 통해 안정된 정서를 갖게 도와주며, 자아개념과 도덕성 발달에도 기여한다(Bukowski & Hoza, 1989). 그리고 또래에 의한 사회적 관계는 정서적 안정감을 제공하는 지지체계의 역할 이외에도 역할취득이나 자신과 타인에 대한 이해, 사회규칙에 대한 이해 등을 획득할 수 있게 해 주며 그 영향은 아동기에 국한되는 것이 아니라 성인기 이후의 사회적 적응에도 영향을 미친다(Bagwell, 1998).

(3) 또래에 의한 사회적 관계의 부정적 측면

또래관계의 부정적 측면으로는 무시 혹은 배척의 경험, 지위와 인정을 얻기 위한 경쟁 등을 들 수 있다.

특히 부모의 영향보다 또래의 영향이 커지고 학교에서 지내는 시간이 더욱 많아지면서(Peterson & Hamburg, 1986), 확장된 사회적 관계로부터 청소년이 고립된다면 그 이후의 발달에서 부정적인 결과와 연관될 가능성이 더 많다(Parker & Asher, 1987). 구체적으로 아동기에 또래로부터 수용되지 못한 경험은 청소년기 및 성인기의 정신병리나 비행, 범죄 등과 정적인 관련이 있으며 이러한 낮은 수준의 또래수용경험은 비행이나 범죄와 같은 결과를 예측하는 강력한 변인이 될 수 있다(Parker & Asher, 1987; 권정혜 · 이봉건 · 김수현, 1992).

3) 또래관계의 좌절: 집단따돌림

집단따돌림은 과거에 문제시되었던 소수 일탈학생에 의한 금품갈취, 협박, 폭행 등 노골적인 공격행위와는 달리 누구나 가해자 또는 피해자가 될 수 있는 '일상화' 된 폭력이라고 할 수 있기 때문에, 그것이 학교문화와 학생 개인의 인격형성에 미치는 영향력은 더 크고 깊다. 집단따돌림은 일차적으로는 피해학생에게 심한 경우 자살을 결행할 정도의 극심한 정신적 고통과 아픔을 준다. 게다가 집단따돌림의 가해자들은 일반적으로 피해자에게 원인을 전가시키고 자신들의 행위를 정당화하는 경향이 있고, 내 일이 아니라는 의식에서 또는 자신도 따돌림을 당할까 두려워 집단따돌림을 묵인하거나 방조하는 다수의 학생들은 양심의 가책을 느끼거나 열등감을 갖게 된다. 이처럼 집단따돌림은 개인의 인권을 침해하고 바람직한 학생문화의 형성을 저해하며, 학생들의 도덕성 발달과 가치관 형성에 부정적 영향을 미치고 있다.

지금까지 따돌림에 대한 연구는 주로 실태조사와 현상을 이해하는 방향에서 많이 이루어져 왔으며(김용태 · 박한샘, 1997; 박경숙 · 손희권 · 송혜경, 1998; 이규미 외, 1998; 김옥엽 · 박미영 · 최용철, 1999; 이기문 · 김진희, 1999; 이지연, 1999), 이외에 가정이나 학교차원에서 따돌림을 발견하는 방법, 따돌림을 해결하기 위한 일반지침(서울특별시교육청, 1999; 청소년폭력예방재단, 1999) 피해자들을 위한 집단상담 프로그램(손진희 외, 1998; 이정자, 1999; 청소년폭력예방재단, 1999)과 가해청소년에 대한 기초연구 및 집단 프로그램(이규미, 1999; 조성호, 1999) 등이 개발되었다.

(1) 따돌림의 개요

'왕따' 라고 불리는 따돌림현상은 두 명 이상이 집단을 이루어, 그가 속한 집단에서 특정인을 소외시켜 구성원으로서의 역할수행에 제약을 가하거나 인격적으로 무시 혹은 음해하는 일체의 언어적 신체적 행위를 지칭한다(구본용, 1997). 따돌림은 대화를 거부하거나 약점을 들추어내어 모함하기, 은근히 혹은 공개적으로 비난하기, 하는 일마다 시비걸기, 바보 만들기, 무시하거나 같이 놀지 않기, 욕하고 놀리며 망신주기, 다른 사람과 못 놀게 하기 등의 방법에서부터 때리거나 물건을 빼앗는 등 폭력적인 방법에 이르기까지 다양한 형태로 이루어진다.

따돌림은 넓은 의미의 학교폭력이라고 보는 사람도 있다. 그런데 따돌림은 괴롭힘(bullying)이나 청소년폭력과 유사한 점이 있지만 괴롭힘의 대상이 주로 신체적, 심리적으로 약하여 자기주장을 못함으로써 반격하는 일이 드문 사람들인 반면, 따돌림의 대상은 이런 사람 이외에도 잘난 척하고 다른 친구들을 무시하는 사람이 많이 포함된다(김용태 외, 1997)는 점에서 단순한 괴롭힘과 다르다. 한편 따돌림은 가해행위라는 점에서는 청소년폭력과 유사하나, 폭력이 일방적이고 무차별적이며 충동적인 행위인 데 반해 따돌림은 다소 비폭력적이고 심리적이며 특정인을 제외한 집단원들 간의 암묵적인 약속에 의해 이루어지는 경우가 많다는 점에서 청소년폭력과는 다른 특징이 있다(이규미 외, 1998).

(2) 집단따돌림의 양상

전국 중 · 고교 재학 중인 청소년 1,088명을 대상으로 조사한 한국청소년개발원의 연구(1999)에 의하면, 지난 1년 동안 집단따돌림을 당한 청소년은 조사대상 중 19.3%로, 남학생보다는 여학생, 고등학생보다는 중학생, 인문계 고등학생보다는 실업계 고등학생의 경우 따돌림을 당한 청소년이 더 많은 것으로 나타났다. 한 학기 동안 '가끔' 이상(5점 척도 중 3점 이상)의 피해를 당한 경우에만 집단따돌림으로 본 노르웨이의 올베우스와 동일한 척도를 사용하였을 때 '가끔' 이상의 따돌림을 당했다고 응답한 청소년은 5.1%에 그쳐 노르웨이의 9%, 일본의 6%보다 적어 우리나라의 집단따돌림은 다른 나라에 비해 더 심각한 수준은 아닌 것으로 나타났다.

집단따돌림을 당한 청소년들은 많은 경우 따돌린 친구들에 대해 복수심을 갖게 되고(46.7%), 학교 가기가 싫어지거나(39.5%) 친구들을 대하는 것이 무섭고 싫어지는(36.5%) 대인기피증상을 보이고, 더 나아가서는 자신도 다른 학생들을 따돌리는 일에 가담하게 되며(17.5%), 실제로 학교에 가지 않은 청소년들(7.5%)도 적지 않다. 복수심이 다섯 달 이상이나 지속된 청소년도 13.1%에 이르고 있다.

하지만 정작 따돌림을 당한 청소년들은 자신이 왜 따돌림을 당했는지 잘 모르고 있었으며("잘 모르겠다"는 응답 35.4%), 알고 있다고 답한 경우에도 가해자들이 보고한 것과는 달리 "모든 일에 자신이 없다(19.9%)"가 가장 많아 결국 제대로 알고 있지 못한 것으로 나타났다.

(3) 집단따돌림의 특성

집단따돌림에는 일반적으로 다음과 같은 특성이 있는데, 첫째 간접적 가해(소외, 모함)에서 직접적 가해(모욕, 폭행, 갈취)로 발전하는 경향이 있고 둘째, 가해자들이 피해자에게 원인을 전가시키고 자신들의 행위를 정당화하며 셋째, 대부분 주동자가 따돌림을 주도하고 일부 학생은 동조 또는 방조하는 경향이 있고 넷째 교사의 눈을 피해 은밀하게 이루어질 뿐 아니라 학생들 사이의 집단규범으로 인해 교사에게 이야기하지 않는 경우가 대부분이기 때문에 발견하기가 어렵다.

(4) 따돌림 구성원들의 특성

① 피해자

일반적으로 유약하고 수동적이거나 잘난 체하고 타인을 무시하는 경우, 지능이나 신체상의 장애가 있는 경우 따돌림 피해자가 된다.

'어벙해 보이거나' '말이 없고 소극적이며 남과 잘 어울리지 않는 아이'(김용태 외, 1997), '지능이 낮은 아이', '신체적으로 허약하거나 왜소한 아이'(박경숙, 1997; 이규미 외, 1998) 혹은 '잘난 척하고 다른 친구들을 무시하는 아이', '선생님께 고자질하는 아이', '이 친구 저 친구에게 집적거리는 아이', '척하는 아이', '이기적이고 남을 무시하는 아이', '믿을 수 없는 아이', '말과 행동이 이상하고 눈치가 없는 아이'(박경수, 1999; 김진희, 1997) 등 평균수준에서 뛰어넘거나 평균에 못 미쳐서 집단의 효율성을 저해하는 아이들은 집단이 공유하는 문화에 포섭되기 어렵기 때문에 집단의 일원이 될 수 없다.

② 가해자

48.1%의 청소년이 친구를 따돌린 경험이 있고(김용태 등, 1997) 이들은 대체로 '힘을 과시하고 싶거나' '질투심이 많고' '싸움을 잘 하거나' '문제를 일으키는 아이들'인 경우가 많다.

폭력을 통해 자신의 위상을 높이고 싶은 과시욕과 벗어나고 싶은 좌절을 해소하고자 하는 숨은 동기를 가지고 있는 것으로 보이는 가해자들은 대체로 자신의 공격적 행동으로 인해 피해 입는 학생에 대한 죄의식을 전혀 갖지 않고 자신과 무관한 존재로 생각하며 감정이입이 일어나지 않는다(곽금주, 2000).

가정환경은 비교적 열악한 경우가 많고 이에 대한 반항심과 지배욕이 있으며, 일부는 자취나 하숙 등 부모의 간섭에서 벗어나 있다. 지나치게 허용적이거나 물리적 처벌을 자주하는 부모님에 대한 불만이 많을수록, 비행경험이 많을수록 친구들을 따돌리는 일에 많이 가담하고 있는 것으로 나타났다(한준상 외, 1999).

학년이 높아질수록 가해자의 인기도가 감소하는 경향이 있지만, 대체로 가해자들은 다른 친구들과의 인기정도나 사회적 관계에 있어서 정상집단과 비슷한 정도로 혹은 조금 낮은 것으로 나타난다. 이들은 교사의 지지는 낮지만 자신을 지지하는 2~3명의 작은 집단으로 인해 자신의 행동을 '장난'의 일종으로 정당화하고 합리화하며, 오히려 피해학생에게 원인을 전가하기도 한다(이춘재 · 곽금주, 2000).

따돌림은 상황에 따라 피해자가 가해자가 되고 가해자가 피해자가 되기도 하는데(이시형, 1998) 따돌림의 피해자와 가해자 경험을 동시에 가지고 있는 학생의 비율은 따돌림 피해경험만 가지고 있는 학생의 비율의 3배(22.1%)에 이른다(김용태 등, 1997).

③ 방관자

방관자는 크게 두 가지로 나눌 수 있는데, 가해자들의 괴롭힘을 암묵적으로 동조하며 피해자는 당연히 그런 취급을 받아야 한다고 여기는 지지적 방관자(supportive bystander)와 고통받는 피해자를 돕지 못하는 현실에 대한 죄책감을 느끼는 죄의식 방관자(guilty bystander)로 유형화할 수 있다. 지지적 방관자는 피해자가 괴롭힘을 당하는 데 충분한 이유가 있다고 생각하며 도와주지 않지만, 죄의식방관자는 괴롭힘을 당할 이유가 없는 사람을 괴롭히는 가해자들이 나쁘다고 생각하고 피해자를 도와주고 싶어 하며, 가끔씩은 돕는 사람들이다(권준모, 1999).

(5) 따돌림의 원인

따돌림의 원인으로는 크게 좌절과 공격성의 표출, 소속감의 욕구와 힘에 대한 욕구, 따돌림당한 경험에 대한 보복이나 공감능력의 부족 등을 들 수 있다.

청소년기의 정체감 형성과정에서 경험하는 좌절은 공격행동이나 적대적인 행동을 유발하는데 이러한 경우 좌절을 유발하는 상대에게 직접적으로 공격하는 위험을 감수하기보다는 희생양이 될 수 있는 약자를 찾아 분노를 표출하기 쉽다(원호택, 1997). 상대에 따라 괴롭힘의 양식은 달라지는데, 열등감을 자극하는 대상에 대한 질투로 인한 따돌림은 상대방을 음해하는 형식으로, '공인된 약자'가 있을 경우에는 보다 직접적으로 괴롭히는 방식으로 나타난다.

따돌리는 학생들 중에는 주도역할을 하기보다 동조 내지 방조하는 경우가 훨씬 많은데(삼성생명정신건강연구소, 1997) 이는 또래의 압력이 큰 힘을 발휘하는 청소년기에 섣불리 피해학생을 도와 자신도 따돌려질까봐 두려워하고 있음을 보여준다. 이는 대부분의 집단따돌림이 집단의 규범과 문화에 적응하지 못하는 구성원을 제재하고 이에 동조하도록 압력을 가하는 수단으로 사용되고 있음을 나타내는 것이다.

또한 따돌림을 당한 학생들의 경우 피해경험에 대한 강렬한 복수심이 상대에 대한 분노를 정당화하면서 가해자가 되는 죄책감을 덜어 주기 때문에 가해자가 되고 싶어 하며, 피해자의 고통에 대한 공감능력이 부족하고 죄책감이 무딘 청소년들의 경우 또래의 동조압력에 수고스럽게 저항하기보다는 일부 주도세력이 가진 힘에 일방적으로 순응하면서 '피해자들이 먼저 따돌림당할 원인 제공을 했기 때문'이라고 생각해 버리고 마는 경향이 있기 때문에 따돌림은 집단 내에서 반복되기 쉽다.

(6) 따돌림의 예방과 지도

가해요인에는 가정환경과 비행행동이 주로 작용하고 있어 어떤 정책적인 개입에 어려움이 있는 반면, 피해의 경우는 학교환경과 또래 친구관계가 주로 작용하고 있어 학교를 중심으로 하는 정책적 지원이 가능하다. 따라서 집단따돌림의 예방 및 사후지도를 위해서는 가정, 학교, 사회가 유기적으로 대처하는 일반적인 접근과 함께 특히 학교 및 또래관계를 중심으로 하는 구체적인 대책을 모색하는 것이 바람직할 것이다.

학교단위의 정책방안으로는 학교상담실 활성화와 집단따돌림 대책협의체 운영을 들 수 있고, 학급단위의 정책방안으로는 학급 내 소집단활동 활성화와 따돌림당하는 학생이 없는 수업운영, 학급 내 토론문화 활성화 등의 방안을 활용할 수 있다. 또래관계를 통한 문제해결을 위해 자율지킴이활동과 또래상담활동을 전개하는 것도 좋은 대안이 될 수 있다.

〈표 13-2〉 청소년의 품성개발을 위해 게임, 사이코드라마기법, 역할극 등 다양한 활동적 기법들을 활용하여 진행하도록 구성된 프로그램의 예

차 례	내 용	세부목표	해당덕목
만남의 장	자기소개 게임 한마당 1 신기한 문방구 우리의 다짐	• 멋있는 사람이 되기 위해서는 진실한 마음, 더불어 사는 마음, 자신을 다스리는 마음과 같은 마음이 기본 바탕이 되어야 함을 깨닫는다. • 앞으로 함께 할 집단상담이 이러한 마음을 키워 가는 과정임을 안다.	정직, 배려, 자기통제
진실의 장	게임 한마당 2 훌훌 터는 기쁨 타임머신 휙~	• 부정직한 행동에 관한 경험을 나누는 과정을 통해 그런 행동에 따른 불편한 감정과 결과를 깨닫고, 정직한 행동을 실행하는 기쁨을 깨닫는다.	정직
화목의 장	게임 한마당 3 더불어사는 마음 마음의 선물	• 집단 따돌림(친구문제)에 대한 역할극을 통해 어려움에 처한 사람의 입장을 현실감 있게 느껴 보고, 배려 행동에 대한 동기를 형성한다.	배려
지혜의 장	게임 한마당 4, 5 지혜로운 생각 지혜로운 '묵 · 찌 · 빠' 게임	• 생각 유형에 따른 행동, 감정 및 그 결과를 탐색하는 과정을 통해, 가치지향적 생각의 필요성을 깨닫는다. • 선택과 결정에 영향을 주는 자기지향적 생각, 외부지향적 생각, 가치지향적 생각 유형을 변별하고, '가치지향' 적 생각에 대한 보다 깊은 이해를 갖게 한다.	정직, 배려
조절의 장	게임 한마당 6 자신을 다스리는 마음 걸림돌과의 승부 걸림돌 다루기	• 진실한 마음, 더불어 사는 마음을 실천할 때 방해가 되는 내적 걸림돌, 외적 걸림돌이 무엇인지 안다. • 걸림돌과의 가상적 만남을 통해 걸림돌을 극복하고자 하는 동기가 높아진다. • 사례를 통해 걸림돌을 극복하는 방법을 배운다.	자기통제
결실의 장	인생의 갈림길 게임 한마당 4 (수호천사게임) 마무리	• 걸림돌을 극복하거나, 극복하지 못한 결과를 함께 경험하여 걸림돌을 극복하려는 의지를 굳힌다. • 집단상담 프로그램 참여 경험을 요약하고 집단원들이 서로 긍정적인 피드백을 주고받는다.	정직, 배려, 자기통제

* 한국청소년상담원 청소년심성 개발 프로그램 '멋진 우리' (2000)에서 인용

/참/고/문/헌/

곽금주(2000). 또래간 사회적 관계: 부정적 측면에 관한 개관. **한국심리학회지: 발달, 13**(3), 77-90.

구본용(1998). **따돌림실태와 지도대책**. 교육월보.

구정화 · 전명기(1995). **청소년 PC통신실태에 관한 연구**. 한국청소년개발원.

권정혜 · 이봉건 · 김수현(1992). 부모양육변인들과 교우관계변인들이 청소년초기의 숨은 비행에 미치는 효과. **92연차대회 학술발표논문집**. 한국심리학회.

권준모(1999). 한국의 왕따현상의 개념화와 왕따연구의 방법론적 고찰. **한국심리학회지: 사회문제, 5**(2), 59-72.

김규(1987). **방송매체론**. 법문사.

김봉섭(1998). PC 통신에서의 언어폭력에 관한 연구. 경희대학교 대학원 석사학위논문.

김세영(1999). 통신중독이 청소년의 자아정체감에 미치는 영향. 경기대학교 대학원 석사학위논문.

김옥순 · 홍혜영(1998). **정보화사회와 청소년 1-통신중독증**. 한국청소년문화연구소.

김옥순(2000). 정보사회와 청소년의 자아정체성. **인터넷문화: 청소년참여와 일탈**. 한국청소년개발원.

김옥엽 · 박미영 · 최용철(1999). 전라북도 청소년의 집단따돌림에 대한 실태조사연구. **전북청소년상담연구 VI**. 전라북도청소년종합상담실.

김용태 · 박한샘(1997). 청소년 친구따돌림에 대한 실태조사. **따돌리는 아이들, 따돌림당하는 아이들**. 청소년대화의 광장, 55-84.

김준호 · 김선애(1999). 공부와 청소년비행. **청소년학연구, 6**(2), 123-143.

김진숙 · 최수미 · 강진구 편(2000). 청소년의 PC통신 종독사례와 상담적 접근. **청소년의 PC 중독**, 103-118. 한국청소년상담원.

김진화 · 임형백 외(2002). **청소년문제행동론, 6**. 학교폭력의 발생원인. 학지사.

김창남(1995). **대중문화와 문화실천**. 서울: 한울아카데미.

류승호(1999). 정보사회의 윤리: 정보공간의 일탈과 규제. 정보사회학회 편. **정보사회의 이해**, 229-232.

맹영임 · 서정아 · 김민(2002). **청소년대중스타 수용실태연구**. 서울: 한국청소년개발원.

문영주(1996). 텔레비전 프로그램의 형식과 속도가 유아와 아동의 주의 및 이해에 미치는 영향. 이화여자대학교 박사학위논문.

박경숙 · 손희권 · 송혜경(1998). **학생의 왕따현상에 관한 연구**. 한국교육개발원.

박정아(1997). PC통신 마니아의 이용행태 및 특성에 관한 연구-마니아와 비마니아와 비교연구. 경희대학교 대학원 석사학위논문.

박혜원(1991). TV의 형식적 제작특징에 대한 아동의 이해. 울산대학교.

서울특별시교육청(1999). 집단따돌림 이렇게 지도합시다. 99장학자료. 서울특별시교육청 인터넷사이트.

손진희 · 양재혁 · 홍지영(1998). 따돌림당하는 아이들을 위한 집단상담 프로그램 개발. 왕따현상에 대한 이해와 상담접근 심포지엄 자료집. 서울특별시청소년종합상담실.

송명자(1995). 발달심리학. 학지사.

신현종(1998). 멀티미디어의 폭력성, 선정성이 청소년에게 미치는 영향 연구. 서강대학교 대학원 석사학위논문.

양돈규(2000). 청소년의 감각추구성향과 인터넷 중독 경향 및 인터넷관련 비행 간의 상관성. 청소년학연구, 7(2), 117-136.

양재영(1994). 청소년집단의 대중문화 수용과정에 관한 연구: 연예인 팬클럽의 사례를 중심으로. 서울대학교 석사학위논문.

이계원(2001). 청소년의 인터넷 중독에 관한 연구. 이화여자대학교 박사학위논문.

이규미(1999). 청소년폭력과 집단따돌림상담. 제9회 상담심리사수련과정 자료집. 상담 및 심리치료학회, 107-116.

이규미 · 문형춘 · 홍혜영(1998). 상담사례를 통해서 본 왕따현상. 왕따현상에 대한 이해와 상담접근 심포지엄 자료집. 서울특별시 청소년종합상담실, 15-40.

이기문 · 김진희(1999). 혹시 우리아이 왕따 아닐까. 국일미디어.

이민희 · 맹영임 · 정문성(1999). 청소년 대중문화 수용실태와 대책. 한국청소년개발원.

이선희(1996). 청소년들의 PC통신 활용실태 및 청소년들에게 미치는 영향에 관한 연구. 영남대학교 대학원 석사학위논문.

이화옥(1995). 청소년들의 전자오락실출입정도에 따른 가정환경요인 및 인성특성. 숭실대학교 대학원 석사학위논문.

이정자(1999). 집단따돌림극복 집단상담프로그램. 집단따돌림 극복 학생지도를 위한 심리검사 워크숍 자료집. 충청남도 청소년종합상담실, 23-35.

이지연(1999). 집단따돌림현상에 대한 이해. 집단따돌림 극복 학생지도를 위한 심리검사 워크숍 자료집. 충청남도 청소년종합상담실, 3-22.

이춘재 · 곽금주(2000). 집단따돌림 경험유형에 따른 자기개념과 사회적 지지. 한국심리학회지: 발달, 13(1), 65-80.

이춘재 · 곽금주(2000). 학교에서의 집단따돌림: 실태와 특성. 서울: 집문당.

이춘화 · 이민희 · 임성택(1999). 집단따돌림 예방 및 지도 대책 연구. 한국청소년개발원.

임효정(2002). 사이버 의존집단과 비의존집단의 심리특성분석. 이화여자대학교 대학원 석사학위논문.

전자신문. 2001. 3. 10

전진오(1995). PC통신을 이용한 개인커뮤니케이션의 형태 및 특성에 관한 연구. 고려대학교 대학원 석사학위논문.

정윤실(1988). 전자오락과 청소년의 공격성에 관한 연구. 고려대학교 대학원 석사학위논문.

조성호(1999). 학교폭력에 대한 심리학적 개입의 허와 실: 국내 사례를 중심으로. **학교폭력에 대한 심리학적 접근의 모색 심포지엄 자료집**. 한국심리학회, 43-54.

조아미(1988). 청소년의 대중가요 가수 우상화 현상에 대한 분석. **청소년학연구, 5**(11), 1-20.

정영숙 외 역(2001). **청소년심리학**(F. Rice 저). 시그마프레스.

천정웅(2000). 청소년 사이버일탈의 특성과 유형에 관한 연구. **청소년학연구, 7**(2), 97-116.

최우신 · 김영희(1999). 청소년의 연예인 우상화 현상의 특성. **한국청소년학연구, 10**(2), 서울: 한국청소년개발원.

최윤미 외(1998). **현대청년심리학**. 학문사.

청소년대화의광장(1996). **때리는 아이, 맞는 아이**. 제11회 특수상담 사례연구 자료집.

청소년폭력예방재단(1999). **학교폭력상담사례집 3호**. 서울: 청소년폭력예방재단.

한겨레신문 2001. 5. 11

한국청소년개발원(2000). **청소년들의 대중문화인식과 수용실태**. 한국청소년개발원.

한국청소년문화연구소(2002). **교사용 사이버윤리 교육지침서: 아름다운 사이버문화교실**. 서울특별시.

한국형사정책연구원(1997). **학교폭력의 실태에 관한 연구**.

한국청소년상담원(2000). **청소년 심성 개발 프로그램 '멋진 우리'**.

한상철 · 조아미 · 박성희(1997). **청소년심리학**. 서울: 양서원.

한준상 · 이춘화 · 임성택(1999). **학교 내 비폭력문화 프로그램 개발**. 한국청소년개발원.

허혜경 외(2002). **청년발달심리학**. 학지사.

황상민(2000). **사이버공간에 또 다른 내가 있다**. 김영사.

황상민(2000). 사이버공간의 경험에서 나타난 부모세대와 청소년세대 집단 간의 의식 특성. **한국심리학회지: 발달, 13**(2), 145-158.

황상민(2000). 신세대(N세대)의 자기표현과 사이버공간에서의 상호작용: 사고와 행동양식의 변화를 중심으로. **한국심리학회지: 발달, 13**(3), 9-19.

Anderson, D. R., & Collins, P. A. (1988). *The impact on children' seducation: Television' s influence on cognitive development*. Washington, D.C.: U. S. Department of Education.

Anderson, D. R., & Lorch, E. P. (1983). Looking at Television: Action or Reaction? In

J. Bryant and D. R. Anderson (Eds.) *Children' s Understanding of Televesion: Researsch on Attention and Comprehension,* 1-33. New York : Academy Press.

Asher, S. R. (1990). Recent advances in the study of peer rejection. In S. R. Asher & J. D. Coie (Eds.), *Peer rejection in childhood.* New York : Cambridge University Press.

Associated Press, August 24th (1994). *Which practices work best in today' s schools?* Atlanta Constitution, A1, A14.

Bagwell, C. L. (1998). Preadolescents friendship and peer rejection as prediction of adult adjustment. *Child Development, 69,* 140-153.

Bell, S., & Bogatz, C. (1970). *The First year of Sesame Street: An Evaluation.* Prinston, NJ : Educational Testing Service.

Bell, S., & Bogatz, C. (1972). *Reading with Television: An evaluation of The Electric Company.* Prinston, NJ : Educational Testing Service.

Brownell, C. A. (1990). Peer social skills in toddlers : Competencies and constraints illustrated by same-age and mixed-age interaction. *Child Development, 61,* 838-848.

Bukowski, W. M., & Hoza, B. (1989). Popularity and friendship : Issues in Theory, measurement, outcome. In T. J. Berndt, & G. W. Ladd (Eds.) *Peer Relationships in child Development.* New York : Wiley.

Cahan, S., & Cohen, N. (1989). Age versus schooling effects on intelligence development, *Child Development, 60,* 1239-1249.

Calvert S. L., Houston, A. C., Watkins, B. A., & Wright, J. C. (1982). The effects of selective attention to television forms on children' s comprehension of content. *Child Development. 53,* 601-610.

Ceci, S. J. (1991). How much does schooling influence general intelligence and its cognitive components? A reassessment of the evidence. *Developmental Psychology, 27,* 703-722.

Clements, D. H. (1990). Metacomponential development on a Logo programming environment. *Journal of Educational Psychology, 82,* 141-149.

Clements, D. H. (1991). Enhancement of creativity in computer environments, *American Educational Research Journal, 28,* 173-187.

Clements, D. H. (1995). Teaching creativity with computers. *Educational Psychology Review, 7,* 141-161.

Collis, B. A. (1996). *Children and computers at school,* Mahwah, NJ : Erlbaum.

Comstock, G. A. (1993). The medium and society : The role of television in American life. In G. L. Berry & J. K. Asamen (Eds.), *Children and television: Images in a changing sociocultural world,* 117-131. Newbury Park, CA: Sage.

Corteen, R. S., & Williams, T. (1986). Television and Reading skills. In T. Williams (Eds.), *The impact of television: A natural experiment in three communities.* Orlando, FL: Academic Press.

Crook, C. (1992). Cultural artefacts in social development: The case of computers. In H. McGurk (Eds.), *Childhood social development: contemporary perspectives.* Hove, England: Erlbaum.

Dornbusch, S. M., Glasgow, K. L., & Lin, I. (1996). The social structure of schooling. *Annual Review of Psychology, 47,* 401-429.

Drabman, R. S., & Thomas, M. H. (1974). Does media violence increase children's toleration of real-life aggression? *Developmental Psychology, 10,* 418-421.

Eckerman, C. O. (1989). Imitation and the achievement of coordinated action. Paper presented at the biennial meeting of the Society for Research in Child Development. Kansas City, KS.

Ellis, S., Rogoff, B., & Cromer, C. D. (1981). Age segregation in children's social interaction. *Developmental Psychology, 17,* 399-407.

Eron, L. D. (1982). Parent-child interaction, television violence, and aggression of children. *American Psychologist, 37,* 197-211.

Fiske, J. (1992). The cultural economy of fandom, Lisa A Lewis (Ed.), *The Adoring Audience: Fan culture and popular media.* London & New York: Routledge, 30-49.

Fletcher-Flinn, C. M., & Gravatt, B. (1995). The efficacy of computer-assissted instruction(CAI): A meta-analysis, *Journal of Educational Computing Research, 12,* 219-242.

Friedrich, L. K., & Stein, A. H. (1975). Prosocial television and young children: The Effects of verbal labeling and role-playing on Learning and behavior. *Child Development, 46,* 27-38.

Friedrich-Cofer, L. K., Huston-Stein, A., Kipnis, D. M., Susman, E. J., & Clewett, A. S. (1979). Environmental enhancementof prosocial television content: Effects on interpersonal behavior. *Developmental Psychology, 15,* 637-646.

Greenfield, D. N. (1999). *Psychological characteristics of compulsive internet use: A preliminary analysis. Cyber Psychology and Behavior, 8*(2), 403-412.

Griffiths, M. (1997). Psychology computer use: XL III. Some comments in 'addictive use of the internet by Young.' *Psychological Reports, 80,* 81-82.

Hartup, W. W. (1983). Peer Relationships. in P. H. Mussen (Eds.), *Handbook of Child Psychology* (Vol. 4.). *Socialization, personality, and social development* (pp.103-196). New York: Wiley.

Harrison, L. F., & Williams, T. (1986). Television and cognitive development. In T. Williams (Eds.), *The impact of television: A natural experiment in three communities.* Orlando, FL: Academic.

Hearold, S. (1986). A synthesis of 1043 effects of television on social behavior. In G. Comstock (Eds.), *Public communications and behavior, 1,* 65-133. New York: Academic Press.

Howes, C. (1987). Social competence with peers in young children: Developmental sequences. *Developmental Review, 7,* 252-272.

Huesmann, L. R. (1986). Psychological prodess promoting the relation between exposure to media violence and aggressive behavior by the viewer. *Journal of Social Issuces, 42,* 125-139.

Huesmann, L. R., Reon, L. D., Lefkowitz, M. M., & Walder, L. O. (1984). Stability of aggression overtime and generations. *Developmental Psychology, 20,* 1120-1134.

Huston, A. C., Donnerstein, E., Fairchild, H., Fechbach, N. D., Katz, P. A., Murray, J. P., Rubinstein, E. A., Wilcox, B. L., & Zuckerman, D. (1992). *Big world, small screen.* Lincoln, NB: University of Nebraska Press.

Kee, D. W. (1986). Conputer play. In A. W. Gottfried & C. C. Brown (Eds). *Play interactions: The contribution of play materials and parental involvement to children' s development.* Lexington. MA: Lexington Books.

King, S. A. (1996). Is the internet addictive, or are addicts using the internet? http://rtz.stjohns.edu/~storm/iad.html

Kunkel, D., & Roberts, D. (1991). Young minds and marketplace value: Issues in children' s advertising. *Journal of Social Issuces, 47*(1), 57-72.

Kramer, L., & Gottman, J. M. (1992). Becoming a sibling: "With a little help from my friend". *Developmental Psychology, 28*(4), 685-699.

Lepper, M. R. (1985). Microcomputers in education: Motivation and Social issues. *American Psychologist, 40,* 1-18.

Lepper, M. R., & Gurtner,J. (1989). Children and computers: Approaching the twenty-first century. *American Psychologist, 44,* 170-178.

Lievert, R. M., & Sprafkin, J. (1988). *The early window: Effects of television on children and youth* (3rd ed.). New York: Pergamon Press.

Linn, M. C., Dc Benedictis, T., & Delucchi, K. (1982). Adolescent reasoning about advertisement: Preliminary investigations. *Child Development, 53,* 1599-1613.

Mediascope, Ins. (1996). *National Television Violence Study: Executive summary 1994-1995.* Studio City, CA: Auther.

Morrison, F. J., Smith, L., & Dow-Ehrensburger, M. (1995). Education and cognitive development: A natural experiment. *Developmental Psychology, 33,* 254-262.

Morrison, F. J., Griffith, E. M., & Alberts, D. M. (1997). Native-nature in the classroom: Entrane age, school readiness, and learning in children. *Developmental Psychology, 33,* 254-262.

Nastasi, B. K., & Clements, D. H. (1992). Computers and early childhood education. In M. Gettingers, S. N. Elliott, & T. R. Kratochwill (Eds.), *Advances in school psychology: Preschool and early childhood treatment directions.* Hillsdale, NJ: Erlbaum.

Nastasi, B. K., & Clements, D. H. (1994). Effectance motivation, perceived scholastic competene, and higher-order thinking in two cooperate computer environments. *Journal of Educational Computing Research, 10,* 249-275.

Oglrtree, S. M., & Williams, S. W. (1990). Sex and sex-Typing effects on computer attitudes and aptitude. *Sex Roles, 23,* 703-712.

Palmer, R. D., & Slaby, R. G. (1983). THe Development of aggression. In P. H. Mussen (Eds.), *Handbook of child psychology* (Vol. 4). *Socialization, personality, and social development,* 547-651. New York: Wiley.

Parker, J. G., & Asher, S. R. (1987). Peer relations and later personal adjustment: Are low-accepted children at risk? *Psychological Bulletin, 102*(3), 357-389.

Parten, M. B. (1932). Social participation among preschool children. *Journal of Abnormal and Social Psychology, 27,* 243-269.

Pellegrini, D. S. (1985). Social cognition and competence in middle childhood. *Child Development, 56,* 253-264.

Peterson, A. C., & Hamburg, B. A. (1986). Adolescence: A developmental approach to problems and psychopathology. *Behavior Therapy, 17,* 480-499.

Raviv, A., Bar-Tal, D., Raviv A., & Ben-Honin, A. (1996), Adolescents idolization of pop singer: Causes, expressions, and reliance. *Journal of Youth and Adolescence, 25*(5), 631-650.

Rice, M. L., Huston, A. C., Truglio, R., & Wright, J. (1990). Words from "Sesame Street": Learning vocabulary while viewing. *Developmental Psychology, 26,* 421-428.

Rocheleau, B. (1995). Computer use by school-age children: Trends, patterns, and predictors. *Journal of Educational Computing Research, 12,* 1-17.

Rosenthal, R., & Jacobson, L. (1968). *Pygmalion in the classroom.* New York : Holt, Rinehart and Winston.

Seppa, N. (1997). Children's TV remains stepped in violence. *Monitor of the American Psychological Association, 28*(6), 36.

Sherif, M., Harvey, O. J., & Sherif, C. W. (1961). *Intergroup conflict and cooperation: The Robbers Cave experimented.* Norman: University of Oklahoma Press.

Singer, D. G., & Singer, J. L. (1990). *The house of make-believe: Children's play and the developing imagination.* Cambridge, MA: Harvard University Press.

Slaby, R. G., Roedell, W. C., Arezzo, D., & Handrix, K. (1995). *Early violence prevention.* Washington, D. C.: National association for the Education of Young Children.

Slavin, R. E. (1987). Ability grouping and student achievement in elementary school: A best evidence synthesis. *Review of Educational Research, 57,* 293-336.

Suler, J. (1996). *The Psychology of Cyberspace.*

Tinsley, B. J. (1992). Multiple influences on the acquisition and socialization of children's health attitudes and Behavior: An integrative review. *Child Development, 63,* 1043-1069.

U. S. Bureau of the Census (1997). *Statistical abstract of the United States* (117th ed.). Washington, D. C.: U.S. Goverment Printing Office.

Thornton, S. (1996). *Club Culture: Music Media and Subcultural Capital.* Hanover and London: Wesleyan University Press.

Vasta, R., Haith, M. M., & Miller, S. A. (1992). *Child psychology: The modern science.* New York: John Wiley & Sons.

Weinstein. C. S. (1991). The classroom as a social context for learning. *Annual Review of Psychology, 42,* 493-525.

Williams, B. (1998, Jan. 19). *Stricter controls on internet access sorely needed, parents fears.* Atlanta Constitution. ppA1, A15.

Young, K. S. (1996). Addictive Use of Internet: A case that breaks the stereotype. *Psychological Reports, 79,* 899-902.

Young, K. S. (1996). *Internet Addiction: The emergence of a new clinical disorder.* Paper presented at the American Psychological Association, Toronto, Canada, August.

Young, K. S. (1996). *Internet can be as addicting as alcohol, drugs and gambling.* An

APA news release.
http://www.apa.org/release/internet.html
Young, K. S. (1996). Psychology of computer use XL. Addictive use of the internet: A Case that breaks the stereo type. *Psychological Reports, 79*, 889-902.
Young, K. S. (1996). Why is this thing eating my life? Computer and Cyberspace Addiction at the "palace" World Wide Web.
http://www1.rider.edu/~suler/psycyber/psycuber.html
Young, K. S. (1997). Relationship between Sensation Seeking Behavior and Pathological Internet Use. Paper presented at the Annual Meeting of the American Psychological Society. Washington DC.
Young, K. S. (1997). What makes the Internet Addictive: potential explanations for pathological internet use. Paper presented at the 105th annual conference of the American Psychological Association, Chicago, IL.
http://netaddiction.com/articles/habitforming.html

14 성인기 발달

발달심리학자들이 성인기 발달에 관심을 보이기 시작한 것은 비교적 최근의 일이다. 사실 우리들은 전 생애의 3분의 2를 성인기로 보내게 된다. 그럼에도 불구하고 Freud와 같은 초기 발달학자들은 인간 발달에 아동기의 경험이 가장 중요하고 성인기에 일어나는 변화와 경험들은 아동기의 영향으로 나타나거나 결정되는 것이며, 성인기 이후에는 특징적인 변화가 거의 일어나지 않는다고 보았다. 그러나 성인기에 이르면서부터 경험하게 되는 결혼, 직업의 선택, 출산 및 자녀 양육, 이혼 및 재혼, 직업전환, 은퇴, 사별 등의 사건들은 개인에게 생의 어떤 시기보다 큰 변화를 일으킬 수 있다. 또한 이 시기의 변화가 노화에 따른 감퇴라는 단일한 양상으로 이루어지는 것이 아니라 생물학적, 사회심리적 제반요인들이 복잡하게 상호작용하여 영역에 따라 발달곡선이 하강, 유지 또는 상승되는 다양한 모습이 나타날 수 있음을 최근 연구들을 통해 입증되고 있다.

이 장에서는 성인 전기 및 중기의 다양한 발달적 변화들을 영역별로 살펴보기로 한다. 이를 위해 성인 발달 연구에서 전 생애 발달의 의미와 성인 발달에 영향 미치는 요인들을 알아보고 성인 전기와 중년기에 걸쳐 신체변화, 인지 발달, 성격 및 사회성의 변화와 직업 발달과정을 알아볼 것이다.

1. 성인 발달 연구의 관점

1) 전 생애 관점

전 생애 관점은 인간 발달을 크게는 두 단계로 구분한다. 첫 번째는 초기 단계로 전반적인 크기와 능력에서 급속한 증가와 변화가 나타나는 아동기와 청년기이다. 두 번째는 환경에 적응해 가면서 여러 능력이 계속 발달되어 가고 전반적 변화가 서서히 이루어져 가는 후기 단계로 지속성과 안정을 유지하는 성인기와 감퇴의 특징을 갖는 노년기가 이에 해당된다. 전 생애적 관점에서 성인 발달과 노화는 단일한 학문적 접근법으로는 이해될 수 없는 복잡한 현상이다. 따라서 성인기 변화가 어떻게 일어나는지에 대해 이해하기 위해서는 다양한 분야의 연구들을 바탕으로 한 다학제적 접근(multidisciplinary approach)이 필요하다.

Baltes(1987)는 전 생애 발달에 가장 중요한 특징을 네 가지로 설명하고 있다. 첫째는, 다중 방향성(multidirectionality)으로 발달은 성장과 감퇴 모두를 포함한다는 것이다. 한 영역에서 성장이 나타날 때 다른 영역에서는 감퇴가 나타날 수 있고 변화의 속도도 다양하다. 예를 들어 어휘력이나 지혜와 같은 요소들은 전 생애를 통해 계속 증가해 갈 수 있으나 신체능력, 반응시간 등은 감소할 수 있다. 둘째는 가소성(plasticity)이다. 개인의 능력은 미리 결정되거나 고정되어 있는 것이 아니다. 그렇다고 변화를 위한 잠재력이 무한한 것은 아니지만 많은 능력들은 노년기에도 연습이나 훈련에 의해 향상될 수 있다고 본다. 셋째는 역사적 맥락(historical context)으로 인간의 발달은 자신이 태어난 역사적 시기와 사회 환경, 문화의 영향을 받으며 변화해 간다. 마지막으로 발달은 다중 인과 요인(multiple causation)이 작용하는 것이다. 인간이 발달하는 방식은 다양한 요인들이 작용한 결과로서 생물학적, 심리적, 사회문화적, 생애 주기 요인들에 의해 형성된다는 것이다.

전 생애 관점은 발달은 성장과 유지, 상실 간의 역동적 상호작용으로 완성에 이르기까지 일생동안 진행된다는 것을 강조한다. 따라서 모든 단계들이 다 나름대로 중요하며 다른 시기에 비해 특별히 더 중요한 시기는 없다고 보는 것이다.

2) 성인 발달에 영향 미치는 요인

같은 50세인데도 어떤 사람은 왜 나이가 들어 보이고 어떤 사람은 젊어 보이는가? 중년기 이후에 인지 기능이 계속 증가하는 사람이 있는가 하면 급격히 감퇴하는 사람도 있다는 것을 어떻게 설명할 수 있을까? 성인기 발달에 미치는 영향과 개인차를 설명하기 위해서는 생물학적 · 심리적 · 사회문화적 · 생애 주기 등의 여러 요인들을 고려해야 한다.

생물학적 영향력은 주로 유전적 요인에 의한 것으로 폐경, 주름살, 노화에 따른 신체 기관의 변화 등으로 나타난다. 심리적 영향력은 개인의 인지, 정서, 지각, 성격특성으로 한 사람을 다른 사람과 구분하게 해 주는 제반 특징들이라 할 수 있다. 또한 사회문화적 요인과 동일한 사건이라도 생의 어느 시점에서 일어나느냐에 따라 다르게 영향 미칠 수 있는 생애주기 영향력 등이 작용하게 된다.

각 개인의 발달은 이러한 요인들이 어떤 방식으로 독특하게 결합되느냐에 따라 다양한 모습으로 나타나므로 각각의 영향력들을 모두 고려해야 인간의 발달과정을 전체적으로 조망할 수 있다. 예를 들어 성인 후기에 기억력의 감퇴는 생물학적으로 신체적 질병에 기인할 수 있고 심리적으로는 스트레스나 지적 변화에 대한 개인의 지각이 영향을 줄 수 있다. 또한 연령에 따른 기억력 변화에 대한 사회적 고정관념의 영향을 받았을 수 있고 생의 주기에서 기억감퇴가 나타나는 시점이 언제부터인지에 따라서도 달라질 수 있을 것이다.

이러한 요인들이 어떤 방식으로 결합되는지 이해하기 위해서는 각 요인들이 발달에 공통적으로 나타나는 것인지 아니면 특정 개인에게 독특한 것인지를 우선 알아야 한다. Baltes(1987)는 전 생애에 걸쳐 발달적 변화를 일으키는 요인들을 세 가지로 구분하였다.

연령과 관련된 영향력 이는 비슷한 연령의 사람들이 공통적으로 경험하는 생물학적 · 심리적 · 사회문화적 영향력들이다. 사춘기, 폐경, 결혼, 은퇴와 같은 경험은 연령 구분의 영향을 크게 받는 것으로 사회적 시계로 작용해 각 개인은 이를 근거로 자신이 남들보다 늦었는지 빠른지를 판단하게 된다.

역사적 사건과 관련된 영향력 여기에는 특정 시대나 문화권에 살고 있는 사람들에게 동시에 영향 미치는 사건들이 포함된다. 전쟁, 쿠데타, 경제적 위기, 전염병 등은 이를 경험한 세대에 속하는 사람들의 발달에 유사한 영향을 미칠 수 있다. 이러한 영향력은 때로는 베이비붐 세대, 386세대, X세대 등과 같이 특정 세대에게 정체감을 형성해 주기도 한다.

개인적 사건과 관련된 영향력 이는 특정 개인에게만 해당되는 중요한 사건들로서 선거에 당선되거나 상을 타는 것, 사고, 이혼, 실직 등의 사건들이 개인의 발달에 미치는 영향력이다. 이러한 사건들은 예측 불가능한 것이면서도 개인차의 원인이 된다.

전 생애 발달과정을 통해 볼 때 연령과 관련된 영향력은 아동기와 노년기에, 역사적 사건과 관련된 영향력은 청년기와 성인기에 가장 크게 작용한다. 아동기와 노년기는 생물학적 영향력과 연령에 따른 변화가 가장 분명하게 나타나는 때이고 청년기와 성인기는 사회활동이 중심이 되기 때문이다. 그러나 아동기 이후부터 발달과정에서 점차 뚜렷해지는 개인차는 개인적 사건과 관련된 영향력의 작용으로서 성인기 이후로 갈수록 더 분명해진다.

2. 신체 발달과 건강

1) 성인 전기의 신체 발달

(1) 신체적 변화

신체 발달과 성숙은 성인 전기에 이르러 대부분 완성되고 절정에 달한다. 키는 최대한으로 성장하고 전반적으로 건강하고 힘이 넘치며 정력적이다. 늦게 성숙하는 사람의 경우 20대 초까지도 키가 계속 자랄 수 있다. 감각은 어떤 시기보다 예민하다. 동공의 신축성에서 약간의 변화가 있기는 하지만 시력이 나빠질 정도는 아니다. 청각의 기능도 가장 좋을 때라서 젊은 성인은 조용한 곳에서 20피트 떨어진 곳에 있는 시계가 째각거리는 소리를 들을 수 있고 남성에 비해 여성은 높은 음조를 더 쉽게 탐지하는 경향이 있다(McGuinness, 1972). 미각, 후각, 촉각 등에서의 민감성도 가장 좋은 상태로 유지되는 때이다.

(2) 건강 및 스트레스에 대한 대처

신체적으로 건강한 상태에 있는 것은 성인 전기의 특징으로 볼 수 있으나 모든 사람이 자연적으로 건강을 유지할 수 있는 것은 아니다. 신체를 최적의 상태로 유지하기 위해서는 적절한 운동 및 영양섭취가 있어야 한다. 특히 운동은 심혈관계를 튼튼하게 하여 폐활량을 증가시켜 심장과 순환계가 보다 적절히 기능할 수 있도록 해 준다. 신체의 모든 부분을 골고루 쓰는 전신운동을 할수록 근육과 인대는 더 강건해지고 유연성도 생긴다. 또한 운동은 중년기 이후 골다공증의 발생 위험성을 줄여 줄 뿐 아니라 신체의 면역력을 높여 질병에 걸릴 가능성을 낮추며 스트레스와 불안, 우울증을 줄여준다(Mutrie, 1997).

성인기 건강 유지를 위해 적절한 영양 공급은 필수적인 요인이다. 그러나 영양과 관련되어 최근에 문제가 되고 있는 것은 비만이다. 우리나라의 경우 최근 5년새 비만인의 비율이 해마다 3%씩 늘어나 지금은 성인 세 명 중 한 명이 비만 상태인 것으로 밝혀졌다. 보건복지부의 2000년 국민건강 영양 조사 결과 비만자 비율이 32.7%(남 33.1%, 여 32.2%)에 달했으며 매년 남자는 2.7%, 여자는 3.3%가 증가하는 것으로 나타났다. 이러한 증가 추세가 계속되면 앞으로 5년 내에 비만자의 비율이 인구의 40%를 넘어설 것으로 예측할 수 있다.

비만은 심장질환, 고혈압, 암 등의 성인병을 유발할 뿐 아니라 수명을 단축시키기 때문에 성인기 건강에 문제가 된다. 비만의 원인을 설명하기 위한 여러 가설이 제시되고 있으나 아직은 단일하고 명확한 설명은 부족하다. Sobal과 Devine(1997)은 비만인들은 배고픔을 조절하는 내부 단서에 덜 민감하고 사회적 규준을 근거로 한 외부단서에 매우 민감하게 반응하는 경향이 있다고 하였다. 즉, 비만인들은 배가 고파서 음식을 먹는다기보다는 주변에 음식이 있거나 식사시간이 되었기 때문에 먹는 경우가 정상인에 비해 더 많다는 것이다.

Stallone과 Stunkard(1991)는 비만인들은 정상 체중의 사람들보다 체중 설정점(weight set point)이 높다는 가설을 제안하였다. 체중설정점은 신체가 유지하고자 하는 특정 수준의 체중으로 내적인 자동조절장치와 같아 이에 따라 신체가 음식을 더 섭취할 것인지 말 것인지를 결정하게 된다. 비만인들은 비정상적인 체중설정점을 가지고 있어서 내부 단서에 덜 민감하고 그 결과 비만해질수록 지방세포의 수와 크기 또한 증가하여 체중설정점이 점차 높아져 간다는 것이다. 사실 비만을 조절하기는 쉬운 문제가 아니다. 대부분의 경우는 체중감량을 했어도 다시 증가하는 시소와 같은 체중증감을 반복하며 이러한 요인이 비만인들이 체중감량을 쉽게 포기하는 원인이 된다.

성인기 건강에 주된 영향을 줄 수 있는 요인 중의 또 하나는 스트레스이다. 사실 우리는 살아 있는 한 스트레스가 전혀 없는 상황에 있기란 거의 불가능하다. 특히 성인기는 인생에서 스트레스가 가장 많은 시기이기도 하다. 스트레스는 교감신경계에 긴급반응을 일으켜 급작스럽고 위협적인 상황에 보다 잘 대처하게 해 주는 역할을 하지만 장기간의 스트레스는 스트레스관련 호르몬을 계속 분비시켜 질병에 걸릴 가능성을 증가시킨다(Cohen, Tyrell, & Smith, 1993). 두통, 피부 가려움증, 소화불량, 만성피로, 궤양, 천식, 고혈압, 암 등의 신체 질병뿐 아니라 불안, 긴장, 분노, 우울과 같은 심리적 증상도 스트레스가 원인이 되는 경우가 많다. 일반적으로 스트레스로 지각되는 상황은 대개 부정적인 감정을 불러일으키는 사건, 통제할 수 없고 예상치 못하는 상황, 모호하고 혼란스러운 상황, 동시에 여러 일을 처리해야 하는 경우이다(Taylor, 1991). 한국인의 스트레스 평가에서 우리나라 사람들의 가장 큰 스트레스는 자녀 사망, 배우자 사망, 부모 사망, 이혼, 형제 자매 사망의 순으로 친밀한 관계에서 손상을 입었을 때인 것으로 나타났다(홍강의, 1982).

스트레스를 일으키는 사건에 대해 문제해결에 중심을 둔 대처를 하는 사람들은 스트레스 상황을 변화시키기 위한 직접적인 시도를 더 많이 하고 보다 효율적으로 대처할 수 있다. 직접적인 문제해결이 불가능한 경우라면 정서적인 대응, 예를 들어 문제의 긍정적인 측면을 생각하거나 다른 사람으로부터의 정서적 지지를 구하는 것으로 해결할 수도 있다. 의식적으로 스트레스를 회피하려고 하는 사람들은 심리적인 방어기제를 주로 사용한다. 방어적 대응은 상황의 본질을 부정하거나 왜곡함으로써 현실에 대한 부적응을 초래할 수 있다(Folkman & Lazarus, 1988).

2) 중년기의 신체 발달

(3) 신체 및 감각의 변화

중년기는 대부분의 사람들이 노화과정이 일어나고 있음을 분명하게 느끼는 때이다. 신장은 대개 55세까지는 일정하게 유지되나 뼈 밀도가 줄어듦에 따라 여성은 평균 2인치, 남성은 1인치 정도 줄어든다. 여성은 골다공증의 위험이 높아 신장이 더 줄어들 가능성이 있다. 신장이 줄어드는 것에 비해 체중과 체지방은 증가하는 경향이 있으므로 비만이 될 가능성이 커진다.

시각과 청각 등에서도 눈에 띄는 변화가 나타난다. 40대경에 시력에서의 변화가 나타나는데 눈의 수정체가 탄력성을 잃게 되면서 초점이 잘 맞추어지지 않아 가까이 있는 물체를 보기 어렵게 된다. 동공의 투명도가 떨어져 동공을 통과하는 빛의 양이 줄어들어 그 결과 어두운 곳에 적응하는 능력이 떨어지게 되고 더 밝은 조명을 필요로 한다(DiGiovanna, 1994).

청각의 감퇴는 시각만큼 크게 느껴지지는 않는다. 특히 높은 진동수의 소리에 대한 상실이 먼저 나타나는데 이것을 노인성 난청(presbycusis)이라고 한다. 노인성 난청은 45세에서 65세 사이에 있는 사람들의 12% 정도에서 나타난다. 남성이 여성보다 더 빨리 감퇴되는 경향이 있는데 남성들은 기계공이나 건설업과 같은 소리에 더 많이 노출되는 직업에 종사할 가능성이 높기 때문이다. 그러나 청각에서의 이러한 변화가 중년기 사람들에게 큰 영향을 미칠 정도는 아니다. 대부분 사람들은 다른 사람이 말할 때 더 주의를 기울이거나 큰 소리로 말해달라고 부탁하는 것으로 감퇴를 보상해간다.

(4) 여성과 남성의 갱년기

여성의 갱년기는 45세경에 시작되는데 눈에 띄는 변화로는 생리 주기가 불규칙해지면서 50~55세경에 완전히 중단되는 폐경이 나타난다. 폐경은 임신이 더 이상 불가능하다는 신호이며 여성 호르몬인 에스트로겐 분비가 감소되어 이에 따른 신체증상이 나타날 수 있다. 흔히 나타나는 증상으로는 순간열, 두통, 집중력 저하, 어지러움, 가슴 두근거림, 질 건조증, 골다공증이 있다. 여성들은 폐경으로 인해 심리적 문제를 경험하는가? 일반적으로 폐경은 우울, 불안, 집중력 저하, 심리적 동요를 일으킨다고 알려져 왔다. 그러나 오늘날 대부분 연구자들은 폐경을 정상적 노화의 일부로 받아들일 뿐 폐경 자체가 심리적 문제를 일으킨다고 보지는 않는다. 이 시기에 심리적인 문제를 보고하는 여성들은 다른 시기에도 심리적인 어려움이 있는 여성들이었고 문제를 신체적 증상으로 돌리는 경향성이 있었다. 이들은 폐경이 여성들에게 어려운 시기라는 사회의 고정관념을 쉽게 수용하였고 이 시기의 신체적 문제나 심리적 동요를 폐경에 귀인하였다(Leiblum, 1990). 그러나 대부분의 여성들은 폐경이 자신의 생활에 별다른 영향을 미치지 않은 것으로 지각하고 성적 관심이나 성생활에도 특별한 변화를 일으키지 않았다고 보고하였다(Unger & Crawford, 1992).

폐경 경험에는 문화적 차이가 있다. 예를 들어 인도의 여성들은 폐경과 관련된 증상을 거의 보고하지 않는데 그 이유는 폐경이 인도 여성들에게는 사회적 보상을 가져다주기 때문이다. 그들에게 폐경은 생리와 관련된 사회적 금기에서 벗어나 베일을 벗고 남성과 동등한 사회적 역할을 수행할 수 있음을 의미한다. 또한 나이가 드는 것을 존중하는 사회에서도 폐경과 관련된 문제는 거의 없다(Koster & Davidsen, 1993). 나이든 여성을 가치 있게 여기고 나이가 많아지는 것을 지혜가 증가하는 것으로 바라보는 사회는 여성의 가치를 젊음과 외모에 두는 문화권과는 폐경기 여성에게 다른 영향을 미칠 것이다.

여성과 달리 남성은 폐경과 같은 외적 표지가 없기 때문에 변화에 적응하는 데 더 어려움을 겪을 수 있다. 테스토스테론이나 정자의 수는 감소되어도 생식능력은 여전히 있기 때문에 심리적 증상이 나타난다 해도 여성처럼 그 원인을 생리적인 것에 돌리기도 쉽지 않다. 남성들 중에는 드물지만 테스토스테론 수준이 감소되어 갈 때 여성이 폐경 시에 경험하는 순간열, 추위, 예민함, 빠른 심장 박동의 증상을 보고하는 사람들도 있다(Ebersole & Hess, 1998). 남성들 역시 이 시기에 우울증, 성적무력감, 발기 불능 등의 심리적, 신체적 문제를 호소하는 경우가 많은데 이는 호르몬의 변화에 의해서라기보다는 중년기의 문제들, 즉 노화과정, 부모의 사망, 결혼생활의 갈등, 직업에서 오는 스트레스 등과 더 관련되는 것으로 보인다.

3. 인지능력의 발달

1) 성인 사고의 발달적 진전: 후형식적 사고

피아제는 그의 인지 발달 단계에서 청년기의 형식조작적 사고는 성인기 이후에도 계속되는 사고의 특징이라고 보았다. 그러나 성인들이 일상생활에서 부딪히는 다양한 문제들을 해결해야 할 때 형식조작적 사고로만 접근할 수 있는가? 연구자들은 Piaget의 형식조작적 사고는 논리적이고 가설 연역적인 방법을 통해 한 가지의 해결책에 도달하는 것을 강조할 뿐 실제로 성인들이 새로운 문제들을 찾아내고 한 가지 답이 아닌 여러 가능한 해결책들을 수용해가는 과정을 설명하지 못한다고 보았다(Basseches, 1984; Cavanaugh et al., 1985; Labouvie-Vief, 1980; Sinnott, 1984).

또한 성인들은 문제해결과정에서도 형식조작 사고의 이상적이고 현실제약을 받지 않은 사고를 하는 것이 아니라 현실적인 제한 아래서 사고를 진전시켜 간다. 이러한 점을 고려해 볼 때 성인기 인지 발달은 형식조작 사고를 넘어서는 후형식적 사고(postformal thought)의 특성을 갖는다고 볼 수 있다. 후형식적 사고에서는 올바른 해답은 상황에 따라 달라질 수 있고 해결과정은 현실을 바탕으로 이루어지는 것이므로 이 과정에서 모순은 예외적이기보다는 불가피한 것으로 받아들인다. 성인기 인지 발달 이론가들은 이렇듯 성인기에는 일상생활에서 부딪히는 문제 해결을 위한 사고의 발달과정이 중요하다는 인식을 하고 여러 관점에서 이를 설명하고 있다.

(1) Perry의 성인기 사고의 발달

Perry(1970)는 청년기의 사고 발달 과정에 대한 연구를 통해 청년기 이후까지의 인지적 변화 과정을 제시하였다. 그에 의하면 청년기 초기에는 옳고 그름이 흑백논리에 의해 좌우되는 이분법적 사고를 주로 하는데 이때 청년의 판단에 영향을 주는 원천은 권위 있는 전문가의 견해에서 나온 것이다. 그러나 인지 발달과 더불어 인지적 융통성이 증가되어 가면서 상대주의를 채택하게 되어 한 가지 입장에만 얽매이는 것에서는 벗어나게 된다. 그러나 상대주의 입장으로 볼 때 모든 것이 나름대로 옳다면 진정한 진리는 무엇인지, 지식이라는 것을 계속 탐구할 필요가 있는지에 의문을 갖는 회의주의로 갈 수 있다. 그러나 지속적인 인지적 성숙이 이루어지면서 회의주의를 넘어서 특정한 견해에 대한 전념(committment)으로 발전해 가게 된다. 즉, 여러 대안들 중 자신이 옳다고 믿는 한 가지 견해를 선택하여 전념하며, 이때의 결정은 자기 자신이 권위의 원천이 된다. 동시에 다른 사람의 견해도 자신과 마찬가지로 한 가지 견해에 전념하기로 선택한 것임을 인정하고 수용해 줄 수 있다. 즉, 성숙한 사고자는 하나의 문제에 대해 여러 관점이 있을 수 있음을 이해하고, 그중 한 가지를 선택하나 여전히 다른 사람의 선택도 나름대로 옳은 것임을 받아들인다. 이러한 사고는 형식 조작 사고와는 다른 것이다.

(2) Riegel의 변증법적 사고

Riegel(1973)은 성인기 사고의 특징은 변증법적 추론(dialectical reasoning)이라는 보다 성숙한 사고양식의 획득에 있다고 보았다. 변증법적 추론은 정, 반, 합의 단계를 거쳐 이루어지는 사고의 전개과정으로 문제와 그 해결과정에 내포되어 있는 모순과 불완전성을 인식하고 갈등과 변화를 통해 문제 해결을 해 나가는 것이다. 따라서 성인기 인지 발달은 피아제가 주장하듯 인지적 평형 상태에 도달하는 것이 아니라 갈등과 위기 혹은 모순과 그것의 계속된 해결에 의해 설명될 수 있다고 보았다. Basseches(1984)도 변증법적 사고가 성인의 유일한 추론형태라고 가정하고 성인기 인지적 성장은 변증법적 도식의 형태를 취한다고 주장하였다. 그에 의하면 변증법적 도식 중 어떤 것은 사고자의 관심을 관계나 상호작용으로 이끌고 어떤 것은 변화와 움직임에, 또 어떤 것은 형태나 패턴을 처리하는 데 이용된다. 따라서 변증법적 도식은 성인들이 사회체계나 정치체계, 대인관계에 대해 추론할 때 특히 유용하게 사용될 수 있다.

(3) Arlin의 문제 발견적 사고

Arlin(1975)은 형식조작기 다음에 문제 발견기라는 제5단계가 있다고 주장하였다. Piaget의 형식조작 사고는 문제해결에 중점을 둔 데 반해 성인기는 문제발견이 주가 되는 근본적 차이가 있다고 주장한다. 문제발견은 발생할 수 있는 문제를 식별해 내고 형식조작 사고를 문제해결 상황에 적절히 적용할 수 있는 능력이다. 성인들은 문제해결을 위해 다양한 정보들을 수렴하기도 하지만 문제발견을 위해서는 확산적이고 독창적인 사고가 요구된다. 예를 들어, 자녀가 학교에 적응하는 것에 어려움을 보일 때 전학을 시킬 것인지 현 상태에서 해결방법을 찾아야 할지 결정해야 할 경우 두 가지 대안 중 하나를 선택했을 때 발생할 수 있는 문제를 철저히 탐색하고 통합하여 결론에 도달할 수 있는 것이 문제해결과정의 핵심이다. 여기에서 발생 가능한 문제들을 미리 식별해내고 해결책을 문제 상황에 적용하는 것은 형식조작 사고와는 별개의 능력이라 할 수 있다.

(4) Labouvie-Vief의 실용적 사고

Labouvie-Vief(1986)는 성인기 사고는 청년기 때와는 질적으로 달라지는데 청년기의 사고가 논리적이고 가설 중심적이라면 성인기는 현실에 대한 실제적인 적용과 적응방략을 탐색하는 실용적인 문제해결 사고가 필요한 시기라고 하였다. 각 개인이 몸담고 있는 복잡한 생태적 맥락 내에서 부딪히는 문제들은 단순히 논리에만 근거한 사고로 해결할 수 있기보다는 많은 변인들을 동시에 고려하고 모순을 인식하고 개인의 경험을 통합한 주관적인 문제 해결 방식이 요구되는 경우가 더 많다. 이러한 사고는 보다 융통성이 있어 흑백논리에 의해 옳고 그름을 선택하기보다는 다양한 대안들과 문제해결방식을 고려할 수 있게 한다. Labouvie-Vief는 이를 변증법적 지혜라 명명하고 이러한 지혜는 연령증가와 경험의 축적에 의해 발달할 수 있는 능력이라고 보았다.

(5) Schaie의 성인기 인지 발달 단계

Schaie(1978)는 Piaget의 이론은 지식습득과정을 설명하는 이론이므로 지식획득이 완성되는 청년기까지의 인지 발달 밖에 설명할 수 없다고 보았다. 성인기는 습득한 지식을 실생활에 적용하는 단계이므로 이때의 인지적 발달은 지식사용능력이 중심이 된다고 보았다. 그는 이러한 점에서 성인기 인지 발달을 5단계로 구분하였다.

1단계인 아동기와 청년기는 지식 획득 단계이다. 이때의 지식은 그것이 앞으로 사용될 것인지와는 무관하게 습득 그 자체가 목적이 된다. 2단계인 성인 전기는 성취 단계로 이 단계에서는 이제 지식을 그 자체를 위해서는 습득하지 않고 스스로 설정한 인생의 목표에 적합한 과업과 연결시킨다. 지식은 직업, 가족, 사회에 기여하는 것에 대해 장기적인 목표를 획득하기 위해 적용된다. 3단계인 중년기는 책임감과 실행 단계이다. 책임 단계에 있는 중년들의 주된 관심사는 가족에 대한 책임, 직업인과 지역사회의 일원으로서의 책임을 갖고 과업에 관여하며 의사결정을 하는 것이다. 이 단계에서 어떤 중년들은 4단계인 실행 단계로 들어가 자신의 삶에만 중점을 두는 것이 아니라 사회의 제도를 유지하고 육성시키는 데 관심을 기울인다. 이들은 지역사회, 종교적 모임, 자선 단체, 조합체 등 조직에 관여하여 책임을 맡고 문제해결 시에도 여러 측면을 고려하고 통합하여 결정을 내린다. 5단계인 노년기는 재통합 단계이다. 노년기는 사회적 참여와 책임으로부터 어느 정도 벗어나고 생물학적 변화로 인지기능에 제약을 받기 때문에 자신이 노력과 관심을 기울일 과업에 대해 보다 선택적이게 된다. 따라서 자신에게 의미가 없는 일에 시간을 낭비하지 않고 필요성에 의해 선택하는 재통합능력을 획득하게 된다.

2) 지능의 변화

종래에 지능은 20대 중반에 절정을 이루다 30대 이후부터 서서히 감소되는 것으로 여겨져 왔다. 그러나 최근에는 성인기 이후의 지적 능력 감퇴를 이전과 같이 필연적이거나 보편적인 것으로 여기지는 않는다. 이러한 변화는 지능연구의 접근방법과 지능유형의 구분에서 찾아볼 수 있다. 성인기 지능감퇴를 제시하는 대부분의 연구들은 횡단연구에서 나온 것이다. 횡단연구는 출생동시집단효과가 개입되므로 나이든 사람들은 젊은 사람에 비해 대부분 교육을 덜 받았고 검사 상황에 익숙하지 않으며 또 건강 상태도 상대적으로 좋지 않다. 이 결과 횡단연구는 나이든 사람들의 지능을 과소평가할 수 있다. 종단연구를 통해 Schaie(1996)는 대부분의 지적 능력들은 비교적 안정되어 60세 이전까지는 큰 감퇴의 증후를 나타내지 않고 심지어는 꾸준히 증가하는 경우도 있음을 보고하였다. 그러나 종단연구는 피험자들이 반복되어 같은 검사에 노출됨으로써 연습효과가 나타날 수 있고 우수하고 동기가 높은 건강한 사람들이 지속적으로 연구에 참여하므로 성인기 지능이 과대평가될 가능성이 있다. Schaie(1994)는 횡단연구와 종단연구의 결점을 보완한 계열적 접근법(cross-sequential study)을 사용하여 지능변화는 다차원적이라 지능의 유형에 따라 감소되는 것도 있고 비교적 일정하게 지속되거나 증가하는 경우도 있음을 제시하였다. 따라서 성인기 지능은 지적 수행의 무엇을 측정하느냐에 따라 달라지는 것으로 보인다.

(1) 결정성 지능과 유동성 지능

지능은 유동성 지능(fluid intelligence)과 결정성 지능(crystallized intelligence)으로 구분할 수 있다. 유동성 지능은 뇌신경의 성숙과 관련되어 발달하고 뇌세포 손상과 쇠퇴에 의해 감퇴되는 능력이다. 정보처리속도 · 유연성 · 새로운 상황에 대한 적응력과 관련되며 도형관계 · 귀납 · 일반추론 능력으로 측정된다. 결정성 지능은 후천적 경험 · 학습 · 문화적 영향에 의해 습득되는 지능으로 언어 이해력 · 논리적 의미추론 · 판단력 · 경험적 평가능력 등이 이에 속한다(Horn, 1982). 결정성 지능은 후천적으로 학습된 능력이므로 반복과 연습에 의해 상당 기간 동안 개선 가능성이 있는 능력이다. 따라서 성인 초기에는 유동성 지능에서 유리하다면 결정화된 지능은 나이 들수록 높아질 가능성이 있다.

Baltes 등(1999)은 성인기 지능은 생물학적, 사회문화적, 심리적, 생애 주기 요인들의 역동적 상호작용에 의해 영향받으며 지능을 기계적(mechanics) 요인과 실용적(pragmatic) 요인으로 구분할 수 있다고 보았다. 기계적 지능은 중추신경계의 조직과 관련되어 나이가 들면서 대뇌 효율성이 떨어짐에 따라 감퇴되는 것이다. 반면에 실용적 지능은 심리적, 문화적 요인과 관련되어 축적된 지식이 많아지면서 지식구조에 변화가 생기는데 이러한 지식구조는 개인이 성장하는 역사적 문화적 맥락의 영향을 받는다고 보았다. 따라서 [그림 14-1]과 같이 생물학적 유전적 요인들에 의한 기계적 지능은 나이가 들면서 감퇴할 수 있으나 환경적 · 문화적 요인에 의한 실용적 지능은 전 생애에 걸쳐 유지되거나 증가할 수 있는 것이다.

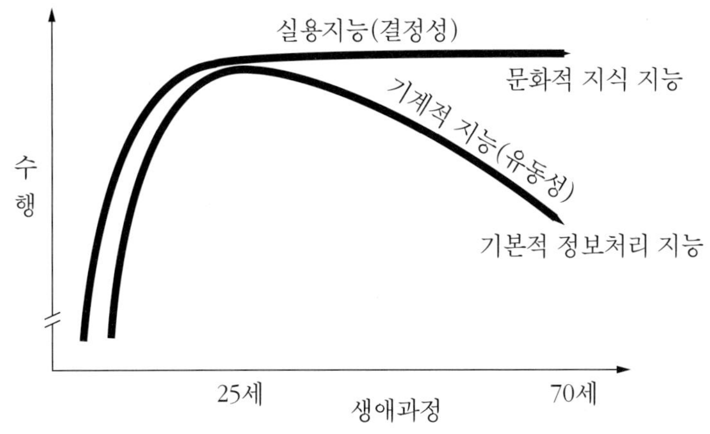

[그림 14-1] 유동성 기계적 지능과 결정성 실용 지능의 연령에 따른 변화

출처: Baltes, et al. (1999). Lifespan Psychology: Theory and application to intellectual functioning. *Annual Review of Psychology, 50.*

(2) 지적 능력 변화에서의 개인차

중년기 이후 지능의 변화에 대한 연구들은 연령에 따른 지능 변화의 양상에 개인차가 크다는 것을 시사하고 있다. 나이가 들면서 지적 능력의 변화에 영향을 주는 요인과 개인차의 원인은 무엇일까? 이러한 요인들로는 교육수준, 생활양식, 성격 및 건강 요인들을 고려할 수 있다.

일반적으로 교육수준이 높은 사람들은 인지적 기능을 유지시키는 생활양식과 직업을 선택하는 경향이 있다. 이 결과 연령에 따른 지적 감퇴가 상대적으로 적게 나타난다. 지적 능력을 계속 요구하는 직업에 종사하는 사람들은 단순직종에 종사하는 사람들에 비해 감퇴가 덜 나타나며 지적으로 자극적인 환경에 살거나 교육 수준이 높고 지적인 배우자와 오랜 결혼생활을 하는 것도 지적 감퇴를 늦추는 요인이 될 수 있다(Schooler et al., 1999). 성격 요인도 지적 변화에서의 개인차를 이해하기 위한 중요한 요소이다. 중년기에 융통성 있는 태도를 가진 사람은 완고한 사람에 비해 지적 능력의 감퇴가 덜 나타나는 경향이 있다(Schaie, 1996; Schooler et al., 1999) 또한 Hayslip(1988)은 사람들이 자기 자신을 어떻게 지각하는지와 지적 능력 수준 간의 관련성을 연구하였는데 자신의 능력에 대해 불안감을 가진 사람일수록 결정성 지능이 높았음을 발견하였다. 이는 성인기 이후의 지적 기능 유지에서 자신의 능력에 대한 통제감의 상실 또는 무가치함에 대한 염려가 지적 능력 추구의 동기로 작용할 수 있음을 의미한다. 나이가 들면서 뇌기능이 감퇴하는 것, 질병에 걸리는 것 등은 지적 기능 저하의 주요 원인이 되므로 건강유지는 특히 중요하다. 심리적으로 우울하거나 불안이 높을 경우 지각속도 감퇴에 영향을 주며(Christiansen et al., 1999) 시각과 청각 예민성은 유동성 지능과도 관련된다는 연구는(Baltes & Lindenberger, 1997) 성인기 지적 능력에 신체적 건강이 중요 요인임을 시사한다.

(3) 지혜의 발달

연령증가와 함께 얻을 수 있는 중요 이점 중의 하나는 지혜(wisdom)라 부르는 실용적 지식을 획득하는 것이다. 그러나 지혜란 무엇이며 어떻게 측정할 것인가에 대해서는 아직 합의가 부족한 실정이다. Baltes와 Staudinger(2000)는 지혜의 함축적 개념은 문화 내에서 널리 공유될 수 있는 것으로 지능 · 정서 · 동기간의 역동적 균형, 높은 수준의 개인적 능력 및 대인관계 능력, 선한 의도를 포함한다고 보았다. 이러한 분석을 바탕으로 그들은 지혜를 삶의 의미와 행위를 다루는 전문적 체계로 개념화하였고 지혜를 측정하기 위한 다섯 가지 규준을 제안하였다.

사실적 지식(factual knowledge)은 누가, 언제, 어디에서, 어떤 문제가 생겼는지에 대한 객관적 지식으로 삶의 문제에 관한 일반적이고 특수한 지식, 문제해결의 깊이와 포괄성에 대한 것이다.

절차적 지식(procedural knowledge)은 상황을 해결할 수 있는 방법을 탐색하고 결정 내리는 데 있어서 각각의 결정에 따른 장 단점, 현재 또는 미래에 초래할 결과, 삶에 대한 해석 및 계획을 고려하는 정도이다.

삶의 맥락에 대한 지식(life-span contextualism)은 의사결정과정에서 과거, 현재, 미래와 다양한 상황(시대, 역사, 문화, 연령, 개인적 요인) 등에 대해 어느 정도 고려하고 이러한 요인들을 어떻게 관련시킬 수 있는지에 대한 것이다.

가치의 상대성(value relativism)은 문화에 따라 또는 개인에 따라 삶에서 우선성을 부여하는 것이 각기 다를 수 있으며 절대적인 가치, 목표, 욕구는 존재하지 않는다는 사실을 어느 정도 고려할 수 있는지, 이에 따른 개인의 선택을 존중하는 정도에 관한 것이다.

불확실성에 대한 인식(awareness and management of uncertainty)은 어떤 문제든 완벽한 해결책은 없으므로 과거와 현재를 다룰 때 또한 미래를 예측할 때 완전한 해결 방법은 없다는 것을 어느 정도 헤아릴 수 있는지를 측정하는 것이다.

Baltes와 Staudinger(2000)는 "15세 소녀가 당장 결혼하기 원한다. 그 소녀는 어떤 점들을 고려해야 하고 어떻게 해야 하는가?"와 같은 가상적인 갈등 상황을 제시하고 여러 연령의 성인들에게 문제해결책을 찾게 하여 그 반응을 비교하였다. 여기에서 낮은 점수가 주어진 답변의 예는 "15세 소녀가 결혼을 한다고? 말도 안 된다. 15세에 결혼한다는 것은 잘못된 것이므로 소녀에게 결혼은 불가능하다는 것을 말해 주어야 한다. 소녀의 생각을 지지해 주는 것은 무책임하고 정신나간 짓이다."와 같은 경우이다. 높은 점수가 주어진 답변은 일반적으로 15세 소녀가 결혼한다는 것은 그리 좋은 일은 아니지만 일반적인 상황이 적용되지 않는 경우도 있다. 이 소녀는 아마도 불치병을 앓고 있거나 부모를 잃었을 수 있다. 또는 문화가 다른 곳에 살아서 우리와는 다른 가치관을 갖고 자랐을지도 모른다. 우리는 소녀와 적절한 방식으로 이야기해 보아야 하고 그녀의 정서적 상태도 고려해야 할 것이다."와 같은 경우이다.

이 결과, 일반적인 고정관념과는 반대로 연령과 지혜로운 답변간의 관련성은 발견되지 않았다. 그보다는 모든 연령에게서 지혜로운 답이 나왔고 지혜를 발휘하는 데 중요한 요인은 일반적인 삶의 경험뿐 아니라 제시된 문제를 다루어 본 경험이 있는지와 관련되었다. 지혜로울 수 있게 되는 요인들은 인지양식(문제에 대한 평가, 기존 규칙을 넘어선 사고, 모호성에 대한 인내)과 창의성, 갈등적인 문제를 다루어 본 경험이 많은 경우, 교육이나 리더십 경험과 같이 지혜를 촉진하는 다양한 경험을 쌓는 것 등이 영향을 주는 것으로 보인다. 따라서 이러한 특성들을 갖출 만큼 성숙하기 위해서는 어느 정도의 시간도 필요하다. 정서와 인지의 통합이 지혜롭게 행동하는 데 중요한 요인이고 생산성과 통합이라는 개인적 성향이 지혜를 촉진시킨다면(Labouvie-Vief, 1990) 단지 나이 드는 것이 지혜롭게 된다는 것을 보증해 주지는 못한다 하더라도 나이는 지혜를 발달시킬 수 있는 데 중요한 요건이 될 수 있다.

4. 성격 및 사회성 발달

1) 성격 발달

(1) Erikson의 성인기 발달과업

에릭슨은 성인전기의 과업과 극복해야 할 위기는 친밀감 대 고립감이라고 하였다. 친밀감은 자신의 정체성과 타인의 정체감을 융합시키는 능력으로 타인을 이해하고 수용하며, 상호간의 차이점과 갈등을 극복하는 과정을 통해 획득된다. 이 시기의 친밀감은 주로 배우자와의 관계를 통해 형성되나 우정관계에서도 강한 친밀감이 형성될 수 있다. 청년기 정체감 형성은 친밀감 형성의 기초가 되므로 정체감 확립을 하지 못한 사람은 자의식이 강하고 타인에게 관심과 배려를 보이기가 어렵다. 따라서 대인관계는 미성숙하고 피상적이며 방어적이라 결국은 고립되고 자기몰두에 빠지게 된다.

중년기에는 생성감(generativity) 대 침체감의 위기를 경험하는 시기이다. 생성감이란 다음 세대를 돌보고 이끌어 감으로써 자신의 존재가치를 확장하고자 하는 것이다. 생성감은 자녀출산, 직업, 친사회적 활동을 통해 자신의 기술과 능력을 전수하여 다음 세대의 존속과 유지에 헌신하는 것이다. 생성감의 확립에 실패하면 침체감에 빠져든다. 침체성에 빠진 사람들은 자신의 집단 속에서 부모 또는 어른으로서의 역할 수행이 원만하지 못하고 다음 세대를 위해 자신이 할 일이 아무것도 없다고 느끼며 불평불만을 일삼고 매사에 비판적인 사람이 된다.

Erikson이 주장하듯 중년기가 생산성을 발휘하는 가장 주된 시기인지를 경험적으로 입증하려는 연구가 이루어져 왔다. McAdams(1995)는 생성감에 대한 다차원적 모델을 제시하여 개인의 내적 욕구(상징적 불멸성, 필요한 존재가 되고 싶은 욕구)와 문화적 요구가 상호작용하여 다음 세대를 위한 생산적 관심을 일으킨다고 보았다. 생성감에 대한 관심은 인간이 다음 세대를 위해 이루어 온 것들이 유용하고 올바르다는 신념형성을 갖게 하고 이와 같은 신념은 생산적 행동을 일으키는 데 영향을 주는 것이다.

생성감은 모든 연령에서 나타날 수 있으나 특히 중년기에 더 보편적인 것으로 보인다. 중년기 성인들은 자녀를 대학에 보내기 위해 저축하는 것과 같은 생산적 전념을 할 상황이 더 많을 수 있다. Peterson과 Klohnen(1995)은 중년기 여성을 대상으로 한 연구에서 생성감이 높게 나타난 여성은 친사회적 성격 특성을 가지고 있었고 부모 역할에 전념하며 직업에서도 생산적 태도를 표명하고 가족 이외의 타인에 대해서도 관심을 가지며 배우자 역할도 잘하고 있음을 발견하였다. 이러한 결과들은 생성감을 중년기의 주된 과업으로 보는 에릭슨의 견해를 지지하지만 그가 제시한 것보다는 좀더 복합적인 요인이 작용하는 것으로 보인다.

(2) Levinson의 인생주기 모형

Levinson 등(1978)은 35세에서 45세 사이의 남성 40명을 대상으로 심층면접을 하고 이에 대한 자료와 유명인의 자서전이나 문학 작품의 주인공에 대한 분석을 통해 성인기 남성의 인생의 주기 모형을 제시하였다. 그가 제시한 각 단계는 생애구조(life structure)의 변화를 바탕으로 구분된다. 생애 구조는 특정 시기에 개인의 생에 내재된 양식이나 설계로서 "지금 내 삶의 모습은 어떠한가?" 라는 의문에 스스로 제시하는 대답을 의미한다. 생애 구조의 중심 요소에는 직업, 결혼, 가족관계, 우정, 종교 등이 포함되며 이것을 통해 개인과 환경과의 관계가 형성되고 개인이 어떤 선택을 하느냐에 따라 생애 구조는 변화하게 된다.

Levinson은 생애 주기를 아동기 및 청년기(0~17세), 성인 전기(17~40세), 중년기(40~60세), 노년기(60세 이후)라는 네 개의 시대(era)로 구분하였다. 〔그림 14-2〕에 제시되어 있듯이 각 시대는 약 20년으로 이루어지며 각 시대 내에 짧은 전환기가 포함되어 있고, 시대와 시대 사이에 세 개의 전환기, 성년기 전환기, 중년기 전환기, 노년기 전환기를 설정하였다. 각 전환기 동안 남성들은 자신이 지나온 발달 단계를 통해 세운 구조를 재평가하고 앞으로 다가오는 생애를 재구성하게 된다. 따라서 성인들은 성인기 절반을 전환기로 보내게 되는데 이는 생의 과정에서 위기와 동요의 시기가 많은 부분을 차지하고 있음을 말해 주는 것이다.

[그림 14-2] Levinson의 인생주기 모형

출처: 정옥분(2000). 성인발달의 이해. 학지사 재인용.

성년 전환기(17~22세)　성년 전환기는 부모로부터 경제적으로나 정서적으로 독립하여 성인으로서의 삶을 준비하기 위해 새로운 가능성들을 탐색하는 시기이다.

성년기로의 진입(22~28세)　이 단계에서 결혼과 직업 선택 등을 통해 성인기의 초보적인 인생구조를 구성한다. 이 시기 인생구조의 가장 중요한 특징은 꿈과 스승이다. 꿈은 흔히 직업으로 표현되어 과업에 몰입하고 성인발달을 활성화시키는 성년기의 삶의 지표이다. 남성들은 이 시기 동안 스승과의 만남을 통해 큰 영향을 받는데 스승은 직업뿐 아니라 인생을 살아가는 모든 과정에서 지혜와 도덕적 자원과 실제적 도움을 준다.

30대 전환기(28~33세)　이 시기에 남성들은 자신의 지난 10여 년간의 삶을 되돌아보고 자신의 선택과 관여해 온 과업들이 옳았는지를 평가하면서 가벼운 위기를 경험하게 된다. 이 위기를 잘 넘기면 보다 만족스런 인생의 구조를 마련하는 기회가 되지만 위기가 심하면 전직이나 이혼 등의 문제들이 나타나기도 한다.

성년 절정기(33~40세) 30대 전환기를 통해 성년기의 안정된 생애구조가 확립되면 가족, 직업 및 사회에서 자신의 삶의 양식을 확립하는 일에 몰두한다. 이러한 과정은 "자기 자신이 되기(Becoming One's Own Man; BOOM)"라는 시기로서 이전의 시기에 지녔던 실현 불가능한 꿈을 정리하고 자신에게 힘을 행사하는 사람들을 멀리하여 자기 자신의 목소리로 말하고 싶어하는데 이 과정에서 스승을 마음으로부터 버리게 된다.

중년 전환기(40~45세) 이 시기는 많은 남성들에게 의문의 시기이다. 불안과 정서적 풍요를 경험하며 삶의 유한성을 인식하면서 자신이 이루어 온 것, 삶의 가치에 대한 재평가를 시도한다. 미래보다는 현재에 중점을 두게 되며 또한 내면의 상반되는 성향들, 즉 애착과 분리, 젊음과 노화, 여성성과 남성성의 특성들을 통합해가야 한다. 동요가 많은 시기로서 다음 단계를 얼마나 성공적으로 이끄느냐는 이 시기의 위기를 어떻게 다루느냐에 달려 있다. 노화를 수용하고 받아들이는 사람은 40대의 나머지를 생산적이고 만족스럽게 보낼 수 있다. 이러한 위기에 잘 대처하지 못하는 사람은 정체되거나 퇴보하여 자신의 자리를 찾지 못한 채 50대로 들어간다.

중년기 진입(45~50세) 40대 중반에 남성들은 나머지 삶 동안 지속될 새로운 인생구조를 설계한다. 새로운 직장을 선택하거나 현재의 일에서 과업수행방식을 재조정하거나 가족관계를 재정립하기도 한다. 이때 성공적인 사람들은 이 시기를 인생에서 가장 충만하고 창조적이며 결실을 거둘 수 있는 시기로 인식한다.

50대 전환기(50~55세) 중년기 내에서 위기를 경험하며 인생의 구조를 다시 재조정할 수 있는 시기이다. 중년 전환기의 위기와 갈등을 경험하고 진입단계에서 인생구조를 확고히 했으면 비교적 무난히 넘어가나 중년 전환기 때 갈등 없이 지나갔던 경우 특히 힘든 시기가 될 수 있다.

중년 절정기(55~60세) 중년기를 마무리하는 단계이며 중년기의 인생구조를 확립한 사람들에게 이 시기는 삶의 위대한 완성의 시기이다.

Levinson에 의하면 성년기 동안 여성도 남성과 같은 인생구조를 형성하게 되지만 남성보다 갈등이 많고 덜 안정된 구조를 보인다. 남성의 꿈이 직업적 성취에 주로 초점이 맞추어져 있다면 여성의 꿈은 직업과 가정을 병행하는 것이다.

특히 여성은 30대 전환기에 중요한 변화가 일어나 직업과 가정의 우선순위를 역전시키거나 이전에 방치했던 자신의 꿈에 관심을 기울인다. 또한 일과 결혼을 병행해 온 여성이 그렇지 않은 여성보다 40세경에 보다 만족스러운 성년기 인생구조를 형성하고 있었다.

(3) Vaillant의 성인기 적응 이론

Vaillant(1977)는 1938년에 하버드 대학생 268명을 대상으로 그중 95명을 50대까지 추적한 종단연구를 실시하였다. 이 연구의 목적은 각 개인의 성숙과정, 자아발달, 개인의 독특한 적응양식을 알아보는 것이었고 에릭슨이 제시한 성인기의 과업이 각각의 발달 단계에서 해결해야 할 중요한 과업인지를 확인하기 위한 것이었다.

연구 결과 Vaillant는 성공적인 삶에 가장 중요한 요인은 각 개인의 삶에 의미 있는 타인과의 지속적인 관계임을 확인하였다. 또한 삶에서 부딪히는 문제들에 적응하기 위해 사용하는 적응기제를 식별했는데 이러한 적응기제는 성숙기제, 신경증적 기제, 미성숙 기제, 정신병적 기제라는 네 가지 유형의 방어기제로 나누어진다. 성숙기제는 동일시, 주지화, 승화, 유머를 사용하여 문제에 대처해 나가는 것이고 신경증 기제는 억압, 전이, 반동형성과 같은 방어기제로 불안을 억압하거나 비합리적으로 표현하는 것이다. 미성숙 기제는 투사, 우울과 같이 정신적 어려움을 신체 질환으로 나타내며, 부정, 왜곡 등의 방어기제를 사용해 현실을 왜곡하거나 도피하는 것은 정신병적 기제라고 할 수 있다.

성인전기는 경력 강화(career consolidation)로 특징지을 수 있는 단계이다. 경력강화는 30세경에 시작되는데 특히 남성들은 부모로부터 독립하고 가정을 가지는 동시에 자신의 일에 집중하게 된다. 직업경력을 강화하는 데 몰두하는 경력강화 단계는 에릭슨의 친밀감의 단계 다음에 온다. 직업에 대한 관심은 친밀감에 대한 관심을 대체하는 것이므로 다음 단계인 생산성 단계 사이의 교량역할을 하게 된다.

Vaillant 연구의 피험자들은 35세에서 49세 사이의 중년기를 일반적 통념과는 달리 위기의 시기이기보다 인생의 가장 평온하고 행복한 시기라고 보았다. 45~55세경에는 오랫동안 억압되어 온 감정을 처리할 만큼 성숙해지고 자신을 재평가하고, 인간관계를 재정립하는 전환기가 된다. 이러한 의미에서 Vaillant는 생의 의미 유지를 중년기의 가장 큰 과업으로 보았다.

(4) Erikson, Levinson, Vaillant 연구의 평가

위의 세 가지 이론은 발달에는 내재된 기초안이 있으며 성인기 발달 역시 연령에 따른 사회적 · 정서적 변화가 있다고 본다. 그러나 성인기 발달의 보편성이라는 개념은 몇 가지 문제점이 있다. 첫째, 생의 후반기로 갈수록 연령보다는 개인의 독특한 경험이 발달에 더 많이 작용할 수 있으며 이러한 개인적 요인들이 성인기 이후 개인차의 주원인이 된다. 둘째, Levinson이나 Vaillant 연구의 대상은 백인 중상류 계층의 남성들이므로 이들의 연구 결과를 일반적인 남성들에 일반화시키기에는 문제가 있다. 이들의 발달은 전형적이라기보다 특별한 사람들에게 한정된 것일 수 있기 때문이다. 셋째, 최근의 연구 결과들은 중년기 위기의 보편성을 지지하지 않으며 위기 경험 여부는 연령보다는 특정 사건에 대한 반응에서 더 많이 나타날 수 있다고 본다. 중년전환기의 시기 자체가 위기로 인식된다기보다는 개인의 특수한 생활환경과 개인이 그 환경을 어떻게 다루느냐에 따라 달라질 수 있는 것이다.

(5) 중년기 위기: 실제인가 신화인가?

Erikson, Levinson, Vaillant가 제시한 성인기 단계이론에 따르면 중년기에 대부분의 사람들은 강한 심리적 혼란을 느끼면서 위기를 경험한다고 본다. Jacque(1967)와 Jung(1966) 같은 정신분석학자들도 중년기에 내부지향적이 되고 죽음에 대한 인식을 하면서 자신의 인생목표에 의문을 가지고 중심을 잃게 될 수 있다고 하였다. 그러나 최근의 연구들은 중년기 위기의 보편성을 지지하지 않는다(Wethington, Cooper, & Holmes, 1997). 오히려 대부분의 사람들은 중년기를 비교적 안정되게 넘어가고 일부 문화권에서는 중년기라는 개념조차 없다. Baruch(1994)는 35~55세 여성들을 대상으로 한 연구에서 20대 여성이 중년기 여성보다 삶에 대해 더 불확실해하고 만족하지 못한다고 보고하였다. 중년기 여성은 출산, 폐경과 같은 삶의 예측 가능한 사건보다는 이혼, 전직과 같은 예측 불가능한 사건이 심리적 위기를 더 일으킨다고 보았다. 또한 대부분의 중년기 남성들은 자신의 직업에 만족했으며 남녀 모두 중년기에 보다 자기 확신적이고, 통찰력 있고 내관적이고 개방적이며 삶의 스트레스를 더 잘 다룰 수 있게 되었다고 보고하였다(Hann et al., 1986).

McCrae와 Costa(1990)는 레빈슨의 중년기 위기를 검증하기 위해 성인기의 성격에 대한 방대한 연구를 한 결과 중년기에 성격의 모든 차원에서 안정성을 발견하였다. 그들은 중년기의 위기가 이토록 광범위하게 받아들여지게 된 것은 매스미디어의 역할이라고 보았다. 매스미디어가 중년기 위기를 사람들의 관심을 끌 수 있는 흥미 있는 주제로 삼음으로써 보편적인 것으로 받아들여지게 하였다는 것이다.

중년기를 바라보는 가장 적절한 방식은 이 시기를 획득과 상실의 시기로 보는 것이다(Lachman et al., 1994). 중년기에는 개인의 능력, 스트레스를 다루는 기술, 개인적 통제감, 생의 목적, 사회적 책임감 등은 모두 절정에 있는 반면 신체 능력과 여성의 출산 능력 감소 등은 감퇴가 이루어지는 시기이다. 획득과 상실로 보는 관점은 변화에는 긍정적인 것과 부정적인 것이 동시에 포함되어 있음을 의미하고 변화가 일어나는 시기는 고정되어 있다기보다는 성인기 내내 지속될 수 있다는 것이다. 따라서 중년기를 특별한 위기의 시기로 여기기보다는 지난 삶을 재평가하고 삶의 새로운 의미를 획득하는 시기로 보는 것이 더 타당할 것같다.

2) 사회적 발달

(1) 사 랑

① Sternberg의 사랑의 모형

Sternberg(1986)는 사랑을 친밀감(intimacy), 열정(passion), 전념(commitment)의 세 요소로 구성된다고 보았다. 친밀감은 사랑의 정서적 요소로서 누군가와 가까운 느낌, 유대감, 상호애 및 서로에 대한 정서적 지원을 포함한다. 열정은 사랑의 동기적 요소로서 신체적 매력, 성적 욕망을 바탕으로 한 강렬하게 끌리는 느낌으로 표현된다. 전념은 인지적 요소로서 서로를 사랑하는 대상으로 인정하고 이러한 사랑을 장기적으로 지속시키겠다는 결심이라 할 수 있다. 관계가 지속되면서 이 세 요소는 다른 형태로 변화해간다. 친밀감은 시간이 경과되면서 점차 높아지는데 비해 열정은 초기 단계에서 강렬하게 나타났다가 시간경과와 함께 쉽게 사라진다. 친밀감과 열정, 전념의 세 가지 요소가 완벽하게 균형을 이룬 상태가 완전한 사랑이라 할 수 있다. 이러한 사랑의 유형은 하나의 상태가 처음부터 끝까지 지속되는 것이 아니라 시간이 경과하면서 변화해간다. 초기에는 사랑을 느끼지 못했더라도 지속적인 만남을 통해 친밀감이 발전될 수 있고 열정이 생기면서 전념의 단계로 갈 수도 있다. 완전한 사랑도 시간이 지나면서 열정의 요소가 식어 가고 친밀감과 전념만 남게 될 수 있다.

② 애착 양식과 사랑의 관계

영아기에 양육자와의 관계에서 형성한 애착 형태가 성인기에 타인과의 관계를 형성하는 데 영향을 주는가? 연구자들은 영아기의 애착 양식이 성인기까지 지속되어 사랑의 관계에 영향을 준다는 증거를 제시해 왔다(Koski & Shaver, 1997; Shaver, 1994). 즉, 영아기에 안정애착을 경험했는지 아니면 회피 또는 불안-양가애착을 경험했는지에 따라 성인기에 개인이 형성하는 사랑의 유형에 영향을 준다는 것이다.

Shaver(1994)의 연구에 따르면 안정 애착된 사람들은 성인기에도 다른 사람과 관계를 쉽게 맺고 자신이 상대방에게 의존할 때나 상대방이 자신에게 의존할 때 편암함을 느낀다. 다른 사람에게 버림받을까봐 또는 누군가가 너무 가까이 다가올까봐 두려워하지 않으며 타인과의 관계에서 행복감과 신뢰감을 느끼고 지속적으로 성공적인 관계를 유지해간다. 안정 애착된 사람들은 결혼관계에서도 의사소통을 많이 하며 문제해결력도 높다고 보고된다(Kobak & Hazan, 1991). 회피 유형은 다른 사람이 가까이 다가오면 불편함을 느끼고 타인을 전적으로 신뢰하지 못하며 스스로 타인에게 기대기도 어렵다. 관계 자체에도 덜 몰입하여 결국은 이루어지지 않는 비율이 높다. 불안-양가 유형은 상대방이 실제로는 자신을 사랑하지 않을까봐 또는 내 옆에 머무르지 않을까봐 걱정한다. 다른 사람에게 자신과 완전히 융합되기를 원해 이러한 요구가 상대방을 부담스럽게 하여 관계를 멀어지게 한다.

애착 유형은 파트너를 돌보는 행동과도 관련되어 안정 애착 유형은 상대방에 대해 민감하고 배려적인 돌봄을 주는 반면 불안 양가 유형은 강박적이고 참견하며 개입하는 행동으로 나타나기도 한다(Shaver, 1994; Feeney & Noller, 1996). 따라서 유아기 애착 유형과 성인기에 타인과 관계를 맺는 방식에는 연속성이 있는 것으로 보인다. 관계형성에 어려움을 겪는 성인은 문제의 원인을 찾는 과정에서 유아기의 경험을 탐색해 본다면 도움이 될 것이다.

(2) 결 혼

① 배우자 선택

개인은 어떤 과정을 통해 배우자를 선택하게 되는가? 배우자 선택의 과정을 일련의 여과 과정으로 보는 입장들이 있다. Udry(1971)는 미혼남녀가 결혼 상대자를 선택하기까지 여러 개의 여과망을 거친다고 주장하였다. 가장 먼저 거치는 단계는 근접성 여과망으로 모든 결혼 대상자 가운데 지리적으로 근접하여 자주 만날 기회가 있는 사람이 우선적인 대상이 된다. 이 단계를 거치면 매력의 여과망을 통하게 되는데 서로 매력을 느끼고 끌리는 사람에게로 대상이 좁혀지며 사회적 배경의 여과망을 거치면서 교육수준, 종교, 연령 등에서 유사한 배경을 가진 사람으로 범위가 한정된다. 다음으로 일치 여과망을 통해 가치관과 태도가 비슷한 사람을 선택하고 동시에 보완성 여과망에서 서로의 부족한 면을 보완해 줄 수 있는 대상을 찾는다. 마지막으로 학교 졸업, 경제적 독립능력 등과 같이 현실적으로 결혼할 준비가 갖추어지면 결혼에 이르게 되는 것이다.

Janda와 Klenke-Hamel(1980)도 결혼에 이르는 과정은 잠재적인 결혼 대상자들 중 일련의 여과과정을 통해 적절치 않은 대상을 걸러냄으로써 결혼에 이르게 된다고 하였다. 초기의 근접성과 유사성, 상호보완성 및 매력의 여과과정은 Udry의 과정과 유사하고 이러한 단계를 거쳐 두 사람 간의 양립가능성 여과망에 이르른다. 양립가능성을 탐색하는 데 있어서는 동질성(homogamy)의 원리가 작용한다. 동질성의 원리는 배우자 선택시 연령, 인종, 교육, 종교 등의 특성에서 서로 유사한 사람을 선택한다는 것이다. 이러한 유사성은 서로 다른 환경에서 자란 남녀가 공동의 생활을 이끌어 가는 데 안정감을 제공해 줄 수 있다.

결혼 시에 작용하는 또 다른 사회적 규준은 결혼 경사도(marriage gradient)이다. 결혼 경사도는 남자는 배우자 선택시 자신보다 젊고 체구가 작으며 낮은 지위에 있는 여자와 결혼하는 경향이 있고 여자는 나이 많고 체구가 크고 높은 지위에 있는 남자와 결혼하는 경향이 있다는 것이다. 이러한 규준에 의해 여성은 배우자 선택 시에 더 많은 제한을 받고 남성은 선택의 가능성이 보다 많아지게 된다. 특히 교육수준이나 사회경제적 지위가 높은 여성과 사회경제적 지위에서 맨 밑바닥에 놓여 있는 남성들은 배우자 선택의 폭이 좁아져 독신의 가능성이 높아지게 된다(Bernard, 1982).

② 결혼의 동기와 부모 되기

성인전기에 이성과의 친밀한 관계를 맺으려는 욕구는 대부분 결혼이라는 제도를 통해 서로에게 헌신할 것을 약속하는 것으로 표현된다. 결혼의 동기는 다양하지만 대표적인 것으로는 사랑의 실현, 합법적인 성생활, 자녀 출산의 기회, 경제적 정서적 안정, 사회적 기대에 부응하기 위한 것이다. 결혼의 이점은 서로가 보살펴 주고 지지해 주며 일상생활을 편하게 해 주는 동반자적 관계를 형성하는 것이다. 일반적으로 모든 연령에서 결혼한 사람들이 더 건강하며 더 행복해하고 생활만족이 높은 것으로 보고된다(Schone & Weinick, 1998).

성공적인 결혼생활을 위해서 우선은 결혼 당사자들이 신체적, 심리적으로 성숙해야 한다. 대개 10대나 20대 초의 결혼은 성공확률이 낮은데, 이는 에릭슨이 주장한 바와 같이 친밀감의 획득이 정체감을 바탕으로 이루어지는 것이라면 정체감 획득 이전의 결혼은 배우자 선택 시 충분한 고려가 부족하기 때문으로 볼 수 있다. 또한 가치관, 흥미, 목표, 사회경제적 지위, 종교 등에서의 유사성이 성공적 결혼으로 이끌 수 있다는 것은 여러 문화권에서도 공통적으로 나오는 결과이다. 서로의 관계가 동등하다는 느낌을 갖는 것도 성공적 결혼을 위해 중요한 요인이다. 교환이론에 따르면 사람들은 모든 관계에서 이득을 서로 공정하게 주고받길 원한다는 것이다. 따라서 부부 사이에서도 불균형이 심한 교환관계가 이루어질 경우 불만족감을 느낄 수 있다.

두 사람의 관계를 바탕으로 이루어진 결혼생활은 자녀의 출생으로 질적인 변화를 겪게 된다. 부부가 자녀를 갖게 하는 데 영향을 주는 요인은 무엇인가? 심리적 동기로서는 다른 인간과 밀접한 관계를 맺고 자녀가 커 가는 기쁨을 느끼며 자녀가 성취하도록 돕는 과정에 참여하고 싶은 욕구이다. Erikson은 부모가 되려 하는 것은 다음세대를 육성하고 헌신하는 것을 통한 생산성의 가장 직접적인 표현이라 보고 이를 중년기 발달과업으로 보았다. 또한 자녀의 출산은 자기 보존적 요소가 있다. 종족 보존의 본능뿐 아니라 자녀를 통해 자신이 원하는 특정한 목표를 달성하게 하고 노년기에 자신을 돌보아 주거나 가업을 이어 줄 대상으로 기대한다. 결혼하면 아이를 가져야 한다는 강한 사회적 규준도 자녀를 갖게 하는 동기에 영향을 줄 수 있다.

그러나 최근에 출산율은 지속적으로 감소하고 있다. 우리나라의 경우도 1960년에 가구당 평균 자녀수는 6명에서 1970년대는 4명, 2000년대에 들어와서 1.47명으로 급감했다. 이는 피임법의 개발, 과중한 육아비 및 사교육비, 여성의 경제활동 참여율의 지속적인 상승 등이 원인이 될 수 있다. 또한 자녀가 이전과 같이 노년기에 부모를 부양해 주리라는 기대가 더 이상 지속되지 않기 때문일 수 있다. 성인들은 자녀보다는 사회보장제도나 연금이 노년기에 자신을 지원해 줄 수 있는 더 중요한 요인이라고 생각한다.

자녀의 출생이 부부관계에 어떤 영향을 주는가는 주로 결혼 만족도에 대한 연구들을 통해 제시되어 왔다. 자녀의 출생과 결혼 만족도의 관계에 대한 연구들은 부모기로 전환이 이루어지는 시기와 결혼 만족도가 떨어지는 시점이 일치한다는 것이다. 이러한 결과는 특히 여성에게 해당되는 것으로 보인다. 여성의 경우 자녀 출생 후 집안일은 늘어나는데 이의 대부분은 여성의 몫이 된다. 가정 내의 역할 분담은 자녀 없는 맞벌이 부부의 경우라도 여성의 몫이 더 많으며 자녀 출산 후에는 여성의 일은 더 극적으로 증가하게 된다. 남성이 집안일을 도와준다 해도 남편의 일은 집안 정리, 집수리와 같이 스케줄을 쉽게 조정할 수 있는 일인 반면 여성은 아이돌보기나 식사준비와 같이 시간에 쫓기는 일인 경우가 많아 더 많은 불안과 스트레스를 경험한다(Barnett & Shen, 1997).

또한 아기를 낳기 전 부부는 서로에게 관심을 집중하고 여러 활동에 같이 참여하며 서로의 욕구에 반응해 줄 수 있었으나 부모가 되고부터는 둘이 함께 보내는 시간이 극적으로 감소하게 된다. 부모 됨에 적응하기 위한 가장 중요한 요인은 부부 상호작용의 질과 일의 분담을 협상해 나가는 과정에 있다고 볼 수 있다. 어느 한 배우자라도 부모 역할에 적극적이지 않거나 서로에게 지지적이지 않으면 부부관계는 악화될 수 있다. 적절한 대응전략을 가지고 대처해 가는 부부들은 스트레스와 우울증의 수준이 낮았고 서로에 대한 만족감도 높았다(Terry, Mayocchi, & Hynes, 1996).

③ 결혼 만족도

결혼에 대한 만족도는 가족 생활주기에 따라 달라지지만 일반적으로 U자형 곡선을 그리는 것으로 알려져 왔다(Miller et al., 1997). 즉, 결혼초기에는 만족도가 높고 자녀 양육기에는 만족도가 낮아지다 자녀 독립 이후 다시 높아진다는 것이다. 특히 자녀가 어릴 때는 부모역할의 과중함, 십대자녀와의 관계, 중년기의 정체감 문제 등이 부정적 영향을 주는 것으로 보인다. 많은 경우 자녀가 집을 떠난 후 만족도는 다시 증가하지만 계속해서 갈등상태로 지내는 부부도 있고 실제 중년기 이후 이혼으로 이어지는 경우도 증가하고 있다.

일반적으로 성인 초기부터 행복한 결혼 생활을 한 부부들이 이후에도 지속적으로 성공적 결혼생활을 이끌어 간다. 행복한 부부들은 원래 유사한 특성을 지니고 있었고 살아가면서 서로에게 지적, 사회적 자극을 제공함으로써 더 유사해진다. 이들은 실패하는 부부들보다 자신감이 더 많고 성숙하며 타인을 돌보는 능력을 지니고 있다.

결혼 만족도는 서로에게 의존한 정도에 따라서 달라질 수 있다. 의존성이 상호적이고 동등하게 이루어져 왔을 때 성공적 결혼생활의 가능성이 높아진다. 그러나 어느 한쪽의 배우자가 일방적 도움만을 주는 경우에 결혼생활은 스트레스와 갈등이 높아지는 것으로 보인다. 또한 어느 한 배우자에게 변화가 일어나 의존성의 균형이 한쪽 배우자에게 치우쳐 있을 때 이러한 변화를 어떻게 다루느냐가 성공여부의 요인이 될 수도 있다. 중년기에는 결혼 만족도에 대한 지각이 부부간에 차이가 있다. 남성은 대개 80%가 중년기 이후 결혼생활을 긍정적으로 평가하는 반면 여성은 40%만이 같은 반응을 보인다. 아내는 남편이 너무 의존적이라고 불평하는데 아내의 경우 주된 의존상대는 친구나 자녀가 되지만 남편은 나이가 들면서 배우자를 더 중시하는 경향이 있다(Turner, 1982). 부부관계의 질은 그들이 가진 취약성과 자원 내에서 스트레스로 지각되는 사건을 다루는 부부의 능력에 달려 있다고 볼 수 있다. 부부가 스트레스 상황에 적응하는 능력이 점차 좋아짐에 따라 결혼의 질 역시 향상되어 갈 수 있다.

(3) 이혼 및 재혼

결혼 만족도가 계속 떨어지고 회복되지 않을 경우 이혼으로 갈 가능성이 높아진다. 오늘날 이혼율은 점차 높아져 우리나라의 경우도 2001년 현재 1970년에 비해 10배 이상 높아져 세 쌍 중 한 쌍이 이혼을 하고 있으며 평균 이혼 연령은 2001년 통계청의 보고 결과 남자 40.2세 여자 36.7세이며 이 중 20년 이상 장기 동거 부부가 11.3%에 달한다. 장기 동거 부부의 이혼율은 90년 3.9%에서 3배 이상 증가한 것으로 중년기 이혼의 비율이 점차 증가하고 있음을 알 수 있다.

이혼이 증가하는 원인은 우선 이혼을 이전처럼 부정적으로만 여기지는 않는다는 것과 결혼에 대한 기대가 변한 것으로 볼 수 있다. 부부들은 이제 서로에 대해 경제적 도움이나 집안일에서의 편리성 제공만을 기대하는 것이 아니라 동반자, 성적 파트너, 친구이기를 원한다.

이혼의 영향력은 이혼 직후에는 대개 서로에 대한 분노와 원망이 이혼 전보다 더 심하게 나타날 수 있다. 이혼 부부들은 서로에 대한 애착을 과소평가하고 상대방의 비난에 지나치게 민감하게 반응하였다(Kelley, 1982). 이전 배우자에 대해 더 많은 생각을 하고 적개심을 더 많이 느끼는 사람이 무관심해지거나 친구관계를 유지하는 사람들보다 정서적 안녕감이 유의하게 낮았다(Masheter, 1997). 따라서 이혼 후 상대에 대해 무관심해지거나 건강한 관계를 유지하는 것이 각자의 삶에 보다 잘 적응하는 중요한 요인이 되는 것 같다.

이혼 후의 적응에는 성차가 나타난다. 남성은 대부분 이혼의 원인제공자라는 비난을 더 많이 받으며 비난을 수용하고 자신이 집을 떠나는 경우가 많아 사회생활이 와해되기도 한다(Kiston & Sussman, 1982). 여성은 대부분 자녀를 떠맡게 되므로 경제적으로 힘들어지고 자녀와의 재적응문제도 어려움을 겪는다. 중년기 이혼은 실제 생활에서나 정서적인 측면에서나 서로에게 관여한 기간이 길었기 때문에 더 많은 상처가 될 수 있으며 특히 어머니나 아내로서의 역할을 바탕으로 자신의 정체감을 형성해 온 여성은 더 큰 어려움을 겪을 수 있다(Uhlenberg et al., 1990).

이혼이 증가하면서 재혼 역시 증가하는 추세이다. 재혼하는 사람들은 이전보다는 결혼에 대해 보다 성숙하고 현실적인 기대를 갖는다. 결혼을 낭만적인 것으로 보는 태도는 줄어들고 보다 신중해진다. 역할과 의무에서 융통성이 더 커지고 집안일을 동등하게 나누고 의사 결정에도 더 참여적인 태도를 보인다(Guisinger, Cowan, & Schuldberg, 1989). 그러나 재혼 실패율은 이혼의 경우보다 더 높게 나온다. 그 이유는 재혼은 초혼에는 없었던 스트레스들, 예를 들어 계부, 계모의 역할을 해야 하는 부담이 따르는 경우가 많고 한 번 이혼을 경험한 사람들은 또 한 번의 불만족스런 결혼생활을 보다 쉽게 정리할 수 있기 때문이다(Hetherington, Bridges, & Insabella, 1998). 재혼 시에 새로운 관계형성과정에서 남성과 여성은 차이가 있다는 보고가 있다. Hobart(1988)는 재혼 남성은 전처의 자녀와의 관계보다는 재혼한 아내와의 관계에 더 우선성을 두는 데 비해 재혼여성은 새로운 남편과의 관계보다는 전 남편의 아이들과의 관계에 더 비중을 두는 경향이 있다고 보고하였다. 이러한 남녀 차이는 재혼 이후의 확대된 가족관계에서 재혼 부부의 적응에 어려움을 가져올 수 있음을 시사하는 것이다.

5. 직 업

대부분의 사람들은 성인기에 이르러 생산적인 일을 통해 보수를 받는 일정한 직업을 가진다. 직업은 사회 속에서 개인의 정체감 형성의 기반이 되는 동시에 개인적 흥미와 능력을 표현하는 수단이자 생계의 수단이다. 일은 사회적 삶의 핵심적인 요소로 사람들과 관계를 맺고 사귀는 사회적 활동의 근원이 되면서 개인의 사회적 지위를 결정하기도 한다.

1) 직업 선택

개인이 직업에 대한 포부와 기대를 갖고 성취하는데는 우선 가족의 영향력이 크게 작용한다(Penick & Jepsen, 1992). 가족은 자녀에게 직업 선택의 기회를 제공하는 역할을 한다. 예를 들어 아동기 때부터 받는 문화적 혜택, 교육의 기회, 다양한 직업 기회에 접근할 수 있는 사회적 연결망의 경험 여부 등이 직업 포부 및 선택에 영향을 준다. 또한 부모는 자녀에게 직접적이거나 간접적으로 특정 직업을 권고하거나 자녀의 흥미나 활동을 부모가 바라는 대로 이끌어가면서 영향을 미칠 수 있다.

부모의 직업이나 사회경제적 지위도 직업의 선택에 영향을 준다. 대개의 사람들은 자신의 직업에서 요구하는 것과 일치되는 가치관을 갖는 경향성이 있다. 노동자 계층의 부모들은 직업이 권위에 대한 복종을 바탕으로 하므로 자녀에게도 복종과 순종을 요구하는 반면 중류층 이상의 부모들이 갖는 직업은 보다 자기 지향적이고 주도성 및 독립성, 창의성을 요구하므로 부모 역시 이러한 특성을 자녀에게 강조하고 요구하게 된다(Kohn & Schooler, 1983). 따라서 어렸을 때부터 길러진 특성들은 이후의 직업 선택에 영향을 주어 자신이 갖고 있는 특성을 요구하는 직업을 보다 용이하게 선택하게 된다. 또한 자녀와 부모관계가 좋을수록, 또한 부모의 직업이 사회적 지위가 높은 것일수록 자녀는 부모와 같은 직종을 선택하는 경향이 있다. 특히 여성의 직업 기대 및 성취는 어머니의 취업여부와 아버지와의 관계가 영향을 미쳐 어머니가 직업을 가졌고 아버지가 여성의 일에 대해 비전통적인 태도를 가지면서 딸의 성취를 긍정적으로 바라보는 경우에 딸의 직업적 성취가 높았다(London & Greller, 1991; Hackett, Esposito, & O' Halloran, 1989).

2) 여성의 취업

최근 직업 분야에서 가장 눈에 띄는 변화 중의 하나는 여성취업률의 증가이다. 우리나라의 경우 이전에는 20대 중반 이후부터 여성의 취업률이 급속히 감소되는 경향을 나타냈으나 기혼여성 취업률은 계속 증가하고 있는 추세이다.

여성이 취업했을 경우 가장 중요한 문제 중의 하나는 결혼 후 가정과 일을 어떻게 조화해 나갈지의 문제이다. 사람들은 생활의 다양한 영역에 시간과 에너지를 분배하고자 하는데 그중 직업과 가정 생활 영역에 가장 비중을 두게 된다. 두 영역은 모두 의무와 책임감을 수반하면서 개인의 정체감 형성에 영향을 주기 때문이다. 직장과 가정의 상호관련성에 대해 세 가지 관점이 있다. 첫째는 과잉(spillover)모델로 한 가지 역할에서 요구하는 것이 지나치게 많고 과부하될 때 이것이 다른 영역에도 영향을 줄 수 있다는 관점이다. 즉, 직장에서 많은 스트레스를 겪게 되면 이는 가정생활에 영향 줄 수 있고 이 반대의 경우도 마찬가지이다. 둘째는 보상(compensation)모델이다. 보상모델은 직장과 가정은 서로 역으로 관련되어 있어 직장에 개입을 많이 하면 가정은 소홀해진다는 것이다. 예를 들어 일 중독자는 가족과의 관계를 가질 에너지와 시간이 거의 없게 되고 반대로 가정 일에 지나치게 매이는 것은 직업에 관여를 덜하게 만든다고 본다. 마지막으로 분할(segmentation)모델은 개인은 자신의 삶을 분할하여 직장과 가정에서의 행동 및 태도를 다르게 하므로 각각은 별개로 작용한다는 것이다.

가정과 직장 상호작용에 대한 최근 연구들은 대부분 과잉모델을 지지한다. 일과 가정을 병행하는 것은 갈등을 야기할 수 있다. 일의 부담은 가정생활의 질을 떨어뜨릴 수 있고 이때 경험되는 갈등의 정도는 직업에 대한 만족뿐 아니라 삶에 대한 전반적인 만족을 저하시킬 수 있다(Ernst & Ozeki, 1998; VandenHeuvel, 1997). 특히 여성들의 경우 스트레스는 자녀의 연령보다는 자녀의 수와 더 관련이 있어 자녀가 많을수록 부담감이 증가하였고(Guelzow et al., 1991) 맞벌이 부부의 경우에도 여성의 소진(burnout)은 가정생활의 부담에서 오는 경우가, 남성은 직업 역할들 간의 갈등에서 오는 경우가 많았다(Simon, 1996; Lai, 1995). 이전에는 특히 어린 자녀가 있는 경우 가정과 직장 간의 갈등이 가장 컸으나 최근에는 노인인구가 급증함에 따라 노인을 돌보는 것이 긴장의 원인으로 작용하는 경우도 점차 늘어나고 있다(Lee, 1998).

3) 직업 만족도

많은 사람들에게 중년기는 직업상 가장 생산적일 수 있는 시기이다. 직업에서의 만족도는 어떻게 변화해 가는가? 직업 만족도와 연령 간의 관계에 대한 기존의 연구들은 연령이 증가하면서 직업 만족도도 증가하는 것으로 보고되어 왔다(Reinemer, 1995; Hall, 1986). 그러나 연령과 직업 만족도 간에 관련이 없다는 연구들도 있다(Healy, Lehman, & McDaniel, 1995; Bernal, Snyder, & McDaniel, 1998). 연령 증가에 따른 만족도 증가를 입증하는 연구들은 대부분 횡단연구 결과로서 자신의 직업에 불만족감을 느낀 사람들은 이미 떠났거나 전직하고 만족하는 사람들만 남았기 때문일 수 있다.

직업 만족도에서의 변화는 단순히 연령요인보다는 동시집단 효과, 직업 선택의 동기, 직업의 종류, 성별, 직업에 종사한 기간, 고용수준 등에 따라 달라지는 복합적인 문제인 것으로 보인다. 따라서 직업 만족이 연령증가와 어떤 관련성이 있는지보다는 직업 만족도의 요소가 나이가 들면서 어떻게 바뀌어 가는지를 봐야 할 것이다. 직업 만족도는 직업 관여의 이유가 내재적 동기에 의해서인지 외재적 동기에 의해서인지에 따라 달라진다. 젊은 사람들은 직업에서 도전, 의미, 성취와 같은 내재적 특성에 더 가치를 두는 반면 나이든 사람들은 금전적 보상 같은 외재적 가치에 더 비중을 두는 경향이 있다. 중년기 이후에는 직업 자체에서의 만족은 상대적으로 감소하고 가족이나 개인의 여가시간을 보내기 위한 수단으로 일을 생각한다는 것이다. 전문직 종사자들일수록 나이가 들면서 직업 만족도 에서 점차적인 증가를 보이지만 단순 직종에 종사하는 사람들은 오히려 신체적인 건강이나 육체적 힘이 떨어지면서 만족도 역시 감퇴할 수 있다(Sterns, Marsh, & McDaniel, 1994).

자신의 정체감 형성에 직업이 핵심적인 역할을 하는 사람일수록 직업 만족도가 낮을 경우 재적응하려는 적극적인 시도를 한다. 특히 여성의 경우 자신의 정체감 형성의 일부로 일을 중요시하는 여성은 나이가 들면서 직업 만족도가 높아지는 데 비해 일에 큰 가치를 두지 않는 여성들은 나이와 직업 만족도 간에 상관이 별로 없었다(Whitbourne, 2001). 40대 후반이나 50대는 대부분 자신의 직업에서 절정을 이루는 때이다. 이후로는 승진의 가능성도 적어지고 자신의 꿈을 실현시킬 기회가 없으며 은퇴를 생각해야 하므로 직업 만족도는 점차 감소할 가능성이 있다. 재정적으로도 안정되면서 이제는 자신의 모든 에너지를 일에 투자할 필요성을 이전만큼 느끼지 못할 수 있다. 그러나 대부분의 사람들은 직업에서 젊은 시절에 자신이 원했던 바를 이루지 못했다 할지라도 성취의 긍정적인 측면에 중점을 두고 평가하려 한다.

4) 직업 전환과 실직

이전에는 성인 초기에 선택한 직업이 일생동안 지속되는 경우가 많았으나 오늘날 많은 사람들은 평생동안 같은 일에 종사할 것이라는 기대를 덜 갖고 직업전환도 당연한 것으로 받아들인다. 특히 중년기에 이르러 직업 전환을 하는 경우가 많은데 그 이유는 일에 흥미를 크게 느낄 수 없거나 일이 숙달되어 더 이상 도전하고 싶은 욕구를 느끼지 못하거나 또는 남은 삶 동안 진정으로 하고 싶은 일을 해 보고 싶어서 등이다. 직업 전환을 원하는 사람들은 중년기를 새로운 출발을 할 수 있는 마지막 기회로 여긴다(Steers & Porter, 1991).

직업 전환이 성공적으로 이루어진 경우 새로운 일에 열정을 느끼고 이전보다 더 만족스런 생활이 될 수 있다. 그러나 새로운 일에 비현실적으로 높은 기대를 가지고 시작했거나 완전히 초보자로서 새 일을 시작한 경우에는 적응에 어려움을 겪을 수 있다. 그러나 사회가 급속히 변화해가고 기술적인 진보가 직업의 구조를 바꾸어 가면서 중년기 전직은 예외라기보다는 보편적인 것으로 받아들여지게 될 것이다.

직업과 관련된 스트레스 중 가장 큰 것은 실직일 것이다. 실직은 수입 상실뿐 아니라 정체감에 위기를 갖고 올 수 있다(Brenner, 1991; Merva & Fowles, 1992). 특히 중년기는 실직의 가능성이 가장 높은 동시에 실직에 대한 두려움도 가장 큰 시기이다. 이 시기는 실직 후에도 이전의 직장에서만큼 동등한 대우를 받을 수 있는 새로운 직장을 구하기 더 어렵고 새로운 일을 시작하기에도 준비가 되어 있지 않은 경우가 많기 때문이다. 장기간의 실직은 불안, 우울증, 낮은 자존감을 가져오고 가족 간의 관계, 사회적 관계에도 영향을 미친다. 실직에 재한 대처에서 개인적 통제력이 중요한 요인으로 작용한다. 내적 통제 소재자들은 외적 통제 소재자보다 불안, 우울, 신체 증상이 적고 실직상황에 보다 잘 대처하였으며 가족들로부터 이해와 도움을 받는 사람들은 이를 잘 극복하고 개인적 성장의 기회로 삼을 수 있었다(Cvetanovski & Jex, 1994).

/참/고/문/헌/

정옥분(2000). **성인발달의 이해**. 학지사.

조성원(2000). 노부모와 성인자녀: 함께 가는 길. **방문보건사업치매교육 워크숍**. 경기도 보건과.
홍강의 · 정도언(1982). 사회 재적응 평가 척도 제작. **신경정신의학**, 21(1), 123-136.

Anschutz, L., Camp, C. L., Markley, R. P., & Kramer, J. J. (1987). Remembering mnemonics: A three-year follow-up on the effects of mnemonics training in elderly adults. *Experimental Aging Research, 13,* 141-143.

Arlin, P. K. (1975). Cognitive development in adulthood: A fifth stage? *Developmental Psychology, 11,* 603-606.

Atchley, R. C. (1982). Retirement L Leaving the world of work. *Annals of the American Academy of Political and Social Science, 464,* 120-131.

Atchley, R. C. (1989). Acontinuity theory of normal aging. *Journal of Personality and Social Psychology, 29,* 183-190.

Barnett, R. C., & Schen, Y. C. (1997). Gender, high and low schedule control housework tasks, and psychological distrss: A study of dual earner couples. *Journal of Family Issues, 18,* 403-428.

Bengston, V. L., & Kuypers, J. A. (1971). Generational difference and the developmental stake. *Aging and Human Development, 2,* 249-260.

Bernal, D., Snyder, D., & McDanoel, M. (1998). The age and job satisfaction relationship: Does its shape and strength still evade us? *Journal of Gerontology: Psychological Sciences, 53,* 287-293.

Bernard, J. (1982). *The future of marriage.* New Haven, CT: Yale University Press.

Bosse, R. (1998). Retirement and retirement planning in old age. In I. H. Nordhus, G.R. VandenBos, S. Berg, & P. Fromhold (Eds.), *Clinical geropsychology, 155-159.* Washington, DC: American Psychological Association.

Brenner, M. H. (1991). Health, productivity, and the economic environment: Dynamic role of socio-economic status. In G. Green & F. Baker (Eds.), *Work, health, and productivity.* New York:Oxford University Press.

Caprio-Prevette, M. D., & Fry, P. S. (1996). Memory enhancement program for community-based older adults: Development and evaluation. *Experimental Aging Research, 22,* 281-303.

Carter, M. A. T., & Cook, K. (1995). Adaption to retirement: Role changes and psychological resources, *Career Development Quartely, 44,* 67-82.

Cavanaugh, J. C., & Green, E. E. (1990). I believe, therefore I can: Self-efficacy beliefs in memory aging. In E. A. Lovelace (Ed.), *Aging and cognition: Mental processes, self-awareness, and interventions,* 189-230. Amsterdam: North

Holland.

Cohen, G. (1996). Memory and learning in normal aging. In R. T. Woods (Ed.), *Handbook of the Clinical Psychology of Aging,* 43-58. London: Wiley.

Cohen, G., Conway, M. A., & Maylor, E. A. (1994). Flashbulb memories in older adults. *Psychology and Aging, 9,* 454-463.

Cohen, S., Tyrell, D. A., & Smith, A. P. (1993). Negative life events, perceived stress, negative affect, and susceptibility of the common cold. *Journal of Personality and Social Psychology, 64,* 131-140.

Cooney, T. M., Schaie, K. W., & Willis, S. L. (1988). The relationship between prior functioning on cognitive and personality variables and subject attrition in longitudinal reseatch. *Journal of Gerontology: Psychological Sciences, 43,* 12-17.

Craik, F. I. M. (1994). Memory changes in normal aging. *Current Directions in Psychological Science, 3,* 155-158.

Cumming, E., & Henry, W. E. (1961). *Growing old: The process of disengagement.* New York: Basic Books.

Curcio, C. A., Buelle, S. J., & Coleman, B. D. (1982). Morphology of the aging central nervous system: Not all downhill. In J. A. Mortimer, F. J. Pirozzola, & G. L. Maletta (Eds.), *Advances in neurogerontology: The aging motor system.* New York: Praeger.

Cvetanovski, J., & Jex, S. (1994). Locus of control of unemployed people and its relationship to psychological and physical well-being. *Work and Stress, 8*(1), 60-67.

DiGiovanna, A. G. (1994). *Human aging: Biological perspectives.* New York: McGraw-Hill.

Ekerdt, D. J., Bosse, R., & Levkoff, S. (1985). Empirical test for phases of retirement: Finding from the normative aging study. *Journal of Gerontology, 40,* 95-101.

Elder, G. H. (1995). The Life Course Paradigm: Social changes and individual development. In P. Moen, J. G. Elder, & K. L scher (Eds.), *Examining lives in contexts: Perspectives on the ecology of human development,* 101-139. Washington, DC: American Psychological Association.

Ernst, K. E., & Ozeki, C. (1998). Work family conflict, policies, and the job-life satisfaction relationship: A review and directions for organizational behavior-human resources research. *Journal of Applied Psychology, 83,* 139-149.

Feeney, J., & Noller, P. (1996). *Adult attachment.* Thousand Oaks, CA: Sage.

Fingerman, K. L. (1996). Sources of tension in the aging mother and adult daughter relationship. *Psychology and Aging, 11,* 591-606.

Folkman, S., & Lazarus, R. S. (1988). Coping as a mediator of emotion. *Journal of Personality and Social Psychology, 54,* 466-475.

Fozard, J. L. (1990). Vision and hearing in aging. In J. E. Birren & K. W. Schaie (Eds.), *Handbook of the psychology of aging* (3rd ed., pp.150-171). New York: Academic Press.

Guisinger, S., Cowan, P., & Schuldberg, D. (1989). Changing parent and spouse relations in the first year of remarriage of divorced fathers. *Journal of Marriage and the Family, 51,* 445-456.

Hackett, G., & O' Halloran, S. (1989). The relationship of role model influences to the career salience and educational and career plans of college woman. *Journal of Vocational Behavior, 35,* 164-180.

Hall, R. H. (1986). *Dimensions of work.* Beverly Hills, CA: Sage.

Hann, N., Millsap, R., & Hartka, E. (1986). As time goes by: Change and stability in personality over fifty years. *Psychology and Aging, 1,* 220-232.

Hardy, M. A., & Quadagno, J. (1995). Satisfaction with early retirement: Making choices in the autoindustry. *Journals of Gerontology: Psychological Sciences and Social Sciences, 50,* 217-228.

Hasher, L., & Zacks, R. T. (1988). Working memory, comprehension, and aging: A review and a new view. In G. H. Bower (Ed.), *The psychology of learning and motivation* (Vol. 22, pp.193-225). New York: Academic.

Healy, M. C., Lehman, M., & McDaniel, M. A. (1995). Age and voluntary turnover. A quantitative review. *Personnel Psychology, 59,* 270-280.

Heckausen, J., & Schulz, R. (1995). A life span theory of control. *Psychological Review, 102,* 284-304.

Hetherington, E. M., Bridge, M., & Insabella, G. M. (1998). What matters? What does not? Five perspectives on the association between marital transitions and children' s adjustment. *American Psychologist, 53,* 167-184.

Hultsch, D. F., Hertzog, C., Small, B. J., McDonald-Mislak, L., & Dixon, R. A. (1992). Short-term change in cognitive performance in later life. *Psychology and Aging, 7,* 571-584.

Jacques, E. (1967). The mid-life crisis. In R. Owen (Ed.), *Middle age.* London: BBC.

Janda, L. H., & Klenke-Hamel, K. E. (1980). *Human sexuality.* New York: Van Nostrand.

Jung, C. G. (1966). Two essays on analytic psychology. *In Collected works,* Vol.7.

Princeton, NJ: Princeton University Press.

Kalliopuska, M. (1994). Relations of retired people and their grandchildren. *Psychological Reports, 75,* 1083-1088.

Kleemeier, R. W. (1972). Intellectual change in the senior. *Proceedings of the Social Statistics Section of the American Statistical Association, 1,* 290-295.

Kobak, R. R., & Hazan, C. (1991). Attachment in marriage: Effects of security and accuracy of working models. *Journal of Personality and Social Psychology, 60,* 861-869.

Kohn, M. L., & Schooler, C. (1983). *Work and personality: An inquiry into the impact of social stratification.* Norwood, NJ: Ablex.

Koski, L. R., & Shaver, P. R. (1997). Attachment and relationship satisfaction across the life span. In R. J. Sternberg & M. Hojjat (Eds.), *Satisfaction in close relationships* (pp.26-55). New York: Guilford.

Labouvie-Vief, G. (1986). Models of knowing and life-span cognition. *Paper presented at the meeting of the American Psychological Association,* Washinton, DC.

Lachman, M. E. (1985). Personal efficacy in middle and old age: Differential and normative patterns of change. In G. H. Elder, Jr. (Ed.), *Life-course dynamics: From 1968 to the 80' s.* Itaca, NY: Cornell University Press.

Lamme, S., Dykstra, P. A., & Broese Van Groenou, M. I. (1996). *Rebuilding the network: New relationships in widowhood. Personal Relationships, 3,* 337-349.

Lee, J. A. (1998). Balancing elder care responsibilities and work: Two empirical studies. *Journal of Occupational Health Psychology, 2,* 220-228.

Leiblum, S. R. (1990). Sexuality and the midlife woman. Special Issue: Women at midlife and beyond. *Psychology of Women Quarterly, 14,* 495-508.

Lieberman, M. A. (1983). Studies of terminal decline: Implications for a developmental theory of personality. In J. E. Birren (Ed.). *Aging: A challenge to science and society* (Vol.3). New York: Prergamon Press.

London, M., & Gtrller, M. M. (1991). Demographic trends and vocational behavior: A twenty year retrospective and agenda for the 1990s. *Journal of Vocational Behavior, 38,* 125-164.

Maddox, G. L. (1964). Disengagement theory: A critical evaluation. *The Gerontologist, 4,* 80-82, 103.

Maentylae, T., & Nilsson, L. G. (1997). Remembering to remember in adultghood: A population based study on aging and prospective memory. *Aging*

Neuropsychology and Cognition, 4, 81-92.

McCrae, R. R., & Costa, P. T., Jr. (1990). *Personality in Adulthood.* New York: Guilford.

McDougall, G, J., Blixen, C. E., & Suen, L. (1997). The process and outcome of life review psychotherapy with depressed homebound older adults. *Nursing Research, 46,* 198-204.

McGuinness, D. (1972). *Hearing: Individual differences in perceiving. Perception, 1,* 465-473.

Meinz, E. J., & Salthhouse, T. A. (1988). The Effects of age and experience an memory for visually presented music. *Journals of Gerontology: Psychological Sciences and Social Sciences, 53,* 60-69.

Merva, M., & Fowels, R. (1992). *Effects of diminished economic opportunities on social stress: Heart attacks, strokes, and crime.* Washington, DC: Economic Policy Institute.

Miller, R. B., Hemesath, K., & Nelson, B. (1997). Marriage in middle and later life. In T. D.Hargrave & S. M. Hanna (Eds.), *The aging family: New vision in theory, practice, and reality* (pp.178-198). New York: Brunner/Mazel.

Morrison, J, H., & Hof, P. R. (1997, October 17). Life and death of neurons in the aging brain. *Science, 278,* 412-417.

Mutrie, N. (1997). The therapeutic effects of exercise on the self. In K. R. Fox (Ed.), *The physical self: From motivation to well being* (pp.287-314). Champaign, IL: Human Kinetics.

Neugarten, B. L., Havighurst, R. J., & Tobin, S. S. (1968). Personality and patterns of aging. In B. L. Neugarten (Ed.), *Middle age and aging.* Chicago: University of Chicago Press.

Peck, R. C. (1968). Psychological developments in the second half of life. In B. L. Neugarten (Ed.), *Middle age and aging.* Chicago: University of Chicago Press.

Penick, N. I., & Jepsen, D. A. (1992). Family functioning and adolescent career development. Special Section: Work and family concerns. *Career Development Quarterly, 40,* 208-222.

Rando, T. A. (1993). *Treatment of complicated mourning.* Champaign, IL: Research Press.

Reinemer, M. (1995). Work happy. *American Demographics,* 26-31, 45.

Reitzes, D. C., Mutran, E. J., & Fernandez, M. E. (1996). Preretirement influences on postretirement self-esteem. *Journals of Gerontology: Social Sciences, 51,* 242-

249.

Resnick, S. M., Metter, E. J., & Zonderman, A. B. (1997). Estrogen replacement therapy and longitudinal decline in visual memory: A possible protective effect? *Nurology, 49,* 1491-1497.

Rubin, D. C., Rahhal, T. A., & Poon, L. W. (1988). Things learned in early adulthood are remembered best. *Memory and Cognition, 26,* 3-19.

Salthouse, T. A. (1989). Age related changes in basic cognitive processes. In APA Master Lectures, *The adult years: Continuity and changes.* Washinton, DC: American Psychological Association.

Salthouse, T. A. (1996). The processing speed theory of adult age differences in cognition. *Psychological Review, 103,* 403-428.

Sanders, C. M. (1989). *Grief: The mourning after.* New York: Wiley.

Scheibel, A. B. (1992). Structural changes in the aging brain. In J. E. Birren, R. B. Sloane, & G. D. Cohen (Eds.), *Handbook of mental health and aging* (2nd Ed.). San Diego: Harcourt Brace.

Schulz, R., & Hanusa, B. H. (1980). Experimental social gerontology: A social psychological perspective. *Journal of Social Issues, 36*(2), 30-46.

Schulz, R., & Heckausen, J. (1996). A life span model of successful aging. *American Psychologist,* (July), 702-714.

Shaver, P. (1994, August). Attachment and care giving in adult romantic relationships. *Invited address presented at the annual meeting of the American Psychological Association,* Los Angeles.

Siegler, I. C. (1983). Psychological aspects of the Duke longitudinal studies. In K. W. Schaie (Ed.), *Longitudinal studies of adult psychological development.* New York: Guilford Press.

Sobal, J., & Devine, C. M. (1997). Social aspects of obesity: Influences, consequences, assessments, and interventions. In S. Dalton (Ed.), *Overweight and weight management: The health professional' s guide to understanding and practice* (pp.312-331). Gaithersburg, MD: Aspen.

Speece, M. W., & Brent, S. B. (1984). Children' s understanding of death: A review of three components of a death concept. *Child Development, 55,* 1671-1686.

Stallings, M. C., Dunham, C. C., Gatz, M., Baker, L. A., & Bengston, V. L. (1997). Relationships among life events and psychological well-being: More evidence for a two factor theory of well-being. *Journal of Applied Gerontology, 16,* 104-119.

Steers, R. M., & Porter, L. W. (1991). *Motivation and work behavior* (5th ed.). New York: McGraw-Hill.

Stigsdotter, A., Neely., & Bäckman, L. (1993). Maintenance of gains following multifactorial and unifactorial memory training in late adulthood. *Educational Gerontology, 19,* 105-117.

Swick, D., & Knight, R. T. (1997). Event-related potentials differentiate the effects of aging on word and nonword repetition in explicit and implicit memory tasks. *Journal of Experimental Psychology: Learning, Memory, and Cognition, 23,* 123-142.

Tatemichi, T. K., Sacktor, N., & Mayeux, R. (1994). Dementia associated with cerebrovascular disease, other degenerative disease, and metabolic disorders. In R. D. Terry R. Katzman & K. L. Blick (Eds.), *Alzheimer Disease.* New York: Raven Press.

Taylor, S. E. (1991). *Health psychology* (2nd ed.). New York: McGraw-Hill.

Terry, D. J., Mayocchi, L., & Hynes, G. J. (1996). Depressive symptamatology in new mothers: A stress and coping perspective. *Journal of Abnormal Psychology, 105,* 220-231.

Turner, B. F. (1982). Sex-related differences in aging. In B. B. Wolman (Ed.), *Handbook of developmental psychology.* Englewood Cliffs, NJ: Prentice-Hall.

Turner, J. S., & Helms, D. B. (1994). *Contemporary adulthood* (5th ed.). Fourth Worth, TX: Harcourt Brace.

Udry, J. R. (1971). *The social context of marriage* (2nd ed.). New York: Lippincott.

Unger, R., & Crawford, M. (1992). *Women and gender: A feminist psychology* (2nd Ed.). New York: McGraw-Hill.

VandenHeuvel, A. (1997). Absence because of family responsibilities: An examination of explanatory factors. *Journal of Family & Economic Issues, 18,* 273-297.

Wethington, E., Cooper, H., & Holmes, C. S. (1997). Turning points in midlife. In I. H. Gotlib & B. Wheaton (Eds.), *Stress and adversity over the life course: Trajectories and turning points* (pp.215-231). New York: Cambridge University Press.

Wickelgren, I. (1996). Is hippocampal cell death a myth? *Science, 271,* 1229-1230.

Yesavage, J., Lapp, D., & Sheikh, J. A. (1989). Mnemonics as modified for use by the elderly. In L. W. Poon, D. Rubin, & B. Wilson (Eds.), *Everyday cognition in adulthood and late life.* Cambridge, England: Cambridge

Zarit, S. H., & Reid, J. D. (1994). Family caregiving and older family. In C. B. Fisher &

R.M. Learner (Eds.), *Applied developmental psychology*. New York: McGraw-Hill.

Zarit, S. H., Cole, K., & Guider, R. (1981). Memory training strategies and subjective complaints of memory in the aged. *Gerontologist, 21,* 158-164.

15 노화와 죽음

일반적으로 60~65세 사이에 노년기 또는 성인 후기에 해당하는 시기로 접어들게 된다. 이 시기의 발달과정에도 개인차가 있기는 하지만 대부분 노화과정에 의해 신체적으로나 인지적으로 필연적인 감퇴를 경험하는 시기이다. 따라서 노년기의 발달과업은 감소해 가는 능력과 사회적 역할에서의 변화를 수용하고 이에 적절히 대처해 가면서 생을 성공적으로 마무리 짓는 것이라 할 수 있을 것이다.

이 장에서는 우선 노화과정에 대한 개념과 우리 사회의 고정관념 및 노화의 원인을 설명하는 여러 이론적 관점을 알아볼 것이다. 노년기 발달과 변화과정에 대한 이해를 돕기 위해서 신체적, 인지적, 성격 및 사회적 능력에서의 변화들을 살펴보고 노년기 은퇴가 갖는 의미와 성공적으로 노화하는 것이 어떤 것인지 고찰해 볼 것이다. 마지막으로 발달을 마무리 짓는 죽음을 어떻게 지각하고 대처하는지에 대해 제시할 것이다.

1. 노 화

1) 노화의 구분

노화의 과정은 단일한 형태로 나타나는 것이 아니라 유형에 따라 달라질 수 있는데 이를 세 가지로 나누어 볼 수 있다. 첫째는 정상노화(normal aging)이다. 정상노화란 유기체에 내재되어 있어 연령에 따라 점진적으로 진행되는 변화과정으로 일차노화(primary aging)라고도 한다. 개인마다 속도가 다르게 나타나기는 하지만 모든 사람에게 보편적으로 나타나는 노화과정으로 여성의 폐경, 반응시간의 감소 등이 해당된다. 둘째는 손상된 노화(impaired aging)이다. 손상된 노화는 이차적 노화(secondary aging)라고도 하며 질병이나 사고로 인해 비교적 빠르게 진행되는 노화과정이다. 알츠하이머나 뇌졸중으로 인한 인지능력의 급격한 감퇴, 성인병으로 인한 신체능력의 쇠퇴 등이 해당된다. 셋째는 최적의 노화(optimal aging)로서 성공적인 노화라고도 할 수 있다. 최적의 노화는 연령에 따라 일어날 수 있는 부정적 변화들을 미리 예방하거나 보상적인 방략을 통해 대처해 나가는 과정이다.

정상노화와 질병으로 인한 노화를 구분하는 것은 임상적인 상황에서도 매우 중요하다. 예를 들어 70세 노인의 인지적 감퇴가 단지 나이가 들면서 나타나는 정상적이고 불가피한 감퇴인지 아니면 치매와 같은 병리적 원인에 의한 것인지를 정확히 판단하는 것은 적절한 치료와 예방을 위해 필요할 뿐 아니라 최적의 노화를 준비하는 데 도움이 되기 때문이다.

2) 노화에 대한 고정관념

현대 사회에 이르러 대부분의 문화권에서는 나이가 드는 것, 노인이 되어 가는 것을 부정적으로 여기는 경향성이 있다. 많은 사람들은 노인이 되면 쓸모없고 어리석어지며 어린아이와 같이 되고 고집 세고 완고해진다고 생각한다. 그러나 이러한 노인차별주의(ageism)의 역설은 인종이나 성과 같은 다른 차별주의와는 달리 언젠가는 우리 모두가 바로 그 부정적인 고정관념의 대상이 된다는 것이다.

산업화와 도시화가 이루어지면서 노인은 더 이상 생산을 못하는 쓸모없는 존재로 여겨지게 되었다. 정보화 사회로 들어오면서 이전에 노인들이 지니고 있던 생활의 지식과 정보는 이제 다른 과정을 통해서도 얼마든지 얻을 수 있게 되었고 급격한 사회적 변화로 인해 기존의 정보는 더 이상 유용하지도 가치 있게 여겨지지도 않게 되었다. 따라서 노인은 더 이상 존경과 지혜의 보고로 여겨지지 않는다. 특히 현대사회에서 젊음에 대한 지나친 예찬과 숭배는 노화과정 자체를 지나치게 경시하게 만들었고 이러한 사회적 태도로 인해 사람들은 필사적으로 젊음을 유지하려 한다. 이와 같은 과정 속에서 노인들 스스로도 노화에 대한 부정적 고정관념을 당연한 것으로 받아들이게 되었고 그 결과 노인들의 자존감은 낮아질 수 있다.

노인에 대한 부정적 고정관념은 젊음을 중시하는 사회에서 노화과정 자체가 인간의 죽음에 대한 두려움을 상기시키기 때문이라고도 볼 수 있다. 노인들의 존재는 젊은 사람들에게 죽을 수밖에 없는 인간의 운명을 떠올리게 한다. 따라서 노인 인구 비율이 급증함에도 불구하고 노인들을 예외적이고 특별한 존재로 취급하여 양로원이나 노인 시설에 수용하거나 격리하는 것을 당연시하는 사회적 분위기가 형성되어 가고 있다.

3) 수 명

인간은 얼마나 오래 살 수 있는가? 수명은 최대수명과 평균수명으로 구분할 수 있다. 최대수명은 한 종에 속하는 개체가 최대한 살 수 있는 수명이다. 오늘날 인간의 최대수명은 약 120세로 추정하고 있다. 평균수명은 흔히 평균수명 기대치라고도 하며 특정 시기에 태어난 대부분의 사람들이 사망하는 연령을 일컫는다. 20세기 중반 이후에 의학발달로 인한 신생아 사망률의 감소, 질병의 치료 및 예방으로 인해 평균 수명은 계속 증가하고 있는데 우리나라의 경우도 1960년 55세에서 97년 73세로, 2000년 75.9세로 40년간 약 21년이 연장되었다.

인간의 평균수명 증가에 영향을 주는 요인으로는 크게 유전적 요인과 환경적 요인으로 나누어 볼 수 있다. 유전적 요인의 가장 분명한 증거는 대부분의 장수자들이 장수가계에서 나온다는 것이다. Perls(1995)는 질병에 대응하는 방식에서 유전적 요인이 중요한 역할을 한다고 주장하였다. 장수 노인들은 그렇지 않은 사람들에 비해 질병에 걸릴 수 있는 기준점이 높으며 질병 진행 속도 역시 매우 느린 생물학적 특성을 가지고 있다는 것이다. 환경적 요인으로는 질병, 담배, 알코올, 운동 등의 생활양식, 주거 환경, 사회 계층 등이 복합적으로 상호작용하여 수명에 영향을 미칠 수 있다.

평균수명에는 성차가 나타난다. 여성은 대개 남성보다 평균 7~8년 정도 더 오래 산다. 우리나라의 경우도 2000년 현재 남성의 평균 수명은 72.1세, 여성은 79.5세로 나타나고 있다. 출생 시에 남녀 비율은 대략 106:100 정도이나 65~69세 사이에 81:100, 80~84세에 53:100, 100세 이상이 되면 27:100 정도가 된다. 이러한 성차의 원인으로는 X 성염색체가 질병에 저항하는 항체생성과 관련되어 있다고 본다. 여성은 두 개의 X 성염색체를 가지고 있어 남성에 비해 유리할 수 있는 것이다. 또한 건강습관이나 생활양식 등의 환경적 요인도 영향을 미칠 수 있다. 남성들은 여성들에 비해 알코올, 흡연의 비율이 높으며 좋지 못한 작업 환경, 오염물질 등에 노출되는 경우가 더 많다.

4) 노화이론

나이가 들면서 신체적으로나 인지적으로 변화해 가는 정도에는 개인차가 있다. 그러나 생의 후반기로 접어들면 누구에게든 쇠퇴과정은 불가피해지고 결국에는 죽음을 맞이하게 된다. 이러한 감퇴과정은 왜 나타나는 것일까? 인간 노화의 원인을 설명하려는 많은 이론들이 제기되고 있지만 아직까지는 모두 다 가설의 수준일 뿐 단일하고 명백하게 노화 원인을 설명하는 이론은 없다. 단지 노화는 유전과 영양, 건강, 생활양식 등의 환경적 요인들이 상호작용하는 복합적인 과정이라는 것을 알 수 있을 뿐이다. 노화의 원인을 설명하고자 하는 시도들 중 대표적인 것으로 다음과 같은 이론들이 있다.

(1) 유전적 계획이론

유전적 계획이론에 의하면 유기체는 태어날 때부터 이미 수명과 관련되어 미리 짜여진 유전자를 갖고 있어서 예정된 순서대로 노화가 진행된다는 것이다. 이러한 관점을 지지하는 증거로는 우선 종에 따라 다른 최대수명의 존재이다. 인간의 경우 최대수명은 120세 정도인데 주목할 것은 평균수명은 계속 증가해 가지만 수세기 동안 최대수명에서는 사실 별다른 변화가 없다는 것이다. 이는 인간의 수명을 통제하는 유전자가 존재할 수 있음을 의미한다. 또한 장수자들은 대부분 장수 가계에서 나오고 일란성 쌍생아의 수명의 유사성은 이란성이나 형제보다 높다는 사실은 노화과정이 유전적 계획에 의해 이루어질 가능성을 시사하는 것이다.

Hayflick(1996)은 실험실 배양기 속에서 세포가 생존할 수 있는 최대한계가 있는데 인간 태아 세포의 경우 40~60회 정도 분열할 수 있는 반면 성인은 20회 정도 분열한다고 주장하였다. 이를 헤이플릭 한계(Hayflick' s limit)라고 하는데 그는 이러한 한계가 최대 수명을 조절하여 인간의 경우 110~120년 정도인 것으로 보인다고 하였다. 세포 분열의 수가 이렇게 한정되는 이유는 무엇인가?

이러한 이유는 최근에 말단소립이론(telomere theory)으로 설명되고 있다. 말단소립은 염색체의 말단 부분으로 다른 염색체의 끝 부분과 연결되어 있다. 세포는 분열을 거듭함에 따라 그 끝부분의 일부가 더 이상 복제되지 않아 길이가 조금씩 짧아져 가게 되며 결국은 분열이 멈춰지면서 세포가 죽게 되는 것이다. 따라서 말단소립은 세포 수명의 척도가 되는 세포의 노화시계로 해석될 수 있다(Cristofalo et al., 1999; Mera, 1998).

(2) 오류이론

오류이론은 노화가 계획된 과정이라기보다는 생체에서 반복해서 일어나는 정보 전달 과정 및 단백질 합성 과정에서 오류가 발생하고 그 오류가 축적되어 노화가 발생하는 것으로 본다. 대표적인 것으로 마모이론, 교차연결이론, 자동면역이론, 자유기이론이 있다.

마모이론(Wear and tear theory)은 기계가 쓰면 쓸수록 닳아서 각 부품이 다 소모되면 언젠가는 멈추어 버리듯이 우리의 신체도 이와 유사하다고 본다. 즉, 신체기관들의 반복적 사용에 의해 신체는 낡고 노화해 간다는 것이다. 그러나 인간의 경우 활동과 운동을 많이 하여 각 기관을 자주 골고루 사용하는 사람이 노화가 더 빨리 진행되는 것은 아니다. 또한 기계의 부품을 교환하듯이 장기를 이식한다고 해서 수명을 계속 연장할 수 있는 것도 아니다. 더욱이 마모가 노화의 원인으로 작용하는지 노화에 따른 결과로 나타나는 것인지는 아직 분명치 않다.

교차연결이론(cross-linking theory)에서는 나이가 들면서 신체의 콜라겐 분자의 성질이 변화하여 이로 인해 노화가 진행된다는 것이다. 교차연결은 사다리의 수평적 연결과 같이 콜라겐 단백질을 형성하는 두 개의 평행한 분자들의 연결이다. 나이가 들면서 교차연결이 더 많아지고 이러한 변화가 피부 내에서 일어나는 경우 피부는 점차 부드러움을 잃고 딱딱해진다. DNA 내에서 교차연결의 형성은 유전자의 퇴화적 변화를 일으킨다고 한다. 그러나 교차 연결이 신진대사과정에 개입하여 노화의 주된 원인이 된다는 것을 명확하게 입증하는 연구는 아직 부족하다.

자동면역이론(autoimmune theory)은 바이러스나 세균 등의 침입에 저항하는 면역성을 가진 생명체가 자신의 면역체계에 의해 공격을 받음으로써 노화가 진행된다는 이론이다. 즉, 나이가 들면서 B와 T임파구의 불균형으로 인해 세포는 외부에서 들어온 이물질과 자기 자신을 구별하지 못하고 자신의 물질에 대항하는 항체를 만들어 파괴함으로써 여러 질병이 생겨 노화가 진행된다고 본다(Ebersole & Hess, 1998).

최근에 주목을 받고 있는 것은 자유기이론(free radical theory)이다. 자유기 이론에서 주장하는 것은 조직이나 세포에서의 노화 과정이 자유기의 산화적 작용에 의해 일어난다는 것이다. 자유기는 대사과정에서 발생되는 매우 반응성이 강한 물질로서 불포화지방산과 결합하여 생체막의 구조적, 기능적 손상을 유발한다. 뿐만 아니라 생체계의 효소나 핵산을 공격하여 파괴하거나 염색체의 돌연변이를 유도하여 결국 노화를 일으킨다. 자유기이론을 지지하는 실험적 증거는 항산화제에 대한 연구이다. 최근 자유기가 동맥경화증이나 암 등의 만성질환의 발생과 관련이 된다고 보고되면서 비타민 A, C, E와 셀레늄 등의 항산화제를 복용하는 것이 암, 심혈관 질병 및 면역기능저하와 같은 노화에 따른 질병의 발생을 늦출 수 있다고 보고되고 있다(Hayflick, 1996). 그러나 항산화제 복용이 실제로 수명을 연장시킨다는 증거는 아직 부족하다.

2. 노년기 발달

1) 신체적 변화

(1) 외모에서의 변화

신체적 노화 과정의 정도는 개인에 따라 차이가 있으나 생의 후반기로 갈수록 보편적이고 불가피한 변화들이 나타나기 시작한다. 가장 먼저 눈에 띄게 느껴지는 것이 외모에서의 변화이다. 머리카락은 회색이나 흰색으로 변하고 가늘어지고 힘이 없어지면서 쉽게 빠져 성글어진다. 피부는 탄력성을 잃고 주름이 생기며 건조해지고 갈색반점이 생긴다. 70세경에 근육의 강도와 지구력은 20%정도 감소하고 80세가 넘으면 40%까지 감소되는데 특히 다리 근육의 감퇴가 두드러진다. 키는 4인치 정도까지도 줄어들 수 있는데 이는 자세가 구부정해져 그렇기도 하고 노화에 따른 뼈조직의 상실, 골다공증이 원인이 되기도 한다. 뼈가 약해지고 가늘어지는 골다공증은 특히 여성에게 많이 나타나는데 칼슘과 단백질의 충분한 섭취와 규칙적인 운동으로 예방할 수 있다.

외모에서의 변화는 개인의 자기개념에 영향을 미칠 수 있다. 일반적으로 남성의 노화는 경험과 노련함, 원숙함을 상징하는 것으로 받아들이는 데 비해 여성의 노화는 부정적으로 보는 사회의 이중기준이 특히 노인 여성들로 하여금 나이에 따른 변화를 더욱 받아들이게 어렵게 하는 요인이 된다. 또한 신체능력의 쇠퇴로 인해 이동성에 제한을 받게 되어 다른 사람으로부터 도움을 받아야 하는 상황이 되는 것은 노인들의 독립성을 감소시키고 이는 자기개념에 부정적 영향을 미칠 수 있다.

(2) 뇌와 신경계의 변화

노화과정에 따른 뇌의 변화로는 뇌 크기와 무게의 감소, 대뇌 뉴런의 수와 수상돌기 밀도의 감소 등이 나타난다. 대뇌 뉴런이 나이가 들면서 점차 상실되는 원인으로는 리포푸친(lipofuscin)의 착색화로 인한 단백질 대사작용의 손상, 대뇌 혈액순환 속도의 감소, 뉴런 핵에서 단백질 합성의 오류증가, 환경적 자극의 불충분으로 인한 수상돌기의 퇴화 등이 제시되고 있다. 그러나 최근의 연구들은 대뇌 피질의 뉴런 수는 나이가 들어도 아주 미미하게 감퇴하거나 변화가 거의 없다고도 한다(Scheibel, 1992; Wickelgren, 1996; Morrison & Hof, 1997). 또한 뉴런이 상실되어도 남아 있는 뉴런의 가소성에 의해 수상돌기가 증가하여 다른 뉴런과의 연결을 이룸으로써 결함 보상 작용을 한다는 것이다(Curcio, Buelle, & Coleman, 1982). 이러한 대뇌의 가소성은 노년기에 뉴런이 상실된다 하더라도 대부분 노인들은 적절한 환경적 자극, 즉 균형잡힌 영양, 지속적인 인지적 활동, 건강상태가 유지된다면 정상적인 기능을 유지할 수 있음을 의미한다.

뇌의 효율적 기능을 위해서는 신경전달물질이 적절히 분비되는 것도 중요하다. 신경전달물질은 뉴런 간 신경세포의 자극전달을 중재하는 화학물질로 신경전달물질의 공급이 부적절하면 신경충격의 전달 속도는 떨어지게 된다. 기억에 영향주는 것으로 알려진 신경전달물질인 아세틸콜린의 수준은 연령에 따라 감소하는 것으로 보인다(Tatemich, Sacktor, & Mayeux, 1994). 또 다른 신경전달물질인 도파민 역시 나이가 들면서 감소하는 데 극단적으로 감소하는 경우는 파킨슨병의 원인이 될 수 있다.

(3) 감각기능의 변화

노년기에 이르러서는 감각기능의 변화와 손상이 눈에 띄게 나타난다. 시각과 관련된 가장 흔한 문제는 시력이 떨어지고 수정체의 탄력성이 떨어짐으로써 가까운 곳을 보기 어려운 원시성 시각이 나타나는 것이다. 홍채의 유연성이 떨어져 약한 불빛에서는 동공의 크기가 확장되지 못해 밤눈이 어두워진다. 그 결과 야간 운전이 힘들어지고 독서를 할 때도 더 밝은 빛이 필요하게 된다. 수정체가 혼탁해짐으로써 생기는 백내장과 안압이 높아져 시신경이 눌려 손상을 받아 생기는 녹내장에도 쉽게 걸릴 수 있는데 치료하지 않을 경우 실명할 수 있다. 특히 녹내장은 망막이 완전히 손상되어 시신경이 회복 불가능한 상태가 될 때까지 뚜렷한 증상이 없으므로 정기적인 검진이 필요하다.

시각에서의 감퇴는 단순한 생리적 감퇴가 아니라 심리적으로나 사회적으로 부수적인 문제들을 가져온다. 노인들은 사람을 잘 알아보지 못하게 됨으로써 대인관계가 소원해질 수 있고 신문이나 책을 읽는 것이 점차 어려워지면서 인지적 자극을 덜 받게 되고 정보를 쉽게 얻지 못해 다른 사람과의 대화나 의사소통에서 곤란을 겪을 수 있다. 이러한 경험은 노인들의 자존감을 저하시키고 사회적 관계 형성을 위축시킬 수 있다.

청력의 감소는 노화와 관련된 보편적인 현상으로 특히 고주파수의 음에서 두드러지게 나타난다. 따라서 노인들에게 말을 할 때 고음의 목소리보다 저음의 목소리를 내야 노인들은 더 쉽게 알아들을 수 있다. 청력이 손실되면 주위 사람들은 노인과 대화가 힘들어져 의사소통하는 양이 줄어들게 되고 노인들 스스로도 대화내용이 잘 들리지 않게 되면 고립감, 소외, 무능감, 자존감의 하락을 경험하게 된다(Fozard, 1990).

시각과 청각 이외에도 미각과 후각 기능도 쇠퇴한다. 혀의 미뢰수가 감소하고 후각 구의 위축이 나타난다. 맛을 보는 능력과 냄새 맡는 기능이 둔화됨으로서 입맛을 잃게 되어 잘 안 먹게 되는데 이는 영양실조로 이어질 수 있다. 또한 짜고 매운 자극적인 음식을 선호하게 되어 건강에 문제를 일으킬 수 있다.

(4) 반응속도의 감소

나이가 들수록 특정한 행동을 수행하기 위해 걸리는 시간은 더 길어진다. 노화와 반응시간과의 관계에 대한 연구들은 대부분 연령 증가에 따른 반응시간의 증가를 보고하고 있지만(Schaie, 1996), 그 원인에 대한 설명은 명확하지 않다. 그러나 대개는 두 가지 관점으로 나누어 볼 수 있는데 하나는 말초둔화가설(peripheral slowing hypothesis)이다. 말초둔화가설은 전반적인 처리속도의 감퇴가 말초신경계 수준에서 일어난다는 것이다. 즉, 나이가 들면서 말초신경계의 효율성이 떨어지게 되는데 이러한 효율성에서의 감소로 인해 환경으로부터 나온 정보가 뇌에 도달하고 뇌가 다시 신체 근육에 명령을 보내는 데 더 많은 시간이 걸리게 된다는 것이다(Salthouse, 1989). 또 다른 가설은 전반적 둔화가설(generalized slowing hypothesis)이다. 전반적 둔화가설은 뇌와 중추 신경계를 포함한 신경계의 모든 부분에서 처리과정의 효율성이 떨어져 자극 처리과정과 신체 근육으로의 명령 전달과정 모두에서 둔화가 나타난다는 것이다. 중추신경계가 나이 들면서 점차 감퇴된다는 사실은 노년기에 이르러 학습, 기억, 지각, 지능의 전반적 영역에서 정보처리속도의 감퇴가 나타난다는 결과와 일치한다.

신경계의 효율성이 떨어져 가는 원인은 회복 불가능한 신경의 쇠퇴, 뇌로 가는 혈류의 감소, 신체와 뇌의 비효율적인 협응 등이 복합적으로 작용하는 것으로 보인다. 자극에 대한 반응시간과 전반적인 처리속도의 감소는 노인들에게 사고의 가능성을 높인다. 처리속도와 반응시간이 느려지고 의사결정과정이 느려지면 결국은 위험한 상황에서 빨리 판단하고 벗어날 수 있는 능력이 손상될 수 있다.

2) 인지적 변화

(1) 지능의 변화

노년기에 지적 능력이 감퇴해 간다는 사실은 주로 횡단연구의 결과로부터 나온 것이었다. 횡단연구의 문제점은 동일한 지능검사 도구로 젊은이와 노인을 단순히 비교하는 것이므로 출생동시집단효과를 고려하지 않는 단점이 있다. 이러한 문제를 해결하기 위해 종단연구를 사용했을 경우, 종단연구는 연령에 따른 개인 변화에 대한 타당한 정보를 제공할 수는 있으나 같은 검사를 반복 시행하는 데서 오는 연습효과, 선택적 탈락으로 인해 우수한 피험자들만 남게 될 가능성 등이 문제가 될 수 있다.

횡단연구와 종단연구의 결점을 해결하기 위한 시도로 Schaie(1994)는 횡단법과 종단법을 결합시킨 순차적 접근법을 사용하였다. Schaie는 시애틀과 워싱턴에서 20세부터 70세까지의 연령에 걸쳐 무선적으로 표집된 500명을 대상으로 인지능력 검사를 하였고 피험자들은 7년마다 한 번씩 재검사를 받았다. 또한 새로운 피험자들이 연구에 계속 포함되었다. 그 결과 5,000명 이상이 검사에 참여하였는데 이 연구를 통해 발견한 노년기 지적 변화에 대한 몇 가지 결론은 다음과 같다.

① 지능변화는 다차원적이다. 모든 지적 능력에서 성인기에 연령과 관련된 단일한 형태의 변화는 없다. 어떤 능력들은 25세부터 감퇴가 시작되나 어떤 능력은 비교적 일정하게 지속된다. 예를 들어 유동성 지능은 연령에 따라 감소하지만 결정화된 지능은 일정하거나 향상되는 경우도 있다[그림 15-1].

② 지능변화의 패턴에는 개인차가 있다. 어떤 사람은 지적 감퇴가 30대부터 시작되는가 하면 70세가 되어도 쇠퇴하지 않는 사람이 있다. 실제로 70대의 1/3은 성인들의 평균 점수보다 높다.

③ 환경적 · 문화적 요인이 지능변화에 영향을 준다. 인지적 감퇴가 적게 일어나는 사람들의 특성은 만성적 질병이 없고 사회경제적 지위가 높으며 지적으로 자극적인 환경에 놓여 있는 경우가 많다. 또한 생활양식에서 융통성이 있고, 지적으로 우수한 배우자와 결혼했으며, 지각적 처리속도 기능이 좋고 성년기와 중년기의 성취에 대해 만족감을 가지고 있었다.

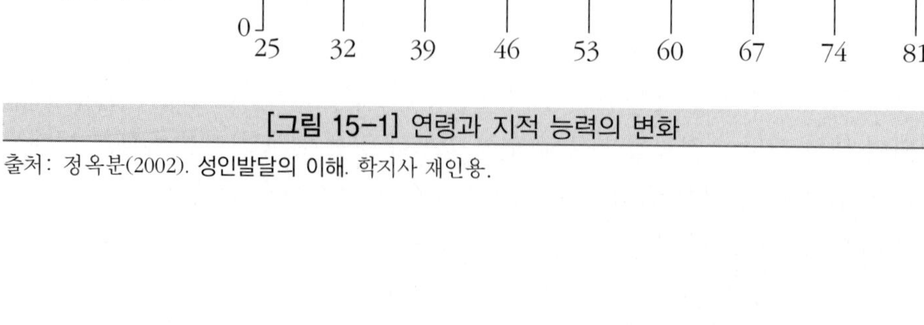

[그림 15-1] 연령과 지적 능력의 변화

출처: 정옥분(2002). 성인발달의 이해. 학지사 재인용.

환경적 요인이 지적 감퇴와 관련된다는 사실은 지적 기능유지를 위한 방법들을 개발할 수 있음을 시사한다. Schaie와 Willis(1986)는 64세에서 95세 사이에 걸쳐 있는 피험자들을 대상으로 추론 및 공간기술과제에 대해 5시간의 훈련프로그램을 실시하였다. 피험자들은 문제를 해결하는 일반적인 방략을 배우고 검사시 사용하는 것과 유사한 연습과제를 하였다. 훈련을 받은 후 검사를 실시한 결과 특히 추론과 공간기술에서 일찍이 감퇴를 보였던 노인들의 1/2 이상이 유의한 훈련효과를 나타내었다. 이러한 효과는 능력이 안정되게 유지되어 오던 사람들에게도 나타나 이들의 경우는 1/3 이상이 수행이 개선되었다.

인지적 훈련의 효과는 장기적으로도 나타난다. 한 집단의 피험자들은 7년 동안 세 번에 걸쳐 훈련을 받았다. 7년 후에 대부분의 피험자들은 처음에 시작했을 때보다 수행이 높아졌고 이 연구에 참여한 70대 후반의 피험자들도 유의한 훈련효과를 나타냈다(Willis & Nesselroade, 1990). 이러한 지적 기능에서의 가소성은 노년기에서도 지적 능력에서 긍정적 변화가 일어날 수 있음을 시사하는 것이다.

노년기에 지적 감퇴가 일어날 수 있는 이유는 좋지 못한 건강, 지적으로 자극을 받지 못하는 생활환경 등이 원인이 될 수 있다. 건강이 나빠지면 뇌에 혈액순환이나 산소공급이 원활하게 이루어지지 않을 가능성이 높아지고 병을 치료하기 위해 복용하는 약물도 지적 감퇴를 촉진시킬 수 있다. 직업이나 생활환경을 통해 인지능력을 활발히 사용할 기회가 자주 있는 경우에는 지적 감퇴를 예방할 수 있으나 고립되어 있거나 생활양식이 지나치게 단순한 경우 예를 들어 배우자가 없고 사회경제적 지위가 낮은 여성노인의 경우가 가장 큰 지적 감퇴가 나타났다. 이들은 삶에 대한 만족도가 낮으며 지적인 자극을 거의 받지 못하는 생활을 하고 있는 경우가 많다(Schaie, 1996).

노년기 지적 능력에 영향을 미칠 수 있는 또 하나의 요인으로는 최종 급강하(terminal drop)가 있다. 최종 급강하는 Kleemeier(1962)가 노인들을 12년 동안 4회에 걸쳐 지적 능력을 검사하였는데 검사 후 얼마 있다 사망한 노인들이 생존해 있는 노인들보다 급격한 지적 능력의 감퇴를 보였음을 발견하였다. 이러한 결과는 듀크 종단연구에서도 지지되었다. 이 연구에 참여하다 사망한 피험자들의 76%가 사망직전에 감퇴를 보였다. 그러나 이러한 감퇴는 비교적 점진적이었고 20%만이 급격한 감퇴를 보였다(Siegler, 1983). 시애틀 종단연구에서는 아주 나이 든 노인들에게서만 최종급강하가 나타났고 젊은 노인들의 경우는 사망전 지적 능력의 감퇴가 크다는 증거는 발견되지 않았다(Cooney, Schaie, & Willis,

1988). 따라서 최종 급강하는 아주 나이 든 노인들에게 의미가 있는 것으로 보인다. 최종 급강하는 지능뿐 아니라 지각능력, 정신운동기능, 성격영역 등 전반적인 영역에서 나타난다(Lieberman, 1983). 사망하기 직전에 신체와 뇌에 혈액을 공급하는 심혈관계 기능의 저하가 나타나고 동시에 영양 공급도 원할히 이루어지기 어려우므로 뇌 기능의 수행이 떨어지는 것은 당연하다고 할 수 있을 것이다.

(2) 기억능력의 변화

노화과정 중에서 눈에 띄는 변화 중의 하나는 기억력의 감퇴이다. 대부분의 노인들은 기억력 문제를 호소하는데 대개 물건을 둔 장소, 약속 시간을 지키는 것, 사물의 이름을 명명하는 것, 전화번호 등을 잊거나 혼동하는 것으로 나타난다. 이러한 기억 감퇴는 불가피한 것일까? 반드시 그렇지는 않은 것 같다. 한 연구에 의하면 노인들을 존중하고 대접하여 노인들이 자존감을 크게 잃지 않는 아시아권 문화의 노인들은 노인을 중시하지 않는 문화권 사람들 보다 기억 감퇴가 크지 않다고 한다(Levy & Langer, 1994). 이는 기억력의 변화에 심리적인 요인도 영향을 미칠 수 있음을 의미한다.

그럼에도 불구하고 기억능력에 연령에 따른 변화가 있는 것은 사실이다. 노년기에 가장 두드러지는 것은 단기기억의 감퇴이다. 특히 언어적으로 빠르게 제시되는 정보, 낯선 사람의 이름과 얼굴을 기억하는 것, 문장에 대한 기억력 등을 효율적으로 처리하고 저장하는 데 어려움을 보인다. 이러한 능력에서의 감퇴는 일상생활에 영향을 주게 되므로 기억력의 문제는 노인들에게 매우 현실적인 문제로 다가오는 것 같다.

노년기 기억 변화가 일어나는 양상을 단기기억과 장기기억으로 나누어 살펴보기로 한다.

① 단기기억

단기기억은 작업기억(working memory)이라고도 하는데 마음속에 여러 가지 정보를 동시에 갖고 있다가 의사결정시 그 정보를 사용하는 경우에 작용한다. 전통적으로 단기기억은 기억 폭(memory span)을 검사하여 측정해 왔다. 일련의 숫자들을 제시하고 즉각적인 기억을 요구하는 단순한 기억 폭 측정에서는 연령차가 거의 나타나지 않는다(Zacks et al., 2000). 그러나 보다 능동적인 정보처리 과정을 필요로 하는 작업기억에서는 연령에 따른 변화가 나타난다. 노인들의 언어적 과제에 대한 작업 기억 수행능력을 3년 간격으로 종단연구로 관찰했을 때 연령에 따른 감퇴가 나타났으며(Hultsch et al., 1992), 이러한 결과는 공간기억에 대한 연구에서도 발견되었다. 전문적인 직업인으로서 훈련되어 온 음악가와 일반인들에게 악보의 패턴에 대한 기억 검사를 실시한 결과 공간 기억에서 연령에 따른 감퇴는 두 집단에서 동일하게 나타나(Meinz & Salthouse, 1998) 작업기억에 대한 감퇴는 경험과 무관하게 이루어지는 것으로 보인다.

작업기억에서의 연령감퇴는 왜 일어나는 것일까? 나이가 들면서 새로운 정보를 처리하는 동시에 저장소에서 정보를 유지하는 능력이 쇠퇴하는 현상을 처리속도의 감소와 억제 결함의 두 가지 관점으로 설명할 수 있다. 우선 속도 결함 가설(speed deficit hypothesis)은 작업기억에서 연령과 관련된 감퇴는 처리 속도가 떨어지기 때문이라고 본다. 노인들의 반응속도가 느려지는 것도 이러한 이유 때문이다. Salthouse(1996)는 회상에서 연령에 따른 감퇴가 나타나는 원인의 80% 이상은 지각속도 때문이라고 주장하며 지각과 반응속도가 느려지는 것을 시간제한과 동시성 문제로 설명하였다. 노인들이 작업기억 과제에서 수행이 떨어지는 것은 단순히 충분한 시간이 주어지지 않아 시간 내에 요구되는 작업들을 해내기 어려워지기 때문이거나 한 과제에 필요한 조작을 수행하면서 동시에 다른 과제를 처리하기 어렵기 때문이다.

작업기억에서 연령차가 나오는 또 하나의 이유는 Hasher와 Zacks(1998)가 제안한 억제 결함 가설(inhibition deficit hypothesis)로 설명할 수 있다. 이 가설에 따르면 정보처리시에 비관련정보가 활성화되면 작업기억 처리과정을 방해하기 때문에 작업기억이 효율적이기 위해서는 과제와 관련 없는 정보를 억제하는 것이 필요하다는 것이다. 그러나 노인들은 작업기억에 일단 들어온 비관련정보를 효율적으로 억제하지 못하므로 작업기억의 수행이 떨어지게 되는 것이다.

② 장기기억

입력된 정보는 작업기억에 계속 남아 있는 것이 아니라 잊혀지거나 장기기억으로 넘어가 저장되어 있다가 필요시에 인출된다. 그러나 앞서 살펴 본 바와 같이 작업기억은 새로운 정보를 처리하는 능력이므로 나이가 들면서 이러한 능력이 감퇴한다는 것은 효율적인 부호화와 인출도 어려움을 겪을 수 있음을 의미한다. 일반적으로 기억수행에서 재인 과제에서는 연령차가 없지만 회상 과제에서는 연령차가 나타나는 것으로 보고되고 있다. 이러한 차이는 재인과제는 회상 과제에 비해 더 많은 단서와 맥락이 제공되지만 회상은 재인보다 기억에 도움되는 환경적 맥락이 덜 제공되고 제시된 자료를 기억하기 위해 피험자가 더 열심히 노력해야 되는 높은 수준의 자기 주도적 처리과정을 요구하기 때문인 것으로 볼 수 있다(Craik, 1994). 따라서 이러한 결과는 기억과제가 노인들에게 일상생활과 관련되고 의미가 있으며 환경적으로 풍부한 단서를 제공해 주는 것이라면 노인들의 기억수행 능력은 크게 손상되지 않음을 시사한다고 볼 수 있다.

장기기억에서 연령효과는 기억 요소에 따라 달라진다. 일화적 기억(episodic memory) 과제의 경우 노인들은 젊은이들에 비해 기억하는 데 시간이 더 걸리고 정확성도 떨어졌다(Cohen, Conway, & Maylor, 1994). 이에 비해 의미적 기억은 덜 손상되는 것으로 보이는데 이는 노인들이 젊은 사람들보다 알고 있는 것들이 더 많아 보다 풍부하고 정교화된 의미적 연결망을 이루고 있기 때문인 것으로 볼 수 있다.

흔히 노인들은 과거의 오래된 기억은 잘하지만 오히려 최근의 것은 잘 기억하지 못한다고 여겨져 왔다. 그러나 노인들에게 시청한 텔레비전 쇼의 내용을 회상하도록 했을 때 이전의 것보다는 최근에 방영된 것을 더 잘 기억하였고 시간이 지남에 따라 과거 사건에 대한 기억은 덜 생생해지고 상세함도 떨어졌다(Cohen, 1996). 그러나 옛날 기억이 개인적으로 중요한 사건, 즉 자녀 출생이나 직업에서의 성취와 같은 자서전적 기억과 관련된 경우는 수차례 반복되어 회상하는 경향이 있으므로 비교적 분명하게 기억되는 것 같다. 노인들은 특히 10세에서 30세 사이에 경험했던 개인적으로 중요하고 자기 삶에서 두드러지는 사건들을 가장 잘 기억하였다(Rubin, Rahhal, & Poon, 1998).

성인기 기억에서 흥미로운 또 하나의 형태는 전망적 기억(prospective memory)이다. 전망적 기억은 사건을 중심으로 한 기억과 시간을 근거로 한 기억으로 나눌 수 있다. 점심식사 후 친구 집에 가기와 같은 사건 중심 기억은 연령감퇴가 크지 않지만 특정 시간에 친구 만나기와 같은 시간을 근거로 한 기억에는 연령감퇴가 보고되고 있다(Maentylae & Nilsson, 1997). 전망적 기억에서의 감퇴는 일상생활에 영향을 줄 수 있다. 예를 들어 약을 먹는 시간을 자꾸 잊어버리면 건강에 문제가 올 수 있고 다른 사람과의 약속을 지키지 못한다면 사회적 관계도 위축될 가능성이 있다.

기억과 노화에 대한 결과들을 요약하면 의미적 기억이나 자서전적 기억과 같이 친숙하고 자주 인출되는 것은 특별한 의식적 처리과정을 요하는 것이 아니므로 비교적 잘 보존되어 있다. 그러나 인지적 자원에 부담을 많이 주는 작업기억의 처리형태에 많이 의존해야 하는 과제에서는 연령에 따른 감퇴가 나타난다고 볼 수 있다.

이러한 기억 감퇴는 왜 일어나는 것일까? 노년기의 기억 감퇴에 영향을 미치는 요인을 세 가지로 나누어 설명할 수 있다. 첫째는 생물학적 요인이다. 생물학적 입장에서는 노년기 기억 감퇴의 원인을 대뇌와 호르몬의 변화로 본다. 예를 들어 일화적 기억에서의 감퇴는 전두엽의 퇴화와 특히 기억에 중요한 역할을 하는 해마의 세포 상실과 관련된다. 신경생리학적 입장에서도 기억과제 수행시 사건 유발 전위(ERP; event-related potentials)를 측정해 보면 노인보다 젊은 성인들에게서 정적 파동이 더 많이 나타나는데 이는 활성화가 잘 되고 있음을 의미하는 것이다(Swick & Knight, 1997). 또한 치매는 아니지만 기억 문제를 호소하는 여성 노인들에게 에스트로겐 치료를 했을 때 기억검사에서 유의한 향상을 보였으며 스트레스 호르몬인 코티손의 수준이 높은 것은 낮은 기억수행과 관련된다(Resnick, Metter, & Zonderman, 1997). 둘째는 기억감퇴의 원인을 정보처리 결함으로 보는 입장이다. 노인들은 부호화와 인출 시에 정보를 처리하는 효과적인 방식을 덜 사용하며 비관련 정보나 사고를 억제하는 능력이 떨어져 문제해결능력이 방해받게 된다는 것이다(Craik et al., 1995; Hasher et al., 1999). 마지막으로는 노인들이 복용하는 약물, 지적인 자극을 덜 받는 생활양식, 일상생활에서 꼭 기억해야 할 일이 적어지는 것, 기억에 대한 동기가 낮아지는 것 등의 환경적 요인들이 기억감퇴에 영향을 주는 것으로 보인다.

(3) 기억 훈련 연구

연령에 따른 기억능력의 변화에 대한 연구들은 나이가 들면서 젊은 시절보다는 기억능력이 감퇴한다는 결과들을 제시하고 있다. 그렇다면 노인들에게 기억 훈련을 시키면 수행이 개선될 수 있을까?

기억을 개선시키는 방법으로 가장 많이 사용되는 것은 기억 방략을 가르치는 것이다. 얼굴과 이름을 연결시켜 회상하는 과제에서 시각적 심상법을 이용하여 기억하는 것을 배운 노인들은 그렇지 않은 노인들에 비해 유의하게 수행이 증가하였다(Yesavage, Lapp, & Sheikh, 1989). Stigsdotter, Neely와 Bäckman(1993)은 기억 훈련에서 다요인 효과와 단일요인 효과를 비교하였다. 다요인 접근은 기억 감퇴의 원인은 여러 요인이 복합적으로 작용하는 것이므로 기억 향상 훈련에서도 다양한 방략들을 동시에 훈련시켜야 한다고 보는 것이다. 따라서 다요인 집단에는 부호화 방략, 주의력 기능, 이완을 통한 불안감소를 같이 훈련시키고 단일

요인집단에게는 부호화 방략만 가르쳤다. 이 결과 단어목록 자유회상 과제에서 다요인 집단은 수행이 유의하게 증가했으며 이러한 훈련 효과는 6개월간 지속되었다. 단일요인집단 역시 수행이 증가하였고 효과도 6개월간 지속되었으나 다요인에 비해서는 개선정도가 적었다. 이러한 결과는 기억훈련 효과는 두 가지 프로그램 모두에서 효과가 있으나 여러 요인을 동시에 고려했을 때 기억향상 효과가 더 높다는 것을 시사한다. Caprio-Prevette와 Fry(1996)는 한 집단의 노인들에게는 사전에 노년기 기억에 대한 긍정적인 연구 결과들을 소개하고 기억 통제력에 대한 긍정적인 신념을 갖게 하는 인지적 심리치료와 기억훈련을 병행하였는데 심리치료 없이 단지 기억 훈련만 받은 집단에 비해 수행이 유의하게 증가하였음을 발견하였다.

그러나 이러한 훈련 프로그램의 효과성은 다소 한계가 있는 것으로 보인다. 노인들에게 기억방략을 가르치는 것은 단기적으로는 효과가 있었으나 장기적으로는 별 효과가 없었다. 노인들은 방략 자체는 기억하고 있었으나 실제로 과제 수행시에 이를 적극적으로 활용하지는 않았다(Anschutz, Camp, Markley, & Kramer, 1987). 오히려 기억방략에 대한 형식적 훈련이 아닌 노인들 스스로 고안한 기억 방략을 사용하도록 했을 때 훨씬 효과가 있었고 이러한 자기 주도적 훈련은 노인들의 자기 효율감과 숙달감에도 긍정적 영향을 미치는 것으로 나타났다(Cavanaugh & Green, 1990). 또한 기억 훈련을 받은 노인들은 실제 기억 수행의 증가 여부와 관계없이 기억 문제로 불평하고 걱정하는 것이 줄어들었다는 연구결과는(Zarit, Cole, & Guider, 1981) 노인들의 기억수행에 자신감과 같은 심리적 요인이 중요함을 시사한다

(4) 기억장애 – 노인성 치매

노년기의 가장 보편적인 병리적 기억장애로서 치매(dementia)가 있다. 나이가 들면서 기억력이 떨어지는 것은 흔히 나타나는 현상이지만 이러한 증상이 일상생활에 장애를 가져올 정도로 심할 때 문제가 될 수 있다. 수 세기 동안 사람들은 이를 노망이라고 부르면서 나이를 먹게 되면 피할 수 없이 필연적으로 오는 것으로 생각했다.

그러나 치매는 정상노화와는 구분되는 병리적인 현상이므로 질병으로 이해해야 한다. 문제는 치매의 초기에 나타나는 증상들이 정상 노화현상과 쉽게 구분되지 않아 무심코 넘기게 되어 치료 시기를 놓치게 되는 경우가 많이 있다는 것이다.

우리나라의 경우도 65세 이상의 노인 중 약 8%에 해당하는 사람들이 치매환자로 집계되고 있고 2020년에는 노인인구의 약 10%가 치매환자일 것으로 전망하고 있다. 치매 발병률은 연령이 높아짐에 따라 증가하여 65~75세에서는 약 3% 정도이나 85세 이상이 되면 20% 이상의 높은 비율을 나타낸다. 또한 남성에 비해 여성의 발병률이 높다. 전체 치매 환자의 50%는 알츠하이머형으로 가장 많은 비율을 차지하고 있고 20~30%는 혈관성 치매로 추정되며 나머지 20% 정도는 파킨슨병, 두부 손상, 헌팅턴병 등의 기타질병으로 인한 치매에 해당된다.

치매의 증상들은 원인 및 질환의 종류와 정도에 따라 매우 다양하게 나타나는데, 초기에는 아주 가벼운 기억장애를 보이다 점차 사고력, 추리력, 언어능력, 문제해결능력 등의 전반적 영역에서 감퇴가 나타나며 진행됨에 따라 정서조절능력의 손상, 신체 운동기능의 결함과 더불어 모든 심리적 기능이 와해되어 가면서 인격의 황폐화가 나타난다.

① 알츠하이머형 치매

알츠하이머형은 가장 흔하게 나타나는 치매로 진행되어 가는 퇴행성 치매이다. 1907년 독일 의사인 Alois Alzheimer는 당시로는 드문 뇌신경 질환으로 사망한 여자 환자에 대한 관찰을 보고하였는데, 1970년에 이르러서야 Tomlinson, Blessed와 Roth(1970)는 이 질병에 다시 주목하였고 그 이후로 많은 관심을 받게 되었다.

알츠하이머형 치매(Alzheimer' s disease)의 특징적인 증상으로는 대뇌에서 피질 및 해마 부위의 급속한 세포의 사멸, 신경섬유의 엉킴, 아밀로이드(amyloid)라 불리는 비정상적 단백질인 플라크(plaque) 등이 발견된다는 것이다. 또한 신경전달물질을 분비하는 특정 화학물질의 양이 많이 감소되어 있다. 그러나 이러한 대뇌의 변화들은 정상적인 노인들에게서도 발견되는데 이는 알츠하이머형 치매가 정상노화과정과 질적으로 다른 과정에 의해 진행된다기보다는 정도의 차이일 수 있음을 시사하는 것이다.

알츠하이머형의 주된 증상은 초기에는 단기기억 및 최근기억에서 손상이 나타나다 병이 진행되면서 학습, 주의, 판단력에 장애가 나타나고 시간과 공간에 대한 지남력 상실, 의사소통의 어려움, 자조기술의 감퇴, 부적절한 사회적 행동 및 성격의 변화 등이 나타나게 된다. 초기에는 우울증이나 스트레스 반응과 같은 다른 심리적인 문제인 것처럼 보이기도 한다. 예를 들어 경영자가 사업상의 중요한 약속을 잊어버린다거나 수억대의 돈을 다루던 사람이 간단한 셈에서 자주 틀리는 것과 같은 행동으로 나타날 수 있다. 외향적이던 사람이 조용하고 위축되어 보이기도하고 부드러운 성품의 사람이 적대적이고 공격적으로 되기도 한다. 병이 진행되어 갈수록 우울, 편집, 흥분과 같은 정서반응이 보다 뚜렷해지고 점차 식사와 옷입기 같은 간단한 일도 할 수 없게 되어 말기에는 거의 말을 하지 않고 누워지내다 사망하게 된다.

알츠하이머형 치매의 원인은 아직 분명치 않으나 현재까지 밝혀진 것으로는 크게 세 가지로 나누어 볼 수 있다. 첫째는 뇌세포의 점진적 손상이 원인이 된다. 그러나 뇌세포의 손상이 일어나는 근본적인 원인은 아직 정확히 밝혀지지 않았다. 최근에 가장 유력한 원인으로 설명되는 것은 베타아밀로이드(β-amilode)라는 독성물질의 작용이다. 베타아밀로드드는 신경전달물질인 아세틸콜린을 생성하는 대뇌부분과 대뇌피질의 신경세포를 파괴하여 아세틸콜린의 분비를 감소시키는 것으로 알려져 있다. 아세틸콜린은 학습과 기억에 작용하는 신경전달물질로 치매환자들의 경우 90%까지 감소되는 것으로 나타났다. 둘째는 유전적 소인의 가능성이다. 알츠하이머형 치매는 한 가계에서 반복적으로 나타나는 경우가 많고 이란성쌍생아의 발병 일치율은 22% 정도이나 일란성 쌍생아의 경우는 67%에 이르러 높은 유전 가능성을 시사한다(Gatz et al., 1997). 또한 1, 14, 19, 21번 염색체가 관련된다고 알려져 있다. 이러한 염색체들은 베타아밀로이드 단백질의 생성이나 축적과 관련되어 있어 특히 21번 염색체 이상으로 인한 다운 증후군 환자들은 정상인보다 더 많은 섬유의 엉킴과 플라크의 생성을 나타내고 중년기 이후에 치매증상을 보이다 사망하는 경우가 많다는 것이다. 셋째로 환경적 요인으로는 환경오염이나 가공식품 섭취를 통해 알루미늄이 체내에 축적되거나 스트레스를 많이 받을 경우 베타아밀로이드의 생성이 촉진된다고 한다. 또한 사고 등에 의해 대뇌 상해를 입은 경우 발병 가능성이 높아질 수 있다.

이러한 점들을 근거로 볼 때 알츠하이머형 치매의 위험 요인은 연령이 65세 이상이고 여성이며 가족력이 있고 과거 뇌손상 위험이 있는 경우 발병가능성이 높아진다고 할 수 있다.

② 혈관성 치매

치매의 원인들 중에서 두 번째로 흔한 것이 혈관성 치매(vascular dementia)이다. 혈관성 치매는 뇌졸중이나 뇌출혈 등으로 인해 뇌혈관이 막히거나 좁아져 혈액순환이 잘 안 되고 그 결과 산소와 영양공급이 제대로 안 되 뇌세포에 손상이 생겨 발생하게 된다. 혈관성 치매를 보이는 사람들은 인지능력이나 정신능력의 저하가 대개 돌발적이고 급속하게 나타나며 일정 수준을 유지하다가 갑자기 나빠졌다가 다시 유지되고 하는 식의 단계적 악화 양상을 보인다. 또한 팔과 다리의 마비, 언어장애, 시야장애도 흔하게 나타난다. 혈관성 치매의 경우도 대개는 일단 발병하면 완치되기는 어려우나 초기에 적절한 치료를 받는다면 더 이상 악화되는 것은 방지할 수 있다.

③ 기타 원인에 의한 치매

알츠하이머형과 혈관성 치매 이외에도 다양한 원인에 의해 치매가 나타날 수 있다. 진행성 뇌 질환의 하나인 파킨슨병(Parkinson' s disease)은 몸과 팔, 다리가 떨리고 경직되며 말이 어눌해지고 자세가 불안정해지는 증상을 보인다. 이 환자들 중 30~40% 정도는 말기에 치매 증상을 보인다는 보고가 있다(Raskind & Peskind, 1992).

헌팅턴병(Huntington' s disease)으로 인한 치매도 있다. 헌팅턴병은 뇌의 특정 부위의 신경 세포들이 파괴되어 가는 퇴행성 뇌 질환으로 병이 진행됨에 따라 인지능력이 점차 떨어지고 기억력, 언어능력, 판단력에서의 감퇴와 함께 성격의 변화가 동반된다. 헌팅턴병은 유전적 질환으로 알려져 있고 젊은 사람에게서도 나타날 수 있으며 팔이나 다리가 춤추는 듯한 동작으로 저절로 움직여지기 때문에 무도병이라 불리기도 한다.

또한 뇌조직이 스펀지처럼 구멍이 나는 크루츠펠트-야콥병(Creutzfeldt-Jakob disease)은 젊은층과 중년층에서도 치매증상이 나타난다. 크루츠펠트-야콥병은 매우 드문 질환이나 치명적인 뇌 질환으로 프라이온(prion) 단백질이라 불리는 물질에 의하여 발생하는 것으로 여겨지고 있다. 이 병의 초기 증상으로는 기억력 장애에서 시작되어 시야장애나 행동장애가 나타나고 이후 의식장애와 불수의적 운동장애가 나타나면서 결국은 혼수 상태에 이르게 된다.

치매 증상을 유발하거나 치매와 비슷한 임상소견을 보이는 질환들 중에서 완치가 가능한 것들도 있다. 이런 질환들은 뇌종양, 두부 손상, 대사성 뇌 질환, 갑상선 질환, 영양결핍증 등이다. 만성 알코올 중독을 포함한 독성 물질에 의한 뇌 기능장애 또는 다른 약물에 의해서도 인지장애나 치매증상이 나타날 수 있다. 정상압 뇌수두증은 뇌 안을 흐르고 있는 뇌척수액의 흐름이 막혀 뇌실 안에 척수액이 점차 많이 고임으로써 발생하는 것이다. 이 병의 증상으로는 치매, 소변장애, 보행장애가 나타나는데 조기에 발견된다면 간단한 수술로도 완치가 가능하다.

노인들의 경우 우울증에 걸리게 되면 치매와 비슷한 증상을 보일 수가 있다.

우울증의 증상으로는 슬픈 기분, 사고장애, 집중력 부족, 절망감, 활동성 저하 등이 나타난다. 또한 치매 환자들에게 우울증이 동반되는 경우가 많다. 치매 환자의 약 40%에서 우울증이 나타나는데 치매와 우울증이 같이 나타나게 되면 지적능력의 장애가 더욱 심해질 수 있다.

치매와 비슷한 증상으로 일시적이고 매우 갑작스럽게 정신 상태의 혼동을 보이는 섬망(delirium)이 있다. 섬망은 폐 질환이나 심장 질환, 감염, 영양부족, 장기간의 약물 복용 및 호르몬 장애 등을 겪고 있는 노인들에게서 흔하게 나타나는 일시적인 현상이다. 따라서 갑작스러운 인지능력의 장애를 보이거나 지남력 상실 또는 의식 소실 등의 증상을 보이는 경우에는 치매보다는 섬망일 가능성이 높다.

3) 성격 및 사회성 발달

(1) 성격 발달

① 에릭슨의 자아통합과 절망

에릭슨의 심리사회적 마지막 단계인 노년기는 자신의 삶을 되돌아보고 평가하며 통합하는 때이다. 통합은 지난날 자신의 과오, 결점, 실패 등을 인정하고 수용하는 데서 온다. 자신의 삶에서 이루고자 했던 것을 실현시키고 이루었으며 후회를 거의 하지 않고 만족하며 받아들이는 과정이다. 어떤 사람은 자신의 삶을 불만족감을 가지고 되돌아보기도 한다. 자신에게 주어졌던 삶의 중요한 기회들을 놓쳤고 원하던 것을 이루지 못했다고 느낄 때 절망과 우울을 경험하게 된다.

노년기는 쇠퇴를 경험하고 죽음을 준비해야 하는 시기이다. 노인들은 자신의 죽음에 직면해서 자신이 살아온 삶을 되돌아보게 된다. 비록 살아온 과정들이 힘들고 후회스러운 부분이 있었다 해도 전체적으로 자신의 삶이 의미 있었다고 긍정적으로 수용할 때 통합감이 이루어진다. 통합감은 이전 단계와의 연속선상에서 이루어지는 것이다. 청년기에 자아정체감 확립에 실패한 사람은 친밀감을 이루기 어렵고 이는 중년기의 침체성으로 연결된다. 이러한 부정적 발달이 계속되어 온 사람은 노년기에 자신의 삶을 통합하기 어렵고 후회와 불만족감으로 자신의 삶을 평가하게 되고 이러한 절망감을 다른 사람에 대한 원망과 비난으로 표현한다.

② 레빈슨의 인생의 마지막 계절

레빈슨은 60대 초반에 전환기를 거쳐 노년기에 진입한다고 보았다. 이 시기에 노인에 대한 사회의 부정적 고정관념들을 인식하고 이제 자신이 더 이상 사회의 중심인물이 아니라는 사실에 갈등을 느낀다. 힘과 존경과 권위의 상실을 받아들이는 것은 자신의 삶을 통제할 수 있다고 여겨온 사람들에게 쉬운 일은 아니다. 그러나 결국에는 신체적 쇠퇴와 질병, 가까운 사람들의 죽음을 통해 자신이 늙었다는 사실을 받아들이게 된다. 마지막 단계에서 궁극적인 과업으로써 죽음을 이해하고 자아에 대한 관심이 증가하며 자신과 화해를 하게 된다.

③ Peck의 발달과업

Peck(1968)은 노년기 심리적 과업에 대한 Erikson의 관점을 바탕으로 이 시기에 해결해야 하는 중요한 위기를 강조하였고 이러한 위기들의 성공적인 해결을 통해 자신의 인생 목적에 대한 폭넓은 이해를 할 수 있다고 보았다. 첫 번째 위기는 자기에 대한 재정의 대 직업역할 몰두(redefinition of self vs preoccupation with work role)이다. 노년기에는 직업 역할과 관련시키지 않고도 자신의 가치를 발견하고 자신을 재정의해야 한다. 은퇴는 사람들이 자신을 보는 관점에 변화를 일으키므로 직업 역할 없이도 자존감과 자기 개념을 유지시킬 수 있도록 자신에 대한 재정립이 필요하다. 두 번째 위기는 신체 초월 대 신체 몰두(body transcendence vs body preoccupation)이다. 노년기에는 신체적으로 쇠퇴를 경험하므로 이러한 변화에 지나치게 걱정하거나 몰두하지 않고 다른 사람과의 친밀한 관계, 관심을 기울일 수 있는 다른 활동을 찾아야 신체적인 불편함을 극복할 수 있다. 세 번째 위기는 자아 초월 대 자아 몰두이다(ego transcendence vs ego preoccupation). 노인들은 죽음이 곧 다가올 것이고 불가피하다는 것을 받아들일 때 현재의 자기 자신과 삶을 뛰어 넘을 수 있게 된다. 죽음에 대한 수용을 통해 타인의 행복과 안녕에 기여함으로써 자아 초월이 이루어진다. 그렇지 못하면 자신의 삶이 가치 있었는지 타인에게 도움이 되었는지에 대해 의문을 갖게 된다.

④ 생의 회고와 회상

노인들은 지난날 경험했던 사람들, 사건, 감정에 대해 자주 되돌아보고 이야기한다. Erikson과 Levinson, Peck은 모두 노년기 성격발달의 주요한 특징을 자신의 삶을 회고하는 것이라 보았다. 회고는 과거를 되돌아보면서 오래 해결되지 않았던 문제나 갈등을 좀더 객관적으로 바라보고 새로운 시각으로 보게 함으로써 미결의 과제를 끝내거나 현재의 삶을 더 진지하게 바라보도록 해 주는 기능을 한다(McDougall, Blixen, & Suen, 1997). 또한 사람들은 나이가 들수록 자신의 삶을 되돌아보는 것을 통해 죽음에 대한 인식을 보다 분명히 해가고 수용하게 된다. 따라서 자신이 살아온 인생을 되돌아보는 것은 과거와 현재 사이에 연속성을 부여하고 현재에 대한 인식을 증가시키면서 지나간 일에 대한 통찰력을 줄 수 있다. 이러한 의미에서 회고 과정은 노년기 자아통합감을 촉진시키고 현재에 더 효율적으로 기능할 수 있게 해 주는 것으로 보인다(Turner & Helms, 1994).

(2) 가족관계

① 배우자와의 관계

노년기까지 결혼 생활을 지속해 온 부부들은 이 시기에 서로에 대한 만족감이 비교적 높은 것으로 보인다. Weishaus와 Field(1988)는 17쌍의 부부를 50~69세 사이에 걸쳐 종단연구 하였다. 그 결과 이들은 환경의 변화에 실질적으로 잘 대처하는 능력을 갖고 있었는데 예를 들어 한쪽 배우자가 병이 날 경우 이러한 일이 관계를 악화시키기보다는 유대관계를 더 단단하게 하는 역할을 하였고 결혼에 대한 기대도 시간이 지나면서 부부간에 더욱 일치해가는 특징을 보였다. 또한 Levenson 등(1994)은 중년 부부와 노인 부부들을 비교한 연구에서 노인 부부들이 중년 부부들에 비해 갈등이 더 적었고 만족을 더 많이 했으며 서로에 대해 긍정적인 감정을 더 많이 갖고 있었다. 아마도 이 시기까지 함께 한 부부들은 서로에 대해 동반자 의식을 느끼고 정서적 지지를 제공하고 서로에 대한 더 많은 통찰력이 있는 것으로 보인다.

그러나 결혼의 모든 측면이 만족스러운 것은 아니며 상황에 따라 심각한 스트레스를 경험할 수도 있는데 예를 들어 한쪽 배우자가 은퇴하거나 병이 나는 것은 부부간의 관계에 영향을 줄 수 있다. 배우자를 간병해야 하는 경우, 간병하는 사람은 이 경험을 배우자에 대한 사랑과 헌신의 마지막 기회로 여기고 배우자에 대한 책임을 다하는 데서 만족감을 느낀다는 보고도 있다(Zarit & Reid, 1994). 그러나 대부분의 경우, 도움을 제공해야 하는 배우자는 이를 스트레스로 지각하며 생에 대한 만족감이 떨어지고 오랜 간병은 부부간의 동반자 의식과 친밀감을 저하시킨다(Aneshensel et al., 1995; Cavanaugh, 1999). 이러한 이유는 돌보는 배우자 자신도 같은 노화과정을 겪고 있으므로 신체적으로 힘들고 부담이 되기 때문이다.

배우자와의 사별은 고통스럽고 크나 큰 스트레스로 지각된다. 결혼생활이 만족스러웠다면 배우자의 죽음은 동료, 연인, 조력자, 믿을 만한 사람을 상실하는 것과 같다. 그러나 배우자가 오랜 병치레를 하여 부양의 부담이 컸을 때는 사별이 이러한 짐을 덜어 줄 수 있으나 동시에 남은 사람은 죄책감을 느끼거나 자기비난을 할 수 있다.

배우자 사별시 남은 배우자는 과부 또는 홀아비로서의 새롭고 낯선 사회적 역할을 수행해야 한다. 배우자 사별은 부부 중심의 사회에서 모임과 같은 사회적 교류에 더 이상 참여하지 못하게 될 수 있으며 혼자 식당이나 영화관에 가는 것이 익숙지 않아 집안에만 머물거나 고립될 수 있다. 홀아비가 되는 것은 과부보다 더 많은 스트레스를 경험하는 것으로 보여 남자들은 배우자 사별 후 여성에 비해 6개월 내에 사망하는 비율이 더 높으며, 75세 이상의 경우는 12배가 높다고 한다(Gallagher-Thomptson et al., 1993). 이러한 이유로는 나이 든 남성들에게 아내는 가장 가까운 친구이자 믿을 만한 존재이며 요리, 장보기, 세탁과 같은 일상의 일을 제공해 주는 사람이었기 때문으로 보인다. 남성은 여성에 비해 재혼하는 경우가 더 많다. 여성은 재혼보다는 새로운 친구, 이웃과 관계를 맺는 다양한 사회적 지지망을 형성함으로써 독신생활에 적응해 나간다. 그러나 남성의 경우는 실질적으로 집안일을 도와주는 사람의 존재 여부가 원활한 적응에 더 중요한 요인이 된다(Lamme et al., 1996).

② 성인자녀와 노부모

부모자녀 관계는 평생을 통해 지속되는 관계이다. 이러한 관계는 부모가 자녀를 성인으로 키워 독립시킴으로써 끝나는 것이 아니라 오히려 그 시기부터 부모자녀 상호작용 양식은 더욱 복잡해져 간다고 할 수 있을 것이다.

성인자녀와 노부모 관계는 노부모가 비교적 건강을 유지하는 한 양방향적인 상호작용이 이루어진다. 부모는 성인자녀의 집안일을 거들어 주거나 정서적 지지, 조언, 손자녀 돌보아 주기와 같은 도움을 준다. 노부모가 자녀에게 도움을 제공할 수 있는 여부는 자녀가 어떤 발달 단계에 놓여 있는지, 부모 자녀 관계의 질, 자녀와 지리적으로 가까이 있는 정도 등에 달려 있는데 가장 영향 주는 요인은 부모가 가진 경제적 능력, 신체적 건강과 같은 자원이라 할 수 있다.

Bengston과 Kuypers(1971)는 성인자녀와 부모와의 관계에서 작용할 수 있는 것을 발달적 내기 걸기(developmental stake)로 설명하였다. 발달적 내기걸기란 노부모는 이제까지 자녀에게 더 많은 것을 투자해 왔고 자녀의 존재는 자신의 연속성을 상징하는 것이므로 자녀와의 관계에 더 많은 의미와 비중을 부여한다는 것이다. 이에 비해 자녀는 자율성의 표현으로 부모로부터의 독립을 강조하므로 부모의 존재에 상대적으로 덜 비중을 두려 한다는 것이다. 이러한 점을 바탕으로 Fingerman(1996)은 부모 자녀간의 정서적 거리감인 발달적 분리(developmental schism)를 제안하였다. 발달적 분리는 주로 모녀 관계에서 나타나는 것으로 정서적 관심사에서 세대간 차이를 보이는 것이다. 예를 들어 딸이 어머니에 대해 생각하는 것보다 어머니는 딸을 더 중요하고 신뢰로운 대상으로 여기는 경향이 있다. 이에 비해 딸은 어머니를 참견하고 간섭하는 존재로 더 지각한다는 것이다. 이러한 지각의 차이는 성인 자녀와 부모간의 긴장의 원인이 될 수 있을 것이다.

노부모가 계속 노화해 가고 특히 신체적 · 정신적 기능의 퇴화가 오게 되는 경우, 부모 자녀 상호작용은 자녀가 부모에게 더 큰 영향력을 줄 수 있는 관계로 되어 간다. 노부모의 쇠퇴를 지켜보는 것은 자녀에게 고통스러운 과정이므로 노부모에게 문제가 생겼을 때 자녀들은 초기에 이를 부인하는 경향이 있다. 강하고 완벽해 보였던 부모가 무력하고 약해져 가는 모습을 인정하고 싶지도 않고 그에 따른 책임도 두려운 것이다. 더구나 치매와 같은 인지적 기능의 문제가 생기게 되면 자녀들은 혼란, 우울증, 분노, 죄책감, 자신감 저하 등을 경험한다(Cavanaugh, 1999). 더구나 노인들의 건강문제는 시간이 지난다고 해서 호전되는 것은 아니기 때문에 정서적으로도 고갈되고 탈진될 수 있다. 성인 자녀가 겪는 스트레스는 이전의 부모와의 관계, 현재의 가족 간의 관계 등에 의해서 영향받을 수 있는데 부모와 이전부터 사이가 좋지 않았거나 해결되지 않은 문제가 있는 경우, 부양의 책임을 둘러싸고 가족 간의 갈등이 심한 경우 자녀는 더 큰 스트레스를 경험하며 가족체계도 위기 상황에 놓이게 된다. 자녀가 겪는 만성적 스트레스를 줄일 수 있는 가장 큰 요인은 사회적 지지로 여기에는 다른 형제들의 구체적인 도움, 다른 가족구성원과 주변 사람들로부터의 정서적 지지, 지역사회의 도움이나 시설의 이용 등이 있다(Goode, Haley, Rothb, & Ford, 1998).

자녀가 중년기에 이르러 무력해진 부모를 돌보는 것은 인생에서 또 하나의 위기이며 도전이라 할 수 있다. 자녀가 부모에 대해 완벽한 이미지를 갖고 있었을수록 이러한 경험은 고통스러운 것이 될 것이다. 더구나 자립이나 독립을 이상적인 성인으로 여기는 문화에서 의존적이고 무력한 어른을 심리적으로 수용한다는 것은 쉬운 일이 아니다. 그러나 우리 생의 과정을 되돌아 볼 때 인간이 완전한 독립을 이루며 산다는 것은 사실상 불가능하다. 우리는 어떤 형태로든 서로가 의존하며 살고 있으므로 사실상 완전한 독립이란 허구의 개념일 수 있다. 부모는 마지막 어려움의 시기에 노화와 죽음을 수용하고 용기 있게 대처하는 것을 보여줌으로써 자녀에게 지혜롭게 사는 법을 가르쳐 줄 수 있다. 자녀는 부모가 노화과정과 질병을 어떻게 견뎌나가는지 지켜봄으로써 나중에 자신의 노년기를 보다 지혜롭게 보낼 것이고 한 인간으로서 성장할 수 있는 크나큰 기회를 가질 수 있다(조성원, 2000).

부모의 죽음은 대부분의 사람들에게 인생의 안내자이자 충고자, 사랑의 원천, 삶의 모델을 잃는 것과 같다. 대부분의 사회에서 노부모의 죽음은 예상된 자연스러운 과정이라고 여김에도 불구하고, 정작 부모의 죽음을 경험하는 사람들에게는 고통스러운 사건이다. 부모의 죽음은 우리 삶에서 핵심적이고 가장 중요했던 관계의 상실일 뿐 아니라 다음 차례는 이제 자기 자신이라는 자각을 갖게 해 줌으로써 삶의 의미와 가치를 되돌아보게 해 준다.

③ 조부모 역할

평균 수명이 늘어가면서 이전보다 더 많은 사람들이 오랜 기간 동안 조부모의 역할을 하게 되었다. 조부모는 가족을 결속시키고 가족간 모임의 중심 역할을 하여 어려움이나 힘든 시기에 정신적, 물질적으로 도움을 줄 수 있는 역할을 하기도 한다. 또한 세대 간의 갈등, 예를 들어 자식세대와 손자녀 세대 간의 갈등을 중재해 줄 수 있고 가족의 과거와 현재를 연결시켜 가족사를 자식과 손자녀 세대에 전달해 주는 역할을 할 수 있다.

손자녀와의 관계를 통해서 노인들은 생산성을 표현할 수 있는데 조부모의 역할을 자기개념에서 가장 중심에 놓는 노인들은 손자녀를 돌보는 데 적극적으로 참여하였고 특히 노년기에 양육의 역할을 보다 잘 수용하는 남성들은 조부의 역할을 적극적으로 수용하였다(Kivett, 1991). 이들은 손자녀의 존재를 생물학적으로 자신의 존재가 영속되는 것으로 느끼고 손자녀의 성취에 자부심을 가지고 있었다. 그 결과 손자녀와 관계를 갖는 노인들은 그렇지 않은 노인들에 비해 젊은 사람들에 대해 더 많은 것을 알고 있었고 생에 대해서도 보다 넓은 조망을 가지고 있었다(Neugarten & Weinstein, 1964). 노년기 배우자 상실시에 손자녀의 존재는 상실감을 극복하고 좀더 잘 대처할 수 있게 해 줄 수 있다. 그러나 모든 조부모들이 조부모 역할을 맡고 싶어 하거나 즐기는 것은 아니다.

노인 인구의 급증으로 조부모의 형태에서도 다양한 변화가 나타나는데 특히 이혼의 증가로 조부모가 부모의 역할을 대신하는 경우도 많아지고 있다. 또한 평균수명이 길어지면서 증조부모의 비율이 증가하고 있는데 이러한 경우 부양해야 하는 자녀의 나이 역시 너무 많아 부양 부담이 커질 수 있다. 일반적으로 조모는 조부보다 손자녀와 더 가깝게 지내고 손자녀도 조모를 더 가깝게 지각한다. 또한 대부분 손자녀들은 외조부모를 친조부모보다 더 친밀하게 지각하는 경향이 있다

(Kalliopuska, 1994).

3. 은퇴 및 성공적 노화

1) 은 퇴

노년기가 되면 대대수의 사람들은 은퇴의 문제에 부딪히게 된다. 은퇴는 단순히 직업의 상실로 인한 경제적 문제나 역할의 상실만을 의미하는 것이 아니다. 대부분의 사회에서 개인의 정체감은 직업을 중심으로 이루어지기 때문에 일은 개인에게 자신에 대한 가치감과 자존감을 형성하는 근원이 된다. 따라서 은퇴는 경제적 문제에 대한 조정뿐 아니라 역할 전환 및 자아 정체감의 재확립을 요구하는 전환기적 사건이다.

(1) 은퇴의 단계

Atchley(1982)는 사람들은 일련의 단계를 거쳐가면서 은퇴에 적응해 간다고 보고 다음과 같은 단계를 제안하였다.

밀월기(honeymoon phase) 은퇴 직후의 시기로 이전에 일 때문에 하지 못했던 다양한 활동에 참여하면서 여유와 행복감에 젖는다.

탈환상기(disenchantment phase) 은퇴 후의 생활은 자신이 생각했던 것과는 다르다고 느끼고 일이 주는 자극을 그리워하거나 은퇴로 인해 상실한 지위, 권력, 수입에 대한 상실감을 느낀다.

적응기(reorientation phase) 은퇴 후의 생활에 보다 현실적으로 생각하면서 만족을 가져다줄 생활양식을 확립한다. 새롭고 성취적인 일을 찾아보기도 한다.

안정기(retirement routine phase) 은퇴 생활을 일상으로 자연스럽게 받아들이면서 안정단계로 들어간다. 은퇴자는 현실을 깨닫고 생의 이러한 새로운 국면을 수용하여 새로운 역할과 정체감을 받아들인다. 모든 사람이 이 단계로 이동하는 것은 아니고 일부는 탈환상기에서 오래 머물기도 한다.

종결기(termination phase) 직업을 다시 찾음으로써 은퇴기를 종결하기도 하지만 대부분의 경우 신체적 건강의 악화로 독립적으로 기능할 수 없기에 은퇴자로서의 역할을 마치게 된다.

Atchley의 연구는 후속 연구 등에 의해 지지되었다. 은퇴자들은 은퇴 직후에는 밀월기에 있어서 생활만족도가 높았으며 13~18개월 된 사람들은 탈환상기의 특징을 나타냈고 6~7년이 지나야 은퇴의 상황에 무난히 적응할 수 있었다(Ekerdt, Bosse, & Levkoff, 1985). 그러나 모든 사람들이 이러한 단계를 겪는 것은 아니며 순서도 일정하게 나타나는 것은 아니다. 그보다 은퇴에 대한 반응은 은퇴의 원인, 경제적 상태, 사회적 지원망의 존재 여부, 개인의 성격 등 여러 요인이 복합적으로 상호작용하여 영향을 미치는 것으로 보인다.

(2) 은퇴에 대한 관점

은퇴가 개인에게 미치는 영향을 설명하는 세 가지 주요한 이론적 관점이 있다. 첫째는 역할이론(role theory)이다. 개개인은 역할수행을 통해 사회와 연결되고 통합을 이루므로 역할이 다양할수록 신체적으로나 심리적 안녕감이 높다고 본다. 많은 역할 중 직업 역할은 특히 개인의 활동 및 지위, 정체감을 규정해 주는 것이므로 은퇴는 사회적 역할 상실을 의미하는 것이다. 은퇴자들은 사회와의 연결이 상실되었다고 생각하여 우울해지고 고립감과 불안을 느끼게 된다. 이러한 결과들은 개인의 건강에 부정적 영향을 주어 은퇴 후 사망률을 높게 만드는 원인이 된다는 것이다. 그러나 이러한 관점은 잘못된 것이라는 주장이 나오고 있다. Bosse(1998)는 은퇴자가 흔히 건강상의 문제를 갖게 되는 것은 은퇴 자체가 아니라 노화의 결과이며 역으로 건강상 문제가 있어서 은퇴했을 가능성이 높기 때문이라고 한다. 또한 일 때문에 받았던 스트레스에서 벗어나 은퇴 후 건강이 좋아진 사람들도 많이 있고 심리적으로도 은퇴가 자기존중감 손상이나 우울증을 일으키기보다 안녕감을 갖는 데 보다 긍정적인 영향을 준다고 보았다.

두 번째 관점은 연속성 이론(continuity theory)이다. 연속성 이론에 따르면 은퇴는 개인의 정체감이나 사회와의 연결, 생산성에 심각한 영향을 주는 것이 아니므로 은퇴를 반드시 위기라고 할 수는 없다고 본다. 노인들은 대부분 은퇴를 생의 또 하나의 단계로 여기고 사전에 계획하고 긍정적으로 바라본다. 공식적으로는 물러나더라도 어떤 형태로든 소일거리를 찾으면서 생산성을 발휘해 나간다고 한다(Atchley, 1989).

셋째는 생애 과정적 관점(life course perspective)이다. 이 관점은 은퇴를 직업 발달상의 규범적 단계의 하나로 본다(Elder, 1995). 따라서 은퇴시의 변화는 이전의 직업 발달과의 연계성에서 볼 수 있으므로 초기에 직업에 영향 주었던 요인들이 은퇴시에도 계속 작용하게 된다. 은퇴를 규범적 사건으로 본다면 은퇴의 시기가 중요한 요인이 된다. 즉, 은퇴가 예상된 규범적 사건이라면 별다른 어려움 없이 수용할 수 있으나 예기치 못했던 경우에 이루어지면 커다란 스트레스로 작용할 수 있다.

(3) 은퇴 후 적응

은퇴후의 적응 여부는 은퇴 시기, 원인, 준비기간, 사회경제적 지위, 수입, 성격, 사회적 지지망 등의 여러 요인이 복합적으로 상호작용한다고 볼 수 있다. 제 시기에 예상되었던 은퇴가 아닌 조기 은퇴의 경우와 60세 전의 은퇴인 경우, 은퇴자들은 더 많은 스트레스와 부적응을 경험하는 것으로 나타났고 예상치 못한 강제 은퇴자보다 자발적 은퇴자가 스트레스가 적고 흥밋거리나 부업을 더 많이 계획하는 경향이 있었다(Stallings, Dunham, Gatz, Baker, & Bengston, 1997).

은퇴를 준비한 시간도 개인의 적응에 영향을 미쳐 대개 약 2년 전부터 은퇴를 준비해 온 사람은 6개월 전에 은퇴를 결정한 사람보다 은퇴를 더 긍정적으로 받아들인다(Hardy & Quadagno, 1995). 일반적으로 사회경제적 지위가 높은 사람들은 은퇴 경험을 덜하며 하더라도 매우 늦게 한다. 이들은 대개 전문직에 종사하거나 경영자, 지도자의 위치에 있는 경우가 많기 때문에 원한다면 일을 할 기회가 훨씬 더 많이 있고 은퇴 후에도 즐길 만할 여가활동의 기회가 더 많기 때문이다.

은퇴자로서 자신을 어떻게 지각하느냐도 은퇴의 질과 관련되어 있다. 은퇴에 대한 자기 효율성이 높은 사람들, 즉 자신이 은퇴라는 사건에 무난히 만족스럽게 잘 적응하리라 생각하는 사람들은 자기 효율성이 낮은 사람들 보다 불안 수준이 낮다(Carter & Cook, 1995). 통제의 내적 소재자들도 은퇴에 만족도가 높으며 자신을 일에 있어 유능한 사람으로 지각하고 있거나 은퇴 전에 높은 자존감을 가진 사람은 은퇴 후에도 높은 수준의 자존감을 유지하고 있었다(Reitzes, Mutran, & Fernandez, 1996). 가족이나 사회적 지지의 여부도 은퇴 후 적응에 영향을 준다. 은퇴 후 부부관계에 대해서는 부부가 갑자기 하루종일 같이 지내야 하는 것이 서로를 힘들게 하고 적응하기 어려워 긴장과 갈등이 높아진다는 입장이 있고 이 시기를 부부관계에서 제2의 허니문으로 보는 관점이 있다. 그러나 은퇴후의 부부관계는 은퇴 전 부부관계의 연속선상에서 볼 수 있는 것 같다. 이전부터 돈독한 관계를 유지하던 부부는 은퇴 후에도 결혼만족감이 높으며 더 많은 시간을 같이 보낸다(Reitzes, Mutran, & Fernandez, 1996). 따라서 은퇴에 대한 지각과 만족도 및 적응여부는 은퇴 이후뿐 아니라 은퇴 이전의 생활양식이나 적응도와 관련된 연속선상에서 평가할 필요성이 있다.

2) 성공적 노화

인간은 인생 주기 가운데 어느 한 시기에만 성공했다 해서 성공하는 것이 아니라 장기적으로는 노년기에 이르러 지난 일생을 되돌아보고 자신의 삶이 만족할 만한 수준에 도달했다고 평가할 수 있을 때 성공적이었다고 말할 수 있다. 그렇다면 생의 마지막 부분이라 할 수 있는 노년기에 성공적으로 노화해간다는 것은 어떤 것일까? 단일한 길이 있다기보다는 개인의 성격과 상황에 따라 다를 수 있으나 성공적 노화를 설명하려는 몇 가지 접근법들이 제시되어 왔다.

(1) 이탈이론

이탈이론은 노년기를 신체적, 심리적, 사회적으로 점진적인 철회를 하는 시기로 본다(Cumming & Henry, 1961). 철회는 일방적이 아닌 개인과 사회 간의 상호과정이다. 신체적으로도 감퇴되어 가고 심리적으로도 다른 사람이나 자신을 둘러싼 세상에 관심이 적어지면서 내면을 탐색하는 데 더 많은 시간을 보내게 된다. 동시에 노화에 대한 고정관념과 사회적 기대가 은퇴와 같은 형식으로 노인들을 철회시키기도 한다. 이탈이론은 이러한 과정을 부정적으로 보지는 않는다. 노년기의 점진적인 철회는 자신의 삶에 대해 보다 반성적이 되게 하고 사회적 역할에 덜 얽매이게 하며 사회적 관계에서도 분별력 있게 되어 자신의 욕구와 잘 맞는 사람에게만 집중할 수 있으므로 어떤 의미에서 이탈은 자유롭게 되는 것이다. 그러나 노인들이 일상생활이나 일에 지속적으로 참여하고 활동적이며 바쁘게 지내는 문화권도 많이 있다. 이런 사회에서 노년기는 이전의 생활과 특별히 달라지는 시기가 아니다. 따라서 이탈이 모든 노인에게 자연적이고 보편적인 과정이라 할 수는 없다.

(2) 활동이론

활동이론에 따르면 노인들은 세상에 적극적으로 참여하여 활동할 때 제일 행복하고 만족감이 높다고 본다(Maddox, 1964). 따라서 성공적 노화는 중년기를 통해 추구해 온 활동과 관심사를 계속 유지할 때 이루어지는 것이다. 은퇴를 하더라도 대치할 수 있는 일을 찾아 이전과의 연속성을 계속 유지해야 한다고 본다. 활동이론에 대한 비판은 어떤 유형의 활동을 해야 하는지에 대해 구체적으로 제시하지 않았다는 것이다. 모든 활동이 개인의 행복과 만족에 영향 주는 것은 아니므로 활동의 빈도나 양보다는 질적인 것이 더 중요할 수 있으며 또한 활동하지 않는 것에 더 큰 만족감을 느끼는 노인들도 있다.

결국은 성공적인 노화가 활동이냐 이탈이냐 하는 문제는 개인의 이전 생활 양식과 관련 있다고 볼 수 있다. 젊었을 때 사회에 적극적으로 참여했던 사람은 계속 활동하는 경우 만족도가 높고 독립적이고 많은 참여를 하지 않았던 사람들은 노년기 동안 이탈하는 것을 만족해할 수 있다.

(3) 성공적 노화와 성격유형

이탈이론과 활동이론은 모두 성공적인 노화를 단일한 유형으로 규정지으려할 뿐 개인차를 크게 고려하지 않았다. Neugarten 등(1968)은 70~79세 노인들을 대상으로 6년간 종단적으로 추적하여 연구한 결과를 토대로 〈표 15-1〉과 같은 개인의 성격유형과 사회적 역할 활동 및 생활 만족 간의 관계를 확인하였다. 이러한 결과는 성공적인 노화를 노인들의 활동 및 관여 수준만으로 평가하기보다는 개인의 성격과 관련시킬 때 더 효과적으로 설명할 수 있음을 의미한다.

(4) 성공적 노화와 개인적 통제력

Schulz와 Heckausen은(1996)은 성공적 노화의 가장 핵심적 요소를 개인적 통제력이라고 주장하였다. 성공적 발달 과정에서 개인의 통제 능력의 역할과 그 중요성은 이미 여러 선행 연구들을 통해 입증되어 왔다(Lachman, 1985; Schulz & Hanusa, 1980). 인간이 자신을 둘러싼 환경을 통제하려는 욕구는 생의 초기부터 나타나 성인기 이후에 노화에 따른 신체적, 인지적, 사회적 기능에서 변화가 나타나도 노인들은 이에 수동적으로 대처하기보다는 가능한 자신의 환경에 개입하여 적극적으로 통제하려는 시도를 한다. 그러나 노년기의 생물학적 쇠퇴와 사회적 기능의 변화들은 불가피하게 통제력에서의 변화를 가져올 수 있다. 이러한 변화

〈표 15-1 〉 성격유형, 사회적 활동 및 생활만족과의 관계

성격유형	특성 및 사회적 활동	생활만족도
통합형: 인생을 수용하고 유능한 자아를 소유하며 통제를 유지한다. 융통성 있고 성숙하다.	재구성형: 은퇴 후에도 자신의 생활양식을 재구성하여 모든 분야의 활동에 적극적이고 잘 적응한다.	높음
	집중형: 여러 분야에 개입하기보다는 한두 가지 역할에 선택적으로 몰두한다.	높음
	유리형: 생활적응 수준은 높지만 조용히 물러나 자신의 생활에 몰두한다.	높음
무장형: 불안을 방어하고 충동을 엄격하게 통제한다.	유지형: 나이를 먹는다는 사실을 두려워하여 바쁜 생활을 계속하고 성취지향적이다.	높음
	위축형: 노화로부터 자신을 방어하려고 열심히 노력하며 에너지를 축소시켜 쇠퇴를 회피하려고 한다.	중간
수동의존형: 강한 의존욕구를 가지고 있어 가족이나 친지에게 심리적으로 의존하려고 한다.	원조요청형: 보통 정도의 사회활동을 유지하나 타인에게 정서적으로 의존한다.	중간
	무감각형: 인생을 수동적으로 살아오고 거의 활동을 하지 않고 무기력하고 무감각하다.	낮음
미성숙형: 인지적 결함을 가지고 있고 모든 것을 감정적으로 처리한다.	와해형: 사고능력이 퇴화하고 정서통제가 불가능하며 심리적 기능에 문제가 있다.	낮음

* Neugarten, et al. (1968). *Middle age and aging*. Chicago. University of Chicago Press.

를 개인이 어떻게 조정하고 적응해 가는지의 여부가 개인의 행복과 적응에 영향을 주므로 생의 후기에서도 통제력을 지속시키는 능력은 성공적인 노화를 위한 핵심 요소라 할 수 있을 것이다.

통제력은 환경을 변화시키기 위해 직접적인 행동을 취하는 일차 통제(primary control)와 인지 과정을 통해 개인 내부의 변화를 시도하는 이차 통제(secondary control)로 구분된다. 이차 통제의 예는 자기 보호적 귀인, 목표와 포부의 조정, 긍정적 재평가, 하향적 사회 비교 등이다. Heckausen과 Schulz(1995)는 20세에서 85세의 성인을 대상으로 한 연구에서 일차 통제는 성인기를 통해 계속 안정되고 지속되는 반면 이차 통제는 나이가 들수록 유의하게 증가함을 발견하였다. 예를 들어 노인들은 이 시기의 여러 상실들에 대응하기 위해 하향적인 사회 비교를

사용한다. 노인들은 자신이 대부분의 다른 노인들보다는 나은 상태에 있다고 생각함으로써 자긍심을 유지하고 개인적으로 심각한 문제가 있더라도 이러한 문제들은 대다수의 다른 노인들도 겪는 것이라고 생각한다. 이러한 하향적 사회 비교를 통해 노인들은 자긍심의 손상 없이 자신의 발달적 쇠퇴를 받아들이게 된다.

따라서 전 생애 통제이론 관점에서 볼 때 성공적 노화란 일차 통제력을 발달시키고 유지시키는 것이다. 성공적 삶을 이루기 위해서 개인은 생애를 통해 가능한 오랜 기간 동안 자신을 둘러싼 환경에 개입하고 영향을 줄 수 있는 능력이 있어야 한다. 개인의 일차 통제력의 잠재력은 우선 신체적 기능을 바탕으로 한다. 손상 없고 무능력한 상태에 있지 않은 정상적인 신체 기능은 성공적 노화의 일차적 기준이 될 것이며 인지적, 지적, 사회적 영역 등에서도 제 기능을 해야 할 것이다. 인지적으로나 지적으로 높은 능력을 가지고 있고 사회적 관계 기술이 유능한 사람일수록 일차 통제와 이차 통제 방략의 적절한 사용을 통해 노년기에 부딪힐 수 있는 발달적 위기들에 효율적으로 대처할 수 있다.

4. 죽 음

죽음은 삶의 어떤 시점에서도 일어날 수 있다. 그러나 의학의 발달로 이전보다 더 많은 사람들이 노년기에 이르러 죽음을 맞이하게 되었는데 노화과정에의한 죽음은 생명체의 자연스러운 생물학적 종결이라 할 수 있다. 죽음은 우리 모두가 언젠가는 겪게 될 보편적인 사건이며 기나긴 발달의 전 과정을 마무리하고 완성하는 사건이다. 죽음이 무엇인가에 대한 논의는 오랫동안 철학적, 종교적 주제였다. 이전 사람들에게 죽음은 삶의 일부로서 자연스럽게 받아들여져 왔다. 그러나 현대 사회에 이르러 젊음에 대한 지나친 숭배와 열망은 죽음을 오히려 특별한 사건, 부자연스러운 것, 생각하고 싶지 않은 두려움과 공포의 대상으로 여기게 되었다. 일상생활에서 죽음은 완곡하게 표현되며 죽음에 대한 이야기는 금기시된다. 이제 대부분의 사람들은 죽음을 자신이 살던 집에서 자연스럽게 편안히 맞기보다는 병원이나 요양소와 같은 특별한 격리된 장소에서 맞게 된다. 생의 마지막 단계에서 죽음을 어떻게 수용하고 이에 대처해 갈 것인지는 우리가 발달의 과정에서 마지막 성장을 이룰 수 있느냐와 관련된다. 여기에서는 죽음의 정의 및 발달단계에 따른 죽음의 이해와 죽음 전의 심리적 변화에 대해 살펴볼 것이다.

1) 죽음의 정의

인간의 경우, 어떤 상태가 되어야 죽었다고 정의할 수 있을까? 사실상 삶이 끝나고 죽음이 일어난 지점을 규정하기란 쉬운 일이 아니다. 오랜 기간 동안 사회적으로나 의학적으로 죽음을 심장과 호흡의 불가역적인 정지와 뇌파의 정지로 정의해 왔다. 그러나 현대 의학의 발달로 뇌의 기능이 완전히 파괴되어 신체적 통합능력이 없어져도 인공적으로 심폐기능을 유지할 수 있게 되면서 죽음의 정의는 모호하고 복잡한 문제가 되었다. 인공적으로 생명을 유지하는 것은 이미 인간으로서의 통합능력이 상실되었고 회복 불가능하므로 이러한 시도는 환자 자신이나 가족들에게 고통스럽고 무의미하며 단지 죽음을 지연시키는 것에 지나지 않는다는 것을 인정하면서 죽음을 재정의할 필요성을 느끼게 되었다. 여기에서 뇌사가 곧 죽음의 정의라는 새로운 개념이 생겨났고 죽음을 하나의 단일한 사건이 아니라 일련의 과정으로 보게 되었다. 1969년 하버드 특별위원회에서 뇌사에 관한 선언문이 발표되면서 죽음에 대한 새로운 기준이 제시되었다. 이에 따르면 생물학적 죽음은 다음과 같은 조건이 충족되었을 때 인정된다.

① 자발적인 움직임이 전혀 없고 어떤 자극에도 반응하지 않음.
② 모든 반사행위의 부재.
③ 동공 움직임 및 눈 깜박임, 자세의 움직임, 삼키기, 발성 등이 전혀 나타나지 않음.
④ 최소한 1시간 동안 자발적 호흡을 하지 않음.
⑤ 최소 10분간 대뇌피질의 전기적 활동 부재를 나타내는 뇌파의 파형(flat EEG).

위와 같은 조건이 충족되더라도 24시간 후에 재검사해야 하며 특히 저체온 상태와 약물 중독상태는 지속적인 모니터를 통하여 재확인하여야 한다.

2) 발달 단계에 따른 죽음에 대한 지각

인간은 각각의 발달 단계에서 죽음에 대해 어떤 생각을 할까? 2~4세의 아동은 아직 죽음을 완전히 이해하지 못한다. 죽음을 일시적으로 잠자는 것으로 여기거나 다시 깨어날 수 있는 것으로 여긴다. 따라서 죽음은 두려운 것이라기보다 호기심을 불러일으키는 것이다. 사람들이 죽은 사람에게 약을 먹이거나 음식을 주거나 마술을 부리면 죽음에서 깨어날 수 있다고 믿는다. 이러한 생각은 때로는 정서적인 문제를 가져올 수 있는데 이 시기의 아동은 죽음에 대해 자신에게 책임이 있다고 생각하거나 착하게 행동하면 다시 돌이킬 수 있다고 믿기 때문이다. 5세경이 되면 죽음은 끝이며 되돌릴 수 없다는 죽음의 비가역적 특성을 이해하기 시작한다. 그러나 누구에게나 일어나는 보편적인 것이 아니라 특정한 사람에게만 일어난다고 믿는다. 7~8세경에 죽음의 보편성과 죽은 사람은 전혀 기능하지 못한다는 기능정지의 특성을 이해하게 된다. 아동의 죽음에 대한 세 가지 개념 즉 비가역성, 보편성 및 기능의 정지는 전 조작기에서 구체적 조작기로 이행하는 것과 더불어 이루어지므로 죽음을 이해하는 데 인지적 성취가 바탕이 되어야 하는 것으로 보인다(Speece & Brent, 1984).

청년기에 이르면 인지발달이 이루어지면서 죽음에 대해 좀더 이성적이고 사려깊게 생각할 수 있다. 그러나 여전히 비현실적인 면이 있다. 죽음이 비가역적이고 끝이라는 개념은 있지만 죽음에 대해 낭만적으로 생각하는 경향이 있고 여전히 자기 중심적이라 개인적 우화에 빠질 수 있다. 이러한 생각은 청년들이 모험적이고 위험한 행동을 서슴없이 하게 되는 이유가 되기도 한다. 청소년들의 내면에는 자살을 미화하는 특유의 경향이 내재되어 있고 외부의 압력이 강할 경우 생과 사의 세계를 혼돈하게 되면서 도피와 같은 심리적 기제를 적용하여 현실의 고민을 벗어나려는 수단으로 자살을 시도하기도 한다.

성인초기는 대부분의 사람들이 자신의 삶이 절정이라고 느끼는 시기이다. 삶의 목표를 적극적으로 추구하는 시기라 죽음의 가능성에 대해서는 거의 생각해 보지 않는다. 타인과의 친밀한 관계를 발전시키고 직업상으로나 가족을 위해 새로이 시작하려는 시기이므로 이때 죽음을 맞아야 한다면 수용하기 어렵다. 대부분은 극도로 좌절하고 분노와 불공정하다는 느낌을 가지며 이러한 감정을 의료진이나 가족들에게 표출하기도 한다(Attig, 1996).

중년기는 삶에 대한 시간적 조망이 바뀌는 시점이다. 이제까지는 살아갈 날이 살아온 날보다 많았지만 앞으로는 살아갈 날이 상대적으로 적다는 인식을 하게 된다. 중년기에 많은 사람들은 부모의 노화과정과 죽음을 겪게 되면서 죽음에 대해 진지하게 생각하게 된다. 부모의 죽음은 이제 다음 차례가 자신이라는 것을 의미한다. 가까운 친구의 죽음도 겪어 나가면서 죽음을 좀더 현실적 방식으로 인식하고 생각해 볼 기회를 갖게 된다.

노년기에는 이제 자신의 삶이 끝나간다는 것에 대한 인식을 보다 자연스럽게 하게 된다. 죽음에 대해 많이 생각하고 준비하며 가까운 주변의 사람들의 죽음을 통해 자신의 죽음을 받아들여 간다. 노인들은 죽음에 가장 가까이 다가왔지만 오히려 죽음에 대한 두려움과 불안은 가장 적다고 한다. 그 이유는 죽음을 많이 접해 오면서 심리적으로 준비할 기회가 있었으며 이미 가까운 사람들을 대부분 잃어 삶의 가치를 그다지 크게 느끼지 못하고 만성적 질병이나 노화과정에 따른 신체적 불편함과 고통을 겪고 있는 경우가 많아 삶에 대한 집착이 적어지기 때문이다(Kastenbaum, 1999).

그러나 실제로 죽음을 대하는 방식에는 개인차가 있다. 개인의 종교, 성격, 또 지난 삶을 얼마나 만족스럽게 살아왔는지의 여부, 죽음에 대한 문화적 태도 등에 따라 다양하게 나타난다.

3) 죽음 전의 심리적 변화

탄생에서부터 죽음에 이르기까지 인간의 발달과정 자체가 죽음에 이르는 과정에 있다고 할 수도 있지만 죽어 가는 과정에 대한 연구들은 대부분 몇 달 이내에 죽는다는 사실을 선고받은 사람들을 대상으로 하였다. 대표적으로 정신과 의사인 Kübler-Ross(1969)는 자신의 죽음을 알게 된 불치병 환자 500명을 대상으로 이들에게 보편적으로 나타나는 일련의 정서적 반응을 연구하였다. 그녀는 사람들이 자신의 죽음을 선고받았을 때 다음과 같은 다섯 단계를 거쳐 죽음에 이르게 된다고 제안하였다.

(1) 부 정

자신에게 죽음이 임박했다는 진단결과를 수용하지 못한다. 검사가 잘못되었거나 의사의 오진이라고 생각한다. 부정이 나타나는 형태는 이러한 선고 자체를 무조건적으로 받아들이지 않는 사람도 있고 어떤 때는 수용하다 어느 순간에는 받아들이지 못하는 두 가지 사이를 계속 오고가는 경우도 있다. 초기에 나타나는 부정은 부적응적인 방어기제라기보다는 충격에 대한 일종의 완충장치로 보아야 한다.

(2) 분 노

자신이 죽어가고 있음을 깨닫고 나면 주변의 사람들은 잘 살고 있는데 자신만 왜 죽어가야 하는지에 대해 분노하고 주변의 사람들에게 원망의 감정을 드러낸다. 분노의 대상은 신이나 가족, 의료진, 건강한 주위 사람에게 나타난다.

(3) 협 상

협상단계에서는 어떻게 해서든 죽음이 연기되거나 지연되도록 타협하려한다. 이러한 일을 일어나게 했다고 생각하는 신이나 어떤 불가사의한 힘 있는 대상에게 살게 해 주면 앞으로 교회를 열심히 다니겠다거나 아니면 자녀의 결혼과 같은 중요한 일이 끝날 때까지만 살게 해달라고 하면서 죽음을 타협하고자 한다.

(4) 우 울

위와 같은 시도에도 불구하고 죽을 수밖에 없는 현실을 받아들이게 되면서 깊은 상실감을 느낀다. 우울은 병의 결과로 경험하게된 신체 일부의 상실, 직업의 상실 및 집으로 돌아가기 힘들다는 것에서 올 수도 있고 앞으로 일어날 상실에 대한 슬픔의 표현일 수 있다.

(5) 수 용

죽음이 임박했음을 느끼고 죽음 자체를 수용함으로써 환자는 마음의 평화를 회복한 후 임종할 수 있다.

Kübler-Ross는 우리가 죽어 가는 사람들에게 어떻게 다가가야 하는지, 죽음을 어떤 방식으로 맞게 되는지를 인식시켰고 죽음의 현상을 학문적으로 다룰 수 있게 끌어냈다는 점에서 큰 기여를 하였다. 그러나 이 이론은 몇 가지 점에서 비판을 받아왔다. 우선 이 연구는 자신의 죽음과 그 시기에 대해 어느 정도 명확히 알고 있는 사람들을 대상으로 하였기 때문에 죽음의 시기가 애매하고 분명치 않은 사람들에게는 위의 단계가 적용되지 않는다는 것이다. 또한 죽음의 과정을 단계이론으로 본 것은 모든 사람이 보편적으로 같은 순서를 거친다는 것을 의미하는데 실제로 모든 사람이 이러한 단계를 거치는 것은 아니며 어떤 사람은 순서가 바뀌어 나타나기도 하고 어떤 사람은 단계를 건너뛰기도 한다(Neimeyer, 1997). Kübler-Ross의 환자들은 대부분 젊어서 죽음을 선고받았으므로 가장 먼저 부정

이 나타났으나 노인들의 경우는 부정이 첫 번째로 나타나는 반응이 아닐 수 있다. 또한 죽어 가는 사람이 겪는 다른 정서 과정, 예를 들어 불안, 호기심, 희망, 안도, 무감각 등의 감정을 다루지 않았다. 결국 죽어 가는 과정은 개인차가 커서 연령, 성별, 성격, 생활사, 문화적 배경, 주변 사람들의 존재 및 지지여부 등에 따라 달라질 수 있는 것이다.

4) 사별과 비탄

죽음은 죽는 사람뿐 아니라 남는 사람들에게도 큰 고통과 상실감을 안겨준다. 남아 있는 사람들은 사별과 비탄의 과정을 겪게 되는데 사별(bereavement)은 이를 경험하는 사람에게 신분상의 변화를 가져오게 된다. 예를 들어 아내에서 미망인으로, 자녀에서 고아로 변하게 되는 것이다. 비탄(grief)은 사별에 대한 정서적 반응으로 슬픔, 상처받은 느낌, 분노, 죄책감, 혼란, 우울 등의 다양한 감정으로 나타나게 된다.

이러한 비탄과정과 상실에 대응하고 적응해가는 과정을 일련의 단계로 나누어 볼 수 있다(Sanders, 1989; Rando, 1993). 비탄과정의 첫 단계에서는 충격, 멍함, 믿기지 않음, 부인 등의 감정이 나타난다. 현실을 받아들이려 하지 않으며 분노, 두려움, 깊은 슬픔을 나타낸다. 이러한 과정은 처음 며칠 또는 몇 주일 또한 지속된다. 두 번째 단계에서는 죽음을 인정하면서 죽은 사람과 영원히 헤어지게 되었다는 현실을 받아들이게 된다. 이 단계에서는 죽은 사람에 대한 그리움, 우울, 깊은 불행감을 느끼지만 죽은 사람과의 지난 관계에서 좋았던 점과 좋지 않았던 점을 좀더 현실적으로 되돌아보게 된다. 셋째 단계에서는 자신의 삶을 다시 추스리고 새로운 정체감을 확립해가고자 하며 마지막으로는 사람들을 만나면서 관계를 회복하고 새로운 사회활동을 시작하게 된다.

그러나 모든 사람들이 이러한 단계를 거치는 것은 아니다. 비탄과정 역시 개인차가 많으며 특히 개인의 성격, 죽은 사람과의 관계, 남은 사람이 앞으로 살아갈 수 있는 기반이 어느 정도 되어 있는지의 여부 등에 따라 달라질 수 있다. 또한 비탄과정에서 사실상 회복이라는 용어 자체가 부적절할 수 있다. 사랑하는 사람과의 사별로 인한 상실감은 매우 오래 지속되며 평생 갈 수도 있기 때문에 우리가 상실로부터 완전히 벗어날 수 있다기보다는 상실감을 가지고도 살아가는 방법을 배워 나가야 하는 것이 더 적절할 수 있다.

/참/고/문/헌/

Aneshensel, C. S., Pearlin, L. I., Mullan, J. T., Zarit, S. H., & Whitlach, C. J. (1995). *Profiles in caregiving: The unexpected career.* San Diego: Academic Press.

Attig, T. (1996). *How we grieve: Relearning the world.* New York: Oxford University Press.

Baltes, P. B. (1987). Theoretical propositions of life span developmental psychology: On the dynamics between growth and decline. *Developmental Psychology, 23,* 611-626.

Baltes, P. B., & Lindenberger, U. (1997). Emergence of a powerful connection between sensory and cognitive function across the adult life span: A new window to the study. *Psychology and Aging, 12,* 12-21.

Baltes, P. B., & Staudinger, U. M. (2000). Wisdom: A metaheuristic (pragmatic) to orchestrate mind and virtue tiward excellence. *American Psychologist, 55,* 122-126.

Baltes, P. B., & Staudinger, U. M., & Lindenberger, U. (1999). Lifespan psychology: Theory and application to intellectual functioning. *Annual Review of Psychology, 50,* 471-507.

Basseches, M. (1984). *Dialectical thinking and adult development.* Norwood, NJ: Ablex.

Baruch, G. K. (1994). The psychological well-being of women in the middle tears. In G. K. Baruch & J. Brooks-Gunn (Eds.), *Women in midlife* (pp.161-180). New York: Plenum

Cavanaugh, J. C. (1999). Caregiving to adults: A life event challenges. In I. H. Nordhus, G. R. VandenBos, S. Berg, & P. Fromholt (Eds.), *Clinical geropsychology* (pp.131-135). Washington, DC: American Psychological Association.

Cavanaugh, J. C., Kramer, D. A., Sinott, J. D., Camp, C. J., & Markley, R. J. (1985). On missing links and such: Interfaces between cognitive research and everyday problem solving. *Human Development, 28,* 146-168.

Christiansen, H., Mackinnon, A. J., Korten, A. E., Jorm, A. F., Henderson, A. S.,

Jacomb, P., & Rogers, B. (1999). An analysis of diversity in the cognitive performance of elderly community dwellers: Individual differences in change scores as a function of age. *Psychologj and Aging, 14,* 365-379.

Craik, F. I. M., Anderson, N. D., Kerr, S. A., & Li, K. Z. H. (1995). Memory changes in normal aging. In A.D. Baddeley & B. A. Wilson et al. (Eds.), *Handbook of memory disorders* (pp.211-241). Chichester, England: Wiley.

Cristofalo, V. J., Tresini, M., Francis, M. K., & Volker, C. (1999). Biological theoories of senescence. In V. L. Bengston & K. W. Schaie (Eds.), *Handbook of theories of aging* (pp.98-112). New York: Springer.

Ebersole, P., & Hess, P. (1998). *Toward Healthy aging: Human needs and nursing response* (5th ed.). St. Louise: Mosby.

Gatz, M., Pederson, M. L., Berg, S., Johansson, B., Johansson, K., Mortimer, J. A., Posner, S. F., Viitanen, M., Winblad, B., & Ahlbom, A. (1997). Heritability for Alzheimer' s disease: The syudy of dementia in Swedish twins. *Journal of Gerontology: Medical Sciences, 52,* 117-125.

Goode, K. T., Haley, W. E., Roth, D. L., & Ford, G. R. (1998). Predicting longitudinal changes in caregiver physical and mental health: A stress process model. *Health Psychology, 17,* 190-198.

Guelzow, M. G., Bird, G. W., & Koball, E. H. (1991). An exploratory path analysis of the stress process for dual-career men and women. *Journal of Marriage and the Family, 53,* 151-164.

Hasher, L., Zacks, R. T., & May, C. P. (1999). Inhibitory control, circadian arosal, and age. In D. Gopher & A. Koriat (Eds.), Attention and performance: XVII. *Cognitive regulation of performance: Interaction of theory and application.* Cambridge, MA: MIT Press.

Hayflick, L. (1996). *How and why we age* (2nd ed.). New York: Ballantine.

Hayslip, B., Jr. (1988). Personality-ability relationships in aged adults. *Journal of Gerontology, 43,* 79-84.

Hobart, C. (1988). The family system in remarriage: An exploratory study. *Journal of Marriage and the Family, 50,* 649-661.

Horn, J. L. (1982). The aging of human abilities. In B. B. Wolman (Ed.), *Handbook of developmental psychology* (pp.847-870). Englewood Cliffs, NJ: Prentice-Hall.

Kastenbaum, R. (1999). Dying and bereavement. In J. C. Cavaunaugh & S. K. Whitbourne (Eds.), *Gerontology: An interdisciplinary perspective* (pp.155-185). New York: Oxford University Press.

Kelley, J. B. (1982). Divorce: The adult perspective. In B. B. Wolman (Ed.), *Handbook of developmental psychology* (pp.734-750). Englewood Cliffs, NJ: Prentice-Hall.

Kiston, G. L., & Sussman, M. B. (1982). Marital complaints, demographic characteristics, and symtoms of mental distress in divorce. *Journal of Marriage and the Family, 44,* 87-101.

Kivett, V. R. (1991). Certainty of the grandfather role among older rural black and white men. *Journal of Gerontology: Social Scieces, 46,* 250-258.

Kübler-Ross, E. (1969). *On death and dying.* New York: Macmillan.

Labouvie-Vief, G. (1980). Beyond formal operations: Uses and limits of pure logic in life-span development. *Human Development, 23,* 141-161.

Labouvie-Vief, G. (1990). Modes of knowledge and organization of development. In M. L. Commons & C. Armon (Eds.), *Adult development volume 2: Models and methods in the syudy of adolescent and adult thought* (pp.43-62). New York: Praeger.

Lachman, M. E., Lewkowicz, C., Marcus, A., & Peng, Y. (1994). Images of midlife development among young, middle-aged, and older adults. *Journal of Adult Development, 1,* 201-211.

Lai, G. (1995). Work and family roles and psychological well-being in urban China. *Journal of Health and Social Behavior, 36,* 11-37.

Levinson, D. J., Darrow, C., Kline, E., Levinson, M., & McKee, B. (1978). *The seasons of a man' s life.* New York: Knopf.

Levy, B., & Langer, E. (1994). Aging free from negative stereotypes: Successful memory in China and among the American deaf. *Journal of Personality and Social Psychology, 66,* 989-997.

Levenson, R. W., Cartensen, L. L., & Gottman, J. M. (1994). The influence of age and gender on affect, physiology, and their interrelations: A study of long-term marriages. *Journal of Personality and Social Psychology, 67,* 56-68.

Masheter, C. (1997). Healthy and unhealthy friedship and hostility between ex-spouses. *Journal of Marriage and the Family, 59,* 463-475.

McAdams, D. P. (1995). What do we know when we know a person? *Journal of Personality, 63,* 365-396.

Mera, S. L. (1998). The role of telomeres in ageing and cancer. *British Journal of Biomedical Sciences, 55,* 221-225.

Neimeyer, R. (1997). Knowledge at the margins. *The Forum Newsletter (Association for Death Education and Counseling), 23*(2), 2, 10.

Neugarten, B. L., & Weinstein, K. K. (1964). The chainging American grandparent. *Journal of Marriage and the Family, 26,* 299–304.

Perry, W. I. (1970). Forms of intellectual and ethical development in the college years. New York: Holt, Rinehart & Winston.

Peterson, B. E., & Klohnen, E. C. (1995). Realization of generativity in two samples of women at midlife. *Psychology and Aging, 10,* 20–29.

Raskind, M. A., & Peskind, E. R. (1992). Alzheimer' s disease and other dementing disorders. In J. E. Birren, R. B. Sloane, & G. D. Cohen (Eds.), *Handbook of mental health and aging* (2nd ed., pp.477–513). San Diego: Academic Press.

Reigel, K. F. (1973). Dialectic operations: The final period of cognitive development. *Human Development, 16,* 371–381.

Schaie, K. W. (1977–1978). Toward a stage theory of adult cognitive development. *International Journal of Aging and Human Development, 8,* 129–138.

Schaie, K. W. (1994). The course of adult intellectual development. *American Psychologist, 49,* 304–313.

Schaie, K. W. (1996). Intellectual functioning in adulthood. In J. E. Birren & K. W. Schaie (Eds.), *Handbook of the psychology of aging* (4th ed., pp.266–286). San Diego: Academic Press.

Schaie, K. W., & Willis, S. L. (1986). Can decline in adult intellectual functioning be reversed? *Developmental Psychology, 22,* 223–232.

Schone, B. S., & Weinick, R. M. (1998). Health–related behaviors and benefits of marriage for elderly persons. *The Gerontologist, 38,* 618–627.

Schooler, C., Mulatu, M. S., & Oats, G. (1999). The continuing effects of substantively complex workers. *Psychology and Aging, 14,* 483–506.

Sinnott, J. D. (1984). Postformal reasoning: The relativistic stage. In M. L. Commons, F. A. Richards, & C. Atmon (Eds.), *Beyond formal operations: Late adolescent and adult cognitive development* (pp.298–325). New York: Praeger.

Sternberg, R. J. (1986). A triangular theory of love. *Psychological Review, 93,* 119–135..

Sterns, A. A., Marsh, B. A., & McDaniel, M. A. (1994). *Age and job satisfaction: A comprehensive review and meta-analysis.* Unpublished manuscript, University of Akron.

Tomlinson, B. E., Blessed, G., & Roth, M. (1970). Observations on the brains of demented old people. *Journal of the Neurological Sciences, 11,* 205–242.

Uhlenberg, P., Cooney, T. M., & Boyd, R. (1990). Divorce for women after mid–life.

Journal of Gerontology: Social Sciences, 45, 3-11.

Vaillant, G. E. (1977). *Adaptation to life.* Boston: Little, Brown.

Weishaus, S., & Field, D. (1988). A half century of marriage: Continuity or change? *Journal of Marriage and the Family, 50,* 763-774.

Willis, S. L., & Nesselroade, C. S. (1990). Long-term effects of fluid ability trainingin old-old age. *Developmental Psychology, 26,* 905-910.

Zacks, R. T., Hasher, L., & Li, K. Z. H. (2000). Human memory. In F. I. M. Craik & T. A. Saithouse (Eds.), *Handbook of aging and cognition* (2nd ed.). Mahwah, NJ: Erlbaum.

찾아보기

인 명

내 용

저 자 소 개

김태련
이화여자대학교 심리학과(학사)
이화여자대학교 대학원 심리학과(석사)
성균관대학교 대학원 심리학과(문학박사)
(학위논문: 학령 전 아동의 귀인과정)
파리대학 대학원(발달장애연구)
UCLA(美) 객원교수
(노인의 삶과 죽음에 대한 한미 비교연구)
前 이화여자대학교 심리학과 교수
현재 한국 어린이 육영회 회장
이대 사범대학, 이대 교육대학원장, 이대 발달장애치료센터 소장, 한국어린이교육협회 회장, 발달심리학회장, 한국자폐학회장, 발달지원학회장, 한국심리학회장 역임
저서: 『일반심리학』, 『효과적인 학습방법』, 『신교육심리학』, 『발달심리학』, 『청소년 심리학』, 『유아의 심리』, 『여성심리』, 『심리학개론』 外 다수

조혜자
이화여자대학교 대학원 문학박사(발달심리 전공)
현재 이화여자대학교 대학원 강사
저서: 『여성, 존재인가 과정인가: 여성심리 이론과 실제』, 『교육심리학』

이선자
이화여자대학교 대학원 문학박사(발달심리 전공)
현재 KDI 국제정책대학원 강사, 한국건강가족실천운동본부 국제협력위원장
저서 : 『여성심리학』

방희정
이화여자대학교 대학원 문학박사(발달심리 전공)
현재 이화여자대학교 심리학과 교수
저서 및 논문: 『청소년지도론』, 「한국사회에서의 부모자녀관계 특성에 대한 발달심리학적 탐색」

조숙자
이화여자대학교 대학원 문학박사(발달심리 전공)
현재 이화여자대학교 심리학과 강사
저서 및 논문: 『교육심리학』, 「다이내믹 이론의 발달심리학에의 적용」

조성원
이화여자대학교 대학원 문학박사(발달심리 전공)
현재 가톨릭대학교, 이화여자대학교 심리학과 강사
저서 및 논문: 『여성심리』, 「성공적인 노화: 통제력에서의 변화와 적응을 중심으로」

김현정
이화여자대학교 대학원 문학박사(발달심리 전공)
현재 이화여자대학교 심리학과 강사
저서 및 논문: 『발달장애인을 위한 음악치료』, 「부모의 훈육방식과 아동기 문제행동에서의 성차」

홍주연
이화여자대학교 대학원 문학박사(발달심리 전공)
현재 천안대학교 노인복지학과 전임강사
논문: 「성격과 자아통합감이 노인 회상 기능에 미치는 영향」, 「여인의 성공적인 심리적 노화」

이계원
이화여자대학교 대학원 문학박사(발달심리 전공)
현재 경기대학교 청소년학과 겸임교수
서울특별시 체육청소년과 근무
논문: 「청년기의 신체상이 자기만족, 불안, 자기표현에 미치는 영향」, 「청소년의 인터넷 중독에 관한 연구」

설인자
Temple University, Ph.D.(발달심리학 전공)
현재 천안대학교 사회복지학부 청소년학 전공교수
저서: 『청소년 심리』, 『청소년학 총론』, 『청소년 문제행동: 심리학적 접근』

저 자 소 개

손원숙

University of Illinois at Urbana-Champaign, Ph.D.(심리 측정 및 통계 전공)

현재 한국교육과정평가원 전문연구원

논문: 「차별기능문항기법의 응용: 교육 및 심리검사의 번안과정에서」, 「성격요인검사의 문화타당도 연구」

홍순정

미국 하와이 대학교 대학원 Ph.D.(학습 및 발달 전공)

현재 한국방송통신대학교 유아교육과 교수

저서: 『인지이론』, 『여성심리학』

박영신

Purdue University, Ph.D.(발달심리학 전공)

현재 배재대학교 유아교육과 교수

저서 및 논문: 『아동사고의 발달』, 「분수의 기초적 개념에 대한 유아들의 이해」

손영숙

Boston University, Ph.D.(인지신경심리 전공)

현재 연세대학교 인지과학연구소 연구교수

논문: 「지속적 주의의 이해와 응용」, 「대뇌반구의 상호작용이 지각적 간섭에 미치는 영향」, 「선택적 주의와 관점의 변화가 무의미 도형의 점화 효과에 미치는 영향」

김명소

University of Texas at Austin, Ph.D.(측정심리학 전공)

현재 호서대학교 경상학부 산업심리학과 교수

저서 및 논문: 『직업심리 및 상담』, 「우리나라 기혼 여성들의 심리적 안녕감의 구조 및 주관적 안녕감과의 관계 분석」, 「산업장면에서의 실용적 지능검사 개발 및 타당화 연구」

성은현

Université de Paris V(Sorbonne Scien ces Humaines), Ph. D.(인지발달 전공)

현재 호서대학교 인간개발학부 아동학 전공교수

논문: 「심상적 사고를 통한 창의성 증진 프로그램 개발 및 효과 검증」, 「창의적 사고력과 공간도형지능, 학업성적, 창의적 인성과의 관계」

발달심리학

2004년 7월 28일 1판 1쇄 발행
2017년 2월 15일 1판 14쇄 발행

지은이 • 김 태 련 外
펴낸이 • 김 진 환
펴낸곳 • (주) 학지사
04031 서울특별시 마포구 양화로 15길 20 마인드월드빌딩 5층
대표전화 • 02) 330-5114 팩스 • 02) 324-2345
등록번호 • 제313-2006-000265호

홈페이지 • http://www.hakjisa.co.kr
페이스북 • https://www.facebook.com/hakjisabook

ISBN 978-89-7548-829-0 93180

정가 **18,000**원